Manfred Mols /
Hans-Joachim Lauth / Christian Wagner (Hrsg.)

Politikwissenschaft:
Eine Einführung

5., aktualisierte Auflage

Ferdinand Schöningh

Bibliografische Information Der Deutschen Bibliothek

Die Deutsche Bibliothek verzeichnet diese Publikation in der Deutschen Nationalbibliografie; detaillierte bibliografische Daten sind im Internet über http://dnb.ddb.de abrufbar.

5., aktualisierte Auflage 2006

Gedruckt auf umweltfreundlichem, chlorfrei gebleichtem Papier (mit 50 % Altpapieranteil)

© 1994 Verlag Ferdinand Schöningh, Paderborn
(Verlag Ferdinand Schöningh GmbH & Co. KG, Jühenplatz 1, D-33098 Paderborn)
Internet: www.schoeningh.de
ISBN 978-3-506-99445-5

www.schoeningh.de

Das Werk, einschließlich aller seiner Teile, ist urheberrechtlich geschützt. Jede Verwertung außerhalb der engen Grenzen des Urheberrechtsgesetzes ist ohne Zustimmung des Verlages unzulässig und strafbar. Das gilt insbesondere für Vervielfältigungen, Übersetzungen, Mikroverfilmungen und die Einspeicherung und Verarbeitung in elektronischen Systemen.

Printed in Germany.
Herstellung: Ferdinand Schöningh, Paderborn
Einbandgestaltung: Atelier Reichert, Stuttgart

UTB-Bestellnummer: ISBN 978-3-8252-1789-1

Inhaltsverzeichnis

Vorwort 15

Abkürzungsverzeichnis 21

I.   Einführung und Überblick 25

Manfred Mols: **Politik als Wissenschaft: Zur Definition,
    Entwicklung und Standortbestimmung einer
    Disziplin** 25

1.   Einleitung 25
2.   Politik und Politikwissenschaft: Eine Begriffs-
      bestimmung 26
3.   Eigenheiten politikwissenschaftlichen Denkens:
      Grundfragen und Voraussetzungen 31
3.1   Selektion und Abstraktion: Der Beginn
      (politik)wissenschaftlichen Arbeitens 31
3.2   Einflussfaktoren auf den politikwissenschaftlichen
      Auswahl- und Arbeitsprozess 32
3.2.1 Traditionen, geistige Strömungen und Ordnungs-
      bilder 32
3.2.2 Impulse aus der vorwissenschaftlichen Welt 33
3.2.3 Der wünschbare Praxisbezug politikwissenschaft-
      lichen Denkens und einige seiner Implikationen 34
3.2.4 Die epochale Einbindung politikwissenschaftlichen
      Denkens 36
3.2.5 Konkrete Vorarbeiten und soziale Einbindung 37
3.2.6 Anthropologische Prämissen 38
4.   Phasen der Entwicklung des Faches 40
4.1   Die ältere staatsphilosophische Lehre von der
      Politik 40
4.2   Die Entwicklung der modernen Politikwissen-
      schaft in Deutschland und den USA 42
5.   Einheit oder Divergenz der Politikwissenschaft? 47
5.1   Strömungen und Schulen 47
5.2   Ein mögliches Profil von Politikwissenschaft 52
5.3   Die Gefahr der Zersplitterung 58

5.4	Die Zusammenarbeit mit Nachbardisziplinen	60
6.	Bleibende Fragestellungen, Probleme, Zukunfts- perspektiven	62

Annotierte Auswahlbibliografie 64
Grundlagen- und weiterführende Literatur 65

II. Disziplinen und Schwerpunkte der Politikwissenschaft 67

Karl-Rudolf Korte: **Das politische System der Bundesrepublik Deutschland** 67

1.	Gegenstandsbestimmung, Entstehungsgeschichte, Fragestellungen	67
2.	Systematische Zugänge bei der Analyse des politischen Systems	75
2.1	Die politische Struktur: Ordnungspolitische und institutionelle Ansätze	75
2.2	Der politische Prozess: Steuerungs- und Entschei- dungsanalysen	76
2.3	Politische Inhalte: Politikfelder und soziokulturelle Bedingungen des politischen Systems	78
2.4	Die politische Kommunikation: Informelle und mediale Komponenten des Regierens	79
3.	Institutionen und Akteure: Das parlamentarische Regierungssystem	80
4.	Bürger und Staat	85
4.1	Politische Willensbildung, Parteien und politische Kultur	85
4.2	Einstellungswandel und Transformationsprozess	91
5.	Das politische System vor neuen Herausforderungen	93

Annotierte Auswahlbibliografie 96
Grundlagen- und weiterführende Literatur 97

Peter Birle/Christoph Wagner: **Vergleichende Politikwissen- schaft: Analyse und Vergleich politischer Systeme** 99

1.	Einleitung	99

Inhaltsverzeichnis 7

2.	Vergleichsansätze in historischer Perspektive	101
2.1	Vergleichende Regierungslehre	101
2.2	Von der Vergleichenden Regierungslehre zur Vergleichenden Politischen Systemforschung	103
2.3	Politische Systemforschung	105
2.4	Von der Politischen Systemtheorie zum ‚Neo-Institutionalismus'	109
3.	Ausgewählte Konzepte der Vergleichenden Politikwissenschaft	114
3.1	Regierungssysteme	117
3.2	Interessengruppen	119
3.3	Politische Kultur	122
3.4	Systemwechsel- und Transformationsforschung	125
4.	Bilanz und Perspektiven	129

Annotierte Auswahlbibliografie 132
Grundlagen- und weiterführende Literatur 133

Hans-Joachim Lauth/Ruth Zimmerling: **Internationale Beziehungen** 135

1.	Grundfragen, praktische Relevanz und Begrifflichkeit	135
1.1	Grundfragen	135
1.2	Zur praktischen Relevanz der Teildisziplin	137
1.3	Grundbegriffe	142
2.	Veränderungen in Theorie und Praxis: Theorieansätze, Schulen und das internationale System	145
2.1	Von der Konstituierung zur Etablierung der Teildisziplin	146
2.2	Konzeptionelle Differenzierung in den Internationalen Beziehungen: Revision und Kontinuität	153
3.	Friedenssicherung zwischen Konflikt und Kooperation	160
4.	Aktuelle Debatten und Perspektiven	165

Annotierte Auswahlbibliografie 171
Grundlagen- und weiterführende Literatur 172

Michael Becker: **Klassische und moderne politische Philosophie** 175

1. Einleitung 175
2. Die Legitimität demokratischer Herrschaft 177
2.1 Zur Frage der Herrschaftsorganisation: Gewalten-
    teilungs- und Repräsentationsprinzip 179
2.2 Die politische Philosophie des Gesellschafts-
    vertrags und die (Grenzen der) Volkssouveränität ... 182
3. Politische Anthropologie: Die „Natur" des homo
    politicus 188
4. Ökonomie und politische Philosophie 192
5. Gemeinschaft vs. Gesellschaft oder Kommuni-
    tarismus vs. Liberalismus 197
6. Zusammenfassung und Ausblick 202

Annotierte Auswahlbibliografie 205
Grundlagen- und weiterführende Literatur 207

Peter Thiery: **Moderne politikwissenschaftliche Theorie** 209

1. Der Gegenstand der Teildisziplin 209
2. Makroebene: Struktur- und Systemtheorien 213
2.1 Staat und ‚alter' Institutionalismus 214
2.2 Politische Systemtheorie 217
2.3 Verwendung und Reichweite von Struktur-
    modellen 222
3. Mikroebene: Handlungs- und Akteurstheorien 227
3.1 Spektrum, Anliegen und Karriere mikrotheoretischer
    Modelle 227
3.2 Theorien rationaler Entscheidung (Rational
    Choice) 230
3.3 Zur Reichweite mikrotheoretischer Erklärungs-
    modelle 236
4. Entwicklungslinien und Perspektiven 240
4.1 Zur Verknüpfung von Makro- und Mikroebene 240
4.2 Perspektiven 244

Annotierte Auswahlbibliografie 246
Grundlagen- und weiterführende Literatur 246

Peter Imbusch/Hans-Joachim Lauth: **Wirtschaft und Gesellschaft** 249

1.	Fragen und Grundbegriffe	249
2.	Konzeptionen	255
2.1	Klassische Positionen der Politischen Ökonomie	255
2.2	Wirtschaftspolitische Kontroversen im 20. Jahrhundert	260
3.	Grundlegende Problembereiche der Gegenwart	265
3.1	Globalisierung	265
3.2	Ökologie, Wirtschaft und Gesellschaft	274
3.3	Arbeitslosigkeit und ihre Überwindungsmöglichkeiten	279
4.	Perspektiven	284

Annotierte Auswahlbibliografie 285
Grundlagen- und weiterführende Literatur 286

Jörg Faust/Hans-Joachim Lauth: **Politikfeldanalyse** 289

1.	Einleitung	289
2.	Einflussfaktoren auf Politikfelder: Theoretische Ansätze	292
3.	Politische Steuerung und Policy-Forschung	301
4.	Fazit und Perspektiven der Forschung	311

Annotierte Auswahlbibliografie 312
Grundlagen- und weiterführende Literatur 313

Ulrich Eith/Gerd Mielke: **Wahlforschung: Zur Bedeutung und Methodik empirischer Sozialforschung in der Politikwissenschaft** 315

1.	Einleitung	315
2.	Zur Einordnung der Wahlforschung in die Politikwissenschaft	316
3.	Theoretische Erklärungsmodelle des Wählerverhaltens	322
3.1	Der soziologische Erklärungsansatz	325

10	Inhaltsverzeichnis

3.2 Der individualpsychologische Erklärungsansatz 328
3.3 Das Modell des rationalen Wählers 330
3.4 Wählerverhalten und Lebensstil 333
3.5 Auf dem Weg zu einer allgemeinen Theorie des
Wählerverhaltens? 336
4.   Zur politischen und öffentlichen Wirkung der
Wahlforschung 338

Annotierte Auswahlbibliografie 342
Grundlagen- und weiterführende Literatur 343

**Klaus Bodemer: Entwicklungstheorien und Entwick-
lungspolitik** 345

1.   Einleitung 345
2.   Entwicklung: Problematisierung eines Begriffs 346
3.   Modernisierungstheorien: Die Anfänge der politikwissenschaftlichen Entwicklungsforschung 350
3.1 Der Ausgangspunkt: Entwicklung als ökonomisches
Wachstum und sozialer Wandel 350
3.2 Modernisierung als politische Entwicklung 351
3.3 Kritik an den Modernisierungstheorien 352
4.   Entwicklung und Abhängigkeit: Dependenztheorien 354
4.1 Schlüsselbegriffe 356
4.2 Überwindungsstrategien 358
4.3 Kritik an den Dependenztheorien 358
4.4 Auswirkungen auf die Entwicklungspolitik 359
5.   Zwischen Binnendifferenzierung und Reintegrationsversuchen – Neue Akzentsetzungen seit
der Dritten Entwicklungsdekade 360

Annotierte Auswahlbibliografie 367
Grundlagen- und weiterführende Literatur 368

**Hans-Joachim Lauth/Manfred Mols/Christian Wagner:
Politische Bildung und Politikwissenschaft** 373

1.   Einleitung 373

2.	Konzeptionen im Wandel: Zur Geschichte der politischen Bildung in der Bundesrepublik Deutschland	374
3.	Praxisfelder der politischen Bildung	381
3.1	Träger außerhalb von Schule und Universität	381
3.2	Politische Bildung als Tätigkeitsfeld für Politikwissenschaftler	384
4.	Anmerkungen zu einem aktuellen Profil politischer Bildung	385
5.	Die Bedeutung der Politikwissenschaft für die politische Bildung	388

Annotierte Auswahlbibliografie 392
Grundlagen- und weiterführende Literatur 393

III. Methoden und Arbeitsweisen 395

Christian Welzel: **Wissenschaftstheoretische und methodische Grundlagen** 395

1.	Einleitung	395
2.	Wissenschaftstheorie	396
2.1	Die verstehend-historiographische Position	397
2.2	Die erklärend-analytische Position	401
2.3	Zwischenbilanz	404
3.	Methodenlogik	407
3.1	Die Logik von Variablenbeziehungen	407
3.1.1	Quantitative und qualitative Variablen	409
3.1.2	Deterministische Variablenlogik	410
3.1.3	Probabilistische Variablenlogik	412
3.1.4	Kausale Variablenlogik	416
3.2	Die Forschungspraxis	421
3.2.1	Operationalisierung des Untersuchungsplans	421
3.2.2	Informationsquellen	422
3.2.3	Erhebungsverfahren	423
3.2.4	Analyseverfahren	424
4.	Schlussbemerkungen	427

Annotierte Auswahlbibliografie 429
Grundlagen- und weiterführende Literatur 429

Christoph Wagner: **Die Praxis wissenschaftlicher Arbeit** 431

1. Einleitende Gedanken zur universitären Realität 431
2. Auf dem Weg zur Niederschrift 434
2.1 Mögliche Hürden 436
2.2 Zur praktischen Vorgehensweise 438
3. Anlage, Form und Gestaltung einer wissen-
schaftlichen Arbeit 449
3.1 Aufbau und formale Standards 449
3.2 Stilfragen 458
4. Zum – hoffentlich guten – Schluss 461

Annotierte Auswahlbibliografie 463
Grundlagen- und weiterführende Literatur 464

Martin Hauck/Wolfgang Muno: **Internet und Politik** 467

1. Einleitung 467
2. Politik und Internet: Herausforderungen für die
Politikwissenschaft 470
3. Internet und Studium 478
4. Resümee und Ausblick 484

Literatur 485

IV. Berufsperspektiven 487

Christian Wagner: **Politikwissenschaft und Arbeits-
markt** 487

1. Einleitung 487
2. Die Verbleibsstudien: Wo sind sie geblieben? 488
3. Berufsfelder für Politikwissenschaftler 493
4. Studium und Beruf: Abschlüsse und Qualifika-
tionen 497
4.1 Ausgangslage und Probleme 497
4.2 Die Abschlüsse 498
4.3 Fachliche Qualifikationen und Zusatzkenntnisse 499

4.4	Praxiserfahrungen	501
4.5	Schlüsselqualifikationen	503
5.	Vom Studium in den Beruf	504
5.1	Die Stellensuche	504
5.2	Traineeprogramme	505
5.3	Die Promotion	506
5.4	Weiterführende Studienangebote	507
6.	Politikwissenschaft und Arbeitsmarkt: Perspektiven	507

Grundlagen- und weiterführende Literatur ... 508

V. Anhang ... 511

Zeitschriftenverzeichnis ... 511

Sachregister ... 513

Personenregister ... 523

Autorenverzeichnis ... 527

Vorwort

Das Interesse am Universitätsstudium und auch am Studium der Politikwissenschaft lässt selbst in den Zeiten überfüllter Hörsäle und Seminare nicht nach. Immer mehr Abiturienten erwarten eine akademische Ausbildung. Zugleich wird es angesichts der zunehmenden Ausdifferenzierung der einzelnen Fachgebiete schwieriger, einen Gesamtüberblick über ein Fach und seine Teildisziplinen zu geben, der Studieninteressierten oder Studierenden in den ersten Semestern einen Einstieg ermöglicht. Dies hat innerhalb der hochschulpolitischen Diskussion zu einem neuen Nachdenken über die Stellung der Lehre geführt. Die vorliegende Einführung in die Politikwissenschaft versteht sich als ein Beitrag, die Diskrepanz zwischen fachlicher Differenzierung und den Anforderungen des Studienalltags zu verringern.

Unsere *studien- und problemorientierte Einführung* richtet sich vor allem an Abiturienten, Erstsemester und Studierende im Grundstudium. *Studienorientiert* will sie einen Überblick über die Politikwissenschaft und ihre Teildisziplinen geben, sowie zentrale politikwissenschaftliche Fragen und Themenfelder vermitteln. Zudem werden für Studienanfänger relevante Fragen der Studienorganisation, des wissenschaftlichen Arbeitens und möglicher Berufsperspektiven angesprochen. *Problemorientiert* gehen die einzelnen Beiträge über die Teildisziplinen der Politikwissenschaft vor, indem sie von relevanten gesellschaftspolitischen Problemen ausgehen und die damit verbundenen zentralen politik*wissenschaftlichen* Fragestellungen thematisieren. Dadurch sollen die Entwicklung und der aktuelle Stand des Faches und seiner Teildisziplinen deutlich werden. Zugleich wird damit betont, dass eine Beschäftigung mit Politikwissenschaft stets eine Auseinandersetzung mit gesellschaftlicher Realität darstellt. Der Zugang kann hierbei variieren. Es können normative Fragestellungen damit verbunden sein (z. B. wie kann eine gerechte internationale Ordnung gestaltet werden?), es können methodische Aspekte diskutiert (z. B. wie lässt sich das demokratische Potential einer Gesellschaft bestimmen?) oder analytische Aufgaben aufgegriffen (z. B. was verstehen wir unter dem Begriff der Herrschaft?) bzw. theoretische Themen erörtert werden (z. B. welche Erklärungsmodelle lassen sich für die Entstehung des Rechtsradikalismus aufstellen?). Die Autoren des

Bandes versuchen so weit wie möglich, den Fachjargon zu vermeiden, um damit den Zugang zur Materie zu erleichtern.

Neben der studien- und problemorientierten Vorgehensweise ist ein zweiter Aspekt charakteristisch für die vorliegende Einführung: Sie ist als Gemeinschaftswerk konzipiert. Der wichtigste Grund lag für uns in der zunehmenden Ausdifferenzierung des Wissens in allen Gebieten – auch in der Politikwissenschaft. Jede Woche erscheinen weltweit Hunderte von neuen Büchern in unserer Disziplin, von den Aufsätzen nicht zu reden. Neue Forschungsfelder erschließen sich aus alten Projekten, neue Verästelungen entstehen im Wissenschaftsprozess. Viele Wissenschaftler können sich jenseits ihrer eigenen Forschungsfelder kaum noch mit anderen Gebieten inhaltlich kompetent auseinander setzen. Wir haben uns deshalb entschlossen, für jeden Bereich einen oder zwei Autoren zu gewinnen, die ihr jeweiliges Schwerpunktgebiet mit den zentralen Problemen und Fragestellungen, den verschiedenen Ansätzen und den zukünftigen Perspektiven darstellen. Das Fach lebt mittlerweile von seiner Vielfalt; Toleranz anderen Grundannahmen gegenüber und den daraus folgenden unterschiedlichen Bewertungen ist deshalb ein unumgängliches Muss.

Pluralität spiegelt die gegenwärtige Situation des Faches wider, das nur noch begrenzt eine Einheit darstellt. Auch die Autoren im vorliegenden Band haben unterschiedliche wissenschaftliche Sozialisationen durchlaufen und gehen entsprechend unterschiedlich an ihr jeweiliges Schwerpunktgebiet heran – eine Situation, die die Realität des Faches, des Wissenschaftsbetriebs und nicht zuletzt auch des Hochschulalltags am besten wiedergibt. Die Verschiedenheit in der Herangehensweise an die Themen, die damit verbundenen Spannungen, wechselnden Perspektiven, unterschiedlichen Bewertungen und Darstellungsformen halten wir als Herausgeber für unvermeidbar. In dieser Vielfalt sehen wir zugleich ein wichtiges Forum für neue Fragestellungen und Diskussionen. Die verschiedenen Beiträge bewegen sich dabei im *main stream* des Faches und stellen damit einen repräsentativen Ausschnitt der Politikwissenschaft dar. Durch unter allen Autoren abgestimmte Strukturierungsfragen wurde das Ziel verfolgt, einen gemeinsamen Ductus des Bandes zu erreichen. Dass dies u. E. in vielerlei Aspekten gelang, ist der regen und ausgiebigen Diskussion aller Beteiligten zu verdanken, die oft auch auf einer jahrelangen Zusammenarbeit basiert. Dennoch sind alle Autoren für ihre Aufsätze und ihre darin geäußerten Bewertungen selbst verantwortlich.

Vorwort 17

In den einzelnen Beiträgen lassen sich Überschneidungen finden. Es wäre unsinnig, diese vermeiden zu wollen. Ein Beispiel: Die Systemtheorien werden hier nicht nur in einem Aufsatz erklärt, sondern tauchen in verschiedenen Kontexten auf. Wir halten eine solche doppelte Darstellung nicht für einen Nachteil, sondern für einen Vorteil. Der Studienanfänger hätte nur begrenzten Nutzen davon, Systemtheorien allgemein dargestellt zu bekommen. Sie haben in verschiedenen Bereichen Diskussionen ausgelöst und Kontroversen entfacht, mit jeweils unterschiedlichen Konsequenzen. Generell ist zu beachten, dass die einzelnen Teilbereiche der Politikwissenschaft in vielen Aspekten den gleichen Gegenstandsbereich – allerdings unter unterschiedlichen Fragestellungen – haben.

Das Buch gliedert sich in vier Teile. Der erste Teil *Einführung und Überblick* befasst sich mit der historischen Entwicklung und dem gegenwärtigen Stand des Faches. Darüber hinaus wird in ganz praktischer Absicht ein Überblick über allgemeine organisatorische Probleme vor der Aufnahme des Studiums gegeben.

Der zweite Teil *Disziplinen und Schwerpunkte der Politikwissenschaft* behandelt die verschiedenen Teildisziplinen des Faches. Von der thematischen Auswahl her orientieren wir uns an den in der Rahmenordnung für den Diplomstudiengang festgelegten Schwerpunkten. Dieser Rahmen prägt auch die Magister- und Lehramtsausbildung, so dass alle Studierenden sich mit diesen Bereichen im Verlauf ihres Studiums auseinander setzen müssen. Hierzu zählen: *Das politische System der Bundesrepublik Deutschland, Internationale Beziehungen, Vergleichende Politikwissenschaft, Wirtschaft und Gesellschaft, Politische Philosophie* und *Politische Theorie.* Darüber hinaus haben wir mit dem Beitrag über „Wahlforschung" einen Bereich miteinbezogen, der sich spezieller mit bestimmten Themen und Fragestellungen der Politikwissenschaft auseinander setzt und damit ein Beispiel für die Ausdifferenzierung des Faches bietet.

Der dritte Teil *Methoden und Arbeitsweisen* behandelt zwei Schwerpunkte. Zum einen die theoretischen und methodischen Grundlagen des Faches, zum anderen die Probleme, die sich im Studienalltag, z. B. beim Verfassen einer wissenschaftlichen Hausarbeit, stellen. Der letzte Teil widmet sich unter der Überschrift *Berufsperspektiven* abschließend der Situation der Politologen auf dem Arbeitsmarkt – einem Aspekt also, den wir angesichts eines immer schwierigeren Arbeitsmarkts für Akademiker nicht vernachlässigen wollen.

Die vorliegende studien- und problemorientierte Einführung geht damit einerseits auf die inhaltlichen Aspekte und Entwicklungen des Faches ein und berücksichtigt andererseits auch Fragen und Probleme der Studienorganisation. Ein Abkürzungsverzeichnis, eine Übersicht über die wichtigsten Zeitschriften sowie ein Personen- und Sachregister vervollständigen den Band. Die Literaturhinweise sind dort zu finden, wo sie gebraucht und aller Wahrscheinlichkeit nach auch gesucht werden – bei den einzelnen Beiträgen. Zum einen in den Fußnoten, zum anderen in einer kurzen, annotierten Bibliographie sowie in einer Liste weiterführender Literatur.

Einen Aspekt, der nicht fehlen darf und der vielen Studienanfängern Probleme bereitet, wollen wir an dieser Stelle kurz erwähnen. Das Studium der Politikwissenschaft ist, wie jedes andere wissenschaftliche Studium auch, hauptsächlich ein *Lesestudium*. Wir bieten auf den folgenden Seiten nur eine Einführung in das Fach und seine Teildisziplinen, nicht mehr. Dies ist nur der Einstieg zu den einzelnen Themenbereichen, die jeder Studierende im eigenständigen, täglichen (Lese-)Studium vertiefen muss. Der vielbeschworene „Frust" in den Lehrveranstaltungen rührt zu einem nicht unbeträchtlichen Teil auch aus einer lesefeindlichen Haltung her. Diskussionen in Seminaren können nicht stattfinden bzw. erreichen ihren Zweck nicht, wenn nicht alle dieselbe oder eine ähnliche Grundlage – und das bedeutet in unserem Fach fast immer: *Textgrundlage* – haben. Es empfiehlt sich deshalb von Beginn des Studiums an, sich eine *eigene Bibliothek* aufzubauen. Neben Büchern müssen auch Zeitschriften beachtet werden, da aktuelle Diskussionen gerade dort stattfinden. Die Angebote der Bundeszentrale und der Landeszentralen für politische Bildung sollten hierbei genutzt werden. Die „Informationen zur politischen Bildung" und „Das Parlament" mit der Beilage „Aus Politik und Zeitgeschichte" (APUZ) können z. T. kostenlos abonniert werden.

Kein Buch entsteht heute mehr allein durch die Autoren oder die Herausgeber. Dennoch ein Dank an alle Autoren, die sich immer wieder Kritik und Anregungen der Herausgeber oder anderer Kollegen angehört, diese verarbeitet und dennoch ihren eigenen Stil und Ansatz beibehalten haben. Dank auch all denjenigen, die mit nicht geringen Anstrengungen in mühevoller Kleinarbeit mitgeholfen haben, dieses Buch in der vorliegenden Form zu realisieren. Dies gilt besonders Claudia Hamann und Natalja Karthaus für ihre Zeit und Mühe, die vorliegenden Manuskripte so zu bearbeiten, dass einer Veröffentlichung nichts mehr im Wege stand.

Die Friedrich-Ebert-Stiftung und die Konrad-Adenauer-Stiftung haben uns im Vorfeld unterstützt und uns in ihren Tagungsräumen bzw. durch ihre auch materielle Förderung die notwendigen Gelegenheiten zur ausführlichen inhaltlichen Diskussion der Beiträge im Plenum der Autoren gegeben. Dadurch konnten Anregungen gesammelt und Kritik geleistet werden, die alle Beiträge befruchtet haben. Auch den beiden Institutionen gilt unser Dank.

Mainz, im Wintersemester 1993/94

Manfred Mols   Hans-Joachim Lauth   Christian Wagner

Vorwort zur 4. aktualisierten und erweiterten Auflage

Dem anhaltend hohen Interesse der Studierenden an der vorliegenden Einführung in die Politikwissenschaft fühlen wir uns als Herausgeber besonders verpflichtet. In der vorliegenden vierten, erweiterten Auflage werden die Beiträge hinsichtlich des neuesten Forschungsstandes aktualisiert.

Neu hinzugekommen ist im III. Abschnitt über Methoden und Arbeitsweisen ein Beitrag über das Internet und die Politikwissenschaft. Dieses Medium hat in den vergangenen Jahren eine immer größere Bedeutung in Forschung und Lehre gewonnen. Das Internet verändert nicht nur die Kommunikations- sondern auch die Arbeitsmöglichkeiten, so dass wir eine intensive Auseinandersetzung im Rahmen unserer Einführung für wünschenswert erachten.

Weiler über Bingen – Mainz – Berlin, im Frühjahr 2003

Manfred Mols   Hans-Joachim Lauth   Christian Wagner

Abkürzungsverzeichnis

a. a. O.	am angeführten Ort
ASEAN	Association of South-East Asian Nations
APSR	American Political Science Review
APEC	Asia Pacific Economic Cooperation
APuZ	Aus Politik und Zeitgeschichte
Attac	Association pour une Taxation des Transactions financières pour l'Aide aux Citoyens (franz. Abk. für „Vereinigung zur Besteuerung von Finanztransaktionen im Interesse der BürgerInnen"
B.A.	Bachelor of Arts
BAföG	Bundesausbildungsförderungsgesetz
BAT	Bundesangestelltentarif
BFIO	Büro Führungskräfte zu Internationalen Organisationen
BIP	Bruttoinlandsprodukt
BPB	Bundeszentrale für Politische Bildung
BRD	Bundesrepublik Deutschland
BWL	Betriebswirtschaftslehre
CCP	Committee on Comparative Politics
CEPAL	Comisión Económica Para América Latina, UN-Wirtschaftskommission für Lateinamerika
CERN	Centre Européenne pour la Recherche Nucléaire
DAAD	Deutscher Akademischer Austauschdienst
DAC	Development Assistance Committee, Entwicklungsausschuss der OECD
DGB	Deutsche Gewerkschaftsbund
DHfP	Deutsche Hochschule für Politik
DIE	Deutsche Institut für Entwicklungspolitik
DVPW	Deutsche Vereinigung für Politische Wissenschaft
ebd.	ebenda
EG	Europäische Gemeinschaft
EU	Europäische Union
EuGH	Europäischer Gerichtshof
GATT	General Agreement on Tariffs and Trade
GG	Grundgesetz
GUS	Gemeinschaft Unabhängiger Staaten
G77	Gruppe der 77

Abkürzungsverzeichnis

HSFK	Hessische Stiftung für Friedens- und Konfliktforschung
HRK	Hochschulrektorenkonferenz
HTML	Hyper Text Markup Language
http	hypertext transport protocol
INRO	Internationale Nicht-Regierungsorganisation
INGO	International Non-Governmental Organization
ISBN	Internationale Standardbuchnummer
ITO	International Trade Organization
IWF	Internationaler Währungsfonds
KMK	Kultusministerkonferenz
KSZE	Konferenz über Sicherheit und Zusammenarbeit in Europa
loc. cit	loco citato
M.A.	Magister Artium
MERCOSUR	Mercado Común del Sur (Südamerikanischer Gemeinsamer Markt)
MEW	Marx-Engels-Werke
NAFTA	North American Free Trade Area
NATO	North Atlantic Treaty Organisation (Nordatlantische Verteidigungsorganisation)
NPÖ	Neue Politische Ökonomie
NRO	Nicht-Regierungsorganisation
OECD	Organization for Economic Cooperation and Development, Organisation für wirtschaftliche Zusammenarbeit und Entwicklung
OPAC	Online Public Access Catalogue
OPEC	Organization of Petroleum Exporting Countries (Organisation erdölexportierender Länder)
OSZE	Organisation für Sicherheit und Zusammenarbeit in Europa
PR	Public Relations
PROKLA	Probleme des Klassenkampfes
PVS	Politische Vierteljahresschrift
QCA	Qualitative Comparative Analysis
SWS	Semesterwochenstunde
TNC	Transnational Corporation
UdSSR	Union der Sozialistischen Sowjet-Republiken
UNO/VN	United Nations Organization/Vereinte Nationen
UNCTAD	United Nations Conference on Trade and Development (Konferenz der UN für Handel und Entwicklung)

Abkürzungsverzeichnis

UNDP	United Nations Development Programme, UN-Entwicklungsprogramm
URL	uniform resource locator
USA	United States of America
VfZ	Vierteljahrshefte für Zeitgeschichte
vgl.	vergleiche
VWL	Volkswirtschaftslehre
WTO	World Trade Organization/Welthandelsorganisation
WWW	World Wide Web
ZfP	Zeitschrift für Politik
ZParl	Zeitschrift für Parlamentsfragen

I. Einführung und Überblick

Politik als Wissenschaft:
Zur Definition, Entwicklung und
Standortbestimmung einer Disziplin

Manfred Mols

1. Einleitung

Die Politikwissenschaft ist in vielen Ländern der Welt zu einem selbstverständlichen, geschätzten Universitätsfach geworden. Die jüngste regionale Erweiterung der Disziplin ist die Gründung der ab 2001 angelaufenen *Asian Political and International Studies Association* APISA, die im November 2003 in Singapur ihren Gründungskongress abhalten konnte. Der Kongressband deutet schon im Titel Aktualität und Zukunftsperspektiven an: „Asia in the New Millennium".[1] Wer die Geschichte der nordamerikanischen Politikwissenschaft oder gar die schwierige, von vielen innerakademischen Anfechtungen begleitete (Neu)Gründung des Faches in Westdeutschland nach 1950 kennt, wird in seiner weltweiten Entwicklung die Bestätigung seines Ranges in der modernen Wissenschaftslandschaft sehen.

Bei allem Aufstieg sind auch Probleme geblieben, die um das Selbstverständnis, um den Gegenstand und die konkrete Stellung der Politikwissenschaft im Fächergefüge des Universitätswesens kreisen, um das Spannungsverhältnis von Politik als Wissenschaft und Politik als praktische Gestaltung des Gemeinwesens und seiner internationalen Bindungen. Dies und einiges mehr so anzudiskutieren, dass der heutige Studienanfänger ein eigenes Verhältnis zur Art und Weise politikwissenschaftlichen Denkens erhält, ist Anliegen dieses einleitenden Beitrages. Er ist für Studierende geschrieben und soll hinführen zur Politikwissenschaft; er dient nicht der Teilnahme an einem seit Jahren immer komplizierter gewordenen Disput zwischen etablierten Politologen.

Ein Teil der vorhin angedeuteten Reibungen an der Politikwissenschaft bezieht sich in erster Linie auf die deutsche Universität,

---

[1] *Amtiva Acharva / Lee ai To* (eds.): Asia in the New Millennium, London u.a.2004.

26   Manfred Mols

genauer gesagt auf jene deutsche Universität, die nach der Zäsur des Nationalsozialismus fast ängstlich darauf bedacht war, ein in vielen Bereichen verlorengegangenes oder bedrohtes Profil zurückzugewinnen und die damals glaubte, sich keine Experimente mit ‚neuen' Fächern leisten zu können. Ein anderer Teil, wie etwa das, was sich auf die ‚Natur' des Faches oder auf seine praktische Anwendbarkeit bezog, ist auch international diskutiert worden und gehört weiterhin in die internen Dispute und Dialoge der Disziplin. Allerdings: In jenen einleitend genannten fünfziger Jahren hätte ein Student weder in den USA noch in anderen westlichen Ländern nennenswerte Akzeptanzprobleme des Faches *political science* gespürt. In Kanada beispielsweise wurde bereits 1888 die erste politikwissenschaftliche Professur eingerichtet. Ebenso war es in Europa schon vor dem Ersten Weltkrieg (1912) zu einem ersten Lehrstuhl in Oxford gekommen.[2] Wie rasant der internationale Aufstieg des Faches war, zeigt sich darin, dass man bereits im Jahre 1900 an etwa einem halben Dutzend amerikanischer Universitäten einen politikwissenschaftlichen Doktorgrad erwerben konnte. Um 1903 gab es in Nordamerika schon rund 1.000 *political scientists*.

Und doch sind diese Andeutungen nur die halbe Wahrheit. Politikwissenschaft ist weitaus älter und ungleich traditionsgeladener als hier angeführt.

2. Politik und Politikwissenschaft: Eine Begriffsbestimmung

Politikwissenschaft ist das wissenschaftliche Herangehen an ein höchst praktisches, uraltes und mit dem Menschen als Gemeinschaftswesen verbundenes Geschäft: Politik.

Was ist Wissenschaft? Was ist Politik? Und wie kommt beides so zusammen, dass man von einer Politik-Wissenschaft sprechen kann?

Wissenschaft nennt man die in ihren Aussagen überprüfbare und systematische Beschäftigung mit nahezu beliebigen Bereichen der Natur, des menschlichen Denkens und des menschlichen Zusam-

---

[2] Einzelheiten bei *William G. Andrews* (Hrsg.): International Handbook of Political Science, Westport/London 1982.

Politik als Wissenschaft   27

menlebens und seiner Gestaltungsformen. Die Beschäftigung kann extrem abstrakt (Mathematik, theoretische Physik), verbunden mit anschaulich handfesten und im allgemeinen wiederholbaren Experimenten (Zoologie) bzw. experimentähnlichen wiederkehrenden Situationen (Teile der Wirtschaftswissenschaften oder der sozialwissenschaftlichen Verhaltensforschung) erfolgen. Es kann auch die Auswertung konkreter und nicht selten einmaliger Erfahrungen den Kern der wissenschaftlichen Arbeit bestimmen (die teilnehmende Beobachtung des Ethnologen oder des Politikwissenschaftlers, der konkrete Entscheidungsprozesse studiert). Die Überprüfbarkeit der wissenschaftlichen Aussagen hängt zum einen von einer präzisen Sprache und Begrifflichkeit ab, zum anderen von der Art standardisierter Vorgehensweisen und Zugriffe (Methoden), zum dritten nicht zuletzt von geistigen Strömungen und Traditionen, innerhalb derer man sich bewegt und Wissen und Argumente weitergibt. Wissenschaft steht und fällt damit, dass ihre Aussagen mitteilbar, nachvollziehbar und zugleich kritisierbar sind.[3] Zur Wissenschaft gehört auch, dass ihre Aussagen in einen systematischen Zusammenhang gebracht werden können, der Einzeltatsachen zu ordnen hilft, sie in übergreifende Aussagen genereller Natur stellt und möglichst zu Erklärungen, d. h. zu verallgemeinernden Begründungsableitungen, vorstößt. Letzteres ist das Anliegen von Theorie, die entweder dem Besonderen einen sinnhaften Stellenwert in einem Allgemeineren zuweist oder eben einzelne Erscheinungen in ableitbare Zusammenhänge von Ursachen und Wirkungen bringt. In den Naturwissenschaften beruht die Gültigkeit von Theorie bzw. Erklärung auf der Wiederholung von Ereignisverknüpfungen. In den traditionellen Geisteswissenschaften (z. B. Literaturwissenschaften, Geschichtswissenschaft) geht es primär um kulturell erfahrene Sinnzusammenhänge, in denen ‚Tatsachen' als Bestandteile eines von subjektiven Vorannahmen erfüllten hermeneutischen, d. h. auf Verstehen bedachten, Kontextes aufgefasst werden.

In den Sozialwissenschaften, die sich nicht selten als eine dritte Größe neben Natur- und Geisteswissenschaften präsentieren und damit implizit zugeben, dass sie aus beiden Richtungen Ver-

---

[3] Vgl. *Arnold Brecht*: Politische Theorie. Die Grundlagen politischen Denkens im 20. Jahrhundert, Tübingen 1961; *Ulrich von Alemann* (Hrsg.): Politikwissenschaftliche Methoden. Grundriss für Studium und Forschung, Opladen 1995.

ständnisebenen von Wissenschaft aufgreifen, bedeutet Theorie noch etwas anderes. Sie ist entweder eine modellähnliche, abstrakte und damit reduzierte Konstruktion von Wirklichkeit, die auf als relevant empfundene Zusammenhänge achten lässt (Musterbeispiele bieten die soziologische und die politikwissenschaftliche Systemtheorie auf der Makroebene, die Spieltheorie auf der Ebene der Rationalität von Entscheidungen).[4] Oder sie präsentiert gleichsam geronnene Erfahrungen, d. h. den Verweis auf sich wiederholende Verhaltensweisen und/oder Entwicklungen in vergleichbaren historischen und verhaltensrelevanten Konstellationen sozialer, politischer oder auch ökonomischer Natur.

Politik ist demgegenüber zunächst eine höchst praktische Angelegenheit. Politik ist in Europa, wie schon ihre sprachliche Wurzel, das griechische Wort *polis* (Stadt, Burg, Gemeinde), anzeigt, ursprünglich auf die inneren Verhältnisse und die Bestandswahrung eines überschaubaren (Stadt-)Staates angelegt. Heute umfasst der Begriff der Politik „jenes menschliche Handeln, das auf die Herstellung allgemein verbindlicher Regelungen und Entscheidungen in und zwischen Gruppen von Menschen abzielt"[5]. Aus der Politik der Polis ist (modern gesprochen) über die Kommunalpolitik hinaus Regionalpolitik, Staatspolitik, Weltpolitik usw. geworden,[6] die sich ihrerseits je nach Zuständigkeitsbereich in einigermaßen fest umrissene Einzelgebiete aufteilen: Innenpolitik, Wirtschaftspolitik, Finanzpolitik, Verteidigungspolitik, Sozialpolitik, Verkehrspolitik, Außenpolitik, Umweltpolitik usw. Dabei vollzieht sich Politik in einem zunehmend komplexer werdenden Geflecht von staatlichen und supranationalen (Beispiel: die Europäische Union), globalen (das System der Vereinten Nationen) und international-gouvernemental-regionalen (die Assoziation Südostasiatischer Nationen ASEAN oder die Arabische Liga) Gremien und Führungsstrukturen. Auch gesellschaftlich-transnationale (internationale Gewerkschafts- oder Parteienverbände) und wirtschaftlich-multinationale (General Motors, Volkswagen, Unilever) Akteure spielen einen zunehmend gewichtiger werdenden politischen oder zumindest parapolitischen Part. Der nationale Staat wird

---

[4] Vgl. den Beitrag von *Peter Thiery* in diesem Band.

[5] *Werner J. Patzelt*: Einführung in die Politikwissenschaft. Grundriss des Faches und studiumbegleitende Orientierung, Passau 1992, S. 321.

[6] Vgl. *Hans Maier, Bernhard Vogel*: Politik, in: Görres-Gesellschaft: Staatslexikon, Bd. 4, Freiburg i. Br. [7]1988, S. 431-440.

Politik als Wissenschaft

wahrscheinlich bis auf weiteres die zentrale politische Ordnungs- und Gliederungsform der Welt bleiben. Es treten ihm aber immer mehr konkurrierende Größen politischer Natur entgegen, die seinen existentiellen Rang, seine an den Begriff der Souveränität gekoppelte einzigartige Entscheidungskompetenz, vor allem aber seine Gestaltungskraft relativieren, wenn nicht sogar partiell ersetzen.[7]

Politik hat also einen komplizierten, die meisten Menschen eher verwirrenden Charakter angenommen. Aus der Willensbildung in einem konkreten, überschaubaren Gemeinwesen und aus der Führung in ebenso überschaubaren Verantwortungsbereichen auf der Basis persönlicher Ausstrahlung, Lebenserfahrung und eines ausgebildeten *common sense* sind hochspezialisierte Funktionsbereiche geworden, bei denen (man sieht dies deutlich an der Umweltproblematik) Bewältigungszwänge für den eigenen unmittelbaren Lebensbereich und für die globale Ebene gleitend ineinander übergehen können. Dies zu studieren und zu erforschen und vielleicht mit den Möglichkeiten der Wissenschaft mit zu beeinflussen kann eine ebenso reizvolle wie spannende Aufgabe sein.

Dem Leser kann nicht entgangen sein, dass wir uns längst der Ausgangsfrage, wie es um das Verhältnis von Politik zur Politikwissenschaft steht, genähert haben. Man könnte mit einer sehr einfachen, aber völlig korrekten Definition von Politikwissenschaft aufwarten: Politikwissenschaft ist die systematische Beschäftigung mit den gerade ausgebreiteten Ereignisfeldern und Strukturmerkmalen des Politischen.[8] Dabei hat sich seit den späten siebziger Jahren eine dreifache Perspektive durchgesetzt hat, die in etwa der modernen Entwicklungsgeschichte des Faches und seinen sich allmählich herauskristallisierenden Interessenschwerpunkten entspricht: Politikwissenschaft beschäftigt sich erstens mit der Betrachtung von Strukturen und konstitutiven Normen des politischen Systems auf der Makro- wie auf intermediären und Mikroebenen; ihr geht es zweitens um die Analyse politischer Prozesse; Politikwissenschaft ist drittens auf die Planung, Durchführung und Über-

---

[7] Einzelheiten bei *Manfred Mols*: Die Zukunft des Staates als zentraler politischer Akteur, in: *Karltheodor Huttner, Burkhard Haneke* (Hrsg.): Konkrete Visionen. Gesellschaftliche Tendenzen und Perspektiven in Deutschland im 3. Jahrtausend, München 1992, S. 29-50.

[8] Vgl. *Hans-Georg Heinrich*: Einführung in die Politikwissenschaft, Wien u. a. 1989, S. 34.

prüfung konkreter politischer Gestaltungsaufgaben gerichtet. Für diese dreifache Aufgabendefinition ist aus der angelsächsischen Literatur die sprachliche Trias *polity*, *politics* und *policy* übernommen worden. Oft verzichten aber gerade nordamerikanische und britische Lehrbücher auf sehr präzise Definitionen von Politikwissenschaft und stellen die *science of politics* statt dessen lieber in Schlüsselbegriffen des Politischen vor: Legitimität, Souveränität, Autorität, Macht usw.

Es gibt zu den Versuchen, die Politikwissenschaft auf eine sprachlich-definitorische Formel zu bringen (oder zu dem bewussten Verzicht darauf), seit vielen Jahrzehnten eine alternative Strategie. Ausgehend von der Grundüberlegung, dass das Politische eine (manchmal dominierende, manchmal schwächere) Beimischung sehr vieler sozialer Beziehungen ist, kam immer wieder die Frage auf, was denn die besondere politische Qualität in diesen Interaktionsmustern sei. Die Fragestellung hat eine wichtige Rolle im Selbstverständnis der Politikwissenschaft gespielt. Sie ist in Deutschland unter der Bezeichnung ‚Begriff des Politischen' gestellt und diskutiert worden, dem „archimedischen Punkt politologischer Analyse".[9]

Wie zu erwarten, gibt es auf die Frage nach der eigentlichen Substanz oder dem Wesen der Politik verschiedene denkbare Antworten.[10] Für die einen ist Herrschaft die maßgebliche politische Grundkategorie. Neomarxisten begriffen Politik als Macht- und Herrschaftsverhältnisse, die sich auf Klassenstrukturen beziehen. Macht überhaupt ist ein weiterer Einstieg für die Bestimmung des Politischen, den man schon in der Antike und seit der beginnenden Neuzeit mit Niccoló Machiavelli (1469-1527) und nicht zuletzt mit Thomas Hobbes (1588-1679) diskutiert.[11] Carl Schmitt, von dem die Bezeichnung ‚Der Begriff des Politischen' stammt, weist auf die „Unterscheidung von Freund und Feind" hin. Ein al-

---

[9] Aus dem Vorwort zu *Ulrich Albrecht* u. a. (Hrsg.): Was heißt und zu welchem Ende betreiben wir Politikwissenschaft? Kritik und Selbstkritik aus dem Berliner Otto-Suhr-Institut, Opladen 1989, S. 9.

[10] Vgl. *Dirk Berg-Schlosser*, *Theo Stammen*: Einführung in die Politikwissenschaft, München [6]1995.

[11] Man nennt im Allgemeinen diejenigen, die sich beim wissenschaftlichen Nachdenken über Politik auf Machtverhältnisse konzentrieren, Realisten. Die realistische Schule hat besonders in der Lehre von den internationalen Beziehungen einen anerkannten Stellenwert.

Politik als Wissenschaft 31

ternativer Politikbegriff heißt Frieden (Sternberger). Wiederum andere Politiktheoretiker, insbesondere, wenn sie durch das katholische Staats- und Sozialdenken im Gefolge der wirkungsträchtigen Philosophie Thomas von Aquins (1225-1274) bzw. überhaupt durch die Schule des Aristoteles (384/83-322) beeinflusst sind, stellen das Gemeinwohl in den Mittelpunkt ihrer Überlegungen. Dem politikwissenschaftlichen Denken fällt danach die Aufgabe zu, Kriterien für die gute Ordnung menschlichen Zusammenlebens zu erarbeiten. In der angelsächsischen Welt ist besonders der in Chicago lehrende David Easton mit seiner Definition von Politik als der „autoritativen Allokation von Werten" hervorgetreten.[12] Werte können beliebige Güter und Zuweisungen (auch negativer Natur, also Sanktionen) sein. Politik ist hier deren verbindliche Verteilung (Allokation) durch das politische System. In diesen verschiedenen Perspektiven bzw. Diskussionen erschließt sich letztlich das komplexe Feld der Politik. Man sollte sie daher nicht exklusiv, sondern eher komplementär verstehen.

3. Eigenheiten politikwissenschaftlichen Denkens: Grundfragen und Voraussetzungen

3.1 Selektion und Abstraktion: Der Beginn (politik)wissenschaftlichen Arbeitens

Es ist faktisch unmöglich, sprachlich und unmittelbar die ungeheure Vielfalt des politischen Lebens bzw. die Menge vorhandener politischer Meinungen nachzuvollziehen. Jede Wissenschaft fängt damit an, dass man sich für die Beachtung von als relevant angenommenen Aspekten entscheidet, d. h. *Wissenschaft ist immer Produkt einer analytischen, nach erkenntnisleitenden Gesichtspunkten getroffenen Auswahl.* Man zieht gleichsam das als wichtig Erachtete aus einer Fülle von Erscheinungen, Zusammenhängen, selbst noch Daten und ‚Fakten' heraus. Wissenschaft ist so gesehen immer ein Stück bewusst vorgenommener Abstraktion (lat. *abstrahere* = abziehen, herausziehen). Auch Politikwissenschaft ist daher Selektion von Relevantem, Abstraktion aus ei-

---

[12] Vgl. *David Easton*: A Framework for Political Analysis, Englewood Cliffs/N. J. 1965.

32 Manfred Mols

ner unendlich komplexeren politisch-historisch-sozialen Lebenswelt. Wissenschaftliche Arbeit, darin ist Karl Popper zuzustimmen, hat etwas mit einem Scheinwerfer zu tun, frei übersetzt mit einem einigermaßen präzisen, vorgefassten Einstieg, dessen eigentliche Aufgabe Selektion, Zuwendung zu dem als wesentlich Erachteten heißt.[13]

3.2 Einflussfaktoren auf den politikwissenschaftlichen Auswahl- und Arbeitsprozess

3.2.1 Traditionen, geistige Strömungen und Ordnungsbilder

Wir bewegen uns immer in geistigen Strömungen und Traditionen, die gerade im Denken über Politik ihren Rang haben. Sie zu benennen, mit ihnen offen zu arbeiten ist ein Stück alltäglicher wissenschaftlicher Rationalität. Dies bedeutet gleichzeitig eine Vielzahl von tatsächlichen theoretischen, vortheoretischen und/oder ideologischen Einstiegen. Ein Marxist wird anders an Verteilungsfragen herangehen als jemand, der in Kategorien schnellen volkswirtschaftlichen Wachstums denkt. Dem südostasiatischen Harmoniedenken ist der westliche Glaube an die konstruktive Impulskraft sozialer Konflikte fremd.[14] Konflikte sind nach solchen Auffassungen auszuräumende Störgrößen von Stabilität.

Nahezu nahtlos knüpft sich hier ein anderer Gesichtspunkt an: Es gibt so etwas wie große, ganze Welt- und Ordnungsbilder bestimmende Sensibilisierungen in Form von politischen Ideologien. In modernen Zeiten gehören Konservatismus und Liberalismus dazu, Sozialismus und Kommunismus, Anarchismus und Faschismus, auf einer anderen Ebene auch die Mystifizierung der Mexikanischen Revolution (der Jahre ab 1910) als Prozess nationaler Selbstfindung wie auch jene fünf Säulen eines ‚offiziellen' indonesischen politischen Bewusstseins, die man als Pancasila (vgl. Magnis-Suseno) bezeichnet hat. Ideologien sind Weltsichten mit

---

[13] Vgl. *Karl R. Popper*: Naturgesetze und theoretische Systeme, in: *Hans Albert* (Hrsg.): Theorie und Realität. Ausgewählte Aufsätze zur Wissenschaftslehre der Sozialwissenschaften, Tübingen [2]1972, S. 43-58, hier S. 47.

[14] Vgl. *Franz von Magnis-Suseno*: Neue Schwingen für Garuda. Indonesien zwischen Tradition und Moderne, München 1989.

Politik als Wissenschaft 33

fließenden Übergängen in philosophische wie in theologische Dimensionen und in grundsätzliche politische Leitvorstellungen hinein. Für unseren Argumentationszusammenhang besteht ihre Bedeutung darin, dass sie Sensibilisierungsstränge herstellen, Perspektiven, Sichtweisen, die prägend in die Politikwissenschaft, ihre Fragestellungen, ihre Antwortrichtungen usw. hineinragen und deren Relevanz für die praktische Politik nicht deutlich genug unterstrichen werden kann. Die Wirksamkeit von Ideologien zeigt sich in der politischen Signalwirkung von zentralen Leitbegriffen. Gorbatschows ‚perestroika' hatte ‚Umstrukturierung' bedeutet, das vietnamesische ‚doi moi' hebt auf Reformen ab, d.h. die grundsätzlichen Strukturen des (immer noch kommunistischen) Staates werden nicht infrage gestellt. ‚Perestroika' hatte somit eine ganz andere Signalqualität als ‚doi moi'. Die jeweiligen ideologischen Einbindungen sind unverkennbar.

3.2.2 Impulse aus der vorwissenschaftlichen Welt

Es gibt in der Politikwissenschaft nicht zu unterschätzende Impulse aus der vorwissenschaftlichen Welt. Dem Forscher wird vieles aus seiner persönlichen Erfahrungswelt als Staatsbürger, als Betroffener, als politisch Interessierter zum Problem. Was als politisch wichtig angesehen wird, auch als politikwissenschaftlich so bedeutsam, dass man sich ihm widmet, hängt sehr oft mit Eingaben aus dieser vorwissenschaftlichen Daseinserfahrung zusammen. In den Worten eines der bedeutendsten frühen deutschen Politologen, Hermann Hellers: „Jede echte Frage hat deshalb ihren Ursprung in der relativ objektiven Fragwürdigkeit des von uns faktisch mitgelebten Lebens."[15] Die Alternativen seien Scheinprobleme, d. h. Dinge, die mit dem Menschen und seiner politischen Existenz nichts oder nicht mehr viel zu tun haben. Der bolivianische Politologe Felipe Mansilla[16] geht so weit, mit einer deutlichen Verachtung von ‚Buch-Wissenschaften' überall dort zu sprechen, wo (Politik-)Wissenschaft zur immer wieder neu vorgelegten Interpretation, Ergänzung und Bereinigung von Texten (im Allgemeinen der so genannten Klassiker) degeneriert.

---

[15] *Hermann Heller*: Staatslehre, Leiden ²1961, S. 26.
[16] *H. C. F. Mansilla*: Die Trugbilder der Entwicklung in der Dritten Welt, Paderborn u. a. 1986, S. 9.

34 Manfred Mols

3.2.3 Der wünschbare Praxisbezug politikwissenschaftlichen Denkens und einige seiner Implikationen

Das Argument von der Betroffenheit aus der vorwissenschaftlichen Daseinserfahrung hat Heller noch gesteigert: „Ohne letztlich praktische Forschungsabsicht kann es in der Staatslehre weder fruchtbare Fragen noch wesentliche Antworten geben."[17] Oder, um ein berühmtes Wort Hans Freyers[18] abgewandelt und pointiert vorzutragen: Nur wer politisch etwas will, sieht politikwissenschaftlich etwas. Solch eine Position mag in ihrer Radikalität überzogen klingen: Die praktische Forschungsabsicht heißt nichts anderes, als auf ein Stück Weltveränderung aus Betroffenheit hinzuwirken. In diesem Geiste hat Arnold Bergstraesser die zeitweilig mit Abstand einflussreichste deutsche politikwissenschaftliche Richtung, die *Freiburger Schule*, begründet: „Die Rechtfertigung der Politik als Wissenschaft liegt in ihrer Konzentration auf die *res gerendae*"[19], d. h. auf ‚die Dinge, die zu tun sind'.

Jenseits von solchen grundsätzlichen Überlegungen stößt man sehr rasch auf das Spannungsverhältnis zwischen Politikwissenschaft und politischer Praxis, mit dem sich schon kein geringerer als Max Weber auseinander gesetzt hatte.

Wir haben es, wenn wir von dem Verhältnis von Politik als Wissenschaft und politischer Praxis sprechen, mit zwei Bezugsgrößen zu tun: der Rolle, die Wissenschaftler einnehmen können und eventuell müssen, und dem Part, den die ‚Praktiker' spielen (Abgeordnete, Minister und Staatssekretäre, hohe Beamte, Entscheidungsträger in Verbänden und in internationalen Gremien usw.). Was bietet die eine Bezugsgröße der anderen an, und worin bestehen mögliche und/oder tatsächliche Rückkoppelungen?

Jenseits von Einzelheiten der Politikberatung[20] wird man der verbreiteten Meinung zustimmen müssen, dass es kaum noch prak-

---

[17] *Heller* 1961 (Anm. 15), S. 26.

[18] *Hans Freyer*: Soziologie als Wirklichkeitswissenschaft. Logische Grundlegung des Systems der Soziologie, Neudruck, Darmstadt 1964, S. 305.

[19] *Arnold Bergstraesser*: Politik in Wissenschaft und Bildung. Schriften und Reden, Freiburg i. Br. ²1966, S. 28.

[20] Vgl. *Rainer Frey*: Politikwissenschaft und Politikberatung, in: *Jürgen Bellers, Rüdiger Robert* (Hrsg.): Politikwissenschaft I, Grundkurs, Münster/Hamburg ³1992, S. 224-243; *Heinz Rausch*: Politikberatung, in: Görres-Gesellschaft: Staatslexikon, Bd. 4, Freiburg i. Br. ⁷1989, S. 1090-1100.

Politik als Wissenschaft

tisch-politische Entscheidungen auf nationalen wie auf internationalen[21] Ebenen gibt, die nicht der Information und Beratung durch Experten in einzelnen Fachfragen bedürfen. Der Bedarf ist genauso eindeutig wie die wachsende Tendenz zur Beratungsbeteiligung auch von Politikwissenschaftlern. Der Vorteil für die Politikwissenschaft liegt auf der Hand. Wie in anderen Wissenschaften besteht ein erheblicher Teil der inneren Dynamik des Faches im Vorstellen, Entkräften und Weiterentwickeln akademischer Positionen, d.h. in theoretisch gesicherten Potenzialen – Aktivitäten, die zur fachinternen Selbstabschließung führen können. Politikberatung bedeutet demgegenüber die praktische Herausforderung, sich aktuellen Problemlagen zu stellen und entscheidungsgerichtete, operativ verwertbare Antworten zu finden. Politikberatung ist so gesehen ein außerordentlich nützliches Korrektiv für viele Versuchungen, die vom akademischen Elfenbeinturm ausgehen. – Umgekehrt kann der Nutzen für die praktische Politik darin bestehen, dass sich über die politisch-wissenschaftliche Beratung das anstehende Problem konzeptuell präzisieren lässt – und dies auch mit Blick auf Lösungen (kein geringerer als Henry Kissinger ist nicht müde geworden, auf dieses spezifische politikleitende Potenzial aus dem akademischen Bereich aufmerksam zu machen). Politikwissenschaftliche Politikberatung kann des weiteren Distanz (z. B. gegenüber parteipolitischen Verranntheiten) und immer wieder auch das Zur-Verfügung-Stellen eines spezifischen Wissensschatzes bedeuten, über den der einzelne hohe Beamte, Parlamentarier, Diplomat usw. nicht verfügen dürfte.

Hier massiv dafür zu plädieren, dass Politikwissenschaft nicht den verantwortlichen Kontakt zur praktischen Politik verliert, bedeutet nicht, einige damit verbundene Probleme zu verkennen. Es besteht z. B. immer wieder die Gefahr einer „Sprachbarriere zwischen Beratern und Beratenen" (Frey), die dann für beide Seiten abstoßend wirkt. Auch sind mitwirkende Wissenschaftler der Gefahr von Gefälligkeitsargumentationen ausgesetzt. Die Verführung durch die Macht soll nicht unterschätzt werden. An der wünschbaren partiellen (nicht vollständigen!) Verflechtung von Politikwissenschaft und politischer Praxis ändert das jedoch nichts.

---

[21] Vgl. *Manfred Mols*: Politikberatung im außenpolitischen Entscheidungsprozess, in: *Wolf-Dieter Eberwein und Karl Kaiser* (Hrsg.): Deutschlands neue Außenpolitik, München 1998, S. 253-264.

3.2.4 Die epochale Einbindung politikwissenschaftlichen Denkens

Es gibt über das bisher Gesagte hinaus noch ein ganz spezifisches Verhältnis von Politikwissenschaft und politisch-sozialer Praxis: die Prägung politisch-theoretischen Denkens durch die jeweils erfahrene historische Epoche. Logisch haben sich hier in der Regel zwei Alternativen angeboten: a) die Herausforderung durch eine Krisen- und Umbruchsituation und als Antwort darauf der Entwurf einer neuen Ordnung, b) eine Bestandserfassung der zeitgeschichtlich-aktuellen Situation sozusagen in Grossaufnahme. Im ersten Fall liegt meist ein kritischer Ductus in der Argumentation vor, im zweiten Fall nicht selten ein affirmativer. Für all dies gibt es prominente Beispiele, häufig kommen Mischverhältnisse vor. Platon und Aristoteles legen ihre Überlegungen zur Herrschaftsordnung und zur politischen Ethik zur Zeit der Krise der griechischen Polis vor. Thomas Hobbes fühlt sich herausgefordert durch die biographisch miterlebte Bürgerkriegssituation im England seiner Zeit. Marx' Werk ist im Kern zunächst eine gnadenlose Abrechnung mit den Strukturdefekten des miterlebten aufblühenden kapitalistischen Zeitalters. Rudolf Smends beachtetes Werk „Verfassung und Verfassungsrecht" (zuerst 1928) ist der Versuch, der inneren Staatsentfremdung der Weimarer Republik auf die Spur zu kommen und zugleich Richtungen zu weisen, wie ein partizipativerer Staat funktionieren sollte. Die Mischung aus grundsätzlicher Bestandsaufnahme des jeweils geltenden Zeitalters, philosophischer Zeitkritik und Hindenken auf neue Ordnungsentwürfe ist, wie nicht anders zu erwarten, bei jedem der großen politisch-philosophischen Denker akzentuell unterschiedlich ausgeprägt. Heute stehen Globalisierungsüberlegungen und die Gefährdung wie die Möglichkeiten von Freiheit im Vordergrund.[22]

Epochale Herausforderungen spielen in Zeiten großer historischer Umbrüche eine besondere Rolle. In einer solchen Zeit leben wir jetzt. Das Ende des Kalten Krieges, die Folgelasten von Perestroika einschließlich der Selbstauflösung der ehemaligen Sowjetunion, die deutsche Wiedervereinigung, das Ringen um eine Neugestaltung Europas, neue Blockbildungen in den Amerikas und im asiatisch-pazifischen Raum, das wachsende Gewicht Chinas

---

[22] Vgl *Amartya Sen*, Development as Freedom, Oxford 1999. Gegenläufig, aber auf nicht minderem Niveau: *Uwe Jean Heuser*: Das Unbehagen im Kapitalismus. Die neue Wirtschaft und ihre Folgen, Berlin 2000.

Politik als Wissenschaft 37

und vieles andere stellen nicht nur veränderte Handlungszwänge auf, sie fordern auch zu wissenschaftlich-konzeptuellen Neubesinnungen heraus.

3.2.5 Konkrete Vorarbeiten und soziale Einbindung

Wissenschaft fängt selten beim Punkte Null an, sondern über die angedeuteten Traditionen hinaus bei konkreten Vorarbeiten. Wenn man sich beispielsweise an der Diskussion über die Frage beteiligt, in welchem Zuordnungsverhältnis in Mexiko der Staatspräsident, eine sehr dünne politisch-ökonomische Elite (früher oft als ‚Revolutionäre Familie' bezeichnet) und die von 1928/29 bis 2000 an der Macht befindliche Revolutionspartei stehen, wird man von einer vorhandenen, differenziert angelegten wissenschaftlichen Literatur auszugehen haben. Oder: Jede noch so originäre Wahlanalyse wird Bezug nehmen müssen auf frühere einschlägige Arbeiten. Je deutlicher diese so gut wie immer vorhandene wissenschaftliche Vorarbeit in Form von auf Kausalitäten gerichteten Erklärungsansätzen greifbar ist, um so eindeutiger haben wir es mit dem zu tun, was Karl Popper Hypothesen nennen würde. Und diese besitzen keinen Ewigkeitswert, sondern sind Korrekturen und Widerlegungen ausgesetzt.

Wissenschaft ist schließlich immer auch ein soziales Unternehmen, in dem bevorzugte Themen-, Bearbeitungs- und Lösungsstandards gelten, die wie eine Mode eine Zeit lang en vogue sind und oft, meist recht abrupt, wieder aufgegeben und durch alternative Paradigmen ersetzt werden.

> „Das Studium der Paradigmata [...] ist für den Studierenden die wichtigste Voraussetzung für die Mitgliedschaft in einer wissenschaftlichen Gemeinschaft, mit der er später arbeiten will. Da er sich dort Menschen anschließen wird, welche die Grundlagen ihres Gebietes anhand derselben konkreten Modelle kennen gelernt haben, wird seine spätere Arbeit selten offene Meinungsverschiedenheiten über Grundprinzipien auslösen. Menschen, deren Forschung auf gemeinsamen Paradigmata beruht, sind denselben Regeln und Normen für die wissenschaftliche Praxis verbunden. Diese Bindung und die offenbare Übereinstimmung, die sie hervorruft, sind Voraussetzungen für eine normale Wissenschaft, d. h. für die Entstehung und die Fortdauer einer bestimmten Forschungstradition."[23]

---

[23] *Thomas S. Kuhn*: Die Struktur wissenschaftlicher Revolutionen, Frankfurt a. M. ²1976, S. 28f.

38   Manfred Mols

Für die Richtigkeit dieser Kuhnschen Überlegungen auch in der
Politikwissenschaft spricht vieles. Als seit den fünfziger Jahren mit
Blick auf die Dritte-Welt-Problematik die so genannten Modernisierungstheorien aufkamen, d. h. Theorien, in denen traditionale
Gesellschaften im Vergleich zu modernen westlichen Industriegesellschaften als rückständig angesehen wurden und Unterentwicklung folglich als ein durch Modernisierungsimpulse überwind-
bares Defizit galt, wäre der Gedanke an eine westliche Mitverur-
sachung des Elends in Asien, Afrika und Lateinamerika innerhalb
der großen Gruppe der Modernisierungstheoretiker als etwas Ab-
surdes erschienen. Die vor allem in den sechziger Jahren aufkom-
menden Dependenztheorien (span. *dependencia* = Abhängigkeit)
setzten gegenteilige Akzente. Eine wirklich seriöse Auseinandersetzung zwischen den beiden Lagern der Modernisierungstheoretiker und der *dependencistas* hat dann lange Zeit deshalb nicht stattgefunden, weil jede Gruppe zunächst im sozialen und vor allem
auch im paradigmatischen Binnenraum ihrer selbst blieb.

3.2.6 Anthropologische Prämissen

Politikwissenschaft kommt nicht ohne anthropologische Prämissen aus, d. h. angebbare Überzeugungen über die Natur des Menschen und der Wirkungen der sozialen Bindungen, in denen er
steht. Das miteingebrachte Bild oder Selbstverständnis des Menschen mag als implizite Annahme angelegt sein, also noch nicht
begriffssprachlich präsentiert, sondern als „nachträglich explizier-
bar und rekonstruierbar" (Alois Halder) erscheinen. Es kann aber
auch *expressis verbis* genannt und ausgebreitet werden. Es mag
sich stärker auf die grundsätzliche psychische Ausstattung und
Formbarkeit des Menschen beziehen oder auf oberste Zwecke
menschlicher Vergemeinschaftung. Es kann ein Stück Vertrauen in
die Möglichkeiten des einzelnen und seiner sozialen Umwelt beinhalten wie auch ein klares Misstrauen gegenüber dem Streben
des Menschen und der von ihm gebildeten sozialen Einheiten. Eine Politikwissenschaft, die glaubt, anthropologisch neutral bzw.
prämissenlos auskommen zu können, betrügt sich selbst. Nicht immer sind die anthropologischen Fundamente so deutlich zu greifen wie bei Thomas Hobbes oder in der Realistischen Schule des
Hans Morgenthau. Hobbes geht bekanntlich von der Grundüber-
zeugung aus, dass der Mensch von Natur aus dem Menschen ein
Wolf sei (*homo homini lupus*) und dass in einem fiktiven Naturzu-

stand folglich ein Krieg aller gegen alle herrschen müsse, so dass es einer zwingenden Ordnungsmacht, von ihm „Leviathan" genannt, bedürfe, um ein einigermaßen friedliches Miteinander zu ermöglichen. Der Morgenthau'sche Ansatz bezieht sich ausdrücklich auf die Theologie des protestantischen Theologen Reinhold Niebuhr, bei dem die Versuchung zum Machtmissbrauch aus einem angeblichen prinzipiellen Unvermögen des Menschen zu einem konsequent durchgehaltenen altruistischen Handeln abgeleitet wird. Neoaristoteliker bzw. das durch die katholische Soziallehre beeinflusste politik- und sozialwissenschaftliche Denken betonen demgegenüber die natürliche Anlage des Menschen auf das Gute hin. Politik ist nach dieser Auffassung letztlich auf den guten Staat bzw. eine gerechte internationale Ordnung angelegt. Ein anderes Beispiel für ein eher positives anthropologisches Grundverständnis geben Marxisten und Neomarxisten ab. Sie betonen, dass der vollen Entfaltung der menschlichen Potentiale nichts mehr im Wege stehe, wenn sich die historische Lebenssituation nach einigermaßen angebbaren Kriterien substantiell verändert habe.

Die bisherigen Verweise auf die nicht wegzudenkende erklärte oder unterschwellige anthropologische Fundierung politikwissenschaftlichen Denkens waren stark auf den einzelnen Menschen ausgerichtet. Letztlich teilen sie die abendländisch-philosophische Grundprämisse von der personalen Einmaligkeit des Individuums. In vielen außereuropäischen Gesellschaften, wie auch im Marxismus, sieht man das anders: Es stehen Stamm, Gruppe, Volk, Kaste, Klasse usw. im Mittelpunkt des Denkens auch über Politik und Gesellschaft. Oskar Weggel[24] hat dies systematisch für Asien beschrieben, wobei er sich insbesondere auf die verschiedenen religiösen und parareligiösen Fundierungen stützte. Der deutsche Jesuit Franz von Magnis-Suseno[25] versucht aufzuzeigen, wie sehr die eigenartige javanische Mischung aus Hinduismus und Islam neben vielen gesellschaftlichen Bereichen auch die Auffassungen von Macht und Legitimität, politischen Verhaltens- und Verhandlungsstilen und selbst noch die Ideologie des damals an der Macht befindlichen indonesischen Regimes prägte. Manches davon hat auch die ASEAN-Gruppe beeinflusst und reicht bis heute bis in die Verhandlungsformen der APEC (!) hinein.

---

[24] *Oskar Weggel*: Die Asiaten, München 1989.
[25] *Magnis-Suseno* 1989 (Anm. 14).

Am Ende dieses Unterkapitels 3.2 sollte ein kurzes Resümee stehen. In der obigen Reihung steckt keine Wertung. Ob Kuhns Argument richtiger ist als der Verweis auf die vorwissenschaftliche Daseinserfahrung, das handlungsrelevante Denken Hellers und Bergstraessers oder die Anspielung auf ideologische Ansätze auch politikwissenschaftlichen Denkens, die generellen Verweise auf Forschungstraditionen überhaupt oder auf wissenschaftliche Vorarbeiten und schließlich die Frage „richtiger" anthropologischer Grundannahmen muss hier nicht entschieden werden. Für den Leser ist es wichtiger zu begreifen, warum es eine Vielfalt von Ansätzen, Theorien, wissenschaftlichen Meinungen usw. gibt und auch geben muss. Sich dieser Verschränkung von relativer Subjektivität und relativer Objektivität bewusst zu bleiben, macht einen wesentlichen Teil des politikwissenschaftlichen Ethos aus und fördert zugleich jene Distanz zwischen Forscher und Gegenstand, ohne die keine Wissenschaft auskommen kann.

4. Phasen der Entwicklung des Faches

4.1 Die ältere staatsphilosophische Lehre von der Politik

Politikwissenschaft ist eine bis auf Platon (427-347) und Aristoteles (384/83-322) zurückreichende Beschäftigung mit dem Sinn und den institutionell-organisatorischen Ausprägungen menschlichen Zusammenlebens in politischer Hinsicht.

Diese ursprüngliche Betrachtungsweise der Politik bzw. der Polis überhaupt hat Aristoteles als Praktische Philosophie bezeichnet. Die Praktische Philosophie „umfasst neben der Ethik und Ökonomik auch die Politik: als die Wissenschaften vom individuellen Verhalten, vom Verhalten des Menschen in der Hausgemeinschaft (oikos) und in der Polis als alle anderen Formen menschlichen Zusammenlebens überwölbende Ordnung"[26]. Die in einem engen wechselseitigen Verweisungszusammenhang mit ethischen und ökonomischen Fragen stehende praktische Politikwissenschaft – wie man die Praktische Philosophie später nannte – wurde unter verschiedenen Bezeichnungen als Teil des so genannten Oberkur-

---

[26] *Berg-Schlosser/Stammen* 1992 (Anm. 10), S. 7; vgl. auch den Beitrag von *Michael Becker* in diesem Band.

Politik als Wissenschaft 41

ses an den Artistenfakultäten[27] der mittelalterlichen bis frühneuzeitlichen Universitäten verpflichtender Bestandteil der akademischen Grundausbildung. Im Zuge der sich ausweitenden und
damit auch arbeitsteilig differenzierenden Tätigkeiten des neuzeitlichen kameralistischen Verwaltungsstaates verlor die ältere Lehre von der Politik schließlich an Bedeutung zugunsten von Einzel-
fächern, die sich in einem im 17. Jahrhundert anfangenden, bis ins
19. Jahrhundert währenden Prozess aus ihr herauslösten (juristische allgemeine Staatslehre, politische Philosophie, geographi-
sche Statistik, politische Historiografie, Volkswirtschaftslehre, Soziologie etc.).[28]

„Gegenüber der älteren politischen Wissenschaft", schreibt
Hans Maier, sind die modernen ‚politischen Fächer' des 19. Jahrhunderts [...] spezialistische Ausgliederungen aus einem immer
fragwürdiger werdenden Ganzen: sie erfassen nur noch Teilbereiche, nicht mehr die Gesamtheit der älteren Disziplin." Und weiter:
Es „beginnt sich etwa von der Mitte des 19. Jahrhunderts an eine
eigentümliche Fremdheit, ja Beziehungslosigkeit zwischen den
politischen Fächern des 19. Jahrhunderts und der älteren, in der
praktischen Philosophie beheimateten politischen Wissenschaft zu
zeigen."[29]

---

[27] Artistenfakultäten waren in den langen Jahrhunderten des mittelalterlichen und frühneuzeitlichen Universitätswesens, in denen es noch keine
standardisiert abgeprüften Eingangsvoraussetzungen (Abitur) für die
Universität gab, zuständig für ein allgemeines akademisches Grundstudium (man lehrte u. a. die *artes liberales*, die ‚sieben freien Künste' (noch
heute erinnert unser Magister Artium an diese Tradition)), das einem den
Eintritt in die eigentlichen berufsorientierten Fakultäten der Theologie,
der Jurisprudenz und der Medizin ermöglichte. Vgl. u.a. *Alexander De-
mandt*, Stätten des Geistes. Große Universitäten Europas von der Antike bis zur Gegenwart, Köln u.a.1999. Einzelheiten für die Politikwissenschaft auch in: *Wilhelm Bleek, Hans J. Lietzmann* (Hrsg.), Schulen
in der deutschen Politikwissenschaft. Opladen 1999.

[28] Wie sehr die ältere Lehre auch noch das Kontinuitätsbewusstsein der
neuen Fächer prägte, geht u. a. daraus hervor, dass zumindest in Deutschland der wirtschaftswissenschaftliche Doktortitel im Allgemeinen Dr.
rer. pol. (= *doctor rerum politicarum*) heißt oder dass eines der profilier-
testen wirtschaftwissenschaftlichen Fachorgane im Jahre 1852 unter
dem Namen ‚Zeitschrift für die gesamte Staatswissenschaft' gegründet
wurde.

[29] *Hans Maier*: Zur Lage der politischen Wissenschaft in Deutschland, in:
Vierteljahreshefte für Zeitgeschichte 10 (1962) 3, S. 225-249, S. 245.

42 Manfred Mols

Der hier zu notierende doppelte Traditionsbruch wird Generationen später zum Anlass genommen, um im Aufgreifen typischer Fragestellungen der älteren praktischen Politikwissenschaft dem Fach eine neue Aktualität und wesentliche, auch für die Gegenwart relevante Fragestellungen zurückzugeben. In den USA hat dies unter anderem Eric Voegelin mit seinem zeitweilig sehr einflussreichen Buch ‚The New Science of Politics'[30] im Jahre 1952 versucht, in Deutschland Mitte der sechziger Jahre Wilhelm Hennis in seinem damals als programmatisch angesehenen Werk ‚Politik als Praktische Philosophie'[31], das den bezeichnenden Untertitel ‚Eine Studie zur Rekonstruktion der politischen Wissenschaft' trug. Damals glaubte man in (West-)Deutschland wie auch in anderen europäischen Ländern (Großbritannien, Italien, Frankreich etc.) und selbst innerhalb einer starken Minderheitengruppe in den USA, sicher zu sein, dass die Aktualisierung der älteren staatswissenschaftlichen Tradition und/oder ihrer staatsphilosophischen Spielformen dem wieder oder neu eingerichteten Fach bei der Festsetzung seiner Aufgaben und Gegenstandsbestimmung behilflich sein könnte. Alle Beteiligten waren sich darin einig, dass das eigene Anliegen in praktischer Absicht auf die Absicherung der Demokratie ausgerichtet zu sein hatte. War dies nicht auch außerhalb Europas der Fall?[32]

4.2 Die Entwicklung der modernen Politikwissenschaft in Deutschland und den USA

Gegen Ausgang des 19. Jahrhunderts und insbesondere um die Wende zum 20. Jahrhundert suchten einzelne Wissenschaftler in *Deutschland* wieder gezielt zu einer spezifischen Betrachtung von Staat und Politik in Form einer autonomen akademischen Disziplin zurückzufinden – nun unter den Arbeits- und Rationalitätskriterien eines reformierten, ‚verwissenschaftlichten' Universitätswesens, das auf größere methodologische Klarheit und vor allem auf arbeitsteilige Differenzierungen bedacht war.

Adolf Grabowski und Richard Schmidt gründeten im Jahre 1908 die ‚Zeitschrift für Politik'. Überhaupt entstanden um die Jahrhun-

---

[30] Deutsch: Die neue Wissenschaft der Politik, München 1959.

[31] *Wilhelm Hennis*: Politik als Praktische Philosophie, Neuwied/Berlin 1963.

[32] Vgl. etwa *Themistocles Brandao Cavalcanti*: Introdução a Ciencia Política, Rio de Janeiro 1955.

Politik als Wissenschaft   43

dertwende „innerhalb und außerhalb der Universitäten [...] neue
Institutionen politischer Lehre"[33], und zwar teils in Zusammenhang mit der Neugründung von Universitäten und Forschungsinstituten, teilweise auch als Konsequenz des schon in Preußen arti-
kulierten Wunsches nach politischer Bildung. Darüber hinaus
machte sich ein Bedürfnis nach einer „politischen Tatsachenfor-
schung"[34] geltend, dies u. a. auch mit Blick auf fremde Kulturkreise. Höhepunkt dieser etwa ab 1890 einsetzenden Entwicklung war
die 1920 erfolgende Gründung der Deutschen Hochschule für Po-
litik´(DHfP) in Berlin, an der in der Folgezeit so bedeutende Persönlichkeiten wie Theodor Heuss, Friedrich Naumann, Arnold
Wolfers, Hermann Heller, Arnold Bergstraesser und viele andere
unterrichten sollten. Mit der zunehmenden Ausrichtung auf die
Propagierung der parlamentarisch-repräsentativen Demokratie und
der Beschäftigung mit außenpolitischen und/oder internationalen
Themen musste die Hochschule in dem Moment in Schwierigkeiten geraten, als sich das politische System des Deutschen Reiches
radikal änderte. Zwar hat sich die DHfP – allerdings zum Preis zunehmender Gleichschaltungen – auch unter dem Nationalsozialismus noch eine Weile halten können, doch ist die Mehrzahl seiner
Dozenten und Mitarbeiter nach 1933 rasch ausgewandert. Es
spricht für deren Qualität, dass sie trotz der Zwangsemigration in
der Lage waren, namentlich in den USA eine eigene und bedeutende politikwissenschaftliche Grundlagenforschung aufzubauen
(z. B. über die weit ausstrahlende *New School for Social Research*
in New York).[35]
     Die Deutsche Hochschule, die nach 1945 wiedergegründet
wurde und später in das Otto Suhr-Institut der Freien Universität
Berlin überging, gilt zu Recht als die eigentliche Keimzelle der
deutschen Politikwissenschaft im 20. Jahrhundert. Dennoch
konnte die

     „schrittweise Institutionalisierung der Politologie in den fünfziger
     Jahren nicht darüber hinwegtäuschen, dass anfangs nur wenig Klar-
     heit über die konzeptuelle Grundlegung des Faches bestand. Über den
     spezifischen ‚Gegenstand' der Disziplin [...] sowie generell über die

---

[33] *Hans Kastendiek*: Die Entwicklung der westdeutschen Politikwissen-
     schaft, Frankfurt a. M. 1977, S. 93.
[34] Ebd., S. 97.
[35] Vgl. *Antonio Missiroli*: Die Deutsche Hochschule für Politik, Sankt Au-
     gustin 1988.

44 Manfred Mols

Stellung der Politologie im Fächersystem der westdeutschen Universitäten herrschte Unsicherheit"[36],

die durch massive Widerstände gegen die Etablierung des Faches als eigenständige Universitätsdisziplin noch verstärkt wurde.

Gerade weil es auch im Deutschland des ersten Drittels des 20. Jahrhunderts eine ungemein leistungsfähige Staatswissenschaft gab, wollten viele Professoren aus den etablierten Fakultäten nicht einsehen, warum es für die gleichen oder doch ähnliche Dinge einer eigenen Disziplin bedürfe. Auch bestand eine gewisse Furcht vor einer erneuten Politisierung der Universitäten, ein Bedenken, das durch die offensichtliche Verknüpfung des Einrichtens von politikwissenschaftlichen Lehrstühlen mit dem *re-education*-Anliegen vor allem der amerikanischen Besatzungsmacht verstärkt wurde. Wahrscheinlich wäre manches tragbarer gewesen, hätte man nicht innerhalb wie außerhalb des neu oder wiederbegründeten Faches mitbekommen, wie sehr die neuberufenen Politikwissenschaftler auf der Suche nach einer Definition ihres Faches waren. An genau dieser Stelle fällt eine spezifische Problemlage dieser deutschen Politikwissenschaft der fünfziger Jahre und oft noch der sechziger Jahre auf: Fast die gesamte erste Professorengeneration kam aus anderen Fächern (öffentliches Recht, Soziologie, Geschichtswissenschaft, Philosophie, Wirtschaftswissenschaften, selbst Philologie). Die meisten waren also nach den auch damals schon geltenden internationalen Standards in bezug auf das Fach, das sie in Forschung und Lehre vertreten sollten, Autodidakten.

Hier begegnet man abermals dem Phänomen eines Traditionsbruchs, allerdings in einer ganz anderen Fassung als oben: Weil diese erste Professorengeneration im Anknüpfen an ältere Vorlagen das Heil suchte, kam kaum ein Bewusstsein dafür auf, dass sich weltweit, besonders aber in den USA, längst eine Politikwissenschaft herausgebildet hatte, die mit eigenen Methoden und Fragestellungen zu einer modernen und weitgehend akzeptierten Sozialwissenschaft herangereift war. Es sollte einem Teil der Assistentengeneration und einigen ganz wenigen jüngeren Ordinarien in den sechziger Jahren vorbehalten bleiben, auch von Westdeutschland aus nach dem überfälligen internationalen Anschluss zu suchen und nach und nach eine professionalisierte Politikwissenschaft aufzubauen.

---

[36] *Kastendiek* 1977 (Anm. 33), S. 185.

Politik als Wissenschaft 45

In den späten sechziger und vor allem in den siebziger Jahren kamen unter dem Einfluss einer oft neomarxistisch eingefärbten Politischen Ökonomie weitere Differenzierungen auf. Die Friedensforschung, die Diskussion um die Legitimitätsgrundlagen des spätkapitalistischen Staates[37] und erste Ansätze einer Ökologiedebatte sind typische Produkte dieser Entwicklung. Vor allem aber änderte sich seither das Verhältnis zu einzelnen Nachbardisziplinen. Aus einem Verhältnis der partiellen Abhängigkeit wurde ein neues Verhältnis der selektiven Beachtung und Kooperation, das mit einer wachsenden Selbstgewissheit, dem zur Selbstverständlichkeit werdenden Hineinwachsen in die internationale Diskussion des Faches, aus sich andeutenden politikwissenschaftlich akzentuierten Berufsprofilen[38] und mit den neu gefassten Studienplänen an den Universitäten und jenen Hochschulen zusammenhing, an denen das Fach gelehrt wurde.

An dieser Stelle ist es zwingend, auf die *USA* zu schauen. Nach dem Ende des amerikanischen Bürgerkrieges im Jahre 1866 entstanden dort moderne, nach dem damaligen deutschen(!) Universitätswesen ausgerichtete politikwissenschaftliche Lehrstühle und Abteilungen, in denen allmählich eine Abkehr von früheren staatstheoretischen und philosophischen Positionen vollzogen wurde zugunsten einer empirischen, faktenbezogenen, machtpolitischen Betrachtung des eigenen Regierungswesens.[39] In der Entstehungsgeschichte des amerikanischen Zweiges des Faches gibt es einige Eckdaten. 1886 gründete man das *Political Science Quarterly*. 1906 kam die bis heute einflussreiche *American Political Science Review* hinzu. 1903 entstand die *American Political Science Association*.

Für die baldige internationale Ausstrahlung der nordamerikanischen Politikwissenschaft wurden zwei Dinge entscheidend. Zum einen war es das quantitative Übergewicht der amerikanischen Po-

---

[37] Eine ganz typische Arbeit wird vorgelegt von *Klaus Offe*: Strukturprobleme des kapitalistischen Staates. Aufsätze zur Politischen Soziologie, Frankfurt a. M. 1972.

[38] Vgl. die Beiträge von *Rainer Frey*: Politikwissenschaft und Politikberatung, und vor allem von *Gerhard W. Wittkämper*: Politikwissenschaft und Beruf, beide in: *Bellers/Robert* 1992 (Anm. 20), S. 224-243 und S. 276-317.

[39] Einzelheiten u. a. bei *Jürgen Falter*: Der Positivismusstreit in der amerikanischen Politikwissenschaft, Opladen 1982.

litikwissenschaftler im Verhältnis zu den politikwissenschaftlichen Ansätzen in anderen Ländern, das sich bis heute gehalten hat. (Beispielsweise gab es bereits zu Beginn der achtziger Jahre ca. 15.000 an US-Hochschulen und Forschungsinstitutionen arbeitende Politikwissenschaftler, um die gleiche Zeit in Frankreich ca. 600, in Westdeutschland etwa 800 und in Schweden 162.)[40] Zum anderen hat gerade die amerikanische Politikwissenschaft sehr früh darum gerungen, Wissenschaft im Sinne von *science* zu werden, was eo ipso das Aufgreifen moderner sozialwissenschaftlicher Methoden einschließlich statistisch-mathematischer Verfahren bedeutete. Auch ihre Betonung des Pragmatismus ist anzumerken, des weiteren die Neigung zu aktuellen, gegenwartsbezogenen Themen. All dies zusammengenommen hat der amerikanischen Politikwissenschaft eine erhebliche interdisziplinäre Offenheit gegeben. Und es hat sich immer mehr ein faktenbezogener *mainstream* entwickelt, in dem das beobachtbare Verhalten von Individuen, Gruppen und ganzen politischen Systemen eine zentrale Rolle spielen sollte.[41]

Zur internationalen Geltung der amerikanischen Politikwissenschaft trugen noch weitere Elemente bei: Bekanntlich gerieten die USA nach 1945 in eine weltpolitische Vorbild- und Führungsrolle, was naturgemäß auch der internationalen Ausstrahlung der amerikanischen Politikwissenschaft zugute kommen musste. Ein weiteres Moment ist die bis heute einmalige amerikanische Universitätspolitik der Öffnung gegenüber dem Ausland: Tausende von ausländischen Nachwuchspolitikwissenschaftlern aus aller Welt und unter ihnen Hunderte von Deutschen hielten und halten sich seit den fünfziger Jahren an führenden amerikanischen Universitäten auf. Es bedeutet dies nicht, dass sich das amerikanische politikwissenschaftliche Vorbild in jeder Hinsicht gehalten hat. Es impliziert dies aber weiterhin, dass im Kontakt mit der amerikanischen Politikwissenschaft und auch in der Auseinandersetzung mit ihr (die im Einzelfall recht kritisch vonstatten gehen kann) für die deutsche Politikwissenschaft eine maßgebliche Referenzgruppe entstanden ist, die die eigenen Standards substantiell mitprägt.

---

[40] *Andrews* 1982 (Anm. 1), S. 413.

[41] Zu Einzelheiten, die gerade auch auf Durchbrüche in der amerikanischen Politikwissenschaft verweisen (Chicago-Schule), vgl. *Gabriel A. Almond*: Political Science. The History of the Discipline, Oxford/ New York 1996 (hier Paperback-Ausgabe 1998), S. 50-96.

Politik als Wissenschaft   47

Das schließt nicht aus, dass wir manchmal gut beraten sind, in konkreten Fällen wieder bewusster auf die eigenen staatstheoretischen, politisch-historischen und staatsphilosophischen Traditionen zurückzugreifen. Politikwissenschaft wird sich immer in einem Spannungsverhältnis zwischen den *res gestae* (der jeweiligen historischen Situation und ihrer intellektuellen Aufbereitung) und den *res gerendae* entwickeln (Arnold Bergstraesser). Der Rekurs auf eigene Traditionen bedeutet primär, sich der eigenen historischen Lage und der eigenen historischen Verpflichtungen zu versichern und hieraus eventuell Erfahrungsangebote in die internationale Diskussion des Faches einzugeben. Dies nicht, um das Fach ‚zu rekonstruieren', sondern um Gesichtspunkte einzubringen, die für die Bewältigung der politischen Zukunft bei uns, im globalen Verhältnis und nicht zuletzt mit Blick auf die ‚Dritte Welt' wertvoll sind. Dazu zwei Beispiele: Es besteht die Leistung Europas und hier auch Deutschlands nun einmal im Aufbau von Sozialstaaten mit eigenen Mechanismen distributiver Gerechtigkeit und soziopolitischer Partizipation, zu denen sich das ‚individualistisch' angelegte Amerika bisher nur wenig und viele andere Staaten so gut wie gar nicht durchringen konnten.[42] Oder: Es ist kein Zufall, dass man auch von amerikanischer Seite auf europäische Integrations-Überlegungen zurückgriff in einer Zeit, in der sich neue ökonomische und politische Arrangements (NAFTA; Mercosur) auf einer regionalen Basis in den Amerikas herausbildeten.[43] Das europäische Integrationsvorbild wird noch deutlicher in den sowohl in Lateinamerika als auch in Asien anzutreffenden Überlegungen um eine künftige regionale oder subregionale Währungsunion.

5. Einheit oder Divergenz der Politikwissenschaft?

5.1 Strömungen und Schulen

Heutzutage stehen im Vordergrund politikwissenschaftlicher Fragestellungen politische Institutionen und Prozesse einschließlich

---

[42] Von schon klassischer Bedeutung dazu: *Alfred Müller-Armack*: Genealogie der sozialen Marktwirtschaft. Frühschriften und weiterführende Konzepte, Bern/Stuttgart ²1981.

[43] Vgl. etwa für Nordamerika *Peter Smith* (ed.), The Challenge of Integration. Europe and the Americas. New Brunswick/ London 1993.

48 Manfred Mols

ihrer Entwicklungspotenziale, die Durchleuchtung politischer Macht und das Problem der Friedenssicherung, Planungs-, Verwaltungs- und Entscheidungsprozesse, Ideologien und politische Ordnungsentwürfe, nationale und internationale Kooperationsformen und Konflikte einschließlich ihrer demographisch-ethnischen und ökologischen Dimensionen, Analysen einer neuen Weltordnung und zunehmend auch konkrete Politikbereiche (Politikfelder, *policy analysis*) – ungefähr so, wie das auch in den Kapiteln dieses Einführungsbandes vorgestellt wird. Im Allgemeinen gliedert sich das Fach in spezialisierte Unterdisziplinen, von denen Systemlehre (mit dem Akzent auf das eigene Regierungssystem), Vergleichende Regierungslehre/Comparative Politics, Politische Theorie sowie Außenpolitik/Internationale Beziehungen am besten ausgebaut sind. Die fachinterne Ausdifferenzierung geht in Deutschland wie auch international über diese Einteilung weit hinaus. Es ist allerdings fast eine deutsche Besonderheit, stärker als woanders an einer Einheit von Politikwissenschaft und ‚Internationalen Beziehungen' festzuhalten, wohingegen sich in den USA, in vielen lateinamerikanischen Ländern und in Asien diesbezüglich Trennungen ergeben haben.

Wissenschaften folgen bestimmten Vorgehensmustern, die sicher nur von wenigen sklavisch befolgt werden, die aber doch im großen ganzen prioritäre Denkrichtungen erkennen lassen. Unter diesem Vorbehalt: Es hatten sich in den ersten Jahrzehnten nach 1945 in vielen westlichen Ländern und besonders greifbar in (West-)Deutschland drei Schulen oder Strömungen herausgebildet, die auch in anderen einführenden Lehrbüchern des Faches aufgelistet und beachtet wurden[44] und die so etwas wie idealtypische Überzeichnungen von besonders charakteristischen Denkrichtungen darstellen.

Die normativ-ontologische oder auch traditionelle Politikwissenschaft (man wird sie in ihrer Hochphase in der Bundesrepublik Deutschland in den fünfziger bis siebziger Jahren insbesondere mit Arnold Bergstraesser, Wilhelm Hennis und dem frühen Dieter Oberndörfer in Freiburg, mit Hans Maier und Theo Stammen in München und Augsburg und mit Persönlichkeiten aus Berlin wie Ernst Fraenkel oder Alexander Schwan verbinden) vereinte politisch-philosophische Fragestellungen mit einer vorwiegend insti-

---

[44] Vgl. *Berg-Schlosser/Stammen* 1992 (Anm. 10), Kap. 6; *Patzelt* 1992 (Anm. 5), Kap. 8; *Heinrich* 1989 (Anm. 8).

Politik als Wissenschaft   49

tutionell geprägten Betrachtung des Politischen. In praktischer Hinsicht war sie den Idealen einer staatsbürgerlichen politischen Bildung verpflichtet. Historisch vergleichende, hermeneutische und topische (vernünftige Gesichtspunkte vorstellende) Methoden wurden von ihr bevorzugt. Wo sie eine internationale Perspektive zeigte, griff sie vor allem die Themen und Modelle klassischer Außenpolitik auf. Vielleicht ist Carl Joachim Friedrichs ‚Verfassungsstaat der Neuzeit'[45] die ausgereifteste und bleibendste Arbeit dieser traditionellen Richtung.[46] Obwohl die normativ-ontologische Politikwissenschaft seit den sechziger Jahren die Konkurrenz anderer Schulen zu spüren bekam, wurde sie nie gänzlich verdrängt. Vor allem dort, wo sich ihre Vertreter für die Aufgaben politischer Bildung engagieren, kann sie weiterhin eine erkennbare Rolle einnehmen. Auch im Ausland gewinnt die Schule wieder an Profil in dem Maße, in dem man über gesamtgesellschaftliche Ordnungsprofile einer wünschbaren Gesellschaft von morgen nachdenkt, d. h. über normative Positionen mit einem eigenen Gestaltungsanspruch. Allerdings haben neuere normative Denkrichtungen frühere ontologische Einbindungen oft zugunsten von Nützlichkeitsüberlegungen aufgegeben.

Die empirisch-analytische Politikwissenschaft bzw. ihre wichtigsten nordamerikanisch geprägten Spielformen entstand als Gegenrichtung zur normativ-ontologischen Schule. Sie auf einen Nenner zu bringen, ist deshalb nicht leicht, weil sie wissenschaftstheoretisch sowohl ausgeprägte analytische wie auch empirische Komponenten enthält und sich teilweise mehr der Makro-, dann auch wieder stärker einer Individual- bzw. Mikro-Betrachtung des Politischen zuneigt. Ihre wissenschaftstheoretische Orientierungsgröße ist in etwa der Kritische Rationalismus Karl Raimund Poppers und seine Weiterinterpretation durch Hans Albert. Diese oft auch als ‚szientistisch' bezeichnete politikwissenschaftliche Richtung wird nicht zuletzt durch so genannte einheitswissenschaftliche Grundvorstellungen zusammengehalten, d. h. ihre Vertreter gehen davon aus, dass allen Wissenschaften, die ihren Namen verdienen, die gleichen wissenschaftslogischen Kriterien zu eigen

---

[45] *Carl Joachim Friedrichs*: Verfassungsstaat der Neuzeit, Berlin u. a. 1953.
[46] Interessanterweise war die erste Fassung Jahre vorher in Harvard entstanden, was nicht der einzige Beleg dafür ist, dass die hier vorgestellte Schule international präsent war (und ist).

50 Manfred Mols

sind und dass es von daher wenig Sinn macht, prinzipielle Unterschiede zwischen Natur-, Geistes- und Sozialwissenschaften zu
treffen.
In der Forschungspraxis hat dies vor allem bedeutet, dass man
sich unter solchen Gesichtspunkten an methodisch wie methodo-
logisch avancierten Fächern wie der Psychologie, der Sozialpsychologie, der empirischen Soziologie, den Organisations- und
Verwaltungswissenschaften und teilweise auch den Wirtschaftswissenschaften (bzw. der Ökonometrie) orientierte. Von dort bezog man wesentliche Arbeitsverfahren, Kategorien, Modelle und
selbst Theorie-Ansätze wie z. B. das Stimulus-Response-Schema
mit seinen neueren lerntheoretischen Erweiterungen (Lerntheorie),
Input-Output-Analyse, funktionalistische und kybernetische Systemtheorie, Spieltheorie, Netzwerkanalyse, Steuerungsstrategien
usw. Ihre größten Erfolge hat die empirisch-analytische Richtung
bisher dort zu verzeichnen gehabt, wo sie sich individuellem wie
gruppenspezifischem Verhalten (Beispiel: Wahlforschung), dem
Aufzeigen entscheidungstheoretischer Alternativen (Entscheidungstheorie – Denkfigur des *Rational Choice*) und den den
Nationalstaat übersteigenden Interaktionsgeflechten in der internationalen Politik (Interdependenz-Schule, Regime-Diskussion)
widmen konnte. Das bleibende Verdienst dieser Richtung besteht
in Deutschland zweifelsohne darin, ungefähr seit Mitte der sechziger Jahre den notwendigen Anschluss an die Mehrheitsströmung
in der amerikanischen Politikwissenschaft hergestellt zu haben.
Hochburgen dieser Richtung waren und sind in Deutschland diejenigen Universitäten, in denen verhaltenswissenschaftliche Fragen im Vordergrund stehen oder in denen man – etwa in der Teildisziplin ‚Internationale Beziehungen‘ – die oben angezeigten
Theorien aufgriff und teilweise weiterentwickelte.[47]
Die marxistisch oder neomarxistisch eingefärbte kritisch-dialektische Politikwissenschaft warf den anderen beiden Richtungen
ideologische Verschleierungen gegebener Herrschaftsverhältnisse
und ein reduziertes Politikverständnis vor, das stillschweigend davon ausgehe, dass man den politischen Bereich forschungsprak-
tisch als eine autonome Größe ansehen könne. Die Schule war weniger durch wissenschaftstheoretisch abgesicherte Kontrollschritte

---

[47] *Axel Görlitz/Hans-Peter Burth*, Politische Steuerung, Opladen 1998; *Arthur Benz/Wolfgang Seibel* (Hrsg.), Theorieentwicklung in der Politikwissenschaft – eine Zwischenbilanz, Baden-Baden 1997.

Politik als Wissenschaft

geprägt als durch die großen politischen Erschütterungen motiviert, die seit den sechziger Jahren sowohl in der Bundesrepublik Deutschland als auch in anderen westlichen Industrieländern gespürt und diskutiert wurden (Notstandsgesetze, Studentenrevolte, Protestbewegungen, Vietnamkrieg, Neue Linke). Ihr zentrales Arbeitsprogramm kreiste um die Analyse gesellschaftlicher, vor allem ökonomischer Rahmenbedingungen politischer Institutionen und Prozesse. In einigen Themenfeldern hatte gerade die kritisch-dialektische Politikwissenschaft wesentliche Impulse aus Entwicklungsländern, vornehmlich aus Lateinamerika (Dependenztheorien), erhalten. Auch die ,kritische' Friedensforschung und ein erheblicher Teil der politikwissenschaftlichen Ökologieforschung wussten oder wissen sich dieser Richtung verpflichtet, auch wenn heutzutage ideologische Prämissen gerne heruntergespielt werden. Zweifellos hat der weitgehende Zusammenbruch des Kommunismus der kritisch-dialektischen Politikwissenschaft weltweit einen Dämpfer versetzt. Dass sie dauerhaft aus dem Fach ausscheidet, ist schon deshalb unwahrscheinlich, weil ihre Anliegen nicht zur Gänze an Plausibilität verloren haben. Ob allerdings künftighin noch einmal Klassenantagonismen und andere marxistische Denkrichtungen reaktivierbare Konzepte sind, darf man bezweifeln. Die Digitalisierung der Welt mit ihrer vernetzten Ökonomie könnte wichtiger geworden sein als der Kampf um Produktivkräfte und die Verfügungsgewalt über Produktionsmittel. Im übrigen siedeln sich Teildispute in der Auseinandersetzung mit einer neuen, neoliberalistisch eingefärbten politischen Ökonomie im Fach an, besonders im Zusammenhang mit Globalisierungs- und Transformationsfragen (Demokratie/ Zivilgesellschaft und Marktwirtschaft).

Alle Schulen haben spezifische Schwierigkeiten nie überwinden können. Die normativ-ontologische Politikwissenschaft hat zu sehr offizielle Politikbereiche in den Vordergrund gestellt, so dass sie immer wieder in die Versuchung einer „Legitimationswissenschaft" (Kastendiek) geriet. Der Kapitalismuskritik stand sie mehrheitlich verständnislos gegenüber. Neue gesellschaftliche Problembereiche (Ökologiefragen) griff sie zögerlich auf, so wie überhaupt ihre Stärke nicht in der Beachtung von Politikfeldern liegt. Die szientistische Richtung hat damit zu kämpfen, das wissenschaftstechnisch Raffinierte nicht dem politisch Bedeutenden vorzuziehen, d. h. sie lebt in der Versuchung, das methodisch Ergiebige gegenüber dem politisch Relevanten zu bevorzugen (und dabei unter Umständen in den Ergebnissen Trivialitäten vorzulegen, wenn sie nur forschungstechnisch einwandfrei arbeiten kann). Die kritisch-dialektische Politikwissenschaft stand in der Gefahr, die gesellschaftlich-ökonomische Mitkonditionierung von Politik einseitig und damit monokausal zu interpretieren. Damit droht der Kontingenzcharakter von Geschichte und damit auch von Politik strukturellen Zwängen bzw. Automatismen geopfert zu werden. Von ähnlichen Einseitigkeiten ist oft auch die neuere politische Ökonomie der Politologen (z.B. mit ihrer manchmal einseitigen Festlegungen auf die Verhaltenslogik von *Rational Choice*) nicht frei. Historische Tiefe ist nicht ihre Stärke.

Jede der Schulen hat sich ihren Platz an den Universitäten erobern können. Ihre jeweils besten Forschungsleistungen liegen im allgemeinen in Themenbereichen, die von den konkurrierenden Richtungen gar nicht oder nur defizitär ausgefüllt werden. Heute verwischen sich die Ränder noch mehr als früher, weil erstens allgemein im Vergleich zu den siebziger Jahren eine spürbare ideologische Entkrampfung zu notieren ist und weil zweitens neue wissenschaftstheoretische Kombinationstypen entstehen (z.B. normativ plus analytisch – was etwa im Zusammenhang mit liberalen Vertragstheorien diskutiert wird).[48] Drittens sind viele Politikwissenschaftler davon überzeugt, dass nicht nur dem Fach als Ganzem eine dem Pluralismus der Politik entsprechende Vielfalt gut ansteht, sondern dass auch viele Einzelprobleme am angemessensten von unterschiedlichen Seiten angegangen werden sollten. Das schließt nicht aus, dass viele Politikwissenschaftler ‚Einstiege' erkennen lassen, die sich in etwa diesen Schulen oder ihren Spielformen zuordnen lassen. Es bauen sich dadurch bestimmte und im Allgemeinen charakterisierende Argumentationsmuster auf – das ist hier der Punkt.

5.2 Ein mögliches Profil von Politikwissenschaft

Aus dem bisher Gesagten sollte hervorgegangen sein, dass es so etwas wie eine einheitliche, sozusagen allein selig machende politikwissenschaftliche Richtung weder gibt noch geben sollte. Gabriel Almond, einer der bedeutendsten Politikwissenschaftler

---

[48] Vgl. für solche Zusammenhänge: *Andrew Heywood*: Political Ideas and Concepts. An Introduction, Houndmills and London, ²2002; *Frank R. Pfetsch*: Erkenntnis und Theorie. Philosophische Dimensionen des Politischen, Darmstadt 1995.

Politik als Wissenschaft

53

des Zwanzigsten Jahrhunderts, hat dies vor wenigen Jahren so ausgedrückt[49]: Eigentlich säßen die meisten Politikwissenschaftler in
einer „cafeteria of the center". Eine ideologische wie wissenschaftstheoretische Strenggläubigkeit schaffe nur Randlagen und
Sektierertum. Unter solchen ausdrücklichen Vorbehalten seien
hier einige Gesichtspunkte genannt, die andeuten sollen, in welche Richtung sich das Fach als Ganzes bewegen könnte.

a) Eine Eigenart politikwissenschaftlichen Denkens besteht –
idealiter – in der Fähigkeit, auf größere Zusammenhänge zu achten. Um gleich sehr deutlich zu sagen, was gemeint ist: Wenn sich
Ökonomen zu Mexiko, zur deutschen Wirtschaft oder zu wirtschaftspolitischen Beschlüssen in Singapur äußern, bringen sie
es im Regelfall fertig, sich so gut wie ausschließlich auf wirtschaftswissenschaftlichen Denkebenen zu bewegen und die politischen, sozialen, kulturellen ‚Randbedingungen' souverän zu
übersehen. Von einer guten politikwissenschaftlichen Arbeit darf
man mehr Breite erwarten. Es gibt für dieses weitere Denken im
wesentlichen zwei Begründungen. Die erste lautet: Weil Politik
im Kern auf die verbindliche Gestaltung menschlichen Zusammenlebens abhebt, reichen die Einflüsse, die Normsetzungen, die
aus der Politik kommenden Möglichkeiten und Zwänge erkennbar in fast alle Lebensverhältnisse hinein, und daher kann man
umgekehrt das Wirtschaftliche, Juristische, Gesellschaftliche
usw. kaum vom Politischen trennen. Das bedeutet dann zweitens,
dass es in vielen konkreten Diskussionszusammenhängen glei-
tende Übergänge zwischen politikwissenschaftlichem und histo-
rischem, soziologischem, wirtschaftswissenschaftlichem usw.
Denken gibt. In etwa erkennt man die faktische Einlösung dieses
Ideals daran, dass weltweit in der Politikwissenschaft ein unüber-
sehbarer Schritt von der traditionellen Staatsorientierung zu einer deutlicheren Orientierung an ‚gesellschaftlichen' Problemen
zu beobachten ist.

b) Politikwissenschaft und politische Praxis – darauf ist in Abschnitt 3 hingewiesen worden – gehören zusammen. Und zwar als
sich ergänzende, einander herausfordernde, auch einander mit der
notwendigen kritischen Distanz zu sich selbst versehende Größen.
Politikwissenschaft „ist eine das politische Handeln kritisch be-

---

[49] *Gabriel Almond*: A Discipline Divided. Schools and Sects in Political
Science, Newbury Park u. a. 1990.

denkende und vordenkende Wissenschaft"[50]. „Ziel der Forschung",
so Peter Weber-Schäfer, „ist nicht allein die Beantwortung der Frage, nach welchen Gesetzen sich politisches Geschehen vollzieht,
sondern was unter dem Aspekt des politisch Möglichen und zugleich Erstrebenswerten geschehen sollte."[51]

Lange Zeit ist freilich die Vorstellung von einer praktischen Politikwissenschaft ein bloßes Projekt geblieben, das primär philosophisch bzw. wissenschaftshistorisch abgeleitet wurde. Vor diesem Hintergrund war die Entwicklung der Disziplin seit den
mittleren siebziger Jahren von entscheidender Bedeutung. Die Jahrestagung der Deutschen Vereinigung für Politische Wissenschaft
im Jahre 1977, auf der Fragen wie Wirtschaftspolitik, Bildungs- und
Forschungspolitik, Umweltschutz, Probleme der Massenkommunikation usw. diskutiert wurden, markiert daher einen erheblichen
Qualitätssprung in der Entwicklung des Faches.[52] Ganz augenscheinlich bleibt dabei aber, dass eine so im wahrsten Sinne des
Wortes praktischer gewordene Politikwissenschaft nichts mehr mit
den manchmal etwas ängstlichen Abgrenzungsversuchen gegenüber den neoaristotelischen Ansätzen der sechziger Jahre zu tun
hat: Wenn Politikwissenschaft auf politisches Handeln zielt, kann
sie nicht darauf verzichten, die gesamte inzwischen von ihr erreichte Pluralität der Zuständigkeiten, Methoden, Themenfelder usw.
einzusetzen.

c) Bleiben sollte aber der neoaristotelische Anspruch auf normative Zielsetzungen. Da „die politische Ordnung und das politisch zu Tuende nicht vorgegeben, sondern aufgegeben sind"[53],
kommt die Politikwissenschaft nicht um die immer erneute Frage
nach dem „Wohl des politischen Verbandes und seiner Menschen"[54] herum. Dies wird weltweit so gesehen. Der chilenische

---

[50] *Dieter Oberndörfer*: Politik als praktische Wissenschaft, in: ders.
(Hrsg.): Wissenschaftliche Politik. Eine Einführung in Grundfragen ihrer Tradition und Theorie, Freiburg i. Br. 1962, S. 9-58, S. 12.

[51] *Peter Weber-Schäfer*: Praktische Wissenschaft, in: *Dieter Nohlen, Rainer-Olaf Schultze* (Hrsg.): Politikwissenschaft. Theorien-Methoden-Begriffe, München/Zürich 1985, S. 803-804, S. 804 (Pipers Wörterbuch
zur Politik Bd. 1).

[52] Die Beiträge der Jahrestagung sind zusammengefasst in: *Udo Bermbach*
(Hrsg.): Politische Wissenschaft und politische Praxis, Politische Vierteljahresschrift, Sonderheft 9, Opladen 1978.

[53] *Oberndörfer* 1962 (Anm. 49), S. 19.

[54] Ebd.

Politik als Wissenschaft

Sozialwissenschaftler Aníbal Pinto wies z.B. in einer Arbeit über Entwicklungsstile darauf hin, dass von Entwicklungsstrategien zu sprechen nichts anderes bedeute, als an „die Konstruktion einer Gesellschaft mit wünschbaren Zügen" zu gehen.[55] In der Praxis des politikwissenschaftlichen Arbeitens bedeutet dieser Verweis auf unumgängliche normative Fragen (die wohlgemerkt im Fach als solchem und nicht von jedem einzelnen Forscher in jeder Einzeluntersuchung zu stellen sind!): den grundsätzlichen Einbezug ethischer Fragestellungen und einen immer wieder empfehlenswerten Rekurs auf die Denkfiguren klassischer politischer Philosophie, so wie sie seit Platon und Aristoteles in ununterbrochener Folge bis heute betrieben wird. Denn „die Geschichte der politischen Theorien enthält einen Vorrat an Denkkonzepten, mit deren Hilfe aktuelle Problemstellungen in eine klärende Distanz gebracht und im Hinblick auf Lösungsmöglichkeiten neu beleuchtet werden können".[56]

d) Es war unter 3.2.4 auf die epochale Einbindung politikwissenschaftlichen Denkens hingewiesen worden. Im Klartext heißt dies, dass Politikwissenschaft sich selbst zur politischen Irrelevanz verurteilt, wenn sie nicht einen erkennbaren, ja prägenden zeitgeschichtlichen Bezug und Einfluss erhält (oder sollte man schreiben: wiedererhält?). Politikwissenschaft muss je und je ihre Epoche erfassen, kritisieren, auf den Begriff bringen und mit behutsam zu handhabenden Mitteln der Projektion über sie hinausdenken können. So gesehen sind so unterschiedlich geschriebene Bücher wie Richard Rosecrance' ‚Der neue Handelsstaat'[57], Paul Kennedys ‚The Rise and the Fall of the Great Powers'[58], Samuel P Huntingtons „The Clash of Civilizations"[59] oder auch Ottfried Höffes „Demokratie im Zeitalter der Globalisierung"[60] und viele andere,

---

[55] *Aníbal Pinto*: Estilos de desarrollo: origen, naturaleza y esquema conceptual, in: *Enzo Faletto, Gonzalo Martner* (Hrsg.): Repensar el futuro. Estilos de desarrollo, Caracas 1986, S. 3-41, S. 35.

[56] Aus dem Vorwort zu *Hans-Joachim Lieber* (Hrsg.): Politische Theorien von der Antike bis zur Gegenwart, Bonn 1991.

[57] *Richard Rosecrance*: Der neue Handelsstaat. Herausforderungen für Politik und Wirtschaft, Frankfurt a. M. 1987.

[58] *Paul Kennedy*: The Rise and the Fall of the Great Powers, London 1988.

[59] *Samuel P. Huntington:* The Clash of Civilizations and the Remaking of World Order, New York 1996.

[60] *Ottfried Höffe*: Demokratie im Zeitalter der Globalisierung, München 1999.

56   Manfred Mols

die auf der Linie von epochalen Bestandsaufnahmen liegen, anschauliche Beispiele für politikwissenschaftliches Denken oder für unverzichtbare Impulse aus benachbarten Disziplinen.

e) Der epochale Bezug von Politikwissenschaft kommt ein weiteres Mal dort zum Ausdruck, wo sie als Aufklärungswissenschaft, als Emanzipationswissenschaft, als herrschaftskritische Wissenschaft auftritt, auch als radikale Friedenswissenschaft. Macht und Herrschaft, gegebene Entscheidungsprozesse und gegebene Partizipation, die vorfindliche internationale Ordnung und die herrschenden Verteilungsmuster in der Weltwirtschaft sind unermüdlich daraufhin abzuklopfen, ob sie elementaren Kriterien einer guten Ordnung, nachvollziehbaren Formen akzeptabler Legitimation und partizipativer Mündigkeit des Subjekts und einer ebenso elementaren Autonomie der Gruppen und Verbände entsprechen, oder ob nicht vielmehr gewaltige Manipulationsmechanismen in Gang gesetzt und unterhalten werden.

Man nimmt diesem emanzipatorischen und kritischen Anspruch der Politikwissenschaft nichts, wenn hier die Warnung ausgesprochen sei, das Kritisieren, Hinterfragen, Entschleiern nicht zum Selbstzweck werden zu lassen. Wenn in einer der bekanntesten Einführungen in die Politikwissenschaft in der Zeit um und nach 1968 betont wird, es bestehe die „Absicht, jene politischen und gesellschaftlichen Verhältnisse kritisch zu analysieren, in denen autonomes privates und öffentliches Bewusstsein in seinen Entwicklungsmöglichkeiten eher eingeschränkt als gefördert wird",[61] dann darf Politikwissenschaft dabei nicht stehen bleiben. Emanzipationsdenken muss in Vorschlägen zu Alternativen münden, sonst erzeugt es Entfremdungen von bestehenden Ordnungen, die eher ratlos und hilflos als mündig und verantwortlich machen. Ist es Zufall, dass eines der großartigsten Bücher der 68er-Periode, Herbert Marcuses ‚Der eindimensionale Mensch', sicher seinem Untertitel ‚Studien zur Ideologie der fortgeschrittenen Industriegesellschaft' entspricht,[62] von heutigen Studenten jedoch kaum noch begriffen wird, weil Marcuses leitende strategische Alternative, die „große Weigerung", wenig Konstruktives enthält? Und ist es ein weiteres Mal ein Zufall, dass die riesige Aufklärungsliteratur zu den inter-

---

[61] Aus dem Vorwort zu *Gisela Kress, Dieter Senghaas* (Hrsg.): Politikwissenschaft. Eine Einführung in ihre Probleme, Frankfurt a. M. 1969.

[62] *Herbert Marcuse*: Der eindimensionale Mensch, Neuwied/ Berlin 1967 (am. Orig. 1964).

Politik als Wissenschaft

nationalen Beziehungen, wie sie bis vor wenigen Jahren Mode war (dies vor allem in der so genannten dependenztheoretischen Richtung und heute oft genug unter Globalisierungstheoretikern), so gut wie nichts beizutragen wusste zu den Diskussionen um die Neuordnung des internationalen Feldes, so wie sie spätestens seit Perestroika und ihren Folgen auf breiterer Front einsetzten?

Politikwissenschaft bewegt sich wohl immer auf einem schmalen Grat zwischen kritischer Distanz und konstruktiver Mitverantwortung. Sobald sie eine der beiden Seiten vernachlässigt, stürzt sie ab, d. h. sie wird belanglos oder predigt Szenarien, die unhistorisch sind, weil sie mit jenen hier mehrfach beschworenen *res gestae*, die immer auch einen Teil der realen Möglichkeiten politischer Gestaltung und damit die *res gerendae* abstecken, nichts mehr zu tun haben.

f) Ein erhebliches Stück kultureller Tiefe muss hinzukommen, und zwar in einem vertretbaren Maß ethnisch-zivilisatorischer Breite. Eine Politikwissenschaft, die etwa an China oder Indien völlig vorbeileben würde, verurteilte sich zur kulturellen Bauchnabelschau, weil sie nicht nur an gut 40% der Menschheit vorbeidenkt, sondern auch das Jahrtausende alte Gewicht der dortigen Zivilisationen und die Chancen ihrer Renaissance nicht begreift.[63] Letzteres hat sehr viel damit zu tun, dass wir auf globaler Basis am Scheidepunkt einer Zivilisationskrise angelangt sind. Der brasilianische Politologe Helio Jaguaribe de Mattos hat in einem mehrjährigen, von der UNESCO getragenen und mit führenden internationalen Sozialwissenschaftlern und Historikern betriebenen Forschungsprojekt unter dem Titel ‚A Critical Study of History‘ als Ergebnis vorstellen können, dass zum ersten Mal in der Menschheitsgeschichte (untersucht wurden 17 Hauptkulturen außereuropäischer und europäisch-amerikanischer Herkunft) der Faktor Religion weitestgehend ausfalle zugunsten einer planetarisch zusammenwachsenden Zivilisation, in der immer mehr der „discardable man" (der „ablegbare" und damit austauschbare Mensch) dominiere. Könne das – so die Abschlussfrage – zukunftsfähig sein?[64] Es gibt immerhin Gegendiskurse: „Global Uni-

---

[63] Vgl. zu China die ungewöhnlich gelungene Arbeit von *Patricia Buckley Ebrey*: China. Eine Illustrierte Geschichte, Frankfurt und New York 1996 (in der Reihe ‚Cambridge Illustrated History‘).

[64] Die Ergebnisse wurden 2000 in englischer, spanischer und portugiesischer Sprache in mehreren Bänden vorgelegt.

58   Manfred Mols

formity" wird nicht überall als die einzige zivilisatorische Richtung unserer Zeit empfunden.[65] Die asiatisch-westliche Wertedebatte des letzten Jahrzehnts, die keinesfalls abgeklungen ist,[66] räumt gerade uns Politikwissenschaftlern einen erkennbar verantwortlichen Platz ein.

5.3 Die Gefahr der Zersplitterung

Die eigentliche Gefahr für die Einheit des Faches kommt heute von zwei Seiten. Zum einen wird immer wieder ein Gegensatz zwischen ‚Empirikern' und ‚Theoretikern' hochgespielt, wobei sich erstere primär abstrakt definieren, d.h. nach den üblichen Selektionskriterien der auf Methoden ausgerichteten Lehrbücher der empirischen Sozialwissenschaften. Ein epochal empirischer Zugriff auf die Zeitläufte und mögliche ordnungspolitische Korrekturen sind damit kaum noch möglich. Die andere Versuchung – die das Fach historisch-politisch ins Abseits der Irrelevanz zu drängen droht – besteht in der Tendenz zur fortschreitenden Aufteilung nach Spezialgebieten, die schon sprachlich nur noch Eingeweihten verständlich sind. Die deutsche Soziologie – gesellschaftliche Interpretationswissenschaft schlechthin in den 60er und 70er Jahren – hatte sich selbst durch einen überzogenen *insider*-Jargon ins gesellschaftliche Abseits gebracht. Heute droht der (deutschen) Politikwissenschaft in vielen ihrer Zweige eine ähnliche Irrelevanz durch kommunikative Sprachlosigkeit. Wenn oder wo ein Fach sich nicht mehr mitteilen kann, wird es nicht mehr ernst genommen und verbaut den Studierenden konkrete Berufschancen.

Wie immer man solche Bedenken einschätzen mag: Weltweit hat heute auch die Politikwissenschaft einen Entwicklungsprozess durchgemacht, der sie wie fast alle anderen Wissenschaften in einen ungebrochenen Trend der zunehmenden Spezialisierung und Differenzierung hineinbrachte. Allein für die Mitte der achtziger Jahre kannte man in (West-)Deutschland 21 ‚dominierende Themenfelder'[67], die in Hunderte von Unterspezialisierungen unterteilt sind. Die Zeichen der Zeit stehen eindeutig auf weitere Spe-

---

[65] Vgl. *Serge Latouche:* L'occidentalisation du monde: Essai sur la signification, la portée et les limites de l'uniformisation planétaire, Paris 1986.

[66] Vgl. *Hahm Chaibong* u.a. (eds.): Confucian Democracy, Why & How, Seoul 1999.

[67] Einzelheiten bei *Wittkämper* 1992 (Anm. 37), S. 290f.

Politik als Wissenschaft 59

zialisierungen, ja auf Fragmentierungen, – man sehe sich nur einmal die Jahresprogramme der 'Deutschen Vereinigung für Politikwissenschaft' an.

Und doch kann man sich damit sinnvollerweise nicht zufrieden geben. So wie die Soziologie nicht von den Bindestrich-Soziologien (Industrie-Soziologie, Familien-Soziologie usw.) zusammengehalten wird, genauso erschöpft sich die Politikwissenschaft nicht in jenen fast schon nicht mehr zählbaren, auf keinen Fall aber von einem einzelnen noch zu überschauenden Themenbereichen, wie sie etwa Dieter Nohlen verdienstvollerweise in seinem mehrbändigen ‚Pipers Wörterbuch zur Politik' erstmalig ab 1983 zusammengestellt hatte.[68]

Nicht jeder Soziologe, Historiker oder eben auch Politikwissenschaftler kann Generalist sein, und sicherlich muss ein jeder sein Handwerk im Kleinen gelernt haben, bevor er sich an die großen Themen der Zeit heranwagt. Die Einheit der Soziologie wird davon abhängen, wieweit es gelingt, die Gesellschaft der Gegenwart und ihre Veränderungstendenzen auf den Begriff zu bringen. Auch die Einheit der Geschichtswissenschaft lässt sich nur historiographisch herstellen, genauer gesagt durch ‚große Historiographie', wozu es gleichfalls gute und gelungene Beispiele gibt, in denen ein ganzes Zeitalter in seiner inneren Struktur und in seiner Dynamik zusammengebracht wird. Solche „große Literatur" ist eben auch der Politikwissenschaft und ihren wichtigsten Teildisziplinen nicht unbekannt. Sie wird – wie in späteren Kapiteln dieses Buches etwas genauer gezeigt – manchmal eher konzeptuell-theoretischer Natur sein: Man denke an die Impulse, die von David Easton oder Gabriel Almond oder Karl W. Deutsch ausgingen. Sie wird sich ein anderes Mal gezielter auf bestimmte Teildisziplinen beziehen: Hans Morgenthau, Hedley Bull oder Robert O. Keohane und Joseph S. Nye und andere haben auf je unterschiedliche Weise unübersehbare Verklammerungen (und natürlich auch Reibungspunkte) in die ‚Internationalen Beziehungen' eingebracht. Es ist der Typus der hier gemeinten Literatur, der Fächer wie die Politikwissenschaft und einige ihrer Nachbardisziplinen zusammenhält, aber es sind die spezifischeren Arbeiten zum Wählerverhalten, zur regionalen Integration, zur Bildungspolitik oder zur deutschen GUS-Politik, die dazu die Bausteine liefern. Wilhelm Bleeks Plä-

---

[68] Seit 1992: *Dieter Nohlen* (Hrsg.): Lexikon der Politik, 7 Bde., München 1992-98.

doyer für die Rückbesinnung auf Forschungstraditionen könnte hier greifen.[69]

5.4 Die Zusammenarbeit mit Nachbardisziplinen

Wie ein roter Faden zieht sich durch dieses Einleitungskapitel das Verhältnis von Politikwissenschaft und Nachbardisziplinen. Sah es in den fünfziger Jahren noch so aus, dass die Politikwissenschaft im Kreuzungspunkt von das Politische mitbetreffenden Nachbardisziplinen als eine ‚integrierende Sammelwissenschaft' (Ernst Fraenkel) oder als eine ‚synoptische Wissenschaft' (Arnold Bergstraesser) zu definieren sei, hat sich in der Folgezeit das Verhältnis zum wissenschaftlichen Umfeld verändert. Die „Expansion, Ausdifferenzierung und Professionalisierung" der Politikwissenschaft seit den siebziger Jahren[70] brachte eine derartig dichte Beschäftigung mit politikwissenschaftlichen Gegenstandsbereichen hervor, dass der Blick auf Nachbardisziplinen nicht mehr der Qualitätsbestimmung und der Identitätssuche des Faches diente, sondern nahe liegenden Überlegungen wich, wo sich vom Gegenstand her wünschbare Überschneidungsbereiche anboten bzw. wo man für die eigene Arbeit nützliche Methoden, Konzepte und Theorien fand. Hier soll daher nicht die alte Debatte um die Stellung der Politikwissenschaft unter den Wissenschaften in aktualisierter Form fortgesetzt werden. Vielmehr wird der Studierende wissen wollen, wie er selbst die eigene Beschäftigung mit der Politikwissenschaft dem, was sonst noch in den Universitäten angeboten wird, zuordnen soll.

Der wichtigste (naturgemäß völlig unsystematische) Rat heißt: Es bringt die Fächerkombination erfahrungsgemäß besonders viel ein, die einem am meisten Spaß macht. Vor dieser Regel verblasst vieles andere. Und nur unter dem mit ihr ausgesprochenen Vorbehalt seien fünf besonders wichtige Nachbardisziplinen bzw. besser Gegenstandsbereiche genannt.

Die Kenntnis grundlegender historischer Zusammenhänge wird eine absolut unverzichtbare Grundlage allen wissenschaftlichen Nachdenkens über Politik bleiben. Auf den Rang epochaler Ein-

---

[69] *Wilhelm Bleek*: Geschichte der Politikwissenschaft in Deutschland, München 2001.

[70] Vgl. *Ulrich von Alemann*: Integrationswissenschaft, in: *Nohlen/Schultze* 1985 (Anm. 50), S. 381f.

Politik als Wissenschaft   61

bindungen ist mehrfach verwiesen worden. Kulturelle Identitäten
sind gleichfalls ohne ihre historischen Fundamente nicht zu begreifen. Aber – und dies gilt wohl weltweit – die Geschichte steht auch
Pate bei der Erfassung ganz konkreter politischer Abläufe, der Ausformulierung politischer Normen und der Absteckung von dem,
was man in der zeitgenössischen politikwissenschaftlichen Transformationsforschung „Handlungskorridore" nennt. Das Mexiko
des angefangenen Jahrhunderts ist ohne die Revolution ab 1910
nicht zu verstehen, Russland nicht ohne die Kenntnis des Zaren-
reiches, Deutschland und seine Irrwege unter Wilhelm II und Hit-
ler nicht ohne die verspätete und unvollkommene Einigung im 19.
Jahrhundert.

Ähnlich unverzichtbar sind die Impulse, die von der Philosophie
ausgehen. Die Impulskraft philosophischen Denkens besteht nicht
nur darin, dass sie prinzipielle Denkfiguren anbietet, die für das
Zusammenleben von Menschen und ihren Ordnungsentwürfen von
erheblichem Belang sind. Philosophie hat eine eigene Radikalität
des Fragens, wie dies ‚normalen' Wissenschaften kaum je zu eigen ist. Platon hatte das Beispiel gesetzt.

Besonders für die neueren Strömungen der Politikwissenschaft
unverzichtbar geworden sind die empirischen Sozialwissenschaften sowie die ihnen zugeordneten Methodenwissenschaften (Statistik, Ökonometrie, Soziometrie etc.). Auch die angrenzende na-
turwissenschaftliche Grundlagenforschung ist hier zu nennen. Der
große systemtheoretische Theorieentwurf David Eastons beispielsweise wäre ohne die Einwürfe aus der naturwissenschaftlichen Kybernetik, dem input-output-Denken der Ökonomen und dem soziologischen Strukturfunktionalismus der Schule um Talcott
Parsons nicht zu denken.

Die Wirtschaftswissenschaften, insbesondere die Volkswirtschaftslehre, sind schon deshalb für die Politikwissenschaft von er-
heblichster Bedeutung, weil es in hochkomplexen Industriegesellschaften immer wesentlicher wird, die Doppelfrage nach der
relativen Autonomie von Politik bzw. umgekehrt der Vertretbarkeit
der relativen Eigensteuerung des wirtschaftlichen Bereichs zu stellen und weil zweitens Verteilungsfragen immer wichtiger werden.
Die sich aus solchen Fragen ergebenden Verzahnungen von politikwissenschaftlichem und wirtschaftswissenschaftlichem Denken
gehen so weit, dass die ‚Politische Ökonomie' in der Politikwissenschaft den Charakter einer eigenen Teildisziplin erhalten hat –
dies häufig unter dem Namen ‚Wirtschaft und Gesellschaft'.

Schließlich seien das Öffentliche Recht bzw. die überwiegend von den Juristen betriebene Allgemeine Staatslehre genannt. Gewiss wird man Politikwissenschaft heute nicht mehr überwiegend aus der Tradition der früheren Staatswissenschaften ableiten können. De facto ist auch die enge Verbindung zwischen Politikwissenschaft und/oder politischer Makrotheorie und Allgemeiner Staatslehre nicht mehr so selbstverständlich wie früher. Gleichwohl bleiben der Staat und die von ihm gesetzte Ordnung der Institutionen und des Rechtes eine der wesentlichsten Kalkulationsgrößen politischen Handelns.

6. Bleibende Fragestellungen, Probleme, Zukunftsperspektiven

Es gibt Belastungen innerhalb des Faches und für die Zukunft des Faches. Aber es gibt auch Zukunftsperspektiven, die optimistisch stimmen.

Belastend war der rasche Aufbau des Faches – dies gilt in erster Linie für Deutschland. Er wirkte sich besonders deshalb negativ aus, weil es keine einheitlichen und ordnenden Standards gab und weil man eine verhältnismäßig lange Zeit für die eigene Professionalisierung und den Anschluss an die internationale Politikwissenschaft gebraucht hat. Belastend, aber auch anregend, war ebenso eine unübersehbare Politisierung nach 1968, die übrigens von ‚progressiver‘ wie von ‚bürgerlicher‘ Seite mit jeweils gleicher Intensität und einäugiger Blindheit getragen wurde. Eine weitere Belastung besteht schlicht darin, dass es eindeutige politikwissenschaftliche Berufsfelder – das gilt selbst für die von Bundesland zu Bundesland schwankende Rolle des Gemeinschaftskundelehrers – noch immer nicht gibt, was all dem, was man mit seinen Studenten diskutiert und erarbeitet, ein gutes Stück berufsvorbereitender Verbindlichkeit nimmt.[71]

Dennoch vermag ich der oft verbreiteten pessimistischen Stimmung über die Desintegrationstendenzen des Faches nicht zur Gänze zu folgen. Fächer behaupten sich, wenn sie etwas Spezifisches zu leisten vermögen. Die Politikwissenschaft wird sich noch weiter durchsetzen, wenn Politikwissenschaftler Wesentliches zu sa-

---

[71] Vgl. den Beitrag von *Christian Wagner* in diesem Band.

Politik als Wissenschaft 63

gen wissen zur Sicherheitspolitik, zur Neugestaltung internationaler Beziehungen, zur Entwicklungspolitik, zum Problemfeld *good governance* und natürlich zu Modalitäten von Macht, Legitimation, Partizipation usw. Ihr Impuls hängt eindeutig vom Grad ihrer Mitsprachefähigkeit in politischen Dingen und vom Rang politischer Bildung im Normen- und Verhaltensgefüge moderner Gesellschaften ab.

In diesem Sinne sollte die Politikwissenschaft ein Fach bleiben, in dem es ein für den Mitwirkenden anregendes Spannungsverhältnis zwischen politischer Institutionenkunde, politischer Prozessanalyse, einer konkreten Politikbereichen verhafteten Policy-Betrachtung, dem Verhältnis von politischer Sozialisation und einer grundsätzlichen Zeit- und Gesellschaftskritik geben wird. Und es sollte in unserem Fach auch das – abermals in sich anregende – Spannungsverhältnis zwischen den Verpflichtungen politischer Bildung, einer mehr theoretisch-akademischen Reflektion und einem praktisch-politischen Engagement (Politikberatung) nicht verschwinden, einer Politikberatung, die auf ein gewisses Maß der Mitvorbereitung in nationalen und internationalen Entscheidungsprozessen und Konzeptualisierungen politischer Handlungs- und Orientierungsprogramme hinausläuft.

Stimulierender Maßstab wird zum einen sicherlich das inzwischen weltweit erreichte Profil des Faches sein. Zum anderen findet Politikwissenschaft ihren sehr maßgeblichen anderen Motor im bewussten Aufgreifen epochaler Problemstellungen. Speziell für Deutschland heißen die Grundfragen aus heutiger Sicht: Wird die Politikwissenschaft die intellektuelle Kraft aufbringen, die unübersehbaren Verkrustungen und Fehlentwicklungen im Zusammenhang mit der deutschen Einheit, die sowohl mit der Standortsicherung wie mit der Wiedervereinigung absolut brisant gewordenen Verteilungsfragen und nicht zuletzt die veränderten Einordnungsmodalitäten außenpolitisch-internationaler Natur in einer überzeugenden Weise und mit ihren eigenen fachspezifischen Möglichkeiten und Kompetenzen anzugehen? Eine ganz zentrale Frage in diesem Kontext lautet: Was soll heute unter sozialer Gerechtigkeit verstanden werden – im nationalen wie im internationalen Rahmen? Wird sie des weiteren ihren eigenen Beitrag leisten zur in die Krise geratenen Parteiendemokratie, von der nicht wenige Beobachter meinen, es sei längst eine Krise der Demokratie überhaupt eingetreten? Der unzweifelhaft erreichte hohe Professionalisierungsgrad des Faches wirkt sich dabei ambivalent aus: Er ist Hil-

64 Manfred Mols

fe und Versuchung zur Flucht in abgeleitete akademische Diskussionen in einem.

Ein Einleitungskapitel wie dieses kann nicht mehr leisten als den Versuch, in das scheinbare Dickicht einer weltweit angelegten Profession, in der es heutzutage rund 30 000 Mitwirkende in Universitäten und Forschungsinstitutionen geben mag, eine Schneise zu schlagen und dadurch dieses Dickicht erschließbar zu machen. Wenn dazu noch die Botschaft herübergekommen ist, dass Politikwissenschaft zu betreiben wahrlich Spaß macht und dass sie ein seriöses, verantwortliches und notwendiges Geschäft ist, dann haben die hier vorgestellten Überlegungen ihren Zweck erreicht.

Annotierte Auswahlbibliografie

Andrew Heywood: Politics, Houndmills and London 2. Aufl. 2002.
Eine ungewöhnlich gelungene, gut verständliche und zugleich präzise Einführung in das Fach und wesentliche Teilgebiete. Seit Jahren das beste Buch seiner Art.

Berg-Schlosser, Dirk; Stammen, Theo: Einführung in die Politikwissenschaft, München [6]1995.
Der Akzent dieser Einführung liegt auf erkenntnisleitenden und methodischen Fragestellungen. Eine gewisse Sympathie mit ‚klassischen' politikwissenschaftlichen Fragestellungen ist unübersehbar.

Albrecht, Ulrich u.a. (Hrsg.): Was heißt und zu welchem Ende betreiben wir Politikwissenschaft? Kritik und Selbstkritik aus dem Otto-Suhr-Institut, Opladen 1989.
Es gibt kaum eine deutschsprachige Veröffentlichung zur Lage des Faches, in der wie hier profilierte politikwissenschaftliche Positionen so plastisch und anregend in Diskussionsform vorgestellt werden – auch wenn der eine oder andere Leser dadurch sicher zum Widerspruch gereizt wird.

Robert E. Goodin and Hans-Dieter Klingemann (eds.): A New Handbook of Political Science, Oxford, New York u.a. 1996.
In 35 Einzelkapiteln wird die geschlossenste Übersicht über das Fach von sehr namhaften Wissenschaftlern angeboten. Die Texte sind im allgemeinen gut lesbar.

Almond, Gabriel A.: A Discipline Divided. Schools and Sects in Political Science, Newbury Park u. a. 1990.
Dies ist eine kritische Bestandsaufnahme des Faches aus der Feder eines der einflussreichsten Politikwissenschaftler unseres Jahrhunderts.

Maier, Hans: Die ältere deutsche Staats- und Verwaltungslehre (Polizeiwissenschaft). Ein Beitrag zur Geschichte der politischen Wissenschaft in Deutschland, Neuwied/Berlin 1966.

In der vor fast drei Jahrzehnten von Maier vorgelegten Habilitationsschrift wird die staatswissenschaftliche und politisch-philosophische Tradition des Faches sorgfältig und im Einzelnen überzeugend herausgearbeitet. Für jeden, der sich mit der Geschichte des Faches befasst, ist das Buch des späteren Bayerischen Kultusministers immer noch eine Pflichtlektüre.

Grundlagen- und weiterführende Literatur

Brunner, Otto; *Conze, Werner; Kosellek, Reinhard* (Hrsg.): Geschichtliche Grundbegriffe. Historisches Lexikon zur politisch-sozialen Sprache in Deutschland, 7 Bde., Stuttgart 1992.

Bull, Hedley: The Anarchical Society. A Study of Order in World Politics, New York 1977.

Di Tella, Torcuato S. u. a.: Diccionario de Ciencias Sociales y Políticas, Buenos Aires 1989.

Falter Jürgen W./Felix W. Wurm (Hrsg.): Politikwissenschaft in der Bundesrepublik Deutschland, 50 Jahre DVPW, Wiesbaden 2003

Fraenkel, Ernst: Deutschland und die westlichen Demokratien, Frankfurt a. M. erw. Aufl. 1991.

Goodin, Robert E.; *Petit Philip* (eds.): A Compendium to Contemporary Political Philosophy, Oxford 1993.

Görres-Gesellschaft: Staatslexikon, 5 Bde., Freiburg i. Br. u. a. [7]1985.

Heywood, Andrew: Political Ideas and Concepts. An Introduction. Houndsmill and London 1994.

Kirchhof, Paul: Der Staat – eine Erneuerungsaufgabe, Freiburg u.a. 2005.

Leggewie, Claus (Hrsg.): Wozu Politikwissenschaft? Über das Neue in der Politik, Darmstadt 1994.

Lietzmann, Hans J.; Bleek, Wilhelm: Politikwissenschaft. Geschichte und Entwicklung, München 1996.

Mohr, Arno (Hrsg.): Grundzüge der Politikwissenschaft, München 1995.

Nassmacher, Hiltrud: Politikwissenschaft, München/Wien [5]2004.

Nohlen, Dieter (Hrsg.): Lexikon der Politik, 7 Bde., München 1995.

Nonnenmacher, Günther: Die Ordnung der Gesellschaft, Weinheim 1989.

Nuscheler, Franz: Lern- und Arbeitsbuch Entwicklungspolitik, Bonn [4]1996.

Patzelt, Werner: Einführung in die Politikwissenschaft, Passau [4]2001.

Pierre, Jon and Peters, B.Guy: Governance, Politics and the State, New York 2000.

Rohe, Karl: Politik, Begriffe und Wirklichkeiten, Stuttgart u.a. 1994.

Roskin, Michael u. a.: Political Science. An Introduction, London u. a. [3]1989.

Saage, Richard: Politische Utopien der Neuzeit, Darmstadt 1991.

Scharpf, Fritz W.: Games Real Actors Play. Actor-Centered Institutionalism in Policy Research, Boulder/Col. and Oxford 1997.

66   Manfred Mols

Stammen, Theo u. a. (Hrsg.): Grundwissen Politik, Frankfurt a. M./New York 1991.

Voigt, Rüdiger (Hrsg.): Abschied vom Staat – Rückkehr zum Staat? Baden-Baden 1993.

Waschkuhn, Arno: Grundlegung der Politikwissenschaft, München 2002

II. Disziplinen und Schwerpunkte der Politikwissenschaft

Das politische System der Bundesrepublik Deutschland

Karl-Rudolf Korte

1. Gegenstandsbestimmung, Entstehungsgeschichte, Fragestellungen

Die Beschäftigung mit dem politischen System des eigenen Staates gehört zum Kernbereich der Politikwissenschaft. Zwei Aspekte sollen nachfolgend verdeutlicht werden: Wie hat sich die wissenschaftliche Auseinandersetzung mit dem politischen System seit 1949 in der Bundesrepublik Deutschland entwickelt (Kapitel 1)? Wie lassen sich Teilbereiche des politischen Systems problemorientiert darstellen (Kapitel 2)?

Die Entstehungsgeschichte des Faches in der Bundesrepublik Deutschland ist eng mit der Analyse des neu geschaffenen politischen Systems verbunden. Dabei konnte die Disziplin an die Ideen der 1920 in Berlin begründeten „Deutschen Hochschule für Politik" anknüpfen. Neben angelsächsischen Einflüssen bildete die Allgemeine Staatslehre der Weimarer Zeit eine Keimzelle bei den Fragen nach dem politischen System. Zu den eigentümlichen Varianten dieser eher an aristotelische Traditionen anknüpfenden Lehre von der Politik zählten die nicht empirisch ausgerichteten Forschungszweige, wie die Verwaltungs-, die Kameral-, und die Polizeiwissenschaften, wie sie sich seit dem 18. Jahrhundert entwickelte.[1] Polizei (oder Policey) war dabei Inbegriff sämtlicher staatlicher Aktivitäten, im Grunde praktisch Synonym mit Staat und Verwaltung.[2]

---

[1] Dazu weiterführend den Beitrag von *Manfred Mols* in diesem Band.

[2] Einführend dazu *Werner Jann*: Staatslehre, Regierungslehre, Verwaltungslehre, in: *Stephan von Bandemer, Göttrik Wewer* (Hrsg.): Regierungssystem und Regierungslehre. Fragestellungen, Analysekonzepte, Forschungsstand, Opladen 1989, S. 33-56, hier S. 37.

Der *Gegenstandsbereich des politischen Systems* der Bundesrepublik Deutschland wird jedoch durch die Hinweise auf Traditionsstränge und Impulsgeber nur einschränkend deutlich. Was gehört dazu? Wie kann man das politische System abgrenzen von anderen Gebieten? Welche Methoden bieten sich dazu an? Wer diesen Fragen systematisch nachgeht, wird schnell feststellen, dass das politische System nur selten präzise definiert wird. Die Begriffe „Parlamentarisches Regierungssystem", „Verfassungs- und Demokratielehre", „Politisches System", „Regierungssystem" und auch „Innenpolitik" gehen durcheinander. Bücher, die in der ersten Auflage noch „Handbuch des Deutschen Parlamentarismus" hießen, kommen in der zweiten Auflage mit neuem Titel heraus: „Handbuch des politischen Systems".[3]

Zur ersten Orientierung lässt sich ein engerer und ein weiterer Definitionsbereich dieser Begriffe unterscheiden. Im engeren Sinn gehört dazu die *Regierungslehre*, die sich mit dem Regierungssystem beschäftigt. Es ist die wörtlichste Übersetzung des angelsächsischen *government*. Dabei konzentriert sich die Analyse auf die Aufgaben, Organisationsformen und Arbeitsweise von Regierungen auf allen Ebenen eines politischen Systems. Regierung umfasst nach diesem Verständnis die Verfassungsorgane eines Staates, die insgesamt das Regierungssystem bilden: Parlament und Regierung – eher nachgeordnet die Rechtsprechung. Es ist eine formale Eingrenzung, die allerdings ökonomische und soziale Bedingungen außerhalb des Kernbereichs des Regierungssystems nicht berücksichtigt. Im *weiteren* Sinn des Begriffes „politisches System" wird die politische Analyse nicht auf den engeren staatlichen Bereich beschränkt. Ökonomische und soziale Problemstellungen und gesellschaftliche Willensbildungsprozesse werden berücksichtigt. Der Funktionszusammenhang zwischen Legislative, der Exekutive und der Judikative wird ausgeweitet. Autonome öffentliche und private Organisationen (z.B. die Parteien, Verbände, Bundesbank), die auf die Politikformulierung und den Politikvollzug einwirken bzw. daran aktiv gestaltend mitwirken, ergänzen das Untersuchungsgebiet „politisches System". Es stehen sich somit eine eher formal-institutionenbezogene und eine inhaltlich-prozessbe-

---

[3] *Hans-Helmut Röhring, Kurt Sontheimer*: Handbuch des Deutschen Parlamentarismus, München 1970 und in der Ausgabe von 1977: Handbuch des Politischen Systems der Bundesrepublik Deutschland, München 1977.

Das politische System der Bundesrepublik Deutschland   69

zogene Sichtweise von Politik gegenüber.[4] Hinter diesen scheinbaren Begriffsspielen steckt nicht nur ein sich wandelndes Politikverständnis. Vielmehr lassen sich an solchen begrifflichen Unterschieden erkenntnisleitende Fragestellungen, abweichende
Konzeptionen und Methoden aufzeigen.

Zentrale Fragen lauten daher aus heutiger Sicht:
– Wie werden welche politischen Entscheidungen von wem gefällt?
– Wie werden in der Bundesrepublik Deutschland die politisch
  Handelnden beauftragt, beeinflusst, kontrolliert?
– Wie sind die Bürger an diesen Prozess der politischen Willens-
  bildung beteiligt?
– Welche Aufgaben erfüllt das politische System und welche
  nicht?
– Welche institutionellen Reformen sind angesichts veränderter
  gesellschaftlicher Bedingungen und Problemfelder notwendig?

Politikwissenschaft ist ohne Zeitbezug nicht denkbar. Der Gegenstandsbereich, die Fragestellungen und die Methoden des Faches haben sich mit der Geschichte der Bundesrepublik Deutschland verändert. Einmal war das erkenntnisleitende Interesse stärker an
bestimmten Institutionen orientiert, dann wiederum standen Grundsatzfragen der Demokratie im Interesse. Das Analysespektrum war
stets auch vom Zeitgeist geprägt. Dies lässt sich im Teilgebiet *politisches System der* Bundesrepublik Deutschland nachzeichnen.

Bedingt durch die nationalsozialistische Vergangenheit war die
Politikwissenschaft in Westdeutschland nach 1949 zunächst weitgehend Verfassungs- und Demokratielehre. Neben den staatstheoretischen, politisch-historischen und staatsphilosophischen Rück-
griffen gab es eine eindeutige Präferenz: die Funktionsweise der
neuen politischen Institutionen wie Parlament, Regierung, Verfassung sollte vermittelt werden. Vorbild war, trotz der Rückgriffe auf
die ältere politischen Staatslehre, die angelsächsische *Political Science*,[5] die damals das Konzept des *Government* ins Zentrum ihrer

---

[4] Vgl. diese Unterscheidung in der übersichtlichen Einführung von *Axel
    Murswieck*: Parlament, Regierung und Verwaltung. Parlamentarisches
    Regierungssystem oder Politisches System? in: *Bandemer* 1989 (Anm.
    2), S. 149-157, hier S. 149. Ich schließe mich weitgehend diesen begriff-
    lichen Eingrenzungen und Systematisierungen an.

[5] Vgl. zum Folgenden *Jann* 1989 (Anm. 2), S. 45-48; *Rainer Prätorius*:
    Institutionen und Regierungsprozess, in: *Arno Mohr* (Hrsg.): Grundzü-
    ge der Politikwissenschaft, München/Wien 1995, S. 487-566.

70 Karl-Rudolf Korte

Fragestellungen gerückt hatte. Nicht der ahistorische und übergesellschaftliche Staat, sondern die konkrete Ausgestaltung der politischen Organisation wurde thematisiert. So entstanden zunächst von Politikwissenschaftlern verfasste „Verfassungslehren", wie beispielsweise die deutschen Übersetzungen von: „Political Power and the Government Process" (Loewenstein), „The Representative Republic" (Hermens), „Constitutional Government and Democracy" (Friedrich).[6] Das Forschungsinteresse galt Begründungen, Beschreibungen und Erklärungen von Institutionen. In solche Analysen sind immer wieder vergleichende Aspekte politischer Herrschaftsformen im Sinne der *comparative government* eingeflossen. Konzeptionell standen sich ideengeschichtliche (Fraenkel, Sternberger), normativ-ontologische (von der Gablentz, Bergstraesser), historisch-beschreibende und juristisch-systematisierende (Eschenburg) Ansätze gegenüber.

Die fünfziger und sechziger Jahre brachten so eine Vielfalt an Einzelstudien über die Funktionsbedingungen des demokratischen Staates der Bundesrepublik hervor.[7] Das war zugleich nützlich für die Umsetzung der gestellten Aufgabe, denn es ging bis Anfang der sechziger Jahre in erster Linie um politische Bildung der Studierenden. Man könnte die Politikwissenschaft der damaligen Zeit als Demokratie-, Aufklärungs- oder auf eine Schulfach bezogene Bildungswissenschaft bezeichnen. Als Demokratiewissenschaft sollte sie die Bedingungen und Möglichkeiten erforschen, in Deutschland eine stabile Demokratie aufzubauen. Die politische Bildung orientierte sich an idealistisch konzipierten Partnerschafts- und Harmoniemodellen.[8] Verhaltensweisen sollten gefördert werden, die sich gegen undemokratische und totalitäre Einstellungen wendeten. Die neuen politischen Institutionen wurden nicht hin-

---

[6] *Karl Loewenstein*: Verfassungslehre, Tübingen 1959; *Ferdinand A. Hermens*: Verfassungslehre, Köln 1968; *Carl Joachim Friedrich*: Der Verfassungsstaat der Neuzeit, Berlin 1953; vgl. dazu auch den Beitrag von *Manfred Mols* in diesem Band.

[7] Eine Übersicht dazu bei *Gerhard Göhler*: Institutionenlehre und Institutionentheorie in der deutschen Politikwissenschaft nach 1945, in: Ders. (Hrsg.): Grundfragen der Theorie politischer Institutionen. Forschungsstand, Opladen 1987, S. 15-47.

[8] Dazu ein Gesamtüberblick bei *Hans-Günther Assel*: Kritische Bemerkungen zu Denkansätzen in der politischen Bildung. Rückblick nach einem Dezennium, in: Aus Politik und Zeitgeschichte (1 979) B 1, S. 3-38.

Das politische System der Bundesrepublik Deutschland   71

terfragt, sondern primär ihre Funktionsweise beleuchtet, wobei die angelsächsischen Demokratievorstellungen als Maßstab dienten. Die Beschäftigung mit totalitären Systemen schlug sich auch in der Forschung über Entstehung und Wirkung solcher Systeme nieder.[9] Als Motiv galt der doppelte Anti-Totalitarismus: gegen die NS-Vergangenheit und gegen den Sozialismus in stalinistischer Ausprägung des Ostens.

In der ersten formativen Phase der Bundesrepublik Deutschland waren Wirtschaftswunder, Kalter Krieg, Wiederaufbau und die Integration in die internationale Staatengemeinschaft die äußeren Markierungspunkte. Das Lebensgefühl der Menschen bestimmte nicht die große Politik. Eher desinteressiert und zögerlich reagierte die Mehrheit auf alles, was irgendwie mit Politik zusammenhing. Politisch-kulturell standen vielmehr der Aus- und Aufbau der privaten Existenz im Vordergrund. Walter Dirks hatte dazu frühzeitig das Stichwort gegeben: der restaurative Charakter der Epoche.[10]

Das Harmoniemodell der politischen Bildung stieß bereits Ende der fünfziger Jahre auf den Vorwurf, die politischen Verhältnisse als unveränderlich gegeben hinzunehmen und alle in der Realität vorhandenen Konflikte völlig auszuklammern. Das vorherrschende Konzept, das scheinbar auf Konsensfähigkeit, Toleranz und Kompromissbereitschaft beruhte, verlor mit Beginn der sechziger Jahre seine Integrationskraft. Mangelnde ökonomische und politische Mitbestimmung wurden angemahnt. Anstelle von Systemstabilität und Konsensfähigkeit wurden neue Aspekte des Politischen artikuliert. Der Konflikt und die Strukturen des politischen Systems rückten in den Mittelpunkt des Forschungsinteresses. Durch die Einbeziehung machtanalytischer und emanzipatorischer Aspekte in den Politikbegriff wurde die gesellschaftliche Analyse ein Gegenstandsbereich der Teildisziplin.

In dieser zweiten formativen Phase der Bundesrepublik Deutschland stellten sich die Fragen nach dem *warum* und dem *wieso* politischer Macht- und Herrschaftsverhältnisse nachdrücklicher. Die

---

[9] Vgl. *Hannah Arendt*: Elemente und Ursprünge totaler Herrschaft, Frankfurt a. M. 1955; *Kurt Sontheimer*: Antidemokratisches Denken in der Weimarer Republik. Die politischen Ideen des deutschen Nationalismus zwischen 1918 und 1933, München 1962.

[10] *Walter Dirks*: Der restaurative Charakter der Epoche, in: Frankfurter Hefte (1949) 1, S. 15f.

Auseinandersetzung der westlichen Demokratie und des politischen Systems mit sich selbst löste die Konfrontation mit den totalitären Gegenmächten der ersten formativen Phase zunächst ab. Thematisiert wurden nun der Anspruch des demokratischen Rechtsstaats und seine Verfassungswirklichkeit. Zugleich wuchs mit den Studentenprotesten von 1968 die Polarisierung zwischen den politischen Lagern. Konflikte entzündeten sich vor allem an der *Notstandsgesetzgebung* und der Rolle der USA im Vietnamkrieg. Diese Auseinandersetzung spiegelte sich auch auf wissenschaftlicher Ebene wider.[11] Ungleichheit, Elitenherrschaft und politische Apathie der breiten Massen wurden aus eher linker Perspektive dem politischen System der Bundesrepublik Deutschland vorgeworfen. Herstellung von Freiheit und Gleichheit sowie die Demokratisierung in allen Bereichen des Staates und der Gesellschaft waren die Vorstellungen, mit denen die Politisierung aller Lebensbereiche eingefordert wurde. Auch zu diesen Zielsetzungen gab es innerhalb der Wissenschaft Gegenpositionen, die wiederum neue Kontroversen auslösten.[12] „Mehr Demokratie wagen" (Willy Brandt) war nicht nur politische Parole, sondern auch wissenschaftliches Programm. Innere Reformen, Verständigung mit dem Osten und ein geistig-politischer Aufbruch mit großen emotionalen Hoffnungen prägten die Themen der neuen Generation. Leitbegriffe wurden Lebensqualität, Fortschritt, internationale Solidarität, Partizipation, Demokratisierung.

Die Diskussion in der Politikwissenschaft wandte sich Ende der sechziger und in den siebziger Jahren intensiv den Fragen der Demokratieforschung und den Krisen der politischen Repräsentation zu. Zugleich fand eine deutliche Ausdifferenzierung und Zersplitterung der Politikwissenschaft statt. Es etablierte sich das Feld, das dann den Namen Regierungssystem trug. Doch ein über die bisherige Institutionenlehre hinausreichender gemeinsamer Ansatz war nicht erkennbar. Die Fragestellung nach dem Zustand der Demo-

---

[11] Beispiele dazu aus linker Perspektive: *Wolf-Dieter Narr, Frieder Naschold*: Theorie der Demokratie, Stuttgart 1971 und entgegensetzend *Dieter Oberndörfer, Wolfgang Jäger* (Hrsg.): Die neue Elite. Eine Kritik der Kritischen Demokratietheorie, Freiburg 1975.

[12] Unterschiedliche Positionen bieten: *Wilhelm Hennis*: Demokratisierung. Zur Problematik eines Begriffs, in: Ders. (Hrsg.): Die missverstandene Demokratie, Freiburg 1973; *Iring Fetscher*: Die Demokratie, Grundfragen und Erscheinungsformen, Stuttgart 1970.

Das politische System der Bundesrepublik Deutschland   73

kratie knüpfte an die Debatte um die Regierbarkeit und die Krisenerscheinungen der parlamentarischen Demokratie und den sich ausdünnenden Konsens im Vertrauensverhältnis zwischen Bürger und Staat an.[13] Die gleichen Phänomene wurden in neomarxistischen Diskussionen als Krisentheorien und Legitimationsprobleme im Spätkapitalismus thematisiert.[14] Generell stand zur Diskussion, wie der moderne Staat auf die Anspruchs- und Erwartungshaltungen der Bürger angemessen reagieren kann. Es öffnet sich eine Schere zwischen steigenden Erwartungen und offensichtlich abnehmender staatlicher Leistungsfähigkeit.[15] Die Kritik im Kontext dieser Debatte erfasste dabei die Willensbildungs- und Entscheidungsstruktur des gesamten Regierungsapparates, des Parlaments und der Parteien. Die Einflussnahme verschiedener Verbände und Interessengruppen auf Entscheidungen des politischen Systems wurde hinterfragt und ließ die Grenzen des politischen Systems unscharf werden (Korporatismus).

In den so genannten *Neuen Sozialen Bewegungen* der siebziger und achtziger Jahren (Friedensbewegung, Ökologiebewegung u.a.) zeigte sich eine gestiegene Partizipationsbereitschaft vieler Bürger. Diese wirkte sich auf politische Entscheidungen und deren Durchsetzung aus. Ansatzpunkte dieser Bewegungen waren unterschiedliche gesellschaftliche Missstände, die in den Augen der Beteiligten nicht adäquat gelöst wurden. Beispiele hierfür finden sich auf sehr unterschiedlichen Politikfeldern: mangelnde Kindergartenplätze konnten ebenso zu Mobilisierung beitragen wie die Errichtung von Großprojekten (Atomkraftwerke, Startbahn West) und nicht zuletzt die wachsende atomare Aufrüstung (Nato-Doppelbeschluss).[16] In den gemeinsamen Aktionen solcher Bewegun-

---

[13] Zentral dazu *Wilhelm Hennis, Peter Graf Kielmansegg, Ulrich Matz* (Hrsg.): Regierbarkeit. Studien zu ihrer Problematisierung, 2 Bde., Stuttgart 1977 und 1979. Überblicksartig bei *Klaus von Beyme*: Die Zukunft der parlamentarischen Demokratie, in: Ders. u. a. (Hrsg.): Politikwissenschaft 1977 und 1979.

[14] Vgl. *Claus Offe*: Strukturprobleme des kapitalistischen Staates, Frankfurt a. M. 1972; *Jürgen Habermas*: Legitimationsprobleme im Spätkapitalismus, Frankfurt a. M. 1973.

[15] Vgl. *Daniel Frei* (Hrsg.), Überfordert Demokratie? Zürich 1978; Überblicksartig dazu *Franz Lehner*: Regierbarkeit, in: *Dieter Nohlen* (Hrsg.): Lexikon der Politik, Bd.3, München 1992, S. 387-393.

[16] Vgl. *Peter Cornelius Mayer-Tasch*: Die Bürgerinitiativbewegung. Der aktive Bürger als rechts- und politikwissenschaftliches Problem, Rein-

74 Karl-Rudolf Korte

gen spiegelte sich auch die Suche nach einer kollektiven Identität
als Alternative zur anonymen gesellschaftlichen Existenz des einzelnen wider. Als Teil der eigenen Lebenswelt begriffen, sollte politisches Handeln kollektive und individuelle Identität stützen und
zum Aufbau einer Gegenkultur beitragen. Politische Partizipation
konzentrierte sich tendenziell auf die von den Bürgern als relevant
erachteten Lebensbedingungen. Konsequenterweise favorisierte
diese Politikrichtung das imperative Mandat anstelle des Mehr-
heitsprinzips:

> „Man muss sich stets vor Augen halten, dass Abstimmungen und Ent-
> scheidungsfindung nach dem Mehrheitsprinzip auf Dauer nur dort
> funktionieren [...], wo es nicht ums Ganze geht, wo auf dem Schlacht-
> feld der politischen Willensbildung keine unbefriedbare Minderheit
> zurückbleibt [..]. In existentiellen Fragen lässt man sich nicht über-
> stimmen."[17]

Die wissenschaftliche Analyse des politischen Systems der Bundesrepublik Deutschland versuchte, sich diesen unterschiedlichen
Strömungen zu stellen. Die an der klassischen politikwissenschaftlichen Tradition orientierte Richtung verlor generationsbedingt
immer mehr an Einfluss. Durch die breite Übernahme der vornehmlich in den USA entwickelten modernen sozialwissenschaftlichen Theorien, Methoden und Forschungsansätzen verschob sich
die theoretische Orientierung, ohne ein gänzlich einheitliches Bild
zu vermitteln. So finden sich bis heute verschiedene wissenschaftliche Positionen und Richtungen bei der Definition des Untersu-
chungsgegenstandes *politisches System*. Vor allem vier Zugänge –
nach systematischen Gesichtspunkten – bildeten sich heraus:
– die politische Struktur: ordnungspolitische institutionelle Ansätze;

---

bek [5]1985; zu den Neuen Sozialen Bewegungen vgl. *Kim R. Holmes*:
The West German Peace Movement and the National Question, Cambridge 1984; grundsätzlich in diesem Kontext *Peter Katzenstein*: Policy and Politics in West-Germany. The Growth of a Semi-sovereign State, Philadelphia 1987; zur Einschätzung aus internationaler Perspektive
vgl. *James Cooney* u. a. (Hrsg.): Die Bundesrepublik und die Vereinigten Staaten von Amerika, Stuttgart 1985; *Renata Frisch-Bournazel*: Europa und die deutsche Einheit, Stuttgart 2. Aufl. 1999.

[17] *Bernd Guggenberger, Claus Offe*: Politik an der Basis. Herausforderungen der parlamentarischen Mehrheitsdemokratie, in: Dies. (Hrsg.): An
den Grenzen der Mehrheitsdemokratie, Opladen 1984, S. 16.

Das politische System der Bundesrepublik Deutschland   75

- der politische Prozess: Steuerungs- und Entscheidungsanalysen;
- die politischen Inhalte: Politikfelder und sozio-kulturelle Bedingungen des politischen Systems;
- die politische Kommunikation: informelle und mediale Komponenten des Regierens.

Die Übergänge zwischen den vier Ansätzen sind fließend. Aus Gründen der Systematisierung, in der auch chronologische Aspekte berücksichtigt werden, sind sie nachfolgend voneinander getrennt aufgeführt.

2. Systematische Zugänge bei der Analyse des politischen Systems

2.1 Die politische Struktur: Ordnungspolitische und institutionelle Ansätze

Vor allem Wilhelm Hennis, aber auch Emil Guilleaume und Thomas Ellwein arbeiteten in den sechziger Jahren daran, der politikwissenschaftlichen Regierungslehre – d.h. der bis dahin existierenden Verfassungs- und Demokratielehre – einen neuen Impuls zu geben.[18] Sie forderten übereinstimmend eine stärkere Beachtung des Regierungshandelns im Sinne der Erfüllung öffentlicher Aufgaben. Es liegt nahe, dass hier eine enge Verwandtschaft zur Verwaltungslehre begründet ist. Hennis forderte eine Ausweitung von *Polity und Politics* hin zu *Policies,* ohne jedoch selber diese Begriffe zu benutzen. Welche Aufgaben hat der Leistungsstaat zwingend zu erfüllen? Hennis kritisierte mit dieser Frage gleichzeitig die seiner Meinung nach zu einseitige Ausrichtung des Faches auf Willensbildungsprozesse und Partizipationsansprüche. Innerhalb des skizzierten Forschungsansatzes konnten jedoch die methodischen Probleme nicht zufrieden stellend gelöst werden. Eine vollständige Operationalisierung wurde nicht erreicht. Angesichts einer unsicheren Quellenbasis, die im Zusammenhang mit der Ablehnung empirischer Methoden stand, blieb das Handeln indi-

---

[18] Einen Überblick zur Entwicklungsrichtung, die im Folgenden übernommen wurde, bietet *Hans-Hermann Hartwich*: Regierungsforschung. Aufriss der Problemstellungen, in: *Hans-Hermann Hartwich, Göttrik Wewer* (Hrsg.): Regieren in der Bundesrepublik 1, Opladen 1990, S. 9-20.

76   Karl-Rudolf Korte

vidueller und kollektiver Akteure weitgehend ausgeblendet. Eine
Ausweitung der institutionellen Analyse auf Fragestellungen, die
auf die ökonomischen und sozialen Voraussetzungen der Funktionsweise der Institutionen abhoben, wurde nicht thematisiert.

2.2 Der politische Prozess: Steuerungs- und Entscheidungsanalysen

Die Fragen nach den Funktionsweisen der Institutionen spitzten
sich noch weiter zu, als es Ende der sechziger Jahre vermehrt um
einen erhöhten Planungsbedarf ging. Die verwaltungswissenschaftliche Diskussion sollte Antworten liefern, um die vermeintlich organisierte Planbarkeit der politischen Entwicklungen zu
steuern. Ein wichtiger Anstoß für den Aufschwung politikwissenschaftlicher Regierungs- und Verwaltungsstudien kam damit aus
der politischen Praxis selbst, um den Planungs- und Gestaltungs-
bedarf zu befriedigen.[19] Als Reaktion hierauf entstand ein an modernen angelsächsischen Theorien und empirischen Methoden orientierter Ansatz, der die Funktionen und öffentlichen Aufgaben des
politischen Systems sowie deren Realisierung in den Mittelpunkt
rückte.

Das Zusammenwirken von politischen Strukturen wurde auf der
Basis systemtheoretischer Konzepte als *politisches System* bezeichnet. Gelegentlich wurde auch mit dem Begriff des *politisch-
administrativen Systems* operiert. Durch den Einbezug der
Systemtheorie gelang es, die Verbindung zwischen der Funktionsweise von Institutionen und ihrer Rolle im gesellschaftlichen
Prozess herzustellen. Die Leitfragen der neuen Ausrichtung
hießen nun: Auf welche Einflüsse reagiert das politische Entscheidungszentrum? Welche Interessen greift das politische
System auf? Welche Rückwirkungen haben politische Entscheidungen? Die politische Wirklichkeit sollte in Form eines Systemmodells analytisch dargestellt werden.[20] Die so konstruierte Vorstellung des politischen Systems löste zu Beginn der siebziger
Jahre bisherige Ansätze im Kontext der Regierungslehre ab. Es war
eine Antwort auf die Suche nach einem geeigneten Instrumentari-

---

[19] Arbeiten dazu bsp. *Renate Mayntz, Fritz W. Scharpf*: Planungsorganisation, München 1973.
[20] Vgl. dazu die Beiträge von *Peter Thiery* und *Peter Birle/Christoph Wagner* in diesem Band.

um zur Analyse eines immer komplexeren Staatsapparates in hochmodernen Industriegesellschaften mit vielschichtigen, interdependenten Handlungsmöglichkeiten und Entscheidungsprozessen. Kritik wurde demgegenüber besonders daran geübt, dass die Systemtheorie über die Auflistung sich wechselseitig bedingender Faktoren innerhalb des politischen Systems nicht hinauskam. Die Funktionsleistungen des politischen Systems waren Gegenstand der Analyse, weniger jedoch die Frage, welchen Sinn sie eigentlich besaßen. Von dieser Fixierung auf Systemfunktionen lösten sich erst neuere systemtheoretische Ansätze, die mit Hilfe der Sinnfrage als dem entscheidenden Auswahlkriterium bei der Reduktion von Komplexität operierten.

Die Fragen nach den Steuerungspotentialen des politischen Systems erhielten jedoch auch aus den Governance-Ansätzen,[21] den Forschungen zur Verhandlungsdemokratie[22] und dem Neo-Institutionalismus[23] neue Schubkraft. Die Zugänge problematisieren staatliche Steuerung unter den Bedingungen von Souveränitätsverlusten. Gemeint ist zunächst der Verlust innerer Souveränität. Immer neue und immer mehr Mitspieler sind beim Regieren zu berücksichtigen. Gerhard Lehmbruch hatte bereits in den 60er Jahren auf den Mischcharakter des politischen Systems der Bundesrepublik verwiesen: konkurrenzdemokratische (Modell des Parteienwettbewerbs) und konkordanzdemokratische (Modell des Aushandelns im Bundesstaat) Entscheidungsmechanismen prägen den Regierungsalltag.[24] Staatliche Steuerung musste sich unter diesen Bedingungen weicherer Techniken der Kompromissbildung bedienen: verhandeln, moderieren, koordinieren. Neben der Zentralisierung von Institutionen konnte parallel auch eine Ausdifferenzierung und Informalisierung der politischen Institutionen beobachtet werden. Gesellschaftliche Selbstregulierung sowie ein Politikver-

---

[21] Dazu *John L. Campbell* u.a. (Hrsg.): Governance of the American Economy, Cambridge 1991; *Arthur Benz* (Hrsg.): Governance, Wiesbaden 2004

[22] Überblick dazu bei: *Roland Czada/Manfred G. Schmidt* (Hrsg.): Verhandlungsdemokratie, Interessenvermittlung, Regierbarkeit, Opladen 1993.

[23] Übersicht bei *Karl-Rudolf Korte; Manuel Fröhlich*: Politik und Regieren in Deutschland, Paderborn u.a. (UTB) 2004.

[24] In neuer Interpretation: *Gerhard Lehmbruch*: Parteienwettbewerb im Bundesstaat. Regelsysteme und Spannungslagen im Institutionengefüge der Bundesrepublik Deutschland, Opladen ²1999.

bund zwischen den Regierungen und den betroffenen Verbänden und privaten Einrichtungen erwiesen sich besonders dort als leistungsfähig, wo dem Staat das zur Problemlösung notwendige Steuerungswissen fehlte. Autonomieverluste und Steuerungseinbußen hängen allerdings auch mit äußeren Souveränitätsverlusten durch die Europäische Integration und die wachsende Globalisierung zusammen.[25] Governance-Ansätze reagieren auf diese staatlichen Entgrenzungsprozesse ebenfalls mit Auswegen für das Regierungshandeln. Wenn die politischen Entscheidungsträger zunehmend an Handlungsautonomie einbüßen, ist politische Steuerung auf die Kooperation der politischen wie der gesellschaftlichen Akteure in Netzwerken und Verhandlungssystemen angewiesen.[26]

2.3 Politische Inhalte: Politikfelder und soziokulturelle Bedingungen des politischen Systems

Die Politikfeldforschung oder Politikfeldanalyse ist Ausdruck dieses gewachsenen Interesses an der inhaltlichen Dimension von Politik *(policy)* – beispielsweise in der Sozialpolitik, Umweltpolitik oder Arbeitsmarktpolitik.[27] Die isolierte Betrachtung rein institutioneller oder prozessualer Aspekte des politischen Systems sollte überwunden werden zugunsten der Policy-Dimension. Vor allem im Bereich der Implementations- und Evaluationsforschung stand dahinter auch der Anspruch, gesellschaftskritisch zu wirken. Im Mittelpunkt der Politikfeldanalysen stehen die Inhalte staatlicher Politik, ihre Voraussetzungen und Einflussfaktoren sowie die Frage nach der Wirkung.[28] Obwohl solche Fragen bei der Analyse politischer Strukturen schon frühzeitig betont wurden, erfolgte die Etablierung der Policy-Forschung – auch als Analyse von Staats-

---

[25] Dazu *Beate Kohler-Koch* (Hrsg.): Regieren in entgrenzten Räumen, Opladen 1998. Auch *Roland Sturm/Heinrich Pehle*: Das neue deutsche Regierungssystem, Opladen 2001.

[26] Einführend dazu *Karl-Rudolf Korte*: Veränderte Entscheidungskultur. Politikstile der deutschen Bundeskanzler, in: *Ders./Gerhard Hirscher* (Hrsg.): Darstellungspolitik oder Entscheidungspolitik? Über den Wandel von Politikstilen in westlichen Demokratien, München 2000, S. 16-37.

[27] Vgl. hierzu den Beitrag von *Jörg Faust/Hans-Joachim Lauth* in diesem Band. Grundsätzlich dazu: *Adrienne Héritier* (Hrsg.): Policy-Analyse. Kritik und Neubewertung, Opladen 1993.

[28] Dazu *Adrienne Héritier*: Policy-Analyse, Opladen 1993.

Das politische System der Bundesrepublik Deutschland   79

tätigkeit bezeichnet – als eigenständiges Forschungsfeld erst seit
Mitte der siebziger Jahre. Was tun und lassen Regierungen? Wie
organisieren sie ihre Tätigkeiten? Welche Folgen hat ihr Tun und
Lassen für Form, Prozess und Inhalt der Politik? Es konnte vergleichend herausgearbeitet werden, dass die Politik trotz objektiver Handlungsgrenzen über ein erhebliches Maß an Autonomie gegenüber Wirtschaft und Gesellschaft verfügt. Wie groß jedoch der
autonome Handlungskorridor für die jeweilige Regierung ist, blieb
strittig. Verfahrensregeln, Konfliktaustragung und Konsensbil-
dung, historische Spielräume und gewachsene Arbeitsteilung zwischen Staat und Wirtschaft bedingen den jeweiligen Handlungskorridor. Je nach Themenfeld muss er neu vermessen werden.

2.4 Die politische Kommunikation: Informelle und mediale
Komponenten des Regierens

Wo fallen die politisch wichtigen Entscheidungen? Wer setzt verbindlich Entscheidungen durch? Eine neue Richtung innerhalb der
politischen Systemforschung fragte seit den achtziger Jahren verstärkt nach der technischen Dimension des Regierens (nach der Organisation, den Instrumenten und dem Personal). Formelle und informelle Komponenten des Regierens konnten herausgearbeitet
werden. Welche Spielregeln herrschen jenseits formaler Normen
und Regeln? Sind Netzwerke der politischen Kommunikation
erkennbar, die aus keinem Organisationsschema hervorgehen?[29] Diese Blickrichtung auf die Aspekte des informellen
Steuerns ergänzen Annahmen zum politischen System als Kom-
munikationsraum. Politisches Handeln ist im Fernsehzeitalter
kommunikationsabhängiger geworden. Medienkompetenz kann
heute für politische Akteure als politische Machtprämie betrachtet
werden. Darstellungspolitik (der Soll-Wert der Politik) ersetzt zunehmend Entscheidungspolitik (der Nenn-Wert der Politik).[30] Me-

---

[29] Vgl. hierzu besonders *Göttrik Wewer*: Spielregeln, Netzwerke, Entscheidungen, in: *Hans-Hermann Hartwich, Göttrik Wewer* (Hrsg.): Regieren
in der Bundesrepublik 11, Opladen 1991, S. 9-29. Dazu *Gerhard Hir-
scher/ Karl-Rudolf Korte* (Hrsg.): Information und Entscheidung, Wiesbaden 2003.

[30] Vgl. *Ulrich Sarcinelli* (Hrsg.): Politikvermittlung und Demokratie in der
Mediengesellschaft. Beiträge zur politischen Kommunikationskultur,
Opladen/Wiesbaden 1998.

dienmacht ist zwar äußerst instabil, aber in bestimmten Zeiten durchaus ein wichtiges Instrument, um quasi-präsidiale Moderation von konkurrierenden Interessen innerhalb der eigenen Partei durch Hinwendung an die Zuschauer (plebiszitärer Schulterschluss) zu erreichen. Die Legitimitätsbasis der Politik verlagert sich zunehmend vom Parlament ins Fernsehen. Dieser Trend wird unterstützt durch Befunde der Wahlsoziologie.[31] Da sich die Traditionsbindungen der Wähler an bestimmte Parteien drastisch abgeschwächt haben, kommt der massenmedialen, situativen Informationsvermittlung eine besondere Dominanz zu.

Im Anschluss an diese systematische und entstehungsgeschichtliche Darstellung der verschiedenen Zugänge in der Analyse des politischen Systems werden exemplarisch zwei zentrale Teilbereiche des politischen Systems mit ihren Fragestellungen, Problematisierungen und methodischen Ansätzen skizziert: das parlamentarische Regierungssystem sowie das Verhältnis von Bürger und Staat.

3. Institutionen und Akteure: Das parlamentarische Regierungssystem

Das parlamentarische Regierungssystem in der Bundesrepublik Deutschland ist keineswegs statisch angelegt. Die politischen Parteien haben es weitgehend vereinnahmt und je nach den Machtverhältnissen auch spezifisch geprägt. Das Gesamtsystem funktioniert nach demokratischen Spielregeln. Doch wie transparent sind die Entscheidungsmechanismen, welche Chancen zur Partizipation hat der Bürger, wie sehen die Rekrutierungsmechanismen für Politiker aus? Hier scheint sich eine Grundproblematik der parlamentarisch-repräsentativen Demokratie widerzuspiegeln, die im nachfolgenden Teilkapitel dieses Beitrages wieder aufgegriffen wird.

Bundestag und die Landesparlamente verfügen über eine unmittelbare Legitimation: Nur sie sind von den Bürgern gewählt. Am Begriff des parlamentarischen Regierungssystems lässt sich deshalb verdeutlichen, dass den so gewählten Parlamenten im Gefüge des politischen Systems die zentrale Rolle zukommt. Die klassische

---

[31] Dazu *Karl-Rudolf Korte*: Wahlen in der Bundesrepublik Deutschland, [5]2005.

Das politische System der Bundesrepublik Deutschland   81

Trennung zwischen Legislative und Exekutive (Gewaltenteilung) hat sich jedoch für die Analyse der Parlamentsrealität als unbrauchbar erwiesen. Der Gegensatz zwischen regierender Mehrheit und Opposition strukturiert den Bundestag. Die regierende Mehrheit bildet eine Art Funktionseinheit. Das Gesamtparlament als ausschlaggebendes Gesetzgebungsorgan gerät bei dieser Sichtweise einer politischen Handlungseinheit aus dem Blickfeld. Machthemmung und Machtkontrolle der Regierung übernimmt in weiten Bereichen nicht das gesamte Parlament, sondern die Opposition. Die modernen Neubauten der Landesparlamente bzw. des Bundestages verdeutlichen dies auch architektonisch. Die Regierungsbank ist den Parlamentariern nicht gegenübergesetzt. Die Regierung ist vielmehr meist in rundförmiger Sitzordnung mit in das Gesamtparlament integriert. Das parlamentarische Regierungssystem bringt im Bundestag drei Kraftpole hervor: Regierung, Mehrheitsfraktion und Opposition. Die Übereinstimmung zwischen Regierung und Mehrheitsfraktion muss jeweils durch Interaktion und Kommunikation erarbeitet werden, um wechselseitige Einbindungen und Profilierungschancen zur Geltung kommen zu lassen. In Anlehnung an den klassischen Aufgabenkatalog von Walter Bagehot[32] lassen sich dem Parlament bestimmte Funktionen zuordnen und seine Leistungen dadurch untersuchen bzw. überprüfen.

Der Bundestag trägt zur Regierungsbildung bei: Die Abgeordneten wählen den Bundeskanzler und können ihn durch ein konstruktives Misstrauensvotum abberufen. *De jure* wird die Regierung vom Bundespräsidenten auf Vorschlag des Bundeskanzlers gebildet. Die *Wahlfunktion* ordnet den Bundestag dem Typus des parlamentarischen Regierungssystems zu. Bei der Wahl des Bundeskanzlers ist der Bundestag letztlich an das Wählervotum gebunden. Zur Wahlfunktion gehört auch die Möglichkeit des Parlaments, mit seinen Abgeordneten ein Reservoir für die Besetzung von Ministerämtern bereitzuhalten. Zusammen mit Vertretern der Länder konstituiert der Bundestag die Bundesversammlung, die den Bundespräsidenten wählt.

Ohne die Beschlussfassung des Bundestages kommt kein Gesetz zustande, er übt damit die *Gesetzgebungsfunktion* aus. Die Ini-

---

[32] Vgl. *Walter Bagehot*: The English Constitution, Collins-Fontana-Ed., London 1963, besonders S. 150f.; Klaus von Beyme: Der Gesetzgeber, Wiesbaden 1997; außerdem *Wolfgang Ismayr*: Der Deutsche Bundestag, Opladen 2000.

tiative hat dabei weitgehend die Regierung übernommen. Durchschnittlich 75 Prozent der verabschiedeten Gesetze entstammen der Feder der Regierung. Kritik taucht deshalb immer wieder auf, weil angeblich der Bundestag selbst zu wenig aktiv wird. Gesetze können nämlich Bundesregierung, Bundestagsabgeordnete (von einer Fraktion oder fünf Prozent der Abgeordneten) und Bundesrat gleichermaßen einbringen. Die Gesetzesinitiativen, die unmittelbar aus dem Bundestag kommen, stammen meistens von der Opposition. Aber weder die Abgeordneten der Mehrheitsfraktionen noch der Opposition sind bei den Gesetzesvorlagen nur Vollstreckungsgehilfen der Regierung. Sie sind in Vorstadien von Gesetzesprojekten integriert und verändern in den Bundestagsausschüssen die Gesetzesentwürfe meist sehr stark.

Die Kontrollfunktion nimmt der Bundestag heute weniger im nachhinein als vielmehr im Hinblick auf die laufende Regierungsarbeit wahr. Kontrollieren bezeichnet dabei alle Prozesse der Informationsgewinnung, -verarbeitung, -bewertung und Stellungnahme. Die institutionellen Kontrollmittel werden vornehmlich von der Opposition angewandt. Dazu zählen: Große Anfrage, Kleine Anfrage, Fragestunde, Aktuelle Stunde und in zunehmenden Maße auch die Arbeit in Untersuchungsausschüssen. Meist abseits der Öffentlichkeit finden allerdings auch intern in der Regierungsmehrheit Kontrollprozesse statt, denn die Parlamentarier der Regierungspartei haben einen unmittelbareren Zugriff auf Verwaltung und Kabinett als dies der Opposition möglich ist. Dass sich die Mehrheitsfraktion offen gegen Regierungsinitiativen ausspricht, gehört in diesem Kontext zu den Ausnahmen. In der Regel werden der Regierungschef oder die Minister aus Gründen des eigenen Machterhalts zunächst die eigene Fraktion in ihre beabsichtigten Initiativen einzubinden versuchen. Kontroll- und Gesetzgebungsfunktion lassen sich oft nur noch theoretisch voneinander trennen. Denn die Veränderung von Regierungsvorlagen kann als Regierungskontrolle, aber auch als Mitwirkung bei der Gesetzgebung interpretiert werden. Die Opposition zielt vor diesem Hintergrund weniger auf die konkrete Änderung der Regierungspolitik als vielmehr auf das Herstellen von Öffentlichkeit. Opposition heißt deshalb: Gegenpositionen aufzeigen. Von ihr muss in einem gewaltenteilig angelegten System wie in der Bundesrepublik der Druck ausgehen, damit die Regierungsmehrheit ihre Politik öffentlich rechtfertigt. Dies geht mittlerweile nicht mehr ohne die Medien. Der Druck durch die Medien ist meist sogar stärker als der Druck durch die Opposition. Da der Bundestag als Fraktionsparlament arbeitet, hängt die Wirksamkeit der Opposition auch maßgeblich von deren Status als Fraktion ab.

Bleibt noch die *Artikulations- bzw. Repräsentationsfunktion* des Bundestages: Die Abgeordneten sind in ihrer sozialen Zusammensetzung keinesfalls ein Spiegelbild der Bevölkerung. Der Unterrepräsentation von Frauen und Arbeitern steht die Überrepräsentation von Beamten (über 50%) und Akademikern (über 80%) gegenüber. Gleichfalls prägt ein Übergewicht von Juristen und ein geringer Anteil von Naturwissenschaftlern, Technikern und Selbständigen das Parlament. Den Angehörigen des öffentlichen Dienstes ist die Rückkehr in eine angemessene Stellung nach dem Ausscheiden aus dem Bundestag sicher, was für jede andere Berufsgruppe so nicht zutrifft. Doch niemand wird als Vertreter einer Berufsgruppe in den Bundestag gewählt. Der Weg führt immer über die Parteien. Im Willensbildungsprozess des Bundestages kommt den Fraktionen eine entscheidende Bedeutung zu. Bei der Artikulation politischer Interessen ist der Bundestag nur ein Faktor in der kommunikativen Vermittlung politischer Prozesse. Auf diesem Gebiet haben die Medien neben gesellschaftlichen Interessengruppen zunehmend an Bedeutung gewonnen.

Zu den besonderen Spezifika des deutschen parlamentarischen Regierungssystems gehört die herausgehobene Stellung des Bundeskanzlers. Als einziges Regierungsmitglied wird er vom Bundestag gewählt. Auf seinen Vorschlag werden die Bundesminister vom Bundespräsidenten ernannt. Drei Prinzipien charakterisieren Arbeitsweise und Stellung der Bundesregierung: Richtlinienkompetenz des Bundeskanzlers *(Kanzlerprinzip)*, Mehrheitsentscheidungen des Kabinetts *(Kollegialprinzip)* und schließlich die Verantwortlichkeit des Ministers für sein Ressort *(Ressortprinzip)*. Den verfassungsmäßigen Rahmen dafür enthält Artikel 65 des Grundgesetzes. Die Richtlinienkompetenz des Bundeskanzlers, die durch die Geschäftsordnung der Bundesregierung noch einmal festgeschrieben wird, ist eine Führungsbefugnis, nach der ein Bundeskanzler vorrangig in strittigen Fällen seine Vorstellungen durchsetzen kann. Sie ist vage und reicht von bloßer Koordinierung bis hin zur gesamten politischen Leitung.[33] Dies erscheint zunächst als

---

[33] *Theodor Eschenburg*: Die Richtlinien der Politik im Verfassungsrecht und in der Verfassungswirklichkeit, in: *Theo Stammen* (Hrsg.): Strukturwandel der modernen Regierung, Darmstadt 1979, S. 361-379, hier S. 365 und 369.

84 Karl-Rudolf Korte

Widerspruch zu den anderen Funktionen. So überträgt im ersten Satz der Artikel dem Kanzler die Richtlinienkompetenz und eröffnet damit die Möglichkeit, das Kanzlerprinzip voll zu entfalten. Im zweiten Satz wird festgelegt, dass jeder Minister im Rahmen der Richtlinien sein Ressort selbständig und unter eigener Verantwortung leitet. Dadurch wird die Möglichkeit eröffnet, das Ressortprinzip zu verwirklichen. Trotz der Richtlinienkompetenz soll schließlich nach dem dritten Satz die Bundesregierung über Meinungsverschiedenheiten zwischen den Ministern entscheiden, was dem Kanzlerprinzip wiederum entspricht.

Kombiniert sind hier offenbar Kollegialsystem und Einzelführung. Die Machtkonzentration beim Bundeskanzler hat dem Regierungssystem der Bundesrepublik Deutschland die Bezeichnung Kanzlerdemokratie eingebracht. Doch die Bedingungen, die den ersten Bundeskanzler Adenauer zu seinem spezifischen Regierungsstil veranlassten, lassen sich keinesfalls auf alle seine Nachfolger beziehen. Ein kooperativer Führungsstil, der heute besonders die Koalitionspartner (Mehrparteienregierung) berücksichtigen muss, macht eher die Schwäche der deutschen Bundeskanzler aus, die an der Spitze einer Koalitionsregierung stehen.[34] Gerade den Koalitionsrunden als eine Art außerkonstitutioneller Nebenregierung ist eine eigene Rolle zugewachsen. Dort wird über strittige Punkte der Gesetzgebung entschieden und der Inhalt der Regierungserklärungen festgelegt. Die Koalitionsrunde ist damit das neue Entscheidungszentrum, nicht das Kabinett, nicht die Fraktion und nicht der Bundestag. Doch wie anders sollte eine Regierung, die aus mehr als einer Partei besteht, ihre politischen Entscheidungen formulieren, wenn nicht in Vorklärungen und Vorabsprachen? Aber dieser Regierungsstil lässt die Verantwortlichkeiten verschwimmen, wenn informelle Tischrunden und parteiübergreifende Pakte das politische Geschehen bestimmen.

Die Skizze wichtiger Merkmale und Besonderheiten des parlamentarischen Regierungssystems in Deutschland wäre ohne die Erwähnung des Bundesrates unvollständig. Er nimmt zwar bei der Gesetzgebung parlamentarische Funktionen wahr, ist allerdings von seiner Struktur her kein Parlament. Er hat in funktionaler Hinsicht durchaus die Befugnisse einer zweiten Parlamentskam-

---

[34] Zu den besonderen Kennzeichen des Regierungsstils Helmut Kohls vgl. *Karl-Rudolf Korte*: Deutschlandpolitik in Helmut Kohls Kanzlerschaft. Regierungsstil und Entscheidungen, Stuttgart 1998.

mer, da er auch an der Gesetzgebung mitwirkt. Doch die Mitglieder des Bundesrates – alles Mitglieder der sechzehn Landesregierungen – haben kein von ihnen persönlich zu verantwortendes, sondern ein imperatives Mandat: Der Bundesrat ist eine Versammlung von Mitgliedern der Landesregierungen, die als strukturelles Exekutivorgan auf Bundesebene die Kompetenzen eines gesetzgebenden Organs ausübt. Im Dreiecksverhältnis von Bundesregierung, Bundestag und Bundesrat ist mit zwei möglicherweise unterschiedlichen Mehrheiten, verschiedenen Wahlverfahren, Abhängigkeiten und Interessenkonstellationen zu rechnen. Zu einer langandauernden Blockadesituation in diesem Verhältnis ist es nur in Ausnahmefällen gekommen. Meist siegte die pragmatische Orientierung im Vermittlungsausschuss, um Kompromisse zu finden, die Bundestag und Bundesrat dann nur noch unverändert annehmen oder verwerfen können.

4. Bürger und Staat

4.1 Politische Willensbildung, Parteien und politische Kultur

Bisher orientierte sich der Überblick über das politische System schwerpunktmäßig am Institutionengeflecht und den Machtverteilungen. Von den eingangs gestellten Leitfragen bleibt jedoch noch zu klären, welche Chancen die Bürger zur Beteiligung am politischen Geschehen in der Bundesrepublik Deutschland haben und wie sie diese nutzen. Partizipation und Repräsentation müssen dabei im Zusammenhang betrachtet werden. Zwar geht nach Artikel 20 des Grundgesetzes alle Staatsgewalt vom Volke aus. Doch der Wille des Volkes verwirklicht sich über die vom Volk gewählten Repräsentanten. Am Prozess der politischen Willensbildung im engeren Sinne wirken mit: die Medien, die Verbände, Vereine, Bürgerinitiativen, die Parteien, die Wissenschaft als Politikberatung und alle Bürger durch den Wahlakt. Nach Artikel 21 des Grundgesetzes wirken die Parteien an der politischen Willensbildung mit. In der Realität tragen die Parteien zusammen mit den Medien maßgeblich zur politischen Willensbildung bei.

Der Parteienstaat ist, einer berühmten Definition folgend, „seinem Wesen nach wie seiner Form nach nichts anderes als eine rationalisierte Erscheinungsform der plebiszitären Demokratie oder – wenn man will – ein Surrogat der direkten Demokratie im modernen Flächenstaat"[35]. Obwohl die Parteiendemokratie in den zurückliegenden Jahrzehnten funktionierte und auch wesentlich zur Stabilität des politischen Systems beigetragen hat, ist ein Wandel in ihrer Einschätzung evident. Ämterpatronage, Herrschaft des Mittelmaßes, Verfilzung, Versagen der Urteilskraft, Machtversessenheit, Versorgungsmentalität, Parteispendenskandale, Korruption – die Partei- und Politikverdrossenheit hat alle Bereiche des öffentlichen Lebens erreicht.[36] Ausgangspunkt einer umfassenden Prüfung des Auftrags der Parteien im politischen System der Bundesrepublik Deutschland war der CDU-Parteispendenskandal der Jahre 1999/2000. Dabei zeigte sich auch häufig eine Vermischung und Gleichsetzung von Parteien-, Politik- und Demokratieverdrossenheit.

Vier Schwerpunktbereiche für diese Probleme sollen kurz angedeutet werden:

– Der erste Bereich umfasst die Kritik an der Finanzierung der Parteien. Die öffentlichen Finanzierung durch Steuergelder erscheint vielen zu hoch. Die zusätzliche Finanzierung durch Spendengelder eröffnet Spielräume für Korruption. Die Transparenzgebote sind dabei öffentlich nur schwer zu prüfen.

– Der zweite Kritikaspekt betrifft die unterstellte Ämterpatronage und den Machtmissbrauch. Die Parteien durchdringen die Staatsorgane, indem sie deren personelle Zusammensetzung weitgehend bestimmen. In öffentliche Einrichtungen wird, folgt man diesem Argument, bei der Vergabe von Stellen mehr auf das richtige Parteibuch als auf die Fähigkeiten geachtet. Der Einfluss der Parteien erstreckt sich damit auf Bereiche, für die sie weder nach der Verfassung noch nach den Regeln des Regierungssystems zuständig sind. Gefordert wird eine Zurückdrängung der Parteien, eine Beschneidung der Macht.

– Eine dritte Richtung der Kritik stört sich an der mangelnden Repräsentanz der Parteien durch ihre Mitglieder. Gegenüber dem großen Einfluss der Parteien in nahezu allen Bereichen des gesellschaftlichen Lebens sind nur wenige Wähler Parteimitglie-

---

[35] *Gerhard Leibholz*: Strukturprobleme der modernen Demokratie, Karlsruhe ³1967, S. 93f.

[36] Stellvertretend dazu Richard von Weizsäcker im Gespräch mit Gunter Hofmann und Werner A. Perger, Frankfurt/M. 1992; Überblick bei *Karlheinz Niclauß*: Das Parteiensystem der Bundesrepublik Deutschland, Paderborn ²2002.

Das politische System der Bundesrepublik Deutschland   87

der. Zurzeit sind etwa vier Prozent der Bevölkerung in der Bundesrepublik Deutschland Mitglieder politischer Parteien. Hinzu kommt, dass nur ein Bruchteil davon innerparteilich aktiv ist. Wie steht es um die Kontrolle der Vorstände, wenn die Basis zahlenmäßig so schwach ist?

– Ein letzter Aspekt betrifft konkret die innerparteiliche Demokratie und das Personal bei der Wahl. Das Recht der Kandidatennominierung, so wird dabei argumentiert, üben die Funktionäre aus. Die Wähler könnten nur zwischen vorgelegten Listen entscheiden. Muss das Wahlrecht oder auch die Amtsdauer von Repräsentanten verändert werden, um innerparteiliche Demokratie zu stärken und die Mitwirkungsmöglichkeiten der Bürger auszuweiten?

Der Streit über die Parteien und die Diagnose der Parteienverdrossenheit überraschen nicht. Denn die Regierungsverantwortung tragenden Parteien werden verständlicherweise für die Defizite und Missstände verantwortlich gemacht. Hinzu kommt, dass die Parteien auch untereinander über die Richtigkeit ihrer Konzepte streiten. Sie reflektieren die gesellschaftliche Wirklichkeit durch die Artikulation rivalisierender Interessen.

Trotz aller Kritik an den Parteien und den von der Wahlforschung auch messbaren Veränderungen in den Sympathie- und Loyalitätswerten der Bevölkerung gegenüber den Parteien gibt es allerdings keinen Anlass zur Dramatisierung. Bisher folgte regelmäßig auf eine Welle öffentlicher Kritik eine Phase ruhiger und gelassener Auseinandersetzungen.

Grundsätzlich bleibt zu fragen, ob es überhaupt andere denkbare Möglichkeiten in einer modernen, komplexen und parlamentarischen Demokratie gibt, die Einheit zwischen Volk und Staat herzustellen. Wer sich mit dieser Frage beschäftigt, wird schnell zu der Antwort gelangen, dass die Allgegenwart der Parteien in allen Bereichen des politischen und gesellschaftlichen Lebens eine Voraussetzung ist, um moderne Willensbildung und Entscheidungsfindung zu garantieren. Dazu müssen die Parteien in einem permanenten Kommunikationsprozess mit der Bevölkerung stehen. Sie können als „Mehrzweckagenturen" (Wiesendahl) relativ unabhängig von ökonomischen Gesichtspunkten agieren und lassen sich nicht zur Klientel bestimmter Gruppierungen machen. Sie sind nur den Parteimitgliedern und ihren Wählern gegenüber in der Pflicht. Das Bundesverfassungsgericht hielt in seinem Grundsatzurteil zur Parteienfinanzierung 1992 ausdrücklich fest: „Die vom Grundgesetz vorausgesetzte Staatsfreiheit der Parteien erfordert nicht nur die Gewährleistung ihrer Unabhängigkeit vom Staat, sondern auch, dass die Parteien sich ihren Charakter als frei gebildete, im gesellschaftlich-politischen Bereich wurzelnde Gruppen bewahren."

Dazu ist jedoch ein gewandeltes Verständnis der Volksparteien erforderlich. Wer sie allzu sehr vorrangig auf die Funktionen der Interessenartikulation und Interessenaggregation einengt, wird über den Kanon der traditionellen Parteienschelte in der Mediendemokratie nicht hinauskommen. Wer sie jedoch zunehmend auf ihre aktive Rolle als Regierungs- und Oppositionspartei festlegt und daran ihre Funktion bemisst, wird zu anderen Schlussfolgerungen kommen. Denn wer sonst als die politischen Parteien werben und streiten mit einem je eigenen Politikangebot um die Mehrheit in der Wählerschaft? Sie setzen das professionell um, was auch bei den Bürgern an unterschiedlichen Interessen und Bedürfnissen vorliegt. Wenn der Wähler mit der Umsetzung nicht einverstanden ist, kann das auch damit zusammenhängen, dass, angesichts der Globalisierung der Problemstrukturen eindeutige – keinesfalls schnelle –, Lösungsmöglichkeiten für Probleme meist nicht mehr existieren. Dem Bürger bleibt am Ende immer der Akt der Wahl, um die Konstellation zwischen Regierungs- und Oppositionspartei zu verändern.

Gefordert sind jedoch auch die Parteien. Um den Trend des Mitgliederschwundes zu brechen, sind veränderte Formen innerparteilicher Willensbildung notwendig. Aktuelle Studien zeigen, dass ein neuer Typ von Parteimitgliedern auf dem Vormarsch ist, dem es weniger um eine soziale Einbindung als um die Mitgestaltung der gemeinsamen Überzeugungen geht. Die Parteien sind auf die freiwillige Mitarbeit der Mitglieder nicht nur in Wahlzeiten angewiesen. Sie mobilisieren Wähler, kommunizieren mit ihnen und übersetzen politische Themen, unabhängig vom konkreten Wahltermin. Die Bundesrepublik ist als Parteiendemokratie konzipiert. Das macht nur Sinn, wenn sich die einzelnen Parteien wandlungsfähig zeigen.

Nichtwahl und Protestwahl sind offenbar die Antwort vieler Wahlbürger auf die Glaubwürdigkeitskrise der Parteien. Im Parteispendenskandal, der 1999 und 2000 die CDU in die tiefste Krise ihrer Geschichte führte, sahen sich die Mehrzahl der Bürger in ihrer Meinung über die Politiker bestätigt. Bundeskanzler Kohl und einige wenige andere politische Akteure hatten wissentlich und absichtsvoll gegen das Parteiengesetz in der Fassung von 1994 ver-

Das politische System der Bundesrepublik Deutschland   89

stoßen. Zusätzliche, im offiziellen Rechenschaftsbericht der Parteien nicht oder falsch deklarierte Einnahmen sollten den Aktionsradius der CDU in Wahlzeiten erhöhen. Mit dem Vorwurf der politischen Korruption sahen sich auch Vertreter anderer Parteien massiv konfrontiert. Die Diskussion um Macht und Moral erfasste alle Parteien.

Im Gegensatz zum Vertrauensverlust gegenüber den Parteien, den politischen Institutionen und den Politikern wird das Prinzip der Demokratie unter den gegenwärtigen Belastungsproben noch weitgehend deutlich unterstützt. Die Demokratie ist nicht nur eine Staatsform, sondern wird umfassender als eine Lebensweise gesehen. *Politische Kultur,* ein Forschungsfeld der Teildisziplin *Politisches System,* steht als Begriff für die Summe der politisch relevanten Einstellungen, Meinungen und Wertorientierungen innerhalb der Bevölkerung einer Gesellschaft zu einem bestimmten Zeitpunkt. Enger gefasst bezeichnet politische Kultur die in einem Kollektiv feststellbare Verteilung individueller Orientierungen auf politische Objekte.[37] Die subjektive Dimension der gesellschaftlichen Grundlagen des politischen Systems, die mentalen Dispositionen, stehen somit im Mittelpunkt. Die Beschäftigung mit der subjektiven Dimension von Politik wurde von Beginn an mit den Fragen nach den kulturellen Voraussetzungen demokratischer Regierungsweise verknüpft. Dass dies nach dem nationalsozialistischen Regime in Deutschland eine besonders wichtige Fragestellung war, hat Ralf Dahrendorf als die eigentliche deutsche Frage bezeichnet: „Warum hat das Prinzip der liberalen Demokratie so wenig Freunde gehabt?"[38] Die Frage nach dem demokratischen Selbstverständnis der Deutschen, ihrer Haltung gegenüber den Traditionen der westlich-liberalen Demokratie markiert somit eine zentrale Dimension des politischen Systems. Die Untersuchungen zur politischen Kultur der Bundesrepublik Deutschland bescheinigen den Westdeutschen fast einhellig beträchtliche Fortschritte auf dem Wege zur Demokratie.[39]

---

[37] Grundsätzlich dazu *Dirk Berg-Schlosser, Jakob Schissler* (Hrsg.): Politische Kultur in Deutschland. Bilanz und Perspektiven der Forschung, Politische Vierteljahresschrift, Sonderheft (1987) 18, Opladen 1987.

[38] *Ralf Dahrendorf*: Gesellschaft und Demokratie in Deutschland, München 1965, S. 26.

[39] So beispielsweise *Kendal Baker* u. a.: Germany Transformed: Political Culture and the New Politics, Cambridge/London 1981; *David P. Con-*

Die Studie von Gabriel A. Almond und Sidney Verba aus dem Jahre 1959,[40] die in insgesamt fünf Ländern durchgeführt wurde, kam noch zu folgendem Ergebnis: Trotz des gut entwickelten demokratischen Parteiensystems, hoher Wahlbeteiligung und einer beträchtlichen Bereitschaft, sich politische Kenntnisse anzueignen, sei das Engagement, sich aktiv zu engagieren, sehr gering. Die persönliche Identifikation mit dem politischen System sei kaum ausgeprägt. Eine überwiegende Passivität verbinde sich mit einer pragmatischen Grundorientierung, aus der heraus man den Staat primär als einen Leistungsproduzenten ansehe und bewerte. Partizipation wurde danach in den fünfziger Jahren passiv und formal aufgefasst. Der Umgang mit Politik war legalistisch, statistisch und konfliktfeindlich geprägt. Staatsidealismus und obrigkeitsstaatliches Denken dominierten noch immer. Diese Untersuchung bestätigte Auffassungen westdeutscher Intellektueller in ihrer Einschätzung über den restaurativen Charakter der Epoche.

Die starken Relikte autoritärer Einstellungen sind in den siebziger und achtziger Jahren den vergleichenden empirischen Untersuchungen nicht mehr zu entnehmen. Die politische Kultur in Deutschland hat sich von obrigkeitsstaatlichen Einstellungen zu demokratischen gewandelt, und das politische Interesse ist gewachsen. Passive Politikorientierung ist in beachtlichem Maße einem aktiven Engagement gewichen. Die affektive Bindung an das politische System hat nach den neuen Ergebnissen deutlich zugenommen. Die kollektiven Einstellungsmuster der Westdeutschen beruhen nicht mehr wie noch in den fünfziger Jahren vorrangig auf Sekundärtugenden (Fleiß, Disziplin etc.) und Leistungen des Wirtschaftssystems („Schönwetter-Demokratie"). Inzwischen haben sich die Deutschen dem westlichen Typus nationaler Identität angenähert, denn der Stolz auf politische Systemmerkmale (z.B. Freiheitsrechte) hat sich deutlich nach vorne geschoben.[41] Dennoch ist das Niveau der Systemzufriedenheit auch im Kontext von politisch-kulturellen Traditionsströmen in Deutschland zu bewerten. Trotz

---

radt: Changing German Political Culture, in: *Gabriel A. Almond, Sidney Verba* (Hrsg.): The Civic Culture Revisited. An Analytic Study, Boston 1980, S. 212-272.

[40] *Gabriel A. Almond, Sidney Verba*: The Civic Culture. Political Attitudes and Democracy in Five Nations, Boston 1965.

[41] Übersicht dazu bei *Werner Weidenfeld/Karl-Rudolf Korte*: Die Deutschen. Profil einer Nation, Stuttgart 1991.

Das politische System der Bundesrepublik Deutschland 91

partizipativer Revolution gibt es weiterhin Restbestände obrig-
keitsstaatlich-etatistischer Grundorientierungen der Deutschen. In
solchen Milieus wächst das Unbehagen über Heterogenität, über
ein Leben in einer multikulturellen Gesellschaft. Genährt werden
dadurch Sehnsüchte nach Simplizität und Populismus.

4.2 Einstellungswandel und Transformationsprozess

Die Kehrseite der Übernahme einer bewährten Institutionen- und
Werteordnung, des „fertigen Modells" Westdeutschlands, zeigt
sich in den neuen Bundesländern in Abwehrreaktionen gegen den
als fremdbestimmt wahrgenommenen Transformationsprozess. So
bestätigen zahlreiche Erhebungen die Tendenz, wonach sich die
Ostdeutschen von der sozialen Marktwirtschaft zunehmend distan-
zieren.[42] Zwar werden die Erfolge der Systemtransformation
durchaus wahrgenommen: Die eigenen Lebensverhältnisse haben
sich in den Augen der Mehrheit seit der Vereinigung verbessert.
Warenangebot und Wohlstand, Leistung und Erfolg werden als
Kennzeichen der Marktwirtschaft anerkannt. Doch erscheint die
Planwirtschaft den Ostdeutschen als das weitaus menschlichere
System, das überdies besser im Stande sei, die soziale Sicherheit
zu gewährleisten. Die inneren Widerstände gegen die Regeln und
Werte des neuen Systems sind demnach groß. Egalitäre Orientierungen und Sicherheitsbedürfnis stehen zudem in einem Spannungsverhältnis zum Freiheitsaspekt der demokratischen Ordnung.
Hier lassen sich wiederum Bruchlinien in der politischen Kultur
der Deutschen ablesen: So werden die individuellen Freiheitsrechte von den Ostdeutschen deutlich geringer geschätzt als von den
Westdeutschen. Soziale Sicherheit und Gerechtigkeit besitzen klar
den Vorrang gegenüber dem Schutz des Bürgers vor staatlichen
Eingriffen in seine Privatsphäre. Aufgabe des Staats sei es, der Bevölkerung die Freiheit von Not zu sichern. Die Einführung einer
politischen Ordnung nach westlichem Muster stellen die Ostdeutschen nicht in Frage. In der Unterstützung demokratischer Werte
und Normen herrscht breiter Konsens. Dennoch gibt es Anzeichen
dafür, dass die Distanz zum politischen System der Bundesrepublik Deutschland wächst. Während die Bürger in den alten Bundesländern von der Überlegenheit des eigenen Gesellschaftssystems

---

[42] Vgl. *Martin und Sylvia Greiffenhagen*: Ein schwieriges Vaterland?,
München/Leipzig 1993.

mehrheitlich überzeugt sind, erleben die Menschen in den neuen Bundesländern dies als Dominanz des Westens. Unterdessen verfestigt sich die Mehrheit, die den Sozialismus als Idee für machbar und sinnvoll hält. Dies schlägt sich auch in den parteipolitischen Orientierungen nieder: Die PDS wird von den Ostdeutschen mehrheitlich als demokratische Partei akzeptiert. Zu den Symptomen politischer Desintegration zählen das geringe Institutionenvertrauen, die im Vergleich zum Westen verhaltene Partizipationsbereitschaft und die von einem niedrigen Ausgangsniveau weiter absinkende Demokratiezufriedenheit. Auch im Westen wurde in der ersten Hälfte der 90er Jahre ein erheblicher Rückgang der Demokratiezufriedenheit festgestellt. Doch haben sich dort – im Unterschied zum Osten – belastungsfähige, affektive Bindungen an das politische System herausgebildet. Hinzu kommt, dass sich die Systemverbundenheit der Ostdeutschen nach der Wirtschaft vor allem auf politikferne, im Historischen und Sozialen verwurzelte Bereiche bezieht.

In welchem Tempo es den Bürgern in den neuen Bundesländern gelingt, das Orientierungsdilemma zu überwinden, hängt maßgeblich vom Erfolg des wirtschaftlichen Aufbaus ab. Wirtschaftliche Effektivität war in der politischen Geschichte der Deutschen auch immer ein Kriterium politischer Leistungsfähigkeit. Mit wirtschaftlicher Effektivität könnte ebenso wie in den Anfängen der Bundesrepublik demokratische Stabilität gelingen. Der Transformationsprozess verläuft jedoch schwieriger als erwartet: Noch ist die Situation der Menschen in Ost und West nicht nur von Unterschieden in den Erfahrungshorizonten und Alltagswelten, sondern auch von materiellen Ungleichgewichten bestimmt. Arbeit und ein eigenes Einkommen fallen für weite Teile der Bevölkerung als Quelle des persönlichen Sicherheitsgefühls weg. Die Konsequenzen des unterschätzten Zusammenbruchs der ostdeutschen Wirtschaft, die enttäuschten Erwartungen sind für die Menschen nur schwer zu kompensieren. Die Folgekosten des Transformationsprozesses lassen Unzufriedenheiten wachsen:[43] Zwei Drittel der Ostdeutschen sind mit dem, was bisher zur Angleichung der Lebensverhältnisse in Deutschland unternommen wurde, nicht zufrieden. Statusunsicherheiten und Ängste sind auch im Westen spürbar. Die wirtschaftliche Lage wird zunehmend pessimistischer

---

[43] Daten bei *Karl-Rudolf Korte*, *Werner Weidenfeld* (Hrsg.): Deutschland-Trendbuch. Fakten und Orientierungen, Opladen 2001.

eingeschätzt. So haben sich unter dem Druck ökonomischer und sozialer Probleme die Vorstellungen darüber, welche Aufgaben auf der politischen Tagesordnung obenan stehen sollten, merklich angeglichen. In beiden Teilen des Landes ist die Prioritätenliste bestimmt von Themen der materiellen wie sozialen Sicherheit.

5. Das politische System vor neuen Herausforderungen

Selten wurden zwei Staaten mit derart entgegengesetzten politischen Systemen nach vier Jahrzehnten der Teilung nahezu übergangslos miteinander verbunden. Der Prozess der Vereinigung zeigt bis zum jetzigen Zeitpunkt, dass nicht etwas gemeinsames Neues aus der Bundesrepublik Deutschland und der Deutschen Demokratischen Republik entstanden ist. Vielmehr hat sich auch im Bewusstsein der West- und Ostdeutschen die alte Bundesrepublik erweitert: Aus zwei ungleichen Hälften erwuchs ein größeres Ganzes.[44] Die alte Bundesrepublik ist weitgehend das Modell Deutschland: Verfassung, Gesetze, Sozialsystem, politische Institutionen, Föderalismus gelten seit dem 3. Oktober 1990 für das Gebiet der ehemaligen DDR. Auch aus praktischer Notwendigkeit hat sich die Einheit als Anpassung einer Ordnung an die andere erwiesen. Das Gebiet der ehemaligen DDR ist dem Geltungsbereich des Grundgesetzes beigetreten. Doch unverkennbar trägt diese Vereinigung auch Züge einer Eingemeindung der Ostdeutschen durch die Westdeutschen, die nicht bereit sind, die Einheit in den Kontext eines historischen Gezeitenwechsels einzuordnen. Alle Umfragen aus den Jahren 1989/90 belegen, dass mit der Einheit auch die Zustimmung zum demokratisch-parlamentarischen System in Deutschland kurzfristig sogar drastisch angestiegen ist. In einer Phase härtester Bewährung und größter Verunsicherung stiftete das bekannte politische System Vertrauen und Sicherheit. Der Weg zur Einheit über Artikel 23 des Grundgesetzes sicherte diesen Stabilitätsbedarf

---

[44] Grundsätzlich zum Prozess der Vereinigung und den Folgen: *Werner Weidenfeld, Karl-Rudolf Korte* (Hrsg.): Handbuch zur deutschen Einheit 1949-1989-1999, Frankfurt a. M./New York 1999; außerdem *Karl-Rudolf Korte*: Die Chance genutzt? Die Politik zur Einheit Deutschlands, Frankfurt a. M./New York 1994.

in West- wie in Ostdeutschland. Im Gegensatz zu Artikel 146, der die Ausarbeitung einer neuen Verfassung vorsieht, bot er die Chance der notwendigen Beschleunigung des Vereinigungsprozesses. Ein langwieriger Schwebezustand für das gesamte politische System über den Weg einer verfassungsgebenden Versammlung blieb allen erspart.

Blickt man jedoch zurück und analysiert die Diskussionsschwerpunkte und die fachwissenschaftliche Auseinandersetzung zum politischen System in Deutschland vor der Vereinigung, dann scheinen sich die Stärken und Schwächen des politischen Systems bis heute kaum verändert zu haben. Souveränitäts-, Steuerungs-, Akzeptanz- und Legitimationsprobleme haben sich eher noch deutlich verschärft. Denn mit der staatlichen Einheit der Deutschen und der Zeitenwende in Europa sind die politischen Konfliktlinien entfallen, die jahrzehntelang Gedanken und Bewusstsein der Deutschen prägten. Der Ost-West-Konflikt hat auch die Westdeutschen über Jahrzehnte im Denken und Handeln diszipliniert. Mit dem Zusammenbruch des traditionellen Feindbildes lockerten sich angestammte oder bislang geschützte Positionen. Zugehörigkeiten und demokratische Spielregeln bedürfen im neuen Koordinatensystem einer aktuellen Begründung aus sich selbst heraus – ohne historische Rekurse. Es reicht für heute nicht mehr aus, sich früher einmal als Vergleichsgesellschaft zur DDR mit einer westdeutschen demokratischen Gegen-Identität definiert zu haben. Wer nur fortschreibt, ohne es neu zu begründen, verkennt die Qualität des Umbruchs. Die Schwächen, Nachteile und Deformationen des politischen Systems wurden hingenommen, solange der Konflikt mit dem Kommunismus absoluten Vorrang beanspruchte. Um so heftiger rächen sich jetzt die nicht vollzogenen Korrekturen.

Andererseits liegen auch Belege über einen funktionierenden Parteienwettbewerb vor. Weithin als Ausdruck gelassener demokratischer Normalität ist der Regierungswechsel 1998 wahrgenommen worden.[45] Erstmals in der Geschichte der Bundesrepublik haben die Wähler eine Bundesregierung abgewählt. Im illusionslosen, rot-grünen Aufbruchsjubel wurde der politische Wandel zunächst mit Kontinuitätsversprechen abgefedert. Der Wandel entsprach damit ganz dem politisch-kulturellen Traditionsmuster, wie er sich zwangsläufig in Konsens- und Konkordanzde-

---

[45] Dazu *Karl-Rudolf Korte*: Wahlen in der Bundesrepublik Deutschland, Bonn [4]2003.

mokratien seinen Weg bahnt. Der Regierungswechsel von 1998 verknüpfte sich schließlich noch im 50. Gründungsjahr der Bundesrepublik Deutschland mit dem Umzug des Bundestages und der Bundesregierung nach Berlin. Die neue Bundesregierung hat ganz gezielt die Interpretation der neuen Berliner Republik in die ersten Regierungserklärung mit aufgenommen. Das Deutschland, so Bundeskanzler Schröder, „das wir repräsentieren, wird unbefangener sein, in einem guten Sinne vielleicht deutscher." Das gehört mit zur Agenda der Berliner Republik, die jedoch bei Schröder als „ganz und gar unaggressive Vision", eben nicht „preußisch-autoritär, zu zentralistisch" angelegt ist. Insofern trifft dieser sich andeutende politisch-kulturelle Wechsel die diffuse Stimmungslage der neuen Mehrheit. Diese ist dadurch charakterisiert, dass ihr die existentiellen Kriegs- und Nachkriegserfahrungen fehlen. Die ausgeprägte Fixierung der deutschen Politik auf die NS-Schreckensherrschaft lockert sich, ohne die Verantwortung für die Hypotheken zu leugnen. Diese Unbefangenheit wirkt auch deshalb so unverdächtig, weil zeitbedingt die Erinnerung mittlerweile von dem kommunikativen ins kulturelle Gedächtnis überführt wurde. Die NS-Zeit und bereits auch schon die DDR-Realität gehören heute nur noch zu den gelernten Bezugsordnungen. Die Ära Kohl hingegen bezog ihre Sicherheit aus dem politischen Kompass, eingestellt nach den Erfahrungen der Nachkriegshistorie. Die Zeitläufte haben jedoch diese im Ost-West-Konflikt tief verwurzelte, kollektive Ideenwelt zu einem Erfahrungsschatz von Minderheiten gemacht. Mit dem Topos der Berliner Republik wird somit durchaus eine politisch-kulturelle gelassene Normalität der neuen Mitte fassbar, die nicht sozialstrukturell, jedoch ideenpolitisch manifest ist.

Ob diese Normalität ausreicht, um die großen wohlfahrtsstaatlichen Reformanstrengungen zu bewerkstelligen, bleibt abzuwarten. Eine Strukturreform aller sozialen Sicherungssysteme ist aus finanziellen und wettbewerblichen Gründen zwingend notwendig. Regieren in Zeiten ökonomischer Knappheit führt zu neuen Belastungen des politischen Systems, Verteilungskonflikte lassen sich nicht mehr über Zuwächse konsensual schlichten. Zu welchen extremen Belastungen dies führen kann, zeigte gerade das Jahr 2005, in dem Bundeskanzler Schröder durch eine Vertrauensfrage nach Art. 68 GG die vorzeitige Auflösung des Bundestages beantragte. Er beabsichtigte durch eine Bundestagswahl über die Reform-Agenda 2010 abstimmen zu lassen, nachdem er die Mehrheit in seiner eigenen Partei und der Koalition für diesen Kurs verloren hatte. Das politische System der Bundesrepublik Deutschland steht vor einer großen Bewährungsprobe, die sich mit drei Begriffen bündeln lässt:

– Steuerung: Reicht die Steuerungskapazität der Bundesregierung im konkordanzdemokratischen Verhandlungssystem aus, um notwendige wohlfahrtsstaatliche Einschnitte durchzusetzen?
– Legitimation: Wie belastbar und tragfähig sind die sozialen Netzwerke als das Sozialkapitel des Gemeinwesens, um politische Entscheidungen weiterhin zu legitimieren?
– Repräsentation: Ohne das Repräsentationsprinzip existiert keine Kontrolle politischer Macht und keine Kommunikation zwischen Wählern und Gewählten. Doch lässt sich im medial vermittelten politischen System die Zuschreibung politischer Verantwortlichkeit noch erkennen?

Effiziente und transparente Entscheidungswege, funktionierender Parteienwettbewerb, direktere Formen der Bürgerbeteiligung und eine weithin diffuse Unterstützung des politischen Systems werden notwendig sein, um wohlfahrtsstaatliche Einschnitte zur Sicherung des Gesamtsystems demokratisch zu legitimieren.

Annotierte Auswahlbibliografie

Alemann, Ulrich von: Das Parteiensystem der Bundesrepublik Deutschland, Opladen 2000.
　　Systematisch erarbeitet der Autor den Parteibegriff und vermittelt einen Überblick über die Grundströmungen der Parteien sowie deren institutionellen Aufbau.
Bracher, Karl Dietrich u. a. (Hrsg.): Geschichte der Bundesrepublik Deutschland, 5 Bde., Stuttgart 1983ff. (Neudruck 1994).
　　Wer sich zuverlässig über die politische Geschichte der Bundesrepublik Deutschland bis 1982 informieren möchte, der sollte zu diesen fünf Bänden greifen. Hier werden zeitgeschichtlich und politikwissenschaftlich politisches Handeln und Akteursentscheidungen in einen verständlichen Zusammenhang gebracht.
Gabriel, Oscar W.; Holtmann, Everhard: Handbuch Politisches System der Bundesrepublik Deutschland, 3. Aufl. München 2005.
　　Eine systematische Einführung in die Verfassungsorgane sowie die Prozesse der politischen Willensbildung in Deutschland.
Hartwich, Hans-Hermann; Wewer, Göttrik (Hrsg.): Regieren in der Bundesrepublik, 6 Bde., Opladen 1990f.
　　In dieser Reihe problematisieren die Autoren einen Querschnitt der Themen zum Regieren. Es ist eine gelungene Mischung aus Theorie und anwendungsorientierter Praxis.

Das politische System der Bundesrepublik Deutschland   97

Ismayr, Wolfgang: Das politische System Deutschlands, in: Ders. (Hrsg.):
Die politischen Systeme Westeuropas, Opladen [2]1999.
Unverzichtbar für jeden, der sich in die Praxis des Parlamentarismus
in Deutschland einarbeiten möchte.

Korte, Karl-Rudolf: Wahlen in der Bundesrepublik Deutschland, Bonn
[5]2005 (Bundeszentrale für politische Bildung).
Hierbei sind Wahlsystem und Wahlforschung integriert. Vergleichend
werden die wichtigsten Wahlsysteme (von der Kommunalwahl bis zur
Europawahl sowie EU-Länderbeispiele) problemorientiert vorgestellt.
Wahlkampf, Wählerverhalten und Parteisystem werden anschaulich in
einen Zusammenhang gebracht. Die Publikation ist durch zahlreiche
Abbildungen und Graphiken anwendungsorientiert aufgebaut.

Korte, Karl-Rudolf; Fröhlich, Manuel: Politik und Regieren in Deutschland, Paderborn u.a. (UTB) 2004.
Theorie und Empirie der modernen Regierungsforschung werden
systematisch entwickelt. Mit einer Vielzahl von Schaubildern und Materialien wird anwendungsorientiert gearbeitet. Handelnde Akteure
und politische Institutionen sind in einem gemeinsamen Bezugsrahmen des Politikmanagements dargestellt.

Korte, Karl-Rudolf: Deutschlandpolitik in Helmut Kohls Kanzlerschaft.
Regierungsstil und Entscheidungen, Stuttgart 1998.
Wie regiert ein Bundeskanzler? Wie traf Kohl seine Entscheidungen?
Die Studie ist eine Analyse über die Kunst des politischen Machter-
halts. Erstmals konnten dabei die geheimen Akten der Bundesregie-
rung ausgewertet werden.

Rudzio, Wolfgang: Das politische System der Bundesrepublik Deutschland.
Eine Einführung, Opladen [6]2003.
Eine umfassende und sehr anschauliche Einführung in das Gesamt-
gefüge des politischen Systems der Bundesrepublik Deutschland. Ta-
bellen, Graphiken, weiterführende Literaturangaben machen das
Buch zu einem unverzichtbaren Lehrbuch.

Weidenfeld, Werner; Korte, Karl-Rudolf (Hrsg.): Handbuch zur deutschen
Einheit, 1949-1989-1999, (Neuauflage) Frankfurt a. M./New York
1999. (Bundeszentrale für politische Bildung, Schriftenreihe Band 363).
Verlässlich kann mit diesem Nachschlagewerk sowohl die Geschichte der deutschen Einheit als auch die jeweils aktuelle Datenlage in
den vielschichtig vorgestellten Policy-Bereichen erarbeitet werden.
71 Stichwörter sind faktenorientiert ausgerichtet.

Grundlagen- und weiterführende Literatur

Andersen, Uwe; Woyke, Wichard (Hrsg.): Handwörterbuch des politischen
Systems der Bundesrepublik Deutschland, Opladen [3]1997.
Benz, Arthur (Hrsg.): Governance. Regieren in komplexen Regelsystemen.
Eine Einführung, Wiesbaden 2004.

98   Karl-Rudolf Korte

Beyme, Klaus von: Der Gesetzgeber. Der Bundestag als Entscheidungszentrum, Opladen 1997.

Busse, Volker: Bundeskanzleramt und Bundesregierung, 4. Aufl. Heidelberg 2005.

Conradt, David P.: The German Polity, New York [6]1996.

Gabriel, Oscar W. (Hrsg.): Politische Orientierungen und Verhaltensweisen im vereinigten Deutschland, Opladen 1997.

Gabriel, Oscar; Holtmann, Everhard: Handbuch Politisches System der Bundesrepublik Deutschland, 3. Aufl. München 2005.

Herzog, Dietrich u. a. (Hrsg.): Parlament und Gesellschaft. Eine Funktionsanalyse der repräsentativen Demokratie, Opladen 1993.

Hirscher, Gerhard; Korte, Karl-Rudolf (Hrsg.): Aufstieg und Fall von Regierungen. Machterwerb und Machterosionen in westlichen Demokratien, München 2001.

Hübner, Emil: Parlament und Regierung in der Bundesrepublik Deutschland, München [2]2000.

Ismayr, Wolfgang: Der Deutsche Bundestag, Opladen 2000.

Katzenstein, Peter: Policy und Politics in West Germany. The Growth of a Semisovereign State, Philadelphia 1987.

Korte, Karl-Rudolf (Hrsg.): „Das Wort hat der Herr Bundeskanzler". Eine Analyse der Großen Regierungserklärungen von Adenauer bis Schröder, Wiesbaden 2002.

Korte, Karl-Rudolf; Hirscher, Gerhard (Hrsg.): Darstellungspolitik oder Entscheidungspolitik? Über den Wandel von Politikstilen in westlichen Demokratien, München 2000.

Korte, Karl-Rudolf; Weidenfeld, Werner (Hrsg.): Deutschland-Trendbuch. Fakten und Orientierungen, Opladen 2001.

Müller, Kay; Walter, Franz: Graue Eminenzen. Küchenkabinette in der deutschen Kanzlerdemokratie, Wiesbaden 2004.

Niclauß, Karlheinz: Kanzlerdemokratie. Regierungsführung von Konrad Adenauer bis Gerhard Schröder, Paderborn u.a. 2004.

Niclauß, Karlheinz: Das Parteiensystem der Bundesrepublik Deutschland, Paderborn [2]2002.

Nullmeier, Frank; Saretzki (Hrsg.): Jenseits des Regierungsalltags. Strategiefähigkeit politischer Parteien, Frankfurt/M. 2002.

Prätorius, Rainer: Institutionen und Regierungsprozess, in: *Arno Mohr* (Hrsg.): Grundzüge der Politikwissenschaft, München/Wien [2]1997, S. 487-566.

Schindler, Peter: Datenhandbuch zur Geschichte des Deutschen Bundestages, Baden-Baden 1999.

Sturm, Roland; Pehle, Heinrich: Das neue deutsche Regierungssystem, Opladen 2001.

Weidenfeld, Werner; Zimmermann, Hartmut (Hrsg.): Deutschland-Handbuch. Eine doppelte Bilanz 1949-1989, Bonn 1989.

Vergleichende Politikwissenschaft: Analyse und Vergleich politischer Systeme

Peter Birle/Christoph Wagner

1. Einleitung

Was unterscheidet ein präsidentielles Regierungssystem wie das der USA von einem parlamentarischen System wie dem der Bundesrepublik Deutschland? Welche Vor- und Nachteile hat das Mehrheitswahlrecht, welche das Verhältniswahlrecht? Können Diktaturen die sozioökonomische Entwicklung eines Landes schneller vorantreiben als Demokratien? Unter welchen Bedingungen existieren die größten Chancen, autokratische Herrschaftssysteme ins Wanken zu bringen? Welche Voraussetzungen müssen erfüllt sein, damit ein demokratisches politisches System auf Dauer stabil bleibt? Solche und ähnliche Fragen beschäftigen die *Vergleichende Politikwissenschaft*. Ihr Gegenstand ist die systematische, international vergleichende Untersuchung von politischen Strukturen *(polity)*, Prozessen *(politics)* und Inhalten *(policy)*[1]. Allerdings verfügt die *Vergleichende Politikwissenschaft* nicht über einen strikt abgrenzbaren substanziellen Untersuchungsbereich. Was die Teildisziplin besonders auszeichnet, ist nicht zuletzt die ‚Kunst des Vergleichens‘, d. h. der *Vergleich als Methode* und die damit zusammenhängenden Fragen, unter welchen Voraussetzungen und wie politische Phänomene miteinander verglichen werden können.[2] Vergleichende Vorgehensweisen sind allerdings auch in an-

---

[1] Vgl. die Übersicht bei *Hans-Joachim Lauth, Christoph Wagner:* Gegenstand, grundlegende Kategorien und Forschungsfragen der ‚Vergleichenden Regierungslehre‘, in: *Hans-Joachim Lauth* (Hrsg.): Vergleichende Regierungslehre, Wiesbaden [2]2005, S. 15-40, dort S. 22.

[2] Obwohl die Methode des Vergleichs zentraler Gegenstand der Teildisziplin ist, wird sie – um Wiederholungen zu vermeiden – im Folgenden nicht näher behandelt. Siehe hierzu den Beitrag von *Christian Welzel* in diesem Band sowie u.a.: *Klaus von Beyme*: Der Vergleich in der Politikwissenschaft, München 1988; *Dirk Berg-Schlosser, Ferdinand Müller-Rommel* (Hrsg.): Vergleichende Politikwissenschaft, Opladen [4]2003.

100 Peter Birle/Christoph Wagner

deren Teildisziplinen der Politikwissenschaft häufig anzutreffen. So werden im Bereich *Internationale Beziehungen* Vergleiche zwischen regionalen Kooperations- und Integrationsprozessen vorgenommen. Auch in der *Politischen Ideengeschichte*, bei der Anfertigung von *Politikfeldanalysen* und bei der Auseinandersetzung mit *politischen Theorien* wird oft eine komparative Perspektive der Erkenntnisgewinnung eingenommen.

Eine strikte Abgrenzung der *Vergleichenden Politikwissenschaft* von anderen Teildisziplinen der Politikwissenschaft ist aber auch deshalb schwierig, weil Vergleiche erst dann sinnvoll durchgeführt werden können, wenn solide Kenntnisse über die einzelnen zu vergleichenden Phänomene vorhanden sind. Um beispielsweise die Funktionsweise des Deutschen Bundestages und des US-Kongresses zu vergleichen, müssen wir zunächst wissen, wie die beiden Institutionen arbeiten und welche Stellung ihnen im jeweiligen politischen System zukommt. Die einzelfallorientierte Beschäftigung mit einem fremden politischen System oder dessen Bestandteilen ist aber eigentlich nicht dem Bereich der *Vergleichenden Politikwissenschaft* zuzurechnen, auch wenn universitäre Studien- und Prüfungsordnungen meist so verfahren. Erst wenn mindestens zwei Fälle systematisch, auf der Grundlage von klaren Fragestellungen, Hypothesen und Variablen im Rahmen eines intersubjektiv nachvollziehbaren Forschungsdesigns miteinander verglichen werden, kann streng genommen von *Vergleichender Politikwissenschaft* die Rede sein.

Unser Beitrag gliedert sich in drei Abschnitte: Zunächst schildern wir die Entwicklung von der traditionellen *Vergleichenden Regierungslehre (comparative government)* zur moderneren *Vergleichenden Politikwissenschaft (comparative politics)*. Im zweiten Abschnitt geben wir einen Überblick zu zentralen Fragestellungen und Konzepten der Teildisziplin und gehen auf ausgewählte Themenkomplexe näher ein. Abschließend fragen wir nach

---

Todd Landmann: Issues and Methods in Comparative Politics. An Introduction, New York [2]2003; *Hans-Joachim Lauth, Jürgen Winkler:* Methoden der Vergleichenden Politikwissenschaft, in: *Hans-Joachim Lauth* (Hrsg.): Vergleichende Regierungslehre, Wiesbaden [2]2005, S. 41-79. *Sabine Kropp, Michael Minkenberg* (Hrsg.): Vergleichen in der Politikwissenschaft, Wiesbaden 2005; *Susanne Pickel, Gert Pickel, Hans-Joachim Lauth* (Hrsg.): Vergleichende politikwissenschaftliche Methoden, Wiesbaden 2003.

Vergleichende Politikwissenschaft 101

Leistungen und Defiziten der *Vergleichenden Politikwissenschaft* und skizzieren mögliche Entwicklungsperspektiven der Teildisziplin.

2. Vergleichsansätze in historischer Perspektive

2.1 Vergleichende Regierungslehre

Vergleiche haben in der Politikwissenschaft eine lange Tradition. Bereits der griechische Philosoph Aristoteles (384-322 v. Chr.) untersuchte 158 Verfassungen seiner Zeit und erstellte auf dieser Grundlage eine Typologie von Regierungssystemen. Ausgehend von der Anzahl der Machtträger und der Nutzenorientierung staatlichen Handelns unterschied er zwischen drei *guten* bzw. *legitimen* (Monarchie, Aristokratie, Politie) und drei *schlechten* bzw. *illegitimen* (Tyrannei, Oligarchie und Ochlokratie bzw. Demokratie) Herrschaftsformen. Dieser Typologie folgten bis zum heutigen Tag zahlreiche Versuche, die Vielfalt existierender Herrschaftsformen zu ordnen. Mit dem Zerfall der griechischen Poliskultur und der römischen Republik erlosch allerdings für lange Zeit das Interesse am wissenschaftlichen Vergleich von Herrschaftsformen. Erst mit der allmählichen Säkularisierung des politischen Denkens im Zuge der Renaissance und mit dem Verblassen der Reichsidee erlebte es einen neuen Aufschwung.

Der Florentiner Machiavelli (1469-1527) untersuchte in seinem Hauptwerk ‚Der Fürst' unter Rückgriff auf antike Staatsformenlehren die Verfassungsformen seiner Zeit. Er wollte die politische Theorie von ethisch-religiösen Überlegungen befreien und leitete aus der Untersuchung von Herrschaftsformen konkrete politische Handlungsanweisungen ab. Im Zuge der Herausbildung der modernen Nationalstaaten und dem Aufkommen des Konstitutionalismus vom 16. bis zum 18. Jahrhundert (in Deutschland erst im 19. Jahrhundert) setzte sich langsam die Auffassung durch, dass die Macht des Monarchen durch eine Verfassung begrenzt und durch ein Parlament in Schranken gehalten werden sollte. Dadurch entwickelte sich auch ein Staats- und Verfassungsrecht, das zur Grundlage vergleichender Betrachtungsweisen wurde. Der französische Staatstheoretiker Montesquieu (1689-1755) legte mit seiner Lehre von der Gewaltentrennung in seinem Hauptwerk ‚Vom Geist der Gesetze' (1748) den Grundstein für viele spätere Diskussionen. Wichtige Impulse gingen im 19. Jahrhundert von Alexis de Tocquevilles Werk ‚Über die

Demokratie in Amerika' aus, in dem er amerikanische Demokratie-Erfahrungen mit den Entwicklungen in Europa verglich.

Die ‚modernen Klassiker' der *Vergleichenden Regierungslehre* (engl.: *comparative government*) knüpften an dieses Gedankengut an. Wissenschaftler wie Carl Joachim Friedrich, Herman Finer und Karl Loewenstein[3] entwickelten detaillierte Verfassungslehren, in denen sie „die tatsächliche Praxis und die wirkliche Dynamik der Verfassung im modernen – und ebenso im geschichtlichen – Staat"[4] untersuchten. In modernen Begriffen heißt das: Sie interessierten sich für die verfassungsmäßige Ordnung der ‚westlichen Demokratien' sowie für das Spannungsverhältnis zwischen Verfassung und Verfassungswirklichkeit. Loewenstein beispielsweise unterschied zwischen zwei autokratischen (autoritäre Regime, totalitäre Regime) und sechs konstitutionell-demokratischen Regierungstypen (unmittelbare Demokratie, Versammlungs-Regierung, parlamentarische Regierung, Kabinettsregierung, Präsidentialismus, Direktorialregierung), um sich dann detailliert mit horizontalen und vertikalen Elementen der Gewaltenteilung in verschiedenen Typen demokratischer Regierungsformen auseinander zu setzen. Im deutschen Sprachraum gehört die frühe Arbeit Klaus von Beymes über *Die parlamentarischen Regierungssysteme in Europa* zu den Standardwerken der *Vergleichenden Regierungslehre*, allerdings bildet dieses Werk aufgrund seiner systematisch orientierten Herangehensweise bereits eine Brücke zu neueren Formen des Vergleichs im Sinne von *comparative politics*.[5] Zu den modernen Klassikern sind auch die Arbeiten von Arendt und Friedrich/Brzezinski über *totalitäre Herrschaftsformen* zu rechnen.[6]

---

3   Vgl. *Carl Joachim Friedrich*: Constitutional Government and Democracy, Boston 1937 (deutsch: Der Verfassungsstaat der Neuzeit, Berlin 1953); *Herman Finer*: Theory and Practice of Modern Government, New York 1949 (deutsch: Der Moderne Staat. Theorie und Praxis, 3. Bde, Stuttgart 1957/58); *Karl Loewenstein*: Political Power and the Governmental Process, Chicago 1957 (deutsch: Verfassungslehre, Tübingen 1959).

4   So *Karl Loewenstein* im Vorwort zur deutschen Ausgabe seines Buches Political Power and the Governmental Process (Anm. 3), S. IV.

5   Vgl. *Klaus von Beyme*: Die parlamentarischen Regierungssysteme in Europa, München 1970 (Neuauflage: Die parlamentarische Demokratie. Entstehung und Funktionsweise 1789-1999, Opladen 1999).

6   Vgl. *Hannah Arendt*: Elemente und Ursprünge totaler Herrschaft, München 1996 (engl. Orig. 1951); *Carl Joachim Friedrich; Zbigniew Brzezinski*: Totalitarian Dictatorship and Autocracy, Cambridge 1956.

Vergleichende Politikwissenschaft   103

2.2 Von der Vergleichenden Regierungslehre zur Vergleichenden Politischen Systemforschung

In den 50er Jahren erfolgte ein Bruch mit der überkommenen Form des Vergleichs im Sinne von *Comparative Government*. Drei Impulse waren für diese Entwicklung, die in erster Linie von US-amerikanischen Wissenschaftlern ausging, wesentlich:

a) Ein verändertes Forschungsinteresse: Bisher hatte sich die vergleichende Forschung weitgehend auf die ,westlichen Demokratien' beschränkt. Das Aufkommen des Faschismus, der Zweite Weltkrieg, der Beginn des Kalten Krieges und der Entkolonialisierungsprozess in den 60er Jahren schufen eine neue internationale Situation. Je mehr sich die USA weltpolitisch engagierten, desto dringender wurde ihr Bedarf an grundlegenden Informationen über die politischen, gesellschaftlichen, ökonomischen und kulturellen Gegebenheiten in Ländern, denen bislang kaum Aufmerksamkeit geschenkt worden war. Bereits während des Zweiten Weltkrieges stellte die US-Regierung großzügige Forschungsetats für die empirische Untersuchung fremder Länder und Kulturen zur Verfügung. Zunächst entstanden interdisziplinär angelegte ,area-studies', an denen neben Ethnologen und Soziologen auch Politikwissenschaftler beteiligt waren.

b) Kritik an der Vergleichenden Regierungslehre als Comparative Government: Am deutlichsten wurde die Kritik an der bislang praktizierten Form des Vergleichs im Jahr 1955 von Roy Macridis vorgetragen.[7] Seine Einwände lauteten: Erstens seien die ,vergleichenden' Studien nicht wirklich komparativ, sondern in der Regel monografisch angelegt. Meist setze man sich nur mit den politischen Institutionen eines Landes, oft gar nur mit einer einzigen Institution auseinander. Zweitens erfolge die Darstellung fremder Regierungssysteme zu deskriptiv und unsystematisch. Man beschränke sich weitgehend auf die historischen und (verfassungs-) rechtlichen Aspekte politischer Institutionen und Prozesse, statt konzeptionelle Kategorien auszuarbeiten, die den systematischen Vergleich von Einzelbeobachtungen und die Entwicklung allgemeiner Hypothesen ermöglichen würden. Drittens sei das Forschungsinteresse geographisch zu sehr auf Westeuropa und thematisch fast ausschließlich auf politisch-institutionelle Faktoren

---

[7] Vgl. zum Folgenden *Roy C. Macridis*: The Study of Comparative Government, New York 1955, S. 7-12.

beschränkt. Soziale, ökonomische und kulturelle Variablen berücksichtige man dagegen kaum. Viertens seien die meisten Vergleiche zu statisch angelegt und ignorierten dynamische Elemente des politischen Wandels. Die ‚*area*-studies' seien ein erster Schritt in die richtige Richtung, weil hier erstmals interdisziplinär über fremde Länder und Regionen gearbeitet werde. Allerdings verfüge dieser Ansatz noch nicht über eine solide konzeptionelle, theoretische und methodische Grundlage.

c) Behavioralismus und Systemtheorie: Seit den 50er Jahren setzte sich in den Vereinigten Staaten nach und nach eine an behavioralistischen (erfahrungswissenschaftlichen) Methoden und Forschungstechniken orientierte Wissenschaftsauffassung durch, deren wichtigstes Ziel es war, politische Phänomene durch die Beobachtung und theoriegeleitete Verarbeitung menschlichen Verhaltens beschreiben, erklären und voraussagen zu können. Auf die Politikwissenschaft übertragen bedeutete dies, dass nicht mehr untersucht werden sollte, welche politischen Institutionen und Verfahrensweisen die Verfassung eines Landes vorsieht und inwieweit diese der politischen Wirklichkeit entsprechen, sondern wie sich Individuen und Gruppen in und gegenüber diesen Institutionen verhalten.

Gleichzeitig avancierte der *Systembegriff* zu einer zentralen Analysekategorie. Nachdem aufgrund der zunehmenden ‚Arbeitsteilung' und der wachsenden Ausdifferenzierung der Sozial- und Politikwissenschaft die Kommunikation zwischen den einzelnen Disziplinen schwieriger geworden war, wollte die ‚Allgemeine Systemtheorie' dieser Tendenz entgegenwirken. Es sollten allgemeine Kategorien und Schemata gefunden werden, mit deren Hilfe sich die in verschiedenen wissenschaftlichen Disziplinen beobachteten Gegebenheiten ordnen ließen. Letztendlich wollte man ein allgemeines Modellkonzept von Realität entwickeln, um so die nebeneinander existierenden Einzeldisziplinen wieder enger zusammenzuführen.[8]

Eingang in die *Vergleichende Politikwissenschaft* fand systemtheoretisches und behavioralistisches Gedankengut insbesondere durch die Arbeiten von Gabriel Almond. Seine 1960 erschienene Studie *The Politics of the Developing Areas* wurde zu einem Standardwerk der Disziplin.[9] Wichtigstes Ziel Almonds war es, einen

---

8 Vgl. den Beitrag von *Peter Thiery* in diesem Band.
9 Vgl. *Gabriel A. Almond, James S. Coleman* (Hrsg.): The Politics of the Developing Areas, Princeton 1960; zum Folgenden vgl. *Gabriel A. Al-*

Vergleichende Politikwissenschaft 105

Analyserahmen zu entwerfen, der vergleichende Studien aller politischen Systeme ermöglichen und damit die Beschränkungen der *Vergleichenden Regierungslehre* überwinden sollte. Dies schlug sich auch in einer neuen Begrifflichkeit nieder. Statt von *comparative government* war jetzt von *comparative politics* die Rede, was im Deutschen heute meist mit *Vergleichende Politikwissenschaft* übersetzt wird.

Die von der *Vergleichenden Regierungslehre* benutzten Begriffe wie Staat, Nation, Regierung oder Opposition schienen Almond nicht dazu geeignet, diese Ziele zu verwirklichen, denn mit ihnen verbinde sich ein weitgehend auf die Betrachtung von Institutionen und Verfassungstexten reduziertes Politikverständnis. Zwar gebe es auch in afrikanischen, asiatischen oder lateinamerikanischen Ländern Regierungen, Parlamente und Verfassungen. Es handele sich dabei jedoch oft nur um bloße Hüllen. Um die politische Realität dieser Länder zu verstehen, sei es oft nicht besonders hilfreich, sich mit den formalen Institutionen zu beschäftigen. Dagegen seien andere, bislang vernachlässigte (kulturelle, soziale, ökonomische) Aspekte viel wichtiger, die im Hinblick auf ihre Funktionsleistungen für das politische System strukturiert wurden. Almond entwickelte unter Rückgriff auf Arbeiten von Easton und Parsons[10] ein allgemeines Vergleichsmodell, das einem weniger ‚westlichen' Verständnis von Politik entsprechen sollte.

2.3 Politische Systemforschung

In Almonds Überlegungen spielen die Begriffe *Struktur* und *Funktion* eine wichtige Rolle: Als *Struktur* bezeichnet man regelmäßige und wahrnehmbare Handlungsformen bzw. Sätze von miteinander verbundenen *Rollen*. Almond verdeutlicht dies an einem Beispiel: Während der Beruf des Richters eine Rolle ist, kann ein Gericht als Struktur bezeichnet werden. Diese Struktur umfasst die Gesamtheit aller an einem Gericht wahrgenommenen Rollen, vom Gerichtsdiener über den Staatsanwalt bis hin zum Richter. Warum

---

mond: Introduction: A Functional Approach to Comparative Politics, ebd. S. 3-64 sowie *Gabriel A. Almond, G. Bingham Powell*: Comparative Politics: A Developmental Approach, Boston 1966.

[10] Vgl. *David Easton*: The Political System, New York 1953; Ders.: A Framework for Political Analysis, Englewood Cliffs 1965; *Talcott Parsons*: The Social System, New York 1951.

bleibt man nicht einfach bei den überkommenen Bezeichnungen *Institution* (für das Gericht) und *Amt* (für den Richter)? Almonds Erklärung lautet folgendermaßen: Während die Begriffe Institution und Amt auf normative Regeln verweisen, die das Verhalten von Richtern, Staatsanwälten und Verteidigern leiten *sollen*, beziehen sich die Begriffe Rolle und Struktur auf das *empirisch wahrnehmbare Verhalten* dieser Individuen. Als *Funktion* bezeichnet man eine Aufgabe oder Leistung, die von einer bestimmten Struktur erbracht wird bzw. erbracht werden soll.

Alle politischen Systeme, egal wie sehr sie sich voneinander unterscheiden mögen, weisen nach Ansicht Almonds vier gemeinsame Charakteristika auf:

1. Alle politischen Systeme besitzen eine *politische Struktur*, d. h. sie verfügen über regelmäßige Handlungsformen, mittels derer die politische Ordnung aufrechterhalten werden soll. Die Strukturen können sich von Land zu Land stark unterscheiden, sie können mehr oder weniger formalisiert oder ausdifferenziert sein, aber es existiert kein Land, in dem es solche Strukturen nicht gibt.

2. Alle politischen Systeme üben die gleichen *Funktionen* aus. Almond geht in Anlehnung an Easton davon aus, dass das politische System nur eines von zahlreichen Subsystemen der Gesellschaft ist, von denen jedes spezifische Funktionen zu erfüllen hat. Neben dem politischen (Sub-)System gibt es beispielsweise ein ökonomisches und ein kulturelles Subsystem, mit denen das politische System durch *Inputs* und *Outputs* in einer wechselseitigen Austauschbeziehung steht. *Inputs* sind die Forderungen und Leistungserwartungen (*demands*), die aus der Umwelt an das politische System herangetragen werden, sowie die Unterstützung (*support*) der Bürgerinnen und Bürger für das politische System. *Outputs* sind diejenigen Handlungen, mit denen das politische System auf seine Umwelt einwirkt bzw. die Leistungen, die es für sie erbringt. Almond unterscheidet vier Input-Funktionen:

a) *Politische Sozialisation* bezeichnet den Prozess, durch den Individuen in die politische Kultur eines Landes eingeführt werden. Im Verlauf der Sozialisation entwickeln sich (beeinflusst z.B. durch Familie, Erziehung, Religion und Medien) die in einer Gesellschaft vorhandenen Grundeinstellungen gegenüber dem politischen System sowie die Einschätzungen bezüglich der eigenen politischen Rolle. *Politische Rekrutierung* meint die Einführung von Individuen in spezialisierte politische Rollen. Es geht beispielswei-

Vergleichende Politikwissenschaft 107

se darum, ob und wie junge Menschen für parteipolitische Arbeit gewonnen werden können und wie eine Gesellschaft ihre Führungseliten hervorbringt.

b) *Interessenartikulation* bezieht sich darauf, ob und wie die in einer Gesellschaft vorherrschenden Bedürfnisse und Interessen im Rahmen des politischen Geschehens geäußert und für politische Entscheidungsprozesse wirksam werden können (z. B. durch Verbände und zivilgesellschaftliche Akteure).

c) Der Begriff *Interessenaggregation* bezeichnet die Bündelung einzelner (bereits artikulierter) gesellschaftlicher Interessen und deren Vermittlung gegenüber dem politischen System (z. B. durch politische Parteien). Sie soll verhindern, dass die Problemverarbeitungskapazitäten des politischen Systems durch eine zu große Anzahl von konträren Partikularinteressen überlastet werden.

d) *Politische Kommunikation* bezieht sich auf diejenigen Mechanismen, die der Übermittlung von Informationen aus dem Bereich der Gesellschaft an die politischen Entscheidungsträger und umgekehrt dienen (z. B. Mediensystem).

Als *Output-Funktionen* nennt Almond Regelsetzung, Regelanwendung und Regelauslegung. Diese entsprechen weitgehend denjenigen Aufgaben, die der Staat laut klassischer demokratietheoretischer Vorstellungen gewaltenteilig durch Legislative, Exekutive und Judikative zu übernehmen hat.

Almond geht davon aus, dass die genannten Funktionen nicht notwendigerweise überall mittels identischer Strukturen gemeistert werden. Die Aufgabe der Vergleichenden Politikwissenschaft bestehe darin, herauszufinden, welche politischen Strukturen in unterschiedlichen politischen Systemen die jeweiligen Funktionen wahrnehmen (funktionale Äquivalente).

3. Alle politischen Strukturen sind *multifunktional*. Es existiert so gut wie nie ein genaues Entsprechungsverhältnis zwischen einer bestimmten Struktur und einer bestimmten Funktion. So dienen politische Parteien zwar in erster Linie der Interessenaggregation, sie können jedoch auch im Bereich der Interessenartikulation, bei der Regelsetzung oder bei der Regelanwendung eine Rolle spielen. ‚Moderne' politische Systeme unterscheiden sich nach Ansicht Almonds von ‚traditionellen' Systemen dadurch, dass sie über ausdifferenziertere politische Strukturen verfügen.

4. Alle politischen Systeme sind durch einen *kulturellen Mischcharakter* gekennzeichnet, d. h. sie sind nie völlig traditionell oder

völlig modern. Auch in ‚modernen' politischen Systemen, die über ausdifferenzierte Strukturen wie Parlamente, Bürokratien und Parteien verfügten, könne ‚vormodernen' bzw. ‚traditionellen' Verhaltensmustern (z. B. Verwandtschaftsbeziehungen und Gefühlen) eine wichtige politische Bedeutung zukommen.

Übersicht 1: Gemeinsame Merkmale politischer Systeme nach Almond

1.	Alle politischen Systeme besitzen eine politische *Struktur.*
2.	Alle politischen Systeme üben die gleichen *Funktionen* aus:
	Input-Funktionen: – politische Sozialisation und Rekrutierung
	– Interessenartikulation
	– Interessenaggregation
	– politische Kommunikation
	Output-Funktionen: – Regelsetzung
	– Regelanwendung
	– Regelauslegung
3.	Alle politischen Strukturen sind *multifunktional.*
4.	Merkmal aller politischen Systeme ist ihr *kultureller Mischcharakter.*

Das struktur-funktionale Systemmodell von Almond/Powell erlangte in der *Vergleichenden Politikwissenschaft* große Bedeutung. Erstmals stand damit ein allgemeines Modell zur Verfügung, mit Hilfe dessen unterschiedliche politische Systeme analytisch erfasst und einem Vergleich zugänglich gemacht werden konnten. Die Arbeiten Almonds und seiner Kollegen im 1954 unter seinem Vorsitz gegründeten *Committee on Comparative Politics* (CCP) des *Social Science Research Councils* gaben neben Anstößen für die theoretische und konzeptionelle Weiterentwicklung der *Vergleichenden Politikwissenschaft* auch zahlreiche Impulse für die Anfertigung empirischer Forschungsarbeiten. Im Mittelpunkt des Untersuchungsinteresses standen zunächst die ‚Entwicklungsländer'. Sie waren von der *Vergleichenden Regierungslehre* meist in einer Kategorie ‚autoritäre Regierungssysteme' zusammengefasst und in der weiteren Betrachtung vernachlässigt worden. Jetzt entstanden zahlreiche, oft interdisziplinär angelegte Arbeiten, die sich mit den politischen Systemen oder deren Teilbereichen in den Ländern Af-

Vergleichende Politikwissenschaft   109

rikas, Asiens und Lateinamerikas beschäftigten und durch die sich
der Wissensbestand über von der Politikwissenschaft lange Zeit
vernachlässigte Länder enorm vergrößerte. Viele Forscher thematisierten die Bedeutung sozialer, kultureller und ökonomischer
Faktoren für Prozesse des politischen und gesellschaftlichen Wandels. Dies alles stand unter dem Einfluss des Aufkommens neuer
Erhebungstechniken (Umfragen, Interviews, Aggregatdatenanalyse etc.), deren weiträumige Anwendung durch die fortschreitende
Entwicklung der Datenverarbeitungstechnik möglich wurde.[11]

Auch für die Untersuchung der ‚entwickelten' Industrieländer
griff man auf die von Almond entwickelten Kategorien zurück. So
war z. B. die *Krisensequenztheorie*[12] ursprünglich mit Blick auf die
‚Entwicklungsländer' formuliert worden: Sie beschrieb typische
Krisen, mit denen sich politische Systeme im Verlauf ihrer Entwicklung konfrontiert sehen, und schlug Strategien zur Krisenüberwin-
dung vor. Dieser theoretische Ansatz wurde einige Jahre später auch
als Grundlage für eine empirische Untersuchung der politischen Entwicklung in den USA und 13 europäischen Ländern herangezogen.[13]

2.4 Von der Politischen Systemtheorie zum ‚Neo-Institutionalismus'

Kritik am struktur-funktionalen Systemmodell blieb nicht aus. Be-
mängelt wurde u. a. die zu einseitige Konzentration von Konzepten und empirischen Arbeiten auf die Input-Seite des politischen
Systems. Almond hatte in seinen Arbeiten den Standpunkt vertre-

---

[11] Siehe beispielsweise: *David Apter*: The Politics of Modernization, Chi-
cago 1965; *Robert Dahl*: Polyarchy: Participation and Opposition, New
Haven 1971; *Ralf Dahrendorf*: Class and Class Conflict in Industrial Society, Stanford 1959; *Samuel P. Huntington*: Political Order in Changing
Societies, New Haven 1968; *William Kornhauser*: The Politics of Mass
Society, New York 1959; *Joseph LaPalombara, Myron Weiner* (Hrsg.):
Political Partys and Political Development, Princeton 1966; *Seymor M.
Lipset*: The First New Nation: The United States in Historical and Comparative Perspective, New York 1963; *Barrington Moore, Jr.*: Social Origins of Dictatorship and Democracy, Boston 1966. Vgl. auch den Beitrag von *Klaus Bodemer* in diesem Band.
[12] Vgl. *Leonard Binder* et al.: Crises and Sequences in Political Development, Princeton 1971.
[13] Vgl. *Raymond Grew* (Hrsg.): Crises of Political Development in Europe and the United States, Princeton 1978.

110 Peter Birle/Christoph Wagner

ten, dass sich die Forscher in erster Linie mit den Input-Funktionen auseinander setzen sollten. In der empirischen Forschung führte dies zu neuen Einseitigkeiten. Hatte man sich zuvor vor allem für die Institutionen interessiert, so fielen diese jetzt fast völlig unter den Tisch. Die Output-Strukturen wurden meist als abhängige Variable betrachtet, d. h. man konzentrierte sich auf die Frage, wie sich soziale, wirtschaftliche, psychologische und kulturelle Faktoren auf die Entstehung und den Wandel von politischen Institutionen auswirkten. Dass umgekehrt auch die politischen Institutionen ihre Umwelt beeinflussen können (d. h. als unabhängige Variablen betrachtet werden können), geriet dagegen phasenweise fast in Vergessenheit.[14]

Trotz der erklärten Absicht, ein allgemein gültiges Kriterienraster zu entwickeln, blieben die Überlegungen Almonds dem eigenen politischen System, d. h. den politischen Verhältnissen in den Vereinigten Staaten verhaftet. Obwohl er ausdrücklich auf die Multifunktionalität politischer Strukturen hingewiesen hatte, verbanden Forscher eben doch mit der Funktion Interessenartikulation in der Regel die Verbände, mit der Funktion Interessenaggregation die politischen Parteien und mit den *Output*-Strukturen die Institutionen (!) Legislative, Exekutive und Judikative. Die analytische Trennschärfe zwischen Begriffen wie *Struktur* und *Institution* oder *Staat* und *politisches System* ließ oft zu wünschen übrig.

Almond und Powell reagierten auf die Kritik in späteren Arbeiten mit einer Ausdifferenzierung ihrer Modellvorstellungen, wobei sie insbesondere die *Output-Komponenten* des politischen Systems genauer betrachteten und zwischen vier Typen von *Steuerungsanstrengungen und -leistungen* unterschieden: *extractive*, *distributive*, *regulative* und *symbolic performances*.[15] Der Begriff *extractive performance* bezieht sich darauf, mit welchen Mitteln (z. B. Steuern, Wehrpflicht) sich ein politisches System die finanziellen, personellen und sachlichen Ressourcen verschafft, die es

---

[14] Dies gilt vor allem für die theoretischen Diskussionen. In der Forschungspraxis waren traditionellere Herangehensweisen nie vollständig durch die modernen Theorieansätze verdrängt worden.

[15] In der deutschen Sprache existiert kein genaues Äquivalent für den englischen Begriff *performance* im Sinne des von Almond/Powell gemeinten Bedeutungsgehaltes. Am sinnvollsten erscheint uns eine Übersetzung als *Steuerungsanstrengungen und -leistungen* (des politischen Systems). Zum Folgenden vgl. *Gabriel Almond* u.a. (Hrsg.): Comparative Politics Today. A World View, New York [8]2004.

Vergleichende Politikwissenschaft   111

für die Erfüllung seiner Funktionen benötigt. *Distributive perfor-mance* bezeichnet die Art und Weise, wie Güter und Dienstleistun-gen in einer Gesellschaft verteilt werden und welche gesellschaft-lichen Gruppen davon profitieren bzw. davon negativ betroffen sind (z. B. Sozialgesetzgebung). *Regulative performance* meint die Reichweite des staatlichen Gestaltungsanspruches gegenüber der Gesellschaft sowie die Anreiz- und/oder Zwangsmaßnahmen, die zur Durchsetzung dieses Anspruches eingesetzt werden (z. B. der Grad bürgerlicher Freiheitsrechte in einer Gesellschaft). Als *symbolic performance* werden diejenigen identitätsstiftenden äußeren Formen bezeichnet, die eingesetzt werden, um die Integrationska-pazität des politischen Systems zu steigern (z. B. politische Reden, militärische Zeremonien, Flaggen).

Mit einer weiteren Modifikation des Systemmodells wurde be-rücksichtigt, dass die von einer Regierung getroffenen Entschei-dungen nicht automatisch Wirksamkeit erlangen, sondern zunächst umgesetzt (implementiert) werden müssen. Um dies zu verdeutli-chen, unterschieden Almond/Powell zwischen *outputs* im Sinne der Produktion von Gesetzen und Verordnungen einerseits und *outco-mes* im Sinne von tatsächlichen Ergebnissen und Folgen der poli-tischen Entscheidungen andererseits. So kann beispielsweise ein Gesetz zum Ausstieg aus der Kernenergie als *output* bezeichnet werden. Wie schnell und umfassend der Verzicht auf Atomkraft-werke zur Energiegewinnung dann tatsächlich realisiert wird (*out-come*), entscheidet sich erst im Verlauf der Implementierungspha-se. Derartige Fragen wurden seit den 70er Jahren im Rahmen der *Politikfeldforschung* zu einem neuen Schwerpunkt der Politikwis-senschaft, der auch zahlreiche vergleichend angelegte Studien her-vorbrachte.[16]

Neben dem neuen Feld der vergleichenden *policy-Forschung* rückten seit den 80er Jahren auch die im Zuge des struktur-funk-tionalen *inputism* vernachlässigten *Institutionen* wieder stärker ins Blickfeld der Forschung, allerdings auf eine andere Art und Wei-se als zuvor. Vom ‚alten‘, vorwiegend an formalen Regelsystemen (Verfassungen, Gesetze) interessierten, historisch-deskriptiven In-stitutionalismus der Vergleichenden Regierungslehre unterscheidet sich der *Neo-Institutionalismus* durch eine systematisch-empiri-sche Herangehensweise. Er betrachtet Institutionen sowohl als *ab-*

---

[16] Siehe hierzu den Beitrag von *Jörg Faust/Hans-Joachim Lauth* in diesem Band.

Abbildung 1: Modell eines politischen Systems und seiner Funktionen nach *Almond/Powell* 1996 (Anm. 15)

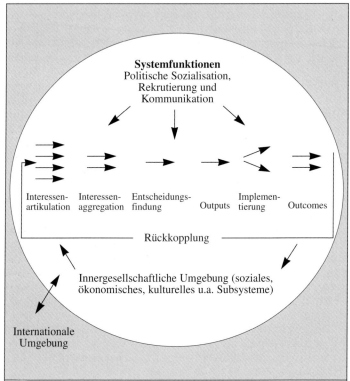

Erläuterung: Im Unterschied zu Übersicht 1 wurden die Funktionen *politische Sozialisation und Rekrutierung* sowie *politische Kommunikation* hier nicht als Input-Funktionen bezeichnet, sondern als Systemfunktionen. Dies entspricht der Terminologie in neueren Arbeiten von Almond/Powell.

hängige als auch als *unabhängige* Variable. Zudem werden nicht nur formal-institutionelle Gesichtspunkte berücksichtigt, sondern auch *informelle* Aspekte der politischen Realität. Wichtige Impulse für die Erneuerung der institutionellen Politiktheorien gingen einerseits von organisationstheoretischen Arbeiten aus, anderer-

Vergleichende Politikwissenschaft 113

seits von der politischen Ökonomie.[17] Empirische Analysen der Leistungs- und Steuerungsfähigkeit politischer Institutionen im komplexen Wechselspiel gesellschaftlicher und ökonomischer Prozesse erfahren ebenso Aufmerksamkeit wie Untersuchungen zu Partizipation und Legitimation.[18]

Der von Douglass C. North verwendete Institutionenbegriff, der unter Institutionen die Spielregeln fasst, die das faktische Handeln leiten, erschließt neue Untersuchungsperspektiven. Er bietet Anknüpfungspunkte an soziologische, ethnologische und ökonomische Forschungen, die gleichfalls mit dem theoretischen und methodologischen Instrumentarium des Neo-Institutionalismus arbeiten.[19] Dieser greift somit nicht nur das Anliegen der Interdisziplinarität auf, das die ‚klassische Systemtheorie' verfolgte, sondern realisiert in einem umfassenderen Sinne die Intention von Almond, die realen Strukturen – nun verstanden als Institutionen – zu analysieren, welche die beschriebenen Funktionen erfüllen. Allerdings – und dies sollte nicht verschwiegen werden – kontrastiert der angesprochene Institutionenbegriff mit der in der Politikwissenschaft gängigen Vorstellung von Institutionen als Organisationen (Parlamente, Parteien etc.), die North wiederum als Spieler (und nicht als Spielregeln) begreift. Die Aufnahme neo-institutionalistischer Ansätze in das Repertoire der Vergleichenden Politikwissenschaft erfordert somit eine präzise begriffliche Klärung, um inhaltliche Verwirrungen zu vermeiden.

---

[17] Vgl. *James March, Johan P. Olsen*: The New Institutionalism. Organizational Factors in Political Life, in: American Political Science Review 78(1984)3, S. 734-749; dies.: Rediscovering Institutions. The Organizational Basis of Politics, New York 1989; *Douglass C. North*: Institutionen, institutioneller Wandel und Wirtschaftsleistung, Tübingen 1992 (engl. Orig. 1990); siehe auch *Gerhard Göhler*: Eigenart der Institutionen, Baden-Baden 1994; *Hans-Hermann Hartwich* (Hrsg.): Macht und Ohnmacht politischer Institutionen, Opladen 1989.

[18] Vgl. *Hans-Joachim Lauth, Ulrike Liebert* (Hrsg.): Im Schatten demokratischer Legitimität. Informelle Institutionen und politische Partizipation im interkulturellen Vergleich, Opladen, Wiesbaden 1999.

[19] Vgl. hierzu auch den Beitrag von *Peter Imbusch/Hans-Joachim Lauth* in diesem Band.

3. Ausgewählte Konzepte der Vergleichenden Politikwissenschaft

Es ist im Rahmen eines Überblicksaufsatzes nicht möglich, die ganze Palette von Themen, Konzepten und Theorieansätzen der *Vergleichenden Politikwissenschaft* vorzustellen. Um einen ersten Überblick zu geben, haben wir in Übersicht 2 einige zentrale Themenbereiche und Fragestellungen sowie weiterführende Literaturhinweise zusammengestellt, selbstverständlich ohne Anspruch auf Vollständigkeit.[20] Im Anschluss werden wir einige Bereiche näher betrachten, ohne damit die anderen Themen abqualifizieren zu wollen. Herausgegriffen werden Überlegungen zu Regierungssystemen (3.1), zu Verbänden und Interessengruppen (3.2), zur politischen Kulturforschung (3.3) und zur Systemwechsel- und Transformationsforschung (3.4).

Übersicht 2: Zentrale Forschungsbereiche und Fragestellungen der Vergleichenden Politikwissenschaft

Themenbereich	Exemplarische Fragestellungen
Herrschafts- und Regierungssysteme	Merkmale und Funktionszusammenhänge unterschiedlicher Typen politischer Herrschaft (demokratische, autoritäre, totalitäre Systeme); Vor- und Nachteile verschiedener Typen demokratischer Regierungssysteme (Parlamentarismus versus Präsidentialismus; Konsensmodell versus Mehrheitsmodell; Repräsentativmodell versus direkte Demokratie).
	Literatur: *Jürgen Hartmann*: Westliche Regierungssysteme: Parlamentarismus, präsidentielles und semi-präsidentielles Regierungssystem, Wiesbaden [2]2005; *Wolfgang Ismayr* (Hrsg.): Die politischen Systeme Westeuropas, Opladen [3]2003; *ders.* (Hrsg.): Die politischen Systeme Osteuropas, Opladen [2]2004; *André Kaiser* (Hrsg.): Regieren in Westminster-Demokratien, Baden-Baden 2000; *Arend Lijphart*: Patterns of Democracy. Government Forms and Performance in Thirty-Six Countries, New Haven/London 1999; *Ulrich Widmair, Andrea Gawrich, Ute Becker*: Regierungssysteme Zentral- und Osteuropas. Ein einführendes Lehrbuch, Opladen 1999.

Vergleichende Politikwissenschaft 115

Themenbereich	Exemplarische Fragestellungen
Parteien und Parteiensysteme	Entstehung, Funktionen und Bedeutung von politischen Parteien in unterschiedlichen politischen Systemen; Parteientypologien; Klassifikation von Parteiensystemen.
	Literatur: *Joachim Betz, Gero Erdmann, Patrick Köllner* (Hrsg.): Die gesellschaftliche Verankerung politischer Parteien. Formale und informelle Dimensionen im internationalen Vergleich, Wiesbaden 2004; *Russel J. Dalton*: Citizen Politics. Public Opinion and Political Parties in Advanced Industrial Democracies, New York [3]2002; *Herbert Kitschelt, Zdenka Mansfeldova*: Post-Communist Party Systems. Competition, Participation, and Inter-Party Cooperation, Cambridge 1999; *Scott Mainwaring, Timothy R. Scully,* (Hrsg.): Building Democratic Institutions. Party Systems in Latin America, Stanford 1994; *Oskar Niedermayer, Richard Stöss, Melanie Haas* (Hrsg.): Die Parteiensysteme Westeuropas, Wiesbaden 2005.
Verbände und Interessengruppen	Entstehung, Funktion und Bedeutung von Interessengruppen für das Funktionieren demokratischer politischer Systeme; Interessenvermittlung zwischen Staat und Verbänden.
	Literatur: *Attila Ágh, Gabriella Ilonszki* (Hrsg.): Parliaments and Organized Interests: The Second Steps, Budapest 1996; *Ulrich von Alemann, Bernhard Weßels* (Hrsg.): Verbände in vergleichender Perspektive. Beiträge zu einem vernachlässigten Feld, Berlin 1997; *Wolfgang Merkel, Eberhard Sandschneider* (Hrsg.): Systemwechsel 4. Die Rolle von Verbänden im Transformationsprozess, Opladen 1999; *Philip Norton* (Hrsg.): Parliaments and Pressure Groups in Western Europe, London 1998; *Mancur Olson*: Die Logik des kollektiven Handelns. Kollektivgüter und die Theorie der Gruppen, Tübingen [5]2004; *Werner Reutter, Peter Rütters* (Hrsg.): Verbände und Verbandssysteme in Westeuropa, Opladen 2001.
Wahlen und Wahlsysteme	Vorzüge / Nachteile unterschiedlicher Wahlsysteme; Auswirkungen des Wahlrechts auf die politische

Themenbereich	Exemplarische Fragestellungen
	Willensbildung und den Parteienwettbewerb; ,gesetzmäßige' Auswirkungen von Wahlsystemen.
	Literatur: *Norbert Kersting, Harald Baldersheim* (Hrsg.): Electronic Voting and Democracy. A Comparative Analysis, Basingstoke 2005; *Lawrence Le-Duc, Richard G. Niemi, Pippa Norris* (Hrsg.): Comparing Democracies 2. New Challenges in the Study of Elections and Voting, London u.a. 2003; *Arend Lijphart*: Electoral Systems and Party Systems, Oxford 1995; *Dieter Nohlen*: Wahlrecht und Parteiensystem, Opladen [4]2004.
Politische Kultur und Wertewandel	Einstellungen der Bevölkerung gegenüber den verschiedenen Instanzen politischer Systeme; Wissen über Politik, Beurteilung der Leistungen von politischen Systemen, Einschätzung der eigenen Rolle, der Partizipationsmöglichkeiten; Typen politischer Kultur.
	Literatur: *Dieter Fuchs, Edeltraud Roller, Bernhard Wessels* (Hrsg.): Bürger und Demokratie in Ost und West. Studien zur politischen Kultur und zum politischen Prozess, Wiesbaden 2002; *Ronald Inglehart*: Modernisierung und Postmodernisierung. Kultureller, wirtschaftlicher und politischer Wandel in 43 Gesellschaften, Frankfurt/Main, New York 1998; *Max Kaase, Kenneth Newton*: Beliefs In Government, Oxford 1998; *Norbert Kersting; Lasse Cronqvist* (Hrsg.): Democratization and Political Culture in Comparative Perspective, Wiesbaden 2005; *Hans-Dieter Klingenmann, Dieter Fuchs* (Hrsg.): Citizens and the State, Oxford 1998; *Detlef Pollack u.a.* (Hrsg.): Political Culture in Post-Communist Europe. Attitudes in New Democracies, Aldershot 2003; *Jan W. Van Deth, Elinor Scarbrough* (Hrsg.): The Impact of Values, Oxford 1998.
Systemwechsel und Trans-formation	Ursachen für den Zusammenbruch autokratischer Herrschaftssysteme; unterschiedliche Übergänge zur Demokratie; Akteure des Transformationsprozesses; Faktoren, die die Konsolidierungschancen ,junger' Demokratien beeinflussen.

Themenbereich	Exemplarische Fragestellungen
	Literatur: *Dirk Berg-Schlosser* (Hrsg.): Democratization. The State of the Art, Wiesbaden 2004; *Samuel P. Huntington*: The Third Wave. Democratization in the Late Twentieth Century, Norman/London 1991; *Juan Linz, Alfred Stepan*: Problems of Democratic Transition and Consolidation. Southern Europe, South America, and Post-Communist Europe, Baltimore, London 1996; *Wolfgang Merkel et al.* (Hrsg.): Systemwechsel 1-5, Opladen 1994-2000; *Wolfgang Merkel*: Systemtransformation, Wiesbaden [2]2006; *Claus Offe* (Hrsg.): Demokratisierung der Demokratie. Diagnosen und Reformvorschläge, Frankfurt a. M./New York 2003.

3.1 Regierungssysteme

Aus dem Bereich Herrschafts- und Regierungssysteme lassen sich mit den Debatten über Konsens- und Mehrheitsdemokratie sowie über Parlamentarismus und Präsidentialismus zwei zentrale Diskussionsstränge nennen. Arend Lijphart unterscheidet in seinem 1984 erschienenen Buch *Democracies* idealtypisch zwischen zwei Demokratiemodellen (Konsensdemokratie und Mehrheitsdemokratie) und untersucht dann auf der Grundlage einer quantitativ-empirisch fundierten Analyse von 21 Staaten mit gefestigten Demokratien für den Zeitraum 1945-1980 die Vor- und Nachteile der einzelnen Bestandteile der beiden Modelle.[21] In der 1999 erschienenen, grundlegend überarbeiteten Neuauflage *Patterns of Democracy* wurde die Anzahl der untersuchten Länder auf 36 und der Untersuchungszeitraum auf die Jahre 1945-1996 ausgeweitet.

---

[20] Zu nennen wäre etwa auch, um nur ein Beispiel zu nennen, der Bereich der vergleichenden Regional- und Lokalstudien. Mit ‚Making Democracy Work' (Princeton 1993) hat *Robert Putnam* eine Studie vorgelegt, die in den 90er Jahren zu den am meisten beachteten Arbeiten auf diesem Gebiet zählte.

[21] Vgl. *Arend Lijphart*: Democracies: Patterns of Majoritarian and Consensus Government in Twenty-One Countries, New Haven, London 1984.

118   Peter Birle/Christoph Wagner

Lijphart geht auch der Frage nach, inwiefern sich der Demokratie-
typ auf die Performanz der jeweiligen Systeme im Sinne von
makroökonomischen Leistungen (Wirtschaftswachstum, Inflati-
onskontrolle, Arbeitsmarkt), Kontrolle von Gewalt, Demokratie-
qualität (Repräsentation von Frauen, Gleichheit, Wahlbeteiligung)
sowie auf die Leistungen in Bereichen wie wohlfahrtsstaatliche Politik, Umweltschutz und Entwicklungshilfe auswirkt.[22] Durch eine aufwendige Operationalisierung der institutionenbezogenen
Variablen (Parteiensysteme, Kabinettstypen, Beziehungen Exeku-
tive-Legislative, Wahlsysteme, Interessengruppen, Staatsaufbau,
Parlamente, Verfassungen, Zentralbanken) gelingt es Lijphart, die
große Zahl der untersuchten Länder einem makro-quantitativen
Vergleich zugänglich zu machen, ohne dass dabei die Eigenheiten
der jeweiligen Länder übersehen werden.

An die Überlegungen von Lijphart schließen sich Arbeiten zum
Thema *Constitutional Engineering* an, die nun auch andere institutionelle Designs betrachten.[23] So setzt sich etwa Giovanni
Sartori anhand einer Analyse von Wahl-, Parteien- und Regierungssystemen mit der Frage auseinander, inwiefern durch zielgerichtete Reformen formaler Institutionen positive Ergebnisse für
die Demokratie bewusst erzeugt werden können. Er knüpft damit
an eine Debatte an, die vor allem in Lateinamerika in den 80er Jahren breiten Raum einnahm: Dabei ging es um die Frage, ob durch
Verfassungsreformen, vor allem durch einen Übergang von präsidentiellen zu parlamentarischen Regierungssystemen, die Regierbarkeit und die Konsolidierung der Demokratie in Ländern, die immer wieder mit autoritären Herrschaftsformen konfrontiert waren,
gezielt gefördert werden könnten. Insbesondere die weltweit stark
wahrgenommene Präsidentialismuskritik des spanischen Politikwissenschaftlers Juan Linz hatte eine derartige Debatte angeheizt.[24]

---

[22] Vgl. *Arend Lijphart*: Patterns of Democracy. Government Forms and
Performance in Thirty-Six Countries, New Haven, London 1999.

[23] Vgl. *Jon Elster, Claus Offe, Ulrich Klaus Preuss*: Institutional Design
in Post-Communist Societies: Rebuilding the Ship at Sea, Cambridge
1997; *Arend Lijphart, Carlos Waisman* (Hrsg.): Institutional Design in
New Democracies: Eastern Europe and Latin America, Cambridge 1996;
Giovanni Sartori: Comparative Constitutional Engineering,
Basingstoke u. a. ²1997.

[24] Vgl. *Juan Linz*: The Perils of Presidentialism, in: Journal of Democracy 1(1990)1, S.51-69; ders.: The Virtues of Parliamentarism, in: Journal
of Democracy 1(1990)4, S. 84-91.; ders.: Presidential or Parliamentary

Vergleichende Politikwissenschaft 119

Allerdings drohte im Verlauf dieser Diskussionen immer wieder
der Rückfall in einen ‚klassischen' Institutionalismus, der die Vor-
und Nachteile alternativer institutioneller Regelungsmechanismen
sozusagen losgelöst vom historischen Entwicklungsweg und vom
gesellschaftlichen Umfeld der untersuchten Länder diskutierte.
Vielversprechender ist demgegenüber eine konfigurativ-verglei-
chende Analyse von Regierungssystemen, die spezifische Struk-
turmuster des Regierens auf formal-institutionelle, organisato-
risch-strukturelle *und* politisch-kulturelle Merkmale der jeweiligen
politischen Systeme zurückführt.[25]

3.2 Interessengruppen

Französische Bauern werfen vor der Nationalversammlung in Paris tonnenweise Obst und Gemüse auf die Straße, um gegen die
Europapolitik ihrer Regierung zu protestieren. Deutsche Unternehmerverbände verlangen von der Regierung eine Flexibilisierung
der gesetzlichen Arbeitszeitbestimmungen. Argentinische Men-
schenrechtsgruppen veranstalten einen wöchentlichen Schweige-
marsch durch die Hauptstadt ihres Landes, um eine Aufklärung von
Menschenrechtsverletzungen während der letzten Diktatur zu fordern. Dies sind einige sehr unterschiedliche Beispiele dafür, wie
Individuen sich in Gruppen zusammenschließen, um Einfluss auf
politische Entscheidungsprozesse zu nehmen. Interessengruppen
bilden neben den politischen Parteien das wichtigste Bindeglied
zwischen Gesellschaft und Staat. In den meisten Ländern der Erde existiert eine Vielzahl solcher Organisationen. Die Bandbreite
reicht von wirtschaftlichen Interessengruppen wie Gewerkschaften oder Unternehmerverbänden über religiöse Vereinigungen,
Sportverbände und Großorganisationen wie dem ADAC bis zu
Frauen-, Umwelt-, Friedens- und Dritte-Welt-Gruppen.
    Die politikwissenschaftliche Erforschung der Interessenvermitt-
lung zwischen Gesellschaft und Staat kann aus unterschiedlichen
theoretischen Blickwinkeln vorgenommen werden. *Pluralistische*

Democracy: Does it make a difference?, in: *ders.; Arturo Valenzuela*
(Hrsg.): The Failure of Presidential Democracy, Baltimore, London
1994, S.3-87.
[25] Einen solchen Ansatz verfolgt beispielsweise *Bernhard Thibaut*: Präsidentialismus und Demokratie in Lateinamerika. Argentinien, Brasilien,
Chile und Uruguay im historischen Vergleich, Opladen 1996.

Verbandstheorien interessieren sich für den Einfluss der gesellschaftlichen Interessengruppen auf politische Entscheidungsprozesse. In der pluralistischen Konkurrenzdemokratie gilt die Vielfalt und Heterogenität gesellschaftlicher Interessen als wünschenswert und legitim. Interessengruppen bilden sich frei und sind in ihren Entscheidungen autonom. Miteinander konkurrierende Gruppen partizipieren mit gleichen Rechten am politischen Prozess. Dabei entstehende gesellschaftliche und politische Konflikte werden als legitim betrachtet. Um eine friedliche Lösung von Konflikten durch Kompromisse zu ermöglichen, ist ein Mindestmaß an Konsens (über formale Spielregeln bzw. Modi der Konfliktaustragung) notwendig. Das Gemeinwohl gilt nicht als a priori feststellbare, allgemein verbindliche Richtschnur von Politik (im Sinne von Rousseau), sondern als Ergebnis des pluralistischen Willensbildungsprozesses, als ‚regulative Idee'.[26]

Die seit den 70er Jahren entstandenen *Korporatismustheorien* teilen grundsätzlich die normativen Prämissen des Pluralismus. Sie betonen jedoch deutlicher als die Pluralismustheorien, dass der Staat in modernen Industriegesellschaften nicht nur passiver Adressat des Verbandseinflusses ist, sondern selbst eine aktive, steuernde und intervenierende Rolle spielt. Von korporatistischer Interessenvermittlung spricht man, wenn zwischen gesellschaftlichen Großverbänden (insbesondere Gewerkschaften und Unternehmerverbänden) und Staat ein enges wechselseitiges Beziehungsgeflecht existiert, in dessen Rahmen Probleme durch eine institutionalisierte, konsensorientierte Zusammenarbeit gelöst werden sollen.[27]

Neuere Konzepte der Interessenvermittlung greifen auf pluralistische und korporatistische Verbandstheorien zurück, gehen jedoch bewusst auch darüber hinaus. Weite Verbreitung fand seit den 80er Jahren die Modellierung politischer Entscheidungsprozesse

---

[26] Zur Entstehung und Entwicklung der Pluralismustheorie vgl. *Hans Kremendahl*: Pluralismustheorie in Deutschland. Entstehung, Kritik, Perspektiven, Leverkusen 1977; *Franz Nuscheler, Winfried Steffani* (Hrsg.): Pluralismus. Konzeptionen und Kontroversen, München 1972.

[27] Zur Korporatismusdebatte vgl. *Ulrich von Alemann*: Interessenvermittlung in Westeuropa: Die Diskussion um Korporatismus in der vergleichenden Politik, in: *Ulrich von Alemann, Eberhard Forndran* (Hrsg.): Interessenvermittlung und Politik, Opladen 1983, S. 116-142; *Werner Reutter*: Korporatismustheorien. Kritik, Vergleich, Perspektiven, Frankfurt/Main 1991.

als *Politiknetzwerke*. Derartige Ansätze liegen an der Schnittstelle zwischen Verbände- und Politikfeldforschung und tragen der Tatsache Rechnung, dass an Prozessen der politisch-administrativen Interessenvermittlung in modernen Industriegesellschaften eine Vielzahl interessenpolitischer Akteure auf unterschiedlichen staatlichen Ebenen mitwirkt. Neben den ‚klassischen' Akteuren Regierung, Verwaltung, Parteien und Verbänden können dazu je nach Politikbereich und anstehenden Entscheidungen auch Unternehmen, Nichtregierungsorganisationen oder andere zivilgesellschaftliche Akteure gehören. *Netzwerkanalysen* sind darum bemüht, der Komplexität dieser Akteurskonstellationen gerecht zu werden.[28] Empirisch-vergleichende Arbeiten aus dieser Perspektive liegen z. B. für Entscheidungsprozesse in der Arbeits- und Sozialpolitik und im Bereich Telekommunikation vor.[29]

Die Beschleunigung des europäischen Integrationsprozesses und die damit einhergehende Entgrenzung nationalstaatlicher Entscheidungsspielräume konfrontiert auch die Akteure der verbandlichen Interessenvermittlung mit einer neuartigen Situation. Wie etwa Gewerkschaften und Unternehmerbände mit derartigen Herausforderungen umgehen, wurde in den vergangenen Jahren in einer Reihe größerer Forschungsprojekte europaweit analysiert.[30]

---

[28] Zur Netzwerkanalyse vgl. *Bernd Marin, Renate Mayntz* (Hrsg.): Policy Networks, Frankfurt/Main 1991; *Klaus Schubert*: Politische Netzwerke, Bochum 1995 sowie den Beitrag von *Jörg Faust/Hans-Joachim Lauth* in diesem Band.

[29] Vgl. *Franz U. Pappi, Thomas König, David Knoke*: Entscheidungsprozesse in der Arbeits- und Sozialpolitik. Der Zugang zum Regierungssystem über Politikfeldnetze. Ein deutsch-amerikanischer Vergleich, Frankfurt/Main 1995; *Volker Schneider, Godefroy Dang Nguyen, Raymund Werle*: Corporate Actor Networks in European Policy Making: Harmonizing Telecommunications Policy, in: Journal of Common Market Studies 32(1994), S. 473-498.

[30] Vgl. *Ulrich von Alemann, Bernd Weßels* (Hrsg.): Verbände in vergleichender Perspektive, Berlin 1997; *Colin Crouch*: Industrial Relations and European State Traditions, London 1994; *ders., Franz Traxler* (Hrsg.): Organized Industrial Relations in Europe. What Future?, London 1995; *Volker Eichener, Helmut Voelzkow*: Europäische Integration und verbandliche Interessenvermittlung, Marburg 1994; *Justin Greenwood, Jürgen R. Grote, Karsten Ronit* (Hrsg.): Organized Interests and the European Community, London 1992; *Ralf Kleinfeld, Wolfgang Luthardt* (Hrsg.): Westliche Demokratien und Interessenvermittlung, Marburg 1993.

3.3 Politische Kultur

Politiker reden vom ‚Verfall der politischen Kultur', in Polit-Talk-shows unterstellen sich die Diskutanten gegenseitig, die politische Kultur im Lande beschädigt zu haben, in Zeitungen wird von einem ‚Mangel an politischer Kultur' berichtet … Der Begriff ‚politische Kultur' wird nicht selten als Kampfformel in der politischen Auseinandersetzung gebraucht, einmal mehr, einmal weniger polemisch. Aber jenseits eines normativ aufgeladenen Vorstellungsinhalts, der mit dieser Begrifflichkeit verbunden ist, gibt es auch ein politikwissenschaftliches, vor allem in der angelsächsischen Tradition verwurzeltes Verständnis von ‚politischer Kultur' im Sinne eines empirisch-analytischen Konzepts. Demnach ist ‚politische Kultur' nicht per se ein Qualitätsmerkmal, sondern ein wertfreier Begriff. Folglich hat auch jedes Land eine politische Kultur; es kann also keinen Mangel an politischer Kultur geben. Die konkrete Ausgestaltung der politischen Kultur ist von Land zu Land natürlich sehr unterschiedlich. Hier hängt es dann von den konkreten Beurteilungskriterien ab, welchen Ausprägungen politischer Kultur eine höhere Qualität (z. B. hinsichtlich der Frage, wie sich die Einstellungen der Bevölkerung auf die Stabilität eines demokratischen politischen Systems auswirken) zugeschrieben wird.

Untersuchungen zur politischen Kultur sind seit den 60er Jahren zu einem Schwerpunkt der *Vergleichenden Politikwissenschaft* geworden. Grundsätzlich geht es bei diesem Themenkomplex um das Verhältnis zwischen Mikrostrukturen (Individuen, Gruppen) und Makrostrukturen (Staat, politisches System) der Gesellschaft. Nach dem Verständnis von Almond/Verba ergibt sich die politische Kultur aus der Verteilung der in einer Gesellschaft vorhandenen individuellen Kenntnisse (kognitive Dimension), Gefühle (affektive Dimension) und Bewertungen (evaluative Dimension) gegenüber dem politischen System, bezieht sich also auf die Gesamtheit der politischen Einstellungen. In ihrer 1963 erschienenen Pionierstudie *The Civic Culture. Political Attitudes and Democracy in Five Nations* unterscheiden sie drei Idealtypen politischer Kultur, die jeweils in Zusammenhang mit dem Entwicklungsstadium einer Gesellschaft stehen:[31]

---

[31] Die Studie beruhte auf ca. 5000 Interviews, die in den USA, Großbritannien, Deutschland, Mexiko und Italien durchgeführt wurden. 1965 folgte die auf zehn Länder ausgeweitete Untersuchung von *Lucian W.*

Vergleichende Politikwissenschaft   123

- die vormoderne *parochiale* politische Kultur (die Bevölkerung nimmt nur die unmittelbare Umgebung wahr, sieht also – deswegen auch parochial – nur den eigenen Kirchturm, so dass sich keine Einstellungen gegenüber dem gesamten politischen System herausbilden),
- die *Untertanenkultur* (die Bevölkerung hat eine Beziehung zum politischen System entwickelt, die sich allerdings nur an den *Output*-Strukturen orientiert) und
- die *partizipative* politische Kultur (die Einstellungen der Bevölkerung zum politischen System orientieren sich nicht nur an den *Output*-, sondern auch an den *Input*-Strukturen, d. h. im Unterschied zur Untertanenkultur ist eine aktive politische Beteiligung der Bevölkerung eingeschlossen).

Die damaligen Ergebnisse sind 1980 einer kritischen Revision unterzogen worden.[32] Zu den bemerkenswertesten Erkenntnissen zählte, dass man bezüglich England und Deutschland zu beinahe entgegengesetzten Beurteilungen kam als noch 17 Jahre zuvor: Englands politische Kultur mit ihrem ehemaligen Vorbildcharakter als *civic culture* (Staatsbürgerkultur, die sich als eine mögliche Mischung aus den drei Idealtypen ergibt und die Stabilität und Funktionsfähigkeit demokratischer Systeme begünstigt) wurde deutlich negativer eingeschätzt. Den recht pessimistischen Voraussagen aus dem Jahre 1963 bezüglich Deutschland mit seiner Untertanenkultur stand nun eine Einschätzung gegenüber, die Deutschland, unterstützt durch die politische Kultur, als Modell einer stabilen Demokratie sah.

Deutschland gehört auch zu den Ländern, die *Ronald Inglehart* in seinen Untersuchungen zum Wertewandel berücksichtigt hat, mit denen er unter dem Stichwort *silent revolution* weit über die Grenzen der Sozialwissenschaften hinaus bekannt geworden ist.[33]

Pye, Sidney Verba (Hrsg.): Political Culture and Political Development, Princeton 1965. Zu einer Diskussion der Idealtypen sowie einer ausführlichen Kritik am Konzept der politischen Kultur von Almond/Verba vgl. *Oscar W. Gabriel*: Politische Kultur, Postmaterialismus und Materialismus in der Bundesrepublik Deutschland, Opladen 1986, S. 28ff.

[32] Vgl. *Gabriel A. Almond, Sidney Verba* (Hrsg.): The Civic Culture Revisited. An Analytic Study, Boston 1980.

[33] Zu den wichtigsten Arbeiten von *Inglehart* zählen: The Silent Revolution: Intergenerational Change in Postindustrial Societies, in: American Political Science Review 65(1971)5, S. 991-1017; The Silent Revolution: Changing Values and Political Styles Among Western Publics, Prin-

124　　　　　　　　Peter Birle/Christoph Wagner

Sein Erkenntnisinteresse galt zunächst der Erklärung von Phänomenen, die in den 70er Jahren verstärkt zu beobachten waren, wie z. B. Veränderungen im Wahlverhalten, die Entstehung von Umwelt- und Protestparteien, das damals zunehmende Engagement in Bürgerinitiativen und das Aufkommen neuer sozialer Bewegungen. Die zentrale These Ingleharts lautet, dass es in den westlichen Industrienationen einen Wandel in der politischen Kultur gegeben hat: Aufgrund der langanhaltenden Phase wirtschaftlicher Prosperität habe eine verstärkte Hinwendung zu postmaterialistischen Wertvorstellungen stattgefunden. Grundsätzlich gelte zwar, dass in der Bedürfnishierarchie materielle Bedürfnisse Priorität genießen. Da diese aber bei der jüngeren, im Wohlstand groß gewordenen Generation bereits in deren Sozialisationsphase befriedigt worden seien, hätten postmaterialistische Wertorientierungen an Bedeutung gewonnen.[34]

Was sind nun aber überhaupt ‚materialistische‘ bzw. ‚postmaterialistische‘ Werte? Inglehart hat dies auf der Basis der seit 1970 regelmäßig in den Mitgliedsländern der Europäischen Gemeinschaft durchgeführten Umfragen (Eurobarometer) operationalisiert. Die Befragten sollen aus einer vorgegebenen Liste vier Ziele in eine Rangfolge bringen. Eine materielle Wertorientierung besitzen nach Inglehart nun diejenigen, die die an physischen Bedürfnissen orientierten Ziele ‚Aufrechterhaltung der Ordnung in der Nation‘ und ‚Kampf gegen steigende Preise‘ bevorzugen. Für Postmaterialisten hingegen ist ‚verstärktes Mitspracherecht der Menschen bei wichtigen Regierungsentscheidungen‘ und der

---

ceton 1977; Kultureller Umbruch: Wertewandel in der westlichen Welt, Frankfurt/Main, New York 1989; Modernisierung und Postmodernisierung. Kultureller, wirtschaftlicher und politischer Wandel in 43 Gesellschaften, Frankfurt/Main, New York 1998 sowie zusammen mit *Paul R. Abramson*: Value Change in Global Perspective, Michigan 1995.

[34] Inglehart geht von der grundsätzlichen Annahme aus, dass Menschen denjenigen Bedürfnisse am meisten Beachtung schenken, deren Befriedigung relativ unsicher ist. Ergänzt wird diese so genannte Mangelhypothese, nach der verhältnismäßig knappen Gütern subjektiv der größte Wert zugemessen wird, durch eine zweite Annahme: Demnach bilden sich Wertprioritäten nicht unmittelbar aus dem aktuellen sozio-ökonomischen Umfeld, sondern reflektieren überwiegend die während der Jugendzeit vorherrschenden Bedingungen (Sozialisationshypothese). Infolgedessen unterliegt die Bildung individueller Wertprioritäten immer auch einer zeitlichen Verzögerung.

Vergleichende Politikwissenschaft 125

,Schutz der freien Meinungsäußerung' wichtiger. Aus den Umfrageergebnissen lässt sich dann ein Index errechnen, aus dem sich vier Wertetypen ergeben: ,reine' Materialisten, ,gemischte' Materialisten, ,gemischte' Postmaterialisten, ,reine' Postmaterialisten.

In folgenden Untersuchungen entwickelte Inglehart seinen Ansatz weiter. So ergänzte er z. B. die Vierer-Skala um acht weitere Items.[35] Zusätzliches Datenmaterial lieferte ihm vor allem der *World Value Survey*. Waren in einer ersten Welle Anfang der 80er Jahre noch 24 Gesellschaften Gegenstand der Untersuchung, so erfasste die zweite Befragungswelle etwa zehn Jahre später 43 Nationen. Auf dieser Basis stellte Inglehart Ende der 90er Jahre fest, dass die von ihm fast 30 Jahre zuvor konstatierte Verschiebung von materialistischen zu postmaterialistischen Werten nur ein Teil einer weitaus größeren kulturellen Verschiebung sei, die er mit dem Etikett ,Postmodernisierung' versieht.

Ohne hier detaillierter auf die Ergebnisse von Inglehart eingehen zu können, so bleibt bemerkenswert, dass im Kontext des von ihm koordinierten *World Value Survey* von 1995 bis 1998 eine dritte und von 1999 bis 2001 eine vierte Welle durchgeführt wurde. Dabei konnte die Zahl der weltweit berücksichtigten Länder noch einmal auf 54 bzw. 60 erhöht werden.[36] Dieses heute verfügbare, aus Umfragen gewonnene Datenmaterial liefert die Basis für bislang kaum vorhandene Möglichkeiten des interkulturellen Vergleichs. Eine fünfte Befragungswelle wurde für den Zeitraum von Juli 2005 bis Ende 2006 in Angriff genommen.

3.4 Systemwechsel- und Transformationsforschung

Im Jahr 1974 gab es weltweit unter 145 unabhängigen Staaten nur 39 Demokratien (26,9%). Gut zwanzig Jahre später (1996) wur-

---

[35] Doch auch die Weiterentwicklung änderte nichts daran, dass sich sowohl die theoretische Konzeptualisierung als auch die Operationalisierung der Wertprioritäten massiver Kritik ausgesetzt sah und sieht. Diese mündet zu einem wesentlichen Teil in dem Vorwurf, gesellschaftlicher Wertewandel werde zu sehr als eindimensionaler Prozess verstanden. Zusammenfassend zur Kritik am Wertewandelkonzept mit einer Reihe weiterer Literaturhinweise siehe: *Wilhelm Bürklin, Markus Klein, Achim Ruß*: Dimensionen des Wertewandels. Eine empirische Längsschnittanalyse zur Dimensionalität und Wandlungsdynamik gesellschaftlicher Wertorientierungen, in: Politische Vierteljahresschrift 35(1994)4, S. 579-606.

[36] Vgl. den Beitrag von *Christian Welzel* in diesem Band.

126 Peter Birle/Christoph Wagner

Übersicht 3: Die drei Wellen der Demokratisierung nach Huntington

Welle	Periode	Beispiele
Erste	1828-1916	Großbritannien, Frankreich, USA
Zweite	1943-1962	Indien, Israel, Japan, Westdeutschland
Dritte	1974-1991	Südeuropa, Lateinamerika, Osteuropa, Asien, Afrika

den dagegen von 191 Staaten 118 als demokratisch eingestuft (61,8%).[37] Diese Entwicklung von der Diktatur zur Demokratie, die der amerikanische Politologe Samuel P. Huntington als ‚Dritte Demokratisierungswelle' bezeichnete,[38] begann in den 70er Jahren in Südeuropa, setzte sich in den 80er Jahren in Lateinamerika fort und ergriff mit den epochalen Ereignissen seit 1989 auch Ostmittel- und Osteuropa. Auch in einigen asiatischen und afrikanischen Ländern konnten sich im genannten Zeitraum demokratische Herrschaftsformen etablieren.

Für die *Vergleichende Politikwissenschaft* in Gestalt der Systemwechsel- und Transformationsforschung[39] warf diese Entwicklung eine Reihe von Fragen auf: Warum kommt es zum Zusammenbruch von Diktaturen, die oft über viele Jahre oder gar Jahrzehnte äußerst stabil erschienen? Welchen Verlauf nimmt die Demokratisierung und welche Akteure spielen in derartigen Prozessen eine Rolle? Welche Bedingungen müssen erfüllt sein, damit die demokratischen Verhältnisse auf Dauer erhalten werden können? Seit Mitte der 80er Jahre widmeten sich weltweit immer mehr Forscher entsprechenden Fragestellungen; mit *Journal of Democracy* und *Democratization* wurden 1990 bzw. 1994 sogar wissenschaftliche Zeitschriften gegründet, die sich ausschließlich mit Demokratisierungsfragen beschäftigen. Im Unterschied zu den weitgehend aus einer funktionalistischen oder strukturalistischen Perspektive geschriebenen Demokratisierungsstudien der 50er und 60er Jahre[40]

---

[37] Vgl. *Larry Diamond*: Developing Democracy. Toward Consolidation, Baltimore, London 1999, S. 25.

[38] *Samuel Huntington*: The Third Wave. Democratization in the Late Twentieth Century, Norman, London 1991.

[39] Zur Einführung in die Systemwechsel- und Transformationsforschung siehe *Wolfgang Merkel*: Systemtransformation, Opladen 1999.

[40] Vgl. *Barrington Moore*: Soziale Ursprünge von Diktatur und Demokratie, Frankfurt/Main 1969; *Samuel P. Huntington*: Political Order in Chan-

Vergleichende Politikwissenschaft 127

dominierten in der neueren Forschung zunächst jene Ansätze, die den *Akteuren* und deren strategischen Wahlmöglichkeiten einen hohen Stellenwert einräumten.[41] Standen dabei thematisch zunächst der Zusammenbruch der autokratischen Herrschaftssysteme und der Weg zur Demokratie im Mittelpunkt des Interesses, so richtete sich die Aufmerksamkeit später verstärkt auf Themen wie die *Konsolidierung* und die *Qualität der neuen Demokratien*. Die anfängliche Euphorie machte rasch wachsender Skepsis hinsichtlich der realen Beschaffenheit vieler ‚neuer' Demokratien Platz, was sich auch in Begrifflichkeiten wie ‚delegative' oder ‚defekte' Demokratie niederschlug.[42]

In diesem Kontext stellten sich dann auch Fragen nach der Operationalisierung unterschiedlicher Demokratiemodelle und der empirischen Bestimmung der Qualität einer Demokratie, wie sie im Bereich der Demokratiemessung behandelt werden.[43]

Stellvertretend für die Analysen, die aus z. T. international besetzten empirischen Forschungsprojekten im Rahmen der Systemwechselforschung hervorgingen, wollen wir im folgenden einige Aspekte aufgreifen, die Juan J. Linz und Alfred Stepan in ihrem Buch *Problems of Democratic Transition and Consolidation* analysieren. Auf der Grundlage eines umfassenden theoretischen Kon-

---

ging Societies, New Haven, London 1968; *Seymour Martin Lipset*: Some Social Requisites of Democracy: Economic Development and Political Legitimacy, in: American Political Science Review 53(1959), S. 69-105.

[41] Vgl. *Guillermo O'Donnell, Philippe C. Schmitter, Laurence Whitehead* (Hrsg.): Transitions from Authoritarian Rule. Prospects for Democracy, Baltimore, London 1986; *Adam Przeworski*: Democracy and the Market. Political and Economic Reforms in Eastern Europe and Latin America, Cambridge 1991.

[42] Vgl. *Guillermo O'Donnell*: Delegative Democracy, in: Journal of Democracy 5(1994)1, S. 55-70; *Hans-Joachim Lauth*: Dimensionen der Demokratie und das Konzept defekter und funktionierender Demokratien, in: *Gert Pickel et al.*: Demokratie: Entwicklungsformen und Erscheinungsbilder im interkulturellen Vergleich, Frankfurt/Oder, Bamberg 1997, S. 33-53; *Wolfgang Merkel et al.*: Defekte Demokratien, 2 Bde, Opladen 2003. Vgl. auch die Übersicht bei *David Collier, Steven Levitsky*: Democracy with Adjectives: Conceptual Innovation in Comparative Research, in: World Politics 49(1997)3, S. 430-451.

[43] Vgl. u.a. *Hans-Joachim Lauth*: Demokratie und Demokratiemessung. Eine konzeptionelle Grundlegung für den interkulturellen Vergleich, Wiesbaden 2004.

128 Peter Birle/Christoph Wagner

zeptes werden die Demokratisierungs- und Konsolidierungsbemü-
hungen in insgesamt 15 südeuropäischen, lateinamerikanischen
und postkommunistischen Ländern behandelt.[44] Die Autoren definieren zunächst die grundlegenden Begriffe *Liberalisierung, Demokratisierung, Transition* und *Konsolidierung* (vgl. *Übersicht 4*).

Übersicht 4: Grundlegende Begriffe der Systemwechselforschung
nach Linz/Stepan

Liberalisierung: Lockerung der Kontroll- und Repressionsmechanis-men des autoritären Systems (z.B. Aufhebung von Zensur, mehr Spiel-räume für zivilgesellschaftliche Aktivitäten)
Demokratisierung: Garantie spezifisch *politischer Partizipationsrech-te* (freie Wahlen etc.)
Transition: Übergangsphase vom autoritären zum demokratischen Sys-tem; freie Wahlen sind eine notwendige, aber keine hinreichende Vo-raussetzung für den Abschluss der Transition; die Kontrolle der demo-kratisch legitimierten Regierung über den Staat darf nicht durch Sonderrechte nicht demokratisch legitimierter Machtfaktoren (z.B. Mi-litär) eingeschränkt sein
Konsolidierung: Demokratie wird zum *only game in town*: Keine sig-nifikante Gruppe versucht ernsthaft, das Regime zu destabilisieren; die überwältigende Mehrheit der Bevölkerung ist davon überzeugt, dass je-der zukünftige politische Wandel in einem demokratischen Rahmen ab-laufen sollte; die politischen Akteure haben sich daran gewöhnt, dass politische Konflikte mittels etablierter Normen gelöst werden und Ver-stöße gegen diese Normen ineffektiv und kostspielig sind.

Linz/Stepan unterscheiden zwischen *fünf Arenen*, deren Existenz
und wechselseitige Interaktion sie als Voraussetzung für die Konsolidierung eines demokratischen politischen Systems betrachten.
Dabei handelt es sich um 1.) eine vitale und autonome *Zivilgesellschaft*, 2.) eine legitime und funktionierende *politische Gesellschaft*, 3.) einen von allen Akteuren akzeptierten *Rechtsstaat*, 4.)
einen auch von der Zivilgesellschaft akzeptierten und finanziell
ausreichend ausgestatteten *Staatsapparat* sowie 5.) eine zumindest
teilweise an Marktprinzipien orientierte *ökonomische Gesellschaft*,

---

[44] Zum Folgenden vgl. *Juan J. Linz, Alfred Stepan*: Problems of Democratic Transition and Consolidation. Southern Europe, South America, and
Post-Communist Europe, Baltimore, London 1996.

Vergleichende Politikwissenschaft   129

die den für die Erzeugung kollektiver Güter notwendigen Überschuss produziert und eine materielle Grundlage für eine autonome und pluralistische Zivilgesellschaft und politische Gesellschaft bietet.[45]

Für alle drei analysierten südeuropäischen Länder (Spanien, Portugal, Griechenland) konstatieren Linz/Stepan eine Konsolidierung der Demokratie. Neben endogenen Faktoren waren dafür auch günstige internationale Bedingungen (u. a. die Aussicht auf eine Mitgliedschaft in der Europäischen Gemeinschaft) ausschlaggebend. Skeptischer fällt dagegen die Beurteilung der südamerikanischen Fallbeispiele Argentinien, Brasilien und Chile aus. Lediglich Uruguay stufen die Autoren bereits als konsolidiert ein. Für die Entwicklung der ehemals totalitären kommunistischen Staaten Ostmittel- und Osteuropas stellt laut Linz/Stepan gegenwärtig die Frage einer als legitim anerkannten und funktionierenden staatlichen Ordnung (*stateness*) eine wesentlich zentralere (da zum Teil nicht zufriedenstellend gelöste) Herausforderung als für die übrigen betrachteten Länder dar. Grundsätzlich kommen sie für die ostmitteleuropäischen Länder Polen, Ungarn und Tschechien zu einem wesentlich günstigeren Urteil als für Russland, Bulgarien und Rumänien. Obwohl es Linz/Stepan nicht ganz gelingt, ihre im Theorieteil erarbeiteten systematischen Überlegungen für alle in die komparative Analyse einbezogenen Fallbeispiele gleichermaßen empirisch umzusetzen, so ist ihre Studie doch als Meilenstein der Systemwechselforschung zu betrachten.

4. Bilanz und Perspektiven

Die *Vergleichende Politikwissenschaft* beschäftigt sich heute mit allen Aspekten der politischen Realität. Sie beschränkt sich weder auf eine reine Institutionenbetrachtung, wie dies die klassische *Vergleichende Regierungslehre* tat, noch auf die Analyse der Inputs

---

[45] Bestandteil des Linz/Stepanschen Theoriekonzepts ist auch eine Auseinandersetzung mit der Frage, welche Implikationen die Merkmale des jeweiligen autokratischen Systems (sie unterscheiden zwischen autoritären, totalitären, post-totalitären und sultanistischen Regimes) für die Art des Übergangs zur Demokratie und für die Herausforderungen haben, mit denen junge Demokratien konfrontiert sind.

(frühe *Vergleichende politische Systemforschung*) oder Outputs (frühe *Politikfeldforschung*) des politischen Systems. Viele neuere Arbeiten sind darum bemüht, gerade das Zusammenspiel von *polity, politics* und *policy* in unterschiedlichen Ländern aus vergleichender Perspektive zu analysieren. Die zunehmende Institutionalisierung internationaler Forschungsverbünde, Netzwerke und Datenpools erleichtern die Durchführung größerer länderübergreifender Forschungsprojekte.[46] Sie führen Wissenschaftler mit unterschiedlichen theoretischen, thematischen und regionalen Schwerpunkten zusammen und können dazu beitragen, trotz einer weiter zunehmenden innerwissenschaftlichen Arbeitsteilung und Spezialisierung die gemeinsamen Kernfragen der Politikwissenschaft nicht ganz aus den Augen zu verlieren.

Vergleicht man die gegenwärtige Situation der Teildisziplin mit den Jahrzehnten der Neuorientierung nach dem Zweiten Weltkrieg, so fallen einige Unterschiede ins Auge:

a) Die in den 50er und 60er Jahren proklamierte Suche nach einer allgemeinen Theorie des politischen Verhaltens ist weitgehend aufgegeben worden. Rückblickend haben sich Theorieansätze, die mit einem globalen Erklärungsanspruch auftraten, größtenteils als Fehlschläge erwiesen. Dies gilt für modernisierungs- und dependenztheoretische Ansätze genauso wie für Totalitarismus- oder Konvergenztheorien. Der Trend geht seit längerem zu *Theorien mittlerer Reichweite*, d. h. zu Erklärungsansätzen, die jeweils auf eine begrenzte Anzahl von Variablen und Fällen anwendbar sind. Derartige Theorien und die auf ihrer Grundlage angefertigten empirischen Studien sind weniger abstrakt und gleichzeitig bescheidener in ihrem Erklärungsanspruch.[47]

b) In der damaligen Zeit neue Begriffe wie *politisches System, inputs* oder *outputs* gehören heute zum Standardvokabular der *Vergleichenden Politikwissenschaft*. Die grundsätzliche Diskussion über Vor- und Nachteile systemtheoretischer Konzepte ist seit Anfang der 70er Jahre weitgehend abgeflaut. Gleichzeitig erlebten äl-

---

[46] Positive Auswirkungen für die fachinterne und interdisziplinäre Kommunikation hat auch die Bildung von Diskussionsforen wie dem *Arbeitskreis Interkultureller Demokratievergleich* oder dem *Arbeitskreis Systemwechsel* innerhalb der DVPW.

[47] Vgl. *Peter Mair*: Comparative Politics: An Overview, in: *Robert E. Goodin, Hans-Dieter Klingemann* (Hrsg.): A New Handbook of Political Science, Oxford 1996, S. 309-335.

Vergleichende Politikwissenschaft 131

tere Begriffe wie *Staat* oder *Institutionen* sowie die auf ihnen basierenden Theorietraditionen eine Renaissance.

c) Das im Zuge von empirischen Forschungsarbeiten angesammelte Wissen über die politischen Systeme der ganzen Welt hat in den letzten Jahrzehnten enorm zugenommen. Uns stehen heute sehr viel bessere Informationen zur Verfügung, als dies noch in den 50er oder 60er Jahren der Fall war. Dies gilt nicht nur für die politischen Systeme westlicher Industrieländer, sondern auch für asiatische, afrikanische und lateinamerikanische Länder.[48] Allerdings wächst auch der Bedarf an ‚neuen' Informationen, so dass längst nicht alles entdeckt ist, zumal sich je nach konzeptionellem Zugriff die Perspektiven auf die Realität verändern.

Wie nun wird die zukünftige Entwicklung der Teildisziplin aussehen? Der Zusammenbruch des Sozialismus führte zwar zur Kritik an der *Vergleichenden Politikwissenschaft*, weil sie die Entwicklungen im kommunistischen Machtbereich nicht einmal ansatzweise prognostiziert hatte,[49] es kam jedoch nicht zu einer grundlegenden Erneuerung theoretischer und methodischer Konzepte. Wird sich dies durch die Globalisierungsprozesse bzw. durch die „Denationalisierung und die Krise des Regierens"[50] ändern? Führen die zunehmende internationale Verflechtung und die (freiwillige) Abgabe nationalstaatlicher Souveränität an supranationale Integrationskörperschaften wie die Europäische Union dazu, dass das Instrumentarium der *Vergleichenden Politikwissenschaft* grundlegend überdacht werden muss?

Zweifellos stellen derartige Entwicklungen die *Vergleichende Politikwissenschaft* vor große Herausforderungen. Die ohnehin schon immer existierenden Überschneidungen mit der Teildiszip-

---

[48] Zudem existieren in den meisten Ländern der Erde inzwischen moderne sozial- und politikwissenschaftliche Studiengänge, Universitäts- und außeruniversitäre Forschungsinstitute, die renommierte Fachleute hervorgebracht haben und beschäftigen. Zumindest einige Politik- und Sozialwissenschaftler aus Asien, Afrika und Lateinamerika sind heutzutage in internationale Vergleichsprojekte eingebunden. Auch wenn hier noch viel Nachholbedarf besteht, sind dies doch erste Schritte vom traditionellen ‚forschen über' zu einem ‚forschen mit'.

[49] Vgl. *Klaus von Beyme*: Die Vergleichende Politikwissenschaft und der Paradigmenwechsel in der politischen Theorie, in: PVS 21(1990)3, S. 457-474.

[50] *Michael Zürn*: Regieren jenseits des Nationalstaates. Globalisierung und Denationalisierung als Chance, Frankfurt/Main 1998.

132   Peter Birle/Christoph Wagner

lin *Internationale Beziehungen* werden sich weiter verstärken. Wissenschaftler wie Jan W. Van Deth raten allerdings dazu, sich nicht voreilig von bewährten Konzepten zu verabschieden. Zumindest was die empirische Analyse von Wählerverhalten, politischer Partizipation, Neuen Sozialen Bewegungen, politischen Interessen und Wertorientierungen angehe, seien länderspezifische Aspekte nach wie vor erklärungskräftig. Auch neuere Daten zeigen demnach keinen Rückgang der Bedeutung länderspezifischer Faktoren. Eine grundlegende Modifikation der bewährten Ansätze der *Vergleichenden Politikwissenschaft*, so das Fazit Van Deths, sei daher nicht notwendig.[51] Zu erwarten und anzustreben ist jedoch eine Erweiterung der Fragestellungen und Instrumentarien. Die von Howard J. Wiarda aufgeworfene Frage „Is comparative politics dead?"[52] kann jedenfalls klar verneint werden.

Annotierte Auswahlbibliografie

Almond, Gabriel A.; Powell, G. Bingham: Comparative Politics. A Theoretical Framework, New York ²1996.
   In der Tradition ihrer klassischen Arbeiten stellen die beiden Autoren in acht Kapiteln die Grundgedanken des struktur-funktionalen Ansatzes vor. Es handelt sich um die überarbeiteten und aktualisierten Theoriekapitel aus der sechsten Ausgabe des Standardwerkes *Comparative Politics Today: A World View*.
Berg-Schlosser, Dirk; Müller-Rommel, Ferdinand (Hrsg.): Vergleichende Politikwissenschaft. Ein einführendes Studienhandbuch, Opladen ⁴2003.
   Die vorliegende 4. Auflage dieses Buches wurde einer umfassenden Überarbeitung mit teilweise neuen Autoren unterzogen, auf einen aktuellen Forschungsstand gebracht und hat dadurch noch einmal an Qualität gewonnen. In 15 Kapiteln werden theoretische und methodische Ansätze sowie zentrale Bereiche der Teildisziplin vorgestellt.
Brown, Bernard E.; Macridis, Roy C. (Hrsg.): Comparative Politics. Notes and Readings, Orlando ⁹2000.
   Der Reader vereint 45 grundlegende Texte der Vergleichenden Politikwissenschaft und bietet damit einen guten Einstieg in die Vielzahl der methodischen und theoretischen Ansätze der Teildisziplin.

---

[51] Vgl. *Jan W. Van Deth*: Comparative Politics and the Decline of the Nation-State in Western Europe, in: European Journal of Political Research 27 (1995)4, S. 443-462.

[52] *Howard J. Wiarda*: Is comparative politics dead? Rethinking the field in the post-Cold War era, in: Third World Quarterly 19(1998)5, S. 935-949.

Vergleichende Politikwissenschaft 133

Landman, Todd: Issues and Methods in Comparative Politics: An Introduction, London, New York [2]2003.

Landman klärt grundsätzliche methodische Fragen des Vergleichs und berücksichtigt dabei sowohl die besonderen Möglichkeiten als auch die Grenzen der vergleichenden Vorgehensweise. Darüber hinaus gibt er an einer durchgängigen Systematik orientiert einen problemorientierten Überblick über zentrale Forschungsbereiche der ‚comparative politics'.

Lauth, Hans-Joachim (Hrsg.): Vergleichende Regierungslehre. Eine Einführung, Wiesbaden [2]2005.

In 16 Beiträgen gibt das mittlerweile zu einem Standardwerk avancierte Buch einen sehr guten Überblick über die methodischen und theoretischen Grundlagen, zentrale Begriffe und Konzepte, Probleme und Perspektiven der Teildisziplin. Der Aufbau orientiert sich systematisch an den drei Dimensionen des Politikbegriffs (polity, policy, politics), durch ein ausführliches Stichwortverzeichnis lassen sich sowohl die klassischen als auch neuere Ansätze leicht erschließen. Die Lektüre des Buches lohnt sich nicht nur für „Einsteiger" in die Politikwissenschaft.

Grundlagen- und weiterführende Literatur

Almond, Gabriel A. u.a. (Hrsg): Comparative Politics Today. A World View, New York [8]2004.

Almond, Gabriel A.; Verba, Sidney: The Civic Culture. Political Attitudes and Democracy in Five Nations, Princeton 1963.

Almond, Gabriel A.; Verba, Sidney: The Civic Culture Revisited. An Analytic Study, Boston 1980.

Berg-Schlosser, Dirk (Hrsg.): Democratization. The State of the Art, Wiesbaden 2004.

Beyme, Klaus von: Der Vergleich in der Politikwissenschaft, München 1988.

Blondel, Jean: Comparative Government. An Introduction, New York u. a. 1990.

Cain, Bruce E.; Dalton, Russell J.; Scarrow, Susan (Hrsg.): Democracy Transformed? Expanding Political Opportunities in Advanced Industrial Democracies, Oxford, New York 2003.

Chilcote, Ronald H.: Theories of Comparative Politics. The Search for a Paradigm Reconsidered, Boulder [2]1994.

Daalder, Hans Hrsg.): Comparative European Politics. The Story of a Profession, London, New York 1997.

Diamond, Larry: Developing Democracy. Toward Consolidation, Baltimore 1999.

Hague, Rod; Harrop, Martin; Breslin, Shaun: Comparative Government and Politics. An Introduction, Basingstoke, New York [6]2004.

Hartmann, Jürgen: Vergleichende Politikwissenschaft. Ein Lehrbuch, Frankfurt/Main, New York 1995.

Helms, Ludger; Jun, Uwe (Hrsg.): Politische Theorie und Regierungslehre. Eine Einführung in die politikwissenschaftliche Institutionenfor-

134   Peter Birle/Christoph Wagner

schung, Frankfurt/Main, New York 2004.

Ismayr, Wolfgang (Hrsg.): Die politischen Systeme Westeuropas, Opladen [3]2003.

Ismayr, Wolfgang (Hrsg.): Die politischen Systeme Osteuropas, Opladen [2]2004.

Jesse, Eckhard; Sturm Roland (Hrsg.): Demokratien des 21. Jahrhunderts im Vergleich. Historische Zugänge, Gegenwartsprobleme, Reformperspektiven, Opladen 2003.

Kaiser, André; Zittel, Thomas (Hrsg.): Demokratietheorie und Demokratieentwicklung, Wiesbaden 2004.

Keman, Hans (Hrsg.): Comparative Democratic Politics. A Guide to Contemporary Theory and Research, London u.a. 2002.

Kersting, Norbert; Cronqvist, Lasse (Hrsg.): Democratization and Political Culture in Comparative Perspective, Wiesbaden 2005.

Kesselman, Mark; Krieger, Joel; Joseph, William A. (Hrsg.): Comparative Politics at the Crossroads, Lexington 1996.

Kropp, Sabine; Minkenberg, Michael (Hrsg.): Vergleichen in der Politikwissenschaft, Wiesbaden 2005.

Lehner, Franz; Widmaier, Ulrich: Vergleichende Regierungslehre, Opladen [4]2002.

Merkel, Wolfgang: Systemtransformation. Eine Einführung in die Theorie und Empirie der Transformationsforschung, Opladen 1999.

Needler, Martin C.: The Concepts of Comparative Politics, New York 1991.

Newton, Kenneth; Van Deth, Jan W.: Foundations of Comparative Politics, Cambridge 2005.

Pennings, Paul; Keman, Hans; Kleinnijenhuis, Jan: Doing Research in Political Science. An Introduction to Comparative Methods and Statistics, London 1999.

Peters, Guy B.: Comparative Politics. Theory and Methods, New York 1998.

Pickel, Susanne; Pickel, Gert; Lauth, Hans-Joachim (Hrsg.): Vergleichende politikwissenschaftliche Methoden – Neue Entwicklungen und Diskussionen, Wiesbaden 2003.

Ragin, Charles C.: The Comparative Method. Moving Beyond Qualitative and Quantitative Strategies, Berkeley 1987.

Rustow, Dankwart A.; Erickson, Kenneth Paul (Hrsg.): Comparative Political Dynamics. Global Research Perspectives, New York 1991.

Scharpf, Fritz W.: Interaktionsformen. Akteurszentrierter Institutionalismus in der Politikforschung, Opladen 2000.

Schmid, Josef: Wohlfahrtsstaaten im Vergleich, Opladen [2]2002.

Schmidt, Manfred G.: Demokratietheorien. Eine Einführung, überarbeitete und erweiterte Auflage, Opladen [3]2000.

Schreyer, Bernhard; Schwarzmeier, Manfred: Grundkurs Politikwissenschaft: Studium der politischen Systeme, Wiesbaden [2]2005.

Wiarda, Howard J. (Hrsg.): New Directions in Comparative Politics, Boulder [2]1991.

Internationale Beziehungen

Hans-Joachim Lauth/Ruth Zimmerling

1. Grundfragen, praktische Relevanz und Begrifflichkeit

1.1 Grundfragen

Eine umfassende Beschreibung oder eine angemessene Erklärung der Funktionsweise eines politischen Systems verlangt die Berücksichtigung der Wechselwirkungen zwischen ihm und seiner internationalen ‚Umwelt‘. Am Beispiel der Bundesrepublik – mit ihrer engen Bindung an EU und NATO, ihrer hohen Exportabhängigkeit und ihrem belastenden Erbe als Nachfolger eines Staates, dem zwei Weltkriege und millionenfache Verbrechen gegen die Menschlichkeit zuzurechnen sind – ist besonders deutlich zu erkennen, wie eng innen- und außenpolitische Verhältnisse miteinander verflochten sind. Zwar hat nicht jeder Staat so intensive, so vielfältige und historisch so belastete Außenverbindungen wie die BRD; kein Staat kann aber Politik ganz ohne Berücksichtigung externer Faktoren betreiben.

Seit den Anfängen des systematischen Nachdenkens über Politik haben Fragen, die sich auf grenzüberschreitende Phänomene beziehen, eine große Rolle gespielt. Die Herausbildung weltweiter Handels- und Produktionsbeziehungen, die Entwicklung immer stärkerer Waffensysteme, überregionale Auswirkungen von Umweltzerstörung und ähnliches haben das Ausmaß und die Reichweite gegenseitiger Beeinflussung stark erhöht. Zugleich hat sich durch die ständige Weiterentwicklung von Kommunikations- und Transportmitteln die Bedeutung von Entfernungen verringert. Die damit verbundene zunehmende Möglichkeit oder sogar Unvermeidbarkeit von Außenkontakten birgt sowohl Chancen als auch Gefahren. Zu den wichtigsten Aufgaben von Politik gehört es seit jeher, diese Chancen und Gefahren abzuschätzen und die Außenbeziehungen entsprechend zu gestalten.

Grundlegende, immer wiederkehrende Fragen, deren Beantwortung unerlässliche Voraussetzung für eine fundierte, zielgerichtete Gestaltung internationaler Politik ist, sind unter anderem: Welches sind die relevanten Akteure, und welche Bedeutung haben sie? Wie verhalten sie sich, und welche Machtressourcen stehen ihnen zur Verfügung? Lassen sich Verhaltensmuster erkennen? Existiert ein chaotisches Durcheinander von Beziehungen (Anarchie), oder sind prägende Strukturen (Hegemonie und Abhängigkeit, Bi- oder Multipolarität, Regionalisierung und Blockbildung usw.) erkennbar? Welche Konflikte und Allianzen sind damit verbunden? Lassen sich Veränderungen beobachten, und welcher Dynamik sind sie gegebenenfalls unterworfen? Welche Rolle spielen Probleme von Unterentwicklung und Entwicklung? Neben diesen und ähnlichen Fragen, die sich auf die Beschreibung, das Verstehen bzw. die Erklärung gegebener internationaler Prozesse und Phänomene beziehen, ist in diesem Zusammenhang aber auch an normative Fragen zu denken, bei denen es nicht darum geht, wie internationale Beziehungen aussehen, sondern wie sie aussehen *sollten*. Entsprechende Grundfragen lauten etwa: Welche Merkmale müsste eine gerechte Weltordnung haben? Welche Mittel darf ein Staat einsetzen, um seine Interessen gegenüber anderen Staaten durchzusetzen? Lässt sich Krieg jemals rechtfertigen? Die Teildisziplin, die sich mit all diesen Fragen beschäftigt, wird *Internationale Beziehungen* oder *Internationale Politik* genannt.[1]

Im Alltag macht es schon allein die ungeheure Menge von Informationen aus anderen Ländern, mit denen wir – und speziell die Politiker – konfrontiert werden, oft sehr schwer, internationale Zusammenhänge zu erkennen. Zur Strukturierung dieser Informationen und zu einer ersten, intuitiven Beantwortung mancher der angeschnittenen Fragen greift man daher häufig auf gängige Vorstellungsbilder (‚Vor-Urteile‘ im strengen Sinne des Wortes) zurück, die oftmals gar nicht mehr hinterfragt werden. Wer beispielsweise mit dem Einsatz von Soldaten generell die Vorstellung einer Ausweitung von Konflikten verbindet, wird auch den Einsatz von UN-Friedenstruppen entsprechend interpretieren. Eine angemessene Einschätzung erfordert jedoch in jedem Fall zunächst eine um-

---

[1] Es gibt vor allem im Ausland Universitäten, die einen Abschluss oder eine Zusatzqualifikation im Fach Internationale Beziehungen anbieten. Ein solches Studium ist meist überwiegend politikwissenschaftlich ausgerichtet, vermittelt aber auch Kenntnisse in den Bereichen ‚internationale‘ Wirtschaftsbeziehungen, Völkerrecht, Geschichte, Soziologie u. ä.

Internationale Beziehungen 137

fassende Analyse der Situation, die eine Reflexion der zugrunde liegenden Annahmen einbezieht.

1.2 Zur praktischen Relevanz der Teildisziplin

An dieser Aufgabe erweist sich die praktische Bedeutung wissenschaftlicher Arbeit zu Themen der internationalen Beziehungen. Ein wichtiger Zweck solcher Arbeit ist es nämlich gerade, derartigen Einschätzungen eine systematische Grundlage zu geben, die sie von subjektiver – und daher prinzipiell willkürverdächtiger – Intuition möglichst unabhängig macht.[2] Das erfordert zunächst einmal überprüfbare Aussagen von zweierlei Art:

(a) eine *Beschreibung* der relevanten Elemente des jeweils interessierenden Wirklichkeitsausschnitts und

(b) eine verstehende Erläuterung oder präziser eine *Erklärung* der beobachteten Vorgänge, insbesondere der Wechselwirkungen zwischen den verschiedenen beschriebenen Faktoren.[3]

Erst wohlbegründete Annahmen über solche Wechselwirkungen ermöglichen schließlich die Formulierung von einigermaßen verlässlichen Prognosen über wahrscheinliche künftige Entwicklungen, wie sie vor allem für die praktische Politik benötigt werden.

Ein Beispiel mag dies erläutern: Welche Folgen hätte es etwa für die internationalen Beziehungen der BRD im Rahmen der ‚neuen Weltordnung', wie sie sich nach der Auflösung des Ostblocks ab-

---

[2] Die wissenschaftliche Beschäftigung mit diesen Fragen scheint daher dann besonders spannend und wichtig zu sein, wenn sie zu kontraintuitiven – vom ‚gesunden Menschenverstand' unerwarteten – Ergebnissen führt. Das heißt aber nicht, dass Ergebnisse, die unsere Intuitionen bestätigen, zwangsläufig irrelevant wären; auch wäre es ein eklatanter Fehlschluss, die Richtigkeit eines politikwissenschaftlichen Ergebnisses daran ablesen zu wollen, ob es der Intuition entspricht oder nicht. Die Frage, welchen Gütekriterien Aussagen, Behauptungen, Hypothesen oder Theorien über politische Phänomene genügen müssen, um wissenschaftlich haltbar zu sein, gehört heute bis zu den besonders heftig diskutierten Fragen des Faches.

[3] Selbstverständlich genügt nicht jede Form der Beschreibung oder Erklärung wissenschaftlichen Ansprüchen; zum systematischen Vorgehen gehört u. a. die Präzisierung der benutzten Begriffe, die Begründung der Kriterien für die Entscheidung, welche Aspekte relevant und welche irrelevant sind, usw. Vgl. hierzu den Beitrag von *Christian Welzel* in diesem Band.

zuzeichnen beginnt, wenn die Bundesregierung die Beteiligung
deutscher Soldaten an internationalen militärischen Interventionen
zur Unterbindung massiver Menschenrechtsverletzungen (‚humanitäre Interventionen')[4] ablehnen würde? Um diese Frage wissenschaftlich fundiert beantworten zu können, müsste man mindestens feststellen, (a) welches die relevanten Merkmale und Elemente
jener neuen Weltordnung sind und (b) wie unter den Bedingungen
dieser Ordnung das untersuchte Verhalten auf Wahrnehmungen
und Verhaltensweisen sowohl der beteiligten als auch anderer relevanter Akteure und damit indirekt auf die internationale Position der BRD und ihre Außenbeziehungen wirkt.[5]

Das Beispiel kann einen weiteren wichtigen Punkt bezüglich der
praktischen Relevanz politikwissenschaftlicher Forschung verdeutlichen: Aus einer systematischen Beschreibung, Erklärung und
Abschätzung wahrscheinlicher Folgen allein ergibt sich noch keine Anleitung zum politischen Handeln. Aus gegebenen Handlungsalternativen lässt sich nämlich auch dann, wenn man über die zu
erwartenden Konsequenzen jeder Alternative informiert ist, keine
als die ‚beste' auswählen, solange nicht eine Vorstellung von den
verfolgten Zielen und deren Rangordnung untereinander existiert.
Um zu politischen Entscheidungen zu gelangen, muss also zu den
oben genannten Aussagetypen mindestens noch ein dritter hinzukommen, der sich auf Ziele bezieht.

Nehmen wir an, es sei unbestritten, dass die Folgen der Nicht-
beteiligung an militärischen ‚humanitären Interventionen' ein gewisser Verlust an Glaubwürdigkeit und Prestige für die BRD bei
ihren Bündnispartnern (z. B. in der EU, der NATO oder der UNO)
wären, die Folgen der Beteiligung dagegen ein gewisser Prestige-

---

[4] Man denke etwa an die Intervention der NATO im Kosovo 1999.
[5] Das ist schon wegen der großen Vielfalt der Formen grenzüberschrei-
    tender Kontakte und Beziehungen keineswegs eine leichte Aufgabe. Vor
    allem Erkenntnisse über einzelne Wirkungszusammenhänge verlangen
    im Bereich der Politik erhebliche Abstraktionsleistungen. Denn wäh-
    rend Naturwissenschaftler im Laborexperiment aus einem komplexen
    Forschungsgegenstand einzelne Faktoren ‚ausschalten' und sich so ei-
    ne künstlich vereinfachte Welt schaffen können, müssen Politologen mit
    der Welt, wie sie ist, vorlieb nehmen; um so wichtiger ist es, dass sie
    ihren komplexen Forschungsgegenstand wenigstens gedanklich (‚ana-
    lytisch') durch die Bildung von *Kategorien* in handhabbare, überschau-
    bare Ausschnitte aufteilen. Wir kommen darauf im nächsten Abschnitt
    zurück.

Internationale Beziehungen 139

gewinn bei diesen, aber auch Ressentiments bei anderen internationalen Akteuren sowie politische Konflikte im Inland.[6]

(1) Manche Politologen vertreten nun die Meinung, die Aufgabe der Wissenschaft ende mit dem Aufzeigen solcher Folgen aus den verschiedenen Handlungsalternativen und es müsse der Politik selbst überlassen bleiben, diese im Lichte der jeweils gegebenen politischen Ziele abzuwägen.

(2) Es lässt sich aber auch argumentieren, dass es selbst für Politiker oft schwer ist, die in den verschiedenen Politikfeldern verfolgten Ziele überhaupt zu erkennen, und dass es daher ebenso zu den Aufgaben der Politikwissenschaft gehört, vorgegebene Ziele präzise zu formulieren, eventuelle Zielkonflikte aufzuzeigen und die Beziehungen zwischen den zu erwartenden Folgen bestimmter Handlungsweisen und den verschiedenen Zielen deutlich herauszuarbeiten, damit Politiker eine klare Entscheidungsgrundlage erhalten.

Betrachten wir dies wieder am Beispiel: Würde etwa eine politikwissenschaftliche Untersuchung der bisherigen Grundsätze und Verhaltensweisen der BRD ergeben, dass bislang das für am wichtigsten erachtete Ziel die Vermeidung internationaler Ressentiments war, dann könnte dies in Verbindung mit den weiter oben angeführten Aussagen über die Folgen der beiden Alternativen ‚Beteiligung: ja' und ‚Beteiligung: nein' klären helfen, mit welcher Entscheidung den bisher verfolgten Zielen wohl am besten gedient würde.[7]

(3) Und schließlich lassen sich durchaus auch Argumente für die Meinung vorbringen, dass sogar die Ziele selbst von der Politik-

---

[6] Dies sind natürlich rein fiktive Annahmen, die keinerlei Anspruch erheben, wirklich zuzutreffen. In der Wissenschaft werden solche ‚Gedankenexperimente' häufig benutzt, um bestimmte Fragestellungen zu verdeutlichen.

[7] Das heißt selbstverständlich nicht, dass Politiker immer – oder wenigstens immer dann, wenn sie von Wissenschaftlern gut beraten werden – nüchtern abgewogene Entscheidungen treffen. Eine Reihe anderer möglicher Einflussfaktoren ist denkbar (z. B. Ideologien, Traditionen, Emotionen). Eine Klassifizierung von Faktoren, die außenpolitische Entscheidungsprozesse beeinflussen können, bieten *R. C. Snyder, H. W. Bruck, B. Sapin* (Hrsg.): Foreign Policy Decision-Making, New York 1962; klassisch zu den Grenzen rationaler Entscheidungsfähigkeit: *Graham T. Allison*: The Essence of Decision: Explaining the Cuban Missile Crisis, Boston 1971.

wissenschaft nicht einfach als gegeben und unhinterfragbar hingenommen werden müssen, sondern dass es durchaus möglich ist, sich wissenschaftlich – d. h. vor allem auf eine Weise, die dem Anspruch genügt, Begründungen geben zu können, die sich nicht nur auf subjektive Überzeugungen berufen – mit der Frage auseinander zu setzen, welche politischen Ziele denn überhaupt vernünftig oder vertretbar sind.

Für unser Beispiel würde das etwa heißen, dass nach dieser Auffassung Politikwissenschaftler auch etwas dazu sagen können, ob der Vermeidung internationaler Ressentiments wirklich ein wichtigerer Stellenwert zukommen sollte als z. B. dem Ziel, die innere politische Stabilität zu bewahren.[8]

Der Unterschied zwischen den drei genannten Tätigkeitsbereichen lässt sich auch anhand der verschiedenen Aussagetypen verdeutlichen, die jeweils resultieren. Im ersten Fall werden lediglich Aussagen über Zusammenhänge zwischen Ursachen und Wirkungen gemacht: ‚Wenn sich die BRD an humanitären Interventionen beteiligt, dann wird sich ihr internationales Prestige erhöhen, und zugleich werden sich Ressentiments gegen sie bilden.' Im zweiten Fall werden die Aussagen speziell auf solche Wirkungen bezogen, deren Förderung oder Vermeidung politisch vorgegeben sind: ‚Wenn die Bundesregierung erreichen will, dass das internationale Prestige der BRD nicht abnimmt, dann muss sie die Beteiligung an militärischen Interventionen beschließen. Wenn aber die Bundesregierung erreichen will, dass sich keine Ressentiments gegen die BRD bilden, dann muss sie die Beteiligung an militärischen Interventionen verweigern.' Im dritten Fall schließlich sind nicht Wirkungen, sondern Ziele selbst Gegenstand der Aussagen: ‚Die Bundesregierung sollte unbedingt internationale Ressentiments vermeiden.'

---

[8] Noch allgemeiner kann es auf dieser Ebene auch um Fragen der Art gehen, ob und gegebenenfalls unter welchen Bedingungen sich (etwa in Anbetracht der damit unvermeidbar verbundenen, verharmlosend so genannten ‚Kollateralschäden') militärische Interventionen, selbst wenn sie dem Menschenrechtsschutz dienen, überhaupt rechtfertigen lassen. Die Frage, ob dies völkerrechtlich erlaubt ist, ist dabei von der Frage nach der moralischen Rechtfertigung zu trennen. Damit lassen sich *politische*, *rechtliche* und *ethische* Kriterien für die Beantwortung der Frage unterscheiden, ob etwas ein angemessenes außenpolitisches Ziel ist. Bzgl. des Kosovo-Kriegs werden solche Fragen z. B. diskutiert in: *Dieter S. Lutz* (Hrsg.): Der Kosovo-Krieg. Rechtliche und rechtsethische Aspekte, Baden-Baden 2000.

Aussagen der zweiten Art formulieren so genannte technische Normen, d. h. Handlungsanleitungen unter dem Vorbehalt, dass ein bestimmtes Ziel tatsächlich gegeben ist: ‚Wenn du A willst, dann tue B (... aber wenn du A nicht willst, dann nicht)!'[9] Eine der berühmtesten Normen dieser Art für den Bereich der internationalen Beziehungen lautet: *Si vis pacem, para bellum* – Wenn du Frieden willst, dann rüste für den Krieg! Das Problem mit technischen Regeln und den ihnen zugrunde liegenden Annahmen über Kausalzusammenhänge wird deutlich an der Tatsache, dass eine Inschrift am Friedenspalast in Den Haag bezüglich desselben Zieles eine ganz andere Regel formuliert: *Si vis pacem, cole iustitiam* – Wenn du Frieden willst, pflege Gerechtigkeit! Ein großer Teil der Arbeit von Politikwissenschaftlern besteht noch immer darin, solche ‚konkurrierenden' technischen Regeln zu formulieren und kritisch zu prüfen. Denn obwohl systematische Überlegungen zur Politik bekanntlich seit Jahrtausenden angestellt werden, gibt es insbesondere im Bereich der internationalen Beziehungen noch keinen umfangreichen gut abgesicherten Kenntnisstand. Dafür gibt es mindestens drei Gründe:

Erstens ist die institutionell gestützte wissenschaftliche Beschäftigung mit diesem Gebiet tatsächlich noch nicht sehr alt. Die ersten Institute, die sich ausschließlich mit solchen Themen beschäftigten, stammen aus der Zeit nach dem Ersten Weltkrieg.[10] Zweitens sind einige wichtige Methoden politikwissenschaftlicher Forschung erst in den letzten Jahrzehnten entscheidend (weiter-) entwickelt worden.[11] Und drittens ist der Gegenstand der Teildis-

---

[9] Zwischen den ersten beiden Aussagetypen besteht kein unüberbrückbarer Unterschied, da sich technische Normen leicht aus Aussagen über Ursache-Wirkungs-Zusammenhänge ableiten lassen.

[10] Für einen informativen Überblick über die Entwicklung der Disziplin vgl. etwa *Volker Rittberger, Hartwig Hummel*: Die Disziplin ‚Internationale Beziehungen' im deutschsprachigen Raum auf der Suche nach ihrer Identität: Entwicklung und Perspektiven, in: PVS-Sonderheft 21, Opladen 1990, S. 17-47.

[11] Z. B. hat erst die neuere Diskussion darüber, ob sich internationale politische Phänomene besser erklären lassen, wenn sie stets auf das Handeln einzelner Personen zurückgeführt werden (aktionstheoretischer Ansatz) oder wenn man davon ausgeht, dass sie vor allem von der Grundstruktur des internationalen Systems abhängen (strukturalistischer Ansatz), eine Reihe von theoretischen Problemen und methodi-schen Defiziten aufgedeckt und Anstöße zu deren Überwindung gegeben. Vgl. den Beitrag von *Peter Thiery* in diesem Band.

142   Hans-Joachim Lauth/Ruth Zimmerling

ziplin Internationale Politik selbst so veränderlich, dass einmal formulierte technische Normen immer wieder daraufhin überprüft werden müssen, ob sie noch zutreffen.

Bedenkt man, welch schlimme Folgen die Annahme einer falschen technischen Regel etwa zur Friedenswahrung haben kann und welch großer Unterschied zwischen einer Politik der Pflege internationaler Gerechtigkeit und einer Politik der Aufrüstung – und sei es nur in defensiver Absicht – besteht, dann werden die enorme praktische Bedeutung und Verantwortung politikwissenschaftlicher Arbeit im Bereich der internationalen Beziehungen deutlich.[12]

Bei Aussagen der dritten Art (Zielsetzungen) ist folgendes zu beachten: Wer konkrete Einzelziele von Außenpolitik benennen will, muss sich zunächst darüber klar werden, welchen Zielen Außenpolitik generell dienen sollte. Wie sollte z. B. die Bundesregierung die Beziehungen zu Entwicklungsländern gestalten? Ganz unterschiedliche Antworten auf diese Frage sind denkbar, so u. a.: (1) Ziel sollte immer ein Höchstmaß an Nutzen für die Deutschen sein; (2) Ziel sollte immer eine ausgewogene Nutzenverteilung für alle Beteiligten sein; oder (3) Ziel sollte immer sein, den größtmöglichen Nutzen für die am meisten Benachteiligten zu erreichen. Überlegungen wie diese gehören vor allem in den Bereich ‚Ethik der internationalen Beziehungen'.[13] Eine Außenpolitik, die auf der ersten Antwort beruht, wird sicher ganz anders aussehen als eine, die sich der dritten Antwort verpflichtet fühlt. Dies unterstreicht wiederum die praktisch-politische Relevanz solcher Debatten.

1.3 Grundbegriffe

Für eine wissenschaftliche Beschäftigung mit dem Bereich internationale Beziehungen sind zunächst die grundlegenden Begriffe: *international, transnational, supranational*, sowie die verschiedenen Bereiche: *internationale Beziehungen, internationale Politik, Außenpolitik* zu erläutern.

---

[12] Zu den Möglichkeiten und Formen von Politikberatung in diesen Fragen vgl. *Manfred Mols*: Politikberatung im außenpolitischen Entscheidungsprozess, in: *Wolf-Dieter Eberwein, Karl Kaiser* (Hrsg.): Deutschlands neue Außenpolitik, Bd. 4: Institutionen und Ressourcen, München 1998, S. 253-264.

[13] Die drei genannten Alternativen sind selbstverständlich nicht die einzig möglichen Antworten; sie sind aber für die aktuelle Diskussion recht ty-

Internationale Beziehungen   143

Im alltäglichen Sprachgebrauch wird ein Vorgang, Ereignis, Prozess oder Phänomen als *international* (‚zwischen Nationen') bezeichnet, wenn Akteure oder Faktoren aus mehreren Staaten daran
beteiligt sind. Dies ist in der politologischen Fachsprache ähnlich.
Von manchen Politikwissenschaftlern wird allerdings das Adjek-
tiv ‚international' für solche Fälle reserviert, an denen nur regie-
rungsamtliche Instanzen mehrerer Länder beteiligt sind; will man
dies ganz klar machen, so benutzt man besser das Wort *intergou-*
vernemental (‚zwischen Regierungen').
    Davon zu unterscheiden sind grenzüberschreitende Aktivitäten
nichtstaatlicher Individuen (Unternehmer, Arbeitsmigranten,
Touristen, Flüchtlinge etc.) oder Kollektive (humanitäre Hilfsorganisationen, revolutionäre Bewegungen, ethnische Gruppen,
Kirchen, Parteien etc.). Sie werden *transnational* (‚über National-
grenzen hinweg gehend') genannt.
    Schließlich kommt es vor allem in den letzten Jahrzehnten
gelegentlich vor, dass Mitgliedsstaaten einer internationalen Organisation bereit sind, dieser zumindest für einige Sachgebiete
eigenständige, nicht mehr an die Zustimmung der einzelnen Regierungen gebundene und trotzdem für alle Mitglieder verbindliche Entscheidungsbefugnisse einzuräumen. In diesem Fall –
das obligatorische Beispiel ist die EU – geben Staaten Souveränitätsrechte an eine ihnen übergeordnete Instanz ab und schaffen damit eine neue, *supranational* (‚über Nationen') genannte
Ebene.[14]
    In Anlehnung an diese Unterscheidungen hat sich folgende Auf-
teilung der verschiedenen Bereiche eingebürgert.
    Internationale Beziehungen umfassen das Gesamtgefüge aller
oder zumindest aller politisch für relevant gehaltenen grenzüberschreitenden Beziehungen. Dazu gehören folglich die politischen

---

pisch. Vgl. z. B. das Symposium zu ‚Duties Beyond Borders' in der Zeitschrift *Ethics* (Chicago) 98 (July 1988) 4. Zu den wichtigsten Fachzeitschriften, in denen solche Themen diskutiert werden, gehört neben
Ethics vor allem *Philosophy & Public Affairs* (Princeton), aber auch das
Jahrbuch *Ethics & International Affairs* (New York).

[14] Die Erforschung von Entstehung, Entwicklung und Auswirkungen sup-
ranationaler Gebilde – man spricht auch von internationaler *politischer*
Integration – ist politikwissenschaftlich deswegen besonders reizvoll,
weil wir es hier mit einer komplizierten Verschränkung von internationalen Prozessen mit so etwas wie der ‚Innenpolitik' eines neu entstehenden eigenständigen politischen Systems zu tun haben.

144   Hans-Joachim Lauth/Ruth Zimmerling

ebenso wie die wirtschaftlichen, rechtlichen, kulturellen und anderen sozialen Beziehungen.

Im Bereich der *internationalen Politik* sind alle Beziehungen und zielgerichteten Handlungen angesiedelt, die von Akteuren aus dem Bereich des gesamten politischen Systems verschiedener Länder gestaltet bzw. durchgeführt werden. Außerdem umfasst internationale Politik den Tätigkeitsbereich aller internationalen Organisationen (z. B. UNO) oder überstaatlichen Zusammenschlüsse (z. B. EU).[15]

Als *transnationale Politik* wird das Zusammenwirken staatlicher und nichtstaatlicher Akteure aus mehreren Ländern bezeichnet. Nichtstaatliche Akteure, die in der transnationalen Politik in Aktion treten, sind meist selbst in einer von zwei möglichen Formen transnational organisiert: als transnationaler Konzern (Transnational Corporation, TNC) oder als so genannte ‚Internationale Nicht-Regierungsorganisation' (INRO; International Non-Governmental Organization, INGO).[16] Oft beruht transnationale Politik speziell auf Versuchen solcher Gruppierungen, über Landesgrenzen hinweg auf staatliche Akteure Einfluss zu nehmen.

Unter *Außenpolitik* schließlich wird in der Regel nur das verstanden, was mit dem zielgerichteten Agieren (Tun und Lassen) eines Staates bzw. seiner Instanzen (Regierung, Auswärtiger Dienst) im Hinblick auf die Gestaltung der staatlichen Außenbeziehungen zusammenhängt. Interessant sind dabei sowohl einzelne Akte (zentrale Entscheidungen) als auch die umfassenderen Strategien, Pläne oder Verhaltensmuster, auf die sich dann die Einzelentscheidungen gründen. Die verschiedenen Analyseebenen sind also ineinander verschachtelt: der Bereich der Außenpolitik wird von der internationalen Politik umfasst; diese wiederum ist wie die transnationale Politik im Gesamtgefüge der internationalen Beziehungen enthalten. Je nach Erkenntnisinteresse und Untersuchungsperspektive sind im Bereich Internationale Beziehungen sehr unterschiedliche Analyseebenen zu berücksichtigen, die die abhängige und unabhängige Variable einer wissenschaftlichen Aussage bestimmen. Erklärt sich z. B. die Außenpolitik der BRD in der Phase des Ost-West-Konflikts

---

[15] Vgl. *Volker Rittberger*: Internationale Organisationen. Politik und Geschichte. Europäische und weltweite zwischenstaatliche Zusammenschlüsse, Opladen 1994.

[16] Die Terminologie ist hier verwirrend, da es sich bei diesen so genannten ‚internationalen' NGOs genauer um transnationale Organisationen handelt.

Internationale Beziehungen 145

durch die Struktur des internationalen System oder durch die demokratische Verfasstheit des Staates? Im ersten Fall läge die unabhängige Variable in der Struktur des internationalen Systems (systemische Ebene) begründet, z. B. in der Bipolarität zwischen den USA
und der UdSSR. Im zweiten Fall wäre die unabhängige Variable hingegen in den demokratischen Merkmalen der damaligen Bundesrepublik (subsystemische Ebene) begründet. Zahlreiche Studien aus
der Außenpolitikforschung haben deutlich gemacht, dass die subsystemische Ebene weiter differenziert werden muss. So sollte z. B.
zur Erklärung der Außenpolitik der BRD der Einfluss der mit außenpolitischen Themen befassten Ministerien anstelle der demokratischen Merkmale des Staates untersucht werden. Neben der Ebene
der bürokratischen Institutionen kann des weiteren eine individuelle Ebene unterschieden werden, die relevant wird, wenn man die
Rolle von Individuen im außenpolitischen Entscheidungsprozess
untersucht (‚Männer machen Geschichte'). Bei einem solchen Ansatz würde man etwa die Außenpolitik der BRD durch die Rolle Ade-
nauers als Kanzler und Außenminister erklären.[17]

2. Veränderungen in Theorie und Praxis: Theorie-
ansätze, Schulen und das internationale System

Nach dem Überblick über zentrale Fragestellungen, Aufgaben und
Begriffe der Teildisziplin soll ein Bereich angesprochen werden,
der ‚Anfängern' oft Probleme bereitet. Die ‚Gelehrten' sind sich,
wie schon mehrmals angeklungen ist, auch im Fach Internationale Beziehungen keineswegs immer einig; hier gab und gibt es verschiedene, im Laufe der Zeit oft einander abwechselnde Schulen,
denen sich die Vertreter unterschiedlicher Ansätze zuordnen
lassen. Die Kenntnis dieser Schulen erleichtert nicht nur die Einordnung anderer, sondern auch die Bestimmung des eigenen Stand-
punktes. Die verschiedenen Theoriestränge lassen sich im allgemeinen anhand verschiedener Funktionsleistungen unterscheiden,
die wir teilweise bereits angesprochen haben. Helga Haftendorn[18]

---

[17] Vgl. *Martin Hollis, Steve Smith*: Explaining and Understanding International Relations, Oxford 1991, S. 7-9.
[18] Vgl. *Helga Haftendorn*: Theorie der internationalen Beziehungen, in:
Wichard Woyke (Hrsg.): Handwörterbuch Internationale Politik, Opladen ³1986, S. 451-464, S. 452.

146   Hans-Joachim Lauth/Ruth Zimmerling

unterscheidet eine Selektionsfunktion (Welche Fragen, Akteure und Fakten werden aus der Fülle möglicher Variablen aufgegriffen?), eine Ordnungsfunktion (Wie werden die einzelnen Elemente klassifiziert und strukturiert?), eine Erklärungsfunktion (Was sind die Ursachen für die zu erklärenden Ereignisse?) und eine operative Funktion (Welche praktische Relevanz haben die Ergebnisse?). Weitere Unterscheidungsmerkmale der Schulen ergeben sich aus der Wahl der Methoden, des jeweiligen Erkenntnisinteresses, welches beispielsweise die Selektion beeinflusst, und des zugrunde gelegten Menschen- bzw. Weltbildes.

2.1 Von der Konstituierung zur Etablierung der Teildisziplin

Die Entstehung verschiedener Schulen ist nicht zufällig, sondern reflektiert die Entwicklung und Veränderung des internationalen Systems.[19] Frühe Versuche einer politikwissenschaftlichen Beschäftigung mit internationalen Fragen entstanden im Kontext des Kolonialismus und der Friedenssicherung (vgl. Haager Friedenskonferenz). Den eigentlichen Startpunkt stellte jedoch die Gründung von Forschungsinstituten in verschiedenen Ländern nach dem Ersten Weltkrieg im Anschluss an die Pariser Friedenskonferenz dar. Dort sollten nicht nur systematisch Kriegsursachen erforscht, sondern auch die Tätigkeit internationaler Organisationen, speziell des 1919 gegründeten Völkerbundes, unterstützt werden. Die Forschungsbemühungen standen in enger Verbindung zum idealistischen Ansatz, der in den USA vor allem in der Politik *Woodrow Wilsons* umgesetzt wurde.

Die Idealisten[20] strebten eine Verstärkung und Institutionalisierung internationaler Kooperation an, weil sie erwarteten, dass so

---

[19] Eine anschauliche Darstellung der verschiedenen Positionen in Schaubildern findet sich in dem Beitrag von *Reinhard Meyers*: Grundbegriffe und theoretische Perspektiven der Internationalen Beziehungen, in: Bundeszentrale für politische Bildung (Hrsg.): Grundwissen Politik, Bonn ³1997, S. 313-434, bes. Abb. 3-5; für die historische Entwicklung der Disziplin interessant, aber recht schwierig ist *Reinhard Meyers*: Metatheoretische und methodologische Betrachtungen zur Theorie der internationalen Beziehungen, in: PVS-Sonderheft 21, Opladen 1990, S. 48-68, bes. die Abb. auf S. 60.

[20] Es fällt schwer, bedeutende wissenschaftliche Vertreter des Idealismus aus dem 20. Jahrhundert zu nennen, da er sich in dieser Epoche mehr als Haltung – wenn auch durchaus mit dem Wunsch nach praktischer

Internationale Beziehungen 147

der Weltfrieden gesichert würde. Kontinuierliche öffentliche Konferenztätigkeiten wurden als Alternative zur Praxis der Geheimdiplomatie gesehen, die vor dem Krieg ein gängiges Instrument von Außenpolitik darstellte. Abrüstung sollte gefördert werden und eine internationale Schiedsgerichtsbarkeit die nationale Interessenverfolgung zügeln helfen. Diese Grundzüge des idealistischen Ansatzes basierten oft auf einem positiven Menschenbild und einem gesellschaftlichen Harmoniemodell. Rationale Aufklärung führe zur Abkehr von der traditionellen Machtpolitik, so wurde vermutet, und hin zu gegenseitiger Kooperation, die allen Völker nütze. Staaten können demnach so etwas wie ein ‚moralisches Bewusstsein' entwickeln, freiwillig Machtverzicht üben und sich Regeln und Normen unterwerfen, die sie für richtig halten und die letztlich zum Aufbau einer Weltgesellschaft nach den Prinzipien des Völkerrechts führen. Die Ausarbeitung entsprechender Normen war eine wichtige Aufgabe in dieser Denktradition. Die methodische Ausrichtung orientierte sich an völkerrechtlichen Studien und politikwissenschaftlichen Institutionsanalysen.

In den dreißiger Jahren hatte sich jedoch in vielen Ländern eine nationalistisch geprägte Interessenpolitik durchgesetzt, die auch durch den Völkerbund nicht zu kontrollieren war. Noch stärker als der Erste trug dann der Zweite Weltkrieg zur Umwälzung der internationalen Beziehungen bei. Während die westeuropäischen Länder an Bedeutung verloren, etablierten sich mit den USA und der UdSSR zwei neue zentrale Akteure der Weltpolitik. Deren ideologische Diskrepanzen und die massive Absicherung der sowjetischen Herrschaft, die neue Grenzziehungen in Europa zur Folge hatte, führten bekanntlich zu wachsenden Spannungen (‚Kalter Krieg') und verschärften den Ost-West-Konflikt, der sich in der Gründung entsprechender militärischer Bündnissysteme – NATO und Warschauer Pakt – manifestierte. Diese Konstellation prägte in den folgenden Jahrzehnten maßgeblich die internationalen Be-

---

Umsetzung – darstellte denn als systematisch-wissenschaftliche Richtung; vgl. *Timothy Dunne*: Liberalism, in: *John Baylis, Steve Smith* (Hrsg.): The Globalization of World Politics. An Introduction to International Relations, New York 1998, S. 147-163; *William C. Olson, A. J. R. Groom*: International Relations then and now. Origins and Trends in Interpretation, London 1991, bes. Kap. 4. Prominente Denker aus früheren Jahrhunderten, die dem idealistischen Ansatz zugerechnet werden, sind u. a.: Dante, William Penn, der Abbé de Saint-Pierre, Immanuel Kant und auch Jean-Jacques Rousseau.

ziehungen. Herausragende Konflikte waren die Berlin-Blockade, der Koreakrieg und die Kubakrise, welche die Welt an den Rand eines atomaren Krieges führte.

Die stark machtorientierte und auf militärischem Potential basierende Außenpolitik führte seit den dreißiger Jahren allmählich zu einer Neuorientierung in der Disziplin der Internationalen Beziehungen, die sich bis zum Beginn des Ost-West-Konfliktes vollzogen hatte. Die einflussreichste Strömung war nun die realistische Schule, wie sie maßgebend von H. Morgenthau vertreten wurde. Das internationale System wird demnach ohne verbindliche Ordnungsstrukturen und mithin als Anarchie begriffen. Die Nationalstaaten, die ihr Verhalten rational an der Verfolgung ihres Eigeninteresses ausrichten, sind folglich die einzigen wichtigen Akteure. Das Interesse von Staaten sei in erster Linie auf Machterwerb ausgerichtet, wie Morgenthau explizit formuliert: „Internationale Politik ist, wie alle Politik, ein Kampf um die Macht. [...] Politik im engeren Sinne sucht entweder Macht zu erhalten, Macht zu vermehren oder Macht zu demonstrieren."[21] Ein wichtiges Ziel internationaler Politik sei die Stabilisierung des Gleichgewichts der Mächte, um Stabilität und Frieden, verstanden als Abwesenheit von Krieg, zu sichern. Der Frieden sei aufgrund der Konfliktbereitschaft des Menschen ständig bedroht. Dieser Sichtweise liegt ein Menschenbild zugrunde, wie es von Reinhold Niebuhr konzipiert wurde.[22] In der realistischen Konzeption von internationaler Politik kann Moral demzufolge keine Rolle spielen, da das politische Handeln die ‚machthungrige' Natur des Menschen zu berücksichtigen habe. Einen wichtigen methodischen Bestandteil der realistischen Schule bildete der Vergleich historischer Ereignisse, Konstellationen und Prozesse, mit dem angestrebt wurde, allgemein gültige Regeln, Typologien und Muster internationaler Politik zu formulieren. Der Erfolg der realistischen Schule beruhte nicht nur darauf, dass ihre Konzeption wegen ihrer stark vereinfachten Darstellung der komplexen Realität des internationalen Systems leicht verständlich und handhabbar war, sondern auch darauf, dass sie den

---

[21] *Hans J. Morgenthau*: Macht und Frieden. Grundlegung einer Theorie der internationalen Politik, Gütersloh 1963, S. 69 und 81. Weitere bedeutende Vertreter der realistischen Schule sind E. H. Carr, George F. Kennan und Henry Kissinger.

[22] Vgl. *Reinhold Niebuhr*: Christlicher Realismus und Politische Probleme, Wien 1953, und ders.: Staaten und Großmächte, Gütersloh 1960.

Internationale Beziehungen 149

Interessen der US-amerikanischen Außenpolitik im Kontext des Kalten Krieges entgegenkam. Seither ist die Disziplin der Internationalen Beziehungen stark von dieser Sichtweise beeinflusst, wenn nicht gar dominiert, was auch durch ihre einflussreiche Rolle in der Politikberatung unterstrichen wird.

Die idealistische Position wurde jedoch auch in der Politik nicht vollständig verdrängt, wie die am 24.10.1945 erfolgte Gründung der Vereinten Nationen (UNO) zeigte. Im Unterschied zum Völkerbund besitzt die UNO in Gestalt des Sicherheitsrates ein Gremium, das prinzipiell die Berechtigung hat, internationales Recht zu garantieren und durchzusetzen. Die Zusammenarbeit in diesem bislang 15 Mitglieder umfassenden Gremium wird von den fünf ständigen Mitgliedern (USA, Großbritannien, Frankreich, UdSSR, später Russland und zunächst Nationalchina (also Taiwan), später Volksrepublik China) geprägt, die jeden Beschluss durch ihr Veto blockieren können. Im Kontext des Ost-West-Konflikts verhinderte die angewendete Veto-Praxis Beschlüsse des Sicherheitsrates und ließ dessen potentielle Durchsetzungskraft stark in den Hintergrund treten, was auch dem Ansehen der UNO abträglich war. Andere Hauptorgane der UNO sind die Vollversammlung, der Internationale Gerichtshof, der Wirtschafts- und Sozialrat, der Treuhandrat und das Generalsekretariat.[23]

Fast gleichzeitig mit den Vereinten Nationen wurden weitere Institutionen gegründet, die für die Regelung internationaler Währungs- und Handelsfragen große Bedeutung erlangten und teilweise so genannte internationale Regime etablierten:[24] der Internationale Währungsfonds (IWF) und die Weltbankgruppe sowie das für Handelsfragen zuständige GATT-Abkommen (*General Agreement on Tariffs and Trade*), das erst 1995 in eine Welthandelsorganisation (WTO) mündete.[25] Die Einrichtung von mit gewissen Entschei-

---

[23] Einen informativen Überblick über die Vereinten Nationen und ihre Sonderorganisationen geben die verschiedenen von *Klaus Hüfner* verfassten und zusammengestellten Bände, die im UNO-Verlag Bonn erschienen sind.

[24] Vgl. *Stephen D. Krasner* (Hrsg.): International Regimes, Ithaca, N. Y./London 1983; *Dieter Senghaas*: Internationale Regime, in: *Klaus von Beyme* u. a.: Politikwissenschaft. Eine Grundlegung. Band III: Außenpolitik und Internationale Politik, Weinheim u. a. 1987, S. 180-216.

[25] Zur WTO siehe *Peter Fuchs*: Die Welthandelsorganisation (WTO) – eine zukunftsfähige Institution?, in: Jahrbuch Dritte Welt 1999, München 1998, S. 50-66.

dungskompetenzen versehenen internationalen Organisationen veränderte den Charakter der internationalen Politik. Neben den bereits genannten Institutionen und den militärischen Bündnissystemen sind hier auch regionale Organisationen wie beispielsweise die *Konferenz* (bzw. inzwischen: *Organisation*) *für Sicherheit und Zusammenarbeit in Europa* (KSZE bzw. OSZE) zu nennen.

Gleichfalls in der Nachkriegszeit entstanden Integrationsüberlegungen vor allem im westeuropäischen Raum (Römische Verträge, EWG, EG), welche die Ausbildung von Integrationstheorien maßgeblich inspirierten. Ihre Vertreter lassen sich überwiegend der idealistischen Tradition zuordnen. Zwei Strömungen werden in der Anfangsphase unterschieden: *Föderalismus* und *Funktionalismus*.[26] Bei beiden stellte gleichfalls die Idee der Friedenssicherung ein Leitmotiv dar, das um das Ziel der Wohlfahrtssteigerung ergänzt wurde; beide Ansätze gingen davon aus, dass sich diese Ziele auf dem Wege der Integration hin zu größeren internationalen Einheiten verwirklichen ließen. Doch die von ihnen vorgeschlagenen Mittel unterschieden sich deutlich. Während die Föderalisten als zentralen Ausgangspunkt von Integration die politische Entscheidung der beteiligten Regierungen sahen, gemeinsame Institutionen zu schaffen, verfochten die Funktionalisten einen schrittweisen Integrationsprozess durch die Intensivierung nicht-politischer Kooperation, die schließlich zu neuen, allerdings stärker technisch organisierten Einheiten führen sollte (Politik wurde dabei eher als Störfaktor gesehen). Beide Ansätze haben sich inzwischen als zu einseitig erwiesen und wurden in der Folgezeit entsprechend modifiziert (z. B. durch den so genannten Neofunktionalismus).[27] Trotz manch gescheiterter oder stag-

---

[26] Als Repräsentant der föderalistischen Strömung wäre *C. J. Friedrich*: Europa – Nation im Werden, Bonn 1972, zu nennen; zum Funktionalismus: *David Mitrany*: A Working Peace System, Chicago 1966. Zur Leistungsfähigkeit beider Ansätze vgl. *Wolfgang Merkel*: Die Europäische Integration und das Elend der Theorie, in: Geschichte und Gesellschaft Jg. 25, 3/1999, S. 302-338.

[27] Vgl. *Manfred Mols*: Integration, in: Görres-Gesellschaft (Hrsg.): Staatslexikon, Freiburg i. Br. [7]1987, S. 111-118; *Ruth Zimmerling*: Externe Einflüsse auf die Integration von Staaten. Zur politikwissenschaftlichen Theorie regionaler Zusammenschlüsse, Freiburg i. Br./ München 1991; *Andrew Moravcsik*: Preference and Power in the European Community: A Liberal Intergovernmentalist Approach, in: Journal of Common Market Studies 4 (1993), S. 473-524.

Internationale Beziehungen 151

nierender Versuche scheint heute die regionale Integration wieder ein Modell mit Zukunft zu sein, das zur Herausbildung neuer internationaler Akteure führen kann. Zu denken ist beispielsweise an entsprechende aktive Bestrebungen auf dem amerikanischen Kontinent (NAFTA und Mercosur) und im asiatisch-pazifischen Raum (ASEAN, APEC).[28] Die Debatte in Europa beschäftigt sich mit Fragen einer möglichen zukünftigen *Vertiefung der Integration* (EU), die mit einer weiteren Verlagerung nationaler Souveränitätsrechte auf die supranationale Ebene einhergeht, und mit der *Erweiterung der Union*, die demnächst mittelost- und südosteuropäische Länder einschließen wird. Eine aus politikwissenschaftlicher Sicht relevante Frage ist hierbei, wie sich die beiden – scheinbar einander ausschließenden – Interessen vereinbaren lassen und zugleich eine ausreichende Basis für eine demokratische Legitimation geschaffen werden kann.[29] Eine andere Frage beschäftigt sich mit der Möglichkeit einer gemeinsamen europäischen Sicherheitspolitik und ihres Verhältnisses zur NATO.

Ein anderer wichtiger Faktor, der bereits zuvor das System der internationalen Beziehungen entscheidend verändert hatte, war der Prozess der *Entkolonialisierung*, der in den sechziger Jahren weitgehend abgeschlossen wurde. Das Entstehen neuer Staaten veränderte auch die Mehrheitsverhältnisse in der UNO. Während bei ihrer Gründung die westlichen Industrieländer noch die Mehrheit in der Generalversammlung hatten, lag sie nun bei den Entwicklungsländern. Infolgedessen geriet allmählich ein neues The-

---

[28] Vgl. *Manfred Mols* (Hrsg.): Integration und Kooperation in zwei Kontinenten. Das Streben nach Einheit in Lateinamerika und Südostasien, Stuttgart 1996, wo die unterschiedlichen Zielsetzungen und Formen der Zusammenarbeit in beiden Regionen nachdrücklich herausgestellt werden.

[29] *Beate Kohler-Koch*: Regieren in der Europäischen Union. Auf der Suche nach der demokratischen Union, in: APuZ B6/2000, S. 30-38. Aktuelle Informationen zum Stand der Integration und zu den Reformen bieten die von Werner Weidenfeld und Wolfgang Wessels herausgegebenen Jahrbücher der Europäischen Integration; eine stärker theoriegeleitete Analyse bieten *M. Jachtenfuchs, B. Kohler-Koch* (Hrsg.): Europäische Integration, Opladen 1996. Generell zum Demokratieproblem internationaler Zusammenschlüsse: *Klaus Dieter Wolf*: Die Neue Staatsräson – Zwischenstaatliche Kooperation als Demokratieproblem in der Weltgesellschaft, Baden-Baden 2000.

ma auf die Tagesordnung der internationalen Politik. Angeregt durch Vertreter Lateinamerikas – vor allem aus dem Umfeld der UN-Wirtschaftskommission für Lateinamerika – wurden Fragen der Entwicklung aufgegriffen. Während nach dem vormals herrschenden Verständnis die Ursachen für Unterentwicklung primär in internen Faktoren zu suchen waren (vgl. *Modernisierungstheorien*), wurde nun verstärkt die Bedeutung externer Faktoren diskutiert.[30] Thematisiert wurden u. a. die *terms of trade*,[31] die Auswirkungen der kolonialen Vergangenheit auf den aktuellen Entwicklungsstand, die Rolle multinationaler Konzerne und die Beherrschung der Handelsbeziehungen durch die Industrienationen. Prägend wurde hierbei die Modellvorstellung von Zentrum und Peripherie (vgl. *Dependenztheorien*); der *Nord-Süd-Konflikt* begann sich abzuzeichnen. In der konkreten Politik führte dies 1964 zur Einrichtung der UN-Konferenz für Handel und Entwicklung (UNCTAD), die besser als das GATT die Interessen der Entwicklungsländer wahren sollte. Letztere versuchten durch den Zusammenschluss zu einer Gruppe (G 77), ihre Verhandlungsposition innerhalb der UNCTAD zu verbessern. Zu diesem Zeitpunkt hatte sich mit der *Bewegung der Blockfreien* ein anderes maßgebliches Sprachrohr der Entwicklungsländer bereits konstituiert. Die Auseinandersetzungen zwischen Nord und Süd erreichten ihren Höhepunkt in der Debatte um die ‚*Neue Weltwirtschaftsordnung*' Mitte der siebziger Jahre, die jedoch wenig greifbare Ergebnisse brachte.[32] Der enttäuschende Verlauf des so genannten ‚Nord-Süd-Gipfels' 1982 in Cancún (Mexiko) markierte den Tiefpunkt der gegenseitigen Verständigung. Er machte aber auch deutlich, dass die oft proklamierte Einheit der ‚Dritten Welt' eher eine Illusion war. In der Folgezeit verlagerten sich die Nord-Süd-Diskussionen allmählich auf die klassischen Institutionen (GATT, nun WTO).

---

[30] Vgl. den Beitrag von *Klaus Bodemer* in diesem Band.

[31] Unter *terms of trade* versteht man hier speziell die Austauschverhältnisse von Rohstoffen aus Entwicklungsländern und verarbeiteten Gütern aus Industrienationen. Diese Relationen haben sich für die Entwicklungsländer zunehmend verschlechtert.

[32] Eine Ausnahme stellt in diesem Zusammenhang die Verabschiedung der ‚Charta über die wirtschaftlichen und sozialen Pflichten der Staaten' in den Vereinten Nationen 1974 dar.

Internationale Beziehungen 153

2.2 Konzeptionelle Differenzierung in den Internationalen
Beziehungen: Revision und Kontinuität

Mit dem Einbezug von Integrationsprozessen und internationalen Regimen in die theoretische Debatte sind wir bereits bei neueren Ansätzen der Internationalen Beziehungen angelangt. Der Regimebegriff ist in der einschlägigen Literatur in unterschiedlichen Versionen anzutreffen. Die wohl bekannteste und weithin akzeptierte Definition von internationalen Regimen stammt von Stephen Krasner: „*Regimes can be defined as sets of implicit or explicit principles, norms, rules, and decision-making procedures around which actors' expectations converge in a given area of international relations*".[33] Die Beschäftigung mit internationalen Regimen hat die Bedeutung von Normen und Regeln für die Strukturierung des internationalen Systems unterstrichen. Zugleich hat sie den Blick über die internationalen Organisationen hinaus auf unterschiedliche Formen der institutionellen Kooperation und deren Chancen gerichtet.[34]

Neben der Intensivierung staatlicher Koordination durch Regime oder Integration sind weitere Veränderungen im internationalen System zu beobachten. In den letzten Jahrzehnten hat sich die Anzahl der INGOs, die zum Verständnis der internationalen Beziehungen wichtig sind, stark erhöht.[35] Dazu gehören so unterschiedliche Organisationen wie beispielsweise die internationalen Zusammenschlüsse von Handelskammern, Parteien, Gewerkschaften, Kirchen, Umwelt- und Menschenrechtsorganisationen (*Greenpeace*, *amnesty international*) sowie von Sportverbänden oder von Hilfsorganisationen. Von INGOs zu unterscheiden sind (vgl. 1.3) die TNCs, die für die Gestaltung von Wirtschafts- und Handelsbeziehungen von großer Bedeutung sind. Alle diese Akteure gestalten das internationale System in mehr oder minder starkem Maße mit. Sie tragen zugleich zur Interdependenz bei, die in zunehmendem Umfang die internationalen Beziehungen prägt. Fast alle Länder haben auf staatlicher und gesellschaftlicher Ebene intensive

---

[33] *Krasner* 1983 (Anm. 24), S. 2.

[34] Eine Übersicht über den aktuellen Forschungsstand liefert: *Andreas Hasenclever, Peter Mayer, Volker Rittberger*: Theories of International Regimes, New York 1997.

[35] Bereits in den achtziger Jahren wurden über 10 000 INGOs gezählt. Vgl. *Karl P. Sauvant*: Die Institutionalisierung der internationalen Zusammenarbeit, in: *Klaus von Beyme* u. a. 1987 (Anm. 24), S. 69-96.

154 Hans-Joachim Lauth/Ruth Zimmerling

und vielschichtige Beziehungen, auf die sie – wenn auch in unterschiedlichem Grad – angewiesen sind. Dies betrifft ganz offensichtlich den wirtschaftlichen Bereich (Weltmarkt)[36] und wird gleichfalls deutlich bei Umweltfragen: Weder lassen sich Umweltschäden national begrenzen, noch lässt sich ihre Beseitigung allein im nationalen Kontext bewerkstelligen. Zu Recht wird daher die Umwelt zu einem immer wichtigeren Thema auf internationaler Ebene.

Sowohl die Wahrnehmung solcher Veränderungen (neue Akteure und wachsende Interdependenz) als auch die schrittweise Entspannung im Ost-West-Konflikt führte in den siebziger Jahren zu einer Revision der politikwissenschaftlichen Vorstellungen von den internationalen Beziehungen. Die älteren Sichtweisen wurden entweder zurückgedrängt oder ergänzt durch strukturalistische und/oder transnationale Aspekte und Interdependenzüberlegungen. Die *transnationalistische* oder *interdependenztheoretische* (auch *globalistisch* genannte) *Schule*[37] griff Überlegungen der idealistischen Tradition auf, wobei sie sich jedoch stärker auf die faktische als auf die normative Ebene bezog. Oftmals werden diese Ansätze unter dem Etikett *Neoliberalismus* zusammengefasst. Konstatiert wurde ein Bedeutungsverlust der Staaten und ein Einflussgewinn internationaler Organisationen und Regime, was – im Gegensatz zur Vorstellung der Realisten von einer anarchisch strukturierten Staatenwelt – zu einem neuartigen Strukturgeflecht der internationalen Beziehungen führe. Aus dieser Perspektive verringerte sich auch der Handlungsspielraum nationalstaatlicher Politik bzw. die Souveränität der Staaten.

Die *Strukturalisten* vertraten die These, dass internationales Handeln weitgehend durch die Grundstruktur des internationalen Systems (z. B. Multipolarität, Bipolarität, Hegemonie) bestimmt werde. Daneben kritisierten die *Interdependenztheoretiker* der strukturalistischen Schule die klassische analytische Trennung von Innen- und Außenpolitik, die in Anbetracht der wachsenden internationalen und transnationalen Vernetzung in immer mehr Politik-

---

[36] Zur Relevanz des Weltmarkts für nationale Politik vgl. den Beitrag von *Peter Imbusch/Hans-Joachim Lauth* in diesem Band.

[37] Wie die unterschiedlichen Bezeichnungen schon nahe legen, existieren trotz vieler Gemeinsamkeiten verschiedene Varianten dieser Strömung. Wichtige Vertreter sind beispielsweise Joseph S. Nye, Robert O. Keohane, Edward L. Morse.

Internationale Beziehungen   155

feldern kaum noch plausibel sei. Aufgrund des damit verbundenen Aufeinanderangewiesenseins werde das gewaltsame Austragen von Konflikten immer kostspieliger, während Kooperation, die sich beispielsweise in der Herausbildung von internationalen Regimen niederschlagen könne, für alle Beteiligten Vorteile biete. Im Gegensatz zur idealistischen Schule werden allerdings Sachzwänge und nicht die normative Überzeugung als der maßgebliche Antrieb für solche Entwicklungen betrachtet. In ihrer methodischen Arbeitsweise sind die genannten Ansätze vielfältig: Man knüpfte an bestehende Forschungstraditionen der gesamten Politikwissenschaft an, was zur Entwicklung unterschiedlicher Modelle führte.[38] Angestrebt wurde eine adäquatere Erfassung des internationalen Systems durch die Präzisierung der analytischen Kategorien, aber auch die Einbeziehung empirischer Untersuchungen.[39]

Im Zuge dieser Diskussion haben sich auch die Ansichten über Machtressourcen geändert. In Untersuchungen der weltpolitischen Konstellation nach dem Zweiten Weltkrieg vertreten etliche Autoren die Meinung, dass militärische Mittel (*hard power*) eine immer geringere Rolle spielen, während andere Faktoren wie wirtschaftliche Stärke oder kulturelle Anziehungskraft (*soft power*) an Bedeutung gewinnen.[40] So ist zwischen Industriestaaten Krieg heutzutage in der Regel kein Mittel der Konfliktaustragung mehr. Im weltweiten Maßstab ist allerdings der Befund weit weniger eindeutig, wie eine größere Anzahl militärischer Konflikte in vielen Regionen der Welt zeigt. Die Relevanz dieser Bedeutungsverlagerung von Machtressourcen kann daher noch nicht abschließend beurteilt werden. Doch ein Blick auf Entwicklungsländer kann das Verständnis von Machtressourcen erweitern.

Neben *hard* und *soft power* kann – so paradox es klingen mag – auch Schwäche (manchmal ‚negative Stärke' oder ‚Chaosmacht' genannt) ein durchaus bedeutender Faktor in internationalen Verhandlungen sein; das gilt allerdings nur dann, wenn die Schwäche

---

[38] Grundlage für das erweiterte methodische Spektrum bildet die Traditionalismus-Szientismus-Kontroverse, in deren Rahmen in den USA, aber auch in Deutschland während der sechziger Jahre über verschiedene methodische Wege der wissenschaftlichen Erkenntnis gestritten wurde.

[39] Vgl. *Robert O. Keohane, Joseph S. Nye*: Power and Interdependence. World Politics in Transition, Boston 1977 (New York ³2001).

[40] Vgl. *Joseph Nye*: Bound to Lead, New York 1990; *Richard Rosecrance*: Der neue Handelsstaat. Herausforderung für Politik und Wirtschaft, Frankfurt a. M. 1987.

156   Hans-Joachim Lauth/Ruth Zimmerling

inter- bzw. transnational spürbare und für den jeweiligen Verhandlungspartner negative Folgen hat. So kann beispielsweise der Dro-
genanbau, der für die Industriestaaten mit der Gefahr erhöhten Dro-
genkonsums verbunden ist, zu Hilfeleistungen für die betreffenden
Länder führen, um dort wirtschaftliche Alternativen zu fördern,
oder politische Instabilität zu Stabilisierungsmaßnahmen (konkret:
finanziellen Transferleistungen), um Migrationsprobleme oder un-
berechenbare Folgeprobleme zu vermeiden; ähnliches gilt auch für
ökologische Probleme.[41] Die der negativen Stärke innewohnende
Problematik – zu ihrer Erhöhung wäre schließlich der Ausbau von
Schwäche notwendig – verweist allerdings auf ihre Grenzen und
damit auf einen wichtigen qualitativen Unterschied zu anderen
Machtressourcen.

Trotz der fruchtbaren Erweiterung der Diskussion internationaler Beziehungen waren der Expansion solcher neoliberalen Theorien und Überlegungen Grenzen gesetzt. Anfang der achtziger Jahre hatte sich der Ost-West-Konflikt nach Phasen der Entspannung,
die Hoffnungen auf ein Ende der Rüstungsspirale und der damit
verbundenen Bindung von Ressourcen geweckt hatten, wieder
verhärtet. Der Einmarsch der UdSSR in Afghanistan und der Amts-
antritt Ronald Reagans in den USA verstärkten wieder die ideologische Polarisierung, was die politische Interpretation internationaler Konflikte verengte.[42] Das erneute Aufflammen des
Ost-West-Konfliktes führte wieder zu einer Aufwertung der realistischen Schule, die sich inzwischen in die verschiedenen Varianten des *Neorealismus* ausdifferenziert hatte.[43] Im Gegensatz zum
klassischen Realismus wird der Konfliktbegriff nun insbesondere
durch das Aufgreifen wirtschaftlicher Verteilungsprobleme erwei-

---

[41] Vgl. *Lothar Brock*: Die Dritte Welt im internationalen System. Bedro-
hungsvorstellungen und Konfliktpotentiale im Nord-Süd-Verhältnis, in:
Dieter Nohlen, Franz Nuscheler (Hrsg.): Handbuch der Dritten Welt, Bd.
1. Bonn ³1992, S. 446-466, S. 452.

[42] Illustrieren lässt sich dieser Wandel anhand der Zentralamerikapolitik
der USA und hier speziell der Blockadepolitik gegenüber Nicaragua.

[43] Zur theoretischen Diskussion auf diesem Gebiet vgl. *Robert O. Keohane*: Institutionalist Theory and the Realist Challenge After the Cold War,
in: *David A. Baldwin* (Hrsg.): Neorealism and Neoliberalism. The Contemporary Debate, New York 1993, S. 269-300; *Joseph M. Stiecs*: Understanding the Problem of International Cooperation: The Limits of
Neoliberal Institutionalism and the Future of Realist Theory, in: *Baldwin* 1993, S. 301-338.

Internationale Beziehungen 157

tert.[44] Die internationalen Wirtschaftsbeziehungen werden demnach durch konkurrierende Nationalstaaten geprägt, die versuchen, ihre Position zu Lasten anderer zu verbessern. Im Unterschied zu den Globalisten neigen Neorealisten dazu, die internationalen Wirtschaftsbeziehungen als so genannte *Nullsummenspiele* (was der eine gewinnt, muss ein anderer verlieren) aufzufassen. Wie bei der realistischen Schule spielen Überlegungen zu Machtgleichgewicht und hegemonialer Stabilität eine bedeutende Rolle. Auffallend ist, dass sich viele US-amerikanische Neorealisten in diesem Zusammenhang mit der Frage beschäftigen, wie die Vereinigten Staaten ihre Position im globalen System sichern oder verbessern können. In methodischer Hinsicht ist zu begrüßen, dass der neorealistische Ansatz eine komplexere Vorstellung vom internationalen System besitzt als die realistische Schule, wenngleich auch er noch als unterkomplex aufgefasst wird. Der Einbezug normativer Fragestellungen für die Gestaltung internationaler Beziehungen bereitet Vertretern des Neorealismus jedoch weiterhin Probleme.[45]

Die Auflösung der UdSSR Anfang der neunziger Jahre beendete faktisch den Ost-West-Konflikt und führte damit zum Ende einer langen Ära in den internationalen Beziehungen. Eine der zent-

---

[44] Inwieweit der Neorealismus in seinen Varianten noch unter das Dach der realistischen Schule passt, ist umstritten, zumal das pessimistische Menschenbild und damit die ontologische Fundierung des Ansatzes in den Hintergrund tritt. Vgl. für die Einbeziehung: *Robert Gilpin*: The Richness of the Tradition of Political Realism, in: International Organization 38 (1984), S. 287-304, dagegen: *Keith L. Shimko*: Realism, Neorealism, and American Liberalism, in: The Review of Politics 54 (Spring 1992), S. 281-301. Vertreter des Neorealismus sind u. a. *Stephen Krasner*: Defending the National Interest: Raw Materials, Investments and U. S. Foreign Policy, Princeton 1978; *Robert Gilpin*: War and Change in World Politics, Cambridge/Mass. 1981; *Gottfried-Karl Kindermann* (Hrsg.): Grundelemente der Weltpolitik. Eine Einführung, München [4]1991, und richtungsweisend *Kenneth N. Waltz* (Theory of International Politics, New York 1979), der den Neorealismus mit dem strukturalistischen Ansatz verband. Einen aktuellen Beitrag aus neorealistischer Sicht bieten: *Carlo Masala, Ralf Roloff* (Hrsg.): Herausforderungen der Realpolitik: Beiträge zur Theoriedebatte in der internationalen Politik, Köln 1998.

[45] Vgl. *Emanuel Richter*: Auf dem Weg zu einer neuen Weltordnung – auf ausgetretenen Pfaden der Moralphilosophie. Neue amerikanische Beiträge zu einer Ethik der internationalen Beziehungen, in: Neue Politische Literatur 37 (1992), S. 77-92.

ralen Fragen, denen sich die Internationale Politik in diesem Kontext zuwandte, war und ist die nach der Neuordnung der internationalen Beziehungen bzw. nach der Ausgestaltung der so genannten *Neuen Weltordnung*.[46] Diese Diskussion erfolgt schulenübergreifend und markiert zugleich die Überlagerung der verschiedenen Forschungstraditionen. Ähnlich wie in der gesamten Politikwissenschaft sind die Grenzen zwischen den einzelnen Schulen undeutlicher geworden, ohne dass man behaupten könnte, dass es gar keine unterschiedlichen Grundpositionen mehr gibt. Immerhin sind Ansätze, die sich weitgehend auf monokausale Erklärungen stützen, kaum noch zu finden. Insgesamt sind die neueren Ansätze meist differenzierter, sie kombinieren auf unterschiedliche Weise Annahmen der verschiedenen genannten Schulen und unterscheiden sich untereinander im wesentlichen dadurch, welche *Interessen* (Macht, Prestige, Sicherheit, Wohlstand usw.) und welche kognitiven bzw. psychischen *Eigenschaften* (Rationalität, Risikoscheu/-freude, Moralität, Wahrnehmungsfähigkeit usw.) sie den entscheidenden Akteuren zuschreiben.

Eine interessante Ausdifferenzierung der Diskussion ist in den neunziger Jahren zu beobachten.[47] Maßgeblich ist sie mit dem so genannten *Konstruktivismus* verbunden, der zu einer neuen Akzentsetzung in der Theoriedebatte führte. Begleitet wurde diese von einer Annäherung der beiden dominanten Theorieschulen (a) des (Neo-)Realismus und (b) der aus der idealistischen Tradition stammenden (neo-)liberalen Varianten. Während diese beiden auf der erkenntnistheoretischen Ebene von einer objektivierbaren Weltsicht ausgehen, betonen Konstruktivisten bzw. Vertreter einer reflexiven Schule den konstruktivistischen Aspekt in der Erfassung der Wirklichkeit selbst. Diese sei nicht objektiv gegeben, sondern gleichfalls nur ein Konstrukt der sie beschreibenden Akteure. Damit macht diese Forschungsrichtung auf die subjektive Konstruk-

---

[46] Vgl. *Albrecht Zunker* (Hrsg.): Weltordnung oder Chaos?, Baden-Baden 1993.

[47] Vgl. *Heiner Hänggi*: Sozialer Konstruktivismus als goldene Brücke? Zur jüngsten Theoriedebatte in der Disziplin der internationalen Beziehungen, in: Bulletin (1) 1998, S. 32-41, und die verschiedenen Beiträge in der ZIP zu dieser Thematik sowie *Alexander Wendt*: Anarchy is what States make of it: The Social Construction of Power Politics, in: International Organization, 46 (Spring 1992) 2, S. 391-425; ders.: Constructing International Politics, in: International Security 20 (1) 1995, S. 71-81.

Internationale Beziehungen 159

tion von Wirklichkeit aufmerksam, die in Untersuchungen zur Wahrnehmungsverzerrung und zur Perzeptionsdisposition internationaler Akteure produktiven Niederschlag findet. In einer radikalen Zuspitzung der Position geraten konstruktivistische Ansätze allerdings in die Gefahr, die rationalen Grundlagen wissenschaftlicher Verständigung zu untergraben, indem sie letztlich zentrale Kategorien infrage stellen (empirische Überprüfbarkeit, „objektive" Begriffsbildung).

Eine Vermittlung zwischen beiden Positionen versucht der *soziale Konstruktivismus*, der die Anregungen der reflexiven Kritik aufnehmen möchte, ohne die rationalen Forschungstraditionen aufzugeben.[48] Nach Hänggi lassen sich drei Hauptaussagen dieser Position zusammenfassen:[49] (a) Die grundlegenden Strukturen des internationalen Systems sind primär sozialer Natur. Relevant sind materielle Ressourcen nur vor dem Hintergrund der bestehenden intersubjektiven Regelungen, Normen und Symbole sowie der bestehenden Praktiken und Gewohnheiten. (b) Durch die Interaktion mit anderen verändern Akteure des internationalen Systems ihre Merkmale (Identität und Präferenzen). (c) Akteure und Strukturen konstituieren sich wechselseitig. Sie existieren nicht unabhängig von einander.

Eine Integration verschiedener Forschungstraditionen zeichnet sich auch in der *Diskussion des außenpolitischen Entscheidungsprozesses* ab. Die Analyse außenpolitischer Entscheidungen gilt zwar seit ihren Anfängen als eine der bedeutsameren Aufgaben der Teildisziplin, jedoch lassen sich erst ansatzweise entsprechende Theorien finden. Einen ersten Impuls, der sich gegen die lange dominierende These des Primats der Außenpolitik richtet, lieferte *James Rosenau*, der jedoch nur ein kategoriales Muster für die Analyse vorschlägt, in dem er Innen- und Außenpolitik miteinander vernetzt.[50] Neu angestoßen wurde diese theoretische Debatte von *Robert Putnam*, der den Einfluss gesellschaftlicher Interessen auf

---

[48] *Otto Keck*: Zur sozialen Konstruktion des Rational-Choice-Ansatzes. Einige Klarstellungen zur Rationalismus-Konstruktivismus-Debatte, in: Zeitschrift für Internationale Beziehungen 4 (1997), S. 139-151.

[49] Vgl. *Hänggi* 1998 (Anm. 47), S. 36.

[50] *James N. Rosenau*: Pre-Theories and Theories and Foreign Policy, in: *R. Barry Farrell* (Hrsg.), Approaches to Comparative and International Politics, Evanston 1966; *David J. Singer*: The Level-of-Analysis Problem in International Relations, in: World Politics, 14 (Oct. 1961) 1, S. 77-92.

160   Hans-Joachim Lauth/Ruth Zimmerling

außenpolitische Entscheidungen mit Hilfe so genannter ‚Zwei-Ebenen-Spiele' modellierte.[51] Ein Ergebnis dieser Überlegungen ist die Erkenntnis, dass das Machtpotenzial eines staatlichen Akteurs nicht fest gegeben ist, sondern auf einer Vielzahl variabler Faktoren beruht, für die binnengesellschaftliche und innenpolitische Veränderungen ebenso eine Rolle spielen wie die der Interaktion (Verhandlungen, Konflikten) zugrunde liegenden Wahrnehmungen, die sich zudem – wie der Konstruktivismus betont – im Verlauf der Interaktion ändern können.

3. Friedenssicherung zwischen Konflikt und Kooperation

Kommen wir jetzt zurück auf den Aspekt der Chancen und Gefahren internationaler Beziehungen und betrachten ihn etwas genauer. Es ist wohl nicht allzu gewagt zu behaupten, dass traditionell den – vor allem aus Konflikten drohenden – Gefahren und den Möglichkeiten ihrer Eindämmung in der Politikwissenschaft mehr Aufmerksamkeit geschenkt wurde als der Betrachtung der Chancen. Das liegt an der bis heute dominierenden Vorstellung von der Grundstruktur des internationalen Systems: Innerhalb eines Staates ist jeder Akteur gegen Rechtsverstöße der anderen zumindest im Idealfall durch glaubwürdige staatliche Sanktionsdrohungen gesichert. Dagegen gibt es auf internationaler Ebene zwar die Normen des Völkerrechts sowie zahlreiche Verträge, Abkommen, Vereinbarungen und auch Gremien,[52] die der Willkür nationalstaatli-

---

[51] Vgl. *Robert Putnam*: Diplomacy and Domestic Politics: The Logic of Two-Level Games, in: International Organization Jg. 42, 1988/3, S. 427-460; hinsichtlich der Relevanz für internationale Regime: *Bernhard Zangl*: Interessen auf zwei Ebenen. Internationale Regime in der Agrarhandels-, Währungs- und Walfangpolitik, Baden-Baden 1999; einen Überblick zur aktuellen außenpolitischen Theoriedebatte gibt: *Laura Neack* u. a.: Foreign Policy Analysis – Continuity and Change in Its Second Generation. Englewood Cliffs, N. J. 1995. Ein Anwendungsbeispiel ist: *Jörg Faust*: Diversifizierung als außenpolitische Strategie – Chile, Mexiko und das pazifische Asien, Opladen 2000.

[52] Vgl. *Otto Kimminich, Stephan Hobe*: Einführung in das Völkerrecht, Stuttgart [7]2000; *Alfred Verdross, Bruno Simma*: Universelles Völkerrecht. Theorie und Praxis, Berlin [3]1984.

Internationale Beziehungen 161

chen Handelns auch nach außen gewisse Grenzen setzen, aber die Akteure des internationalen Systems konnten bisher nicht auf die Absicherung von Rechtspositionen durch eine übergeordnete Exekutivgewalt vertrauen. Im Konfliktfall blieb jeder Rechtsträger und insbesondere jeder Staat für die Durchsetzung seiner Rechte und Ansprüche weitgehend auf so genannte *Selbsthilfe* – wenn auch oft in Zusammenarbeit mit anderen Staaten – angewiesen.

Damit tritt die Sorge um eine optimale Sicherheitspolitik in den Vordergrund. Die oben zitierte klassische Empfehlung ‚Wenn du Frieden willst, rüste für den Krieg!‘ ist vor diesem Hintergrund zu verstehen: Selbst Nichtangriffspakte mit allen anderen Staaten können in einer Welt, in der keine übergeordnete Instanz deren allseitige Einhaltung garantiert (in der also letztlich internationale *Anarchie* herrscht), die Vorbereitung auf einen Verteidigungskrieg nicht überflüssig machen; denn nur die glaubwürdige Abschreckung – so das Argument weiter – könne andere davon abhalten, zur Erhöhung ihres eigenen Sicherheitsgefühls ‚präventiv‘ Krieg zu führen. Erst wenn die eigene Verteidigungskraft größer sei als die Offensivkraft jedes möglichen Angreifers, könne man sich wirklich sicher fühlen. Das altbekannte Problem mit diesem Argument ist, dass es für alle Staaten gleichermaßen gilt. Wenn aber eigentlich alle im Dienste der eigenen Sicherheit aufrüsten müssen, dann kehrt zwangsläufig das Sicherheitsproblem für alle auf *jedem* Rüstungsniveau immer wieder – die Rüstungsspirale kann kein Ende finden, das Bedürfnis nach Sicherheit nie befriedigt werden. Dieser Teufelskreis, der seit den fünfziger Jahren in der Literatur als *Sicherheitsdilemma* (weder Nichtaufrüsten noch Aufrüsten löst das Sicherheitsproblem) bekannt ist, gehört zu den beunruhigendsten Gefahren der internationalen Politik.

Neben dem Risiko, Opfer eines Präventivkrieges zu werden, besteht zudem die Gefahr, einem ‚echten‘, aus reinem Machtwillen geführten Angriffskrieg ausgesetzt oder aber durch die unkontrollierbar gewordene Eskalation eines Interessenkonfliktes in eine – eigentlich von keiner Seite gewollte – militärische Auseinandersetzung hineingezogen zu werden. Die Wahrnehmung, dass in der Zeit des Kalten Krieges und der nuklearen Abschreckung das Risiko einer solchen Eskalation des Ost-West-Konflikts ziemlich hoch war, hat international und auch in der BRD große Anstrengungen im Bereich der *Friedens- und Konfliktforschung* motiviert.[53] Allgemeines

---

[53] Eines der wichtigsten Foren zu dieser Thematik, das *Journal of Conflict Resolution*, erscheint seit 1957. Zu den international renommiertesten

162   Hans-Joachim Lauth/Ruth Zimmerling

Ziel dieser Forschungsrichtung ist es, Mechanismen der Konflikt-
entwicklung bzw. Bedingungen für die Friedenssicherung zu erkennen und daraus politische Handlungsanleitungen abzuleiten. Dabei
hat sich das Forschungsfeld im Zuge der Veränderungen des internationalen Systems immer weiter ausgedehnt. Während die Gefahr
einer militärischen Auseinandersetzung zwischen den Supermäch-
ten im Ost-West-Konflikt zwar nicht endgültig gebannt, aber doch
zunehmend eingedämmt schien, wuchs das Bewusstsein, dass diejenigen Konflikte, die tatsächlich zu Kriegen führten, ganz anderer
Art waren. Sie betrafen vor allem Länder der ,Dritten Welt' und
schienen ihre Wurzeln in erster Linie in strukturellen Umständen
der Unabhängigkeit zu haben (Grenzkonflikte, Verteilungskonflikte um lebenswichtige oder exportfähige Rohstoffe wie z. B. Wasser oder Erdöl, Konflikte innerhalb heterogener Bevölkerungen u.
Ä.). Die daraus resultierende Einsicht in die Vielfalt potentieller
Kriegsursachen (politisch-ideologische, territoriale, ökonomische,
ökologische, ethnische, religiöse usw.) hat die Friedens- und Konfliktforschung zu einem wahrhaft interdisziplinären Fachgebiet gemacht, das über die Grenzen der Internationalen Beziehungen und
sogar der Politikwissenschaft insgesamt weit hinausreicht.[54]
    Das Sicherheitsdilemma selbst kann zwar von der Konfliktfor-
schung nicht gelöst werden, weil es ja von Konflikten unabhängig
ist, also auch in der ,besten aller denkbaren Welten', in der kein
Land zum Angriffskrieg aus bloßem Machtdrang bereit – oder politisch in der Lage – und in der das Problem ungewollter Konflik-
teskalation endgültig gelöst wäre, noch bestehen bliebe. Doch inzwischen wird dieses Problem nicht mehr ganz als ausweglos
betrachtet. Es scheint, als hätte die lange dominierende Vorstellung,
dass Staaten in ihrer internationalen Politik in erster Linie Macht-
interessen verfolgen und dass es dabei wegen der Sicherheitsprob-

---

    einschlägigen Forschungs- und Politikberatungsinstituten gehören z. B.
    das *Stockholm International Peace Research Institute* (SIPRI) oder auch
    die *Hessische Stiftung Friedens- und Konfliktforschung* (HSFK) in
    Frankfurt a. M.
[54] Umfassende Einführungen in die Thematik einer interdisziplinär ange-
    legten Friedens- und Konfliktforschung bieten *Peter Imbusch* (Hrsg.):
    Friedens- und Konfliktforschung. Eine Einführung mit Quellen, Wies-
    baden ³2005; *Thorsten Bonacker*: Konflikttheorien. Eine sozialwissen-
    schaftliche Einführung mit Quellen, 1996. Anschauungsmaterial zu ak-
    tuellen Konfliktfeldern findet sich u. a. in dem alljährlich beim
    Beck-Verlag (München) erscheinenden *Jahrbuch Frieden*.

lematik letztlich immer um militärische Macht gehe, den Blick auf mögliche Lösungen des Sicherheitsdilemmas nur zeitweilig verstellt. Denn schließlich ist nicht zu vergessen, dass zunehmende internationale Beziehungen nicht nur Gefahren, sondern auch Chancen bieten.

Die Chancen bestehen vor allem darin, dass in internationaler Kooperation manche Probleme gelöst werden können, die für einzelne Staaten in isolierter Anstrengung gar nicht mehr zu bewältigen sind,[55] und dass in anderen Bereichen gemeinsame Unternehmungen zwar nicht unbedingt notwendig sind, aber für alle Beteiligten Vorteile mit sich bringen können. Spätestens seit Adam Smith's Überlegungen über die Entstehung nationalen Wohlstands (1776)[56] ist bekannt, dass unter bestimmten Umständen internationale *Arbeitsteilung* für alle Seiten vorteilhaft sein kann. Derselbe Adam Smith hatte aber auch schon darauf hingewiesen, dass eine solche Arbeitsteilung zwangsläufig zu gegenseitiger *Abhängigkeit* führt.

Lange wurde diese Abhängigkeit von den meisten Politikern und Theoretikern ausschließlich als Nachteil aufgefasst.[57] Schließlich wird durch Abhängigkeit die autonome Handlungsfähigkeit, die *Souveränität* der betroffenen Staaten beeinträchtigt. Erst seit einigen Jahrzehnten verfolgt man wieder stärker den Gedanken, dass gerade hierin eine Lösung für das Sicherheitsdilemma liegen könnte. Sind nämlich zwei Länder z. B. wirtschaftlich voneinander abhängig, also etwa hinsichtlich der Zusammensetzung ihrer Im- und Exporte aufeinander angewiesen, dann weiß jedes vom anderen, dass es ein Interesse an der Aufrechterhaltung der bestehenden Beziehung hat; ein Abbruch würde für beide Seiten Nachteile mit sich bringen. Diese Einsicht kann einiges dazu beitragen, das gegenseitige Vertrauen und Sicherheitsgefühl zu erhöhen. Gegenseitige Ab-

---

[55] Man denke nur an die weiter oben schon angesprochene globale Problematik des Umweltschutzes, an die weltweit wachsende Zahl von Hungerflüchtlingen oder allgemeiner an die Entwicklungsprobleme der meisten Länder.

[56] *Adam Smith*: An Inquiry into the Nature and Causes of the Wealth of Nations, zahlreiche Ausgaben (u. a. dt.: Der Wohlstand der Nationen. Eine Untersuchung seiner Natur und seiner Ursachen, übers. von H. C. Recktenwald, München [5]1990).

[57] Daraus folgte z. B. das Streben nach nationaler Selbstversorgung. Die französische Agrarpolitik etwa lässt sich noch heute als ein Reflex solcher Auffassungen ansehen.

164   Hans-Joachim Lauth/Ruth Zimmerling

hängigkeit *(Interdependenz)* muss also unter bestimmten Bedingungen (sofern die Beziehung nicht allzu ungleichgewichtig ist) gar kein Übel, sondern kann sogar ein Vorteil sein.[58]

An diesem Argument für den möglichen Nutzen von Interdependenz zeigt sich etwas für viele Themen der Internationalen Politik recht Typisches: Die Grundüberlegung ist keineswegs neu (sie lässt sich in diesem Fall mindestens bis auf Kants Schrift *Zum ewigen Frieden* [1795] zurückverfolgen[59]). Neu sind jedoch die Systematik und die Methoden, mit denen die Tragfähigkeit und Reichweite, die logische Stringenz und historische Stichhaltigkeit des Arguments überprüft werden können.[60]

Auf diese Weise wurde es in den letzten Jahren möglich, die Strukturen bislang nicht oder nur schwer erfassbarer Phänomene und Entwicklungen der internationalen Beziehungen klarer zu erkennen und so neue Lösungsansätze zu entdecken oder bekannte Überlegungen besser zu begründen. Die Forschung zum Zustandekommen, aber auch zum Scheitern von Kooperations- und Koordinationsprozessen hat davon besonders profitiert. So ist einerseits das Wissen darüber, warum Staaten oft selbst dann *nicht* zur Zusammenarbeit finden, wenn dies offenkundig zum allseitigen Vorteil wäre, jetzt schon viel größer als noch vor wenigen Jahren. Andererseits lässt sich heute aber auch zeigen, dass es sogar unter Bedingungen von Ungewissheit – die als ein Haupthindernis für die Entstehung von Zusammenarbeit erkannt wurde – die vorteil-

---

[58] Eine vielbeachtete Auseinandersetzung mit diesen Begriffen und Zusammenhängen findet sich schon in *Keohane/Nye* 1977 (Anm. 39).

[59] Vgl. zur Aktualität und Relevanz der Kantschen Überlegungen etwa *Michael W. Doyle*: Liberalism and World Politics, in: APSR 80 (1986) 4, S. 1151-1169. Im Anschluss an Doyles Aufsatz ist in den vergangenen Jahren eine sehr umfangreiche politikwissenschaftliche Literatur zum so genannten ‚demokratischen Frieden‘ entstanden; vgl. Ernst-Otto Czempiel: Kants Theorien. Oder: Warum sind die Demokratien (noch immer) nicht friedlich?, in: ZIB Jg. 3 (1) 1996, S. 79-101; Risse-Kappen, Thomas: Democratic Peace – War like Democracies? A Social Constructivist Interpretation of the Liberal Argument, in: European Journal of International Relations 1995 (4), S. 491-517.

[60] Hier ist etwa an die Spieltheorie und den Rationalwahl-Ansatz zu denken; da solche Herangehensweisen schon früher in der Ökonomik benutzt wurden, hat sich für sie auch die etwas irreführende Bezeich-nung ‚Neue politische Ökonomie‘ eingebürgert. Vgl. dazu auch den Beitrag von *Peter Thiery* in diesem Band.

Internationale Beziehungen 165

hafteste Strategie sein kann, selbst den ersten Schritt zur Kooperation zu tun, ohne Vorleistungen zu fordern, und dann so lange
weiter zu kooperieren (ohne eventuelle Chancen für ‚Alleingänge'
zu ergreifen), wie die Partner dies auch tun.[61] Dies ist ein weiterer
Schritt zur Erklärung, warum das Verhalten von Staaten tatsächlich häufig Regeln und Normen entspricht und nicht immer an direkten kurzfristigen Eigennutz-Kalkülen ausgerichtet zu sein
scheint. Sind die Strukturen solcher Entscheidungssituationen erst
einmal abstrakt durchschaut, dann lassen sich die Erkenntnisse offenbar auch auf die praktisch-politische Ebene übertragen. Wie
normengeleitetes Handeln im internationalen System entsteht, sich
entwickelt und auswirkt, ist folglich in den vergangenen zwanzig
Jahren zum Thema einer immer gewichtiger werdenden Forschungsrichtung innerhalb der Internationalen Beziehungen geworden.[62]

4. Aktuelle Debatten und Perspektiven

Die aktuelle Diskussion in der Disziplin der internationalen Beziehungen lässt sich unter zwei Perspektiven betrachten. Zum einen
hat die theoretische Auseinandersetzung an Bedeutung gewonnen,
wie unter anderem die Beiträge in der *Zeitschrift für internationale Beziehungen* (ZIB) verdeutlichen. Zum anderen werden Herausforderungen und Probleme auf der Ebene der empirisch beobachtbaren Phänomene zum Anlass für weitere Forschungen
genommen.[63] Da auch das mit einer empirischen Fragestellung verbundene Erkenntnisinteresse in der Regel mit einer theoretischen

---

[61] Die schon legendäre Pionierarbeit zu dieser ‚Tit-for-Tat' (‚Wie-du-mir-
so-ich-dir') genannten Strategie stammt von *Robert Axelrod*: The Evolution of Cooperation, New York 1984 (dt.: Die Evolution der Kooperation, München 1990).

[62] Alle hier angeschnittenen Fragestellungen werden ausführlich behandelt
in *Arthur A. Stein*: Why Nations Cooperate. Circumstance and Choice
in International Relations, Ithaca, N. Y. 1990. Bahnbrechend zur Rolle
von Normen in der internationalen Politik ist *Friedrich V. Kratochwil*:
Rules, Norms, and Decisions. On the Conditions of Practical and Legal
Reasoning in International Relations and Domestic Affairs, Cambridge
u. a. 1989.

[63] Vgl. dazu die Beiträge in den Zeitschriften *Internationale Politik und
Gesellschaft* und *WeltTrends*.

166   Hans-Joachim Lauth/Ruth Zimmerling

Ausrichtung verbunden ist, überlagern sich im konkreten Untersuchungsfall beide Perspektiven, wenngleich mit unterschiedlicher Schwerpunktsetzung. Ein Phänomen, das die Diskussion in besonderem Maße aus beiden Sichtweisen anregte, ist das der *Globalisierung*.[64] In der Disziplin der Internationalen Beziehungen werden mit dieser Thematik verschiedene Fragen angesprochen.

Zunächst gilt es, den Begriff selbst zu klären, der sich im Gebrauch vieler Autoren als äußerst schillernd erweist und daher dringend einer Präzisierung bedarf. Werden damit intentional gesteuerte Prozesse (z. B. im Rahmen der UNO oder internationaler Organisationen) oder ‚naturwüchsige‘ Entwicklungen erfasst, die sich der politischen Steuerung entziehen? Ist Globalisierung ein eindimensionales oder multidimensionales Phänomen, das politische, ökonomische, soziale und kulturelle Veränderungen umfasst? Was unterscheidet sie von dem Prozess der Internationalisierung?

Eine zweite Aufgabe erwächst aus dem Interesse, die Prozesse der Globalisierung empirisch nachzuweisen. Sind es in der Tat neue Prozesse, wie beispielsweise mit Hinweis auf die stark gewachsenen Finanztransfers und die Kommunikationsintensivierung behauptet wird, oder sind es eher ‚ideologische‘ Entdeckungen, die kaum eine reale Fundierung haben und lediglich dazu dienen sollen, gesellschaftliche Umstrukturierungen zu ermöglichen und abzusichern?

Drittens stellt sich die (stark kontrovers diskutierte) Frage nach den Auswirkungen von Globalisierung, die im Bereich der Internationalen Beziehungen vor allem mit dem Thema der Bestandsfähigkeit oder Angemessenheit national konstituierter Demokratien aufgegriffen wurde.[65] Im Mittelpunkt steht die These, dass die

---

[64] Vgl. den Beitrag von *Peter Imbusch/Hans-Joachim Lauth* in diesem Band. Mit einem ersten Hinweis auf eine Begriffsbestimmung lässt sich Globalisierung als „Prozess der Ausweitung der Verdichtungsräume gesellschaftlicher Interaktionen" verstehen (Gregor Walter in Lexikon der Politik Bd. 7: Politische Begriffe, hrsg. von Nohlen/Schultze/Schüttemeyer, München 1998, S. 233).

[65] Vgl. *David Held*: Changing Contours of Political Community: Rethinking Democracy in the Context of Globalization, in: *Michael Greven* (Hrsg.): Demokratie – eine Kultur des Westens?, Opladen 1998, S. 249-261; *Wolfgang Streeck* (Hrsg.): Internationale Wirtschaft, nationale Demokratie. Herausforderungen für die Demokratietheorie, Frankfurt/New York 1998; *Herbert Dittgen*: Grenzen im Zeitalter der Globalisierung: Überlegungen zur These vom Ende des Nationalstaates, in: ZPol 1/1999, S. 3-26.

Internationale Beziehungen   167

vielfältigen Globalisierungsprozesse die Steuerungsfähigkeiten
nationaler Regierungen und damit das zentrale Element der demokratischen Selbstbestimmung unterminieren (vgl. auch die These
von der ‚Entgrenzung' und dem ‚Ende des Nationalstaats').[66] Dabei werde das demokratische Defizit auf internationaler Ebene jedoch nicht kompensiert, da entweder Institutionen fehlen oder bestehende selbst nicht ausreichend demokratisch legitimiert sind.

Mit der Frage nach den Auswirkungen sind viertens auch wirtschaftliche Reaktionsweisen von Staaten angesprochen (s. ‚Wett-
bewerbsstaat'), die aus internationaler Perspektive vor allem mit
Prozessen der Regionalisierung und Integration (s. EU, NAFTA,
Mercosur, ASEAN) verbunden sind. Beide Prozesse drängen zur
Klärung der Konsequenzen für das internationale System, seine
Akteure und Struktur. Eine besonders intensive Diskussion erfährt
hierbei der bereits länger andauernde Prozess der europäischen Integration. Die EU weist inzwischen etliche Merkmale (z. B. gemeinsame Währung, EuGH) auf, die im klassischen Verständnis
eine Domäne des Nationalstaates waren. Die Abgabe nationaler
Kompetenzen findet in konzeptionellen Überlegungen zu neuen
komplexen Regierungsformen ihren Ausdruck, die auf theoretischer Ebene in Überlegungen zu Mehrebenenmodellen diskutiert
werden.[67]

Mit der Thematisierung unterschiedlicher Auswirkungen ist
fünftens ein weiterer Fragenkomplex angesprochen, der bereits aus
anderen Gründen – nämlich sowohl im Kontext der Nord-Süd-Aus-
einandersetzungen (mit der Forderung nach einer ‚Neuen Weltwirtschaftsordnung') als auch nach dem Ende des Ost-West-Konfliktes (vgl. die Debatte um eine ‚Neue Weltordnung') – auf der Agenda
stand. Diskutiert werden wünschenswerte und realisierbare Gestaltungsformen des internationalen Systems, um die erkannten Probleme und Defizite zu minimieren. Gesucht wird also eine gute und
gerechte Ordnung und damit etwas, das – wie die Ausführungen
im Beitrag zur politischen Philosophie zeigen – nicht ohne Bezug
zu grundlegenden theoretischen Kontroversen zu behandeln ist.[68]

---

[66] *Ulrich Beck* (Hrsg.): Politik der Globalisierung, Frankfurt/Main 1998.
[67] Vgl. *G. Marks* u. a.: Governance in the European Union, London 1996.
[68] Ein exemplarisches Beispiel dafür, dass globale Ordnungsentwürfe an
philosophische und ethische Überlegungen anknüpfen müssen, ist die
Studie von *Otfried Höffe*: Demokratie im Zeitalter der Globalisierung,
München 1999.

168   Hans-Joachim Lauth/Ruth Zimmerling

Eine dieser Kontroversen behandelt die Universalität von Menschenrechten.[69] Eine andere konzentriert sich auf die Suche nach geeigneten Formen internationaler Verrechtlichung im Rahmen der UNO (vgl. die vorliegenden Reformvorschläge), die zugleich dazu beitragen, das Demokratiedefizit abzubauen.[70] Eine weitere Frage beschäftigt sich mit der Rechtfertigung von Intervention in andere Staaten, die im Kontext des zweiten Golfkriegs an Bedeutung gewonnen hat.[71]

Zu beobachten ist hierbei ein *Wandel der traditionellen Souveränitätsvorstellung* in wirtschaftlichen Bereichen (z. B. die Forderungen nach einer ‚Anpassungspolitik' seitens des IWF), bei ökologischen Problemfeldern oder auch in Fragen der Menschenrechte. So gibt es innerhalb der Vereinten Nationen heute bekanntlich Bestrebungen, bei massiven Menschenrechtsverletzungen sogar militärische Interventionen zu gestatten bzw. zu befehlen; einen ersten und folgenreichen Einschnitt in die nationalstaatlichen Souveränitätsrechte bedeutete die Sicherheitsrat-Konvention 688 im Gefolge des Golfkriegs.[72] Die militärischen Reaktionen auf die eth-

---

[69] Hierbei steht die Vorstellung, dass unterschiedliche religiös, ethnisch oder regional geprägte Auffassungen (z. B. die so genannten „asiatischen Werte") Geltung haben sollten, einer universalistischen Position gegenüber. Vgl. *Gunter Schubert*: Die Menschenrechte zwischen Universalität und Partikularität – einige grundsätzliche Überlegungen zum interkulturellen Dialog aus westlicher Perspektive, in: *Michael Greven* (Hrsg.): Demokratie – eine Kultur des Westens?, Opladen 1998, S. 123-136.

[70] Vgl. *Klaus Dicke*: Effizienz und Effektivität internationaler Organisationen: Darstellung und kritische Analyse eines Topos im Reformprozess der Vereinten Nationen, Berlin 1994. Angesprochen ist damit die Möglichkeit einer ‚Weltinnenpolitik'; vgl. *Hans-Joachim Lauth*: Zwischen nationaler Souveränität und Zentralisierung: Föderalismus als Ordnungskonzept einer Weltinnenpolitik, in: Jahrbuch für Politik 2, Baden-Baden 1995, S. 319-345.

[71] Hierzu gehört auch die Frage, die sich an die Menschenrechtsdebatte anschließt, nämlich inwieweit Demokratisierungsprozesse von außen unterstützt werden sollen. Vgl. *Rolf Hanisch* (Hrsg.): Demokratieex-port in die Länder des Südens? Hamburg 1996; *Siegmar Schmidt*: Die Demokratie- und Menschenrechtsförderung der Europäischen Union unter besonderer Berücksichtigung Afrikas, München, Forschungsstelle Dritte Welt am Geschwister-Scholl-Institut, Arbeitspapier 28/1999.

[72] In dieser Konvention vom 5.04.1991 beschloss der Sicherheitsrat Maßnahmen zum Schutz der kurdischen Bevölkerung im Irak.

Internationale Beziehungen 169

nisch motivierten ‚inneren' Kriege im ehemaligen Jugoslawien
(Bosnien, Kosovo) sowie in Ost-Timor bestätigen diesen Trend,
nicht nur Aggression nach außen (auf andere Staaten) als friedens-
verletzend zu verstehen. Hinzu kommt die zunehmende Bereitschaft, bestimmte Arten von Verbrechen (Folter, Völkermord) als
internationale Delikte zu betrachten, deren Ahndung nicht mehr allein der jeweiligen nationalen Justiz überlassen sein sollte. Die Einrichtung der internationalen Tribunale zur Verfolgung von Menschenrechtsverletzungen im ehemaligen Jugoslawien und in
Ruanda sowie die (gegen den erbitterten Widerstand der USA zustande gekommene) Einrichtung eines Internationalen Strafge-
richtshof belegen dies ebenso wie die Entscheidungen britischer
Gerichte zugunsten der Legalität der Auslieferung des früheren chi-
lenischen Präsidenten Augusto Pinochets an Spanien im Jahre
1999.[73]
Die Disziplin der Internationalen Beziehungen beschäftigt sich
im Übrigen nicht nur mit Fragen von Konflikt und Frieden, aufgegriffen werden gleichfalls die vielschichtigen Aspekte von *Entwicklung*. Ein Gesichtspunkt dabei ist die wachsende internationale Wohlstandskluft zwischen Industriestaaten und vielen
Entwicklungsländern, die sich nicht zuletzt in der fortbestehenden
Verschuldungsproblematik zeigt.[74] Weiterhin gewinnen Umweltprobleme und Ressourcenknappheit (Energie, Wasser, Boden)
zunehmend als Thema der internationalen Beziehungen an Bedeutung. Das absehbare Ende der traditionellen Wachstumsvorstellun-
gen wirft neue normative Fragen auf: Müsste nicht eine Entwick-
lungsvorstellung formuliert werden, die für alle Menschen im
Sinne einer ‚Eine-Welt-Perspektive' die Chance auf ein menschen-
würdiges Leben enthält (*sustainable development*), und würde dies
nicht ein erneutes Aufgreifen der Verteilungsfrage und zwar im globalen Maßstab bedingen? Können die Industrieländer als Haupt-
verursacher des Treibhauseffekts ohne umfassende Umbaumaß-
nahmen auskommen?[75] Einen ersten weltweiten Anlauf zur

---

[73] Das juristische Tauziehen um Pinochet ist in deutscher Sprache dokumentiert in: *Heiko Ahlbrecht, Kai Ambos* (Hrsg.): Der Fall Pinochet(s).
Auslieferung wegen staatsverstärkter Kriminalität?, Baden-Baden 1999.
[74] Vgl. den Beitrag von *Klaus Bodemer* in diesem Band.
[75] Vgl. den Bericht der Enquete-Kommission ‚Schutz der Erdatmosphäre'
des Deutschen Bundestages (‚Klimaveränderung gefährdet globale Entwicklung'), Bonn 1992 und den Umstrukturierungsvorschlag von

Thematisierung globaler Perspektiven stellten die UN-Konferenz für Umwelt und Entwicklung 1992 in Rio de Janeiro und ihre Folgekonferenzen dar. Solche Überlegungen betreffen auch das Feld der Entwicklungspolitik, die dann stärker mit anderen Politikfeldern – vor allem der Außenpolitik – abgestimmt werden müsste. Gefragt sind hierbei neue, integrierte Konzepte internationaler Entwicklungszusammenarbeit.[76]

Konsequenzen für die wissenschaftliche Auseinandersetzung lassen sich an dieser Stelle nur andeuten. Die Analyse internationaler Beziehungen muss der wachsenden Komplexität der Problemlage Rechnung tragen. Die Einbeziehung der verschiedenen Faktoren erfordert klare und eindeutige Definitionen und brauchbare Operationalisierungen der betreffenden Begriffe.[77] Methodisch hat es sich als sinnvoll erwiesen, zwischen ‚objektiven‘ Faktoren oder Situationen selbst und ihrer ‚subjektiven‘ Wahrnehmung durch die beteiligten Akteure zu unterscheiden. Viele der angesprochenen Fragen tangieren andere Teildisziplinen der Politikwissenschaft – sei es politische Philosophie und Theorie oder *comparative politics*.[78] Die Vielschichtigkeit der Fragen, die große Zahl von Akteuren und auch der Bruch von Kontinuitäten erschweren die Theoriebildung in den Internationalen Beziehungen. Die von Czempiel mit plausiblen Argumenten aufgestellte Behauptung, dass bislang kein Modell existiert, welches das internationale System adäquat abzubilden vermag, ist weiterhin zutreffend.[79] Prognosen, vor allem sehr konkreten, ist daher in diesem Bereich mit

---

BUND, Misereor und Wuppertaler Institut (Hrsg.): Zukunftsfähiges Deutschland, Basel/Berlin 1996.

[76] Vgl. EG-Kommission. Mitteilung der Kommission an den Rat und das Europäische Parlament: Die Politik der Entwicklungszusammenarbeit bis zum Jahr 2000 (Die Beziehungen der Gemeinschaft zu den Entwicklungsländern mit Blick auf die Politische Union). Konsequenzen des Vertrags von Maastricht, (SEK (92) 915 endg. vom 15. Mai 1992). *Christiane Kesper, Hans-Joachim Lauth, Sven Schwersensky*: Europäische Entwicklungspolitik nach dem Vertrag von Maastricht, in: Außenpolitik (4) 1993, S. 403-411.

[77] Vgl. den Beitrag von *Christian Welzel* in diesem Band.

[78] Vgl. die Beiträge von *Peter Birle/Christoph Wagner, Michael Becker, Peter Thiery* und *Jörg Faust/Hans-Joachim Lauth* in diesem Band.

[79] Vgl. *Ernst-Otto Czempiel*: Internationale Beziehungen: Begriff, Gegenstand und Forschungsabsicht, in: *Manfred Knapp, Gert Krell*: Einführung in die Internationale Politik, München 1990, S. 2-25, S. 9.

Internationale Beziehungen   171

besonders großer Skepsis zu begegnen, wie das für viele unerwartete Ende des Ost-West-Konfliktes deutlich zeigt. Gerade wegen dieser Situation muss die Wissenschaft von den Internationalen Beziehungen nach wie vor bemüht sein, Grundelemente und -mechanismen des internationalen Systems aufzuzeigen, um die anstehenden Probleme so weit verstehen zu lernen, dass eine besser fundierte Formulierung von Lösungsstrategien möglich wird. Diese praxisorientierte Dimension der Wissenschaft sollte nicht aus den Augen verloren werden. Hierbei ist nicht nur an technische Lösungen gedacht, sondern auch an die Herausarbeitung und Konkretisierung normativer Richtlinien etwa in der Tradition des Völkerrechts (UNO), die Anleitungen z. B. für die Beantwortung der Frage geben können, unter welchen Bedingungen militärische Interventionen möglicherweise rechtlich oder auch moralisch gerechtfertigt oder gar geboten sind.[80] Generell steht die Ausarbeitung von Alternativen zur Debatte, die helfen könnten, die unübersehbaren Defizite der bestehenden Verhältnisse zu überwinden.

Annotierte Auswahlbibliografie

von Beyme, Klaus u. a.: Politikwissenschaft. Eine Grundlegung, Band III, Außenpolitik und Internationale Politik, Stuttgart 1987.
   Eine didaktisch ansprechende Einführung in die internationalen Beziehungen anhand verschiedener Themenfelder. Enthält Prüfungsaufgaben mit Lösungen sowie ein Glossar zu den gängigen Fachausdrücken.
Boeckh, Andreas (Hrsg.): Internationale Beziehungen, Lexikon der Politik, Bd. 6, München 1993.
   Bietet informative Kurzartikel zu allen Bereichen der internationalen Beziehungen.
Donelan, Michael: Elements of International Political Theory, Oxford 1992.
   Die LeserInnen werden quasi als ‚Augenzeugen' eines fiktiven Diskussionsforums von Vertretern der fünf wichtigsten theoretischen Schulen der Internationalen Beziehungen in elf ‚Sitzungen' mit den Hauptzügen jeder Schule und den Hauptdiskussionspunkten zwischen den Schulen vertraut gemacht.
Dougherty, James E.; Pfalzgraff, Robert L.: Contending Theories of International Relations, New York ⁴1997.

---

[80] Vgl. *Kai Ambos*: Der Irakkrieg und das Völkerrecht, Berlin 2004.

172   Hans-Joachim Lauth/Ruth Zimmerling

Ein hervorragender, kenntnisreicher Überblick über die Geschichte der Theorie der internationalen Beziehungen (Schulen, theoretische Ansätze, Autoren) mit umfangreichen Hinweisen auf die jeweils relevante Literatur.

Knapp, Manfred; Krell, Gert (Hrsg.): Einführung in die internationale Politik, München/Wien [3]1996.
Vorgestellt werden zentrale Fragen und Begriffe sowie Akteure der internationalen Politik. Behandelt werden außerdem zentrale Konfliktfelder des internationalen Systems und regionale und globale Ordnungsprobleme.

Lehmkuhl, Ursula (Hrsg.): Theorien Internationaler Politik. Einführung und Texte, München/Wien [3]2001.
Dieser Reader führt in verschiedene Theorieansätze der internationalen Beziehungen ein, die jeweils mit repräsentativen Texten vertreten sind.

Viotti, Paul R.; Kauppi, Mark V. (Hrsg.): International Relations Theory. Realism, Pluralism, Globalism, and Beyond, Prentice Hall 1998.
Die wichtigsten Schulen und Fragestellungen der Internationalen Beziehungen werden jeweils durch eine didaktisch gut aufbereitete Darstellung der Herausgeber eingeführt; zu jedem Thema folgt eine Reihe ‚klassischer' Texte sowie eine umfangreiche Literaturliste.

Woyke, Wichard (Hrsg.): Handwörterbuch Internationale Politik, Opladen [9]2004.
Ein unverzichtbares aktuelles Nachschlagewerk mit übersichtlichen, knappen Beiträgen zu den wichtigsten Begriffen und Bereichen der internationalen Beziehungen.

Grundlagen- und weiterführende Literatur

Albrecht, Ulrich (Hrsg.): Die Vereinten Nationen am Scheideweg. Von der Staatenorganisation zur internationalen Gemeinschaftswelt? Hamburg 1998.

Baylis, John/ Smith, Steve (Hrsg.): The Globalization of World Politics, Oxford [3]2004.

Beisheim, B. u. a.: Im Zeitalter der Globalisierung, Baden-Baden 1999.

Bendel, Petra / Hildebrandt, Mathias (Hrsg.): Im Schatten des Terrorismus. Hintergründe, Strukturen, Konsequenzen des 11. Septembers 2001, Wiesbaden 2002.

Bull, Hedley: The Anarchical Society. A Study of Order in World Politics, Houndmills u .a. 1977.

Bellers, Jürgen: Politische Kultur und Außenpolitik im Vergleich. München 1999.

Carlsnaes, Walter/ Risse, Thomas/ Simmons, Beth (Hrsg.): Handbook of International Relations, London 2002.

Internationale Beziehungen 173

Chwaszcza, Christine; Kersting, Wolfgang (Hrsg.): Politische Philosophie
der internationalen Beziehungen, Frankfurt a. M. 1998.
Czempiel, Ernst-Otto: Kluge Macht. Außenpolitik für das 21. Jahrhundert,
München 1999.
Ferdowsi, Mir A. (Hrsg.): Internationale Politik im 21. Jahrhundert, München 2002.
Giering, Claus: Europa zwischen Zweckverband und Superstaat. Die Entwicklung der politikwissenschaftlichen Integrationstheorie im Prozeß
der europäischen Integration, Bonn 1997.
Grande, Edgar/ Risse, Thomas: Bridging the Gap. Konzeptionelle Anforderungen an die politikwissenschaftliche Analyse von Globalisie-
rungsprozessen, in: ZIB 2000 (7), S. 235-266.
Grieco, Joseph M.: Anarchy and the Limits of Cooperation. A Realist Critique of the Newest Liberal Institutionalism, in: International Organization 42 (1988), S. 485-507.
Guzzini, Stefano: Realism in International Relations and International Political Economy, London 1998.
Hill, Christopher; Beshoff, Pamela (Hrsg.): Two Worlds of International
Relations. Academics, Practitioners and the Trade in Ideas, London
1994.
Kaiser, Karl; Maull, Hanns W. u. a. (Hrsg.): Deutschlands neue Außenpolitik, Bd. 1-4, München 1994-1998.
Kaiser, Karl; Schwarz, Hans-Peter (Hrsg.): Weltpolitik im neuen Jahrhun-
dert, Schriftenreihe der Bundeszentrale für politische Bildung Bd.
364, Bonn 2000.
Kohler-Koch, Beate; Woyke, Wichard (Hrsg.): Die Europäische Union, Le-
xikon der Politik Bd. 5, München 1996.
Krell, Gert: Weltbilder und Weltordnung. Einführung in die Theorie der in-
ternationalen Beziehungen, Baden-Baden ³2004.
List, Martin u. a.: Internationale Politik. Probleme und Grundbegriffe,
Opladen 1995.
Menzel, Ulrich: Zwischen Idealismus und Realismus. Die Lehre von den
internationalen Beziehungen, Frankfurt/Main 2001.
Moravcsik, Andrew: Taking Preferences Seriously. A Liberal Theory of In-
ternational Politics, in: International Organisation Jg. 51 (4)
1997:513-553.
Rittberger, Volker (Hrsg.): Theorien der Internationalen Beziehungen, PVS-
Sonderheft 21, Opladen 1990.
Rittberger, Volker; Zangl, Bernhard: Internationale Organisationen – Poli-
tik und Geschichte, Opladen ³2003.
Rode, Reinhard: Deutsche Außenpolitik, Chur 1996.
Ruggie, John Gerard: Constructing the World Polity. Essays on Internatio-
nal Institutionalization, London 1998.
Schimmelfennig, Frank: The EU, NATO and the Integration of Europe: Ru-
les and Rhetoric, New York 2004.

Senghaas, Dieter (Hrsg.): Frieden machen, Frankfurt a. M. 1997.

Shaw, Malcolm N.: International Law, Cambridge u.a. ^{5}2003.

Tauras, Olaf; Meyers, Reinhard; Bellers, Jürgen (Hrsg.): Politikwissenschaft III: Internationale Politik, Münster 1994.

Tesón, Fernando R.: A Philosophy of International Law, Boulder, Col. 1998.

Thompson, Janna: Justice and World Order, London 1992.

Walt, Stephen M.: International Relations: One World – Many Theories, in: Foreign Policy (spring) 1998, S. 29-46.

Wendt, Alexander: Social Theorie of International Politics, Cambridge 1999.

Zangl, Bernhard; Zürn, Michael: Interessen in der internationalen Politik: Der akteursorientierte Institutionalismus als Brücke zwischen interessenorientierten und normorientierten Handlungstheorien, in: Zeitschrift für Politikwissenschaft 9:3 (1999) S. 923-950.

Zürn, Michael: Regieren jenseits des Nationalstaates. Globalisierung und Denationalisierung als Chance, Frankfurt/Main 1998.

Klassische und moderne politische Philosophie

Michael Becker

1. Einleitung

Die politische Philosophie, die hier als Teilbereich der Politikwissenschaft vorgestellt wird, war ursprünglich ein Element unter anderen innerhalb umfassender philosophischer Systeme und stand mehr oder weniger gleichberechtigt neben der Ethik, der Erkenntnistheorie und Ontologie, der Logik und der Ästhetik. Ihre Aufgabe bestand in nichts Geringerem, als in Konkurrenz zu bzw. in Nachfolge von theologischen Weltdeutungen Ordnungen menschlichen Zusammenlebens zu rechtfertigen. Diese Aufgabe war von Anfang an deshalb heikel, weil es nicht nur um die Legitimation von Ordnung überhaupt, sondern um die Auffindung der „guten" oder „besten" Ordnung ging und diese Modelle unmittelbar praxisrelevant waren oder zumindest werden konnten. Eine einflussreiche, idealistische Lösung dieser Legitimationsaufgabe bestand in dem Nachweis unveränderlicher, „ewiger" Ideen oder apriorischer Prinzipien im Rahmen einer „Metaphysik" – verstanden als eine Wissenschaft, die sich mit den nicht empirisch fassbaren Grundlagen menschlicher Erkenntnis oder zwischenmenschlicher Ordnung beschäftigt.

Die Position der „Königin der Wissenschaften" hat die Philosophie einerseits zwar verloren, sie wird jetzt gelegentlich als „Platzhalter" gehandelt, als Refugium, in dem von vernünftigen Grundannahmen aus Modelle entwickelt werden, die dann einer empirischen Überprüfung unterzogen werden müssen. Andererseits ist jedoch anhand zeitgenössischer Theorieentwürfe erkennbar, dass sie sich zu einer weitgehend eigenständigen Teildisziplin mit zum Teil äußerst komplexen Modellen emanzipiert hat.[1]

---

[1] Man kann die politische Philosophie von der politischen Theorie durch die Annahme unterscheiden, dass erstere *normative* Kriterien für eine politische Ordnung vorgibt und damit Empfehlungen ausspricht, wie diese gerechterweise beschaffen sein *soll*, während letztere rein deskriptiv verfährt. Diese Annahme lässt sich zwar nicht generell durchhalten, wird aber bei der in diesem Band vorgenommenen Trennung zwischen „Theorie" und „Philosophie" aus pragmatischen Gründen vorausgesetzt. Sie

176   Michael Becker

Im Folgenden werden diejenigen Themen vorgestellt, die im
Zentrum der politischen Philosophie stehen und z. T. auch aus einem Alltagskontext heraus vertraut sein dürften.

Als Erstes sei der Begriff der „Herrschaft" im Hinblick auf die
„Demokratie" untersucht. Der Begriff „Demokratie" taucht u. a. an
ganz prominenter Stelle, nämlich in Art. 20 Abs. 1 des Grundgesetzes auf. Dort wird die Bundesrepublik Deutschland als demokratischer (und sozialer) Bundesstaat qualifiziert und in Art. 20 Abs. 2
GG wird dazu näher ausgeführt: „Alle Staatsgewalt geht vom Volke aus." Mit dieser Festlegung auf den Grundsatz der Volkssouveränität entsteht das Problem ihrer Organisation: Die Prinzipien der
Gewaltenteilung, der Mehrheitsregel und der Repräsentation werden relevant. Mit diesen Begriffen und Institutionen sind wir derart
vertraut, dass ihre möglicherweise (auch) problematischen Konsequenzen nur selten ins Blickfeld rücken. Aber nicht nur diese Prinzipien, sondern auch der all dies überwölbende Grundsatz der Herrschaft des Volkes muss gerechtfertigt werden, soll Demokratie nicht
bloß als historische Zufälligkeit betrachtet werden (Abschnitt 2).

Einen zweiten zentralen Themenkreis innerhalb der politischen
Philosophie bilden die Anthropologien oder Modelle des Menschen. Zu fragen ist in diesem Zusammenhang etwa, wo der Typus des eigeninteressierten Menschen seine ideellen ‚Wurzeln' hat,
inwiefern er die mittlerweile einzig angemessene Akteurs-Model-
lierung darstellt und wenn nicht, auf welche Alternativ-Konzepte
sich diejenigen berufen, welche die Entfremdungserscheinungen
in der modernen Gesellschaft kritisieren (Abschnitt 3).

Gleichfalls von grundsätzlicher Bedeutung sind die Fragen nach
der Gerechtigkeit einer weitgehend oder ausschließlich durch ökonomische Handlungen hergestellten Güterverteilung innerhalb einer Gesellschaft. Darf der Staat z. B. in das so genannte „freie Spiel
der Marktkräfte" eingreifen, soll er die ökonomisch Schwächeren
unterstützen, also z. B. finanzschwache Studierende durch BaföG?
(Abschnitt 4).

Ein vierter ausführlicher zu behandelnder Themenkomplex besteht in der Frage nach dem Verhältnis des liberalen Rechtsstaates
zu jenen gemeinschaftlichen oder gesellschaftlichen Normen, die

---

soll keinesfalls dazu verleiten, die „Deskriptivität" der politischen Theorie mit „Modernität" und die „Normativität" der politischen Philosophie
mit „Traditionalität" gleichzusetzen. Vgl. dazu auch den Beitrag von *Peter Thiery* in diesem Band.

Klassische und moderne politische Philosophie   177

ihm immer schon vorausliegen. In diesem Zusammenhang werden wichtige Positionen aus der Liberalismus-Kommunitarismus-Diskussion zu erörtern sein (Abschnitt 5).

Hinsichtlich dieses Fragenkatalogs haben sich in der politischen Philosophie über zweieinhalbtausend Jahre hinweg fruchtbare Dialoge, aber natürlich auch tief gehende Kontroversen und nicht selten höchst polemische Auseinandersetzungen mit den jeweiligen Vorgängern entwickelt. Aus den vielfältigen Beziehungen der einzelnen Theorien lässt sich, wie zu zeigen sein wird, mindestens zweierlei herauslesen. Erstens lassen sich auch mit „alteuropäischem" Gedankengut zumindest einige moderne Probleme analysieren und Wege zu ihrer Lösung aufzeigen. Und zweitens und damit zusammenhängend: Politische Philosophie verstand sich ursprünglich, und das heißt bei Aristoteles, als eine praktische Disziplin. Als solche ist sie gekennzeichnet durch einen eigenen Gegenstandsbereich und durch ein eigenes Erkenntnisinteresse, das praktische, das gegenüber dem ebenfalls auf dem Feld des Politischen anzutreffenden technischen mit guten Gründen zu verteidigen ist.[2]

2. Die Legitimität demokratischer Herrschaft

Das komplexe Thema der demokratischen Herrschaft lässt sich unter einer ganzen Reihe von Aspekten diskutieren. Eine der klassischen, wenn auch mittlerweile nicht mehr zentralen herrschaftsspezifischen Fragen lautete: Wer soll herrschen? Untersucht man dies ideengeschichtlich, dann fällt auf, dass der Demokratiebegriff – anders als heutzutage – nicht immer positiv bestimmt war. *Platon* (427-347) hat z. B. in seinem Dialog *Der Staat* (oder *Politeia*) die Demokratie als eine „schlechte", weil ungerechte Herrschaftsform charakterisiert.[3] „Schlecht" ist die Demokratie in den Augen

---

[2]   Die angesprochene Eigenständigkeit der politischen Philosophie vertritt sehr dezidiert z. B. *Wilhelm Hennis* in: Politik und praktische Philosophie. Schriften zur politischen Theorie, Stuttgart 1981, S. 1-130. Zum Konzept der sog. „Einheitswissenschaft" des Kritischen Rationalismus, das diese bestreitet, siehe die einschlägigen Beiträge von *Karl Popper* und *Hans Albert* in: *Theodor W. Adorno* u. a.: Der Positivismusstreit in der deutschen Soziologie, Darmstadt/Neuwied [10]1982.
[3]   Vgl. zum folgenden *Platon*: Politeia 557a-564e. (Zitiert nach: *Platon*. Sämtliche Werke, hrsg. von *E. Grassi* unter Mitarbeit von *W. Hess*, Ham

178   Michael Becker

Platons deshalb, weil in ihr jeder Bürger die größtmögliche Freiheit erstrebe, um tun zu können, „was er will". Die Demokratie mache die Unabhängigkeit von Personen und Gesetzen zu ihrem Prinzip und betrachte in dieser Hinsicht alle als gleich. Dieser unbändige Drang nach absoluter Freiheit müsse aber notwendigerweise in deren Gegenteil, in vollkommene Knechtschaft umschlagen – er provoziere geradezu die Entstehung der Tyrannei. Die Entwicklung der „schlechtesten" oder „ungerechtesten" aus der „besten" Staatsform ist bei Platon eingebettet in eine Art „negativer Dialektik": Die Deformierung der von ihm – via Ideenschau – kategorisch als „beste" ausgezeichneten Herrschaftsform, die in den Varianten der Monarchie und der Aristokratie auftreten kann, ist maßgeblich bedingt durch den jeweils vorherrschenden bzw. sich durchsetzenden Menschen- oder „Seelen"-Typus. Sie durchläuft mit der Timokratie, in der sich die ursprünglich durch Tugendhaftigkeit ausgezeichneten Aristokraten verstärkt materiellen Interessen zuwenden, der Demokratie, in der vor allem die besitzbezogenen, aber auch alle anderen Unterschiede zwischen den Bürgern eingeebnet werden, und schließlich der Tyrannis insgesamt vier Stadien mit jeweils abnehmender Güte von Mensch und Verfassung.

Aristoteles (384-322) hat in seinem Hauptwerk, der *Politik,* diese Klassifizierung empirisch unterfüttert, indem er die verschiedenen zu seiner Zeit bekannten Verfassungen in sein berühmtes Sechser-Schema hat einfließen lassen. Dort unterscheidet er, ähnlich wie sein Lehrer Platon, drei „gute", am Gemeinwohl orientierte und drei „schlechte", weil durch den Eigennutz der Herrschenden geprägte Verfassungen. Die Differenzierung erfolgt außerdem anhand der Zahl der Herrschenden: Entweder herrscht einer oder mehrere oder viele (alle). Daraus ergeben sich die Gegensatzpaare[4] Monarchie-Tyrannei, Aristokratie-Oligarchie und Politie-Demokratie. Gemäß dieser Einteilung ist die Demokratie, wie bei Platon, also eine „schlechte" Herrschaftsform.

Jean-Jacques Rousseau (1712-1778) hat der demokratischen Herrschaft dagegen eine grundsätzlich positive Bedeutung zuge-

---

burg 1958, Bd. III). Alle fremdsprachigen Klassiker werden nach leicht zugänglichen, deutschsprachigen (Taschenbuch-)Ausgaben zitiert. Da diese Übersetzungen nicht immer zuverlässig sind, ist es unumgänglich, zumindest im Falle neusprachlicher Autoren, den betreffenden Text auch in seiner Originalfassung zu studieren.

Klassische und moderne politische Philosophie   179

wiesen und damit einen Prototyp des modernen Demokratiever-
ständnisses geschaffen. In seinem *Gesellschaftsvertrag*[5] entwirft
er ein Modell direkter Demokratie, genauer gesagt der Republik,
in dem der Grundsatz der Autonomie zentral ist, also der Grundsatz, dass sich das Volk seine Gesetze selbst gibt. Gesetze werden
nicht mehr von einem absoluten Monarchen erlassen, sondern ent-
springen dem allgemeinen Willen des Volkes, der „volonté générale". Um diesen feststellen zu können, bedarf es jedoch einer tatsächlichen Anwesenheit, einer unmittelbaren Partizipation aller
Bürger. Und dies ist auch der Grund, weswegen Rousseaus Republik nach eigenem Bekunden nur in kleinen Staaten Chancen zur
angemessenen Realisierung hat, weil nur dort eine Volksversammlung organisatorisch im Bereich des Möglichen liegt.

Dass das Volk herrschen solle (wenn auch nicht unbedingt im
Sinne Rousseaus): das bezweifelt heute (fast) niemand mehr. Allerdings bleiben auch für die moderne Demokratie zwei Probleme bestehen: das der Herrschaftsorganisation (2.1) und das der
Rechtfertigung – auch Volksherrschaft muss legitimiert werden
(2.2).

2.1. Zur Frage der Herrschaftsorganisation: Gewaltenteilungs-
und Repräsentationsprinzip

Aus der von Rousseau selbst vorgenommenen Beschränkung der
direkten Demokratie auf kleine Staaten geht schon hervor, dass die
Organisation demokratischer Herrschaft für große Staaten in anderer Weise geregelt werden muss: Das Repräsentationsprinzip
kommt ins Spiel. Es wird gleich zu zeigen sein, dass gerade die
Lösung dieser organisatorischen Frage, wie der Souverän zu vertreten sei (b), aber darüber hinaus auch das Prinzip der Gewaltenteilung (a) Anlass geben, über die angemessene institutionelle Realisierung der Volksherrschaft zu streiten.

---

[4] Zu den verschiedenen Verfassungsschemata und zur Mischverfassung
    der Politie, die dem heutigen Demokratie-Begriff am ehesten entspricht,
    vgl. *Aristoteles*: Politik 1279a25-1280a5 und 1289a25ff. (Zitiert nach
    der von O. Gigon übersetzten und herausgegebenen Ausgabe, München
    [4]1981.)

[5] *Jean-Jacques Rousseau*: Vom Gesellschaftsvertrag oder Prinzipien des
    Staatsrechtes, in: Politische Schriften Bd. 1, Übersetzung und Einfüh-
    rung von L. Schmidts, Paderborn 1977, Buch I, Kap. 6 und 7.

(a) Erste Auskünfte über das Gewaltenteilungsprinzip enthält bereits Aristoteles' Begriff der Politie, den er so verstanden wissen will, dass in ihr aristokratische und demokratische Herrschaftselemente kombiniert sind. In einer solchen Mischverfassung gibt es ein beratendes, für die Gesetzgebung zuständiges Gremium, in dem „alle über alles" beraten, während alle Exekutiv-Ämter in der Hand der an Tugend und Tapferkeit Herausragenden liegen. Die Mitgliedschaft in der Volksversammlung lässt sich als lebenslanges Amt aller freien Bürger verstehen, während z. B. das Amt eines Feldherrn von seiner Kompetenz abhängt und zudem zeitlich begrenzt ist.

In neuzeitlichen Modellen der Gewaltenteilung kommt ein weiteres Motiv hinzu: das Vertrauen bzw. Misstrauen gegenüber den Amts- und Machtinhabern. So z. B. bei *John Locke* (1632-1704), der in seinen *Zwei Abhandlungen über die Regierung*, in Anlehnung an die politische Praxis in England, zunächst zwei Gewalten unterscheidet:[6] erstens die Legislativmacht, die grundsätzlich die Bürger innehaben und die aus Praktikabilitätsgründen auf eine Repräsentativkörperschaft, auf das Parlament, übertragen werden muss, diesem aber im Falle des Missbrauchs jederzeit wieder entzogen werden kann; und zweitens die Exekutivmacht, die zur damaligen Zeit vom König wahrgenommen wurde. Dieser verfügt darüber hinaus über zwei weitere „Gewalten": über die „Föderative", im Sinne der Gestaltungskompetenz für die Außenpolitik, und über die „Prärogative", unter der eine auf Notfälle bezogene Handlungskompetenz des Königs ohne gesetzliche Grundlage zu verstehen ist.

Die Kernidee der Gewaltenteilung übernimmt *Charles de Montesquieu* (1689-1755) in seinem Hauptwerk *Vom Geist der Gesetze*[7]. Aber auch dessen Konzept der Gewaltenteilung unterscheidet sich noch von der uns heute bekannten Form. Zwar findet sich bei ihm das mittlerweile durchgängig institutionalisierte Dreier-Schema, in dem er neben Legislative und Exekutive auch eine Judikative vorsieht, aber diese ist bei ihm noch keine dauerhafte Einrichtung, sondern tritt nur periodisch zusammen. Die Exekutive liegt

---

6 *John Locke*: Zwei Abhandlungen über die Regierung, herausgegeben und eingeleitet von W. Euchner, Frankfurt a. M. 1977, Buch II, §§143ff. und §§159ff.

7 *Charles de Montesquieu*: Vom Geist der Gesetze, Übersetzt und herausgegeben von Ernst Forsthoff, 2 Bde., Tübingen ²1992, Buch XI, Kap. 6.

Klassische und moderne politische Philosophie 181

in der Hand des Monarchen, und die gesetzgebende Gewalt teilen sich die beiden Kammern des Adels und des Volkes. Bei Montesquieu wird, ähnlich wie bei Aristoteles, deutlich, dass das Konzept der Gewaltenteilung ursprünglich auch mit der Heterogenität der Gesellschaft zusammenhängt. Die verschiedenen politischen Gewalten im Staat wurden auf die unterschiedlichen Gesellschaftsschichten oder -klassen (Adel und Volk) verteilt, in der Absicht, keine von beiden ein zu großes Übergewicht erlangen zu lassen.

Was nun die zeitgenössische Kritik der *Gewaltenteilung* angeht, so setzt z.B. diejenige von *Ingeborg Maus* an der in der Verfassung der USA enthaltenen Form des Prinzips an. Denn diese basiere auf dem Prinzip der „wechselseitigen Kontrolle teilsouveräner Staatsapparate, die sich insgesamt gegenüber dem Volkswillen verselbständigen"[8]. Kritisiert werden die starke Stellung des amerikanischen Supreme Court einerseits und das präsidentielle Veto andererseits. Beide Institutionen erscheinen *Maus* deshalb als bedenklich, weil sie jederzeit die Souveränität des Parlaments einschränken können, indem sie formal korrekte Gesetze blockieren. Generell sei festzuhalten, dass in einem präsidentiellen Regierungssystem wie dem der USA, im Unterschied zu einem parlamentarischen Regierungssystem wie dem Großbritanniens, der Wille des demokratischen Souveräns nicht unumschränkt zur Geltung gelangen kann, zumal dann, wenn die konstitutionellen Beschränkungen des Gesetzgebers ihrerseits nicht auf einen demokratischen Ursprung zurückzuführen seien. Auf das hinter dieser Kritik stehende Konzept einer absoluten Volkssouveränität sei gleich noch einmal zurückgekommen.

(b) Die Kritik am *Repräsentationsprinzip*, dem zweiten Organisationsmittel von Herrschaft, ist nicht ganz neu und stammt ursprünglich von Rousseau. Er war ein vehementer Kritiker des Repräsentationsgedankens und vertrat die Auffassung, dass die Bürger in einem repräsentativen Regierungssystem (wie dem damaligen England) nur am Tage der Wahl der Parlamentarier frei seien. Die neuere Kritik des Repräsentationsprinzips von *Hannah Arendt* stützt ihre Argumentation auf Beobachtungen zu den bei-

---

[8] *Ingeborg Maus*: Zur Aufklärung der Demokratietheorie. Rechts- und demokratietheoretische Überlegungen im Anschluss an Kant, Frankfurt a. M. 1992, S. 230. Zur Unterscheidung präsidentieller und parlamentarischer Regierungssysteme vgl. auch den Beitrag von *Peter Birle* und *Christoph Wagner* in diesem Band.

182   Michael Becker

den politischen Großereignissen des 18. Jahrhunderts: der Amerikanischen und der Französischen Revolution.[9] Auffällig sei gewesen, dass sich jeweils in den Anfangsphasen der beiden Revolutionen ein spontanes und breites politisches Interesse der Bürger gezeigt habe. Dieses habe zunächst in ganz formlosen Zusammenkünften seinen Rahmen gehabt und sich im zwanglosen Meinungsaustausch artikuliert. Meinungen sind immer an einen eigenen Standpunkt gebunden, sie sind jedoch nichts „Letztes" und können durch angemessenere Anschauungen, die andere vertreten, ersetzt werden.[10]

Ein nun von Arendt wesentlich mit dieser individuellen Meinung identifizierter „Geist der Revolution", der die gemeinsame (Neu-) Gestaltung des politischen Lebens zum Ziel hat, erlischt paradoxerweise gerade dann, wenn er in inadäquate Institutionen gefasst wird. Auf die Amerikanische Republik bezogen heißt das: „Sie gab zwar dem Volke die Freiheit, aber sie enthielt keinen Raum, in dem diese Freiheit nun auch wirklich ausgeübt werden konnte. Nicht das Volk, sondern nur seine gewählten Repräsentanten hatten Gelegenheit, sich wirklich politisch zu betätigen ..."[11] Authentische Politik muss Arendt zufolge aus den nicht repräsentierbaren Meinungen der Vielen hervorgehen; regelmäßige Wahlen zu Repräsentativkörperschaften seien dafür kein Ersatz. Allerdings muss sich Arendt ihrerseits fragen lassen, inwiefern ihr demgegenüber favorisiertes Konzept der Räte-Demokratie in ausdifferenzierten Gesellschaften überhaupt praktikabel sein würde.

2.2 Die politische Philosophie des Gesellschaftsvertrags und die (Grenzen der) Volkssouveränität

Eines der wichtigsten, wenn nicht *das* wichtigste Thema der modernen politischen Philosophie ist das der Herrschaftslegitimation. Dass staatliche Herrschaft überhaupt begründet (und akzeptiert)

---

[9] *Hannah Arendt*: Über die Revolution, Neuausgabe, München 1974.

[10] Arendt hat die damit ansatzweise skizzierte Theorie politischer Kommunikation später zu einer Neuinterpretation der politischen Philosophie Kants weiterentwickelt in *Hannah Arendt*: Das Urteilen. Texte zu Kants politischer Philosophie, herausgegeben und mit einem Essay von *R. Beiner*, München 1985.

[11] *Arendt* 1974 (Anm. 9), S. 302.

Klassische und moderne politische Philosophie   183

werden muss[12], ist im Wesentlichen eine Folge ihrer Säkularisierung, des Umstands also, dass Herrschaftsverhältnisse nicht mehr, zumindest nicht mehr unumwunden als gottgegeben betrachtet werden können. Die Frage nach der legitimen Herrschaft besitzt zumindest zwei Aspekte: denjenigen der Installierung des Souveräns (a) und denjenigen seiner Vollmachten (b).

(a) Die zentrale Legitimationsfigur in der neuzeitlichen politischen Philosophie ist der Vertrag. Alle Vertragstheoretiker, die auch als *Kontraktualisten* bezeichnet werden, gehen von der Vorstellung aus, dass staatliche Zwangsgewalt nur noch dann zulässig ist, wenn ihr alle im Prinzip zustimmen können. Die Einsetzung staatlicher Herrschaft per Kontrakt ist allerdings nicht als tatsächlicher, sondern als fiktiver Akt, als ein Gedankenexperiment zu betrachten. Die Begründung, warum das menschliche Zusammenleben überhaupt staatlich und rechtlich geregelt werden soll, variiert von Autor zu Autor. Vier der wichtigsten seien ganz knapp vorgestellt.

Der Begründer der neuzeitlichen Vertragstheorie ist *Thomas Hobbes* (1588-1679). Seine im *Leviathan* vorgestellte Konzeption sieht die freien und gleichen Menschen im Naturzustand, also der hypothetischen Situation, in der noch kein Staat und keine Gesellschaft bestehen, in einer Art Kriegszustand, in der niemand seines Lebens sicher sein kann.[13] Die Individuen kommen deshalb überein, einen Gesellschaftsvertrag zu schließen, in dem jeder jedem garantiert, auf sein natürliches „Recht auf alles" – auch auf das Leben anderer – zu verzichten. Und die staatliche Gewalt, die einzusetzen die Einzelnen vereinbaren, soll die Einhaltung dieses Verzichts gewährleisten. Sie soll mit anderen Worten das friedliche Zusammenleben der Menschen ermöglichen oder besser: erzwingen. Der unter diesen Voraussetzungen eingesetzte Souverän ist absolut im vollen Wortsinn, weil er, einmal installiert, an keine Weisung gebunden ist. Es gibt keinen Herrschaftsvertrag, der die

---

[12] Anders jedoch *Richard Rorty*: Der Vorrang der Demokratie vor der Philosophie, in: ders.: Solidarität oder Objektivität? Drei philosophische Essays, Stuttgart 1988, S. 82-125.

[13] Vgl. dazu *Thomas Hobbes*: Leviathan oder Stoff, Form und Gewalt eines kirchlichen und bürgerlichen Staates, herausgegeben und eingeleitet von Iring Fetscher, Frankfurt a. M. 1984, Teil I, Kap. 13. (Siehe auch die deutschsprachige Leviathan-Ausgabe in der Übertragung von Jutta Schlösser, Hamburg 1996.)

184   Michael Becker

Modalitäten des Verhältnisses zu den Herrschaftsunterworfenen regelte. Einen (Gesellschafts-)Vertrag abzuschließen heißt demgegenüber für die Beteiligten

> „einen Menschen oder eine Versammlung von Menschen bestimmen, die deren Person verkörpern sollen, und bedeutet, daß jedermann alles als eigen anerkennt, was derjenige, der auf diese Weise seine Person verkörpert, in Dingen des allgemeinen Friedens und der allgemeinen Sicherheit tun oder veranlassen wird, und sich selbst als Autor alles dessen bekennt und dabei den eigenen Willen und das eigene Urteil seinem Willen und Urteil unterwirft"[14].

Hobbes' Vertrag begrenzt die staatliche Gewalt nicht und er begründet keine demokratische Herrschaft. Die „Freiheiten der Untertanen" beschränken sich bei ihm auf jene Gebiete, die durch die Allmacht des Souveräns nicht geregelt sind, vor allem auf die Freiheit des Kaufs und des Tauschs.

In dem eher friedlichen Naturzustand, den John Locke konstruiert, besitzen die Individuen ein „natürliches Recht" an ihrer eigenen Person, das sie auch zu ihrer Selbsterhaltung und zur Bestrafung der gegen sie gerichteten Handlungen autorisiert. Daraus resultiert jedoch die Verlegenheit, dass die Menschen gezwungen sind, Richter in eigener Sache zu sein. Lockes Vertrag ist daher darauf ausgerichtet, diese individuelle Richter-Gewalt in eine staatliche zu transformieren mit dem Ziel, die von Natur aus vorhandenen (will heißen: nicht gesetzten) Rechte zu schützen. Der Zusammenschluss zu einem „politischen Körper" (*body politick*) ergibt sich dann aus dem je individuellen Kalkül,

> „sich selbst, seine Freiheit und sein Eigentum besser zu erhalten (denn man kann von keinem vernünftigen Wesen voraussetzen, daß es seine Lebensbedingungen mit der Absicht ändere, um sie zu verschlechtern). Man kann deshalb auch nie annehmen, daß sich die Gewalt der Gesellschaft oder der von ihr eingesetzten Legislative weiter erstrecken soll als auf das gemeinsame Wohl."[15]

Ein neuer Aspekt im Vertragsdenken erscheint bei Rousseau. Zwar schließen die Individuen bei ihm, genauso wie bei Hobbes, untereinander einen Gesellschaftsvertrag zugunsten eines Dritten, des Souveräns, der dann vollkommen uneingeschränkt herrschen soll. Aber dennoch enthält diese Vertragskonzeption eine Besonderheit:

---

[14] *Hobbes* Leviathan (Anm. 13), Teil II, Kap. 17, S. 134.
[15] *Locke* Zwei Abhandlungen (Anm. 6), Buch II, §131, S. 281.

Klassische und moderne politische Philosophie 185

die Einzelnen sollen nach Vertragsabschluss – anders als bei Hobbes – genauso frei sein wie zuvor.[16] Die Auflösung des Rätsels besteht darin, dass die Vertragschließenden selbst den Souverän verkörpern. Die Bürger, als vernünftige, gemeinwohlorientierte *citoyens*, geben sich selbst, als den auf Eigennutz bedachten *bourgeois*, Gesetze, die für den Erhalt des politischen Körpers erforderlich sind.

Das von Rousseau formulierte Autonomieprinzip hat *Immanuel Kant* (1724-1804) zunächst in seine Moralphilosophie übernommen. Kant hat dort die Frage „Was soll ich tun?" damit beantwortet, dass man überprüfen müsse, ob diejenige Richtlinie (Maxime), nach der man zu handeln gedenkt, auch für alle anderen Menschen in der gleichen Situation gelten könne. Das heißt, nach Kant verhält sich der moralisch verantwortliche Mensch, der den kategorischen Imperativ befolgt, wie ein individueller Gesetzgeber. Aber auch in seiner „Staatslehre" folgt Kant dem mit der Volkssouveränität Rousseau'scher Provenienz gewiesenen Weg der Selbstgesetzgebung. Auch Kant ist, was bisweilen übersehen wird, Kontraktualist. Bei ihm übernimmt der Vertrag jedoch eine besondere Funktion: Er ist Beurteilungskriterium für existierende Staaten, so unvollkommen und ungerecht diese auch sein mögen:

> „... der G e i s t jenes ursprünglichen Vertrages (anima pacti originarii) enthält die Verbindlichkeit der konstituierenden Gewalt, die R e g i e r u n g s a r t jener Idee angemessen zu machen, und so sie, wenn es nicht auf einmal geschehen kann, allmählich und kontinuierlich dahin zu verändern, daß sie mit der einzig rechtmäßigen Verfassung, nämlich der einer reinen Republik, i h r e r W i r k u n g n a c h zusammenstimme ..."[17]

Kants Vertragstheorie ist also weniger revolutionär als reformerisch (weswegen sie gelegentlich auch als konservativ bezeichnet wurde), weil durch sie der jeweils aktuelle Machthaber (zu Zeiten Kants z.B. Friedrich II.) ‚lediglich' gehalten ist, seine Gesetzgebung so zu gestalten, *als ob* sie dem gesetzgebenden Willen des Volkes entsprungen sei. Der aufgeklärte Monarch, mit dem Kant rechnete, hatte also bis auf Weiteres Demokratie zu simulieren!

---

[16] *Rousseau* Vom Gesellschaftsvertrag (Anm. 5), Buch I, Kap. 6.

[17] *Immanuel Kant*: Die Metaphysik der Sitten; zitiert nach der Werkausgabe, herausgegeben von W. Weischedel, 12 Bde., Frankfurt a. M. 1974, Bd. VIII, S. 464.

186   Michael Becker

Interessant ist nun, dass einer der wichtigsten zeitgenössischen Kontraktualisten, *John Rawls*, sich ursprünglich an Kants Moraltheorie, nicht an seiner Staatslehre orientiert hat. Rawls ging davon aus, dass die Prinzipien einer gerechten politischen Ordnung von Menschen in einem Urzustand (*original position*) zu wählen seien. Dieser ist durch den Schleier des Nichtwissens (*veil of ignorance*) charakterisiert, der garantieren soll, dass keine der Personen etwas darüber weiß, welche Position sie später in der Gesellschaft einnehmen wird, welche Bedürfnisse und Fähigkeiten sie hat. Die Besonderheit dieses Urzustandes ist, dass er „eine verfahrensmäßige Deutung von *Kants* Begriff der Autonomie und des Kategorischen Imperativs" darstellt. Das heißt, die Situation des Urzustandes ist so zugeschnitten, dass die Individuen als ausschließlich vernünftige Wesen betrachtet werden, die die Verfassungsprinzipien unparteilich und unabhängig von egoistischen Motiven auswählen.[18]

(b) Was ist nun zu der zweiten der oben aufgeworfenen Fragen im Zusammenhang der Herrschaftslegitimation, derjenigen nach den legitimen Vollmachten des legitimen Souveräns zu sagen? Hinsichtlich der politischen Grundbegrifflichkeiten ist insofern von einer „politischen Theologie" gesprochen worden, als sie die Bedeutung, die sie im Kontext einer ursprünglich theologischen Rechtfertigung der Welt besaßen, in den säkularen Bereich der Politik hinübergenommen hätten. Diese Vermutung hat nirgends mehr Plausibilität als bei dem neuzeitlichen Souveränitätsbegriff, denn dem politischen Souverän werden nicht selten gottgleiche Kompetenzen zugeschrieben.

Ein Blick hinüber zu der juristischen Staatsphilosophie zeigt, dass dort alle drei möglichen Varianten des Verhältnisses von allmächtigem Souverän und Verfassung vertreten werden. Danach existiert entweder *im* Verfassungsstaat gar kein Souverän oder aber die Volkssouveränität wird als prinzipiell nicht verfassbar betrach-

---

[18] *John Rawls*: Eine Theorie der Gerechtigkeit, Frankfurt a. M. 1979. Für die *Rawls'schen* Grundannahmen siehe Kap. 3; das Zitat stammt von S. 289. Zu den wichtigsten Modifikationen in *Rawls'* aktueller Theorie gehört, dass er diese moralphilosophische Grundlage seiner Gerechtigkeitsprinzipien ersetzt hat durch einen sich aus unterschiedlichen (Weltanschauungs-)„Lehren" speisenden „überlappenden Konsens" im Hinblick auf diese Prinzipien; siehe sein Politischer Liberalismus, Frankfurt a.M. 1998, Kap. IV.

Klassische und moderne politische Philosophie 187

tet. Schließlich wird behauptet, dass die verfassunggebende Gewalt des Volkes (*pouvoir constituant*) sich durch eine Verfassung selbst binden könne. Diese gelte dann zwar nicht als unabänderlich, aber immerhin als schwer änderbar.[19]

Die beiden letztgenannten Positionen finden sich auch im aktuellen Streit zwischen dem *Konstitutionalismus* und dem *Prozeduralismus* wieder. Ersterer hält eine Einbettung der Demokratie in nicht verfügbares Recht für unerlässlich, letzterer will auch die grundrechtlichen Schranken, die der Demokratie durch die Verfassung gesetzt sind, aus einem demokratischen Prozess hervorgehen lassen. Der Streitgegenstand lässt sich in aller Kürze an einer zentralen Stelle in Kants *Rechtslehre* bestimmen. Kant vertritt dort das Prinzip der Volkssouveränität und damit die Auffassung, dass das ganze als bindend gesetzte ("positive") Recht auf einen Beschluss des demokratischen Souveräns zurückzuführen sei. *Ingeborg Maus* liest Kant vor diesem Hintergrund als einen reinen Prozeduralisten, bei dem die „Vernünftigkeit des Rechts nicht mehr jenseits des Gesetzgebungsprozesses" verortet werden könne. Externe Kriterien, die dem Souverän in Form eines Natur- oder Vernunftrechts vorgeordnet werden, erscheinen vor diesem Hintergrund als „vormodern". Allenfalls könne davon gesprochen werden, dass der normative Gehalt des Naturrechts in die demokratischen Verfahren eingewandert sei. Mit dieser Lesart entsteht jedoch u. a. das erhebliche Problem, Kants Auszeichnung der „Freiheit" als das „einzige, ursprüngliche, jedem Menschen, kraft seiner Menschheit zustehende Recht" ausschließlich als ein Prozesselement verstehen und dann jede (Mehrheits-)Entscheidung des Souveräns als legitim akzeptieren zu müssen.

Die demgegenüber moderatere These von der „Gleichursprünglichkeit" von Freiheitsrecht(en) und Volkssouveränität vertritt *Jürgen Habermas*. Er räumt ein, dass der demokratische Souverän als Autor eines Grundrechte-Katalogs Freiheitsrechte voraussetzen muss:

---

[19] Die angeführten Positionen werden vertreten von *Martin Kriele*: Einführung in die Staatslehre, Opladen ³1988, S. 224; *Carl Schmitt*: Verfassungslehre, Berlin ⁸1993, S. 79; *Ernst-Wolfgang Böckenförde*: Die verfassunggebende Gewalt des Volkes – Ein Grenzbegriff des Verfassungsrechts, in: der.: Staat, Verfassung, Demokratie. Studien zur Verfassungstheorie und zum Verfassungsrecht, Frankfurt a. M. 1991, S. 90-112.

„... diese Rechte sind notwendige Bedingungen, die die Ausübung politischer Autonomie erst *ermöglichen*". Bezeichnenderweise heißt es dann weiter: „als ermöglichende Bedingungen können sie die Souveränität des Gesetzgebers, obwohl sie diesem nicht zur Disposition stehen, nicht *einschränken*. Ermöglichende Bedingungen erlegen dem, was sie konstituieren, keine Beschränkung auf."

Begreift man dagegen das Menschenrecht auf Freiheit als ein *moralisches* Recht, dann ergibt sich eine Argumentationssituation ähnlich derjenigen der Konstitutionalisten, wonach dieses Recht im strengen Sinne vorstaatlich ist und von einem Souverän positiviert werden muss – mit der Folge, dass sich die Verfassungsgesetzgebung und folglich auch die normale Gesetzgebung dann an inhaltlichen Kriterien messen lassen müssen.[20]

3. Politische Anthropologie: Die „Natur" des homo politicus

Hinsichtlich der für die philosophischen Staatskonzeptionen zentralen Frage, worin die Natur des Menschen besteht und wie sie zu ergründen sei, bestand und besteht begründeter Dissens. Die einen gehen davon aus, dass der Mensch, wie jedes andere Lebewesen auch, in erster Linie ein Bedürfniswesen und seine Nutzenmaximierung konfliktverursachend sei. Die anderen sehen im Menschen ein Wesen, das seine Bestimmung, sein „telos" hat, das entwickelt werden muss. Die „Natur" des Menschen besteht demnach gerade nicht in seiner Triebhaftigkeit, sondern in seinem Vernunftpotential, das es zu kultivieren gilt.

Charles Taylor formuliert vor diesem Hintergrund die interessante These[21], dass erstens das Unbehagen der Menschen in mo-

---

[20] Zur Auffassung der Menschenrechte als moralische Rechte siehe z.B. *Georg Lohmann*: Menschenrechte zwischen Moral und Recht, in: Philosophie der Menschenrechte, hrsg. von *Stefan Gosepath* und dems., Frankfurt a. M. 1998, S. 62-95. Das *Habermas*-Zitat stammt aus: Faktizität und Geltung. Beiträge zur Diskurstheorie des Rechts und des demokratischen Rechtsstaats, Frankfurt a. M. 1992, S. 162. Zu *Maus* siehe (Anm. 8), S. 155.

[21] *Charles Taylor*: Legitimationskrise? in: ders.: Negative Freiheit? Zur Kritik des neuzeitlichen Individualismus, Frankfurt a. M. 1988, S. 235-294.

Klassische und moderne politische Philosophie   189

dernen Gesellschaften zu einem guten Teil daher rührt, dass sie
ganz unterschiedliche Ideale des „guten" Lebens gleichzeitig verfolgen. Und er behauptet zweitens, dass dies auch die Legitimität
des Staates bedrohende Konsequenzen hat. Taylor operiert in seiner Analyse mit den anthropologischen Konzepten von Platon und
Rousseau einerseits und Hobbes andererseits, und diese werden zunächst einmal im Folgenden vorgestellt.

Zunächst zu Platon. Im Buch IV der *Politeia* legt er sein dualistisches Menschenbild dar. Genauso wie im Staat, den Platon, nebenbei bemerkt, als einen „großen Menschen" begreift, sind dabei
drei Elemente auseinander zu halten: das „Vernünftige", das, gleich
den Philosophen im Staat, für das Erkennen des Gerechten und Guten zuständig ist; das „Beeifernde", das, wie die Wehrmänner, dem
Vernünftigen bei der Befolgung des Rechten zur Seite steht; und
schließlich das „Begehrliche", das, analog zum Nährstand, für die
Befriedigung der grundlegenden Bedürfnisse zuständig ist. Sowohl
im Staat als auch in der menschlichen Seele müssen diese drei Elemente den ihnen gemäß der „Idee des Staates" zugewiesenen Platz
einnehmen, zumindest wenn im Staat Gerechtigkeit herrschen und
der Mensch gerecht handeln soll. Das heißt, Vernunft und Beei-
ferndes müssen bei Platon

> „dem Begehrlichen vorstehen, welches wohl das meiste ist in der See-
> le eines jeden und seiner Natur nach das Unersättlichste; welches sie
> dann beobachten werden, damit es nicht etwa, durch Anfüllung der
> so genannten Lust des Leibes groß und stark geworden, unternehme,
> anstatt das Seinige zu verrichten, vielmehr die andern zu unterjochen
> und zu beherrschen, was ihm nicht gebührt, und so das ganze Leben
> aller verwirre."[22]

Kann diese Hierarchie nicht aufrecht erhalten werden, tritt der weiter oben (in Kap. 2) erwähnte Zerfallsprozess der guten Herrschaftsordnung ein.

Bevor nun das zu diesem Menschenbild nahezu konträre anthropologische Konzept von Hobbes betrachtet werden kann, muss
auf einen in seinen Konsequenzen kaum zu überschätzenden Wandel in der Neuzeit wenigstens verwiesen werden: auf die Herauf-
kunft des Individuums. Die klassische politische Philosophie war
bestrebt, ewig gültige Ordnungen für das menschliche Leben zu
entdecken oder zu „erschauen". Innerhalb dieser Ordnungsmodel-

---

[22] *Platon* Politeia (Anm. 3), 442a-b.

le, wie beispielsweise in Platons *Politeia* oder dann im mittelalterlichen Weltbild, hatte jeder den ihm zugewiesenen Platz einzunehmen und diesen auszufüllen. Mit dem Aufkommen der Naturwissenschaften und der damit verbundenen Relativierung der religiösen Weltsicht, die durch die Glaubensspaltung im 16. Jahrhundert noch weiter vorangetrieben wurde, änderte sich die Auffassung vom Wesen des Menschen radikal. Denn wenn Kriterien für das gute Leben des Menschen nicht weiterhin von einer äußeren, gottgegebenen Ordnung abhängig gemacht werden können, dann müssen neue Orientierungspunkte *im Menschen selbst* gesucht werden.

Hobbes ist neben *Niccolò Machiavelli* (1469-1527) einer der ersten, der daraus Konsequenzen für die politische Philosophie und die Politik ableitete. Sein Menschenbild ist in einem doppelten Sinn von den neuzeitlichen Veränderungen geprägt. Denn er begreift den Menschen im Ersten Teil des *Leviathan* – in radikaler Abkehr von Aristoteles – erstens als ein grundsätzlich individualistisches Wesen und zweitens als ein primär physisches Objekt, das den Gesetzen der Kausalität unterworfen ist. Aufgrund der ungefähren Gleichheit an Körperkraft und dem Willen zur Selbsterhaltung entsteht unter den Menschen ein „Kampf aller gegen alle" (z. B. um knappe Güter). Deswegen ist, nach Hobbes' berühmtem Ausspruch, „der Mensch dem Menschen ein Wolf" – eine äußerst pessimistische Anthropologie, die allerdings durch den in der Mitte des 17. Jahrhunderts in England tobenden Bürgerkrieg eine empirische Bestätigung zu erhalten schien. In einem Punkt unterscheidet sich der Mensch von anderen Lebewesen: Er besitzt Vernunft. Aber diese spielt bei Hobbes eine ganz andere Rolle als bei Platon. Diente bei Platon die Vernunft der Zügelung der Leidenschaften, so stellt Hobbes sie in deren Dienst, um sie effizienter befriedigen zu können. Die Hobbes'sche Vernunft ist reine Zweckrationalität.[23]

Die von Platon inspirierte Kritik Rousseaus an diesem Menschenbild behauptet nun, in der von Hobbes entworfenen Anthro-

---

[23] *Hobbes* hat seine anthropologischen Ansichten parallel zum *Leviathan* zwischen 1642 und 1658 auch in „Elemente der Philosophie", Bd. I Hamburg 1996 und Bd. II/III Hamburg 1994 formuliert. Insofern dort „Vom Körper", „Vom Menschen" und „Vom Bürger" gehandelt wird, kann man durchaus behaupten, Hobbes begreife den Bürger primär als eine besondere Art von Körper.

pologie spiegele sich nicht die Natur des Menschen, sondern dessen Deformierung durch eine dekadente Gesellschaft wider. Für Rousseau besteht die Natur des Menschen in seiner Empfindsamkeit und in seinem Mitleid mit anderen Menschen. Der natürliche Mensch lasse seine „innere Stimme" zu Wort kommen und verleihe dieser Ausdruck in unverstellten Empfindungen. Dieses folgenreiche romantische Menschenbild vertritt Rousseau allerdings nicht in seinen politischen Schriften, in denen er sich eher an Hobbesschen Prämissen orientiert, sondern an anderer Stelle.[24]

Beide, die Hobbes- und die Rousseau-Linie des guten, naturgemäßen Lebens, prägen, so nun Taylor, den modernen Menschen. In der Gegenwart dominant sei das schier endlose Streben nach Bedürfnisbefriedigung mit seinen enormen ökologischen Kosten. Aber auch das Ideal des empfindsamen Lebens besitze weiterhin Wirksamkeit. Es komme zum Ausdruck u. a. in der noch gar nicht so alten Suche nach Liebe und Geborgenheit in Ehe und Familie. Und auch die Verabsolutierung dieses Ideals müsse letztlich in eine Sackgasse führen. Am Ende, so steht zu befürchten, könnte das Individuum bei der Suche nach *Selbst*verwirklichung tatsächlich nur noch mit sich selbst konfrontiert sein.

Der Versuch des intensiven und gleichzeitigen Auslebens dieser beiden so unterschiedlichen Vorstellungen des „naturgemäßen" Lebens hat auch die Folge, und hier kommen wir auf das von Taylor angesprochene Legitimitätsproblem zurück, dass das Ausmaß der Staatsinterventionen wächst. Denn zum einen bedingt das den individualisierten Lebensstilen geschuldete Auseinanderfallen familiärer Strukturen, dass der Staat in zunehmendem Maße Sozialleistungen bereitstellen, sich z. B. um Arbeitslose, Kranke und Alte kümmern muss. Und zum anderen erfordern die ausufernde Bedürfnisbefriedigung und die daraus resultierenden ökologischen Probleme ebenfalls in stärkerem Maße staatliche Eingriffe. Diese von der modernen Lebensweise selbst provozierten Staatsinterventionen werden von ihren Verursachern dann als lästig oder gar als bedrohlich empfunden, weil sie die Freiheit des Einzelnen einengen; sie ziehen so die Legitimität des Staates in Zweifel.[25]

---

[24] In *Jean-Jacques Rousseau*: Julie oder die neue Héloïse. Briefe zweier Liebenden aus einer kleinen Stadt am Fuße der Alpen, München 1978. Vgl. besonders 5. Teil, 7. Brief.

[25] Vgl. *Taylor* 1988 (Anm. 21), S. 287ff.

192   Michael Becker

Auf eine andere wirkmächtige Modellierung des *homo politicus*
sei abschließend verwiesen. Sie steht im Kontext des bereits angeführten Demokratiebegriffs von Rousseau, wonach Herrscher und
Beherrschte identisch sind. Dahinter verbirgt sich, ähnlich wie bei
Platon, ein dualistisches Menschenbild, in dem ein sinnliches und
ein vernünftiges Element zu unterscheiden ist. Letzteres soll durch
den Gesellschaftsvertrag dominant werden und zwar so, dass auch
hier das Vernünftige über das Sinnliche herrscht. Der Zusammenschluss zum „corps collectif" bewirkt, so Rousseau, beim Menschen eine „bemerkenswerte Verwandlung", denn „anstelle des
Instinkts setzt er die Gerechtigkeit und verleiht seinen Handlungen jene moralische Verpflichtung, die ihnen vorher gefehlt hatte." Dieser Dualismus diente Kant als Vorlage für den in seinen
moralphilosophischen Schriften auftretenden „Bürger zweier Welten" und dieser wiederum wirkt fort innerhalb von *Rawls*' Konzeption des vernunftimprägnierten Urzustandes einerseits und der rationalen Wahl in dieser Situation andererseits.[26]

4. Ökonomie und politische Philosophie

Bevor wir uns einigen der neuzeitlichen Auffassungen zum Verhältnis von Politik und Ökonomie zuwenden, sei kurz darauf eingegangen, dass das „Politische" und das „Ökonomische" Begriffe
sind, die aus dem Griechischen stammen. Im Ersten Buch von Aristoteles' *Politik* findet sich eine diesbezügliche grundlegende Unterscheidung: das der Privatsphäre zuzurechnende Haus, der *oikos,*
umfasst mehrere Gemeinschaften gleichzeitig, die alle aus Gründen der Lebenserhaltung der Einzelnen bestehen: die von Mann
und Frau, die von Vater und Kind und schließlich die von Herr und
Sklave. Ökonomie oder Hauswirtschaft(slehre) beschränkt sich
hier auf die effiziente Bewältigung der alltäglich wiederkehrenden
reproduktionsnotwendigen Tätigkeiten. Der privilegierte Status
des von physischer Arbeit befreiten männlichen Haushaltsvorstan-
des ermöglicht diesem die Teilnahme an einer vom Privatbereich
gänzlich getrennten Einrichtung: an den Beratungen in der Öffentlichkeit der *polis.* Dort bewegt sich der freie Herr unter Gleichen

---

[26] *Rawls* (1979) (Anm. 18), S. 283ff. Das Rousseau-Zitat stammt aus dem
Gesellschaftsvertrag (Anm. 5), Buch I, Kap. 8.

Klassische und moderne politische Philosophie   193

und berät mit ihnen die Lösung der politischen Probleme. Polis und oikos verkörperten somit zwei strikt zu trennende und über die dort vollzogenen Tätigkeiten zu definierende Sphären.

Dass spätestens seit dem 19. Jahrhundert von „politischer Ökonomie"[27] gesprochen werden muss, ist ein weiteres Indiz für die radikalen Veränderungen, die sich innerhalb der Gesellschaften auf ihrem Weg in die Moderne ergeben haben. Die Ausweitung des Handels und vor allem das Aufkommen einer neuen Wirtschaftsmentalität als Voraussetzung des modernen Kapitalismus rücken das in den Vordergrund, was Aristoteles „Kaufmanns- und Erwerbskunst" nannte: die Erzielung von finanziellem Gewinn durch „Umsatz von Gegenständen". Diese aufgrund ihrer prinzipiellen Grenzenlosigkeit von den klassischen Philosophen stets beargwöhnte „Kunst" erhält in modernen Gesellschaften einen ganz neuen Stellenwert.

Eine erste Formulierung der Auffassung, wonach der Staat die ökonomischen Aktivitäten der Bürger zu schützen habe, findet sich bei Hobbes. Denn bei ihm zählten, wie erwähnt, die mit Kauf und Tausch zusammenhängenden Handlungen zu den „Freiheiten der Untertanen", der Gewinn solcher Transaktionen wird zum respektablen Ziel menschlicher Interaktion. Dass auch in Lockes politischer Philosophie, die sich ansonsten von derjenigen von Hobbes grundlegend unterscheidet, ökonomische Fragen eine privilegierte Stellung einnehmen, geht bereits aus den einleitenden Passagen seiner zweiten „Abhandlung" hervor, wo es sehr dezidiert heißt, die staatliche Regierung habe „Regelung und Erhaltung des Eigentums Gesetze mit Todesstrafe und folglich auch allen geringeren Strafen zu schaffen"[28]. Diese Dominanz des Eigentumsbegriffes bei Locke resultiert aus seiner Aneignungstheorie. Der Mensch, so Locke, der von Natur aus ein Recht auf Eigentum an seiner Person habe, verfüge auch über ein Recht an deren Tätigkeiten, vor allem an der Arbeit. Werde die Arbeit gemäß des biblischen Gebotes, sich die Erde untertan zu machen, mit Materie „gemischt", so werde der arbeitende Mensch dadurch zum Eigentümer der bearbeiteten Sache. Der Übergang vom Besitz (als dem bloßen Verfügen) einer Sache zum Eigentum an einer Sache, also zum rechtmäßigen Be-

---

[27] Vgl. den Beitrag von *Peter Imbusch/Hans-Joachim Lauth* in diesem Band.

[28] *Locke* Zwei Abhandlungen (Anm. 6), Buch II, §3; zum Folgenden vgl. Buch II, §§25ff.

194   Michael Becker

sitz, kommt bei Locke ohne staatliche Gesetzgebung aus. Es könne daher auch nicht die Aufgabe des vertraglich legitimierten Staates sein, das natürliche Recht auf Eigentum zu beschneiden, er habe es vielmehr zu garantieren.

Ein ganz anderes Verhältnis von Politik und Ökonomie ist mit
den Namen *Georg Wilhelm Friedrich Hegel* (1770-1831) und *Karl
Marx* (1818-1883) verbunden. Die sich allmählich herauskristalli-
sierende kapitalistische Gesellschaft und die damit einhergehende
Verselbständigung des ökonomischen Bereichs werden bei ihnen
als mehr oder weniger starke Bedrohung für Tradition und „Sitt-
lichkeit" einer Gemeinschaft betrachtet. Denn vor allem die überlieferten Werte würden durch das rein zweckrationale egoistische
Wirtschaftshandeln ausgehöhlt und zerstört. In Hegels *Rechtsphilosophie* findet sich folglich die Auffassung, es sei die Aufgabe des
Staates, das ökonomische System mit Hilfe des Rechts so zu „bändigen", dass dieses nicht der Ort eines Kampfes aller gegen alle im
Sinne von Hobbes werde.[29]

Dass ausgerechnet der Staat mäßigend auf das sowohl großen
Reichtum als auch tiefe Armut hervorbringende Wirtschaftssys-
tem einwirken solle, diese Auffassung verfällt bereits kurze Zeit
später der radikalen Kritik von Marx. Die Staatsgewalt ist ihm,
wie es im *Manifest der Kommunistischen Partei* heißt, „nur ein
Ausschuß, der die gemeinschaftlichen Geschäfte der ganzen
Bourgeoisklasse verwaltet"[30]. Er diene so der Unterdrückung und
Ausbeutung der besitzlosen Arbeiterklasse. Unter kapitalistischen
Produktionsverhältnissen, unter denen die Arbeit öffentlich (weil
sie zunehmend in Großbetrieben stattfinde) und zu einer Ware geworden sei (weil auch sie am Markt verkauft werden müsse), die
Produktionsmittel und die finanziellen Gewinne jedoch privat
blieben, führten die Menschen ein entfremdetes Leben. Marxens
hier durchscheinende philosophische Anthropologie besagt, übrigens in erstaunlicher Nähe zu Locke, dass die Arbeit ein We-
sensmerkmal des Menschen sei. Im Arbeitsprozess entäußere er
seine Kräfte, vergegenständliche sie und gelange so zu einer Anschauung seiner Arbeit und somit seiner selbst als arbeitendes We-

---

[29] *Georg Wilhelm Friedrich Hegel*: Grundlinien der Philosophie des
Rechts, in: Werke, Redaktion Eva Moldenhauer und Karl Markus Mi-
chel, 20 Bde., Frankfurt a. M. 1969ff., Bd. 7, §§182ff. und §§257ff.
[30] *Karl Marx, Friedrich Engels*: Manifest der Kommunistischen Partei, in:
Marx-Engels-Werke (MEW), Berlin 1956ff., Bd. 4, S. 464.

Klassische und moderne politische Philosophie   195

sen.[31] Entfremdet sei das Leben der Arbeiter vor allem deshalb, weil sie nicht über die von ihnen hergestellten Produkte verfügen könnten. Von Entfremdung sei aber auch zu sprechen, weil die Menschen in der bürgerlichen Gesellschaft sich nur noch als interessengeleitete Tauschpartner gegenüberträten. Allerdings ist zum Entfremdungsbegriff des jungen Marx anzumerken, dass er vom Ideal der handwerklichen Arbeit abgeleitet ist und dieser in einer industriellen, geschweige denn in einer postindustriellen Gesellschaft nicht unvermittelt angewandt werden kann.

Beide, sowohl die aristotelische als auch die marxistische Perspektive auf das Verhältnis von Staat oder Politik und Ökonomie spielen eine zentrale Rolle bei der Analyse zeitgenössischer Gesellschaften. Arendt[32] z. B. bezieht sich auf das alte Konzept einer Trennung von *oikos* und *polis* sowie die jeweils dazugehörigen Tätigkeiten des Arbeitens und des Handelns. Diese idealtypische Differenzierung zwischen den Tätigkeitsbereichen lasse sich für moderne Gesellschaften nicht mehr aufrechterhalten. Die Arbeit verlasse, wie bereits gesagt, die Sphäre des Hauses und wird öffentlich, während die Politik, die für Arendt ursprünglich im Austausch von Meinungen bestand, sich immer mehr den zum Politikum gewordenen Interessen, den natürlichen Bedürfnissen und Lebensnotwendigkeiten zuwenden müsse. Arendt kritisiert dies als das „unnatürliche Wachstum des Natürlichen", vor dem sie ihren ‚reinen' Begriff des Politischen (nicht ganz überzeugend) bewahren möchte.

Ebenfalls unter Rekurs auf klassische, diesmal Marxens Argumente hatte ursprünglich Jürgen Habermas das Verhältnis von Politik und Ökonomie beschrieben. Ein Hauptkritikpunkt in seinem *Strukturwandel der Öffentlichkeit*[33] ist die nur vermeintlich unparteiliche Gesetzgebung in der bürgerlichen Gesellschaft. Habermas zeigt, dass, sobald die bürgerliche Öffentlichkeit im 18. und 19. Jahrhundert als maßgebliche politische Kraft im Parlament repräsentiert war, der Gesetzgeber unter dem Deckmantel der Allge-

---

[31] Vgl. dazu *Karl Marx*: Ökonomisch-philosophische Manuskripte (1844), in: MEW Ergänzungsband, Erster Teil, S. 465-588, hier S. 511ff.

[32] *Hannah Arendt*: Vita activa oder Vom tätigen Leben, Neuausgabe, München 1981. Vgl. zum Folgenden das zweite Kapitel, S. 27ff.

[33] *Jürgen Habermas*: Strukturwandel der Öffentlichkeit. Untersuchungen zu einer Kategorie der bürgerlichen Gesellschaft. Mit einem Vorwort zur Neuauflage, Frankfurt a. M. 1990. Vgl. §§ 7, 8 und 11.

196   Michael Becker

meinheit der Gesetze nur die spezifisch bürgerlichen Interessen
hinsichtlich Besitz und Produktion schützte. Von dieser Kritik ist
Habermas seit seiner Rezeption der soziologischen Systemtheorie
in den siebziger Jahren allerdings abgerückt, weil von da an das
ökonomische System aus Effizienzgründen in seiner ‚Logik' weitgehend unangetastet bleibt.

Gerechtigkeitsfragen sind neben dem ‚Imperialismus' des ökonomischen Systems, das zweite zentrale Thema im Verhältnis von
Ökonomie und politischer Philosophie. Je nachdem welche Gerechtigkeitskonzeption bevorzugt wird, gelten z. B. ein und dieselbe Verteilung von Ressourcen als gerecht oder als ungerecht.
Betrachten wir deshalb zu dem Problem staatlicher Umverteilungs-
maßnahmen abschließend zwei denkbar konträre Positionen, die
als „liberal" bzw. als „libertär" bezeichnet werden können. Die liberale Gerechtigkeitstheorie von Rawls geht davon aus, dass eine
Gesellschaft mit gerechten Institutionen sich nicht gleichgültig gegenüber *ungerechten* Ungleichheiten zwischen den Individuen verhalten kann. Ungleiche Startchancen und daraus resultierende, extrem auseinanderklaffende Niveaus der Lebensführung aufgrund
unterschiedlicher Talente oder Ressourcen können dann nicht mehr
hingenommen werden. Die Individuen in Rawls' fiktivem Urzustand akzeptieren dies und legen sich mit dem zweiten dort gewählten Gerechtigkeitsprinzip auf das sog. „Unterschiedsprinzip" fest,
das vorschreibt, die Gesellschaft müsse

> „sich mehr um diejenigen kümmern, die mit weniger natürlichen Ga-
> ben oder in weniger günstige gesellschaftliche Positionen geboren
> werden. Der Gedanke ist der, die zufälligen Unterschiede möglichst
> auszugleichen. Nach diesem Prinzip würde man vielleicht mehr für
> die Bildung der weniger Begabten als der Begabteren aufwenden ..."[34]

Das liberale Argument von Rawls impliziert insofern ein sozialde-
mokratisches Anliegen, als nach ihm die vom kapitalistischen
Markt und vom ‚Zufall' bedingten Ungerechtigkeiten vom Staat
zu kompensieren oder zu korrigieren sind.

Die libertäre Gegenposition zu dieser liberalen Begründung des
staatlichen Interventionismus vertritt die Auffassung, der Staat habe lediglich für die Einhaltung oder Durchsetzung individueller
Rechte zu sorgen. Für eine Ergänzung dieser Schutzfunktion des
Minimal- oder Nachtwächterstaates durch eine Leistungsfunktion

---

[34] *Rawls* 1979 (Anm. 18), S. 121.

Klassische und moderne politische Philosophie 197

und somit auch für die erwähnten Umverteilungsprogramme gebe es keine Rechtfertigung. Für diesen Ansatz gibt es „keine zentrale Verteilung, keine Person oder Gruppe, die berechtigt wäre, alle Hilfsquellen zu kontrollieren und gemeinsam zu entscheiden, wie sie zu verteilen sind."[35] Solche Institutionen beschnitten lediglich die Verfügungsgewalt über individuelles Eigentum, und die von ihnen vorgenommenen Umverteilungen seien letztlich Diebstahl. *Robert Nozicks* hier angeführte Position lässt sehr deutlich das auf Locke zurückgehende Begründungsmuster erkennen.

5. Gemeinschaft vs. Gesellschaft oder Kommunitarismus vs. Liberalismus

Insbesondere gegenüber neuen liberalen Vertragstheorien ist Kritik geübt worden von einer Strömung in der politischen Philosophie, die mit dem Namen „Kommunitarismus" bezeichnet wird. Dahinter verbirgt sich eine Gruppe von Autoren, die im Detail durchaus unterschiedliche Positionen vertreten. Hier interessant sind zwei ihnen allen gemeinsame Anliegen, nämlich erstens die Kritik des liberalen Menschenbildes und zweitens und damit zusammenhängend die Kritik am Beharren auf einem abstrakten moralischen Maßstab zur Beurteilung der Gerechtigkeit einer konkreten politischen Ordnung. Nach Auffassung der Kommunitaristen verdrängen beide auf das Engste zusammenhängende Grundannahmen die Tatsache, dass jede Gemeinschaft bereits über *vorpolitische* Wertmaßstäbe verfügt, nach denen sie ihre Praxis gestaltet. Die kommunitaristische Kritik wendet sich damit allgemein gegen moderne Moralkonzeptionen, insbesondere aber gegen diejenigen von Kant und Rawls und beruft sich statt dessen mehr oder weniger deutlich auf andere Vorbilder.

Dazu gehören vor allem Aristoteles und Hegel. Von beiden ausgehend lässt sich eine weitere Ergänzung der anthropologischen Grundpositionen vornehmen, wenn es um die Kontroverse geht, ob der Mensch als ein von Natur aus auf die Gemeinschaft angewiesenes oder von ihr unabhängiges Wesen zu begreifen sei. Dass Aristoteles die erste Position vertritt, geht schon aus der bekannten Äußerung im Ersten Buch seiner *Politik* hervor, wonach der

---

[35] *Robert Nozick*: Anarchie, Staat, Utopia, München (o. J.), S. 143.

Mensch ein „Staaten bildendes Lebewesen" sei. Ein häufig vernachlässigtes Element dieser Definition macht aber erst das Spezifikum menschlicher Staaten aus: die Menschen besitzen eine Sprache und damit gemeinsame Vorstellungen vom Guten und Rechten. Menschen haben nur deshalb Wertmaßstäbe, weil sie immer schon einer bestimmten *Sprach*gemeinschaft angehören.

Von einer anderen Seite lässt sich der liberale Individualismus kritisieren, wenn man die Theorie des Selbstbewusstseins von Hegel berücksichtigt. In der *Phänomenologie des Geistes* hat Hegel die Entstehung des Selbstbewusstseins aus einem „Kampf um Anerkennung" beschrieben. In dem berühmten Kapitel über „Herrschaft und Knechtschaft"[36] kommt es zwischen den im fiktiven Naturzustand aufeinandertreffenden Individuen zunächst (ähnlich wie bei Hobbes) zu einem Kampf auf Leben und Tod. Der dabei Siegreiche sieht von der Tötung des Unterlegenen ab und lässt ihn fortan für seine Bedürfnisbefriedigung arbeiten. Die physische Macht des einen schlägt sich also in der Versklavung des anderen nieder. Das arbeitende Individuum erreicht jedoch in dem ihm aufgezwungenen Arbeitsprozess eine Vergegenständlichung seiner Arbeitskraft und erlangt damit eine Anschauung seiner selbst, es entwickelt sich ein Selbstbewusstsein. Der Knecht erarbeite sich, so Hegel, regelrecht dieses Selbstbewusstsein, während der Herr im Genuss der Gegenstände und damit in seinem mehr oder weniger unreflektierten Zustand gefangen bleibe.[37] Aristotelische bzw. hegelsche Grundannahmen tauchen nun bei den kommunitaristischen Ansätzen in verwandelter Form auf. Dazu zwei Beispiele:

Alasdair MacIntyre verweist darauf, dass Menschen immer einer bestimmten Gemeinschaft angehören und von den in ihr vorherrschenden Wertvorstellungen geprägt werden. Neue Gemeinschaftsmitglieder müssten in die von allen (oder doch zumindest von den meisten) geteilten Wertvorstellungen eingewiesen werden, weil sie durch die Handlungen, die diesen Werten gemäß sind, wiederum zum Fortbestand der traditionellen moralischen Überzeugungen und zur Integration ihrer Gesellschaft beitragen. Jede Ge-

---

[36] *Georg Wilhelm Friedrich Hegel*: Phänomenologie des Geistes, in: Werke (Anm. 29), Bd. 3, S. 145ff.

[37] Von dieser Dialektik im Verhältnis von Herr und Knecht ausgehend entwickelte *Marx* im Übrigen seine Geschichtstheorie, in der das Proletariat (in der Rolle des Knechts) mit naturgesetzlicher Notwendigkeit die Herrschaft der Kapitalisten (in der Rolle der Herren) abschaffen wird.

Klassische und moderne politische Philosophie 199

meinschaft habe so ihre eigene Geschichte und Vergangenheit, welche in unterschiedlichem Maße das Selbstverständnis, die ‚Geschichte' ihrer Angehörigen bestimme. Unter diesem Aspekt kann MacIntyre, in einer an Aristoteles erinnernden Wendung, den Menschen als ein „Geschichten erzählendes Tier" begreifen, denn ich könne die (kantische) Frage, ‚‚,Was soll ich tun?' nur beantworten, wenn ich die vorgängige Frage beantworten kann: ‚Als Teil welcher Geschichte oder welcher Geschichten sehe ich mich?'‟[38]

Das bei MacIntyre damit bereits anklingende Motiv, dass Individuen immer schon einer Integrität verbürgenden *Werte*gemeinschaft angehören, wird am deutlichsten bei *Taylor* ausgearbeitet. Die Hauptstoßrichtung seiner Argumentation ist es, die in der Rawls'schen Vertragstheorie anzutreffende Unterordnung des „Guten" unter das „Gerechte" aufzuheben. *Taylor* begreift die in Abwägung der Brauchbarkeit verschiedener Gegenstände und die je individuell vorgenommenen Bestimmungen des Nützlichen als lediglich „schwache Wertungen" und hebt von diesen die „starken Wertungen" ab. Diese beziehen sich ihrerseits auf die Nutzenbestimmungen erster Stufe und stufen sie entweder als „richtig/falsch", „höher/tiefer" oder „besser/schlechter" ein. Die in einer Gemeinschaft geltenden Werte sind zugleich unverzichtbare Merkmale der individuellen Persönlichkeit:

> „Definiert wird meine Identität durch die Bindungen und Identifikationen, die den Rahmen oder Horizont abgeben, innerhalb dessen ich von Fall zu Fall zu bestimmen versuchen kann, was gut oder wertvoll ist oder was getan werden sollte bzw. was ich billige oder ablehne."[39]

Das Vokabular für diese „kontrastive Charakterisierung" ist ein jeweils gemeinschaftsspezifisches, es wird im Laufe der Sozialisation vermittelt und geht dem Einzelnen somit voraus; es steht (zunächst) nicht zur Disposition. Insofern ist auch die Rede von „objektiven" Werten innerhalb einer Gemeinschaft möglich, ein

---

[38] *Alasdair MacIntyre*: Der Verlust der Tugend. Zur moralischen Krise der Gegenwart, Frankfurt a. M. 1987, S. 288.

[39] *Charles Taylor*: Die Quellen des Selbst. Die Entstehung der neuzeitlichen Identität, Frankfurt a. M. 1996, S. 55. Zu den „starken" und „schwachen" Wertungen siehe ders., Menschliches Handeln, in: ders. (1988) (Anm. 21), S. 10ff. Zu Rawls siehe Der Vorrang des Rechten und die Ideen des Guten, in: ders.: Die Idee des politischen Liberalismus. Aufsätze 1978-1989, hrsg. von Wilfried Hinsch, Frankfurt a. M. 1992, Kap. 7.

200   Michael Becker

Befund der sich aus der Sicht individualistischer Theorien nicht re-
formulieren lässt.

Aber trotz aller Berechtigung, mit der hier auf die Bedeutung
gemeinschaftlicher Werte hingewiesen wird: Eine Gesellschaft als
mehr oder weniger homogene Wertegemeinschaft aufzufassen, die
sich die für sie konstitutiven Werte in einer Rechtsordnung fest-
schreiben lässt, ist letztlich unplausibel. Wenn man dagegen das
„Faktum des Pluralismus" als das Kennzeichen der Moderne ernst
nimmt, dann erscheint der wertneutrale Rechtsstaat des Liberalismus immer noch als verlässlichster Garant eines (mit der Verfassung konformen) eigen- bzw. wertbestimmten Lebens.[40]

Gleichwohl darf die damit noch einmal aufgegriffene Grundsatz-
Differenz zum kommunitaristischen Lager nicht darüber hinwegtäuschen, dass man Liberalismus und Kommunitarismus über weite Strecken als letztlich komplementäre Sichtweisen betrachten
muss. Der Kommunitarismus ist dann eine notwendige Korrektur
der liberalen Auffassung, Gesellschaft sei ausschließlich eine freiwillige Assoziation von Individuen. Er betont, dass auch die Individuen des Liberalismus zunächst einmal in Gemeinschaften hi-
neingeboren und von den dort herrschenden Wertvorstellungen
geprägt werden.[41]

Abschließend zu diesem Abschnitt sei noch kurz auf ein Thema
im Grenzgebiet zwischen politischer Philosophie und politischer

---

[40] *Ronald Dworkin* bietet, neben Rawls, eine überzeugende Formulierung
dieses liberalen Credos; siehe *Ronald Dworkin*: Liberalism, in: ders.: A
Matter of Principle, Cambridge/Mass. 1985, S. 181-204, hier S. 203

[41] So zumindest *Michael Walzer*: Die kommunitaristische Kritik am
Liberalismus, in: *Axel Honneth* (Hrsg.): Kommunitarismus. Eine De-bat-
te über die moralischen Grundlagen moderner Gesellschaften, Frankfurt
a. M. 1993, S. 157-180. Siehe auch *Will Kymlicka*: Multikulturalismus
und Demokratie. Über Minderheiten in Staaten und Nationen, Hamburg
1999, Kap. 1 (Liberaler Nationalismus). Aspekte der Liberalismus-Kom-
munitarismus-Kontroverse finden sich auch auf internationaler Ebene.
Zum Problem der Reduzierung der als universal begriffenen Menschenrechte auf bloß kulturelle Werte im oben erwähnten Sinne siehe z. B.
Amartya Sen: Development as Freedom, New York 1999, Kap. 10 (Culture and Human Rights) sowie *Jürgen Habermas*: Der interkulturelle
Diskurs über Menschenrechte, in: *Brunkhorst, Hauke; Köhler, Wolfgang
R.; Lutz-Bachmann, Matthias* (Hrsg.): Recht auf Menschenrechte. Menschenrechte, Demokratie und internationale Politik, Frankfurt a. M.
1999, S. 216-227.

Klassische und moderne politische Philosophie 201

Theorie eingegangen. Seit und vielleicht auch wegen der Diskussion mit dem Kommunitarismus ist nicht nur beim kantisch geprägten Liberalismus, sondern generell bei den dem methodischen Individualismus verpflichteten Theorien eine Beschäftigung mit der Eingebettetheit („embeddedness") individueller Akteure festzustellen. Im Rahmen der ökonomischen Theorie der Politik, die von der grundlegenden Prämisse des sich selbst genügenden, eigeninteressierten Individuums ausgeht, wird dem seit geraumer Zeit mit dem Begriff des „Sozialkapitals" Rechnung getragen.[42] Sozialkapital wird dabei verstanden als eine Ressource, deren Vorhandensein das Erreichen bestimmter, gesellschaftlich positiv oder negativ bewerteter Handlungsziele durch Kooperation möglich macht. ‚Hergestellt' wird diese Ressource in den Beziehungen der Individuen untereinander. Die Grundvoraussetzung für die Entstehung sozialen Kapitals ist jedoch eine relativ kleine, überschaubare Gruppe, in der jeder jeden kennt und in der somit eine gegenseitige Kontrolle zur Vermeidung der Ausbeutung eines Vertrauensvorschusses möglich ist. Der Prototyp der kleinen, Sozialkapital in Form *horizontalen* Vertrauens produzierenden Gruppe ist die Familie. Die Naturwüchsigkeit dieser Institution ist deshalb von Bedeutung, weil sie einem unendlichen Regress bei der Frage vorbeugt, wie vertrauensgenerierende Einrichtungen unter Nutzenmaximierern überhaupt entstehen können. Aus der eigeninteressierten Perspektive ist es nämlich rational, dazu keinen immer kostspieligen Beitrag zu leisten. Da jedoch die Mitgliedschaft in Familien für die Heranwachsenden über eine hinreichend lange Zeit außerhalb ihrer Willkür liegt, können diese als Produktionsstätte von Vertrauen aufgefasst werden.

Die Verwendung des Konzeptes „Sozialkapital" in politikwissenschaftlichen Fragestellungen ist jedoch eine andere Sache und nicht unproblematisch. *Robert D. Putnam* hat in einer Studie[43] zu

---

[42] Vgl. zum Folgenden *James S. Coleman*: Foundations of Social Theory, Cambridge/Mass., Bd. 1, Kap. 12 sowie *Bob Edwards* und *Michael W. Foley*: Social Capital, Civil Society and Contemporary Democracy, in: American Behavioral Scientist, Vol. 40, Nr. 5, 1997.

[43] *Robert D. Putnam* (zusammen mit *Roberto Leonardo* und *Raffaella Y. Nanetti*), Making Democracy Work. Civic Traditions in Modern Italy, Princeton 1993. Die dort angesprochenen positiven Auswirkungen von „Zusammenschlüssen" in individualistischen Gesellschaften hatte bereits *Alexis de Tocqueville* (1805-1859) beobachtet in: Über die Demokratie in Amerika, Stuttgart 1990, Kap. 23.

202   Michael Becker

belegen versucht, dass das Vorhandensein des erwähnten horizontalen Vertrauens, also des Vertrauens von Bürgern untereinander,
maßgeblich für das Funktionieren von politischen Institutionen sei.
Produktionsstätte des Vertrauens seien, und hier lehnt er sich an eine Beobachtung aus *Tocquevilles* Amerika-Studie an, unterschiedliche freiwillige Organisationen wie Vereine und Clubs, die Vertrauen unter Fremden schaffen könnten.

Allerdings stellt sich die Frage, ob die vertrauensabhängige In-
stitutionenperformanz in der Politik nicht doch vor allem eine Angelegenheit *vertikalen* Vertrauens ist. Vertikales Vertrauen existiert
im Regelfall auch innerhalb von Organisationen, nämlich zwischen
der Mitgliederbasis einerseits und der Führungsspitze andererseits.
Bei dem in demokratischen Staaten zentralen Problem des Vertrauens zwischen Wählern und Repräsentanten ist jedoch, anders als in
Organisationen, ein wesentlicher Faktor allenfalls begrenzt gegeben: die Beobachtbarkeit und Kontrolle der Treuhänder des Vertrauens durch die Vertrauensgeber. Wie die bereit gestellte Ressource
Vertrauen dann tatsächlich genutzt wurde, wird dann oft erst mit erheblicher Verspätung sichtbar. So gesehen ließe sich Politikverdrossenheit auch als Folge eines Ver- bzw. Missbrauchs des gewährten
Vertrauens, gleichsam eine Ressourcenverschwendung besonderer
Art durch die politische Elite verstehen (wozu die in mehr oder
weniger regelmäßigen Abständen aufgedeckten Spenden- und
Schmiergeldaffären berechtigen). Das beschädigte Vertrauensverhältnis im wörtlichen Sinne wieder herzustellen ist ein schwieriges,
von den einstigen Treuhändern meist unterschätztes Unterfangen.[44]

6. Zusammenfassung und Ausblick

Die vorangegangenen Ausführungen verfolgten den Zweck, anhand von vier zentralen Themenbereichen wesentliche Positionen
und Fragestellungen in der politischen Philosophie vorzustellen.
Es wurde deutlich, dass klassische Argumentationsmuster auch von
den zeitgenössischen Philosophen rezipiert werden und dass mehrere, auch zum Teil einander widersprechende Grundpositionen nebeneinander bestehen können.

---

[44] *Claus Offe* spricht diesbezüglich von einem „perverse effect of counter-
productive intentionality"; How Can we Trust our Fellow Citizens?, in:
Mark E. Warren (Hrsg.) Democracy and Trust, Cambridge 1999, S. 62.

Klassische und moderne politische Philosophie 203

Außerdem wurde an vielen Stellen ersichtlich, dass der politische Philosoph zu seinem Gegenstandsbereich grundsätzlich nicht, zumindest nicht durchgehend die Distanz aufbringen kann, die der Naturwissenschaftler zur leblosen Materie hat. Zwar zeigt z. B. Hobbes' *Leviathan* in beeindruckender Weise, wie man eine *stabile* Rechtsordnung unter rationalen Egoisten schaffen kann, über die *substantiellen* Anforderungen an eine solche Ordnung vermag er jedoch nur sehr wenig zu sagen. Und gerade weil die politische Praxis und die überkommenen politischen Institutionen immer schon eine Bedeutung besitzen und Sinnablagerungen (z. B. hinsichtlich der Gerechtigkeitsfrage) darstellen, muss gegenüber dem Konzept der „Einheitswissenschaft" auch ein hermeneutisch inspirierter Zugang zum Objektbereich der politischen Philosophie reklamiert werden.[45]

Welche Themen könnten in der politischen Philosophie zukünftig besonders relevant werden? Der philosophischen Kritik der instrumentellen Vernunft, also der Kritik an einem in *jeder* Hinsicht zweckrational gestalteten Leben, scheint einerseits weiterhin eine herausragende Stellung zuzukommen. Andererseits darf aber von einer normativ argumentierenden politischen Philosophie nicht länger verkannt werden, dass „ökonomische Rationalität" über ein Aufklärungspotential ganz eigener Art verfügt und sich ihrerseits bereits „im Rücken" der praktischen Vernunft kantischer Provenienz wähnt.[46]

Darüber hinaus wird aber ganz sicher ein Thema, das bisher noch gar nicht angesprochen wurde, noch weiter an Bedeutung gewinnen: das Problem der *Verrechtlichung* der internationalen Beziehungen über bi- oder multilaterale Verträge hinaus. Es spricht für die Weitsicht eines genialen philosophischen Kopfes (aber auch für die Hartnäckigkeit des Problems), dass diesbezüglich immer noch eine Schrift als maßgeblicher Referenzpunkt dient, die über zweihundert Jahre alt ist: Kants *Zum ewigen Frieden*[47] von 1795. Für

---

[45] Die hermeneutische Diskussion in der Philosophie und in den Sozialwissenschaften ist mittlerweile sehr komplex geworden. Für viele Modelle immer noch Bezugspunkt ist die grundlegende Arbeit von *Hans-Georg Gadamer*: Wahrheit und Methode, Tübingen [5]1986. Vgl. zu dieser Fragestellung auch den Beitrag von *Christian Welzel* in diesem Band.

[46] Maßstabsetzend für einen Moralentwurf aus der Perspektive des eindimensionalen Rationalitätskonzeptes ist *David Gauthier*, Morals by Agreement, Oxford 1986.

[47] *Immanuel Kant*: Zum ewigen Frieden, in: Werke (Anm. 17), Bd. XI, S. 191-251. Dazu *Immanuel Kant*: Zum ewigen Frieden, hrsg. von Otfried

Kant ist der Zustand der internationalen Rechtlosigkeit prinzipiell nicht haltbar, vor allem aus einem Grund, der ausführlich erst in der 1798 erschienenen *Rechtslehre* entwickelt wird und der auf den ersten Blick befremdlich wirken mag: eine internationale Rechtsordnung sei (auch) notwendig, um das individuelle Eigentum zu garantieren. Das Argument sei kurz erörtert.

In einem vorstaatlichen Naturzustand ist es den Individuen zunächst gestattet, äußere Gegenstände provisorisch als Eigentum zu deklarieren, und zwar solange, bis diese Besitznahme innerhalb der noch, oder besser: deswegen, zu gründenden staatlichen Ordnung durch ein Gesetz des Souveräns „bewilligt", das heißt legitimiert wird. Die staatsrechtliche Verstetigung von Besitzverhältnissen ist jedoch noch nicht der letzte Schritt bei der Umwandlung von Besitz in Eigentum. Dieser wird vielmehr erst mit dem Übergang zu einer internationalen Friedensordnung (die mehr ist als eine bloße Abwesenheit von Krieg) vollzogen. In §61 der *Rechtslehre* heißt es dazu:

> „... so ist, vor diesem Ereignis (des Eintritts in den gesetzlichen Zustand, M. B.), alles Recht der Völker und alles durch den Krieg erwerbliche oder erhaltbare äußere Mein und Dein der Staaten bloß provisorisch, und kann nur in einem allgemeinen Staatenverein ... peremtorisch geltend und ein wahrer Friedenszustand werden."

Das deshalb gebotene Verlassen des zwischenstaatlichen Naturzustandes soll sich unter zwei Bedingungen oder in zwei Stufen vollziehen, die Kant in dem ersten und dem zweiten „Definitivartikel" der Friedensschrift erwähnt: erstens müsse die Verfassung in jedem einzelnen Staat „republikanisch" sein und zweitens solle das Völkerrecht (das nach Kant besser „Staatenrecht" hieße) „auf einen Föderalismus freier Staaten gegründet sein."

Es lässt sich nun, von diesen Überlegungen ausgehend, durchaus die Auffassung vertreten, dass mit der „Charta der Vereinten Nationen" und der „Allgemeinen Erklärung der Menschenrechte" nach dem 2. Weltkrieg die erste Etappe des langen Weges zur Errichtung einer dauerhaften internationalen Rechts- und Friedensordnung beschritten wurde, dass damit einerseits ein wie auch immer verbesserungswürdiger institutioneller Apparat der Staatengemeinschaft und andererseits eine auf den Menschenrechten be-

---

Höffe, Berlin 1995. Siehe jetzt aber auch *John Rawls*: Das Recht der Völker, Berlin/New York 2002.

Klassische und moderne politische Philosophie   205

ruhende ‚Verfassung' etabliert wurden. Es scheint sich gegenwärtig, weltweit gesehen, eine Mehrheitsmeinung dahingehend abzuzeichnen, dass der normative Gehalt dieser Quasi-Verfassung auch gegen solche UN-Mitgliedstaaten durchgesetzt werden darf, die in ihrem Staatsgebiet die Menschenrechte derart massiv verletzen, dass von einem Genozid gesprochen werden muss. Setzt sich diese Auffassung durch, dann muss von einem grundlegenden Wandel in der Konzeption der Souveränität von Staaten gesprochen werden.

Allerdings ist mit Blick z. B. auf die letztlich wohl gerechtfertigte Militärintervention 1999 im Kosovo auch zu berücksichtigen, dass solche in der Intention humanitären, in der Durchführung unweigerlich militärischen Interventionen keinesfalls geleitet sein dürfen vom Grundsatz „es geschehe Gerechtigkeit, auch wenn die Welt dabei zugrunde geht." Weder in der internationalen Politik noch anderswo steht es der ohnehin nicht mit einer Stimme sprechenden politischen Philosophie an, sozusagen von einer höheren Warte aus auf der gänzlich folgenblinden Realisierung ihrer Modelle zu bestehen – worauf sie jedoch achten kann ist, um Kant ein letztes mal zu Wort kommen zu lassen, dass die Politik keinen Schritt tut, „ohne vorher der Moral gehuldigt zu haben."[48]

Annotierte Auswahlbibliografie

Goodin, Robert E.; Pettit, Philip (Hrsg.): A Companion to Contemporary Political Philosophy, Oxford 1993.
  Das über 600 Seiten starke Handbuch gliedert sich in drei Teile, zu denen namhafte Autoren insgesamt 41 Beiträge leisten: Teil I stellt benachbarte Disziplinen vor, die die Themen der politischen Philosophie mit anderen Mitteln bearbeiten; Teil II ist den verschiedenen

---

[48] *Kant* (1974) (Anm. 47), S. 243. Unter Moral ist hierbei ganz unspezifisch der „Inbegriff von unbedingt gebietenden Gesetzen" zu verste-hen, ebd., S. 228. Zur Frage der Rechtfertigung von (Militär-)Interventionen seitens der UNO siehe *Ingeborg Maus*: Volkssouveränität und das Prinzip der Nichtintervention in der Friedensphilosophie Immanuel Kants, in: *Hauke Brunkhorst* (Hrsg.): Einmischung erwünscht? Menschenrechte und bewaffnete Intervention, Frankfurt a. M. 1998, S. 88-116 einerseits und andererseits *Véronique Zanetti*: Ethik des Interventionsrechts, in: Politische Philosophie der internationalen Beziehungen, hrsg. von *Christine Chwaszcza* und *Wolfgang Kersting*, Frankfurt a. M. 1998, S. 297-324.

206   Michael Becker

modernen Ideologien gewidmet; Teil III enthält Ausführungen zu wichtigen Begrifflichkeiten von „autonomy" bis „welfare".

Goodin, Robert E.; Pettit, Philip (Hrsg.): Contemporary Political Philosophy, Oxford 1997.
Die Sammlung bringt insgesamt 38 wichtige Originaltexte, die überwiegend in den vergangenen 20 Jahren erschienen sind, und ist in sieben Kapitel gegliedert (z. B. Demokratie, Rechte, Freiheit, Gleichheit). Trotz der nicht ganz nachvollziehbaren Unterrepräsentation kontinentaler Autoren sind beide Bände von Goodin/Pettit unverzichtbar, da sie keine deutschsprachigen Pendants haben.

Ottmann, Henning: Geschichte des politischen Denkens, 4. Bde., Stuttgart/Weimar, 2001ff.
Umfassende und beeindruckende Bestandsaufnahme der politischen Philosophie aus der Sicht eines Politikwissenschaftlers. Die bisher erschienenen Bände zu den griechischen und römischen Philosophen sowie zum Mittelalter zeichnen sich durch eine übersichtliche Darstellung und sehr gute Lesbarkeit aus.

Fetscher, Iring; Münkler, Herfried (Hrsg.): Pipers Handbuch der Politischen Ideen, München 1985 ff.
Das fünfbändige Werk gibt einen umfassenden Überblick über das politische Denken von den frühen Hochkulturen bis in die Gegenwart. Das chronologisch aufgebaute Handbuch bringt alle wichtigen Denkströmungen und Schulen und hebt darüber hinaus die klassischen Autoren der politischen Philosophie in ausführlichen Einzeldarstellungen hervor.

Bohman, James; Rehg, William (Hrsg.): Deliberative Democracy. Essays on Reason and Politics, Cambridge/Mass. und London 1997.
Dieser Sammelband ist unverzichtbar für einen Überblick über die in letzter Zeit entstandenen Konzepte deliberativer und diskursiver Demokratie. Im ersten Teil sind etwas ältere, ‚klassische' Texte (von Elster, Habermas, Joshua Cohen und Rawls) abgedruckt, im zweiten Teil dann aktuelle, größtenteils vorzügliche Abhandlungen zu sehr spezifischen Fragestellungen.

Alexander, Larry (Hrsg.): Constitutionalism. Philosophical Foundations, Cambridge 1998.
Eine Reihe prominenter Rechtsphilosophen untersucht anhand der Verfassung der USA u. a. die grundlegenden Probleme der Urheberschaft einer Verfassung sowie ihrer Weiterentwicklung, die Frage nach der konstitutionellen Selbstbindung des Souveräns sowie die beunruhigende Feststellung, dass durchaus nicht immer Einigkeit darüber herrscht, „was die Verfassung sagt".

Klassische und moderne politische Philosophie   207

Grundlagen- und weiterführende Literatur

Barber, Benjamin: Starke Demokratei. Über die Teilhabe am Politischen, Hamburg 1994.

Beiner, Ronald und Booth, William James (Hrsg.): Kant & Political Philosophy. The Contemporary Legacy, New Haven und London 1993.

Benhabib, Seyla (Hrsg.): Democracy and Difference. Contesting the Boundaries of the Political, Princeton 1996.

Berlin, Isaiah: Freiheit. Vier Versuche, Frankfurt a. M. 1995.

Bloch, Ernst: Naturrecht und menschliche Würde, Frankfurt a. M. 1961.

Bubner, Rüdiger: Polis und Staat. Grundlinien der Politischen Philosophie, Frankfurt a. M. 2002.

Castoriadis, Cornelius: Philosophy, Politics, Autonomy: Essays in Political Philosophy, Oxford 1991.

Derrida, Jacques: Schurken. Zwei Essays über die Vernunft, Frankfurt a.M. 2003.

Fetscher, Iring: Rousseaus politische Philosophie. Zur Geschichte des demokratischen Freiheitsbegriffs, Frankfurt a. M. 1975.

Fishkin, James S. und Laslett, Peter (Hrsg.): Debating Deliberative Democracy, Oxford 2003.

Forst, Rainer: Kontexte der Gerechtigkeit. Politische Philosophie jenseits von Liberalismus und Kommunitarismus, Frankfurt a. M. 1994.

Gerhardt, Volker: Immanuel Kants Entwurf >Zum ewigen Frieden<. Eine Theorie der Politik, Darmstadt 1995.

Gray, John: Liberalisms. Essays in Political Philosophy, London und New York 1991.

Habermas, Jürgen: Theorie und Praxis. Sozialphilosophische Studien, Neuausgabe, Frankfurt a. M. [3]1982.

Hayek, Friedrich A. v.: Die Verfassung der Freiheit, Tübingen [3]1991.

Höffe, Otfried: Demokratie im Zeitalter der Globalisierung, München 1999.

Hösle, Vitorio: Moral und Politik. Grundlagen einer politischen Ethik für das 21. Jahrhundert, München 1997.

Kersting, Wolfgang: Politik und Recht. Abhandlungen zur politischen Philosophie der Gegenwart und zur neuzeitlichen Rechtsphilosophie, Weilerswist 2000.

Kolakowski, Leszek: Die Hauptströmungen des Marxismus. Entstehung, Entwicklung, Zerfall, 3 Bde., Neuausgabe, Stuttgart [3]1988.

Kymlicka, Will: Politische Philosophie heute – Eine Einführung, Frankfurt a. M. 1996.

Lübbe, Hermann: Politische Philosophie in Deutschland. Studien zu ihrer Geschichte, Basel 1963.

Lyotard, Jean-Francois: Der Enthusiasmus. Kants Kritik der Geschichte, Wien 1988.

Nussbaum, Martha C.: Konstruktion der Liebe, des Begehrens und der Fürsorge. Drei philosophische Aufsätze, Stuttgart 2002.

208 Michael Becker

Oakeshott, Michael: Zuversicht und Skepsis. Zwei Prinzipien neuzeitlicher Politik, Berlin 2000.

Popper, Karl Raimund: Die offene Gesellschaft und ihre Feinde, 2 Bde., Tübingen [7]1992.

Rawls, John: Collected Papers, hrsg. von Samuel Richard Freeman, Cambridge/Mass., 1999.

Ritter, Joachim: Metaphysik und Politik. Studien zu Aristoteles und Hegel, Frankfurt a. M. 1977.

Rödel, Ulrich (Hrsg.): Autonome Gesellschaft und libertäre Demokratie, Frankfurt a.M. 1990.

Shklar, Judith N.: Political Thought and Political Thinkers, hrsg. von Stanley Hoffmann, Chicago und London 1998.

Steinvorth, Ulrich: Gleiche Freiheit. Politische Philosophie und Verteilungsgerechtigkeit, Berlin 1999.

Strauss, Leo: Naturrecht und Geschichte, Stuttgart 1956.

Tully, James: Strange Multiplicity. Constitutionalism in an Age of Diversity, Cambridge 1995.

Voegelin, Eric: Die Neue Wissenschaft der Politik [1959], München 2004.

Vollrath, Ernst: Grundlegung einer philosophischen Theorie des Politischen, Würzburg 1987.

Waldron, Jeremy: The Dignity of Legislation, Cambridge 1999.

Walzer, Michael: Politics and Passion. Toward a More Egalitarian Liberalism, New Haven u. London 2005.

Moderne politikwissenschaftliche Theorie

Peter Thiery

1. Der Gegenstand der Teildisziplin

Der wissenschaftliche Zugriff auf Realität setzt immer schon Theorie voraus. Das Anliegen der Politischen Theorie besteht darin, verallgemeinernde Aussagen über die politische Wirklichkeit zu treffen und Instrumente zu ihrer weiteren Analyse zur Verfügung zu stellen. Hierbei können verschiedene Teilgebiete unterschieden werden: Die *politische Ideengeschichte* beschäftigt sich mit politischen Ideen bzw. Ideologien und ihrer Entwicklung seit der Antike und stellt dadurch einen Fundus an Argumenten, Konzepten und Lösungen bereit. Die *Politische Philosophie* geht systematisch der gesamten Bandbreite normativer Fragestellungen innerhalb der Politikwissenschaft nach (z. B. Gerechtigkeit, Legitimität).[1] Die *Wissenschaftstheorie der Politikwissenschaft* beschäftigt sich mit den metatheoretischen Voraussetzungen der übrigen Teilbereiche und -disziplinen, fragt also nach grundsätzlichen Bedingungen und Möglichkeiten politikwissenschaftlicher Aussagen.[2] Schließlich existiert jener Theoriebereich, um den es hier in erster Linie geht, nämlich die *empirisch-analytischen Theorien und Modelle*, mit denen die komplexe politische Realität erfasst, geordnet und vor allem erklärt bzw. prognostiziert werden kann. Je nach Abstraktionshöhe ist hier ein breites Spektrum anzutreffen: Neben einzelnen Generalisierungen, zu denen das Gros politologischer Studien gehört, gibt es ‚Theorien mittlerer Reichweite', die sich auf Teilgebiete erstrecken, die zeitlich, geographisch oder inhaltlich eingegrenzt sind (z. B. über das Wählerverhalten in der BRD). Makrotheorien der Politik versuchen, den Gegenstandsbereich ‚Politik' insgesamt zu erfassen, wie z. B. die Politische Systemtheorie oder die ältere Staatslehre.

Allerdings besteht in der Politikwissenschaft nur wenig Einigkeit darüber, was als Theorie zu gelten hat. Dies liegt zum einen

---

[1] Vgl. *Robert E. Goodin/Philip Pettit* (Hrsg.): Contemporary Political Philosophy, Oxford 1997. Vgl. den Beitrag von *Michael Becker* in diesem Band.

[2] Vgl. den Beitrag von *Christian Welzel* in diesem Band.

210 Peter Thiery

daran, dass unterschiedliche Vorstellungen von Theorie vorherr-
schen, zum andern daran, dass die Bildung und Verwendung von
Theorien pragmatisch oder ‚puristisch' gehandhabt werden kann.[3]
Darüber hinaus gehen bei der Bildung von Theorien implizit oder
explizit noch weitere Vorentscheidungen mit ein, wie etwa die anthropologischen Prämissen, also das zugrundeliegende Menschenbild.[4] Nicht zuletzt wurden auch kulturell bedingte intellektuelle
Stile identifiziert.[5] Immerhin lassen sich drei grundlegende Merkmale für die Herausbildung einer *modernen* politischen Theorie benennen[6]:

(1) *Differenzierung:* Die Klassiker der Moderne in den Sozialwissenschaften (Durkheim, Weber, Pareto) betrachteten die Entwicklung neuzeitlicher Gemeinwesen unter dem Aspekt der Ausdifferenzierung von Lebenssphären, die sich durch wachsende
gesellschaftliche Arbeitsteilung, Spezifizierung und Komplexität
auszeichnen. War schon seit Hegel klar zwischen Staat und Gesellschaft unterschieden worden, so wurde diese Ausdifferenzierung
nun fortgesetzt in Politik, Wirtschaft, Kultur, etc. Gesellschaft wird
dabei nicht mehr unbedingt als einheitliches Ganzes gedacht, doch
hielt sich der Gedanke, dass Politik steuernd und integrierend auf
die übrigen Teilbereiche einwirken könnte.

(2) *Offenheit:* Gesellschaftliche und damit auch politische Entwicklung wird nicht mehr in den Determinismus einer teleologi-
schen Geschichtsbetrachtung eingebunden, wie etwa in der marxistischen Vorstellung einer klassenlosen Gesellschaft, sondern
kann im Prinzip nur noch im Nachhinein rekonstruiert werden. Zu-

---

[3] Für Theoriepuristen stellt ein Modell zunächst nur ein analytisches Konstrukt dar, das komplexe Zusammenhänge durch Vereinfachung veranschaulicht und genau genommen Theoriebildung – Hypothesen, ‚Gesetze' – anleitet (zur präziseren Unterscheidung vgl. *Ulrich Druwe*:
Politische Theorie, Neuried ²1995, S. 273ff).

[4] Vgl. den Beitrag von *Manfred Mols* in diesem Band; *Oscar W. Gabriel*:
Methodologie der Politikwissenschaft, in: ders. (Hrsg.): Grundkurs Politische Theorie, Köln/Wien 1978, S. 2–60; *Klaus von Beyme*: Die politischen Theorien der Gegenwart, Opladen ⁸2000, insbes. Kap. I.

[5] Johan Galtung beispielsweise, einer der bedeutendsten Friedensforscher,
unterscheidet zwischen sachsonischer, teutonischer, gallischer und nip-
ponischer Wissenschaft (vgl. *Johan Galtung*: Struktur, Kultur und intellektueller Stil, in: *Leviathan* 3/1983, S. 303–338).

[6] Vgl. *Klaus von Beyme:* Theorie der Politik im 20. Jahrhundert, Frankfurt 1991, S. 44ff.

Moderne politikwissenschaftliche Theorie 211

lässig und auch gefordert sind hingegen Prognosen, sofern sie auf empirisch überprüften oder überprüfbaren Hypothesen über soziale und politische Prozesse beruhen. Mit diesen Einsichten ändert sich zugleich der Blick auf die Möglichkeiten menschlichen Handelns: Zwar bringt die Offenheit gesellschaftlicher und politischer Prozesse Unsicherheiten mit sich, doch erweitern sich auch die Handlungsspielräume. Und da gesellschaftliche Entwicklung zumindest prinzipiell erkennbar ist, so die Überzeugung, wird sie in begrenztem Maße auch gestaltbar.

(3) *Empirischer Rationalismus:* Entscheidend für das Moderne an der Theorie wird letztlich jedoch ihre wissenschaftslogische Begründung, wie sie die Analytische Philosophie mit universellem Anspruch vornahm: Wichtigstes Ziel ist eine auf Erfahrung gegründete Vernunfterkenntnis, die die Wirklichkeit aus ihren beobachtbaren Erscheinungen heraus deutet, während Werte, Vorschriften etc. säuberlich davon getrennt werden müssen. Vor allem das Programm des Logischen Positivismus[7] radikalisierte eine Auffassung von Wissenschaft, die die mehr mit normativen Fragestellungen sich befassende Politische Philosophie für längere Zeit an den Rand drängen sollte. Im Vordergrund stand nunmehr der Anspruch, intersubjektiv prüfbare Aussagen über die politische Realität zu gewinnen, also darüber, wie die politische Realität verfasst ist und warum sie so ist, nicht aber, wie sie sein soll. Das damit verknüpfte Rationalitätspostulat – logische und sprachliche Präzision, Intersubjektivität, Begründbarkeit[8] – gilt seitdem als das Maß aller (wissenschaftlichen und theoretischen) Dinge.

Trotz der Vielgestaltigkeit ihres Gegenstandes[9] lässt sich das Anliegen der modernen politischen Theorie so auf einen Nenner bringen: Es geht ihr in erster Linie darum, Modelle und Muster bereit zu stellen, die kollektive gesellschaftliche Phänomene erklären können. Selbst wenn für die Konstruktion solcher Aussagensyste-

---

[7] Vgl. *Anton Hügli/Poul Lübcke* (Hrsg.): Philosophie im 20. Jahrhundert, Bd. 2: Wissenschaftstheorie und Analytische Philosophie, Reinbek 1993, insbes. S. 59 ff.

[8] Vgl. *Druwe* (Anm. 3), S. 21ff.

[9] Ein Minimalkonsens, der auf den Politikbegriff des Systemtheoretikers *David Easton* zurückgeht (vgl. Kap. 2.2), besagt, dass Politik mit verbindlichen Entscheidungen für eine ganze Gesellschaft zu tun hat; zur weiteren Unterscheidung in die Dimensionen *polity, politics* und *policy* vgl. die Beiträge von *Manfred Mols* sowie *Jörg Faust und Hans-Joachim Lauth* in diesem Band.

me bislang kaum auf ‚harte' Gesetze wie in der Physik zurückge-
griffen werden kann, ist es doch möglich, auf einen Fundus von
gesetzähnlichen Regelmäßigkeiten oder ‚Mechanismen'[10] zu bau-
en. Gleichwohl präsentiert sich das Spektrum der modernen politikwissenschaftlichen Theorien in einer großen Vielfalt, die aus
unterschiedlichen Abstraktionsgraden, Reichweiten und Tiefen-
schärfen resultiert. Je enger sie am Gegenstand bleiben und je ein-
gegrenzter dieser ist, desto heterogener ist das Erscheinungsbild
der Teildisziplin. Der Versuch, auf gedrängtem Raum diesem Mo-
saik gerecht zu werden, ist weder möglich noch nötig. Im Vordergrund stehen im folgenden vielmehr Modellbildungen und Erklärungsmuster, die über typische Verfahrensweisen und auch über
markante Punkte der Theorieentwicklung Auskunft geben.

Eine der zentralen Fragen der Theoriebildung nicht nur in der
Politikwissenschaft lautet, welches Modell den adäquaten Zugang
zur Analyse sozialer und politischer Phänomene verspricht und
welche Maßstäbe dafür anzulegen sind:

> „Eine gelungene Erklärung bedeutet die Einordnung eines Rätsels in
> im Prinzip bereits *bekannte* Zusammenhänge. Darin liegt ihre beson-
> dere Leistung: Die Reduktion und *nicht* die Vermehrung von Kom-
> plexität ist das Ziel der wissenschaftlichen Theoriebildung. Viele,
> auch gut verwendbare Erklärungen sind gleichwohl oft noch sehr
> komplex – im Sinne von aufwendig und unübersichtlich. Wenn die
> explanative Leistung aber mit besonders einfachen Mitteln möglich
> wird, dann verbessert sich das Verhältnis von Erklärungskraft und
> theoretischem Aufwand. Und um dieses Verhältnis geht es bei wis-
> senschaftlichen Analysen nicht zuletzt auch: mit möglichst sparsamen
> Mitteln ein Höchstmaß an Aufklärung zu erreichen. Insoweit liegt in
> der *Vereinfachung* von Theorien ein wichtiges, eigenständiges Ziel.
> Genau hierin liegt der Wert von erklärenden Modellen."[11]

Stark vereinfacht lassen sich die diversen Entwürfe auf einen Kern
reduzieren, der im Theoriedualismus von ‚Akteur' und ‚System'
(bzw. ‚Struktur') besteht: Bestimmen eher die vorgefundenen gesellschaftlichen Strukturen das menschliche Handeln oder ist es
nicht gerade das menschliche Handeln, aus dem heraus die gesellschaftlichen Prozesse und Strukturen prinzipiell abzuleiten sind?

---

[10] Vgl. *Jon Elster*: Nuts and Bolts for the Social Sciences, Cambridge 1989,
S. 3ff.
[11] Vgl. *Hartmut Esser*: Soziologie. Allgemeine Grundlagen, 3. Aufl.,
Frankfurt 1999, S. 119.

Moderne politikwissenschaftliche Theorie 213

Strukturtheorien berücksichtigen zwar in ihren Modellvorstellungen individuelles und kollektives Handeln, doch spielt es nicht die ausschlaggebende Rolle für Erklärungen. Vielmehr liegt die Vorstellung zugrunde, dass kollektive Phänomene (Machtstrukturen, Normen, Kultur, sozioökonomischer Entwicklungsstand u.ä.) die primär erklärenden Faktoren darstellen (methodologischer ‚Holismus‘ bzw. ‚Kollektivismus‘). *Akteurstheorien* hingegen sind dem methodologischen Individualismus verpflichtet. Sie gehen davon aus, dass Aussagen über soziale und politische Phänomene letztlich auf Aussagen über das Handeln oder Verhalten von Akteuren zurückgeführt werden können. Erklärungen sind demnach nur vollständig, wenn kausale Mechanismen angegeben werden können, die individuelles Handeln mit den (zu erklärenden) überindividuellen Phänomenen verknüpfen.

Im Kern reicht diese Kontroverse bis in die Anfänge der neuzeitlichen Sozialtheorie zurück, und zumeist war der theoretische auch mit einem praktischen Dualismus verbunden.[12] Dieser basiert in erster Linie auf den unterschiedlichen Menschenbildern, die implizit oder explizit in den Ansätzen enthalten sind. So sehen Strukturtheorien den Menschen stärker durch die soziale und politische Ordnung determiniert, deren Erhalt wiederum für das Zusammenleben notwendig ist. Im akteursorientierten Paradigma hingegen wird der Mensch deutlicher als der Gestalter seiner Verhältnisse gesehen. Er ist in der Lage, sie kraft seiner eigenen Vorstellungen besser einzurichten, selbst wenn er dabei anderen ins Gehege kommt und Konflikte heraufbeschwört. Entsprechend des skizzierten theoretischen Dualismus gliedern sich die weiteren Ausführungen in zwei Blöcke, deren mögliche Verknüpfung im abschließenden Teil behandelt wird.

2. Makroebene: Struktur- und Systemtheorien

Strukturmodellen bzw. -theorien ist gemeinsam, dass sie politische Phänomene und Ereignisse auf kollektive Phänomene zurückführen. Zu ihnen zählen nicht nur die Systemtheorie und die mit ihnen verwandten Modernisierungstheorien, sondern auch die älteren institutionellen Ansätze. Die Neigung zum Ordnungsdenken,

---

[12] Vgl. *Uwe Schimank*: Theorien gesellschaftlicher Differenzierung, Opladen 1996, S. 205 ff.

214   Peter Thiery

die sich häufig mit ihnen verbindet, wird am deutlichsten an den
Basiskonzepten ‚Staat' und ‚Politisches System', mit denen der gesamte politische Handlungsraum in den Blick genommen werden
soll.

2.1 Staat und ‚alter' Institutionalismus

‚Staat' und Staatstheorie bilden gewissermaßen die Nahtstelle zwischen klassischer und moderner politischer Theorie. Vom heutigen
Standpunkt aus aber – so viel sei vorweg genommen – ist mit dem
Staat sozusagen kein Staat mehr zu machen – jedenfalls nicht im
Sinne analytischer Modellbildung. Als Strukturmodell, aus dem
forschungsrelevante Hypothesen abgeleitet werden können, hat
hier die Systemtheorie der Staatslehre den Rang abgelaufen. Dennoch tauchen staatstheoretische Versatzstücke und Argumentationen in allen Teildisziplinen der Politikwissenschaft auf, und dies
in unterschiedlichen Konjunkturen. Jenseits der analytischen Unschärfen gehört daher der Staatsbegriff nach wie vor in die Werk-
zeugkiste der Politologen.

Das Unterfangen, eine ‚Staatslehre' als empirische Sozialwissenschaft zu etablieren, bildet einen zentralen Ausgangspunkt für
die Entwicklung ‚moderner' politikwissenschaftlicher Theoriebildung. Sie ist verbunden mit der Herauslösung der Politikwissenschaft aus der Staatslehre des frühen 20. Jahrhunderts. Die wachsende Einsicht in die Ausdifferenzierung gesellschaftlicher
Teilbereiche – insbesondere auch der Politik – mündete in die zunehmende Differenzierung der wissenschaftlichen Disziplinen.
Mit der strikten Trennung eines juristischen und eines soziologischen Staatsbegriffs[13] begannen Staatslehre und politische Theorie mit sozialwissenschaftlicher Orientierung getrennte Wege zu
gehen. Diese ‚Soziologisierung' der Staatslehre ist am prägnantes-
ten zu erkennen bei Max Weber, dessen Staatsbestimmung bis heute geläufig ist.[14]

Das Projekt einer empirischen Staatslehre, mit der im Kern auch
das Konzept einer modernen politischen Theorie ihren Anfang
nahm, lässt sich exemplarisch an *Hermann Heller* (1891-1933) zeigen, der zur Zeit der Weimarer Republik und angesichts ihrer

---

[13] Vgl. *Georg Jellinek:* Allgemeine Staatslehre (1900), 3. Aufl. (7. Neudruck), Darmstadt 1960.
[14] Vgl. *Max Weber*: Soziologische Grundbegriffe, Tübingen ^{6}1984, S. 91.

Moderne politikwissenschaftliche Theorie

scharfen gesellschaftlichen (Klassen-)Auseinandersetzungen eine Staatslehre formulierte, die modernen Kriterien weitgehend entspricht. Staatslehre war für ihn Teil der politischen Wissenschaft, die er als nomothetische[15] Sozialwissenschaft zur Erforschung der Strukturen der sozialen und politischen Realität verstand. Sie war für ihn somit – im Gegensatz zur juristischen Staatslehre – Erfahrungswissenschaft, die ihren Gegenstand auf Kausalitätsbeziehungen hin zu befragen hatte. Heller definierte den Staat als Gebietsherrschaftsverband, der „die gesellschaftlichen Akte auf einem bestimmten Gebiet in letzter Instanz ordnet"[16]. Von anderen Organisationen unterscheidet er sich durch seinen Charakter als souveräne Entscheidungs- und Wirkungseinheit und vor allem durch das Gewaltmonopol.

Ähnlich der von Max Weber oder Georg Jellinek vertretenen Staatsauffassung[17] lassen sich demnach als wichtigste Merkmale des Staates festhalten: (1) Staat bedeutet zunächst Herrschaftsverband, d. h. eine organisierte Ordnung zur Steuerung und Kontrolle menschlicher Handlungen. Heller griff Webers Definition von Herrschaft auf und nannte sie „Verfügung über menschliche Leistungen" sowie „die Fähigkeit, Gehorsam zu finden ohne Rücksicht darauf, ob der Gehorchende dem Befehl innerlich zustimmt".[18] (2) Staat ist ein Ordnungssystem, das verbindliche Autorität über alle Handlungen in seinem Rechtsprechungsbereich (zumeist Territorium) beansprucht. An seine Maßgaben, verkörpert etwa in Gesetzen, müssen sich alle Mitglieder des Herrschaftsverbandes halten, Abweichungen werden mit entsprechenden Sanktionen geahndet. (3) Als *ultima ratio* dient dem Staat – und vor allem das zeichnet ihn nach Max Weber aus – das Monopol legitimer physischer Gewaltsamkeit, d. h.: Der Staat duldet im Prinzip auf seinem Territorium keine Gewaltanwendung seitens nicht-staatlicher Akteure, es sei denn, er gestat-

---

[15] Als nomothetisch wird eine Wissenschaft bezeichnet, wenn sie die Formulierung empirisch wahrer, möglichst allgemeiner Gesetzesaussagen anstrebt.

[16] *Hermann Heller*: Gesammelte Schriften, Bd. 3: Staatslehre als Politische Wissenschaft, Leiden 1971, S. 23.

[17] Ein Überblick über das Denken Max Webers findet sich in *Volker Heins*: Max Weber zur Einführung, Hamburg 1990; zur Staatsauffassung vgl. *Max Weber*: Die rationale Staatsanstalt und die modernen politischen Parteien und Parlamente, in: Wirtschaft und Gesellschaft, Tübingen [5]1976, S. 815–824.

[18] *Heller* 1971 (Anm. 16), S. 16, S. 19.

216   Peter Thiery

tet dies ausdrücklich (z. B. Notwehr). Jeder Fall illegaler Gewaltanwendung verletzt diesen Anspruch. (4) Der Staat ist allerdings kein
monolithisches Gebilde, sondern ist selbst wieder aus verschiedenen Agenturen zusammengesetzt (Exekutive, Bürokratie etc.). (5)
Als organisierte Herrschaft auf Grundlage des Gewaltmonopols
kann der Staat zwar Gehorsam erzwingen, doch kann kein Staat auf
Dauer sein Handeln nur auf Gewaltmittel gründen. „Praktisch beruht die Herrschaft des Staates in normalen Zeiten in viel höherem
Maße auf Spontaneität und gesellschaftlich notwendiger Zustimmung als auf (staatlich organisiertem) Zwang."[19] Notwendig ist also Legitimation oder – wie Max Weber es nannte – ein bestimmter
Legitimitätsglaube: Die Herrschaftsunterworfenen müssen Herrschaft als ‚rechtens' anerkennen, wofür unterschiedliche Begründungen möglich sind.[20] Der Staat kann je nach Ausprägung dieser
Merkmale verschiedene Formen annehmen, da z. B. über die Art der
Partizipation theoretisch nicht vorentschieden wird.

Während sich diese Staatsbestimmung in ihren Grundzügen bis
heute gehalten hat, entfernten sich Modell- und Theoriebildung zunehmend vom Kategoriensystem der Staatslehre. Insbesondere die
Vorstellung, dass der Staat steuerndes politisches Zentrum der –
und über der – Gesellschaft sei, ließ sich angesichts der gesellschaftlichen Differenzierungsprozesse kaum noch aufrecht erhalten. Zwar hielten sich insbesondere in der deutschen Politikwissenschaft Ansätze der Staatslehre sowie das damit verknüpfte
institutionelle Denken länger, doch wurde es schließlich auch hier
in den 60er Jahren an den Rand gedrängt. Jenen Ansätzen, die am
Staat noch festhielten, fiel es schwer, mit ihren Konzeptionen die
politische Realität angemessen ‚auf den Begriff zu bringen'.[21]

---

[19] Ebd., S. 19.

[20] Weber unterschied traditionelle, charismatische und legale Herrschaft;
in modernen Industriegesellschaften treten soziale und ökonomische
Leistungen zur Rechtfertigung staatlicher Herrschaft hinzu. Zum Problem der (notwendigen) Unterscheidung von Legitimation und Legitimität vgl. *Ernesto Garzón Valdés*: Die Stabilität politischer Systeme, Freiburg 1988, S. 17ff.

[21] So etwa das konservative Staatsdenken mit seiner Überhöhung des Staates (vgl. *Ernst Forsthoff*: Der Staat der Industriegesellschaft, München
1971) oder die marxistische Staatstheorie, die sich lange Zeit nicht aus
den Fesseln des Basis-Überbau-Denkens befreien konnte (vgl. *Ulrich
Jürgens*: Entwicklungslinien der staatstheoretischen Diskussion seit den
siebziger Jahren, in: *APUZ* 9-10/1990, S. 14-22).

Moderne politikwissenschaftliche Theorie   217

Gleichwohl ist der Staat in verschiedenen Konjunkturen als Ana-
lysegegenstand sowie als Fokus theoretischer Auseinandersetzungen virulent geblieben.[22] Der *mainstream* der deutschen Politikwissenschaft hatte unterdessen aber jene Wendung nachvollzogen,
die die amerikanische Politikwissenschaft bereits in den 40er Jahren begonnen hatte.

2.2 Politische Systemtheorie

Obwohl oft synonym benutzt, stellt das Konzept des ‚Politischen
Systems' den wichtigsten Konkurrenzbegriff zum ‚Staat' dar, wenn
es um die Analyse makropolitischer Einheiten (Länder, Nationalstaaten) geht. Den politischen Handlungsraum als ‚Politisches System' aufzufassen, geht u. a. auf den amerikanischen Politikwissenschaftler David Easton zurück. Als erkenntnisleitende Grundfrage
formulierte er:

> „Wie erreichen es politische Systeme, sich in einer Welt, die zugleich
> Stabilität und Wandel aufweist, zu behaupten? Die Suche nach einer
> Antwort wird schließlich aufdecken, was ich den Lebensprozess po-
> litischer Systeme genannt habe – d. h. jene fundamentalen Funktio-
> nen, ohne die kein System existieren kann sowie jene typischen Re-
> aktionsweisen, durch die Systeme diese Prozesse in Gang halten. Die
> Untersuchung dieser Prozesse sowie die Beschaffenheit und die Be-
> dingungen dieser Reaktionen halte ich für das zentrale Problem der
> politischen Theorie."[23]

Das Aufkommen des Systemdenkens fiel in eine Zeit heftiger Auseinandersetzungen innerhalb der amerikanischen Politikwissenschaft über den Stellenwert und das ‚richtige' Betreiben politischer
Theorie.[24] Die traditionelle politische Theorie war bis in die dreißiger Jahre auch in den USA vorwiegend mit politischer Philosophie sowie der Geschichte und Aufarbeitung politischer Ideen be-

---

[22] Vgl. etwa *Dieter Grimm* (Hrsg.): Staatsaufgaben, Frankfurt am Main
1996; *Peter B. Evans et al. (Hrsg.)*: Bringing the State Back In, Cambridge 1985.

[23] *Easton* zit. nach *Arno Waschkuhn*: Politische Systemtheorie, Opladen
1987, S. 55.

[24] Vgl. *John G. Gunnell*: Political Theory: The Evolution of a Sub-Field,
in: Political Science. The State of the Discipline, ed. by Ada W. Finif-
ter, Washington 1983, S. 3-45; *Jürgen Falter*: Der Positivismusstreit in
der amerikanischen Politikwissenschaft, Opladen 1982.

218   Peter Thiery

schäftigt, während in der praktischen Forschung zumeist Institutionenkunde betrieben wurde. Gegen diese Tradition formierte sich
unter dem Einfluss des logischen Positivismus eine empirisch orientierte Gegenbewegung, die zunächst unterschwellig, dann als
‚behavioralistische Revolution' die Disziplin grundlegend veränderte: Als Politikwissenschaft sollte nur noch gelten, wenn nach
dem Vorbild der Naturwissenschaften systematische Analysen beobachtbarer Phänomene betrieben werden, wobei theoretische
Aussagen (Hypothesen) anhand empirischer Beobachtungen zu
testen sind. Auf der Makroebene boten systemtheoretische Modelle hierfür einen geeigneten Orientierungsrahmen.

Als Allgemeine Systemtheorie entstand der Systemansatz in den
vierziger und fünfziger Jahren in den USA u. a. als Versuch, der
zunehmenden Spezialisierung der Wissenschaften mit einem integrativen Konzept und der Entwicklung eines einheitlichen Vokabulars entgegenzuwirken. So wie etwa der menschliche Organismus
als System, d. h. als funktionstüchtiges Ganzes aus bestimmbaren
Teilen aufgefasst werden kann (eine Analogie, die bei vielen Systemtheoretikern bis heute mitschwingt), so auch die Gesellschaft.

Die Grundidee des Ansatzes ist folgende: Ein System besteht aus
einer Menge von Elementen, die untereinander in Beziehung stehen. Ihre Zuordnung zueinander ergibt – bei einem gewissen Grad
an Stetigkeit – die Struktur des Systems. Als solches hebt sich das
System von seiner Umwelt (= alles, was nicht System ist) ab. Zur
Aufrechterhaltung (Integration) des Systems bzw. seiner Strukturen müssen bestimmte Leistungen (Funktionen) erbracht werden:
Z. B. besteht die Funktion des politischen Systems für das gesamtgesellschaftliche System in der Herstellung bindender Entscheidungen. Für *Talcott Parsons*, den Pionier der soziologischen Systemtheorie, bildete die Gesamtgesellschaft das umfassende
System, das sich in weitere Subsysteme mit entsprechenden Funktionen untergliederte (Wirtschaft, Kultur, Politik, Gemeinschaft).
Der Komplexität und Ausdifferenzierung moderner Gesellschaften, die der Begriff Staat bzw. die Dichotomie Staat–Gesellschaft
nicht fassen konnte, wird somit in diesem Modell explizit Rechnung getragen.[25]

Parsons geht grundlegend von der Frage aus, was Gesellschaften ‚überleben' lässt. Er legt seiner Argumentation eine ausgefeil-

---

[25] Zum Überblick vgl. *Oscar W. Gabriel*: Systemtheorien, in: ders.
(Anm. 4), S. 223-266; *Waschkuhn* 1987 (Anm. 23).

Moderne politikwissenschaftliche Theorie 219

te Handlungstheorie zugrunde, die sich gleichwohl deutlich von den Ansätzen des methodologischen Individualismus unterscheidet. Zentral bleibt bei ihm die Vorstellung, dass gesellschaftliche Integration an die Etablierung normativer Orientierungen gebunden ist, d. h. individuelle Handlungen überwiegend durch Normen geprägt sind, die internalisiert werden. Alle sozialen Handlungssysteme – von Kleingruppen über Organisationen bis hin zur Gesamtgesellschaft – sind dabei als offene Systeme konzipiert, d. h. sie unterliegen permanenten Einflüssen und Störungen aus ihrer Umwelt, die sie genauso verarbeiten müssen wie Fehlentwicklungen im Innern. Um Erhalt und Stabilität zu garantieren, müssen alle sozialen Systeme deshalb laut Parsons vier grundlegende Funktionen erfüllen: *adaptation* (Anpassung), *goal attainment* (Zielerreichung), *integration* und *latent pattern maintenance* (Erhaltung von Wertmustern).[26] Um diese Funktionen gewährleisten zu können, müssen Systeme adäquate Strukturen herausbilden. Mit Blick auf die Gesamtgesellschaft leisten dies die Subsysteme Wirtschaft, Politik, Gemeinschaft und Kultur. Parsons ging davon aus, dass der Weg von Gesellschaften in die Moderne als Evolution nur über die Ausdifferenzierung dieser Funktionssysteme führt. Dabei spielen bestimmte ‚evolutionäre Universalien' eine Rolle, ohne die eine funktional differenzierte Gesellschaft nicht überleben kann. Hierzu zählt Parsons vor allem Bürokratie, Marktorganisation, universelle Normen im Rechtssystem, demokratisches Assoziationsrecht sowie allgemeine und freie Wahlen.[27]

An Parsons' Überlegungen schloss Easton mit seiner Theorie des politischen Systems an, das er als besonders ausdifferenziertes Teilsystem der Gesellschaft konzipierte[28]: In ihm werden Werte und Güter autoritativ gesetzt bzw. verteilt. Diese autoritativen Entscheidungen beanspruchen bindende Gültigkeit für die gesamte Gesellschaft und sind mit entsprechenden Sanktionsmöglichkeiten zu ihrer Durchsetzung verknüpft. Wie bei Parsons steht auch bei Easton die Frage der Erhaltung *(persistence)* des politischen Sys-

---

[26] Die Anfangsbuchstaben sind die Namensstifter für das sog. AGIL-Schema.

[27] Vgl. *Talcott Parsons*: Evolutionäre Universalien der Gesellschaft, in: *Wolfgang Zapf* (Hrsg.): Theorien des sozialen Wandels, Köln/Berlin 1969, S. 55-74, hier S. 57.

[28] Vgl. *David Easton*: A Systems Analysis of Political Life, New York 1965 (insbes. Kap. 2).

tems angesichts sich wandelnder Umwelten im Vordergrund. Dabei betont er das Prozesshafte des ‚politischen Lebens', weshalb der politische Bereich als offenes und adaptives System zu konzipieren ist: Bei Strafe des Untergangs müssen politische Systeme in der Lage sein, auch auf grundlegende Störungen aus der Umgebung zu reagieren, also gegebenenfalls auch die eigenen Strukturen und Ziele verändern. Dem Anspruch nach ist Eastons Theorie universal: Sie gilt für alle politischen Systeme in Raum und Zeit, trifft also für Stammesgesellschaften ebenso zu wie für komplexe Industriegesellschaften, wobei auch die Regimeform (totalitär, autoritär, demokratisch etc.) zunächst keine Rolle spielt. Dies sind empirische Fragen, die durch die Theorie nicht vorentschieden werden können.

Wie Abb. 1 schematisch festhält, ist das politische System als ‚Fließmodell', d.h. als Mechanismus zur Verarbeitung von Umwelteinflüssen konzipiert. Eingaben aus der Umwelt *(inputs)* können sowohl Forderungen *(demands)* als auch Unterstützungen *(supports)* sein. Während die Unterstützungsleistungen (z. B. Steuern, Loyalität) materiell wie immateriell unabkömmlich sind, stellen die Forderungen (etwa nach Steuersenkungen, Militäreinsatz oder der Änderung des § 218) die konkreten Impulse für das Systemhandeln dar. Diese *inputs* verwandelt das politische System nun in *outputs*, d.h. spezifische Maßnahmen (Gesetze, Verordnungen), mit denen gesellschaftliches Verhalten verbindlich geregelt (‚gesteuert') wird (z. B. ein Änderungsgesetz zum § 218). Diese *outputs* wirken sich in der Umwelt wiederum auf weitere *inputs* aus, zumindest aber ist an den Umweltreaktionen ein Feedback abzulesen: Ein Gesetz wird einige Gruppen bevorteilen, andere benachteiligen, und kann sich somit sowohl auf die *supports* wie auf neue *demands* auswirken (Entzug der Unterstützung bei einem ‚schlechten' Gesetz, Forderung nach Änderung des Gesetzes). Damit ist der Kreislauf geschlossen, der von Easton im Idealfall als Regelkreislauf angesehen wird: Da ein Feedback gegeben ist, können die *authorities* (gewöhnlich die Regierung) reagieren, also z. B. das Gesetz ändern, anderweitig für Unterstützung sorgen, bewusst ‚aussitzen' usw.

Das politische System funktioniert bzw. überlebt so lange, wie es seine beiden Grundfunktionen erfüllen kann: zum einen also Entscheidungen zu treffen, zum andern für die bindende Akzeptanz zu sorgen. Allerdings dürfen die Entscheidungen nicht beliebig sein: Da das politische System funktionale Leistungen für die

Moderne politikwissenschaftliche Theorie 221

Abbildung 1: Das Modell des Politischen Systems nach David Easton

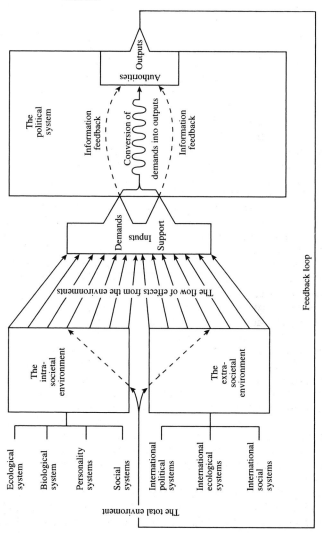

(Quelle: nach *David Easton*: A Systems Analysis of Political Life, New York 1965, S. 30; © John Wiley & Sons, New York)

222 Peter Thiery

Gesellschaft erbringen muss, müssen diese auch adäquat sein.
Ebenso können Störungen auftreten, wenn das Feedback nicht
(mehr) funktioniert, also die Angemessenheit von Entscheidungen
nicht an das politische System ‚weitergemeldet' wird. Im engeren
Sinne meinte Easton jedoch mit Gefährdung des Systems, dass die
beiden Grundfunktionen nicht mehr ausgeübt werden können: sei
es, dass zu viele Forderungen die Regierung und ihre Entschei-
dungskapazität überlasten (Unregierbarkeit), sei es, dass die Entscheidungen nicht mehr als bindend akzeptiert werden (Legitimationskrise).[29]

2.3 Verwendung und Reichweite von Strukturmodellen

Der universelle Charakter des Systemkonzeptes eröffnete neue
Möglichkeiten insbesondere des Vergleichs unterschiedlicher Gesellschaften und Länder.[30] Ähnlich produktiv wirkte sich die Auf-
schlüsselung in Strukturen und Funktionen des Systems aus, da mit
ihnen analytisch weitaus pragmatischer gearbeitet werden konnte
als mit substantiellen Begriffen wie ‚Staat'. Dennoch blieb der
Blick auf die Gesamtzusammenhänge gerichtet und verlor sich
nicht im Partikularen. Bei der Analyse einzelner politischer Systeme konnten nun deutlicher die Austauschbeziehungen zum jeweiligen gesellschaftlichen Umfeld herausgearbeitet und Funktionsleistungen bzw. -störungen eruiert werden. Im Blick waren dabei
auch genuin gesellschaftliche (‚vorpolitische') Sujets wie Interessengruppen oder später die Zivilgesellschaft, deren Wirken etwa
als Forderungen konzipiert werden konnten. Innerhalb des politischen Systems bot sich die Möglichkeit, über institutionelle Analysen hinaus das Zusammenwirken der Subsysteme (Parlament,
Regierung etc.) zu untersuchen.[31]

Die Bedeutung struktureller und insbesondere systemtheoretischer Konzepte lässt sich an zwei recht unterschiedlichen Beispielen demonstrieren, die auch die Konjunktur solcher Ansätze wi-
derspiegeln. Im ersten Fall geht es um Generaldebatten über die

---

[29] In eine ähnliche Richtung geht die Frage, was die Stabilität und die ‚Identität' politischer Systeme bzw. ihren Wandel ausmacht. Vgl. hierzu *Garzón Valdés* 1988 (Anm. 20), S. 32ff.

[30] Vgl. hierzu den Beitrag von *Peter Birle/Christoph Wagner* in diesem
Band.

[31] Vgl. hierzu den Beitrag von *Karl-Rudolf Korte* in diesem Band.

Moderne politikwissenschaftliche Theorie   223

politischen Gestaltungsmöglichkeiten in westlichen Gesellschaften, die in den siebziger und achtziger Jahren vor allem in der deutschen Politikwissenschaft eine Rolle spielten (1). Zum andern lohnt sich ein näherer Blick auf die Erklärungskraft von Strukturtheorien anhand der Transformationsforschung, die im Zuge der Demokratisierungen der achtziger und neunziger Jahre Auftrieb erhielt (2).

(1) Krisentheorie und Steuerungsdebatte: Diese Debatten standen deutlich unter dem Einfluss von Großtheorien, d. h. dem Versuch, politische Entwicklungen als grundlegende Strukturentwicklungen zu analysieren und mit eher abstrakten Modellen zu erklären. Im Zentrum standen Legitimations- und Strukturprobleme westlicher Industrienationen, also Krisentendenzen eines ganzen Gesellschaftstyps, der sich u. a. durch eine steuernde keynesianische Wirtschaftspolitik sowie relativ umfassende Sozialpolitiken auszeichnete. Vereinfacht lautete die – ideologiekritische – Fragestellung: Wie schafft es der Staat, die Gesellschaft trotz objektiver Krisentendenzen als (scheinbar) funktionierendes Ganzes zusammenzuhalten?

Die beiden deutschen Hauptvertreter der politischen Krisentheorie – Claus Offe und Jürgen Habermas[32] – vermieden dabei eine explizite Bezugnahme auf den (problematischen) älteren Staatsbegriff. Stattdessen nutzten sie das Instrumentarium der Systemtheorie nicht nur, um mit dem Begriff ‚politisch-administratives System' zu arbeiten, sondern konnten damit auch dessen Verknüpfungen mit den anderen Subsystemen der Gesellschaft – d.h. dem ökonomischen und dem soziokulturellen System – analytisch fassen. Zwar werden die hauptsächlichen Krisen nach wie vor im ökonomischen System (d.h. im kapitalistischen Produktionsprozess) verortet, doch ergibt sich daraus nicht mehr ein Automatismus hin zur Gefährdung des Gesamtsystems. Vielmehr steuert hier der ‚spätkapitalistische' Staat entgegen, indem er die Funktionsweise des Wirtschaftssystems aufrechterhält und für einen Ausgleich seiner Dysfunktionalitäten sorgt, z. B. durch Sozialausgaben oder Eingriffe in das Marktgeschehen. Damit greift er allerdings auch die wesentliche Legitimationsgrundlage der kapitalistischen Gesellschaft an, nämlich die Ideologie des gerechten

---

[32] Vgl. *Claus Offe*: Strukturprobleme des kapitalistischen Staates, Frankfurt 1972; *Jürgen Habermas*: Legitimationsprobleme im Spätkapitalismus, Frankfurt 1973.

224 Peter Thiery

(vom Staat nicht beeinträchtigten) Tausches. Durch diese Ausweitung staatlichen Handelns verlagern sich die Krisentendenzen vom ökonomischen in das politische System. Neben der Finanzkrise des Staates wird insbesondere seine Legitimationskrise nun als entscheidend angesehen: Da der Staat zu viele Steuerungsleistungen übernehmen muss, diese jedoch nicht alle (und schon gar nicht gleichzeitig) bewältigen kann, schwindet die breite Zustimmung (Massenloyalität), von der seine Handlungsfähigkeit eigentlich abhängt. Trotz dieser Probleme wird aber der Staat noch als relativ autonomer und steuerungsfähiger Akteur (‚Krisenmanagement‘) gedacht.[33]

In den achtziger Jahren geriet auch dieser Rest an Steuerungsoptimismus in Widerstreit. Das Gewicht des Staates wird nicht mehr nur gegenüber den anderen Subsystemen relativiert, wie etwa in der Neokorporatismus-Diskussion Ende der siebziger Jahre.[34] Vielmehr wird seine Steuerungs- und Handlungskapazität grundsätzlich hinterfragt. Aus systemtheoretischer, insbesondere an Niklas Luhmann orientierter Perspektive wird von einer ‚Entzauberung‘ des Staates gesprochen: Angesichts der zunehmenden Selbststeuerung der übrigen gesellschaftlichen Subsysteme werden die subsystemfremden Steuerungsversuche des Staates dysfunktional. Eine hierarchische Organisationsform der Gesellschaft mit dem Staat an der Spitze ist nicht mehr realistisch, genauso wenig Integration durch Steuerungsleistungen des politischen Systems.[35] Luhmann griff die Systemkonzeption von Parsons auf und radikalisierte insbesondere das Theorem der funktionalen Differenzierung. Demnach sind die gesellschaftlichen Teilsysteme (Wirtschaft, Recht, Wissenschaft, Religion, Sport, Unterhaltung usw.) derart verselbständigt, dass sie sich gewissermaßen autonom am Laufen halten. „Kein Funktionssystem kann für ein anderes einspringen; keines kann ein anderes ersetzen oder auch nur entlasten."[36] Sie funktionieren jeweils nach einem eigenen Kommunikationscode, der von den übrigen Teilsystemen nicht ‚verstanden‘

---

[33] Zu einer Theorie umfassender staatlicher Krisenregulation aus neomarxistischer Perspektive vgl. *Joachim Hirsch*: Der Sicherheitsstaat, Frankfurt ²1986.

[34] Zum Neokorporatismus vgl. den Beitrag von *Peter Birle/Christoph Wagner* in diesem Band.

[35] Vgl. *Helmut Willke*: Ironie des Staates, Frankfurt a. M. 1996.

[36] *Niklas Luhmann*: Soziale Systeme, Frankfurt 1984, S. 207.

Moderne politikwissenschaftliche Theorie 225

werden kann.[37] Deshalb sind Absichten des politischen Systems, mit dem ihm eigenen Medium der Macht Entwicklungen in anderen Teilsystemen gezielt zu beeinflussen, von vornherein zum Scheitern verurteilt. Wenn etwa die Politik wie im Wohlfahrtsstaat versucht, per staatlicher Erzwingungsmacht in das Wirtschaftssystem hinein zu regieren, so stört bzw. verwirrt sie nur dessen Funktionieren, da hier Geld das spezifische Medium darstellt. Im Ergebnis heißt das, dass die Effizienz des Wirtschaftssystems untergraben wird.

Differenzierter wurden die Steuerungsmöglichkeiten dagegen von Empirikern bewertet.[38] Zwar gehen sie ebenso davon aus, dass der Staat bzw. das politisch-administrative System nicht mehr steuern kann, wie es in der klassischen Idee des souveränen Nationalstaates oder in der zitierten Staatsbestimmung zum Ausdruck kommt. Beispiele aus der Politikfeldforschung etwa zeigten, dass die Vielzahl der involvierten Akteure (z. B. bei der Errichtung von AKWs) komplizierte und komplexe Entscheidungsprozesse ergaben, in denen der Staat nur als *ein* Akteur auftrat. Dennoch sind damit nicht alle Steuerungsmöglichkeiten gekappt. Vielmehr ist der zeitgenössische Staat in seinen Steuerungsansprüchen bescheidener geworden und setzt verschiedene Regulierungsinstrumente selektiv ein.[39] In der Tendenz zeigten diese Debatten, dass sich die politische Realität oft anders entwickelte, als es die ‚großen Theorien‘ mit ihrem umfassenden Erklärungsanspruch behaupteten.

(2) Strukturtheorien in der Transformationsforschung: Die achtziger Jahre waren Zeuge einer weltweiten Demokratisierungswelle, die mit dem Zusammenbruch der meisten sozialistischen Systeme 1989 ihren Höhepunkt fand. Auf die Frage, was zum Zu-

---

[37] Beispiele für diese binären Codes, die als Orientierung der jeweiligen Kommunikation fungieren, sind Haben/Nicht-Haben (Wirtschaft), Wahrheit/Unwahrheit (Wissenschaft), Verfügen/Nicht-Verfügen über Macht (Politik) oder Sieg/Niederlage (Sport) (vgl. *Schimank* 1996 (Anm. 12), S. 155).

[38] Zur dezidierten Gegenposition zu Luhmann vgl. *Fritz W. Scharpf*: Politische Steuerung und politische Institutionen, in: PVS 30/1989, S. 10-21.

[39] Vgl. *Renate Mayntz*: Politische Steuerung: Aufstieg, Niedergang und Transformation einer Theorie, in: *Klaus von Beyme/Claus Offe (Hrsg.)*: Politische Theorien in der Ära der Transformation, PVS Sonderheft 27, Opladen 1996, S. 148-168. Vgl. den Beitrag von *Jörg Faust/Hans-Joachim Lauth* in diesem Band.

226   Peter Thiery

sammenbruch der Autokratien bzw. zum Entstehen von Demokratien führte, bieten Strukturtheorien plausible Antworten, die sich auch empirisch erhärten ließen.[40] Schon früh hatte Parsons die Prognose gewagt, „dass sich die kommunistische Gesellschaftsformation als instabil erweisen wird und entweder Anpassungen in Richtung auf die Wahlrechtsdemokratie und ein pluralistisches Parteiensystem machen, oder in weniger entwickelte und politisch weniger effektive Organisationsformen regredieren wird"[41]. Erklärbar ist dies auf Grundlage seines Theorems der funktionalen Differenzierung. Denn indem die totalitären Regime die übrigen Subsysteme den Imperativen des politischen Systems unterwarfen und sie ideologisch wie politisch zu durchdringen versuchten, behinderten oder unterbanden sie deren Ausdifferenzierung. Dadurch wurde der evolutionäre Modernisierungsprozess gewissermaßen stillgestellt und das Gesamtsystem war auf Dauer nur mittels staatlichen Zwanges zusammenzuhalten – bis es bei dessen Nachlassen implodierte. In eine ähnliche Richtung weist die These, die sich aus Luhmanns Ansatz ableiten lässt: Je autoritärer politische Regime sind, desto mehr überlagert der Machtcode des politischen Systems die Codes der übrigen Teilsysteme. Wirtschaft, Wissenschaft, Kunst usw. wurden dadurch zu eng an die Politik (und den Code sozialistisch/nicht-sozialistisch) gekoppelt, was zu Effizienzverlusten und Funktionskrisen in diesen Teilsystemen führte – insbesondere in der Wirtschaft.

Weitaus differenzierter und weniger abstrakt argumentiert die Modernisierungstheorie in der Version von Lipset, der die klassische These formulierte, dass die Chancen für die Aufrechterhaltung einer Demokratie um so höher sind, je größer der Wohlstand einer Gesellschaft ist.[42] Hinter dieser zunächst eher schlicht anmutenden These verbirgt sich eine Reihe von Kausalannahmen, die sich weiter konkretisieren und operationalisieren lassen:[43] Demnach führt ökonomische Entwicklung zu einem höheren Bildungsniveau und schließlich auch zu einer demokratischeren politischen

---

[40] Zum Folgenden vgl. *Wolfgang Merkel*: Systemtransformation, Opladen 1999, S. 78ff.

[41] *Parsons* 1969 (Anm. 27), S. 70.

[42] Vgl. *Seymour Martin Lipset*: Some Social Requisites of Democracy: Economic Development and Political Legitimacy, in: American Political Science Review 53 (1959): S. 69-105, hier S. 69.

[43] Vgl. *Merkel* 1999 (Anm. 40), S. 83ff.

Moderne politikwissenschaftliche Theorie   227

Kultur, indem Bürger und Politiker tolerantere und rationalere Einstellungen und Verhaltensweisen annehmen. Auch wirkt sich ein relativ hohes Wohlstandsniveau dämpfend auf soziale Unterschiede und ökonomische Verteilungskonflikte aus, wodurch politische Auseinandersetzungen an ‚existentieller‘ Schärfe verlieren. Schließlich intensiviert sich u.a. durch das Aufkommen starker Mittelschichten das Streben nach Partizipation, was letztlich die Zivilgesellschaft stärkt und übermäßigen Machtkonzentrationen (des Staates und anderer Mächte) entgegenwirkt.

Gewiss trifft dies nicht in jedem Fall zu, doch ist Lipsets These auch vorsichtig genug formuliert. Zum einen ist hier die für alle Erklärungen zu beachtende Unterscheidung zwischen notwendiger und hinreichender Bedingung wichtig: Wohlstand alleine reicht zur Erklärung nicht aus, ist also keinesfalls eine hinreichende Bedingung für Demokratie.[44] Im Kern wird Wohlstand also als notwendige Bedingung angesehen, d. h. im Prinzip gilt: Ohne Wohlstand keine (stabile) Demokratie. Aber auch hier werden Ausnahmen zugelassen, da eine Wahrscheinlichkeit behauptet wird (also nicht ‚wenn – dann‘, sondern ‚je – desto‘).[45] Mit anderen Worten: Auch arme Länder können unter bestimmten Umständen Demokratie erreichen, selbst wenn dies ebenso wenig wahrscheinlich ist wie ihre Stabilisierung. Gleichwohl weist dies bereits auf typische Defizite struktureller Erklärungen im allgemeinen hin: Sie können eben nicht erklären (oder gar prognostizieren), warum genau zu einem gegebenen Zeitpunkt eine Transition zur Demokratie zustande kommt, welche Akteure daran teilnehmen und wie sie mit welchem Ergebnis verläuft. Dies ruft unvermeidlich ‚den Akteur‘ auf den Plan.

3. Mikroebene: Handlungs- und Akteurstheorien

3.1 Spektrum, Anliegen und Karriere mikrotheoretischer Modelle

Theorien auf der Basis des methodologischen Individualismus teilen das Credo, dass alle politischen Phänomene im Prinzip aus indi-

---

[44] Siehe etwa die zahlreichen Fälle zwischen den beiden Weltkriegen, insbesondere Deutschland, Italien und Österreich, aber auch – wenigstens bis 1983 – Argentinien.

[45] Zu dieser Methodenlogik vgl. den Beitrag von *Christian Welzel* in diesem Band.

viduellem Handeln heraus erklärbar sind und sein müssen. Sie richten den Fokus darauf, dass alles, was es an sozialen (politischen, kulturellen, wirtschaftlichen) Erscheinungen und Prozessen um uns herum gibt, letztlich dadurch zustande gekommen sind, dass konkrete Individuen entsprechend gehandelt haben. Hierbei existiert eine gewisse Bandbreite von Ansätzen: Neben den älteren Modellen etwa der Weberschen Handlungstheorie und des Behavioralismus sind hier insbesondere Ansätze der Theorie rationaler Entscheidung (*Rational Choice*) und der verwandten Spieltheorie zu nennen, die in den letzten 20 Jahren in Politikwissenschaft und Soziologie zunehmend das theoretische und empirische Arbeiten nachhaltig geprägt haben.

Die zugespitzte Gegenüberstellung eines Theorie-Dualismus von ‚Struktur' und ‚Akteur' darf dabei nicht so verstanden werden, als würden Strukturtheoretiker das Handlungselement völlig ausblenden und umgekehrt. Insbesondere Parsons hatte vor seiner ‚Systemwende' eine allgemeine Handlungstheorie ausgearbeitet. Die grundlegende Hypothesenstruktur von Akteursansätzen sieht gleichwohl so aus, dass prinzipiell Handlungen die unabhängige und Prozesse und Strukturen die abhängige Variable darstellen. Dieser Unterschied lässt sich an dem bereits viel zitierten Beispiel verdeutlichen, das James Coleman in seinen ‚Grundlagen der Sozialtheorie'[46] behandelt hat. Dabei geht es um die berühmte These von Max Weber, wonach die Herausbildung der kapitalistischen Produktionsweise (‚Geist des Kapitalismus') zurückzuführen ist auf die protestantische Ethik – ein Makrophänomen würde somit ein anderes erklären. Bereits damit könnte man natürlich arbeiten, d.h.: Überall da, wo die protestantische Ethik vorherrscht, sind die Chancen für die Entfaltung des Kapitalismus zumindest günstig; überall da hingegen, wo sie fehlt, sind die Chancen für seine (eigenständige) Entfaltung geringer. Für Handlungstheoretiker wäre ein solcher Zusammenhang jedoch gleichsam mehr postuliert denn als Kausalzusammenhang nachgewiesen. Aufzuzeigen wäre demnach, wie sich die protestantische Ethik in konkrete individuelle Verhaltensdispositionen und entsprechendes Handeln übersetzt und wie sich schließlich diese – als Massenphänomen angenommenen – Handlungen zum kollektiven Phänomen des Kapitalismus wieder zusammensetzen.[47]

---

[46] Zum Folgenden vgl. *James Coleman*: Grundlagen der Sozialtheorie, Bd. 1: Handlungen und Handlungssysteme, München 1991, S. 8ff.

[47] Für die genannte Protestantismusthese sähe dies im Sinne Webers so aus: Die protestantische Ethik führte zu veränderten Sozialisationsmustern

Moderne politikwissenschaftliche Theorie 229

Daran ist leicht erkennen, dass eine entscheidende Frage darin besteht, wie man sich dieses Modellindividuum bzw. eine adäquate Handlungstheorie vorstellen soll. Davon hängt letztlich ab, welche Faktoren und Variablen bei solchen sozialwissenschaftlichen Analysen überhaupt ins Blickfeld geraten und welche ausgeblendet werden. Wie bei so vielen grundlegenden politikwissenschaftlichen bzw. soziologischen Begriffen und Kategorien lohnt auch hier ein kurzer Rückblick auf Max Weber, der vier Handlungstypen unterschied, nämlich affektives, traditionales, wertrationales und zweckrationales Handeln (s. Abb. 2). Wenn ein Beobachter das Motiv nicht direkt in Erfahrung bringen kann, muss er dieses gemäß seiner Theorie erschließen (= erklären); Weber selbst hat dies am Beispiel eines holzhackenden Mannes verdeutlicht.[48]

Abbildung 2: Handlungstypen nach Max Weber

Handlungstyp	*Handlungsmotiv*	*Erklärung ‚Holzfällen'*
affektiv	emotionaler Impuls	Abreagieren
traditional	Gewohnheit	lebenslange Regelmäßigkeit
wertrational	Normen und Werte	‚Gebot Gottes'
zweckrational	Ziel/Mittel-Kalkül	Mittel zum Zweck: Heizen, Fitness, Geld

Nur die beiden letzten Typen werden also von Weber als rational bezeichnet. Wertrational heißt, dass das Handeln bewusst an einer vorgegebenen Werteordnung (z. B. die 10 Gebote) orientiert wird, und zwar ohne Rücksicht auf die vorhersehbaren Folgen. Dagegen handelt zweckrational, „wer sein Handeln nach Zweck, Mitteln und Nebenfolgen orientiert und dabei sowohl die Mittel gegen die Zwecke, wie die Zwecke gegen die Nebenfolgen, wie endlich auch die verschiedenen möglichen Zwecke gegeneinander rational *abwägt*"[49]. Relevant für die neuere Theorieentwicklung wurde letzt-

---

und Erziehungsstilen in den Familien, darüber zur Internalisierung neuer Handlungsmotivationen (Bewährung im Diesseits durch rationale Lebensführung, ‚innerweltliche Askese') und so zur nachfolgenden Konzentration auf Leistung und Beruf (Kontrolle ‚irrationaler' Antriebe, ‚Geist des Kapitalismus') (vgl. *Esser* 1999, Anm. 11, S. 98ff.).

[48] Vgl. *Max Weber*: Wirtschaft und Gesellschaft, Tübingen 1976, S. 4.
[49] *Max Weber*: Soziologische Grundbegriffe, Tübingen [6]1984, S. 45.

230   Peter Thiery

lich nur das zweckrationale Handeln, auch wenn es sich mehr in der Version von Thomas Hobbes, der Utilitaristen und eben ökonomischer Theorien durchgesetzt hat denn im Sinne Max Webers. Wenn im folgenden von Theorien rationaler Entscheidung gesprochen wird, so wird damit erstens nur ein Typus menschlichen Handelns herausgehoben, und zweitens sogar ein bestimmter Subtypus zweckrationalen Handelns. Aufgrund seiner steilen Karriere wird hier dennoch dieser engen Fokussierung auf *Rational Choice*-Ansätze Rechnung getragen.

3.2 Theorien rationaler Entscheidung (Rational Choice)

Rational Choice-Theorien stellen also nur eine Variante von Handlungstheorien dar. Sie können auch in der Politikwissenschaft – oder genauer: in der politischen Philosophie – auf eine schon längere Tradition zurückblicken, wie vor allem in Thomas Hobbes' Leviathan prägnant vorgeführt.[50] In der empirischen Politikwissenschaft des 20. Jahrhunderts spielten sie lange Zeit allerdings eine geringe Rolle, indem sie zunächst hinter institutionellen und später hinter strukturellen Ansätzen (Sytemtheorie, Marxismus) zurücktraten. Dagegen bildeten sie das lange unhinterfragte Fundament der neoklassischen Wirtschaftstheorie, was einige Ökonomen veranlasste, damit auch die Rolle der Politik näher zu beleuchten. Aufgrund dieses Re-Imports werden sie auch als ökonomische Theorien der Politik bezeichnet. Sie sind insofern verallgemeinerbar, als sie auf ein generelles Akteurs- und Handlungsmodell zielen, das universelle Gültigkeit beansprucht.

Die politische Theorie profitierte somit von der Erkenntnis, dass bestimmte Fragestellungen der Wirtschaftstheorie verallgemeinerbar sind. Dies gilt vor allem in bezug auf Situationen, in denen Akteure unter Ressourcenknappheit und Unsicherheit entscheiden müssen. Ökonomische Theorien der Politik gehen davon aus, dass der Mensch als rational denkender und handelnder *homo oeconomicus* zu begreifen ist, der ausschließlich auf der Basis individueller Kosten-Nutzen-Kalküle entscheidet. Unabhängig davon, welche Ziele er verfolgt, handelt er dann rational, wenn er unter mehreren Handlungsalternativen diejenige wählt, die zur Realisierung seiner Ziele am geeignetsten erscheint. In der klassischen Va-

---

[50] Vgl. *Dietmar Braun*: Theorien rationalen Handelns in der Politikwissenschaft, Opladen 1999, S. 18ff.

Moderne politikwissenschaftliche Theorie   231

riante wird ihm dabei die Fähigkeit unterstellt, seine Präferenzen vollständig zu kennen und diese klar ordnen zu können. Ausgehend von diesem Menschenbild wird auf analoge Strukturen und Funktionsweisen von ökonomischem und politischem System geschlossen: Beide sind als Tauschprozesse zu verstehen. Entworfen wird somit eine allgemeine Theorie rationalen individuellen Handelns, aus der Annahmen über die Realität abgeleitet werden, welche wiederum empirisch überprüft werden können. Mit diesen handlungstheoretischen Annahmen weicht der *Rational Choice*-Ansatz deutlich von einem Menschenbild ab, das starke Affinitäten zu Strukturmodellen besitzt und für gewöhnlich der soziologischen Tradition zugeschrieben wird (*homo sociologicus*). Eine pointierte Gegenüberstellung verdeutlicht diese Unterschiede (Abb. 3).

In der Argumentation von *Rational Choice*-Theorien werden generell folgende Prämissen zugrunde gelegt[51]: (1) Entscheidungsträger können nur Individuen sein, ob isoliert oder in Zusammenschlüssen. Aussagen über soziale, ökonomische und politische Entscheidungsprozesse sind demnach aus Aussagen über individuelles Handeln abzuleiten. (2) Das Prinzip der (ökonomischen) Rationalität: Jedes Individuum entscheidet und handelt in jeder Situation rational, d.h. es wählt immer die Alternative, die den höchsten Nutzen verspricht oder mit den geringsten Kosten verknüpft ist. (3) Darüber hinaus ist rationales Verhalten primär von eigennützigen Absichten geleitet. Was als Eigennutz gilt, ist abhängig von subjektiven, nicht aber von objektiv messbaren Werthaltungen. Es wird angenommen, dass das Individuum in der Lage ist, diese in eine konsistente und transitive Ordnung zu bringen (Präferenzbildung). (4) Weiterhin wird angenommen, dass ein Individuum auch in sozialen Zusammenhängen primär deshalb handelt, weil es seinen individuellen Zielen (Einkommen, Prestige, Macht, Anerkennung, Liebe etc.) dient. Aus diesen Prämissen werden speziellere Theorien entwickelt, die soziale Prozesse nach dem Muster des Tausches konzipieren. Als mittlerweile schon klassische Beispiele gelten die Demokratietheorie von Downs sowie die Theorien Olsons über kollektives Handeln bzw. über politischen Wandel.

---

[51] Zum Folgenden vgl. ebd., S. 17ff; *Guy Kirsch*: Neue Politische Ökonomie, 5. Aufl., Stuttgart 2004, S. 3ff.; *Franz Lehner*: Einführung in die Neue Politische Ökonomie, Königstein 1981, S. 9–19.

232   Peter Thiery

Abbildung 3: Homo oeconomicus versus Homo sociologicus[52]

	HOMO OECONOMICUS	HOMO SOCIOLOGICUS
Individuum	ist autistisch, ohne Gefühle, verwirklicht seine Nutzenvorstellungen; handelt dabei nach seinen eigenen Normen.	reagiert auf andere Menschen gemäß den internalisierten Normen der Gesellschaft, erwartet dabei bestimmtes Verhalten von anderen.
Mitmenschen	sind Konkurrenten um knappe Ressourcen.	sind überindividuelle, gesellschaftliche Kräfte, die Erwartungszwänge ausüben.
Handlung	Individuelle Handlungen sind das Ergebnis einer rationalen Abwägung zwischen Kosten und Nutzen jeder Handlungsalternative.	Individuelle Handlungen erfolgen aufgrund von Zwängen aus sozialen Beziehungen. Dabei wird die Nichtvollziehung einer geforderten Handlung bzw. die Vollziehung einer unerlaubten Handlung durch die Gesellschaft sanktioniert.
Erklärungsansatz für soziale Tatbestände	Alle sozialen Tatbestände werden auf die Handlungen dieser quasi-isolierten Individuen zurückgeführt. Erklärungen des Verhaltens mit dem Nachweis, dass alle nicht-gewählten Handlungsalternativen schlechter sind als die gewählte Handlung. Der HOMO OECONOMICUS *will* nicht anders handeln.	Alle sozialen Tatbestände werden auf die Handlungsumstände zurückgeführt, die das Individuum zu einer bestimmten Handlung veranlassten. Der HOMO SOCIOLOGICUS *konnte* nicht anders handeln.

---

[52] Quelle: nach *Braun* 1999 (Anm. 50) S. 41.

(1) *Demokratie:* Als eine der wichtigsten Pionierleistungen auf diesem Gebiet gilt die ‚Ökonomische Theorie der Demokratie' von Anthony Downs.[53] Sein Anliegen war, unter Anlehnung an eine ältere Konzeption von Joseph A. Schumpeter[54], eine ‚realistische' Theorie der Demokratie, die weniger auf den normativen Elementen der klassischen Demokratiekonzeptionen (Rousseau) aufbaute, als vielmehr ihr tatsächliches Funktionieren zu analysieren versuchte. Insbesondere galt hier das Interesse dem Verhalten von Wählern und Parteien und seinen Konsequenzen für das Handeln von Regierungen.

Über die demokratische Regierungsform als Rahmen (Tauschbedingungen) der politischen Prozesse (hier: Wahlen) trifft Downs einige Annahmen, die Demokratie als Methode der Herrschaftsausübung begreifen: Jeder Stimmbürger hat bei allen (periodisch stattfindenden) Wahlen eine Stimme. Anhand der Mehrheitsregel wird über die Regierungsbildung entschieden, um die sich mindestens zwei konkurrierende Parteien bewerben. Für die Zeit zwischen den Wahlen darf die Regierungspartei ihre Macht nicht dazu benutzen, die andere Partei zu behindern oder die Wahlperioden zeitlich abzuändern, wie umgekehrt die oppositionelle Partei die Regierung nicht mit Gewalt bekämpft.

Unter diesen Bedingungen versuchen nun sowohl Parteien wie Wähler ihren Nutzen zu maximieren. Ziel der Parteien ist der Wahlsieg und folglich die Stimmenmaximierung. Zu diesem Zweck bieten sie Programme an, die ihnen die größtmögliche Stimmenzahl versprechen. Der Wähler gibt derjenigen Partei seine Stimme, deren Programm bzw. Handlungsabsichten ihm vermutlich mehr Vorteile einbringen wird als andere. Die Analogien zum Wirtschaftssystem sind somit deutlich: Politische Parteien verhalten sich wie Unternehmer, indem sie konkurrierende Programme (Waren) auf dem Markt anbieten, um dafür Stimmen (Geld) einzutauschen: Sie ‚verkaufen' also ihre Programme. Die Wähler hingegen versuchen, mit ihrer Stimme das für sie nützliche Regierungsprogramm zu ‚kaufen'.

Inhaltliche Programme werden nach Downs somit nicht primär aus ‚vernünftigen', objektiven, idealistischen oder gar altruistischen Beweggründen erstellt, sondern aus dem Kalkül heraus, dass

---

[53] Vgl. *Anthony Downs*: Ökonomische Theorie der Demokratie, Tübingen 1968.

[54] Vgl. *Joseph A. Schumpeter*: Kapitalismus, Sozialismus und Demokratie, Bern 1950, insbes. S. 427 ff.

234 Peter Thiery

sie die Stimmenmaximierung erlauben. Die inhaltliche Dimension verlagert sich somit auf die Nachfrageseite der Wähler: Deren (vermutete) Präferenzen geben den Ausschlag, welche politischen Programme angeboten werden. Wenn z. B. bekannt ist, dass Umweltprobleme bei den Menschen eine große Rolle spielen, so wird kaum eine Partei um ein gewisses umweltpolitisches Profil herumkommen.[55] Ein grundlegendes Problem, das nahe an einen Selbstwiderspruch grenzt, konnte aber weder von Downs noch nachfolgend gelöst werden: Die ökonomische Theorie kann nämlich nicht zufriedenstellend erklären, warum sich individuelle Bürgerinnen und Bürger überhaupt an der Wahl beteiligen.[56] Denn der Nutzen einer einzelnen Stimme, die in Millionen anderer quasi untergeht, ist zu gering im Vergleich zu den Kosten (Urnengang, Informationsfindung etc.).

(2) *Politische Organisationen und politischer Wandel:* Ein Verdienst von Mancur Olson war es, das Problem sozialer und politischer Partizipation auf der Grundlage individuellen rationalen Verhaltens in ein neues Licht zu rücken und zu erklären.[57] Seine Analyse geht davon aus, dass Individuen sich gegenüber kollektiven Zielen anders verhalten als gegenüber individuellen Zielen: Die Bereitschaft, sich individuell für ein gemeinsames Ziel einzusetzen, ist zumindest ab einer bestimmten Gruppengröße nicht mehr zu erwarten. Der Grund für dieses durchaus rationale Verhalten liegt darin, dass Organisationen oder Gruppen kollektive Güter bereitstellen, also z. B. Sicherheitsleistungen (Militär, Polizei), Infrastrukturmaßnahmen (Straßen, Brücken) oder – im Falle z. B. von ver.di – Tarifabschlüsse. Diese Güter stehen im Prinzip allen Konsumenten zur Verfügung (also z. B. allen Einwohnern oder allen öffentlichen Bediensteten), d. h. diese können vom Nutzen des Gutes nicht ausgeschlossen werden. In einer solchen Situation ist es für das Individuum sehr rational, kostenlos als sog. ‚Trittbrettfahrer' *(free-rider)* daran zu partizipieren. Dies ist nach Olson um

---

[55] Downs hat seine Annahmen an einem einfachen Modell durchgespielt, vgl. *Downs* 1968 (Anm. 51), S. 111 ff; vgl. auch *Lehner* 1981 (Anm. 51), S. 21–43.

[56] Vgl. *Kirsten Mensch*: Die segmentierte Gültigkeit von Rational-Choice-Erklärungen. Warum Rational-Choice-Modelle die Wahlbeteiligung nicht erklären können, Opladen 1999.

[57] Vgl. *Mancur Olson*: Die Logik des kollektiven Handelns, Tübingen 1968.

Moderne politikwissenschaftliche Theorie   235

so wahrscheinlicher, je größer die Gruppe ist und je allgemeiner ihr Ziel. Denn in großen Gruppen hat der individuelle Beitrag nur geringe Auswirkungen auf die Herstellung eines kollektiven Gutes, so dass es sich nicht lohnt, aktiv zu werden.

Demzufolge muss nach Olson mindestens eine der folgenden Bedingungen erfüllt sein, damit kollektive Güter erstellt werden: (a) Die Gruppe muss relativ klein sein, so dass der Nutzen durch Herstellung des Gutes für jedes Individuum selbst dann gegeben ist, wenn es alleine für die gesamten Kosten aufkommen müsste; (b) es existieren gesetzliche Regelungen für einen Zwangszusammenschluss, wie etwa die *union shops* in den USA (in bestimmten Betrieben dürfen nur Gewerkschaftsmitglieder eingestellt werden); (c) es werden selektive Anreize geboten, die nur den Gruppenmitgliedern zugute kommen, wie z. B. Streikgelder bei den Gewerkschaften. Dennoch bleibt – entgegen der Annahme der Pluralismustheorie – die Tendenz, dass gesellschaftliche Interessen ungleich organisierbar sind: Kleine Gruppen mit speziellen Interessen (Atomindustrie, Fluglotsen) können sich besser organisieren und politisch durchsetzen als große Gruppen mit allgemeinen Interessen (z. B. Verbraucher).[58]

Olsons Ansatz warf auch auf ältere Theorien wenigstens teilweise ein neues (kritisches) Licht. So teilte er nicht die oft gegen Marx vorgebrachte Kritik, dieser habe das Potential rationalen Verhaltens überschätzt und deswegen sei der prognostizierte Klassenkampf ausgeblieben. In Olsons Logik kehrt sich das Argument um, d. h. gerade „wenn die Einzelnen, die eine Klasse bilden, rational handeln, wird es nicht zu klassenorientiertem Handeln kommen".[59] Der Grund dafür liegt im *free-rider*-Problem. Auch die Theorie des Gruppenpluralismus wird in entscheidenden Grundannahmen getroffen: Gesellschaftliche Interessen sind nicht gleich organisierbar, noch kontrollieren oder beschränken sie sich wechselseitig. Seine Relevanz zeigt dieser Ansatz immer dann, wenn der Rekurs auf individuelles und kollektives Handeln zur Debatte steht.[60]

Auf dieser Theorie baut Olson in seinem zweiten Hauptwerk auf, um wichtige Aspekte politischen Wandels von Gesellschaften zu

---

[58] Vgl. *Lehner* 1981 (Anm. 51), S. 83f.

[59] *Olson* 1968 (Anm. 57), S. 104.

[60] Zur Auseinandersetzung mit Olson vgl. *Klaus Schubert* (Hrsg.): Leistungen und Grenzen politisch-ökonomischer Theorie. Eine kritische Bestandsaufnahme zu Mancur Olson, Darmstadt 1992.

236   Peter Thiery

erklären. Während Strukturansätze hier auf Dysfunktionalitäten
von Systemen oder Strukturen im Verhältnis zu (sich wandelnden)
Herausforderungen verweisen, führen Akteursansätze auch dies
auf individuelle und kollektive Akteure und deren Interessen und
Entscheidungen zurück. Olson ging nunmehr der Frage nach, welchen Beitrag gesellschaftliche Organisationen zum gesellschaftlichen Fortschritt bzw. zur Stagnation beitragen.[61] Demnach haben
insbesondere kleine Interessengruppen kaum Anreize, sich am
‚kollektiven Gut‘ des gesellschaftlichen Reichtums zu orientieren.
Vielmehr verhalten sie sich rational, wenn sie egoistisch und nutzenmaximierend agieren und versuchen, ein größeres Stück vom
vorhandenen Kuchen zu ergattern. So ist es z. B. für einen sekto-
ralen Industrieverband oder eine sektorale Gewerkschaft u.U. loh-
nender, auf gesetzliche Erleichterungen (Steuern, Arbeitsgesetzge-
bung) hinzuwirken, als schmerzhafte Modernisierungsleistungen
vorzunehmen. Anstatt also den gesamtgesellschaftlichen Reichtum
über wirtschaftliche Innovationen zu mehren, werden Ressourcen
für Absprachen, Lobbying etc. mobilisiert. Dieses Verhalten wird
als *rent seeking* bezeichnet, d. h. diese Kosten werden aufgewen-
det, lediglich um eine Umverteilung des vorhandenen Reichtums
zu erreichen, nicht jedoch seine produktive Steigerung. Die Herausbildung solcher ‚Verteilungskoalitionen‘ führt letztlich dazu,
dass gesellschaftliche Ressourcen fehlgeleitet und unproduktiv genutzt werden. Für Olson ist deshalb die aus demokratietheoretischer Sicht zumeist positiv bewertete Fülle gesellschaftlicher Interessengruppen durchaus ein Fortschrittshemmnis.

3.3 Zur Reichweite mikrotheoretischer Erklärungsmodelle

Die zunächst zögerliche Rezeption ökonomischer Theorien der Po-
litik ist mittlerweile – v. a. nach Olsons ‚The Rise and Decline of
Nations‘ und aufgrund der mangelnden Erklärungskraft anderer
Ansätze z. B. über das Verhalten großer gesellschaftlicher Grup-
pen oder über die Staatstätigkeit in modernen Gesellschaften – ei-
nem breiteren Interesse gewichen. Von der Anlage her sind diese
Theorien ‚modern‘: Aufgrund ihrer einfachen (universell gültigen)
Prämissen und ihrer empirischen Überprüfbarkeit bieten sie ein

---

[61] Vgl. *Mancur Olson*: The Rise and Decline of Nations, New Haven/Lon-
don 1981; dt.: Aufstieg und Niedergang von Nationen. Ökonomisches
Wachstum, Stagflation und soziale Starrheit, Tübingen 1985.

Moderne politikwissenschaftliche Theorie 237

längst nicht ausgeschöpftes Reservoir sowohl für theoretisch-systematische wie für theoretisch angeleitete empirische Analysen. Das massive Aufkommen mikrotheoretischer Erklärungen im Stile des *Rational Choice*-Ansatzes stieß gleichwohl auf ebenso massive Kritiken, die nicht zuletzt einen ‚ökonomischen Imperialismus' befürchteten, d. h. die Verengung politikwissenschaftlicher Analysen auf ein zu schlichtes Variablenset und die einseitige Ausrichtung auf Kosten-Nutzen-Kalküle.

Entsprechend richten sich die Fundamentalkritiken vornehmlich auf das Menschenbild und den Rationalitätsbegriff. Gewarnt wird hier insbesondere davor, dass die vielfältigen sozialen Bezüge des Menschen aus dem Blick geraten und so nur ein Zerrbild der Realität gezeichnet werden kann. Auch wird kritisiert, dass der Rationalitätsbegriff einer zu engen ‚ökonomischen' Ausrichtung unterliege, wobei rational zumeist damit gleichgesetzt wird, dass Menschen egoistisch ihre ureigensten Ziele gegenüber anderen verfolgen und durchsetzen müssen. Gerade wenn man daraus Handlungsanleitungen ableite, führe dies zu einer gefährlichen Reduktion der Realität auf eine Welt egoistischer Nutzenmaximierer, in der es vorwiegend um materielle Vorteile gegenüber anderen geht.[62] Solche Kritiken unterliegen allerdings nicht selten einem Missverständnis, das am Anliegen ökonomischer Theorien vorbeigeht. Denn behauptet wird nicht, dass sich Menschen empirisch immer und überall nach individuellen Kosten-Nutzen-Kalkülen verhalten. Vielmehr wird angenommen, dass das Modell ein nützliches Instrument darstellt, mit dem sich in der Regel brauchbare Annahmen zur Analyse sozialer und politischer Zusammenhänge generieren lassen. Auch wird rational nicht damit gleichgesetzt, dass individuelle (materielle) Interessen maximiert werden oder gar maximiert werden sollen. Letzten Endes können die Annahmen sowohl auf die Ziele eines Saddam Hussein wie für diejenigen einer Mutter Teresa angewendet werden, d. h. auch altruistische Ziele können rational verfolgt werden. Über die Inhalte der Präferenzen jedwelcher Akteure werden also keine Vorentscheidungen getroffen noch gar normative Urteile gefällt.[63] Kritiker hal-

---

[62] Vgl. *Mary Zey*: Rational Choice theory and organizational theory: a critique, Thousand Oaks u.a. 1998; *Amitai Etzioni*: Die faire Gesellschaft, Frankfurt 1996, insbes. S. 311ff.

[63] Vgl. *Annette Schmitt*: Ist es rational, den Rational Choice-Ansatz zur Analyse politischen Handelns heranzuziehen?, in: *Ulrich Druwe/ Vol-*

238   Peter Thiery

ten dagegen, der Ansatz ließe sich so auf beliebige Situationen anwenden und immunisiere sich selbst gegen Kritik.[64]

Differenzierter argumentieren dagegen Autoren, für die die Schlankheit des Ansatzes zwar einen akzeptablen Analysemodus verspricht, jedoch eine verkürzte Modellierung individueller Wahlhandlungen bedeutet. So wird es als wenig realistisch angesehen, dass Individuen in Entscheidungssituationen immer über die möglichen Handlungsalternativen informiert sind, dass sie tatsächlich eine klare und stabile Präferenzordnung besitzen oder ihre Entscheidungen erst dann treffen, wenn alle Vor- und Nachteile vorhandener Alternativen quasi objektiv abgewogen wurden. Dies hat Diskussionen über Korrekturen und Erweiterungen des klassischen rationalen Handlungsmodells ausgelöst, ohne aber die wesentlichen Grundannahmen aufzugeben (s. Kap. 4.1).

Schließlich wurden aber auch Kritiken laut, die sich aus der empirischen Übertragung und Überprüfung der Annahmen des Ansatzes ergaben.[65] So zeigten Analysen etwa im Anschluss an Downs oder Olson, dass deren Annahmen zwar schlüssige Erklärungen für eine Vielzahl der anvisierten Phänomene liefern, aber auch gravierende Lücken bestehen blieben bzw. neue Fragen erst aufgeworfen wurden. Während letzteres immerhin für die Fruchtbarkeit des Ansatzes spricht, indem neue Analyseperspektiven eröffnet wurden, bleibt die Lückenhaftigkeit eher unbefriedigend. So ist Downs zwar nützlich, um eine wichtige Tendenz in der Entwicklung demokratischer Gesellschaften aufzuzeigen, indem er den politischen Prozess als Markt modelliert. Allerdings bleiben im Modell der Stimmenmaximierung all jene Faktoren (z. B. traditionelle Parteibindungen) aus dem Blickfeld, die in der Realität eben auch noch wirksam sind, solange sie sich dem Marktmodell nicht weitgehend angenähert hat. Ähnlich lässt sich auch bei Olson kritisieren, dass sich seine These der Herausbildung von Verteilungskoalitionen zwar vereinzelt, aber nicht systematisch empirisch nachweisen lässt. Dies sind aber nur Beispiele, die auf ein grundlegendes Problem des Ansatzes hinweisen. Es besteht darin, dass die Schlankheit des Modells jeweils zahlreiche Faktoren unberücksichtigt lässt, die ebenso auf reale Prozesse einwirken. Es fehlt so-

---

ker Kunz (Hrsg.): Handlungs- und Entscheidungstheorie in der Politikwissenschaft, Opladen 1996, S. 106-126.

[64] Vgl. *Jürgen Hartmann*: Wozu politische Theorie?, Opladen 1997, S. 216.
[65] Vgl. *Braun* 1999 (Anm. 50), insbes. Kap. 5.2.4 und 6.1.4.

Moderne politikwissenschaftliche Theorie

mit letztlich an der angemessenen Differenzierung, um Erklärungen nicht nur ausschnitthaft vornehmen zu können.

Dies kann exemplarisch wiederum am Beispiel der Transformationsforschung illustriert werden. Dezidierte Akteurstheoretiker gehen dabei davon aus, dass Systemwechsel hin zur Demokratie letztlich auf das rationale Handeln der beteiligten Akteure (alte Regimeeliten, demokratische Opposition, Zivilgesellschaft bzw. mobilisierte Bevölkerung) zurückzuführen sind.[66] Demnach liegt also kein struktureller Determinismus vor, der eine Demokratisierung verbürgt. Vielmehr ist der Ausgang einer solchen Transition kontingent, also ungewiss, da ihr Verlauf von wechselnden strategischen Situationen abhängt, in denen die Akteure zum einen mit unterschiedlichen und wandelbaren Ressourcen ausgestattet sind und zum anderen jeweils über verschiedene Handlungsalternativen verfügen. Wie diese Prozesse letztlich verlaufen, hängt somit nicht unwesentlich davon ab, wie die Akteure ihre Handlungschancen wahrnehmen und ob diese auch in etwa ihren realen Handlungsmöglichkeiten entsprechen. So wurden Liberalisierungen nicht selten deshalb eingeleitet, weil eine moderate Fraktion des autokratischen Regimes der Fehleinschätzung unterlag, einen solchen Prozess kontrollieren und gegebenenfalls anhalten zu können, wenn er ihren Interessen zuwiderlief – also Machterhalt mit einer Verbreiterung der Unterstützung zu verbinden. Dies kann nun die Opposition – oder einen relevanten Teil – zufrieden stellen, aber auch als Signal der Regimeschwäche und damit zu weiterer Mobilisierung benutzt werden. Für eine Erklärung kommt es somit darauf an, diese wechselnden Situationen, Koalitionen, Strategien und Konflikte sukzessive zu modellieren. Dies verweist darauf, dass letztlich nur Akteurstheorien in der Lage sind, den tatsächlichen Verlauf etwa von Transitionen zu erklären. Sie schließen somit die Lücke, die Strukturtheorien offenlassen.

Als Fazit wäre daraus festzuhalten, dass es offenkundig Ausschnitte der politischen Realität gibt, für die mikrotheoretische Erklärungen im Stile des *Rational Choice* besonders geeignet zu sein scheinen, während sie in anderen Fällen ihrem universellen Erklärungsanspruch nicht gerecht werden können. Wesentliche Beschränkungen liegen in den Prämissen selbst, wie sie von der Wirtschaftstheorie übernommen wurden. So mag zwar das Leitbild des methodologischen Individualismus als erkenntnisleitendes Interes-

---

[66] Vgl. *Adam Przeworski*: Democracy and the Market, New York 1991.

240   Peter Thiery

se zweckmäßig sein, doch ist deutlich, dass damit menschliches Handeln nicht insgesamt erfasst werden kann. Dies mag in vielen Fällen eine geringe Rolle spielen, in anderen jedoch greift man damit an der Realität vorbei.

4. Entwicklungslinien und Perspektiven

4.1 Zur Verknüpfung von Makro- und Mikroebene

Die je spezifische Leistungskraft, letztlich aber auch die begrenzten Reichweiten struktur- und akteurstheoretischer Erklärungen sind hinlänglich bekannt – und anerkannt. Was also tun? Wie soll die Forscherin oder der Examenskandidat mit diesem Stand der Dinge umgehen? Zunächst ist an das Zitat von Esser zu erinnern: Die Schlankheit von Theorien macht – *ceteris paribus* – ihre Stärke aus. Unter Umständen ist dabei in Kauf zu nehmen, dass Erklärungslücken (zunächst) bestehen bleiben, sei es in Reichweite, Tiefenschärfe oder Abstraktionshöhe. Allerdings ist dies nicht das Ende der Theorie-Geschichte. Zwei Strategien bieten sich an: Zum einen die geschickte Verknüpfung unterschiedlicher Ansätze, zum anderen die Justierung der Modelle, um sie realitätsnäher zu gestalten. Solche modellimmanenten Erweiterungen werden gegenwärtig eher *Rational Choice*-Ansätzen zugetraut.[67]

(1) Erweiterungen des Handlungsmodells: Das klassische rationale Akteursmodell besticht durch seine Einfachheit, doch sind für jedermann auch schnell die Grenzen zu erkennen. So ist es wenig realitätsnah, von einem (Alltags-)Individuum auszugehen, das vollständig informiert ist, dessen Präferenzen unverrückbar festliegen oder das seine Präferenzen immer genau ordnen kann. Entsprechend betreffen Theorieinnovationen eine Neufassung des Modell-Individuums. Bereits in den 50er Jahren hatte Herbert Simon auf das wenig realitätsgerechte Konzept des vollständig rationalen Individuums (‚allwissender Nutzenmaximierer') hingewiesen.[68]

---

[67] Vgl. *Arthur Benz*: Von der Konfrontation zur Differenzierung und Integration – Zur neueren Theorieentwicklung in der Politikwissenschaft, in: *Arthur Benz/Wolfgang Seibel (*Hrsg.): Theorieentwicklung in der Politikwissenschaft – eine Zwischenbilanz, Baden-Baden 1997, S. 9-29.

[68] Vgl. *Herbert Simon*: Homo rationalis. Die Vernunft im menschlichen Leben, Frankfurt 1993.

Moderne politikwissenschaftliche Theorie 241

Vielmehr sei davon auszugehen, dass der Mensch gerade nicht über vollständige Informationen verfügen kann. Simon spricht folglich von beschränkter Rationalität, die für rationale Handlungsstrategien gravierende Folgen hat. Denn in der Regel werden Entscheidungen dann getroffen, wenn sie im Licht bisheriger Erfahrungen eine wenigstens zufriedenstellende Übereinstimmung mit den Präferenzen ermöglichen (,satisficing') – nicht zuletzt auch deshalb, weil Entscheidungen eben irgendwann auch getroffen werden müssen.

Noch darüber hinaus geht der Versuch, eine angemessene Synthese zwischen *homo oeconomicus* und *homo sociologicus* zu finden und so einerseits von einem realitätsgerechteren Menschenbild auszugehen, andererseits die Vorteile beider Modelle zu nutzen. Ein solches Modell stellt das von Lindenberg und später Esser entwickelte Konzept des RREEMM dar. Dahinter verbirgt sich die Vorstellung, dass der Mensch ein *Resourceful, Restricted, Expecting, Evaluating, Maximizing Man* ist. Mit diesen fünf Eigenschaften (findig, eingeschränkt, erwartend, bewertend, nutzenmaximierend) wird das Rationalitätsprinzip gewahrt, aber nicht verabsolutiert. Diese Erweiterung bedeutet, „dass der Akteur sich Handlungsmöglichkeiten, Opportunitäten bzw. Restriktionen ausgesetzt sieht; dass er aus Alternativen seine Selektion vornehmen kann; dass er *immer* eine ,Wahl' hat; dass diese Selektion über Erwartungen (expectations) einerseits und Bewertungen (evaluations) andererseits gesteuert sind; und dass die Selektion des Handelns aus den Alternativen der Regel der Maximierung folgt"[69]. Die Kritik an solchen Modellerweiterungen liegt auf der Hand: Je komplexer ein Modell, desto aufwendiger auch das Unterfangen, daraus Hypothesen abzuleiten. Eine geeignete Anwendung steht noch aus. Dennoch scheint die Einseitigkeit der anderen Modelle kaum eine andere Wahl zuzulassen.

(2) Neo-Institutionalismus: Solche Brückenbildungen sind deutlich auch in der Debatte erkennbar, die sich an die Renaissance des Institutionalismus seit den achtziger Jahren knüpften. Während der alte Institutionalismus sich mehr oder weniger in Institutionenkunde und normativen Debatten erschöpfte, ist der neue Institutionalismus gewissermaßen geläutert und durch die harte Schule empirischer Forschung gegangen. Streng genommen gibt es nicht *den* Neo-Institutionalismus, sondern verschiedene Varianten, die wie-

---

[69] *Esser* 1999 (Anm. 11), S. 238.

242   Peter Thiery

derum mit den genannten theoretischen Grundströmungen in Verbindung stehen. Trotz der immerfort bestehenden Gefahr vor-
schneller Etikettierungen kann zwischen einem ‚soziologischen'
und einem ‚ökonomischen' oder ‚rationalen' Institutionalismus unterschieden werden.[70]

Der *ökonomische Institutionalismus* hat sich zunächst als Kritik
an den Annahmen der neoklassischen Wirtschaftstheorie entwickelt (Neue Institutionenökonomik).[71] Ihre Vertreter gehen davon
aus, dass die jeweilige Institutionenordnung Einfluss hat auf das
Handeln von Akteuren. Dabei werden allerdings das grundlegende Konzept des *homo oeconomicus* sowie weitere Grundannahmen
der Neoklassik nicht vollständig aufgegeben. Vielmehr wird argumentiert, dass Institutionen Bestandteile der jeweiligen Hand-
lungssituationen sind und so als externe Faktoren auf die
rationalen Entscheidungen von Individuen einwirken, indem
sie Handlungsmöglichkeiten und -grenzen (*opportunities, constraints*) umreißen. Akteure werden demnach weiterhin so behandelt, als hätten sie relativ stabile Präferenzen und würden kohärent
und strategisch handeln. Veränderbar sind hingegen die Institutionen, die als Regeln bzw. Regelwerke konzipiert werden, während
die Akteure gewissermaßen die ‚Spieler' sind. Verschiedene institutionelle Anreize – etwa Änderungen im Wahlsystem, der Kar-
tellgesetzgebung etc. – bewirken so bei gleich bleibenden Präferenzen unterschiedliche Handlungsoptionen. Dadurch ändern sich
nachfolgend auch die Handlungsstrategien und die Entscheidungen der Akteure sowie schließlich die Handlungsergebnisse. Um
bei einem einfachen Beispiel zu bleiben: Gesetzt der Fall, Partei-
en wollten Stimmen maximieren, so macht es eben einen Unterschied, ob es sich um ein Verhältnis- oder Mehrheitswahlrecht handelt. Letzteres macht u. U. Parteienzusammenschlüsse oder
Wahlkoalitionen notwendig, um Parlamentssitze zu erlangen; im
anderen Fall kann es rational sein, Stimmen durch die Besetzung
einer ‚Marktnische' zu maximieren. Dem ökonomischen Institutionalismus geht es aber nicht zuletzt auch darum, das Zustande-

---

[70] Vgl. *Gerhard Göhler/Rainer Kühn*: Institutionenökonomie, Neo-Institutionalismus und die Theorie politischer Institutionen, in: *Thomas Ede-
ling et al.* (Hrsg.): Institutionenökonomie und Neuer Institutionalismus,
Opladen 1999, S. 17-42.

[71] Vgl. *Rudolf Richter/Eirik Furubotn*: Neue Institutionenökonomik. Eine
Einführung und kritische Würdigung, Tübingen 1996.

Moderne politikwissenschaftliche Theorie 243

kommen von Institutionen zu erklären, sowohl generell als auch in ihrer empirischen Varianz. Dass es überhaupt zur Bildung von Institutionen kommt, liegt demnach daran, dass sie Instrumente der Handlungskoordination darstellen, die für alle Beteiligten letztlich Kosten senken helfen.

Der *soziologische Neoinstitutionalismus* hingegen wendet sich prinzipiell gegen rein individualistische Erklärungsversuche und damit auch gegen ein Konzept von Institutionen, wonach diese nur als externe Begrenzung auf die Präferenzen von Individuen wirken. Statt dessen wird argumentiert, dass Institutionen den Handelnden und der Handlungssituation nicht rein äußerlich sind, sondern umgekehrt Akteursentscheidungen immer im Kontext sozialer Institutionen zu begreifen sind. Mehr noch: Institutionen sind letztlich mit entscheidend für die Konstituierung von Akteuren, indem sie die Sinnzusammenhänge sozialen Handelns dar- bzw. bereitstellen. Würde man ein Individuum jenseits davon konzipieren, so würde man es sich lediglich als Nicht-Person vorstellen: „Institutions do not just constrain options: they establish the very criteria by which people discover their preferences".[72] Akteure in Institutionen handeln folglich nicht – oder nur sehr begrenzt – nach einem Kosten-Nutzen-Kalkül, sondern folgen einer Logik der Angemessenheit, d. h. sie orientieren sich an vorgefundenen Routinen, Gewohnheiten oder Regeln, die sich mehr oder weniger bewährt haben.

(3) Zur Kombination makro- und mikrotheoretischer Erklärungen: Der Vorteil der Ausdifferenzierung von Theoriedebatten bzw. gar der gesamten Teildisziplin besteht in einer Ausweitung von Spezialdiskursen, größerem Ideenwettbewerb und damit auch an einem reichhaltigeren Theoriereservoir für Erklärungen. Auch der Nachteil wurde bereits genannt: Wie lassen sich solche differenzierten Modelle und Theorien sinnvoll in der empirischen Forschung verwenden? Schließlich macht dies ja das ‚Moderne' an modernen politikwissenschaftlichen Theorien aus. Aber je raffinierter ein Modell wird, desto realitätsnäher wird es zwar, aber auch um so komplexer und schwieriger zu handhaben.

Wie die Beispiele aus der Systemwechselforschung zeigten, lässt sich aber auch mit den bereits vorhandenen und getesteten Mit-

---

[72] *Paul Di Maggio/Walter Powell*: Introduction, in: *Walter Powell/John Di Maggio*: The New Institutionalism in Organizational Analysis, Chicago 1991, S. 1-38, hier S. 11.

teln ein pragmatischer Weg zur Erklärung relativ komplexer empirischer Phänomene beschreiten. So können strukturelle Faktoren dazu benutzt werden, um die grundlegenden Handlungskorridore offenzulegen, innerhalb derer Akteure handeln müssen. Dies können soziostrukturelle Variablen sein, aber auch spezifische institutionelle Arrangements, die die Freiheitsgrade und Gestaltungsmöglichkeiten von Akteuren begrenzen. Mit Akteursansätzen wiederum ist es möglich, den latenten Determinismus von Strukturtheorien zu überwinden und den Entscheidungen, Handlungen und Interaktionen der Beteiligten ein angemessenes Gewicht zu geben.[73]

4.2 Perspektiven

Das hier präsentierte Theoriepanorama war notwendigerweise eingegrenzt und ließ insbesondere neuere Entwicklungen jenseits von *mainstream* und *male-stream* unberücksichtigt.[74] Doch auch so ist zu erkennen, dass Theorie sich aus unterschiedlichen Gründen fortentwickelt. Neben den Impulsen, die sich aus theoretischen Auseinandersetzungen selbst ergeben, erhält sie die wichtigen Anstöße aus der Auseinandersetzung mit der Realität: Politik und Gesellschaft entfalten neue Dynamiken; politische Phänomene tauchen auf, die mit bekannten Theorien nicht zu greifen sind; oder sie wurden bisher als Randphänomene behandelt, die nun aber nicht mehr einfach als Ausnahmeerscheinungen behandelt werden können; oder es stellen sich neue politische Aufgaben und Perspektiven.

Gleichfalls durchlebt die Theorieentwicklung Konjunkturen, in denen sie sich eine Zeit lang an bestimmten Problemen abarbeitet, bis alte und neue Paradigmen (wieder) aufkommen. So sind die Großdebatten der 60er und 70er Jahre – wie etwa der Positivismusstreit oder die Auseinandersetzung mit marxistischen Ansätzen – mittlerweile abgeklungen. Dies bedeutet aber nicht, dass diese Ansätze von heute auf morgen aus dem politikwissenschaftlichen Arsenal ausgemustert werden, solange sie für einen wie auch immer kleinen Teil der *scientific community* einen wissenschaftlichen

---

[73] Vgl. die Beispiele bei *Merkel* 1999 (Anm. 40).
[74] Vgl. hierzu *Walter Reese-Schäfer*: Politische Theorie heute, München u.a. 2000; *Barbara Holland-Cunz*: Feministische Demokratietheorie, Opladen 1998.

Moderne politikwissenschaftliche Theorie

(oder außerwissenschaftlichen) Ertrag versprechen. Damit ist fast schon auf den ersten Blick einleuchtend, dass es kein festes Arsenal politikwissenschaftlicher Theorien geben kann, das gewissermaßen als *tool box* historisch unverändert zur Verfügung steht.

Charakteristisch ist für die Entwicklung politischer Theorie auch, dass die metatheoretischen Auseinandersetzungen nicht mehr (oder noch nicht wieder) dominieren. Im Nachhinein muss ihr Beitrag wohl darin gesehen werden, dass sie wichtige Grundpositionen klären halfen, wie etwa das Verhältnis Theorie-Realität und Theorie-Praxis oder den Stellenwert und die wissenschaftliche Verortung normativer Fragestellungen. Letztere werden auch von empirisch-analytischen Wissenschaftlern nicht mehr als ‚rotes Tuch' gesehen[75] und gewinnen im Bereich der politischen Theorie (‚politische Philosophie') wieder an Gewicht, wie etwa die Kommunitarismusdebatte zeigt.[76] Ähnliches gilt auch für die Diskussion über die Zivilgesellschaft, in der darüber hinaus unterschiedliche Theoriestränge zusammengeführt und Themen der modernen politischen Theorie neu beleuchtet werden.[77]

Politische Theorie ist dadurch gewiss noch unübersichtlicher geworden, nachdem sich – auch aufgrund ‚postmoderner' Kritiken[78] – alte Frontstellungen gelockert haben und neue Strömungen, wie etwa die feministische politische Theorie[79], aufgekommen sind. Vielleicht wird es noch von Vorteil sein, dass die Politikwissenschaft in ihrer kurzen (modernen) Geschichte ein großes Reservoir an theoretischen Ansätzen herausgebildet und fortentwickelt hat, die auch für empirische Forschungen anwendbar sind. Ihre Vernetzung oder zumindest terminologische Vereinheitlichung ist sicher eine Aufgabe, der sich politische Theorie als Disziplin zu stellen hat – nicht zuletzt, um auch Außenstehenden eine geeignete Orientierung geben zu können.

---

[75] Vgl. *Oscar W. Gabriel*: Konflikt oder Kooperation? Zur Beziehung zwischen traditioneller und empirischer Politikwissenschaft in der Bundesrepublik, in: *Peter Haungs* (Hrsg.): Wissenschaft, Theorie und Philosophie der Politik, Baden-Baden 1990, S. 63-100.

[76] Vgl. *Axel Honneth* (Hrsg.): Kommunitarismus, Frankfurt a. M./New York 1992.

[77] Vgl. *Jean Cohen/Andrew Arato*: Civil Society and Political Theory, Cambridge/London 1992.

[78] Vgl. *von Beyme* 1991 (Anm. 6), insbes. S. 147 ff.

[79] Vgl. *Valery Bryson*: Feminist Political Theory, London 1992.

246 Peter Thiery

Annotierte Auswahlbibliografie

Druwe, Ulrich: Politische Theorie, Neuried [2]1995.
   Das Buch bietet einen gut strukturierten Überblick über die zentralen Teilbereiche der politischen Theorie (Wissenschaftstheorie, Politische Ideengeschichte, Politische Philosophie und Moderne Politische Theorie). Im Bereich der modernen politischen Theorie werden als Schwerpunkte der Behavioralismus, die Neue Politische Ökonomie und Systemtheorien behandelt. Den Abschluss bilden aktuelle Probleme der Wissenschaftstheorie. Der Anhang enthält neben einem Glossar zu wichtigen Begriffen auch Prüfungsfragen zu den behandelten Themengebieten.

Hartmann, Jürgen: Wozu politische Theorie? Opladen 1997.
   Auch Hartmann präsentiert die gesamte Bandbreite politischer Theorie, schließt also auch die politische Philosophie ein. Aus diesem Blickwinkel verdeutlicht er die Schwierigkeiten, ‚politische Theorie‘ sinnvoll als Teildisziplin der Politikwissenschaft zu konzipieren. Trotz der teils knappen Ausführungen bietet das Buch eine lesenswerte und pointiert kritische Darstellung des Theorienspektrums, die auch die historischen Entwicklungen plastisch durchscheinen lässt.

Held, David (Hrsg.): Political Theory Today, Stanford 1991.
   Dieser Sammelband enthält Beiträge international renommierter Autorinnen und Autoren zu zentralen Fragen des zeitgenössischen politischen Denkens. Hierbei wird bewusst auf die große Bandbreite des Verständnisses politischer Theorie Wert gelegt (Ideengeschichte, Begriffsanalyse, Politische Philosophie, Systematische Modellbildung, Empirische Theorien, etc.). Themen sind Politische Pflicht, Gleichheit und Freiheit, Möglichkeiten rationaler Politik, transnationale Gerechtigkeit, Staat und Entwicklung u. a.

Mayntz, Renate (Hrsg.): Akteure – Mechanismen – Modelle. Zur Theoriefähigkeit makro-sozialer Analysen, Frankfurt/Main 2002.
   Der Band vermittelt anhand verschiedener Forschungsbereiche lohnende Einblicke in die Möglichkeiten und Grenzen von sozialwissenschaftlicher Theoriebildung. Die profunden Beiträge repräsentieren verschiedene theoretische Zugänge auf neuestem Forschungsstand zur Analyse qualitativer empirischer Studien. Um die Lektüre fruchbar zu gestalten, sollten die Lesenden allerdings bereits mit den Grundlagen politikwissenschaftlicher Theorie vertraut sein.

Grundlagen- und weiterführende Literatur

Beck, Ulrich: Die Erfindung des Politischen. Zu einer Theorie reflexiver Modernisierung, Frankfurt a. M. 1993.
Benz, Arthur (Hrsg.): Theorieentwicklung in der Politikwissenschaft. Eine Zwischenbilanz, Baden-Baden 1997.

Moderne politikwissenschaftliche Theorie

Berger, Peter L.; Luckmann Thomas: Die gesellschaftliche Konstruktion der Wirklichkeit, Frankfurt a. M. 1980 (zuerst: Frankfurt a. M. 1969).

Beyme, Klaus von: Theorie der Politik im 20. Jahrhundert, Frankfurt a. M. 1991.

Beyme, Klaus von: Die politischen Theorien der Gegenwart. Eine Einführung, 8. neu bearbeitete Auflage, Opladen 2000.

Druwe, Ulrich; Kunz, Volker (Hrsg.): Rational Choice in der Politikwissenschaft. Grundlagen und Anwendungen, Opladen 1994.

Druwe, Ulrich; Kunz, Volker (Hrsg.): Handlungs- und Entscheidungstheorie in der Politikwissenschaft, Opladen 1996.

Easton, David: A Systems Analysis of Political Life, New York 1965.

Esser, Hartmut: Soziologie, 3. Aufl. Frankfurt a.M. 1999.

Gabriel, Oscar W.: Grundkurs Politische Theorie, Wien 1978.

Greven, Michael Th.: Politische Theorie – heute: Ansätze und Perspektiven, Baden-Baden 1999.

Hasse, Raimund; Krücken, Georg: Neo-Institutionalismus, Bielefeld 1999.

Hill, Paul Bernhard: Rational-Choice-Theorie, Bielefeld 2002.

Kirsch, Guy: Neue Politische Ökonomie, Düsseldorf [5]2004.

Kriz, Jürgen; Nohlen, Dieter; Schultze, Rainer-Olaf (Hrsg.): Lexikon der Politik, Bd. 2: Politikwissenschaftliche Methoden, München 1994.

Luhmann, Niklas: Soziale Systeme, Frankfurt a. M. 1984.

Nohlen, Dieter; Schultze, Rainer-Olaf (Hrsg.): Lexikon der Politik, Bd. 1: Politische Theorien, München 1995.

Peters, Guy B.: Institutional Theory in Political Science. The New Institutionalism, London/New York 1999.

Reese-Schaefer, Walter: Politische Theorie heute: neuere Tendenzen und Entwicklungen, München u.a. 2000.

Scharpf, Fritz W. (Hrsg.): Games in Hierarchies and Networks. Analytical and Empirical Approaches to the Study of Governance Institutions, Frankfurt a. M./Boulder/Colorado 1993.

Schmidt, Manfred G. (Hrsg.): Staatstätigkeit. International und historisch vergleichende Analysen, PVS-Sonderheft 19, Opladen 1988.

Schubert, Klaus (Hrsg.): Leistungen und Grenzen politisch-ökonomischer Theorie. Eine kritische Bestandsaufnahme zu Mancur Olson, Darmstadt 1992.

Shapiro, Ian; Smith, Rogers M.; Masoud, Tarek E. (Hrsg.): Problems and Methods in the Study of Politics, Cambridge UP 2004

Vincent, Andrew: The Nature of Political Theory, Oxford UP 2004.

Voigt, Stefan: Institutionenökonomik, München 2002.

Waschkuhn, Arno: Politische Systemtheorie, Opladen 1987.

Willke, Helmut: Systemtheorie, Stuttgart/Jena [4]1993.

Young, Iris Marion: Justice and the Politics of Difference, Princeton 1990.

Wirtschaft und Gesellschaft

Peter Imbusch/Hans-Joachim Lauth

1. Fragen und Grundbegriffe

Mit Wirtschaft und Gesellschaft wird eine politikwissenschaftliche Teildisziplin beschrieben, deren Bedeutung von der Politikwissenschaft im Verständnis als Staatswissenschaft lange Zeit kaum zur Kenntnis genommen wurde. So gerieten dieser Bereich und auch bereits auf diesem Gebiet vorliegende bedeutende wissenschaftliche Auseinandersetzungen weitgehend in Vergessenheit. Erst mit der Wiederentdeckung der Politischen Ökonomie in der Staatsdebatte der sechziger und siebziger Jahre erfuhren die damit verbundenen Fragen in der Bundesrepublik eine wichtige Aufwertung und wurden in der Folgezeit zunehmend berücksichtigt.[1]

Womit beschäftigt sich nun die Teildisziplin? Mit dem Begriff der Wirtschaft werden alle Aspekte der Produktion und der damit verbundenen Verteilung erfasst. Hierbei stehen Fragen nach effizienter Ressourcennutzung, optimaler Marktversorgung und Bedürfnisbefriedigung der Gesellschaft im Zentrum des Interes-

---

[1] Auch der traditionelle Begriff der *Politischen Ökonomie*, der noch auf die Einheit von Politik, Wirtschaft und Gesellschaft abhebt, wäre zur Beschreibung der Teildisziplin geeignet, wenn er nicht inzwischen in anderen Kontexten aufgegriffen worden wäre und somit eher zur Verwirrung als zur Klärung beiträgt. Die *Neue Politische Ökonomie* formuliert ein Modell für politische Theorie im Sinne einer Modellübertragung des rationalen Verhaltens in der Ökonomie auf die Politik, wobei sie sich auf Positionen der neoklassischen Schule stützt (vgl. *Anthony Downs*: Ökonomische Theorie der Politik, Tübingen 1968; *Mancur Olson*: Die Logik kollektiven Handelns, Tübingen 1968; *Bruno S. Frey*: Moderne Politische Ökonomie. Die Beziehungen zwischen Wirtschaft und Politik, München 1977). Zudem findet der Begriff Politische Ökonomie im klassischen Sinne kaum noch Anwendung. Die Arbeiten von *Lothar Kramm*: Politische Ökonomie. Eine kritische Darstellung, München 1979 und *Karl Georg Zinn*: Politische Ökonomie. Apologien und Kritiken des Kapitalismus, Opladen 1987 bilden hier Ausnahmen. Der Terminus *Wirtschaftspolitik* ist zur Bezeichnung nicht geeignet, da mit ihm zwar wichtige Bestandteile, jedoch nicht die gesamte Breite der Thematik erfasst wird.

ses. Angesprochen sind damit: Aspekte der Wirtschaftsordnung, Marktregelung und Steuerung, Wirtschaftsmotivation, Einkommens-, Gewinn- und Lastenverteilung, Arbeitsmarkt und Preisbildung. Mit Wirtschaft wird ein zentrales Moment der gesellschaftlichen Reproduktion erfasst, d.h. wirtschaftliche Prozesse zielen auf den materiellen Erhalt von Gesellschaften.

Der Begriff der *Gesellschaft* bezeichnet das umfassendste System menschlichen Zusammenlebens. Jeder Teil der Gesellschaft nimmt bezüglich des wirtschaftlichen Systems eine spezifische Rolle entweder als Produzent und/oder Konsument ein. Die Rolle des Produzenten lässt sich in Arbeitnehmer und Arbeitgeber differenzieren, deren Beteiligung am Ertrag stark variieren kann. Die genannten Akteure artikulieren sich nicht nur als Individuen, sondern in erster Linie als soziale Einheiten – z.B. Gewerkschaften und Unternehmerverbände –, um ihren Einfluss entsprechend zu erhöhen. Die jeweilige Sozialstruktur reflektiert die unterschiedlichen Formen und Funktionsweisen eines Wirtschaftssystems und wirkt sich zugleich auf dieses aus. Bei der Bestimmung der Nachfrage ist beispielsweise der Einbezug der Sozialstruktur und der Einkommensverteilung angebracht, um das Ausmaß und die Qualität der kaufkräftigen Nachfrage und der nicht durch Kaufkraft gedeckten existierenden Bedürfnisse zu erfassen. In der Klärung des Zusammenspiels der angesprochenen Gruppen stellen sich Fragen der jeweiligen Partizipationsmöglichkeiten und Grenzen bei wirtschaftlichen Entscheidungen, Kontrollen und Einkommen.

Eine historische Betrachtung der Organisation von Wirtschaftsprozessen lässt rasch erkennen, dass stets ein weiterer Akteur ihre Gestaltung maßgeblich beeinflusst: der *Staat*. Zu Recht betont Karl Georg Zinn: „Ordnung der Wirtschaft und Gesellschaft ist stets eine politische Aufgabe."[2] Durch staatliche Entscheidungen werden prinzipielle Spielregeln der Wirtschaftsordnung – Markt- oder Planwirtschaft – festgesetzt. Die Notwendigkeit der staatlichen Setzung und Garantierung eines ordnungspolitischen Rahmens bleibt selbst bei Vertretern extrem liberaler Positionen (*Nachtwächterstaat*) unbestritten. Der Staat greift in unterschiedlichem Maße direkt in den Wirtschaftsprozess ein, wobei ihm in der Regel durch die Konzeption seiner Einnahmen und Ausgaben ein umfangreiches Steuerungsinstrumentarium zur Verfügung steht. Zu nennen sind Steuerpolitik, Konjunkturprogramme, In-

---

[2] *Zinn* 1987 (Anm. 1), S. 17.

Wirtschaft und Gesellschaft 251

dustrie- und Sektorpolitik, sozialstaatliche Maßnahmen, Struktur-anpassungspolitik, Subventionen, Einflussnahme auf Währungs-politik, Außenhandelsregelungen etc. Mit seinen Maßnahmen, die in heutigen Industriestaaten im Durchschnitt mehr als 40% des Bruttoinlandsproduktes erreichen, nimmt der Staat auch manifest Einfluss auf das Interaktionsgeflecht und interne Machtgefüge von Wirtschaft und Gesellschaft. Hier wird deutlich, dass Entscheidung und Planung von Wirtschaftsprozessen eine Aufgabe von eminent politischer Bedeutung ist, die verschiedenartige Rückwirkungen auf einzelne Gruppen der Gesellschaft hat. Zwei weitere Aspekte unterstreichen dies nachhaltig:

Zum einen kann sich der Staat (oder das politische System auf all seinen Ebenen) nicht dem Einfluss ökonomischer Faktoren ent-ziehen. Durch seine notwendige Einbindung wird er selbst in ge-wissem Maße zur Verfügungsmasse. Dies kann sich auf die Art und Weise seiner Entscheidungen auswirken, auf die Mechanismen der gegenseitigen Interaktion und im Extremfall auf die Form des po-litischen Systems selbst.[3]

Zum anderen existieren in der Gesellschaft Probleme, die ohne politische Vermittlung nicht zu lösen sind. Zu nennen sind heute insbesondere ökologische Herausforderungen. Schon länger er-kannt und thematisiert wird die soziale Frage, die mit der Ausprä-gung der sozialen Marktwirtschaft und dem Wohlfahrtsstaat eine vorläufige Antwort gefunden hat. Ein weiterer bedeutender Aspekt besteht in der Regelung internationaler Wirtschaftsbeziehungen.

‚Wirtschaft und Gesellschaft' reflektiert also das *Interaktions-verhältnis* zwischen den entsprechenden Akteuren bezüglich ihrer wirtschaftlichen Aktivitäten, wobei zunächst die Nationalstaaten die Grenze nach außen bilden.

Wichtige Aspekte ergeben sich in der Untersuchung der Aus-gestaltung der jeweiligen Beziehungen. Welche Dominanz- und

---

[3] Schon seit Aristoteles wird die Frage gestellt, welche Auswirkungen wirt-schaftliche Strukturen und Entwicklungen auf das politische System ha-ben. Die Diskussion dieser Thematik spielte in den Modernisierungstheo-rien und deren Kritik eine wichtige Rolle. Analoges gilt für die staatstheoretische Diskussion der siebziger Jahre oder auch in der langjäh-rigen Kontroverse um die Staaten des real existierenden Sozialismus. Die-se Diskussionsstränge haben deutlich werden lassen, dass eine schemati-sche Zuweisung von bestimmten Wirtschaftssystemen zu entsprechenden Formen des politischen Systems nicht plausibel ist, dass aber die Bedeu-tung verschiedener Faktoren und deren Wirkung nicht zu ignorieren ist.

Schaubild: Träger der Wirtschaftspolitik in der Wirtschaft der Bundesrepublik Deutschland

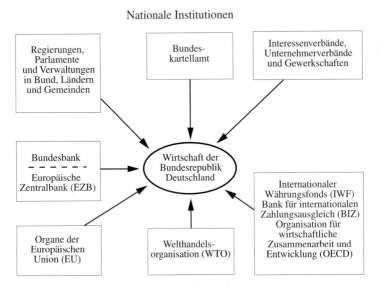

(Quelle: nach *Rainer Klump*: Einführung in die Wirtschaftspolitik. Theoretische Grundlagen und Anwendungsbeispiele, Verlag Franz Vahlen, München 1989, S. 186.)

Abhängigkeitsstrukturen existieren? Gleichfalls von Bedeutung ist die Art und Weise der Interaktion. Sind die Beziehungen formal oder informell geregelt, mit oder ohne staatliche Beteiligung? Welches sind die maßgeblichen Steuerungsinstanzen: Ist es der Markt, der Staat oder erfolgt eine gemeinsame Koordination durch beteiligte Akteure (vgl. Korporatismus[4])? Welche Formen sind für

---

[4] „Als Korporatismus (Neo-Korporatismus, Liberaler Korporatismus, Demokratischer Korporatismus) wird die Beteiligung von gesellschaftlichen Verbänden an staatlicher Politik bezeichnet." (*Roland Czada*: Korporatismus/Neo-Korporatismus, in: *Dieter Nohlen* (Hrsg.): Wörterbuch Staat und Politik, Bonn 1991, S. 322-326, hier S. 322.)

Wirtschaft und Gesellschaft

die Lösung der jeweiligen Probleme – beispielsweise die Gestaltung der Arbeitsbeziehungen – am adäquatesten? Ebenfalls thematisiert wird die Relevanz der einzelnen Akteure und Faktoren im Produktionsprozess. Welche Bedeutung wird dem Kapital, welche der Arbeit in den verschiedenen Wirtschaftssystemen zugemessen, und welche Auswirkung hat dies auf die Beteiligten? Auch die unterschiedlichen Kompetenzen der institutionellen Akteure, die für die Wirtschaftspolitik verantwortlich sind, gilt es zu erfassen (vgl. Schaubild). Die zunehmende Regionalisierung (EU, NAFTA, ASEAN etc.) und Globalisierung verweisen darauf, dass neben nationalen immer stärker internationale Faktoren eine wichtige und wachsende Rolle spielen, wie beispielsweise die Diskussion um Investitionsanreize und Standortvorteile sowie der Internationalisierung der Finanzmärkte verdeutlicht. Die Diskussion der politischen Steuerungsmöglichkeiten wirtschaftlicher Prozesse, die bereits im nationalen Rahmen kontrovers geführt wurde, gewinnt vor dem Hintergrund der Globalisierungsprozesse verstärkt an Brisanz.

Was soll eine Einführung in „Wirtschaft und Gesellschaft" leisten? Neben einer Bestimmung des damit verbundenen Themenfeldes und einem Aufriss wichtiger Fragestellungen sollen Grundbegriffe geklärt und problematisiert werden. Ein wichtiger Bestandteil besteht in der Aufarbeitung zentraler Positionen politökonomischen Denkens, da die heutigen wirtschaftspolitischen Kontroversen vor diesem Hintergrund zu verstehen sind. Die jeweils relevanten Thesen, Axiome und Kategorien werden im folgenden unter Berücksichtigung der historischen Umwälzungen behandelt. Hierbei soll deutlich werden, dass die unterschiedlichen Konzeptionen jeweils als Versuch einer historischen Antwort zur Bewältigung realer Probleme zu verstehen sind.[5] Ein weiterer wichtiger Bestandteil der Einführung besteht in der Diskussion aktueller wirtschaftspolitischer Problemfelder und den damit verbundenen Kontroversen und Lösungsansätzen. Abschließend werden in einem doppelten Sinne Perspektiven erörtert: zum einen in bezug auf reale Tendenzen in der gesellschaftlichen Entwicklung und zum anderen bezüglich der Notwendigkeit eines neuen Forschungsverständnisses, das den komplexen Interaktionsverhältnissen von Wirtschaft, Staat und Gesellschaft gerecht wird.

---

[5] Vgl. *John Kenneth Galbraith*: Die Entmythologisierung der Wirtschaft. Grundvoraussetzungen ökonomischen Denkens, München 1990.

254 Peter Imbusch/Hans-Joachim Lauth

Eine ausführliche Auseinandersetzung mit *Grundbegriffen* würde den Rahmen einer Einführung sprengen[6], weshalb auf eine Reihe von nützlichen Einführungswerken verwiesen wird.[7] Wir wollen einen Grundbegriff exemplarisch aufgreifen und problematisieren. Der zentrale Indikator zur Bestimmung der Wirtschaftsleistung ist das Bruttoinlandsprodukt (BIP), dessen Wert auf verschiedene Weise (Entstehung, Verteilung, Verwendung) ermittelt werden kann. In der Interpretation des Globalwertes muss berücksichtigt werden, dass diese Größe noch nichts über die Art und Weise der Entstehung (Beitrag von Landwirtschaft, Industrie, Dienstleistungssektor), über seine Verteilung (Aufgliederung nach selbständiger und lohnabhängiger Arbeit) und Verwendung (Konsum oder Investition) aussagt. Zu einem umfassenderen Verständnis des BIP sind deshalb die entsprechenden differenzierten Produktberechnungen einzubeziehen. Doch auch dann bleiben prinzipielle Unschärfen der BIP-Berechnung bestehen. So werden nur alle über den Markt registrierten Bewegungen erfasst, nicht dagegen Tätigkeiten im informellen Sektor (Hausarbeit, Schattenwirtschaft, Subsistenzproduktion). Die damit verbundene Problematik tritt im internationalen Vergleich noch deutlicher hervor, da in vielen *Entwicklungsländern* der Beitrag des informellen Sektors (des nicht offiziell erfassten Teils der Wirtschaft) erhebliche Dimensionen erreicht und in seinem konkreten Volumen nur schwer zu schätzen ist. Internationale Vergleiche werden zudem durch

---

[6] Relevante Begriffe und Themen wären u. a.: Markt- und Planwirtschaft, soziale Marktwirtschaft, Staatstätigkeit, Staatsverschuldung, Inflation, Arbeitsverteilung und Arbeitslosigkeit, Beschäftigungspolitik, Einkommensverteilung, soziale Ungleichheit, Veränderungen der Sozialstruktur (Klassen, Schichten), Wettbewerbsfähigkeit, Produktivität, Währungspolitik, Außenhandelsbeziehungen.

[7] Neben gängigen Lexika (z. B. *Gabler*) sei auf das Übungsbuch von *Jörn Altmann*: Arbeitsbuch Volkswirtschaftslehre/Wirtschaftspolitik, Stuttgart/New York 1990 verwiesen. Zum Verständnis von Wirtschaftsprozessen vgl. *Jörn Altmann*: Volkswirtschaftslehre. Einführende Theorie mit praktischen Bezügen, Stuttgart 1997; *Gilberto Granados, Erik Gurgsdies*: Lern- und Arbeitsbuch Ökonomie, Bonn 1999; speziell für die soziale Marktwirtschaft der Bundesrepublik Deutschland vgl. *Heinz Lampert*: Die Wirtschafts- und Sozialordnung der Bundesrepublik Deutschland, München [14]2001 und *Karl Georg Zinn*: Soziale Marktwirtschaft. Idee, Entwicklung und Politik der bundes-deutschen Wirtschaftsordnung, Mannheim 1992.

Wirtschaft und Gesellschaft   255

schwankende Wechselkurse erschwert. Problematisch an der aktuellen BIP-Berechnung ist auch, dass (vermeidbare) Reparaturkosten positiv in Rechnung gestellt werden, dagegen Umweltbelastungen und -schäden nur in geringem Maße in die statistische Erfassung eingehen.[8] Mit guten Gründen wird deshalb verlangt, das BIP unter Einbezug ökologischer Kriterien zu berechnen und die Schäden auf der Soll-Seite zu verbuchen. Dies würde ein realistischeres Bild der Leistungen einer Volkswirtschaft ermöglichen. Zugleich machen diese Überlegungen auf die Notwendigkeit eines qualitativen Wachstumsverständnisses aufmerksam.

2. Konzeptionen[9]

2.1 Klassische Positionen der Politischen Ökonomie

Die mit der schrittweisen Herausbildung absolutistischer Herrschaft korrespondierenden ökonomischen Gedanken lassen sich unter dem Konzept des *Merkantilismus* zusammenfassen. Merkantilistische Wirtschaftspolitik beruhte auf einem hochgradig reglementierten Wirtschaftsprozess (Produktions-, Verkaufs- und Handelslizenzen, Arbeitsrestriktionen), der kaum Platz für private Initiative ließ. Sie zielte darauf ab, einen ständigen Handelsüber-

---

[8] Vgl. *Udo Ernst Simonis* (Hrsg.): Basiswissen Umweltpolitik. Ursachen, Wirkungen und Bekämpfung von Umweltproblemen, Berlin 1990.

[9] Auch hier lassen sich brauchbare Einführungen empfehlen: *Jürgen Kromphardt*: Konzeptionen und Analysen des Kapitalismus, Göttingen [3]1990; *Benjamin Ward*: Die Idealwelten der Ökonomen. Liberale, Radikale, Konservative, Frankfurt/M. 1986; *Robert Gilpin*: The Political Economy of International Relations, Princeton 1987; und *Galbraith* 1990 (Anm. 5). Erwähnt werden sollen auch die zweibändigen Werke von *Joachim Starbatty* (Hrsg.): Klassiker des ökonomischen Denkens, München 1989, das neben Einführungen in die jeweilige Thematik Anmerkungen zum Lebenslauf der Ökonomen bietet, und *Thomas Hurtienne*: Theoriegeschichtliche Grundlagen des sozioökonomischen Entwicklungsdenkens, 2 Bd., Saarbrücken/Fort Lauderdale 1984. Einen ausführlichen Überblick bietet das dreibändige Opus von *Werner Hofmann*: Sozialökonomische Studientexte, Berlin [2]1979. Für das Studium außenwirtschaftlicher Quellentexte sei auf *Wolfgang Bärtschi, Hanns-Dieter Jacobsen*: Kritische Einführung in die Außenhandelstheorie, Reinbek 1976 verwiesen. Für weitergehende Studien ist es natürlich sinnvoll, auf die Hauptwerke zurückzugreifen.

schuss zu erwirtschaften, was zu einem hohen Protektionismus (und letztlich auch zu Handelskriegen) führte. Mit dem Zusammenbruch absolutistischer Systeme und dem Aufkommen der industriellen Revolution war auch das Ende merkantilistischer Wirtschaftsgestaltung gekommen, da sie den Erfordernissen der neuen industriellen und gesellschaftlichen Entwicklungen nicht genügte, sondern diese sogar behinderte. Die Frage war nun, wie ein funktionierendes Wirtschaftssystem beschaffen sein und welche Rolle der Staat hierbei spielen sollte. Die folgenreichste Antwort gab *Adam Smith* (1723-1790) in seinem Werk ‚Über die Ursachen des Wohlstands der Nationen' im Jahre 1776.

Smith hatte sich während seiner Tätigkeit an der Universität zunächst mit ethischen Fragen beschäftigt, bevor er sich der Politischen Ökonomie zuwandte. Ein kurzer Blick auf den Lebenslauf von Smith verweist auf den engen Zusammenhang von normativen Prämissen (Menschen- und Gesellschaftsbild) und Politischer Ökonomie. Seine Hauptthese ist einfach und doch für die damalige Zeit revolutionär. Während bis dato wirtschaftliches Streben im Hinblick auf das Gemeinwohl diskutiert und das Eigeninteresse des Einzelnen, als davon abweichend, eher skeptisch betrachtet wurde, proklamierte Smith die Verträglichkeit beider Positionen. Was für den Einzelnen nützlich sei, nütze letztlich allen. Als Quelle allen Wohlstands sah Smith die Arbeit. Nur mit Arbeit, die er als Produktion von Gütern begriff, werde Reichtum geschaffen. Indem jeder sein wohlverstandenes Eigeninteresse rational verfolge, entstehe der Wohlstand der Nationen. Die Begründung mutet metaphysisch an, wenn Smith dieses ‚wunderbare' Zusammenspiel mit der Fügung einer ‚unsichtbaren Hand' illustriert. Er thematisierte damit jedoch nichts anderes als sein Vertrauen in die *Stabilität und Harmonie des Marktes und das freie Spiel der Marktkräfte, wie beispielsweise das von Angebot und Nachfrage*. Diese führten zur vollkommenen Entfaltung der Produktivkräfte, d. h. der effizienten Nutzung aller an der Produktion beteiligten Faktoren. In dem durch den Markt gesteuerten Prozess der Industrialisierung, in welchem die freie Konkurrenz den Zwang zur Investition und Innovation bedinge, werde es möglich, vor allem durch Arbeitsteilung die Produktivität enorm zu steigern.[10] Das Wachstum der Pro-

---

[10] Trotz allem Enthusiasmus, mit dem Smith diese Idee ausbreitet, macht er doch zugleich auf die Probleme aufmerksam, die durch die damit verbundene Monotonie des Arbeitsalltags entstehen.

duktion sei lediglich durch die Enge des Marktes begrenzt. Folgerichtig trat Smith für den Freihandel ein, der für alle Beteiligten vorteilhaft sein solle (Theorem der absoluten Kostenvorteile).

Bei der Betrachtung der Grundzüge des Systems von Smith (das später als kapitalistisches oder in der Wirtschaftswissenschaft als klassisches oder liberales Marktmodell bezeichnet werden sollte) wird schnell klar, wie begrenzt im Vergleich zum Merkantilismus die Aufgaben des Staates sind. Neben der Wahrung der äußeren und inneren Sicherheit, die eine Garantie der wirtschaftlichen Grundlagen (Eigentum, Vertrags- und Rechtssicherheit) beinhaltet, sind lediglich in begrenztem Umfang öffentliche Leistungen und Einrichtungen vorgesehen. Prinzipiell dränge das wirtschaftliche System von sich aus zu Stabilität und ‚natürlicher' Harmonie. Diese Auffassung ist bei Smith eng mit seinem Vertrauen auf eine gottgegebene Ordnung verbunden. Die Anerkennung, die Smith erhielt, bezog sich auf die erstmals in umfassender Form dargelegten Grundlagen der Wirtschaftsgestaltung im Kontext der beginnenden industriellen Revolution. Der Erfolg von Smith kommt schließlich nicht zuletzt auch daher, dass er den nach oben strebenden und alsbald dominierenden Gesellschaftsschichten (Unternehmer, Industrielle) das eigene Handeln nicht nur plausibel machen konnte, sondern darüber hinaus auch ethisch rechtfertigte.

Mit Smith war die Grundlage für die weitere Ausformulierung der liberalen Position gelegt, in der dann einzelne Aspekte klarer gefasst und schließlich formalisiert wurden. Ein zentrales und folgenreiches Axiom formulierte in diesem Prozess *Jean Baptiste Say* (1767-1832), ein französischer Ökonom, der behauptete, dass sich das Angebot seine Nachfrage selbst schaffe, da die anfallenden Kosten in der Produktion für eine effektive Nachfrage sorgen würden, die den gleichen Umfang habe wie der Wert der Produktion. Die darauf basierende Gleichung steht im Zentrum der Verteidigung der Auffassung, dass der Markt in allen Bereichen zu Gleichgewichtslagen und zur Stabilität tendiere. Es könne, von geringfügigen Schwankungen abgesehen, keine Überproduktion oder Arbeitslosigkeit geben. Dieses Axiom blieb trotz skeptischer Einwände weitgehend die dominante Überzeugung in der Wirtschaftswissenschaft.

Neben Say ist auch *David Ricardo* (1772-1823) zu erwähnen, der sich neben zahlreichen pragmatischen Fragen mit der Arbeitswertlehre befasste. Die *Arbeitswertlehre*, in die auch Überlegungen von A. Smith Eingang fanden, besagt, dass der Wert eines Gu-

258 Peter Imbusch/Hans-Joachim Lauth

tes genau dem Wert der Arbeit entspräche, die für seine Erzeugung notwendig sei. Im Bereich der Außenhandelsbeziehungen erweiterte Ricardo das Theorem der absoluten Kostenvorteile von Smith durch das Konzept der *komparativen Kostenvorteile*, mit dem er begründete, dass sich der Außenhandel auch dann für ein Land auszahle, wenn es bei der Produktion aller Güter absolute Nachteile besitze, sich aber auf dasjenige spezialisiere, bei dem die Nachteile am geringsten sind.

Die klassische Theorie sollte nicht unwidersprochen bleiben. Ein manifester Einwand kam seitens der nationalen (oder historischen) Schule, die in Deutschland ihren herausragenden Vertreter in *Friedrich List* (1789-1846) hatte, der als Publizist auf ein reichhaltiges Werk verweisen konnte.[11] Das spätere Deutschland war in der ersten Hälfte des 19. Jahrhunderts in zahlreiche Fürstentümer aufgespalten und dem Konkurrenzdruck der englischen Industrieproduktion nicht gewachsen. List kritisierte das Freihandelspostulat, das seiner Meinung nach lediglich die führende Handelsnation, d. h. England, begünstige. Länder, die sich im Prozess nachholender Entwicklung befänden, sollten ihre jungen Industrien temporär schützen (Entwicklungszölle). Erst wenn der Zustand relativer Konkurrenzfähigkeit erreicht sei, wäre Freihandel sinnvoll. Doch wie sollte diese Stufe erreicht werden? List formulierte die *Theorie der produktiven Kräfte*, in der er neben ökonomischen auch *politische und sozio-kulturelle Faktoren* berücksichtigte. Wichtige Bestandteile seiner wirtschaftlichen Strategie waren die Zusammenfassung Deutschlands zu einem gemeinsamen Wirtschaftsraum (Aufhebung der Binnenzölle), der Ausbau der Infrastruktur (vor allem der Eisenbahn) und die Entwicklung der Landwirtschaft. Diese Maßnahmen sollten vom Staat unterstützt werden, der dazu eine effiziente und kooperative Verwaltung bereitstellen sollte. Zur Finanzierung der staatlichen Aufgaben entwickelte List ein eigenes Steuersystem. Der Staat solle die Rechte seiner Bürger schützen und das allgemeine Bildungsniveau heben (Erzeugung von Humankapital).

Wenngleich sein in etlichen Punkten kontextgebunden formuliertes Konzept der produktiven Kräfte wohl sein bedeutendster in-

---

[11] Zu nennen sind „Das nationale System der politischen Ökonomie", das 1841 erschien, und „Das natürliche System der politischen Ökonomie", das, obwohl schon 1837 verfasst, erst 1927 veröffentlicht wurde. Vgl. *William Henderson*: Friedrich List, Reutlingen 1989.

novativer Beitrag sein dürfte, blieb mehr die Idee der Entwicklungszölle aktuell, die auch von Autoren wie A. Hamilton in den USA folgenreich vertreten wurde. In den siebziger Jahren des 20. Jahrhunderts wurden seine Ideen in der Diskussion um Entwicklungsstrategien für die ‚Dritte Welt' neu belebt.[12] Seine Kritik des Freihandels bei hohen Entwicklungsunterschieden hat nichts an Relevanz verloren, wenngleich die problematischen Erfahrungen mit protektionistischen Strategien und die erreichten Stufen technologischer Entwicklung eine einfache Übertragung der Idee von Entwicklungszöllen nicht sinnvoll erscheinen lassen.

Der fundamentalste Angriff auf das Gebäude der klassischen Politischen Ökonomie erfolgte durch *Karl Marx* (1818-1883). Neben umfangreichen Studien, die er teilweise zusammen mit Friedrich Engels verfasste, fand seine Position in dem dreibändigen *Kapital* einen prägenden Ausdruck. In der ersten Hälfte des 19. Jahrhunderts traten die gravierenden negativen sozialen Folgen der industriellen Revolution deutlich sichtbar zutage. Führende Vertreter der liberalen Schule, unter ihnen D. Ricardo und W.G. Sumner, rechtfertigten jedoch mit dem Hinweis auf die Entwicklungslogik des Kapitalismus die bestehende Einkommens- und Besitzverteilung und lehnten staatliche Sozialmaßnahmen ausdrücklich ab.

Dieser Auffassung trat Marx entgegen, wobei er sich auf die Arbeitswertlehre bezog (Arbeit als einzige Quelle der Wertschöpfung). Die Arbeiter erhielten nur einen Teil des von ihnen erzeugten Wertes als Lohn, während sich die Kapitalbesitzer den Mehrwert aneigneten. Auf dieser Basis kritisierte Marx die Ausbeutung der Arbeiterklasse. Doch der Angriff zielte auf das ganze kapitalistische System, in dem der Einzelne nur als Ware (Entfremdung) und nicht als Mensch Berücksichtigung fände. Mit dem Aufzeigen von Krisenzyklen und -tendenzen – wie der Monopolbildung, der Verelendung der Arbeiterklasse, dem Fall der Profitrate –, die dem Kapitalismus immanent seien, sah Marx dessen Ende kommen. Die Instabilität des Marktes war seiner Meinung nach struktureller Bestandteil der kapitalistischen Wirtschaft und beruh-

---

[12] Vgl. *Dieter Senghaas*: Weltwirtschaftsordnung und Entwicklungspolitik. Plädoyer für Dissoziation, Frankfurt/M. 1977; vgl. allgemein zur Handelsthematik: *Hermann Sautter*: Weltwirtschaft. Zu den Vorteilen und Problemen internationaler Wirtschaftsbeziehungen, in: *Iring Fetscher/Herfried Münkler* (Hrsg.): Politikwissenschaft. Begriffe – Analysen – Theorien, Reinbek 1985, S. 163-200.

260 Peter Imbusch/Hans-Joachim Lauth

te auf den zugrundeliegenden antagonistischen – d. h. nicht aufhebbaren – Widersprüchen (z. B. zwischen Kapital und Arbeit). Die kapitalistische Gesellschaft sei nur eine Stufe der Menschheitsgeschichte in der Entwicklung von der Urgesellschaft zum Kommunismus. *Entscheidendes Antriebsmotiv* seien in diesem Prozess die Entwicklung der Produktivkräfte und die jeweiligen Klassenkämpfe als Ausdruck der existierenden Produktions- bzw. Eigentumsverhältnisse. Der Staat diene im Kapitalismus zur Absicherung der herrschenden Klasse und werde nach dem Sieg des Kommunismus absterben. Mit der politischen und wirtschaftlichen Ausgestaltung der kommunistischen Gesellschaft beschäftigte sich Marx kaum; seine Aufmerksamkeit galt der Kritik und Überwindung der kapitalistischen Ökonomie.

Zu Recht wurde auf das Nichteintreffen etlicher Vorstellungen von Marx hingewiesen. Verteilungskonflikte und die soziale Frage wurden maßgeblich durch Gewerkschaften und staatliche Sozialgesetzgebung entschärft. Doch nicht zuletzt die Kritik von Marx hatte zu diesen Entwicklungen geführt. Die mit dem Lohnanstieg verbundene Nachfragesteigerung und der rasante technologische Fortschritt ließen seine radikale Kritik in den Hintergrund treten. Mit der russischen Oktoberrevolution und der Ausformulierung der Imperialismustheorie durch Lenin, die nach der Entkolonialisierung in der entwicklungstheoretischen Debatte aufgegriffen wurde, sowie durch die Herausbildung neomarxistischer Positionen blieb der Stachel marxistischer Kritik aktuell. Die Rückbindung von Wirtschaftskonzeptionen an die bestehenden sozialen Verhältnisse bleibt eine der zentralen Forderungen dieser Traditionslinie.

2.2 Wirtschaftspolitische Kontroversen im 20. Jahrhundert

Die nächsten Herausforderungen der obengenannten neoklassischen Theoreme ergaben sich durch faktische Veränderungen in den Industrieländern selbst. Nicht so sehr die Weltwirtschaftskrise 1929, sondern die Länge der darauf folgenden wirtschaftlichen Depression ließ sich mit den bestehenden Axiomen nicht erklären, geschweige denn kurieren. Nach den anerkannten Marktgesetzen, in die inzwischen auch Überlegungen zu oligopolistischen (d. h. von wenigen Anbietern kontrollierten) Märkten Eingang gefunden hatten, müsste der Markt automatisch zum Gleichgewicht tendieren und damit ein Aufschwung erfolgen. Der entscheidende Hin-

Wirtschaft und Gesellschaft 261

weis zur Lösung dieses Problems erfolgte durch den englischen Ökonomen *John Maynard Keynes* (1883-1946).

Keynes war einem breiten Leserkreis durch seine Analyse des Versailler Vertrags bekannt geworden, wo er auf dessen problematische Folgen hinwies. In seinem Hauptwerk *General Theory of Employment, Interest and Money* (1936) zeigte er, dass der Markt auch bei Unterbeschäftigung zum Gleichgewicht tendieren könne. Ein Ende der Rezession sei folglich nicht durch die Marktteilnehmer (Konsumenten und Produzenten) zu erwarten, gefordert sei vielmehr der Staat, der durch *Ankurbelung der Nachfrage* die Wirtschaft wieder in Gang bringen solle, wobei auch ein leichter Anstieg der Inflation in Kauf zu nehmen sei. Eine aktive Staatsintervention durch eine antizyklische Globalsteuerung sah Keynes als notwendige Maßnahme, um die Defizite des Marktes zu korrigieren. Erlaubt und notwendig sei hierbei sogar eine Verschuldung des Staates, die bei anhaltender Konjunktur durch vermehrte Steuereinnahmen wieder abgebaut werden könne. Zur Verbesserung der Nachfrage erachtete Keynes eine relativ gleiche Einkommensverteilung als sinnvoll, damit sich eine Massenkaufkraft entwickeln kann. Sozialstaatliche Leistungen bildeten einen weiteren Bestandteil keynesianischer Politik. Insgesamt versuchte Keynes durch die Bildung von Verhaltenshypothesen das Agieren der sozialen Akteure – Konsumenten und Produzenten (Investoren) – in sein Konzept zu integrieren. Schon zuvor hatten andere Autoren die Bedeutung sozialpsychologischer Faktoren hervorgehoben. *Max Weber* (1864-1920) betonte z. B. die Relevanz ethischer Verhaltensmuster für die Entwicklung des Kapitalismus, und *Joseph A. Schumpeter* (1883-1950) begriff den dynamischen und risikobereiten Unternehmer als innovativen Antrieb wirtschaftlicher Entwicklung.[13]

Eine erfolgreiche Anwendung erfuhr die keynesianische Konzeption in der US-amerikanischen Kriegswirtschaft sowie im Konzept der Globalsteuerung, die nach dem Zweiten Weltkrieg ihren Siegeszug in vielen Industrieländern (insbesondere in Verbindung mit sozialdemokratischen Regierungen und dem Ausbau des Wohl-

---

[13] *Joseph A. Schumpeter*: Theorie der wirtschaftlichen Entwicklung, Leipzig 1912; *Max Weber*: Die protestantische Ethik und der Geist des Kapitalismus, in: ders.: Gesammelte Aufsätze zur Religionssoziologie I, Tübingen ⁹1988, S. 1-206.

fahrtsstaates)[14] antrat. Auch wenn die keynesianischen Überlegungen nirgends theoretisch stringent nach der Vorlage angewandt wurden, so schien der Erfolg der darauf basierenden Wirtschaftspolitik ihre Überlegenheit gegenüber den neoklassischen Theorien zu bestätigen. Entsprechend trat die keynesianische Lehre ihren Siegeszug in fast allen Universitäten an. Doch die sich im Zuge der Erdölkrise zu Beginn der siebziger Jahre abzeichnende wachsende Inflation ließ sich mit dem keynesianischen Instrumentarium nicht bändigen. Ein bislang nicht gekanntes Phänomen *Stagflation* (stagnierendes Wirtschaftswachstum bei bleibender Inflation) trat auf. Hier setzte der Erklärungsversuch des *Monetarismus* ein, der in den folgenden Jahren zur dominanten Lehrmeinung avancierte.[15]

Als sein wohl bekanntester Vertreter gilt *Milton Friedman* (*1912) von der Universität Chicago. Mit ihm setzte sich endgültig die Bedeutung monetärer Größen in der Wirtschaftstheorie durch, die bereits zuvor in den USA im Zentrum praktischer Auseinandersetzungen gestanden hatten. Friedmans Überlegungen basieren auf einer Gleichung des US-Ökonomen Fisher, nach dessen zentraler Aussage die Preisentwicklungen in direktem Zusammenhang mit der Entwicklung der Geldmenge ständen (Quantitätstheorie des Geldes). Inflation wird somit lediglich als monetäres Phänomen verstanden. Friedman forderte zur *Bändigung der Inflation eine strikte staatliche Kontrolle der Geldmenge.* Diese solle lediglich im Rahmen des zu erwartenden Wirtschaftswachstums zunehmen. Gleichzeitig sieht sein Konzept einen Rückzug des Staates aus der Wirtschaft, die Stärkung des freien Marktes und Steuersenkungen insbesondere bei den Besserverdienenden vor. Im Gegensatz zu Keynes begreift Friedman den privaten Sektor als stabil und

---

[14] Einen Überblick über die historische Entwicklung des Sozialstaats gibt *Manfred G. Schmidt*: Sozialpolitik in Deutschland. Historische Entwicklung und internationaler Vergleich. Opladen, 2. vollständig überarb. und erw. Aufl. 1998.

[15] Der Monetarismus zählt zu der großen Strömung neoliberaler Wirtschaftstheorien, die in unterschiedlichem Maße auf der Neoklassik aufbauen. Zu den neoliberalen Wirtschaftsdoktrinen zählen zudem der Ordoliberalismus und die sog. *supply side-economics*. Siehe *Rainer Dombois/Peter Imbusch*: Neoliberalismus und Arbeitsbeziehungen in Lateinamerika, in: *Rainer Dombois* u. a. (Hrsg.): Neoliberalismus und Arbeitsbeziehungen in Lateinamerika, Frankfurt/M. 1997, S. 11-22.

Wirtschaft und Gesellschaft 263

staatliche Eingriffe als störend. Viele sozialstaatliche Maßnahmen betrachtet er als ineffektiv und als Einengung der persönlichen Freiheit.

Die Anwendung der neoliberalen Vorschläge von Friedman führte zwar zu einem beachtlichen Inflationsrückgang, aber oftmals gleichzeitig auch zu rezessiven Tendenzen. Auch wenn zu Recht auf die negativen sozialen Folgen der Inflation hingewiesen wird, hat die Art und Weise ihrer Bekämpfung den erhofften Effekt der Wohlfahrtssteigerung gleichsam wiederum reduziert. In vielen Fällen vergrößerten sich sogar die sozialen Gegensätze. So verwundert es nicht, dass Friedman reichlich Beifall von den profitierenden Schichten (Unternehmer, Kapitalbesitzer, Börsenspekulanten) erhielt. Fraglich bleibt, ob eine Geldmengensteuerung (bei einem breiten Geldmengenkonzept) überhaupt möglich ist; unklar ist zudem, welche Auswirkung diese auf den tatsächlichen Wirtschaftsprozess hat. Wirtschaftspolitik wirkt sich immer auf das soziale Gefüge der Gesellschaft aus. Sie kann wirtschaftliche und soziale Konflikte hervorrufen, verstärken, lösen oder verlagern, Gewinne und Verluste unterschiedlichen Gruppen und Schichten zuweisen, die deshalb versuchen, Einfluss auf den jeweiligen wirtschaftspolitischen Kurs zu nehmen. Inwieweit Überlegungen von Keynes, Friedman oder von anderen Ökonomen umgesetzt werden, ist auch immer von gesellschaftlichen Auseinandersetzungen und Kräfteverhältnissen bestimmt.

Eine andere wirtschaftstheoretische Schule hat inzwischen nachhaltig an Bedeutung gewonnen. Spätestens mit der Nobelpreisverleihung an *Ronald Coase* 1991 und *Douglass North* 1993 hat sich die *Theorie des Neoinstitutionalismus* oder die *Neue Institutionenökonomik* in der wirtschaftstheoretischen Diskussion etabliert und strahlt von dort in die Nachbardisziplinen der Soziologie und Politikwissenschaft aus.[16] Der Grundgedanke ist einfach, hat jedoch komplexe Implikationen für das gesamte Verständnis des Wirtschaftsprozesses und markiert einen deutlichen Unterschied zum ‚gängigen‘ Verständnis. Während nach diesem Transaktionskosten keine Rolle spielen, sind sie im Sinne der Neuen Institutionenökonomik unvermeidbar. Institutionen bilden nun zentrale Anreizsys-

---

[16] Vgl. *Douglass C. North*: Institutionen, institutioneller Wandel und Wirtschaftsleistung, Tübingen 1992 und das einführende Überblickswerk von *Rudolf Richter/Eirik Furubotn*: Neue Institutionenökonomik. Eine Einführung und kritische Würdigung, Tübingen 1996.

264   Peter Imbusch/Hans-Joachim Lauth

teme für das Handeln der beteiligten Akteure, indem sie die Transaktionskosten reduzieren.[17] Institutionen werden verstanden als grundlegende Normen und Funktionsregeln (North), die das Handeln der ‚Mitspieler‘ mittels Anreizen oder Sanktionen strukturieren und steuern. Einbezogen werden in die Analyse sowohl formale, vom Staat gesetzte Institutionen als auch informelle, die sich eigenständig etabliert haben. Ökonomische Prozesse und Entwicklungen – speziell Transaktionskosten, Vertragsbeziehungen und Verfügungsrechte – werden nun unter Berücksichtigung institutioneller ‚settings‘ analysiert.

Mit der Annahme der unvollkommenen individuellen Rationalität gelingt es, wirklichkeitsnähere Modelle und Theorie zu erstellen. Auch wenn hierbei beachtliche Fortschritte erzielt wurden (z.B. Vertragskonstruktion, Prinzipal Agent-Beziehung, *Rent-Seeking*, Bedeutung von Vertrauen), bleiben noch zahlreiche Aufgaben ungelöst. Dazu gehört letztlich sogar die Präzisierung des Institutionenbegriffs selbst. Insgesamt erweisen sich die neoinstitutionalistischen Ansätze für die Politikwissenschaft jedoch als fruchtbar, da sie verschiedene Anknüpfungsbereiche bieten. Aktuelle Forschungen thematisieren die Relevanz von *Sozialkapital* für die wirtschaftliche Performanz oder die Bedeutung von ‚Pfaden‘ für die ökonomische oder wohlfahrtsstaatliche Entwicklung (z.B. North 1992).

Eine Wirtschaftskonzeption, die stärker pragmatisch ausgerichtet ist und unterschiedliche Elemente der vorgestellten Ansätze aufgreift, ist das Konzept der *sozialen Marktwirtschaft*, die eher an ordoliberale Vorstellungen anknüpft.[18] Diese versucht mit der For-

---

[17] Transaktionskosten betreffen alle Ausgaben (Zeit und Ressourcen), die im Rahmen wirtschaftlicher Entscheidungsprozesse anfallen und die im Falle der realistischen Annahme einer ‚begrenzten Rationalität‘ der Akteure (ohne vollkommene Information und Voraussicht) von erheblicher Relevanz sind. „Es sollte also ganz einfach die Beziehung zwischen den Unvollkommenheiten der Entscheidungssubjekte und den ‚Betriebskosten‘ einer Wirtschaft im Auge behalten werden, wenn man das Phänomen der Transaktionskosten betrachtet“ (*Richter/Furobotn* 1996, Anm. 16, S. 45).

[18] Vgl. *Zinn* 1992 (Anm. 7). Auch das Konzept der sozialen Marktwirtschaft ist kein reines Wirtschaftskonzept, sondern bezieht politische und soziale Faktoren als integrale Bestandteile ein. Vgl. dazu einen der Begründer der sozialen Marktwirtschaft: *Alfred Müller-Armack*: Genealogie der sozialen Marktwirtschaft. Frühschriften und weiterführende Kon-

mulierung sozialer und politischer Rahmendaten eine wichtige Erkenntnis der Politischen Ökonomie ernst zu nehmen, die auf die notwendige Kooperation und institutionell geregelte Konfliktaustragung der beteiligten Akteure verweist. Autoritäre Regime erscheinen aus theoretischer Perspektive mit sozialer Marktwirtschaft ebenso wenig vereinbar wie eine allzu große Machtkonzentration auf dem Markt. Hier wird deutlich, dass Wirtschaftskonzeptionen oder Modelle nicht nur zur adäquaten Beschreibung und Erklärung von realen Prozessen erstellt werden, sondern gleichfalls als normative Korrektive dienen.

Der vorgestellte Diskussionsstand verdeutlicht: Es gibt keine Wirtschaftstheorie, die auf alle Probleme und Fragen eine plausible Antwort geben kann; absolute Wahrheiten gibt es nur für den, der sich in Idealwelten versteigen möchte.[19] Ohnehin ist in der realen Wirtschaftspolitik eher eine Mischung unterschiedlicher Theorieelemente anzutreffen, deren Ausprägung sich aus den Prioritätensetzungen der Regierung und den zu lösenden Problemen ergibt (Wachstum, Arbeitslosigkeit, Inflation, Verschuldung etc.).

3. Grundlegende Problembereiche der Gegenwart

3.1 Globalisierung

„Globalisierung ist sicher das am meisten gebrauchte – missbrauchte – und am seltensten definierte, wahrscheinlich missverständlichste, nebulöseste und politisch wirkungsvollste (Schlag- und Streit-)Wort der letzten, aber auch der kommenden Jahre."[20] Sie ist schwer fassbar und doch überall sichtbar. Mit ihr verbinden sich Hoffnungen und Ängste, Kosten und Nutzen auf sehr unterschiedliche Weise. Die einen halten sie für einen unabwendbaren Prozess, die anderen wollen ihn aktiv steuern und damit Globalisierung gestalten. Umstritten ist sogar, ob der Prozess der Globalisierung überhaupt so weit reichende Konsequenzen für einzelne Gesellschaften hat, wie immer wieder behauptet wird.

---

zepte, Bern/Stuttgart ²1981, hier insbesondere Abschnitt II: Die geistigen Grundlagen der sozialen Marktwirtschaft.

[19] Vgl. *Ward* 1986 (Anm. 9).

[20] *Ulrich Beck*: Was ist Globalisierung? Frankfurt/M. 1997, S. 42.

266 Peter Imbusch/Hans-Joachim Lauth

Als das Wort Globalisierung Anfang der 60er Jahre erstmalig in einem englischen Lexikon auftauchte, fand es kaum Beachtung. Erst in den späten 80er Jahren ist es zu einem Kernbegriff der Sozialwissenschaften geworden. Der Grund für diesen Wandel liegt zweifelsohne darin, dass der Begriff die veränderten Rahmenbedingungen für Wirtschaft und Gesellschaft, Staat und Politik in einer Weise bündelt, wie dies kein anderer zuvor getan hat. Globalisierung kann dementsprechend als jener Prozess der Intensivierung weltweiter wirtschaftlicher, sozialer, kultureller und politischer Beziehungen definiert werden, in dessen Folge die einzelnen Regionen der Welt nicht nur in einen intensiveren Austausch miteinander treten und näher zusammenrücken, sondern in dem auch an einem Ort der Welt stattfindende Ereignisse mehr oder weniger direkte Konsequenzen, Folgen und Rückwirkungen für andere Orte bzw. Regionen hat. Im Prozess der Globalisierung reduziert sich die Geltung traditioneller Grenzziehungen (etwa von Nationalstaaten), die Wichtigkeit grenzüberschreitender politischer und sozioökonomischer Aktivitäten (sei es seitens von Staaten, *global players* oder einzelnen Individuen) nimmt zu, räumliche Distanzen verlieren zusehends an Bedeutung, so dass die Welt eher den Charakter eines ‚globalen Dorfes‘ annimmt, in dem immer mehr Ereignisse in immer kürzeren Zeitabständen wahrgenommen werden.

Fasst man Globalisierung auf diese Art und Weise, dann könnte man einwenden, dass Globalisierung kein neues, sondern im Grunde ein altes Phänomen ist, dessen Anfänge zumindest bis zur europäischen Expansion im 16. Jahrhundert und der Verdichtung der internationalen Beziehungen zu einem globalen Weltsystem zurückreichen.[21] Doch solch eine Sichtweise hieße, das qualitativ

---

[21] Siehe *Immanuel Wallerstein*: Das moderne Weltsystem. Die Anfänge kapitalistischer Landwirtschaft und die europäische Weltökonomie im 16. Jahrhundert, Frankfurt/M. 1986; *Wolfram Fischer*: Expansion, Integration, Globalisierung. Studien zur Geschichte der Weltwirtschaft, Göttingen 1998; *Hansgeorg Conert*: Vom Handelskapital zur Globalisierung. Entwicklung und Kritik der kapitalistischen Ökonomie, Münster 1998. Als Beleg für die Kontinuitätseinschätzung wird oftmals angeführt, dass Handel und Finanzen bereits zu Beginn des 20. Jahrhunderts in hohem Maße internationalisiert gewesen sind und das Niveau des Welthandels – nach der Weltwirtschaftskrise, den Autarkiebestrebungen und dem Protektionismus der Staaten – erst gegen Ende der 80er Jahre wieder an das Ausmaß und den Umfang zu Beginn des Jahrhunderts heranreichte.

Wirtschaft und Gesellschaft 267

Neue der heutigen Globalisierungsprozesse zu ignorieren, das sich vor allem in der unheimlichen Beschleunigung sozialer Prozesse zeigt. Um den Stellenwert des abstrakten Phänomens Globalisierung zu ermessen, zergliedert man es am besten in eine Reihe unterschiedlicher Dimensionen.

Wenn wir das Wort Globalisierung hören, denken wir beinahe unwillkürlich an ökonomische Phänomene wie die Ausdehnung des Welthandels, den Zusammenschluss großer multinationaler Unternehmen, an Investitionsverlagerungen und Entwicklungen auf den Finanzmärkten sowie nicht zuletzt auch an die weltweite Angleichung von Wirtschaftspolitiken, ohne gleich gewahr zu werden, dass es sich dabei bereits um höchst unterschiedliche Prozesse mit vielfältigen Ursachen handelt. Vielfach gilt die intensive Handelsverflechtung als besonders prägnantes Merkmal von Globalisierung. Nimmt man einmal die weltweite Warenproduktion, die sich zwischen 1985 und 1995 verdoppelt hat, als Vergleichsmaßstab, dann hat der weltweite Handel im gleichen Zeitraum nur um das Zweieinhalbfache zugenommen. Das Gros des Welthandels wird zudem wesentlich zwischen oder sogar innerhalb der drei großen Wirtschaftsblöcke Nordamerika, Europa und Japan abgewickelt. Institutionelle Grundlage für die Forcierung des Handels bilden der Abbau zwischenstaatlicher Hindernisse (Zölle, mengenmäßige Importbeschränkungen) und die generelle Liberalisierung des Handels im Rahmen der WTO (*World Trade Organization*).

Gleichfalls lässt sich ein deutlicher Anstieg von direkten Auslandsinvestitionen beobachten. Doch Investitionsverlagerungen großer Unternehmen ins Ausland sind bisher eher die Ausnahme, auch wenn spektakuläre Großfusionen wie DaimlerChrysler oder Allianzbildungen wie bei der Lufthansa auch international Aufsehen erregen, weil sie die Weltmärkte erneut oligopolisieren und in seltenen Fällen sogar monopolisieren können. Zwar sind einzelne Unternehmen der Globalisierung je nach Branche und nach der Art des Unternehmens sehr verschieden ausgesetzt und können einen höchst unterschiedlichen Nutzen aus der Globalisierung ziehen[22],

---

[22] Die wichtigsten Unterschiede ergeben sich diesbezüglich aus dem generellen Bedarf bzw. Zusammenspiel von Produktionsfaktoren (Arbeit, Kapital, Boden, Wissen), aus der Standortgebundenheit eines Unternehmens (Abhängigkeit von bestimmten Rohstoffen oder Arbeitskräften, Transportmöglichkeiten), der Art der produzierten Güter und der jeweiligen Besonderheit der Produkte (Homogenität, Nachahmbarkeit, Er-

ob sie aber Resultat der Globalisierung sind oder die Unternehmen als Pioniere der Globalisierung angesehen werden müssen, ist unklar.

Deutlich zu erkennen ist der Prozess der Globalisierung in der Finanzsphäre bei den Finanzdienstleistungen. Transport-, Kommunikations- und Übertragungskosten sind hier extrem gering und durch die Liberalisierung der Finanzsektoren und den generellen Abbau von Kapitalverkehrsbeschränkungen zwischen den meisten Ländern hat sich die ‚Volatilität' (Beweglichkeit) des Geldkapitals enorm erhöht, so dass Anleger von Geld oder Devisen äußerst kurzfristig ihre Vermögenswerte von einem Land in ein anderes mit dem Ziel umschichten können, unterschiedliche Gewinnerwartungen und kurzfristige Ertragsdifferenzen zwischen verschiedenen Währungszonen auszunutzen. Zusammen mit der nachgerade explosiven Entwicklung des sog. Derivatehandels[23] seit den 80er Jahren, der vom eigentlichen Devisen- und Finanzgeschäft abgekoppelt ist und ursprünglich zu dessen Stabilisierung und Risikostreuung dienen sollte, hat dies dazu geführt, dass die Finanz- und Warenmärkte weltweit entkoppelt wurden und sich die Finanzmärkte gegenüber den Warenmärkten verselbständigt haben.[24] Die Spekulation mit Devisen, *futures*, *options* und *swaps* bringen dabei aufgrund ihrer hochgradigen Unberechenbarkeit und ihrer immensen Summen beträchtliche Gefahren für das internationale Finanzsystem mit sich: Nicht nur können einzelne Unternehmen durch groß angelegte misslingende Spekulationen einen Domino-Effekt auslösen, so dass in einer Art Kettenreaktion eine ganze Reihe weiterer Unternehmen zusammenbricht, auch ganze Länder können durch

---

setzbarkeit, Verhaltensprozesse, technische Marktzugangsbarrieren), aber auch aus den Produktionsverfahren (Arbeitsteilung und Zerlegbarkeit der Produktion) und den erwarteten Produktionskosten (*economies of scale*, differierende Kosten- und Preisniveaus) sowie nicht zuletzt den politischen Rahmenbedingungen.

23 Derivate sind vom ‚eigentlichen' Geschäftsbereich ‚abgeleitete' Finanzinstrumente. Die gebräuchlichsten sind sog. *futures*, also Terminkontrakte, sog. *swaps*, also der gleichzeitige Abschluss zweier Verträge zur gegenseitigen Risikoaufhebung, und sog. *options*, die das Anrecht auf den zukünftigen Erwerb oder Verkauf von Aktien, Devisen oder sonstiger Vermögenswerte zu einem im Voraus vereinbarten Preis beinhalten.

24 Vgl. *Elmar Altvater/Birgit Mahnkopf*: Grenzen der Globalisierung. Ökonomie, Ökologie und Politik in der Weltgesellschaft, Münster 1999.

Wirtschaft und Gesellschaft 269

den Abzug kurzfristig angelegter Kapitalien in ernsthafte Finanzkrisen geraten.[25]

Triebkräfte der Globalisierung im ökonomischen Bereich sind vor allem die Eigendynamik von durch außenwirtschaftliche Liberalisierung und innergesellschaftliche Deregulierung ‚entfesselten' Märkten, die mit neuen Technologien einhergehenden Möglichkeiten und nicht zuletzt die Revolution in der Kommunikationstechnik.

Im sozialen Bereich zeigt sich die Globalisierung v.a. in weltweit beträchtlich angewachsenen Migrationsbewegungen. Hier sind es insbesondere die verbesserten und v.a. billigeren Transportmöglichkeiten und internationalen Kommunikationsstrukturen, die Arbeitsmigration auch über größere Distanzen hinweg in neuen Dimensionen möglich macht.[26] Die erhöhte Arbeitsmigration kann deshalb als Ausdruck bzw. Beleg für Globalisierungsprozesse gesehen werden, weil es nach wie vor keinen freien Weltmarkt für Arbeitskraft gibt und die nationalen Arbeitsmärkte hochgradig restriktiv gestaltet sind. Die Globalisierung der Wirtschaft und die damit verbundenen sozialen Verwerfungen müssen zudem selbst als ein den Migrationsdruck verstärkendes Element verstanden werden, das zu traditionellen *push-* und *pull-*Faktoren infolge des wachsenden globalen Lohn- und Wohlstandsgefälles hinzukommt.[27]

Lassen sich Globalisierungsprozesse im sozioökonomischen Bereich leicht an quantifizierenden Indizien festmachen, so sind sie doch nicht darauf beschränkt. Auf dem Gebiet der Kultur wird Globalisierung häufig kritisch als kulturelle Nivellierung gesehen: Die weltweite Durchsetzung und Dominanz der us-amerikanischen Populärkultur, die Vereinheitlichung von Modetrends über Kulturkreise hinweg, eine Kultur- und Unterhaltungsindustrie, die mit Filmen, Shows und Reklame traditionell gewachsene Lebensstile

---

[25] Vgl. *Jörg Faust; Jörn Dosch*: Die ökonomische Dynamik politischer Herrschaft. Lateinamerika und das pazifische Asien, Opladen 2000.

[26] So sind im Jahre 2000 etwa 120 Millionen Menschen im Ausland beschäftigt – eine Zahl, die fast doppelt so hoch liegt wie noch Mitte der 60er Jahre. Auch die Zahl der Länder, die bedeutende Kontingente an ausländischen Arbeitskräften beschäftigt, hat sich seit 1970 mit knapp 70 fast verdoppelt.

[27] Vgl. *Franz Nuscheler*: Internationale Migration. Flucht und Asyl, Opladen 1995; *Achim Wolter*: Globalisierung der Beschäftigung, Baden-Baden 1997.

270 Peter Imbusch/Hans-Joachim Lauth

überformt und neue gleichartige Bedürfnisse schafft, scheinen einen Verlust an kultureller Vielfalt oder die Überformung authochtoner Kulturtraditionen zu bedeuten. Gegen die vermeintlich kulturellen Wirkungen von Globalisierungsprozessen (Einheitskultur, Werte- und Kulturimperialismus des Westens etc.) haben sich in vielen Teilen der Welt kulturelle und religiöse Gegenbewegungen formiert, welche die aus der kulturellen Globalisierung resultierenden Spannungen für ethnische oder religiöse Mobilisierungen auszunutzen vermögen.[28]

Schließlich werden auch *ökologische Probleme* in zunehmenden Maße global: Neben die lokalen, örtlich begrenzten oder regionalen, auch grenzüberschreitenden Umweltschädigungen sind seit einiger Zeit globale Umweltschäden getreten, die sich dadurch auszeichnen, dass sie – einmal entstanden – einen Großteil der Weltbevölkerung betreffen und – schwer wiegender noch – globales Handeln zu ihrer Behebung erfordern. Globale Probleme wie das durch FCKW- und CO_2-Emissionen verursachte Klimaproblem zerstören auf Dauer die Erdatmosphäre, wirken sich aber zunächst dort aus, wo die Industrieländer als direkte Verursacher fern sind. Eine Reihe weiterer Umweltprobleme belasten alle Menschen durch das ihnen innewohnende Konfliktpotenzial: Schädigungen der Biosphäre betreffen das gemeinsame Erbe der Menschheit, Degradierung von Böden und Raubbau an den Regenwäldern lösen beträchtliche Klimaverschiebungen aus und armutsbedingte ökologische Zerstörungen produzieren auch heute schon Umweltflüchtlinge in großer Zahl.[29]

Wenn Globalisierung auf einigen Gebieten noch nicht so weit reicht, wie mancherorts nahe gelegt wird, so scheinen doch die Veränderungen im Verhältnis von Wirtschaft und Gesellschaft tief greifend zu sein. Während sich die Ökonomie immer mehr entgrenzt und vom nationalstaatlichen Rahmen unabhängiger wird,

---

[28] Vgl. *Dieter Senghaas*: Zivilisierung wider Willen. Der Konflikt der Kulturen mit sich selbst, Frankfurt/M. 1998.

[29] Hinzu kommen durch die Globalisierung selbst hervorgerufene Umweltprobleme, wie etwa ein von Globalisierungsprozessen ausgelöster Handel, der zusätzliche umweltbelastende internationale Transport- und Verkehrskapazitäten erfordert; möglich ist sogar ein perverser ordnungspolitischer Effekt in dem Sinne, dass Länder versuchen, durch Verzicht auf adäquate Umweltstandards und -auflagen sich als Standort für potentielle Investoren attraktiver zu machen und Wettbewerbsvorteile zu bieten.

Wirtschaft und Gesellschaft

bleiben Gesellschaft und Politik weitgehend auf den nationalstaatlichen Rahmen oder auf einen definierten territorialen Raum bezogen und auf Grenzen angewiesen. Das hat Folgen für die Handlungsmöglichkeiten und -bedingungen staatlicher und gesellschaftlicher Akteure, die wiederum kontrovers eingeschätzt werden:

Dies betrifft zunächst die Funktionen des Nationalstaats selbst. So wird einerseits darauf verwiesen, dass die Macht des Nationalstaats abnimmt und seine Regelungskapazität geringer wird, was sich z.B. an der geringeren staatlichen Steuerungsfähigkeit von Wirtschaft und Gesellschaft, an der scheinbaren Unkontrollierbarkeit der Finanzmärkte und der begrenzten effektiven Einschränkung kurzfristiger Kapitalbewegungen zeigt, aber auch an der abnehmenden Möglichkeit des Staates, Unternehmer- und Kapitalsteuern einzufordern. Andererseits wird davon ausgegangen, dass die nationalstaatliche Handlungsfähigkeit nicht durch den globalen Wettbewerb beeinträchtigt wird.[30] So ist es gerade der Staat, der viele Gesetze und Maßnahmen zur Regelung und Steuerung von Globalisierung in Gang setzt und weltweit über regionale Integrationsprozesse (EU, NAFTA, Mercosur, ASEAN) eine stufenweise Öffnung zum Weltmarkt betreibt, die im Grunde als Gegenstrategie zu einer ungezügelten Globalisierung verstanden werden muss.[31]

Der divergierende Befund korrespondiert eng mit einer analogen Einschätzung hinsichtlich des Einflussverlustes bzw. -gewinns von Wirtschaftsakteuren und Interessengruppen. Wird auf der einen Seite ein genereller Einflussgewinn der Unternehmer unterstellt, weil für sie im Prozess der Globalisierung viele national- und sozialstaatliche Fesseln fallen bzw. diese umgangen werden können, so wird auf der anderen Seite betont, dass die übergroße Mehrzahl der Unternehmen nach wie vor an einen nationalen Raum und dessen Recht gebunden bleibt. Dem Einflussgewinn der Unternehmen steht der spiegelbildliche Einflussverlust der Gewerkschaften gegenüber, deren Integrationsfunktion nur noch zum Erhalt des so-

---

[30] Vgl. *Ulrich* Beck, Macht und Gegenmacht im globalen Zeitalter. Neue weltpolitische Ökonomie, Frankfurt a.M. 2002; Carl *Christian von Weizsäcker*: Logik der Globalisierung, Göttingen 1999.

[31] Vgl. *Andreas Busch, Thomas Plümper*: Nationaler Staat und internationale Wirtschaft. Anmerkungen zum Thema Globalisierung, Baden-Baden 1999.

zialen Friedens gebraucht wird. Umgekehrt ließe sich hier argumentieren, dass Gewerkschaften nicht nur als Sozialpartner gebraucht werden und auch für sie auf internationaler Ebene Orga-
nisationschancen bestehen.

Im Kontext dieser Debatten steht die gleichfalls kontroverse
Diskussion der Folgen der Globalisierung für den Sozial- und
Wohlfahrtsstaat.[32] Sieht die eine Seite den Sozialstaat durch ver-
stärkte internationale Konkurrenz, das Lohn- und Preisgefälle und
Mechanismen des Sozialdumping auf offenen Märkten generell in
Gefahr, sieht die andere bislang keine schlüssigen Belege für die
These, dass der Sozialstaat durch Globalisierung in Gefahr gerät.
Hohe Akzeptanz von Sozialstaatlichkeit und geringe Schwankun-
gen bei den Sozialausgaben lassen zukünftig bestenfalls einen Um-
bau des Sozialstaats erwarten, dessen Ursachen (z.B. Altersstruktur) aber andere sind als die Globalisierung.[33]

Über die zukünftige Rolle des Staates besteht ebenso Uneinig-
keit. Während die einen dem Staat angesichts der Entgrenzung der
Ökonomie und der Grenzenlosigkeit der Gesellschaft unter Bedingungen der Globalisierung lediglich einige mehr oder weniger re-
siduale, aber gleichwohl wichtige Funktionen (Aufrechterhaltung
der öffentlichen Ordnung, Verteidigung) zugestehen mögen, weil
staatliche Politik ansonsten ohnehin nur noch den Imperativen des
globalen Kapitalismus folgt, sehen andere in ihm auch unter veränderten Bedingungen einen wichtigen Akteur, dessen Aufgaben
zwar nicht mehr primär in der Bereitstellung öffentlicher Güter und
Dienstleistungen bestehen, sondern in einem umfassenden Umbau
von Staat und Gesellschaft, damit eine positive, zielgerichtete Integration in den Weltmarkt möglich wird. Die einstigen Wohlfahrtsstaaten sollen zu nationalen Wettbewerbsstaaten umgebaut
werden.[34]

---

[32] Vgl. *Dani Rodrik*: Grenzen der Globalisierung. Ökonomische Integration und soziale Desintegration, Frankfurt/M. 2000; *Ueli Mäder/Claus-
Heinrich Daub* (Hrsg.): Soziale Folgen der Globalisierung, Basel 2004.

[33] Vgl. *Diether Döring*: Sozialstaat in der Globalisierung, Frankfurt/M.
1999.

[34] Siehe *Dirk Messner* (Hrsg.): Die Zukunft des Staates und der Politik.
Möglichkeiten und Grenzen politischer Steuerung in der Weltgesellschaft, Bonn 1998; *Christoph Scherrer*: Globalisierung wider Willen?
Die Durchsetzung liberaler Außenwirtschaftspolitik in den USA, Berlin 1999.

Wirtschaft und Gesellschaft 273

In der Umbauperspektive des Staates gerät auch seine politische Ordnung zunehmend in die Diskussion. Offen ist die Frage, wie sich die Demokratie verändern wird respektive verändern sollte, wenn zukünftig immer weniger Kongruenz zwischen demokratischen Entscheidungen auf nationaler Ebene und den Entscheidungsbetroffenen besteht, wenn also die gewählten politischen Entscheidungsträger nur noch begrenzte Gestaltungskraft in zentralen Politikfeldern haben, die im wachsenden Maße durch externe Faktoren beeinflusst werden?[35] Aufgrund der strukturellen Begrenzung des Nationalstaates wird eine internationale demokratische Ordnung anvisiert, deren Realisierungsmöglichkeiten bislang jedoch eher skeptisch beurteilt werden. Die gegenwärtig schon bestehenden Strukturen im Bereich einer *global governance* sind institutionell stark unterentwickelt, eine globale Zivilgesellschaft besteht bestenfalls in Ansätzen und mit starken regionalen Unterschieden.[36]

Umstritten ist auch die Frage, ob eine globalisierte Weltwirtschaft eine höhere oder eine geringere Stabilität aufweist. Für die letztere Annahme spricht, dass auf internationaler Ebene bislang nur geringe oder sogar ungenügende Spielregeln (internationale Regime, globale Institutionen) zur notwendigen *Regulierung* des weltweiten Kapitalismus existieren, eine Aufgabe, die nur bedingt durch Nationalstaaten übernommen werden kann.[37] Gerade in den sukzessiven Finanzkrisen sehen Kritiker Anzeichen für eine weltweite Verschärfung der Krisenpotentiale. Optimisten gehen dagegen von einer hohen Problemlösungs- und Regelungskompetenz globaler Akteure aus oder vertrauen auf die Stabilisierungskraft des Marktes selbst.

Schließlich kommt Globalisierung nicht nur in der zunehmenden Integration der Weltgesellschaft zum Ausdruck, sondern mindestens ebenso stark in Fragmentierungsprozessen sowie einer glo-

---

[35] Vgl. *David Held*: Democracy, the Nation-State and the Global System, in: ders. (Hrsg.): Political Theory Today, Cambridge 1991, S. 197-235.

[36] Siehe zu diesem Thema *Richard* Münch: Globale Dynamik, lokale Lebenswelt. Der schwierige Weg in die Weltgemeinschaft, Frankfurt a.M. 1998; Otfried *Höffe*: Demokratie im Zeitalter der Globalisierung, München 1999.

[37] Als Konsequenz wird die Schaffung internationaler Regeln angemahnt; vgl. *Wolfgang Filc*: Mehr Wirtschaftswachstum durch gestaltete Finanzmärkte. Nationaler Verhaltenskodex und internationale Kooperation, in: Politik und Gesellschaft (1) 1998, S. 22-38.

274 Peter Imbusch/Hans-Joachim Lauth

bal immer ungleicheren Reichtumsverteilung, die wiederum neue Konfliktpotentiale schaffen. Gewinne und Verluste der Globalisierung sind ungleich verteilt und einzelne Länder und Regionen verstehen Globalisierungsprozesse besser zu handhaben als andere. Globalisierung bewirkt neue soziale Spaltungen an den Orten, wo beschleunigte Modernisierungsprozesse stattfinden und kaum zu gewaltsamen Auseinandersetzungen führen. Am stärksten betroffen von den Auswirkungen der Globalisierung scheinen aber ironischerweise die Länder und Regionen zu sein, die gänzlich davon abgekoppelt sind.[38]

Insgesamt betrachtet stellt die Globalisierung die bisherige Wirtschaftspolitik auf neue Grundlagen und vor neue Herausforderungen, die eine Reformulierung von Lösungsstrategien für eine ganze Reihe teils älterer, teils neuerer Probleme erzwingen.

3.2 Ökologie, Wirtschaft und Gesellschaft

Auch das Thema Ökologie ist ein vorrangiges Problem im Zusammenhang mit Wirtschaft und Gesellschaft. Wie stark und wie schnell wird die Umwelt durch menschliches Handeln beeinträchtigt, wann sind die daraus resultierenden Schäden nicht mehr reparabel und wie kann gegen gesteuert werden? Bevor die damit verbundenen politischen Implikationen diskutiert werden, ist der Sachverhalt zu präzisieren. Bis heute geht privatwirtschaftliches Handeln im Prinzip von der Annahme der Wiederholbarkeit, der Reversibilität und der Grenzenlosigkeit vorhandener Ressourcen aus und abstrahiert weitgehend von ökologischen Schranken der Produktion. Umwelt und Natur gelten als zur ‚Vernutzung' bereitstehende *öffentliche Güter*. In solch einer Sichtweise fallen ökonomische und ökologische Rationalität auseinander. Während in kapitalistischen Marktwirtschaften Ökonomie auf unbegrenztes Wachstum, hohe Produktivität, Effizienzsteigerung und privatwirtschaftliche Rentabilität der Produktion ausgerichtet ist, stehen in der Ökologie systemische Stabilitätsgesichtspunkte, Bewahrung von Umwelt und eine kreislaufförmige Vernetzung der Natur im Vordergrund. Während traditionelle ökonomische Theorie und Unternehmerhandeln kaum Grenzen der Naturaneignung kennen,

---

[38] Siehe dazu *Edward Luttwak*: Turbo-Kapitalismus. Gewinner und Verlierer der Globalisierung, München 1999; *Ulrich Menzel*: Globalisierung versus Fragmentierung, Frankfurt/M. 1998.

steht in ökologischen Überlegungen die Begrenztheit natürlicher Ressourcen und ihr Erhalt im Mittelpunkt. Pointiert gesagt: Sehen die Ökonomen Natur instrumentell unter dem Gesichtspunkt einer auf Gewinnmaximierung ausgerichteten Verwertungslogik, so entwickeln Ökologen ein umfassendes Verständnis ökologischer Abläufe unter Einbezug gesellschaftlicher Handlungen und Prozesse. Bleibt in einem Fall die Natur dem Menschen und seinem Handeln äußerlich, so bildet im anderen der Mensch einen Teil der Natur.[39] Privatwirtschaftliche Marktrationalität und individuelle Nutzenmaximierung hatten bislang ökologisch verheerende Folgen mit ganz unterschiedlicher Reichweite, die je nach Ausmaß und Problembeschaffenheit jeweils spezifische Antworten erfordern.[40]

Zwar resultiert die zentrale Bedeutung des Wirtschaftswachstums als Indikator des marktwirtschaftlichen Erfolgs aus einer Fülle damit einhergehender möglicher positiver Effekte. Die ökologische Kritik setzt aber an einem rein quantitativen Wachstumsverständnis als Maßstab für Fortschritt und Modernisierung an, welches Umweltschäden von Produktions- und Konsumtionsprozessen überhaupt nicht berücksichtigt oder gar als positive Bestandteile der Wertschöpfung erscheinen lässt (vgl. die Diskussion des BIP). Damit werden Ressourcen nicht entsprechend ihrer natürlichen Knappheit behandelt und die ökologischen Kosten gehen nicht in den Preis ein, sondern werden *externalisiert*. Dies betrifft auf der einen Seite ihre Verfügbarkeit, die nur kurzfristig kalkuliert wird und bereits die Interessen der folgenden Generation außer Acht lässt. Zum anderen werden die ökologischen Folgekosten der industriellen Produktion nicht angemessen im Preis berücksichtigt. Zu diesen Folgekosten gehört nicht nur die Zerstörung oder qualitative Minderung natürlicher Ressourcen – wie Wasser,

---

[39] Vgl. zu diesen Entgegensetzungen ausführlicher *Wolfgang Sachs*: Fair Future – Begrenzte Ressourcen und globale Gerechtigkeit. Ein Report des Wuppertal Instituts, München 2005; *Hermann Bartmann, Alex Föller*: Umweltökonomie, St. Gallen 1992; *Peter Weinbrenner*: Ökonomie und Ökologie im politischen Interessenkonflikt, in: Bundeszentrale für politische Bildung: Grundfragen der Ökonomie, Bonn 1989, S. 332-380; *Udo Ernst Simonis* (Hrsg.): Ökonomie und Ökologie. Auswege aus einem Konflikt, Karlsruhe 1980.

[40] Vgl. *Christian Leipert*: Die heimlichen Kosten des Fortschritts. Wie Umweltzerstörung das Wirtschaftswachstum fördert, Frankfurt/M. 1989; *Karl W. Kapp*: Die sozialen Kosten der Marktwirtschaft. Das klassische Werk der Umweltökonomie, Frankfurt/M. 1979.

Boden und Wald – sondern gleichfalls die Beeinträchtigung der humanen Sphäre. Dies betrifft sowohl die Beschleunigung des Verfalls von Gütern menschlicher Produktion (wie Häuser, Kunstwerke etc.) als auch die Gesundheit der Personen selbst, die durch Umweltbelastungen in vielfältiger Weise belastet wird (Nahrung, Luft, Lärm, Abfall, Schadstoffe etc.).

Welche Alternativen oder Lösungsstrategien stehen zur Debatte? Zwei grundlegende Wege lassen sich unterscheiden: ein radiker und ein reformorientierter. Während der erste auf einer grundlegenden Abkehr von der industriellen Entwicklung beharrt und weit reichende politische Maßnahmen hierzu in Erwägung zieht (Stichwort ,Öko-Diktatur'), versucht der zweite Weg zwischen Ökologie und Wirtschaft zu vermitteln. Eine zentrales Instrument bildet hierzu die Umweltpolitik, die wir im folgenden etwas näher betrachten. Auch hier können zwei Ansätze unterschieden werden. In einem maximalistischen Verständnis soll das quantitative durch ein qualitatives Wachstumsmodell ersetzt und damit ein ökologischer Umbau der Industriegesellschaft sowie die Stärkung eines ökologisch ganzheitlichen Bewusstseins erreicht werden.[41] Solch eine Reformstrategie befindet sich zwar noch in einem konzeptionellen Stadium, erhebt aber Anspruch auf Realisierung.[42] Der angestrebte Umbau erfordert Flexibilität von allen Beteiligten, bedingt jedoch keinen grundlegenden Verzicht auf das erreichte Wohlstandsniveau, da die erforderlichen Einsparungen weitgehend durch einen Effizienzgewinn kompensiert werden sollen. Die praktizierte Umweltpolitik ist dagegen eher Ausdruck eines minimalistischen Verständnisses, in dem aktuelle Probleme weitgehend separat bearbeitet werden.

In der *Konzeption der Umweltpolitik* sind vier *Prinzipien* zu beachten: (1) Das Vorsorgeprinzip bezieht sich auf die Vermeidung

---

[41] Vgl. *Hans C. Binswanger* u. a.: Arbeit ohne Umweltzerstörung. Strategie für eine neue Wirtschaftspolitik, Frankfurt/M. 1988; *Bernd Glaeser* (Hrsg.): Humanökologie. Grundlagen präventiver Umweltpolitik, Opladen 1989; *Udo Ernst Simonis* (Hrsg.): Präventive Umweltpolitik, Frankfurt/M. 1988; *Ernst Ulrich v. Weizsäcker*: Erdpolitik. Ökologische Realpolitik an der Schwelle zum Jahrhundert der Umwelt, Darmstadt ²1990; *Klaus Michael Meyer-Abich*: Aufstand für die Natur. Von der Umwelt zur Mitwelt, München 1990.

[42] *Ernst Ulrich v. Weizsäcker* u.a.: Faktor Vier. Doppelter Wohlstand – halbierter Naturverbrauch. Der neue Bericht an den *Club of Rome*, Darmstadt ⁷1996.

Wirtschaft und Gesellschaft 277

und Verminderung möglicher Gefahrenabwehr bereits im Vorfeld möglicher Problemlagen. Ein Problem diese Prinzips besteht in der geringen Mobilisierung der beteiligten Akteure. (2) Beim Verursacherprinzip trägt der Verursacher die Kosten für Vermeidung oder Beseitigung der Umweltlasten. Probleme wirft hierbei der Nachweis der kausalen Zurechnung auf. (3) Bei dem Gemeinlastprinzip werden der Gemeinschaft die Lasten der Schadensregulierung übertragen. Als problematisch erweist sich die Kostenübertragung von Seiten der Verursacher auf die Gemeinschaft. (4) Mit dem Kooperationsprinzip wird eine einvernehmliche Lösung durch Kooperation und gegenseitige Verpflichtung angestrebt. Grenzen dieses Prinzips liegen in der Einigung auf den kleinsten gemeinsamen Nenner und die Verlagerung der Kosten auf nicht an der Kooperation beteiligte Dritte. Trotz der je spezifischen Problemlage hat jedes Prinzip auch Vorzüge. In der Umweltpolitik gilt es, diese in geeigneter Weise zu kombinieren.

In der konkreten Umweltpolitik lassen sich verschiedene *Instrumente* unterscheiden: (1) Verbote und Gebote. Hierzu gehören sowohl das Verbot bestimmter Materialien und Güter oder Produktionstechniken als auch Gebote zum Einsatz bestimmter Produktionsverfahren sowie Emissionsgrenzwerte für bestimmte Verbrauchsarten. (2) Umweltabgaben und Umweltlizenzen oder marktwirtschaftliche Regelungen. Bei diesen finanziellen Anreizen werden zwei Maßnahmen praktiziert: a) Regelung über den Preis (Lenkungsabgabe, z. B. Energiesteuer, Schadstoffabgabe, Verpackungssteuern etc.). Der Preis wird kontrolliert, aber die Verbrauchsmenge bleibt offen. b) Festlegung der Schadstoff- oder Verbrauchsmenge (in einem bestimmten Gebiet), deren Verteilung dann marktwirtschaftlichen Preisregelungen überlassen wird (Zertifikatslösung). Der Preis ist frei, die Menge festgelegt. All diese Instrumente haben verschiedene Vor- und Nachteile, die sich nach ökonomischer Effizienz und ökologischer Wirksamkeit bestimmen lassen.[43] In der Konzeption einer Umweltpolitik sind diese sorgsam auch im Hinblick auf Problemlagen und Zielsetzung abzuwägen. Einzubeziehen ist hierbei das zu erwartende Verhalten der beteiligten Akteure.

---

[43] Zur Diskussion der verschiedenen Instrumente vgl. den grundlegenden Überblick bei *Jörn Altmann*: Umweltpolitik. Daten – Fakten – Konzepte für die Praxis, Stuttgart 1997; und *Hermann Bartmann*: Umweltökonomie – ökologische Ökonomie, Stuttgart u.a. 1996.

Die ökologische Leistungsbilanz der Umweltpolitik im internationalen Vergleich wird bislang skeptisch beurteilt, wenngleich einige Staaten in einzelnen Materien beachtliche Fortschritte verzeichnen können.[44] Die Gründe liegen nicht nur in der komplexen Steuerung des Politikfeldes, sondern auch im Widerstand durch die beteiligten Akteure, wobei es allerdings keine einheitlichen Fronten gibt. Im Unternehmensbereich gibt es ebenso Gewinner (z.B. Produzenten energiesparender Technologien) und Verlierer wie auf Seiten der Konsumenten. Für eine erfolgreiche Umweltpolitik gilt es daher, verschiedene Gruppen für eine Unterstützerkoalition zu gewinnen. Stellt die Überwindung dieser Widerstände im nationalen Rahmen bereits eine erhebliche Aufgabe dar, so komplizieren sich die Dinge im internationalen Rahmen dadurch, dass trotz der erheblicheren Umweltschäden in der ‚Dritten Welt' sich ein ökologisches Bewusstsein erst ansatzweise herausgebildet hat.[45]

Ökologisches Wirtschaften ist heute zur Überlebensfrage der Menschheit geworden. Dies erfordert nicht zuletzt die Angleichung der Lebensbedingungen im globalen Maßstab und die Überwindung von Armut und Abhängigkeit. Die Übertragung des aktuellen westlichen Wachstums- und Industrialisierungsmodells auf die ‚Dritte Welt' ist unpraktikabel und ökologisch verantwortungslos. Dennoch kann den Ländern der Peripherie ihr Recht auf Entwicklung nicht streitig gemacht werden. Daher müssen neue Entwicklungsmodelle im Sinne eines *„sustainable development"* (nachhaltige Entwicklung) gefunden werden.[46] Diese sollte neue Kooperationsformen im Weltmaßstab berücksichtigen, die sich auf internationale Öko-Regime stützen, deren Lasten und Kosten gerecht verteilt werden und die in Betracht ziehen, dass bislang ein Viertel der Menschheit für den Großteil der Umweltverschmutzung und des Ressourcenverbrauchs verantwortlich ist. Strikt ökologisches Wirtschaften setzt also nicht nur beträchtliche innerbetrieb-

---

[44] Vgl. Detlef Jahn: Environmental Performance and Policy Regimes: Explaining Variations in 18-OECD-Countries, in: Policy Sciences 31, S. 107-131.

[45] Vgl. *Wolfgang Hein/Peter Fuchs* (Hrsg.): Globalisierung und ökologische Krise, Hamburg 1999; 1990; *Alfred W. Crosby*: Die Früchte des weißen Mannes. Ökologischer Imperialismus 900-1900, Darmstadt 1991.

[46] Einen auf Deutschland sich beziehenden Vorschlag gibt der Band „Zukunftsfähiges Deutschland", herausgegeben von BUND und Misereor, Basel/Berlin 1996.

Wirtschaft und Gesellschaft 279

liche und makroökonomische Umorientierungen voraus, sondern auch eine gerechte Weltwirtschaftsordnung und eine globale Umverteilung knapper werdender Ressourcen. Die politische Diskussion hat mit der *Konferenz für Umwelt und Entwicklung* in Rio de Janeiro 1992 und den Folgekonferenzen einen wichtigen Impuls erhalten, an dessen Dynamik die Folgekonferenzen (u.a. in Berlin und Kyoto) jedoch nicht angeknüpft haben. Die Etablierung einer nachhaltigen Entwicklung im globalen Maßstab erweist sich daher als langwieriges Unterfangen.[47]

3.3 Arbeitslosigkeit und ihre Überwindungsmöglichkeiten

Das hohe Ausmaß der Arbeitslosigkeit erweist sich als eines der zentralen Probleme vieler Volkswirtschaften der OECD-Staaten während der beiden letzten Dekaden. In wirtschaftswissenschaftlicher Perspektive wird *Arbeitslosigkeit* als Differenz zwischen Arbeitsangebot und Arbeitsnachfrage definiert. Arbeitslos im Sinne der amtlichen Statistiken sind die Erwerbspersonen im erwerbsfähigen Alter (in der Regel zwischen 15 und 64 Jahren), die arbeitsfähig, arbeitswillig und dem Arbeitsamt als arbeitssuchend gemeldet sind.[48] Die *Arbeitslosenquote* gibt den Prozentsatz der Arbeitslosen im Verhältnis zu allen Erwerbspersonen an, also abhängig Beschäftigten, Selbständigen und mithelfenden Familienangehörigen.[49] Allerdings erfasst die offizielle Arbeitslosenquote nur einen Teil der Differenz zwischen Arbeitsangebot und Arbeitsnachfrage. Manfred G. Schmidt nennt beispielsweise zwei Aspekte *verdeckter Arbeitslosigkeit*, die nicht von der Arbeitslosenstatis-

---

[47] Siehe zum Verlauf der internationalen Verhandlungen *Franz Nuscheler/Dirk Messner* (Hrsg.): Weltkonferenzen und Weltberichte, Bonn 1996.

[48] Nach der amtlichen Arbeitsmarktstatistik der Bundesrepublik Deutschland sind als Arbeitslose registriert (vgl. Arbeitsförderungsgesetz (AFG)): (1) Personen, die aus unselbständiger, selbständiger oder mithelfender Tätigkeit ausgeschieden sind und beim Arbeitsamt als arbeitssuchend gemeldet sind. (2) Schulentlassene, die sich erfolglos bei der Arbeitsvermittlung um eine Stelle oder einen Ausbildungsplatz beworben haben. Diese erwerbslosen Personen müssen der Arbeitsvermittlung zur Verfügung stehen und sich regelmäßig dort melden und dürfen das 65. Lebensjahr noch nicht vollendet haben.

[49] Vgl. *Manfred G. Schmidt*: Wörterbuch der Politik, Stuttgart 1995 S. 57, der zugleich auf alternative Erfassungssystematiken hinweist.

tik erfasst werden:[50] (1) die so genannte ,Stille Reserve' – damit sind jene Arbeitssuchenden gemeint, die prinzipiell an der Aufnahme einer Erwerbstätigkeit interessiert und arbeitsfähig sind, aber nicht beim Arbeitsamt als arbeitslos registriert sind (z.B. ,Hausfrauen'); (2) die aus Beschäftigungsproblemen resultierende Abwanderung in den Vorruhestand oder bei Ausländern die Abwanderung ins Heimatland oder in andere Länder. Schätzungen gehen davon aus, dass diese stille Reserve bzw. verdeckte Arbeitslosigkeit rund 50% der offiziell registrierten Arbeitslosigkeit in den OECD-Ländern beträgt. Die tatsächliche Unterbeschäftigung in den Industriestaaten wäre demnach also weit höher als es die offizielle Arbeitslosenstatistik ausweist.

Offizielle Arbeitslosendaten sind daher mit Vorsicht zu interpretieren, wobei im internationalen Vergleich noch die Problematik leicht divergierender Erfassungskriterien zu beachten ist. Aber selbst wenn gleiche Kriterien verwendet werden, sind die Angaben schwierig zu vergleichen, weil die Kontexte verschieden sind. Bestehen beispielsweise keine Anreize zur Registrierung (fehlende Arbeitslosenversicherung, keine Vermittlung oder Weiterbildungsmöglichkeiten), so wenden sich die Betroffenen dem informellen Sektor – also staatlich nicht lizensierten Arbeitsbereichen – zu, um überhaupt Verdienstmöglichkeiten zu finden. Doch unabhängig davon, ob sie überhaupt und wie viel Arbeit sie dort finden, tauchen sie in den offiziellen Arbeitslosenstatistiken nicht mehr auf. Dieser Zustand ist durchaus charakteristisch für die meisten Staaten der Dritten Welt. Daher wäre für eine weitergehende Analyse der Arbeitslosigkeit auch die Erwerbsquote einzubeziehen.

Arbeitslosigkeit ist ein Problem ersten Ranges. Als problematisch anzusehen sind nicht nur die mit der Arbeitslosigkeit verbundenen volkswirtschaftlichen Kosten, die Finanzprobleme des Staatshaushaltes aufgrund ausfallender Steuereinnahmen und erhöhter Transferleistungen sowie die steigenden Abgaben für die Sozialversicherungssysteme (s. Lohnnebenkosten), sondern auch die negativen sozialen Auswirkungen für die Integration der Gesellschaft (Stichworte Zweidrittelgesellschaft und geschlechtsspezifische Segmentierung) und natürlich auf die Betroffenen selbst. Zur Erklärung der *Ursachen der Arbeitslosigkeit* werden Argumente unterschiedlich gewichtet. In der klassischen und in Teilen der

---

[50] Vgl. *Schmidt* 1995 (Anm. 48), S. 59-62.

Wirtschaft und Gesellschaft 281

neoklassischen Theorie wurde Arbeitslosigkeit als Resultat individueller Entscheidung verstanden, die mithin in der Verantwortung der Betroffenen lag, weil sie entweder freiwillig ohne Arbeit waren oder ihren Wert auf dem Arbeitsmarkt falsch einschätzten. Solch eine Sichtweise greift jedoch zu kurz, da sie wichtige Gründe für die Arbeitslosigkeit außer acht lässt. In der Regel werden *fünf Formen von Arbeitslosigkeit* unterschieden, die jeweils auf unterschiedlichen Ursachen beruhen:[51]

Friktionelle Arbeitslosigkeit oder die so genannte Sucharbeitslosigkeit kommt dadurch zustande, dass Arbeit suchende aufgrund freiwilligen Berufs- bzw. Arbeitsplatzwechsels oder mangelnder Transparenz des Arbeitsmarktes vorübergehend nicht den richtigen Arbeitsplatz finden oder freiwillig auf bessere Angebote warten.

Konjunkturelle Arbeitslosigkeit ist die Folge von Konjunkturschwankungen, die auf die Beschäftigung durchschlagen. Wenn die Konjunktur in eine Rezession abrutscht, steigt die Arbeitslosigkeit; dagegen nimmt bei einem Anziehen der Konjunktur die Arbeitslosigkeit wieder ab.

Saisonale Arbeitslosigkeit wird durch jahreszeitlich bedingte Nachfrageschwankungen etwa im Baugewerbe, der Landwirtschaft oder in der Tourismusbranche erzeugt; sie ist auf kurze Perioden beschränkt.

Demographische Arbeitslosigkeit entsteht aufgrund von hohem Bevölkerungswachstum oder starker Zuzugsmigration. Diese These wird stärker auf Entwicklungsländer projeziert, da die meisten Industrieländer nur geringe Schwankungen in ihrer Bevölkerungszahl aufweisen.

Strukturelle Arbeitslosigkeit bezeichnet ein dauerhaftes Ungleichgewicht von Arbeitsangebot und -nachfrage (auch *mismatch* genannt). Dies ist oftmals die Folge sektoraler oder branchenspezifischer Strukturkrisen, die auf dem Auslaufen bestimmter Produktionsgüter oder -formen beruhen und entweder mit der Stilllegung von Betrieben und/oder der Einführung neuer, arbeitskräftesparender Produktionsmethoden – sprich Rationalisierung – verbunden ist. Mit den Prozessen der Umstrukturierung und Rationalisierung sind zwei Erklärungshypothesen für Arbeitslosigkeit verbunden: (1) Beide Prozesse schaffen neue Arbeitsprofile, die in

---

[51] Vgl. *Gerhard Wilke*: Arbeitslosigkeit. Diagnosen und Therapien, (Landeszentrale für politische Bildung) Hannover 1990, S. 61-126.

der Regel anspruchsvoller sind als die bisherigen. Es gelingt den entlassenen Arbeitnehmern nicht, die nun erforderliche berufliche Qualifikation zu erwerben; sie bleiben arbeitslos. (2) Die Menge der neu geschaffenen Arbeitsplätze ist geringer als die, die vernichtet wurde (Stichwort: technologische Arbeitslosigkeit/Rationalisierung).

Das Argument der Arbeitsplatzvernichtung durch *Rationalisierung* hat zunächst etwas einleuchtendes und verlockendes. Es reflektiert in historischer Perspektive den strukturellen Wandel einer Volkswirtschaft. Wir können an die Einführung von mechanischen Webstühlen erinnern, die Arbeitsplätze in diesem Sektor massiv reduzierte, an neue Produktionsmethoden in der Landwirtschaft, die massenweise Arbeitsplätze vernichtete, an computer- und robotergesteuerte industrielle Fertigung, die gleichfalls von Arbeitsplatzverlusten begleitet wurde. Doch trotz dieser Prozesse ist die Gesamtbilanz auf dem Arbeitsmarkt nicht negativ. Die Entstehung neuer Produktions- und Dienstleistungsbereiche und die Steigerung der Produktivität hatten bislang stets neue und qualitativ höherwertige Arbeitsplätze geschaffen. Allerdings ist nicht garantiert, dass es immer so bleiben wird. Nicht ohne Grund stellte die UNDP (*United Nations Development Program*) ihren Jahresbericht von 1993 unter das Thema *„jobless growth"*. Dahinter verbirgt sich die Erfahrung, dass nicht alle mit Produktivitätssteigerung erzielten Wachstumserfolge neue Beschäftigungsfelder erschlossen haben. Damit wird auch die bisherige Erfahrung, dass ein Konjunkturaufschwung neue Arbeitsplätze schafft, fraglich. Noch aber ist unklar, ob dies eine vorübergehende Erscheinung ist oder dies den Beginn einer neuen Entwicklung einleitet. Weitere Studien sind hierzu notwendig.

Ein weiterer Forschungsbedarf besteht auch im Hinblick auf die Erklärung der gravierenden *Unterschiede in den Arbeitslosenstatistiken* der Industrieländer. Hierzu liefern die genannten Erklärungsansätze wichtige Argumente, doch sind sie nicht ausreichend. Die neuere politikwissenschaftliche Policy-Forschung bietet einen weiterführenden Versuch der Erklärung.[52] Demnach sind es insbesondere soziale und politische Determinanten, welche die Differenzen der nationalen Arbeitslosenzahlen erklären helfen. Angesprochen sind damit das institutionelle Design, welches zur Regelung dieses Politikfelds zur Verfügung steht (z.B. Arbeitsge-

---

[52] Vgl. den Beitrag von *Jörg Faust/Hans-Joachim Lauth* in diesem Band.

Wirtschaft und Gesellschaft 283

setzgebung), die Form und Intensität einer Arbeitsmarktpolitik und die Möglichkeit verbandlicher Kooperation, die vor allem von Stellung, Bedeutung und Strategie von Gewerkschaften und Arbeitgeberverbänden abhängt.

Die Auflistung möglicher Ursachen für Arbeitslosigkeit gibt bereits einen ersten Hinweis auf *Lösungsmöglichkeiten*. Aufgrund der verschiedenen Arten der Arbeitslosigkeit, die nur begrenzt zu trennen sind, ist eine Kombinationen unterschiedlicher Strategien erforderlich, welche die Ursachenstruktur einbezieht. In der Tat finden sich in den politischen Strategien verschiedene Ansätze, um das Problem zu lösen. Allerdings – und dies ist aufgrund der gezeigten Divergenz im theoretischen Verständnis nicht überraschen – werden auch für die gleichen Phänomene unterschiedliche Antworten gegeben, die den theoretischen Standpunkt des ‚Autors' reflektieren.

Unterscheiden lassen sich direkte und indirekte Maßnahmen der *Arbeitsmarktpolitik*.[53] Im ersten Fall lässt sich eine passive Arbeitsmarktpolitik, die u.a. die Regulierung des Arbeitsangebotes (Verrentung, Ausbildungs- und Schulzeiten, Verkürzung der Arbeitsdauer) betrifft, von einer aktiven Arbeitsmarktpolitik (Qualifikationsmaßnahmen, ABM, Subventionierung von Arbeitsplätzen etwa über einen zweiten Arbeitsmarkt, Beschäftigungspolitik) unterscheiden. Auch bei den indirekten Maßnahmen, die auf die Belebung der Wirtschaft als zentralem Ziel abheben, lassen sich zwei Strategien unterscheiden, die eng mit dem verfolgten wirtschaftspolitischen Credo verbunden sind. Während die keynesianisch ausgerichtete Konjunkturpolitik den Hebel an der Nachfragesteuerung ansetzt und eventuell eine Koordination von Fiskal-, Geld-, Industrie- und Tarifpolitik („koordinierte Ökonomien", „korporatistische Arrangements") einbezieht, verfolgt eine neoliberale Strategie die Dynamisierung des Marktes anhand von Deregulierung (Abbau von gesetzlichen Regelungen), Privatisierung (Rückzug des Staates) und einer Flexibilisierung der Arbeitsbeziehungen. Zentrale Merkmale einer solchen Flexibilisierung kommen in variablen Arbeitszeiten (Arbeitszeitkonten), geringerer Dauer von Beschäftigungsverhältnissen und der Reduzierung von Kernbelegschaften zum Ausdruck, die eine gewerkschaftliche Organisierung der Ar-

---

[53] Einen Überblick über die verzweigte und kontroverse Debatte gibt folgender Band der Bundeszentrale für politische Bildung (Hrsg.): Arbeitsmarktpolitik, Bonn 1996.

beitnehmer erschweren. Derartige Prozesse sind nicht nur auf die Industrieländer beschränkt, sondern lassen sich auch in anderen Regionen feststellen.[54]

In der Einschätzung der Wirksamkeit geeigneter Maßnahmen bestehen erhebliche Differenzen. Die herausragende Bedeutung der ‚Zukunft der Arbeit' für die weitere gesellschaftliche Entwicklung ist jedoch unbestritten. Zu klären bleibt, welche Differenzierungsprozesse zu erwarten sind und inwieweit es der Politik gelingt, diese produktiv zu steuern. International vergleichende Studien haben sich bislang hinsichtlich der Identifizierung erfolgreicher Strategien als am gewinnbringendsten erwiesen. Zu prüfen wäre, inwieweit es gelingt, die ökologischen Grenzen des Wirtschaftens mit den Bedürfnissen einer Arbeitsgesellschaft in Übereinstimmung zu bringen. Schließlich müssten beim Themenkomplex Arbeit auch die weitreichenden Diskurswechsel in Bezug auf die Sozial- und Wohlfahrtsstaatlichkeit bedacht werden.[55]

4. Perspektiven

Die angesprochenen Problemfelder konnten nur einige der aktuellen Fragen aufgreifen. Ein zentrales Thema, das eng mit der Diskussion mit der Zukunft der Arbeit verbunden ist, ist die Frage nach der zukünftigen Ausgestaltung des Wohlfahrtsstaats. Welche Leistungen kann und welche Aufgaben soll er in der Zukunft übernehmen? Welche Verantwortung soll der Staat und welche der einzelne Bürger tragen? Hier prallen wirtschaftliche Interessen und soziale Erfordernisse aufeinander, die unter den Bedingungen der Globalisierung ein zentrales Thema der gesellschaftspolitischen Auseinandersetzung der nächsten Jahre sein werden. Ein anderes Thema, das ebenfalls im Kontext der Globalisierung angesprochen wurde, betrifft die Steuerungskapazität des Staates. Unter den zahlreichen Faktoren, die diese beeinflussen, wird zunehmend der Aspekt der Verschuldung des Staates und die Möglichkeiten eines Schuldenabbaus diskutiert. Den Referenzrahmen für die deutsche

---

[54] Vgl. *Richard Sennett*: Der flexible Mensch. Die Kultur des neuen Kapitalismus, Berlin 1998; *Rainer Dombois* u.a. (Hrsg.): Neoliberalismus und Arbeitsbeziehungen in Lateinamerika, Frankfurt/M. 1997.

[55] Siehe dazu *Stephan Lessenich* (Hrsg.): Wohlfahrtsstaatliche Grundbegriffe. Historische und aktuelle Diskurse, Frankfurt a.M. 2003.

Wirtschaft und Gesellschaft 285

Finanzpolitik bilden hierbei die Eckwerte, die im Vertrag von Maastricht für die EU vereinbart wurden. Mit der EU ist schließlich ein weiteres Thema angesprochen, dessen wirtschaftspolitische Relevanz – wie die gemeinsame Währung (*Euro*) unterstreicht – eine umfangreichere Behandlung erfordern würde.

Durch wirtschaftliche und kulturelle Prozesse sind die einzelnen Regionen der Welt heute enger miteinander verflochten als jemals zuvor. Krisenprozesse in einer Region haben direkte Auswirkungen auf andere Regionen (z. B. Klima, Flüchtlinge, internationaler Terrorismus). Die verschiedenen nationalen und internationalen Problemfelder verweisen auf die Notwendigkeit eines *neuen Entwicklungsmodells*, das eine sozial und ökologisch ausgestaltete Wirtschaft mit globaler Gerechtigkeit zum Inhalt hat. Bei dessen Konkretisierung wäre zu klären, welche Regelungsinstanzen im regionalen, nationalen und globalen Maßstab adäquat sind, um einen alle Menschen einbeziehenden nachhaltigen Entwicklungsprozess (*sustainable development*) zu ermöglichen.

Die hier vorgestellten Themen haben gezeigt, dass die vielfältigen ökologischen, sozialen und ökonomischen Problemlagen neue Denkweisen, die über die engen Grenzen fachlicher Theoriebildung hinausreichen, erfordern. Dies setzt nicht nur die Überwindung eines technokratisch-reduktionistischen Verständnisses von Ökonomie voraus, sondern auch die Aufhebung falscher Gegensätze (z. B. Staat vs. Markt, Liberalisierung vs. Steuerung, Freihandel vs. Protektionismus). Ein neues Denken hätte insbesondere den gesellschaftlichen Charakter des Wirtschaftens und die zentrale Bedeutung der Arbeit zu reflektieren. Der Staat wird dabei eine neue Rolle finden müssen.

Annotierte Auswahlbibliografie

Altmann, Jörn: Wirtschaftspolitik, Stuttgart 2000.
    Mit diesem Buch bietet Altmann eine praxisnahe Einführung in aktuelle Themen und Probleme der Wirtschaftspolitik auf nationaler und europäischer Ebene unter Einbezug der Diskussion alternativer Lösungskonzepte und konkurrierender Grundpositionen. Viele Schaubilder und ein ausführliches Sachregister runden diese, auch für Studienanfänger, gut lesbare Einführung ab.
BUND/Misereor (Hrsg.): Zukunftsfähiges Deutschland, Basel/Berlin 1996.
    Die Studie diskutiert die wichtigsten Maßstäbe und Leitbilder für eine nachhaltige Entwicklung und zeigt die komplexen Zusammenhän-

286 Peter Imbusch/Hans-Joachim Lauth

ge zwischen Wirtschaft, Politik und Ökologie an ausgewählten Problemfeldern auf. Es enthält zugleich eine erste Bilanz hinsichtlich der Zukunftsfähigkeit Deutschlands.

Grüske, Karl-Dieter; Schneider Friedrich: Wörterbuch der Wirtschaft, Stuttgart [13]2003.
Zahlreiche Begriffe der ökonomischen und wirtschaftspolitischen Debatten werden anschaulich und auf knappem Raum erläutert und durch Graphiken und Schaubilder illustriert.

Hofmann, Werner: Sozialökonomische Studientexte, Bd. 1: Wert- und Preislehre, Bd. 2: Einkommenstheorie. Vom Merkantilismus bis zur Gegenwart, Bd. 3: Theorie der Wirtschaftsentwicklung. Vom Merkantilismus bis zur Gegenwart, Berlin [2]1979.
Vor dem Hintergrund der gesellschaftlichen und ökonomischen Veränderungen gibt Hofmann einen breiten Überblick über die wirtschaftstheoretische Entwicklung auf den obengenannten Gebieten. Er zeigt dabei sowohl die Differenzen zwischen einzelnen Schulen wie auch unterschiedliche Begründungszusammenhänge auf und ermöglicht ein umfassendes Verständnis von Wirtschaft und Gesellschaft.

Kromphardt, Jürgen: Konzeptionen und Analysen des Kapitalismus, Göttingen [4]2004.
Vorgestellt wird die Entwicklung des politökonomischen Denkens im Kontext des Kapitalismus. Behandelt werden die unterschiedlichen Richtungen innerhalb der kapitalistischen Denktradition als auch deren pointierte Kritik. Zudem enthält das Buch eine Kommentierung weiterführender Literatur.

Zinn, Karl Georg: Politische Ökonomie. Apologien und Kritiken des Kapitalismus, Opladen 1987.
Zinn rekonstruiert die Politische Ökonomie als Gesellschaftstheorie und zeigt die engen Zusammenhänge von Wirtschaft, Gesellschaft und Politik auf. Die einzelnen Theoriestränge der Politischen Ökonomie werden problemorientiert sowohl vor dem Hintergrund realer wirtschaftlicher Entwicklungen wie auch bestimmter Deutungsmuster für die Gegenwart ausgebreitet. Ein Verzeichnis mit weiterführender Literatur rundet die anspruchsvolle Einführung ab.

Grundlagen- und weiterführende Literatur

Altmann, Jörn: Arbeitsbuch Volkswirtschaftslehre/Wirtschaftspolitik, Stuttgart/New York [3]1995.
Altmann, Jörn; *Kulessa, Margareta E.* (Hrsg.): Internationale Wirtschaftsorganisationen, Stuttgart 1998.
Altvater, Elmar/Mahnkopf Birgit: Grenzen der Globalisierung. Ökonomie, Ökologie und Politik in der Weltgesellschaft, Münster [5]2002.

Wirtschaft und Gesellschaft 287

Berger, Peter A.; Michael Vester (Hrsg.): Alte Ungleichheiten – Neue Spaltungen, Opladen 1998.

Bornschier, Volker: Weltgesellschaft. Grundlegende soziale Wandlungen, Zürich 2002.

Bundeszentrale für politische Bildung: Das Lexikon der Wirtschaft. Grundlegendes Wissen von A bis Z, Bd. 414, Bonn 2004.

Braudel, Fernand: Sozialgeschichte des 15.-18. Jahrhunderts, 3 Bde., Frankfurt/M. 1986.

Bundeszentrale für politische Bildung (Hrsg.): Grundfragen der Ökonomie, Bonn 1989.

Bundeszentrale für politische Bildung (Hrsg.): Grundwissen Politik, Bonn [3]1997.

Deutscher Bundestag: Globalisierung der Weltwirtschaft – Herausforderungen und Antworten.Zwischenbericht der Enquete-Kommission, Drucksache 14/6910 (13.09.2001); vgl. http://www.bundestag.de/globalisierung.de

Gorz, André: Kritik der ökonomischen Vernunft, Berlin 1989.

Fourçans, André: Die Welt der Wirtschaft, Frankfurt 1998.

Geißler, Rainer: Die Sozialstruktur Deutschlands, Wiesbaden [3]2002.

Granados, Gilberto; Gurgsdies, Erik: Lern- und Arbeitsbuch Ökonomie, Bonn 1999.

Keim, Helmut/Steffens, Heiko (Hrsg.): Wirtschaft Deutschland. Daten – Analysen – Fakten, Köln 2000.

Koesters, Paul-Heinz: Ökonomen verändern die Welt. Wirtschaftstheorien, die unser Leben bestimmen, Hamburg [5]1990.

Konegen, Norbert (Hrsg.): Wirtschaftspolitik für Politikwissenschaftler: Ausgewählte Entscheidungsfelder, Münster/Hamburg 1994.

Lampert, Heinz: Die Wirtschafts- und Sozialordnung der Bundesrepublik Deutschland im Rahmen der Europäischen Union, [14]2001.

Landes, David: Wohlstand und Armut der Nationen. Warum die einen reich und die anderen arm sind, Berlin 1999.

Matis, Herbert; Stiefel, Dieter: Die Weltwirtschaft. Struktur und Entwicklung im 20. Jahrhundert, Wien 1991.

Matthiesen, Christian (Hrsg.): Ökonomie und Ethik. Moral des Marktes oder Kritik der reinen ökonomischen Vernunft, Freiburg 1990.

Müller, Hans-Peter; Bernd Wegener (Hrsg.): Soziale Ungleichheit und soziale Gerechtigkeit, Opladen 1995.

Pribram, Karl: Geschichte des ökonomischen Denkens, 2 Bde., Frankfurt/M.1998.

Richter, Rudolf; Furubotn, Eirik G.: Neue Institutionenökonomik. Eine Einführung und kritische Würdigung, Tübingen [3]2003.

Schirm, Stefan: Internationale politische Ökonomie, Baden-Baden 2004.

Schmid, Josef: Wohlfahrtsstaaten im Vergleich. Soziale Sicherung in Europa: Organisation, Finanzierung, Leistungen und Probleme, Opladen, [2]2002.

288 Peter Imbusch/Hans-Joachim Lauth

Schneider, Jürgen (Hrsg.): Wirtschaftsordnung und Wirtschaftspolitik in Deutschland (1933-1993), Stuttgart 1996.

Siebert, Horst: Außenwirtschaft, Stuttgart [7]2000.

Siebert, Horst: Weltwirtschaft, Stuttgart 1997.

Söllner Fritz: Die Geschichte des ökonomischen Denkens, Berlin u.a. [2]2001.

Statistisches Bundesamt (Hrsg.): Datenreport 2002. Zahlen und Fakten über die Bundesrepublik Deutschland, *Bundeszentrale für politische Bildung*. Bd. 376, Bonn 2002.

Stiftung Entwicklung und Frieden: Globale Trends. Daten zur Weltentwicklung, Frankfurt/M. (erscheint seit 1991 regelmäßig alle zwei Jahre neu).

Stiglitz, Joseph E.: Die Schatten der Globalisierung, Berlin 2002.

Sturm, Roland: Politische Wirtschaftslehre, Opladen 1995.

Walter, Rolf: Einführung in die Wirtschafts- und Sozialgeschichte, Paderborn 1994.

Zinn, Karl Georg: Soziale Marktwirtschaft. Idee, Entwicklung und Politik der bundesdeutschen Wirtschaftsordnung, Mannheim 1992.

Politikfeldanalyse

Jörg Faust/Hans-Joachim Lauth

1. Einleitung

Warum sind in den demokratisch gefestigten Industrieländern des Westens unterschiedliche Ausprägungen im Bereich der Sozialpolitik festzustellen? Weshalb haben die westeuropäischen Staaten große Erfolge bei einer grenzübergreifenden Verregelung ihrer Wirtschaftsbeziehungen vorzuweisen, während in anderen Regionen der Welt die Prozesse regionaler Wirtschaftskooperation nur schleppend vorankommen? Warum sind die Umweltstandards in vielen Entwicklungsländern meist viel geringer als in den westlichen Industrieländern? Sind die Ursachen solcher Gemeinsamkeiten oder Unterschiede in der Sozialpolitik, den internationalen Wirtschaftsbeziehungen oder der Umweltpolitik Ausdruck sozioökonomischer Strukturen und Entwicklungsstandards, des politischen Institutionengefüges, der politischen Kultur oder aber der politischen Machtverhältnisse?

Dergleichen sind Fragen, die der Politikfeldanalyse oder auch *Policy*-Analyse zugeordnet werden, in der einzelne Bereiche der Politik – wie Wirtschafts-, Sozial- und Umweltpolitik oder Bildungs- und Forschungspolitik – untersucht werden. „Policy analysis is finding out what governments do, why they do it and what difference it makes" (Thomas R. Dye 1976). Die Politikfeldanalyse fragt demnach nach den Inhalten der Politik und deren Zustandekommen oder anders formuliert nach dem Tun und Lassen von politischen Entscheidungsträgern. Der *policy*-Begriff unterscheidet sich somit von den beiden anderen Dimensionen des Politikbegriffs, der *polity*-Dimension und der Dimension der *politics*. Das Forschungsinteresse der *politics* richtet sich auf die Akteure, deren Interessen und Handlungspotentiale und beschäftigt sich mit Fragen, wie etwa der Legitimität politischer Ordnung oder den Ursachen für Konsens und Konflikt. Erkenntnisobjekte der *polity* sind die politischen Institutionen und Organisationen. Sie stellen die formalen und informalen Spielregeln der Politik, die zugleich Ergebnisse aber auch Voraussetzung für politische Prozesse und Inhalte sind. Die *Policy*-Analyse befasst sich hingegen mit Gemeinsamkeiten und Unterschieden in den spezifischen Ausprägungen

290 Jörg Faust/Hans-Joachim Lauth

einzelner Politikfelder und sucht diese zu erklären, in dem sie die Gegenstände und Wirkungen politischer Aktivitäten systematisch betrachtet.[1]

Bei der Unterscheidung zwischen *politics*, *polity* und *policy* handelt es sich um eine analytische Trennung des Politikbegriffs, dessen Termini, aus dem angelsächsischen kommend, sich mangels adäquater Begriffe auch in der deutschen Politikwissenschaft etabliert haben. In der empirischen Untersuchung von Politikinhalten sind auch die Dimensionen der *politics* und der *polity* von großer Bedeutung. Bei dem Versuch, theoretische Aussagen im Bereich der Politikfeldanalyse zu erstellen, sind daher meist spezifische Ausprägungen in einem bestimmten Politikfeld die abhängigen Variablen. Strukturelle Faktoren, politische Institutionen und die Interessen der Akteure sowie deren Anordnung hingegen sind die unabhängigen Variablen. Eine praktisch-politische Bedeutung erlangt die Politikfeldanalyse dadurch, dass ihre Vertreter aus ex-post gewonnenen Erkenntnissen über die Entwicklung in einzelnen *policy-areas* auf die Gestaltung zukünftiger Politik in Form von Politikberatung Einfluss nehmen können.[2]

Ordnet man die Politikfeldanalyse in das Spektrum der politikwissenschaftlichen Teildisziplinen ein, kann festgestellt werden, dass die *policy*-Analyse entgegen noch weit verbreiteter Auffassungen nicht ausschließlich Bestandteil des politischen Systemvergleichs bzw. der Vergleichenden Regierungslehre ist. Sie kann vielmehr auch Gegenstand der Teildisziplin der Internationalen Beziehungen sein, je nachdem ob eher die internationale oder die nationale Dimension eines Politikfeldes Gegenstand der Untersuchung sind. Geht es um die Analyse des Entstehungsprozesses

---

[1] Vgl. *Werner Jann*: Politikfeldanalyse. In: *Dieter Nohlen* (Hrsg.): Lexikon der Politik Bd. II. Begriffe und Methoden. München 1994, S. 308-314.
Hierbei können unterschiedliche Klassifizierungen von *Policies* vorgenommen werden, so etwa nach nominellen Bezeichnungen wie Wirtschafts- oder Sozialpolitik, nach der materiellen bzw. immateriellen Beschaffenheit von Politikfeldern oder nach den eingesetzten Steuerungsprinzipien wie Anreizen, Sanktionen. Im folgenden Ausführungen wird im wesentlichen zwischen nominellen Differenzierungen unterschieden. Vgl. *Adrienne Windhoff-Héritier*: Policy-Analyse. Frankfurt/Main und New York 1987, S. 21.

[2] Vertiefend zur Politikberatung vgl. den einführenden Beitrag von *Manfred Mols*.

internationaler Institutionen zum Schutze der Ozonschicht, so ist dies Teil der Internationalen Beziehungen. Steht die Frage im Mittelpunkt, warum einige Industriestaaten den Ausstieg aus der Atomenergie planen, während andere hingegen unbeirrt an dieser Energiequelle festhalten, so wird dies eher dem politischen Systemvergleich zuzurechnen sein. Gleichwohl haben die wachsenden internationalen Verflechtungen, welche eine zunehmende Aufweichung des Territorialitätsprinzips der Staaten bedingen, die Trennlinie zwischen den Teildisziplinen der Internationalen Beziehungen und dem Vergleich politischer Systeme unscharf werden lassen. Dies wiederum erschwert die Zuordnung der Politikfeldanalyse zu einer der beiden genannten Teildisziplinen im konkreten Einzelfall.[3]

Um einen einführenden Überblick über die Politikfeldanalyse zu geben, erscheint es uns im folgenden als angebracht, näher auf die beiden zentralen Fragestellungen dieses Teilgebietes der Politikwissenschaft einzugehen. Erstens, welche Faktoren wirken auf die Inhalte der Politik und zweitens, wie können Politikfelder gesteuert und Politikergebnisse kontrolliert werden? Trotz dieser Trennung in zwei Fragen soll im Verlaufe der Ausführungen deutlich werden, dass beide nicht unabhängig von einander zu betrachten sind.

Beschäftigt man sich mit der ersten Fragestellung (Kap. 2), so kann ein Blick auf die Entwicklung der *Policy*-Analyse nützlich sein. Denn die einzelnen Phasen der wissenschaftlichen Beschäftigung mit Politikfeldern unterscheiden sich maßgeblich dadurch, dass jeweils unterschiedliche Typen von unabhängigen Variablen als herausragend für die in der Realität beobachtbaren Veränderungen von Politikinhalten hervorgehoben werden. Dementsprechend waren die Ansätze zur Theoriebildung in der Politikfeldanalyse zunächst gekennzeichnet durch die Formulierung stärker eindimensionaler Kausalzusammenhänge, die mittlerweile jedoch durch komplexere Erklärungsansätze abgelöst wurden.

Die zweite Frage (Kap. 3) ist auf die gezielte politische Beeinflussung von Politikinhalten gerichtet, also der Frage nach dem Ver-

---

[3] So kann etwa für die Umweltpolitik festgestellt werden, dass ein gestiegenes Umweltbewusstsein in der Bundesrepublik einerseits und die schärferen Regeln in den USA als wichtigstem ausländischen Absatzmarkt als Faktoren gesehen werden können, welche die Einführung strengerer Abgasnormen begünstigten.

292   Jörg Faust/Hans-Joachim Lauth

ständnis und den Möglichkeiten politischer Steuerung. Hierzu werden drei unterschiedliche Modelle politischer Steuerung vorgestellt, nämlich das *policy-making*-Modell, das *policy*-Zyklus-Modell und der Netzwerkansatz. Die ersten beiden zählen dabei noch zu den traditionellen Steuerungsmodellen, denen ein hierarchisches Konzept politischer Steuerung zu Grunde liegt. Der Netzwerkansatz hingegen löst sich von der Idee der hierarchischen Steuerung und geht stärker auf die zunehmende gesellschaftliche Komplexität und die damit verbundenen Herausforderungen für politische Einflussnahme ein. In einem Ausblick werden letztlich die methodischen Probleme aufgeworfen, mit welchen die *Policy*-Analyse konfrontiert ist und neue Herausforderungen für die Politikfeldforschung skizziert, die mit dem Wandel der Organisationsform Staat verbunden sind.

2. Einflussfaktoren auf Politikfelder: Theoretische Ansätze

Die Frage, welche Faktoren auf die Gestaltung der *policy* und insbesondere auf die Politikergebnisse einwirken, wurde vor allem im Bereich der international vergleichenden Staatstätigkeitsforschung aufgegriffen, in der das Tun und Lassen von Regierungen in Quer- und Längsschnitten untersucht wird.[4] In methodischer Hinsicht können drei Etappen von Forschungsansätzen unterschieden werden, in denen Einflussfaktoren auf Politikfelder aus verschiedener Perspektive analysiert wurden und die zur Formulierung von entsprechenden Theorien respektive zur Bildung von Forschungsschulen führten:[5]

1. ein strukturalistischer Ansatz, in dem Akteure kaum Bedeutung erfahren;

---

[4] Einen informativen Überblick zur Entwicklung dieser Teildisziplin, ihrer Phasen und Entwicklung, gibt *Manfred G. Schmidt*: Theorien in der international vergleichenden Staatstätigkeitsforschung, in: *Adrienne Héritier* (Hrsg.): Policy-Analyse, Opladen 1993, S. 371-393, dem die Ausführungen in diesem Kapitel in verschiedenen Aspekten folgen.

[5] Es ist etwas schwierig, von eindeutigen Etappen oder Phasen zu sprechen, da sich einige der Ansätze auch zeitlich deutlich überlappen. Auch der Begriff der Theorie ist nicht immer angemessen, da – wie zu sehen sein wird – in etlichen Fällen nur von hypothetischen Annahmen oder Thesen zu sprechen ist.

Politikfeldanalyse 293

2. makro-akteurstheoretische Ansätze, die sich in zwei Varianten aufgliedern – je nachdem ob die Akteure die Entscheidungsträger sind (2a) oder auf diese einwirken (2b);

3. einen institutionellen Ansatz, der strukturalistische und akteurstheoretische Komponenten integriert.

Ad. 1: Der strukturalistische Ansatz beschäftigte sich mit der Frage „Do politics matter?", wobei diese Frage auch die institutionellen Aspekte mit einschloss. Die seit den 60er Jahren lancierten Forschungsprojekte knüpften an Überlegungen von Karl Marx und Émile Durkheim, vor allem aber auf Adolph Wagner und seiner Lehre von der wachsenden Staatstätigkeit an.[6] Demnach sind es vor allem sozialstrukturelle und ökonomische Faktoren, die die Leistung des Staatshandelns bestimmen. Dies betrifft sowohl die Ausbildung einzelner *policies* (Sozial- und Gesundheitspolitik, Bildung, Infrastruktur u.a.) als auch des Umfanges der allgemeinen Staatstätigkeit (Staatsfinanzen). Deren Gestaltung ist im wesentlich abhängig vom Grad der wirtschaftlichen Entwicklung und dem Ausmaß der damit mobilisierten Ressourcen und sozialen Bedürfnissen. Untersucht wurden in späteren Jahren kapitalistische, sozialistische und Dritte-Welt-Staaten.[7] Hierbei fand man durchaus beachtliche Übereinstimmungen, welche die grundlegende *Hypothese der sozio-ökonomischen Determination* oftmals bestätigten, derzufolge nicht die politisch-institutionellen Faktoren, sondern das Ausmaß und Niveau der Industrialisierung für die Staatstätigkeit ausschlaggebend sei.

Mit diesen Ergebnissen schien die Bedeutung von *politics* und *polity* vernachlässigbar. Allerdings waren die Grenzen des Ansatzes nicht zu übersehen. Auch wenn langfristige Trends eine gewisse Plausibilität erlangten, waren die beachtlichen Unterschiede innerhalb von Ländergruppen mit ähnlichem Entwicklungsstandard (z.B. im Rahmen der OECD) nicht erklärbar. Dies betrifft den Umfang der Staatstätigkeit und deren inhaltliche Ausrichtung. Wie lässt sich beispielsweise die unterschiedliche Höhe der Staatsquote in den skandinavischen Ländern und im angelsächsischen Raum erklären? Die begrenzte Erklärungskraft kann problemlos auch für

---

[6] Vgl. *Adolph Wagner*: Grundlegung der politischen Ökonomie, Teil 1: Grundlagen der Volkswirtschaft, Leipzig ³1893.

[7] *Wilensky, Harold T.*: The Welfare State and Equality, Berkeley 1975; *Dye, Thomas R.; Gray, Virginia* (Hrsg.): The Determinants of Public Policy, Lexington/Mass. 1980.

294   Jörg Faust/Hans-Joachim Lauth

andere Politikfelder illustriert werden. Betrachten wir den Bereich der Umweltpolitik. So ist es zunächst durchaus einleuchtend, dass die Entstehung und Herausbildung dieses Politikfeldes eng mit dem Stand der industriellen Entwicklung korrespondiert. Doch können dann die Unterschiede, die den Zeitpunkt der Einführung, die Wahl der Instrumente und die Effektivität der Maßnahmen betreffen, nicht hinreichend durch die *Theorie der sozio-ökonomischen Determination* erläutert werden. Insgesamt erwies sich die einfache Kausalbeziehung zwischen ökonomischer Struktur und Ausprägung des Politikfeldes als zu unterkomplex.

Ad 2a: Unter der Devise „Politics do matter" wurde mit den Parteien ein zentraler Akteur des politischen Systems als erklärende Variable für die Unterschiede im Regierungshandeln betrachtet. Nach der hierbei entwickelten *Parteiendifferenzthese* macht es einen entscheidenden Unterschied, ob linke (sozialistische und sozialdemokratische), rechte (konservative) oder Mitte-Parteien (oder feste Koalitionen) die Regierung stellten. Untersucht wurde der Zusammenhang zwischen parteipolitischer ausgerichteter Regierungspolitik und Politikfeldgestaltung am Beispiel der Wirtschaftspolitik, in denen Linksparteien als primäres Ziel die Reduktion der Arbeitslosigkeit, Rechtsparteien dagegen Preisstabilität betrachteten.[8] Prinzipiell können Parteien ihr jeweiliges Ziel aus programmatischen (und ideologischen) Überzeugen oder aus wahltaktischer Motivation verfolgen. Im ersten Fall bilden Parteien und ihre Ideologien einen relativ stabilen kognitiven Filter im Konversionsprozess von *inputs* in *outputs*. Im zweiten Fall verfolgen sie aus Gründen der Wiederwahl diejenige Politik, von der sie annehmen, dass sie den Präferenzen ihrer Wählerschaft entspricht. In dieser Perspektive bietet die Parteiendifferenzthese Anknüpfungspunkte für konzeptionelle Überlegungen zu Machterwerbs- und Wiederwahlinteressen.[9]

Auch wenn die Forschung einiges zur Unterstützung der These einer parteipolitisch gefärbten Regierungspraxis beigetragen hat,[10]

---

[8] *Hibbs, Douglas A.*: Political Partys and Macroeconomic Policy, in: APSR 71, 1977, S. 1467-1487.

[9] Vgl. *Downs, Anthony*: An Economic Theory of Democracy, New York 1957 (deutsch: Ökonomische Theorie der Politik, Tübingen 1968).

[10] *Hibbs, Douglas* 1977 und 1991: The Partisan Model of Macroeconomic Cycles: More Theory and Evidence for the United States, Stock-holm; *Tufte, Edward R.*: Political Control of the Economy, Princeton 1978;

Politikfeldanalyse 295

so enthält auch dieser Ansatz einige Schwachstellen. Da das Regierungshandeln unterschiedlichen Zwängen ausgesetzt ist, die zu einer verminderten oder unvollständigen Umsetzung des Parteiprogramms führen, werden die Gestaltungsmöglichkeiten der Politik generell überschätzt. Zu denken ist an Koalitionszwänge und institutionellen Barrieren im Regierungssystem (vgl. Ansatz 3) oder gesellschaftliche Widerstände (vgl. Ansatz 2b). Weder werden die prinzipiellen Steuerungsprobleme noch die Begrenztheit der Regierungsressourcen angemessen reflektiert. Während somit im ersten Ansatz der sozio-ökonomischen Determination die staatlichen Handlungsspielräume systematisch unterschätzt werden, so wird nun das Primat der Politik überbewertet. Nicht zuletzt haben auch die empirischen Entwicklungen der letzten zwei Jahrzehnte, in denen sich die programmatischen Profile der Parteien in zunehmenden Maße annäherten, dazu beigetragen, die Erklärungskraft der Parteiendifferenztheorie zu relativieren.[11] Eine weitere Einschränkung betrifft die Auswahl der konkreten Politikfelder. Die vorliegenden Untersuchungen beziehen sich maßgeblich auf rechts-links Unterscheidungen und thematisieren nur eine zentrale Konfliktlinie (*cleavage*), welche die programmatische Orientierung von Parteien beeinflusst.[12] Materialistische vs. postmaterialistische Orientierungen, die sich beispielsweise in der Entstehung „grüner Parteien" als ausschlaggebend zeigten, werden ebenso nicht berücksichtigt wie ethnische *cleavages*, die in vielen Entwicklungsländern relevant sind. Am überzeugendsten sind daher die Argumente der *Parteiendifferenzthese*, wenn sie sich auf Fälle beziehen, in denen Parteien über lange Zeit im Amt agierten, die stärker zu einer Mehrheitsdemokratie als zu einer Konkordanz- oder Konsensdemokratie neigen[13] und

---

Budge, Ian; Keman, Hans: Partys and Democracy. Coalition Formation and Party Functioning in Twenty States, Oxford 1990.

[11] In diesem Zusammenhang ist auch der Paradigmenwechsel im wirtschaftspolitischen Bereich zu nennen, der zu einer politischen Neubewertung von diversen wirtschafts- und finanzpolitischen Variablen führte. Beispielsweise wird nun Preisstabilität nicht unbedingt als der Vollbeschäftigung entgegengesetzt betrachtet, sondern vielmehr als eine Voraussetzung, um jene zu erreichen.

[12] Vgl. den Beitrag von *Eith/Mielke* in diesem Band.

[13] Maßgeblich für die Prägung beider Begriffe ist *Arend Lijphart*, dessen komparative Forschung inzwischen 36 Ländern einschließen (*Patterns of Democracy*, New Haven and London 1999); vgl. den Beitrag von *Birle/Wagner* in diesem Band.

296   Jörg Faust/Hans-Joachim Lauth

in denen vor allem sozialpolitische und wirtschaftliche Politikfelder betroffen sind.[14] Positiv verbleibt gleichfalls zu vermerken, dass mit dieser Forschungsausrichtung das ‚Innenleben' des politischen Systems zumindest in das Blickfeld rückte.

Ad 2b: Mit der *Theorie der gesellschaftlichen Machtressourcen* werden sowohl Begrenzungszwänge (*constraints*) als auch Unterstützungen für das Regierungshandeln angesprochen. Im Kern besagt dieser Ansatz, dass die Prägung des Staatshandeln überwiegend von der Konstellation gesellschaftlicher Kräfteverhältnisse und ihrer daraus erwachsenden Organisationen (Größe und Bedeutung von Klassen und Verbänden, Koalitionsmöglichkeiten) resultiert. Zwei Varianten dieser Theorie lassen sich unterscheiden: eine liberale und eine eher neo-marxistisch geprägte. Nach der liberalen Interpretation versuchen kollektive Akteure (Verbände u.a.) das Staatshandeln zu ihren Gunsten zu instrumentalisieren, um auf diesem Weg höhere Profite zu erhalten als sie auf dem Markt realisieren könnten.[15] Dieses so genannte *rent-seeking* verringert die Effizienz des staatlichen Handelns und verändert *policy*-Profile. Die andere Variante konzentriert sich stärker auf die Analyse von Klassenstrukturen und daraus resultierende gesellschaftliche Machtverhältnisse, die ihrerseits in Form von kollektiven Akteuren (Gewerkschaften Verbänden) nun signifikant den *Policy*-Prozess beeinflussen.[16] Diese Analyse trägt beispielsweise einiges zur Erhellung der Unterschiede bei, die sich zwischen skandinavischen und angelsächsischen Ländern zeigt. Besonders deutlich zeigen sich Auswirkungen von Klassenkonstellationen bei der Entwicklung des Wohlfahrtsstaates, in der sich die Herausbildung

---

[14] Hierbei kann sich die Untersuchung auch auf andere Politikebenen beziehen. Vgl. *Volker Kunz*: Parteien und kommunale Haushaltspolitik im Städtevergleich, Opladen 2000.

[15] Vgl. *Olson, Mancur*: The Rise and Decline of Nations. Economic Growth, Stagflation, and Social Rigidities, New Haven/London1982; *Weede, Erich*: Wirtschaft, Staat und Gesellschaft. Zur Soziologie der kapitalistischen Marktwirtschaft und der Demokratie. Tübingen 1990

[16] *Gösta Esping-Andersen*: The Three Worlds of Welfare Capitalism, Cambridge 1990; *Walter Korpi*: Political and Economic Explanations for Unemployment: A Cross-National and Long-Term Analysis, in: British Journal of Political Science 21, 1991, S. 315-348; *Peter B. Evans, Dietrich Rueschemeyer, Theda Skocpol*: Bringing the State Back in, Cambridge 1985; *Dietrich Rueschemeyer; Evelyne Huber Stephens*; *John D. Stephens*: Capitalist Development and Democracy, Chicago 1992.

Politikfeldanalyse 297

von drei Typen – der sozialdemokratischen, der konservativen und der liberalen Typ – plausibel mit den gesellschaftlichen Kräfteverhältnissen erläutern lässt.[17]

Aber auch dieser Ansatz hat deutliche Grenzen. Zum einen wird auch bei ihm die generelle Gestaltungsmöglichkeit der Politik eher über- als unterschätzt. Zum anderen werden andere relevante Faktoren, die im politisch-institutionellen Bereich angesiedelt sind, systematisch ausgeblendet. Darüber hinaus vermag der Ansatz wenig zur Erläuterung der Politikfeldgestaltung aussagen, wenn die gesellschaftlichen Kräfteverhältnis schwanken oder sich nicht klar definieren lassen, wie dies in modernen Industrieländern zunehmend der Fall ist. Schließlich reduziert sich sein Erklärungspotential erheblich, wenn Politikfelder untersucht werden, bei denen sich die Verbands- und Klasseninteressen nicht klar strukturieren lassen (wie Bildungspolitik, Umweltpolitik oder Außenpolitik).

Ad 3: Der *politisch-institutionalistische Theorieansatz* thematisiert maßgeblich die Blindstellen der anderen Ansätze. Demnach wird die Staatstätigkeit vor allem durch institutionelle Bedingungen geprägt, die das Verhalten der politischen Akteure sowohl beschränken wie ermöglichen. Als Institutionen werden sowohl formal gesetzte Normen als auch informelle Regeln, die verhaltensstrukturierend wirken, verstanden.[18] Die Institutionen beschreiben die Handlungskorridore der beteiligten Akteure auf vielfältige Weise, indem sie Kompetenzen zuweisen, Restriktionen formulieren, Handlungsmuster vorgeben, Toleranzgrenzen angeben, Ressourcen zur Verfügung stellen, Konfliktschlichtungsregeln etablieren etc. (vgl. Abb. 1). Zwar ist damit das Handeln nicht mehr völlig frei, aber es ist nicht determiniert oder nur durch einzelne Faktoren vermittelt wie es die anderen Theorien nahe legen. Die Anfänge der diesbezüglichen Forschung sind im Kontext der Implementierungsstudien, welche die Umsetzung der Gesetze unter-

---

[17] *Esping-Andersen* 1990 (Anm. 15); *Manfred G. Schmidt*: Sozialpolitik. Historische Entwicklung und internationaler Vergleich, Opladen 1988.

[18] Mit dem Einbezug informeller Regeln wurde eine Begriffsverwendung gewählt, die später im Zuge der Verbreitung neo-institutionalistischer Theorien prominent werden sollte und die meisten Bereiche der Politikwissenschaften in den 90er Jahren zu grundlegenden Reflexionen veranlasste. Vgl. vor allem: *Douglass C. North*: Institutionen, institutioneller Wandel und Wirtschaftsleistung, Tübingen 1992.

suchten, angesiedelt und beschäftigen sich mit den Grenzen einer ‚aktiven Politik'.[19]

Vier Barrieren der Politikgestaltung werden hierbei identifiziert: a) formell-ökonomische, b) formell-politische, c) materiell-ökonomische und d) materiell-politische Schranken. Während sich die beiden ersten auf von der Verfassung gesetzte Grenzen beziehen, thematisieren die beiden letzten die situativen Komponenten der Begrenzung (Ressourcen, Veto-Mächte, Koalitionszwänge etc.). Die Chancen einer produktiven Nutzung institutioneller Bedingungen wurden dagegen stärker in der Neokorporatismusdebatte betont.[20] Die nähere Betrachtung der formell-politischen Begrenzung der Demokratie durch institutionelle Regelungen und ihre Auswirkung auf die Politikformulierung und -implementierung stellt eine zusätzliche Erweiterung dar.[21]

Die explizite Berücksichtigung institutioneller Faktoren stellt sicherlich den bedeutendsten Fortschritt in der Entwicklung der Policy-Forschung dar. Nicht ohne Grund spricht Manfred G. Schmidt vom „ertragreichsten Ansatz der neueren vergleichenden Staatstätigkeitsforschung".[22] Durch die Konzentration auf Institutionen gerieten in diesem Ansatz allerdings diejenigen Faktoren außer Sichtweise, die noch für die anderen Theorien zentrale Bedeutung hatten: sozio-ökonomische Entwicklungen, Parteien, organisierte Interessen und gesellschaftliche Machtverteilung. Aufgrund der Desiderate jedes Ansatzes war es nahe liegend zu prüfen, inwieweit sich diese fruchtbringend verknüpfen lassen.

Verschiedene Forschungsstrategien wurden eingeschlagen, die von der bloßen additiven Verknüpfung hin zu neuen integrativen Modellen reichten, die Variablen der verschieden Ansätze theoretisch neu strukturierten und auch mit dem methodischen Verfah-

---

[19] *Mayntz, Renate; Scharpf, Fritz W.* (Hrsg.): Planungsorganisation. Die Diskussion um die Reform von Regierung und Verwaltung des Bundes, München 1973; *Scharpf, Fritz W.*: Politischer Immobilismus und ökonomische Krise. Aufsätze zu politischen Restriktionen der Wirtschaftspolitik in der Bundesrepublik, Königstein/Ts. 1977.

[20] Vgl. den Beitrag von *Birle/Wagner* in diesem Band; *Schmidt, Manfred G.*: Politische Bedingungen erfolgreicher Wirtschaftspolitik. Eine vergleichende Analyse westlicher Industrieländer (1960-1985), in: Journal für Sozialforschung 26, 1986, S. 251-274.

[21] Vgl. *Schmidt* 1993 (Anm. 4) S. 383-390.

[22] *Schmidt* 1993 (Anm. 4) S. 380.

Politikfeldanalyse 299

ren einer „dichten Beschreibung" kombinierten.[23] Auch in dieser Weiterentwicklung erwiesen sich die Ansätze als besonders ertragreich, welche die institutionellen Faktoren systematisch einbezogen. In den jüngsten Überlegungen werden auch wieder stärker Formen informeller Politik wie Klientelismus und Korruption – hinsichtlich ihrer Wirkung auf die Funktionsweise formaler Institutionen in Betracht gezogen.[24] Wir treffen somit in der laufenden Forschung auf eine Kombination von strukturellen Faktoren mit akteurstheoretischen Bezügen, die oftmals unter der Perspektive von handlungsbeeinflussenden Institutionen gebündelt werden.

Die Strukturierung des Handelns lässt sich in einem kulturtheoretischen Verständnis von Institutionen, die im Sinne von kognitiven Klassifizierungssystemen fungieren, weitergehend erfassen. Die Wahrnehmung und die Präferenzzuweisung erfolgt durch strukturierte kognitive Filter, der es den einzelnen Akteuren ermöglicht, sich zu orientieren und konsistente Handlungsmuster zu entwickeln. Beispiele solcher Klassifizierungssysteme oder *codes* sind im politischen Bereich Ideologien, die einer Parteiprogrammatik zugrunde liegen, oder kulturelle Muster, die sich in generalisierten Einstellungsstrukturen (z.B. Klientelismus oder Patriarchalismus) äußern.[25] Das Identifizieren solcher kognitiver

---

[23] Ein Beispiel eines integrativen Ansatzes ist *Merkel, Wolfgang*: Ende der Sozialdemokratie? Machtressourcen und Regierungspolitik im westeuropäischen Vergleich, Frankfurt/Main 1993.

[24] Vgl. *Liebert, Ulrike*: Modelle demokratischer Konsolidierung. Parlamente und organisierte Interessen in der Bundesrepublik Deutschland, Italien und Spanien (1948-1990), Opladen 1995; *Lauth, Hans-Joachim*; *Liebert, Ulrike* (Hrsg.): Im Schatten demokratischer Legitimität. Informelle Institutionen und politische Partizipation im interkulturellen Demokratien-Vergleich, Opladen 1999. Zur Bedeutung von informaler Politik im Zusammenspiel von politischer und ökonomischer Transformation vgl. *Faust, Jörg* 2000: Informale Politik und ökonomische Krisen in jungen Demokratien, in: Aus Politik und Zeitgeschichte (APUZ) B22 /2000.

[25] Aus feministischer Sicht wird vor allem die fehlende geschlechtsspezifische Neutralität von Institutionen und Organisationen betont. Vgl. *Hawkesworth, Mary*: Policy Studies within a Feminist Frame, in: Policy Science 27 (1994) 2-3; S. 97-118; *Ostendorf, Helga*: Überlegungen zur Geschlechterpolitik staatlicher Institutionen – Die Chancen der Implementation frauenfördernder Bildungsprogramme, in: Zeitschrift für Frauenforschung 14 (1996) 3, S. 23-38. Zu einer grundsätzlichen und kritischen Revision der Policy-Forschung aus der *gender*-Perspektive

300 Jörg Faust/Hans-Joachim Lauth

‚Landkarten' markiert einerseits einen wichtigen Schritt in der Analyse der Entscheidungen der politischen Akteure. Die Anerkennung der Relevanz dieser Strukturen für die Entscheidungsfindung im politischen System bedeutet zugleich den Verzicht auf eine simple Kausalvermutung, nach der sich *inputs* direkt auf *outputs* auswirken. Denn letzteres ignoriert die Einfluss- und Entscheidungsmöglichkeiten der politischen Akteure, die je nach ihrer ‚kognitiven Einbettung' unterschiedlich handeln können. Diese kulturelle Verankerung des *homo sociologicus* darf allerdings nicht dazu verführen, diesem aufgrund seiner sozialen Prägung keinerlei Handlungsfreiheit zu unterstellen.[26]

Abbildung 1: Die Wirkungsweise von Institutionen

Institutionen
Fördern oder hemmen bestimmte
Eigenschaften von Entscheidungsprozessen
Erweitern oder begrenzen die
Verfügbarkeit politischer Problemlösungen
Bedingen Chancen für die strategische
Wahl politischer Entscheidungsalternativen
Beeinflussen die Qualität sozialer und ökonomischer
Politikergebnisse

(Quelle: *Czada* 1998 (Anm. 27), S. 54)

Wenn wir die drei Phasen der Entwicklung der Politikfelderforschung im Zusammenhang betrachten, wird deutlich, dass damit eine Differenzierung der Fragestellungen einher geht. Die alte Frage, ob *politics* und *polity* überhaupt eine Bedeutung haben, hat sich längst überholt. Die prinzipielle Bedeutung der Politik (in ihren unterschiedlichen Akzenten) steht nicht mehr zur Debatte, untersucht wird nun, welche Relevanz die durch Institutionen und andere Einflussfaktoren bewirkten verschiedenen Formen der Beteiligung und der Gestaltung des Entscheidungsprozesses auf die Entschei-

---

vgl. *Behning, Ute; Lepperhoff, Julia*: Policy-Forschung revisited. Zum theoretischen, methodischen und methodologischen Gehalt von Policy-Analysen, in: femina politica. Zeitschrift für feministische Politik-Wissenschaft 6 (1997) 1, S. 52-60.

[26] Vgl. den Beitrag von *Peter Thiery* in diesem Band.

Politikfeldanalyse 301

dungsfindung haben[27] und welche Bedingungen deren Implementierung und Wirkung in welcher Weise beeinflussen. Folgendes Zitat illustriert deutlich, dass weniger die pauschalen Systemvergleiche (Diktatur vs. Demokratie) im Mittelpunkt der Analyse stehen, sondern der Fokus auf die Binnendifferenzierung eines Regimetyps (der Demokratie) gerichtet wird:[28]

> „At stake in the questions posed by comparative policy analysis are concerns that lie at the core of democratic theory. Do variations in the form of democratic practices, such as modes of representation (for example, district population equality, proportional versus plurality elections), political party structure and performance, differences in constitutional detail, or outcomes of elections, relate systematically to the products of government."

Die Entwicklung der theoretischen Debatte ist somit gekennzeichnet von einem prinzipiellen Perspektivenwechsel, der durch die Verlagerung des Gewichtes sozio-ökonomischer hin zu politisch-institutionellen Faktoren charakterisiert ist. Damit wird der Eigenwert politischer Variablen in der Konversion von *inputs* in *outputs* betont. Zugleich lässt sich eine Erweiterung der *Policy*-Bereiche feststellen. Zu den klassischen Feldern der Wirtschafts- und Sozialpolitik sind eine Reihe von Politikfeldern – wie beispielsweise Gesundheits- und Umweltpolitik – getreten, die mit den traditionellen Annahmen nur begrenzt fruchtbar zu behandeln sind und die somit gleichfalls zur skizzierten theoretischen Reformulierung beitrugen.

3. Politische Steuerung und Policy-Forschung

Politische Steuerung kann als der Versuch politischer Akteure aufgefasst werden, in Politikfeldern die gesellschaftliche Entwicklung

---

[27] So hängt die Entscheidung auch davon ab, ob sie durch Abstimmung, Wahl, durch autoritative Anweisung, Verhandlung oder marktförmig zustande kommt. Vgl. *Roland Czada*: Neuere Entwicklungen der Politikfeldanalyse. In: *Czada, Roland /Alemann, Ulrich* v. (Hrsg.) (1998): Kongressbeiträge zur Politischen Soziologie, Politischen Ökonomie und Politikfeldanalyse. Polis Nr. 39 /1998, Arbeitspapiere aus der Fernuniversität Hagen 1998, S. 47-65.

[28] *Richard I. Hofferbert, David Louis Cingranelli*: Comparative Policy Analysis, in: *Robert E. Goodin, Hans-Dieter Klingemann* (Hrsg.): A New Handbook of Political Science, Oxford 1998, S. 594

302   Jörg Faust/Hans-Joachim Lauth

gemäß konkretisierter Zielvorgaben zu beeinflussen. Als Steuerungsinstrumente können hierbei Steuerungsformen wie Markt (Tausch), Staat (Macht, Recht) und Gemeinschaft (Solidarität) eingesetzt werden.[29] Insbesondere während der Planungseuphorie der sechziger und der siebziger Jahre wurde politische Steuerung als hierarchischer und linear-kausal verlaufender Planungsprozess verstanden. Politische Steuerung wurde aus staatszentrierter Perspektive als Regelungsprozeß betrachtet, der eine deutliche Hierarchie zwischen Steuerungssubjekt und Steuerungsobjekt aufweist. Dieser Betrachtungsweise lag allerdings kein handlungstheoretisches, sondern vielmehr ein an die Systemtheorie Eastons angelehntes Verständnis politischer Steuerung zu Grunde. Unter dem Stichwort „aktive Politik" zielte die politische Planung und Steuerung auf „die vorausschauende, aktive Regelung und Steuerung jener gesellschaftlichen und wirtschaftlichen Prozesse, deren ungesteuerte Dynamik die für das Gesamtsystem relevanten Probleme und Krisen hervorbringt".[30]

So interpretiert das mit vergleichsweise geringer Komplexität ausgestattete Modell des *Policy-Making* die Politikfeldgestaltung aus jener Perspektive, die dem *Input-Output*-Modell Eastons zu Grunde liegt. „Steuerung wird im *Policy-Making*-Modell als Problemverarbeitungsprozess begriffen, in dessen Verlauf gesellschaftlich artikulierte Probleme vom politischen System aufgenommen (*input*), in politische Handlungsprogramme bzw. *Policies* transformiert (*conversion*) und schließlich in der gesellschaftlichen Umwelt umgesetzt werden (*output*)".[31] Mit Blick auf die Resultate kann weiterhin zwischen dem *Output* als der politischen Maßnahme (Gesetze, Verordnungen, Erlasse), dem *Impact* als den Veränderungen bei den Adressaten der Maßnahme und dem *Outcome* als die Auswirkungen auf alle Betroffenen unterschieden werden.

---

[29] Vgl.: *Mayntz, Renate*: Politische Steuerung und gesellschaftliche Steuerungsprobleme. In: dies.: Soziale Dynamik und politische Steuerung. Frankfurt 1997, S. 186-208.

[30] *Mayntz, Renate/Scharpf, Fritz W.*: Kriterien, Voraussetzungen und Einschränkungen aktiver Politik. In: dies. (Hrsg.): Planungsorganisation. Die Diskussion um die Reform von Regierung und Verwaltung des Bundes. München 1973, S. 116.

[31] *Görlitz, Axel/Burth, Hans-Peter*: Politische Steuerung, Opladen 1998, S. 81f.; *Bußhoff, Heinrich* (Hrsg.): Politische Steuerung. Steuerbarkeit und Steuerungsfähigkeit, Baden-Baden 1992.

Politikfeldanalyse 303

Angesichts der ernüchternden Resultate, die mit dem vergleichsweise einfachen Vorgehen des *Policy-Making*-Modells verbunden
waren, rückten differenzierte Aspekte der Implementierung sowie
der Wirkung- und Evaluation politischer Steuerung ins Blickfeld
der Politikfeldforschung. Daraus resultierte ein zyklisches Steue-
rungsmodell, das als *Policy-Kreislauf* in unterschiedlichen Facetten verschiedene Phasen der Politischen Steuerung chronologisch
hintereinander schaltet.[32]

Während (1) der *Problemwahrnehmung* wird zunächst festgestellt, inwiefern überhaupt Bedarf für politische Steuerung vorliegt
(s. Abbildung 2). So existieren in modernen Marktwirtschaften
zwangsläufig eine Vielfalt von Interdependenzen, die in Form von
externen Kosten aber auch externem Nutzen die Belange der Wirt-
schaftssubjekte berühren. Doch nicht alle externen Effekte werden
als Herausforderungen für politische Steuerung begriffen. Eng mit
der Problemwahrnehmung verknüpft ist (2) *die Problemdefinition*,
eine Phase des *agenda-setting*, in dem aufgrund der wahrgenommenen Phänomene die Handlungsrelevanz politischer Steuerung
konkretisiert und die Ursachen-Wirkungszusammenhänge analysiert werden.[33] Auf die Phase der Problemdefinition folgt die Phase der Suche und Bewertung von (3) *Lösungsalternativen*.[34] Die

---

[32] Vgl. *Schubert, Klaus*: Politikfeldanalyse. Opladen 1991, S. 69ff.; *Gör-
litz/Burth* 1998 (Anm. 30), S 141ff.

[33] Illustriert man den Policy-Zyklus am Beispiel der Umweltpolitik, stellt
sich hinsichtlich der Problemwahrnehmung die Frage, ab wann die Konsequenzen der ineffizienten Nutzung natürlicher Ressourcen oder der
Verwendung von Giftstoffen überhaupt als gesellschaftliche bzw. als
Probleme politischer Steuerung wahrgenommen werden. Ist dies geschehen, so erfolgt während der Phase des *agenda-setting* eine Diskussion
über die Ursachen bestimmter Umweltschäden bzw. die inadäquate Nutzung natürlicher Ressourcen und die damit verbundenen Auswirkungen
auf ökologische Systeme.

[34] In einer ordoliberal ausgerichteten Wirtschaftsordnung kommen idealtypisch drei Strategien zur Verringerung der Umweltbelastung in Frage:
eine maßgeblich aus Verordnungen mit Gebots- und Verbotscharakter
bestehende Strategie oder aber stärker dezentrale Lösungsansätze betonende Strategien. Letztere setzen auf marktwirtschaftliche Anreize indem sie entweder durch Preis- (Ökosteuer) oder Mengenlösungen (Um-
weltzertifikate) Ressourcennutzung und Schadstoffausstoß zu steuern
versuchen (vgl. hierzu Bonus 1991). Eine damit verbundene Internalisierung externer Effekte über eine Veränderung der Anreizstrukturen für
Unternehmen würde somit dem Steuerungsziel ‚Reduktion von Umwelt

304   Jörg Faust/Hans-Joachim Lauth

Bewertung alternativer Lösungsansätze ist dabei vor allem mit zwei Problemen konfrontiert. Zum einen entziehen sich politikfeldspezifische Einflußvariablen oftmals objektiven Operationalisierungskriterien. Zum zweiten besteht in ausdifferenzierten Gesellschaften ein zunehmendes Informationsverarbeitungsdefizit staatlicher Akteure. Zunehmende Unsicherheit erschwert eine vergleichende Analyse unterschiedlicher Lösungsalternativen.[35] In einer vierten Phase erfolgt die Entscheidung über eine der Lösungsalternativen, die sich in konkreter (4) *Politikformulierung* in Form von Gesetzen, Erlassen und Verordnungen niederschlägt. Durch die fortlaufenden Aushandlungsprozesse der relevanten politischen Akteure, die gemeinhin in einem Regelwerk aus formalen und informalen Institutionen eingebettet sind, können in einer der Entscheidung folgenden Phase der *(5) Implementierung* jedoch noch Modifikationen von der ursprünglich gewählten Lösungsalternative auftreten.[36] Die sechste Phase des Policy-Zyklus ist die der (6) *Outcomes* und des *Impacts*, also der beobachtbaren intendierten und nicht-intendierten Auswirkungen der Steuerungsversuche, der die Phase der (7) *Evaluierung* und *Kontrolle* folgt. Dabei wird die Evaluierungs- und Kontrollphase von ähnlichen Operationalisierbarkeits- und Messproblemen beeinflusst wie die Phase der Alternativenbewertung. Darüber hinaus stellt sich die Frage, anhand welcher Kriterien gemessen und bewertet werden soll. Sind also Abweichungen von ursprünglichen Zielgrößen auf die Auswahl einer suboptimalen Lösungsalternative, auf politische Verhandlungsprozesse vor und während der Implementation oder auf „externe

---

belastung' Rechnung tragen. Vgl. *Bartling, Hartwig /Luzius, Franz:* Einführung in die Volkswirtschaftslehre. München [11]1996, Kap. 5.3.

[35] Eine Bewertung und Gewichtung verschiedener Ursachen und Konsequenzen umweltpolitischer Steuerungsmaßnahmen wie etwa Schadstoffausstoß, Umweltschädigung, technischer Fortschritt, Auswirkungen auf den Arbeitsmarkt etc. lassen sich kaum objektiv in eine Kosten-Nutzen-Analyse integrieren, sondern sind meist nur per Wertentscheid zu operationalisieren.

[36] Die Entscheidung über die Einrichtung einer Börse zum Handel mit Schadstoffzertifikaten mag lediglich den Rahmen für weitere Handlungsoptionen vorgeben. Die konkretere Ausgestaltung von Maßnahmen, die etwa die Stückelung und die Anzahl der zu vergebenden Emissionszertifikate oder die regionale Begrenzung für den Zertifikathandel betreffen, erfolgt hingegen oftmals erst während der Implementierungsphase.

Abbildung 2: Der Policy-Zyklus

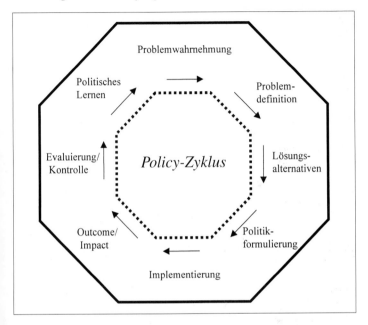

Schocks" zurückzuführen? Von Bedeutung für korrekte Evaluation- und Kontrollverfahren ist gleichfalls die Berücksichtigung der Zeitverschiebung zwischen Implementation und Politikergebnissen.[37] Jene die Evaluation beeinflussenden Variablen strukturieren damit auch den Verlauf von (8) *politischem Lernen* als der letzten Phase des *Policy*-Kreislaufs. Durch Politisches Lernen wird der *Policy*-Kreislauf zum rückgekoppelten Prozess, in dessen Verlauf eine Optimierung der Steuerungsmaßnahmen erfolgen kann.

---

[37] Was die Evaluation- und Kontrolle von umweltpolitischen Steuerungsmaßnahmen anbelangt, so sind diese mit vielfältigen Problemen konfrontiert, die mit dem mangelnden Kenntnisstand über die Komplexität ökologischer Systeme zusammenhängen. Ungeklärte Ursachen über die Zusammenhänge von Umweltbelastung, die unbekannte Zeitverschiebungen zwischen Implementation und *Outcome* und der verzerrende Effekt politischer Verteilungskämpfe erschweren eine befriedigende Optimierung bzw. Korrektur der ursprünglichen Steuerungsprogramme im Verlaufe der Evaluations- und Korrekturphase.

306 Jörg Faust/Hans-Joachim Lauth

Die Vorstellung, politische Steuerung verlaufe gemäß eines solchen Kreislaufes, bietet gegenüber dem Policy-Making-Modell den Vorteil der zeitlichen Differenzierung. Zwar erweist sich das Policy-Zyklus-Modell durch eine differenzierte Phasenaufteilung somit als komplexer und betont zudem die Rückkopplungsprozesse in wesentlich stärkerem Maße als das Policy-Making-Modell.[38] Dennoch birgt eine solche Vorstellung, die einen festen Phasenablauf politischer Steuerung unterstellt und in die skizzierten Phasen gliedert, drei zentrale Probleme.

• Erstens wird der dargestellte Phasenablauf nicht theoretisch begründet. Warum müssen die einzelnen Phasen zwangsläufig dem beschriebenen Kreislauf folgen? Vielfach folgen die unterschiedlichen Phasen nicht einer sequentiellen Logik, sondern sind miteinander verschränkt oder verlaufen parallel zueinander.[39] Ganze Phasen des Kreislaufs können zudem ausfallen, so dass vielfach lediglich verkürzte Reparaturzyklen zu beobachten sind, in denen sich *agenda-setting*, Programmformulierung und Implementierung überlappen, Problemdefinition und Programmevolution hingegen umgangen werden.[40]

• Zweitens werden die politischen Verhandlungsprozesse zwischen staatlichen und gesellschaftlichen Akteuren und diejenigen innerhalb der staatlichen Steuerungsbürokratie zu wenig berücksichtigt. Die noch stark durch das systemisch-funktionale Paradigma geprägte Perspektive des *Policy*-Kreislaufs-Modells vernachlässigt daher die zentrale Bedeutung von widerstreitenden Interessen einer zunehmenden Anzahl kollektiver Akteure in pluralistischen Gesellschaften.

• Drittens interpretiert das *Policy-Zyklus*-Modell politische Steuerung immer noch als hierarchischen Prozess, in dem der Staat die gesellschaftlichen Probleme aufgreift bzw. diese an den Staat delegiert werden. In der Realität erfüllte sich der damit verbundene Gestaltungs- und Steuerungsanspruch des Staates kaum.[41]

---

[38] Vgl. *Görlitz/Burth* 1998 (Anm. 28), S. 142.

[39] Vgl. *Sabatier, P.A.*: Advocacy-Koalitionen, Policy-Wandel und Policy-Lernen: Eine Alternative zur Phasenheuristik. In: *Héritier, Adrienne* (Hrsg.): Policy-Analyse. Kritik und Neuorientierung. Opladen 1993, S. 116-148, hier S.117.

[40] Vgl. *Czada* 1998 (Anm. 26), hier S. 52.

[41] *Hèritier, Adrienne*: Die Veränderung der Staatlichkeit in Europa. Ein regulativer Wettbewerb. Deutschland, Großbritannien und Frankreich in der Europäischen Union. Opladen 1994, S. 9.

Politikfeldanalyse 307

Die Fähigkeiten des zu Gunsten eines normativ definierten Gemeinwohls in gesellschaftliche Handlungsinterdependenzen eingreifenden Staates wurden überschätzt. Vielmehr war Staatsversagen bereits in den Siebzigerjahren als Problem der Unregierbarkeit moderner Gesellschaften offensichtlich und wird im Zuge nationalstaatlicher Entgrenzung seit Mitte der Achtzigerjahre erneut diskutiert.

In dem Maße wie die Versuche politischer Einflussnahme eher einem ungeordneten „Sich-Hindurchwursteln" glichen, konstatierten Kritiker eine generelle Machbarkeitsillusion staatlicher Steuerung. Die Komplexität einer hochgradig ausdifferenzierten Gesellschaft, die sich in eine Vielzahl eigener Regeln gehorchender Subsysteme aufspalte, könne der staatliche Steuerungsanspruch nicht mehr gerecht werden. Eine solche, die Eigendynamik und Selbstorganisationskraft sozialer Systeme betonende Sichtweise, die am prominentesten in der Systemtheorie Niklas Luhmanns (1984) vertreten wird, war somit Attacke gegen jegliche Form politischen Steuerungsglaubens. Zwar verpuffte diese Kritik nicht völlig wirkungslos, doch Mitte der Achtzigerjahre wurde der Staat als Steuerungsakteur wieder verstärkt ins Spiel gebracht.[42] Trotz der Differenzierung moderner Gesellschaften in teilautonome Subsysteme, sei politische Steuerung zur Entschärfung gesellschaftlicher Handlungsinterdependenzen grundsätzlich möglich, lautete erneut die These.[43] Die theoretischen Bemühungen zu deren Beleg unterschieden sich jedoch maßgeblich von den älteren Konzepten.

Vielfach wurden nun in einer institutionenökonomisch geprägten Analyse die interessenorientierten Akteure in einen Handlungsspielraum aus Institutionen gesetzt. Da die kollektiven Akteure aus dieser Perspektive somit nicht mehr deterministischen Funktionslogiken unterworfen sind, sondern über mehr oder weniger beschränkte Handlungsfähigkeit verfügen, ist politische Steuerung prinzipiell möglich. Zweitens wurde die konstruierte Dichotomi-

---

[42] Exemplarisch hierfür: *Evans, Peter* u. a. (Hrsg.): Bringing the State Back in. Cambridge 1985.

[43] Problematische Handlungsinterdependenzen sind solche Probleme, die nicht mehr vom einzelnen Individuum oder von einer einzelnen Organisation (Staat) am effizientesten gelöst werden können, sondern nur mittels eines kollektiven Gutes in Form eines gemeinsamen Regelwerkes (Gesetz, Vertrag).

sierung zwischen Staatssteuerung (Hierarchie) und Selbstregelung (Markt) aufgegeben. Den gesellschaftlichen Problemen der Gegenwart sei zwar nicht mit einseitig hierarchischen Formen beizukommen, ebenso wenig jedoch zeichne die sozialen Teilsysteme moderner Gesellschaften ein ausschließlich selbstreferentieller Charakter aus. Vielmehr sei es die besondere Dynamik komplex strukturierter Gesellschaften, die es dem Staat nur dann ermögliche, zielorientierte Politik zu betreiben, wenn er die an einem Sachverhalt beteiligten kollektiven Akteure auf kooperativer Basis mit in den Steuerungsprozeß einbezöge. So sei der Erfolg neokorporatistischer Arrangements gerade darauf zurückzuführen, dass der Staat die Handlungsautonomie kollektiver Akteure allenfalls institutionell einhege und ihnen dabei ein hohes Maß an Handlungsautonomie belasse, wohlwissend um deren besserer Kenntnis der Ursache-Wirkungszusammenhänge im jeweiligen Politikfeld. Die Verregelung von bestimmten Spielsituationen unter Beteiligung der Verhandlungspartner erlaube es daher, kollektive Dilemmasituationen zu vermeiden.[44]

Das auf dem analytischen Substrat eines solchen *akteurszentrierten Institutionalismus* aufbauende Steuerungskonzept ist das *Policy-Netzwerk*.[45] Policy-Netzwerke sind hierbei a) zwischen Markt und Hierarchie angesiedelte Organisationsformen, bestehen b) aus gesellschaftlichen und staatlichen Akteuren, die über c) informale wie formale Austauschkanäle miteinander verbunden sind. Die Mitglieder von Policy-Netzwerken arbeiten d) im Hinblick auf ein gemeinsam definiertes Problem zusammen, bei dessen Bewältigung e) jedes Netzwerkmitglied bestimmte Kernkompetenzen einbringt.[46] Das Konzept des Politiknetzwerkes stützt somit eine

---

[44] Zum Konzept des akteursorientierten Institutionalismus vgl. *Mayntz, Renate/Scharpf, Fritz*: Der Ansatz des akteurszentrierten Institutionalismus, in: dies. (Hrsg.): Gesellschaftliche Selbstregelung und politische Steuerung. Frankfurt a. M. 1995, S. 39-72.

[45] Zu Politiknetzwerken vgl. *Jansen, Dorothea*: Einführung in die Netzwerkanalyse. Grundlagen, Methoden, Forschungsbeispiele, Opladen [2]2003; *Börzel, Tanja*: Organizing Babylon – On the Different Conceptions of Policy Networks. In: Public Administration, Vol. 76, Summer 1998, S. 253-273.

[46] So werden in den USA die politikfeldbezogenen Beziehungen zwischen Kongressausschuss, Interessengruppe und ausführender Bundes-behörde oftmals als *iron-triangles* bezeichnet. Dabei benötigt jeder der drei kollektiven Akteure die Kernkompetenzen der beiden anderen um seine

Politikfeldanalyse 309

Sichtweise, die politische Steuerung als zielorientierte Kooperation zwischen staatlichen und gesellschaftlichen Akteuren auffasst. Es ist Zugeständnis an die gesellschaftlichen Selbstorganisationskräfte, und es bricht endgültig mit dem Konzept des rationalen Planungsentwurfs des Zentralstaates. Vielmehr erhöht die zielorientierte Verflechtung zwischen teilautonomen kollektiven Akteuren die Eigenkomplexität der Organisation und nähert diese damit an die steigende Umweltkomplexität an.

Die skizzierten Eigenschaften von Policy-Netzwerken bedeuten gleichwohl nicht, dass die Netzwerkelemente nicht mit unterschiedlichen Ressourcen ausgestattet sein können, was das Ausmaß ihrer Interessendurchsetzung erweitert bzw. einschränkt. Auch sind die Beziehungen zwischen den Beteiligten lediglich innerhalb des Netzwerkes durch Kooperation geprägt; außerhalb dagegen können die Mitglieder im Wettbewerb zueinander stehen. In diesem Zusammenhang ist politische Steuerung über Politiknetzwerke auch nicht gleichbedeutend mit anhaltender Dezentralisierung und damit einer Aufgabe des staatlichen Steuerungsanspruches. Ähnlich wie das koordinierende Unternehmen in strategischen Unternehmensnetzwerken ist der Staat in Politiknetzwerken oftmals dergestalt positioniert, dass seine Kernkompetenz in der Koordinationsfähigkeit des Netzwerkes besteht, was seinen Einfluss auf die Politikergebnisse wesentlich erhöht.[47]

Interessen durchsetzen zu können. So kann die Bundesbehörde den Interessengruppen Zugang zur Regierung verschaffen, die Behörde benötigt die Interessengruppe, um wiederum Unterstützung für die von ihr entworfenen Steuerungsprogramme zu bekommen. Beide wiederum benötigen den Kongressausschuss, um Unterstützung in den entscheidenden Gremien der Legislative zu erhalten. Dieser wiederum benötigt die Unterstützung der Interessengruppe, um Stimmen in den Wahlkreisen mobilisieren zu können. Die Finanzierung der Bundesbehörde hängt vielfach von den Entscheidungen des Kongresses ab, während die Kongressabgeordneten vielfach auf das *know how* bei Forschung und Problemanalyse der Bundesbehörde angewiesen sind. Vgl. *Schubert* 1991 (Anm. 31), S. 92f.

[47] Zu strategischen Unternehmensnetzwerken vgl. *Bellmann, Klaus/Hippe, Alan* (Hrsg.): Management von Unternehmensnetzwerken. Interorganisationale Konzepte und praktische Umsetzung. Wiesbaden 1996. *Sydow, Jörg*: Strategische Netzwerke. Evolution und Organisation. Wiesbaden 1994; *ders.* (Hrsg.): Management von Netzwerkorganisationen. Beiträge aus der ,Managementforschung', Wiesbaden [3]2003.

310 Jörg Faust/Hans-Joachim Lauth

Als problematisch für die Koordinationsfähigkeit des Staates erweisen sich jedoch auch in *Policy*-Netzwerken die zunehmenden Überlappungen zwischen unterschiedlichen Politikbereichen, etwa der Umwelt- und der Wirtschaftspolitik. Einer wachsenden Anzahl an politischen Entscheidungsprozessen beteiligter Akteure gelingt es somit immer weniger, sich auf allseits akzeptierte Lösungen zu einigen. Die Durchlässigkeit nationaler Grenzen führt besonders im Integrationsgebilde der Europäischen Union zu zusätzlichen Schwierigkeiten, müssen staatliche Akteure doch gleichsam auf verschiedenen Ebenen konkurrierende Interessen koordinieren.[48]

Letztlich ist noch auf eine dunkle Seite von Politiknetzwerken hinzuweisen, die deren Legitimität betrifft. Ein Blick in viele junge Demokratien genügt, um zu erkennen, dass hier exklusive Verteilungskoalitionen zwar durchaus beachtliche Steuerungsleistungen erbringen können, diese jedoch aufgrund von ausuferndem Klientelismus und Patronage zu Lasten der Allgemeinheit gehen und nicht selten die tiefere Ursache für Finanzkrisen und wirtschaftliche Rezession darstellen. Auf Grundlage oftmals informeller Beziehungen können sich Regierung, Bürokratie und gesellschaftlichen Akteuren verbünden und zu Lasten der Allgemeinheit an den verfassungsmäßig vorgesehenen Organen gleichsam vorbeiregieren.[49]

---

[48] Zur Diskussion um Politikblockaden aus zunehmender Verflechtung politischer Arenen und Verhandlungen vgl. *Scharpf, Fritz W.*: Legitimationsprobleme der Globalisierung – Regieren in Verhandlungssystemen. in: *Böhret, Carl; Wewer, Göttrik* (Hg.): Regieren im 21. Jahrhundert – Zwischen Globalisierung und Regionalisierung, Opladen 1993, S. 165-186. *Czada, Roland*: Vertretung und Verhandlung. Aspekte politischer Konfliktregelung in Mehrebenensystemen. In: *Benz, Arthur /Seibel, Wolfgang* (Hrsg.): Theorieentwicklung in der Politikwissenschaft – Eine Zwischenbilanz. Baden-Baden 1996, S. 237-259; *Benz, Arthur*: Postparlamentarische Demokratie? Demokratische Legitimation im kooperativen Staat. In: *Greven, Michael* (Hrsg.): Demokratie – eine Kultur des Westens? Opladen 1998, S. 201-222.

[49] Vgl. hierzu: *Faust, Jörg*: Politische Herrschaft, Verteilungskoalitionen und ökonomische Labilität – eine erste Bilanz. In: ders.; *Dosch, Jörn* (Hrsg.): Die ökonomische Dynamik politischer Herrschaft. Lateinamerika und das pazifische Asien. Opladen 2000.

Politikfeldanalyse 311

4. Fazit und Perspektiven der Forschung

In der Entwicklung der Policy-Forschung zeigen sich zwei Befunde: (1) Die Theorien sind in den Bereichen am stärksten elaboriert, in denen die methodischen Probleme relativ gering und die Datenlage zufrieden stellend ist (gerade auch im internationalen Vergleich); (2) die Theoriebildung ist nicht mehr reduziert auf stark vereinfachte Kausalannahmen, sondern versucht alle relevanten Aspekte (unter dem Gesichtspunkt der Steuerung) zu berücksichtigen – am deutlichsten ausgeprägt im institutionellen Ansatz und in der Netzwerk-Analyse.[50] Aufgrund der damit verbundenen theoretischen Komplexitätssteigerung gestaltet sich mit diesen Analysekonzepten die Entwicklung von Theorien zur Erklärung von Politikfeldern nicht einfacher, doch sie erweisen sich als situationsadäquater als die Ansätze der früheren Etappen.

Trotz der konzeptionellen Grenzen in traditionellen Ansätzen sind die Leistungen der *Policy*-Forschung beachtlich. Systematische Untersuchungen in den klassischen *Policy*-Feldern der Wirtschafts- und Sozialpolitik haben etliche Zusammenhänge hinsichtlich des Erfolges und Scheiterns plausibel erläutern können, wenngleich die empirischen Veränderungen in diesen Gebiete stets auf das Neue zur Überprüfung bestehender Annahmen drängen. In der vergleichenden Perspektive hat die *Policy*-Forschung gleichfalls den Blick auf die Charakteristika der Politikgestaltung gerichtet und nicht nur das Tun, sondern auch das Lassen von Regierungen heraus gestellt. Schließlich haben die Untersuchungen der Steuerungsprozesse zwar nicht die Euphorie einer einfach zu kalkulierenden Planung aufrecht erhalten können (,Ende der Machbarkeitsillusion'), sie haben aber deutlich die Probleme der politischen Steuerung analysiert und neue Steuerungsmöglichkeiten skizziert.

Wir können im Bereich der Politikfeldanalyse zwei zentrale Trends beobachten, die sich auch in der weiteren Forschung auswirken werden. Erstens haben sich die methodischen und die theoretischen Bemühungen stetig differenziert. Mit diesen Differenzierungsbestrebungen wird die Forschungslage nicht einfacher, aber dem Gegenstand angemessener. Eng mit dieser Entwicklung ist die Einsicht verknüpft, das lineare und vertikale Steuerungsmodelle

---

[50] Beides sind allerdings keine Theorien im eigentlichen Sinne, sondern theoretische Modelle, die für die Einbindung von Hypothesen offen sind.

312   Jörg Faust/Hans-Joachim Lauth

ein hohes Maß an Unterkomplexität besitzen und folglich ihre Ergänzung oder Modifizierung durch Mehrebenenmodelle oder
Netzwerkkonzeptionen benötigen. Diesen Schritt zu gehen, bedeutet nicht, dem Luhmannschen Diktum der „autopoietischen Selbststeuerung" zu folgen, nach dem sich die einzelnen Subsysteme
weitgehend selbst steuern und dem politischen System allenfalls
eine moderierende Rolle zukommt, sondern zu erkennen, dass Regieren in zahlreichen Wirkungszusammenhängen steht, die eine
differenzierte Analyse erfordern.

Damit ist bereits der zweite Trend angesprochen, der die Globalisierungsprozesse reflektiert. Politikfeldgestaltung kann in vielen
Politikfeldern weder in der politischen Planung noch in der politikwissenschaftlichen Analyse als rein nationales Unterfangen konzipiert werden. Denn die gesellschaftlichen und wirtschaftlichen
Verflechtungen im internationalen Bereich lassen einer rein nationalen Koordinierung immer weniger Raum. Zugleich haben die
Nationalstaaten auch institutionell Kompetenzen an supranationale Organisationen und internationale Regime abgetreten, was
gleichfalls für die Erweiterung des Analysekonzeptes spricht. Die
Überlegungen zum Phänomen der Globalisierung lassen von einer
generellen Neuordnung der *Policy*-Forschung sprechen. Sind die
ersten drei Phasen der theoretischen Ansätzen überwiegend einer
national begrenzten Analyse geschuldet, so werden nun die Grenzen dieser Begrenzung in der aktuellen Phase systematisch einbezogen und einer ‚entgrenzten' Welt geöffnet.[51] Dies sollte nun aber
wiederum nicht bedeuten, die Steuerungsfähigkeit der nationalen
Ebene zu ignorieren oder allzu gering zu achten, sie ist aber stets
im kontextuellen Einbezug zu analysieren.

Annotierte Auswahlbibliografie

Görlitz, Axel; Burth, Hans-Peter: Politische Steuerung. Ein Studienbuch.
    Opladen 1998.
    Die Autoren geben einen breiten, einführenden und theoretisch gelei-
    teteten Überblick über Aspekte politischer Steuerung.
Héritier, Adrienne (Hrsg.): Policy-Analse. Kritik und Neuorientierung.
    (PVS Sonderheft 24), Opladen 1993

---

[51] Vgl. hierzu: *Faust, Jörg/Vogt, Thomas*: Politikfeldanalyse und interna-
    tionale Kooperation, in: Lauth, Hans-Joachim (Hrsg.): Vergleichende
    Regierungslehre, Wiesbaden ²2005, S. 419-449.

Politikfeldanalyse   313

Dieser Band bietet einen umfassenden und kompetenten Überblick der Politikfelderforschung. Im Zentrum stehen hierbei grundlegende und weiterführende theoretischen und methodologische Fragen.

Lange, Stefan; Braun, Dietmar: Politische Steuerung zwischen System und Akteur. Eine Einführung, Opladen 2000.

Die Autoren führen in die Thematik der politischen Steuerung aus system- und akteurstheoretischer Perspektive ein und erläutern die Problematik anhand ausgewählter Policy-Bereiche.

Scharpf, Fritz: Games Real Actors Play. Actor-Centered Institutionalism in Policy Research. Boulder /Oxford 1998; in deutsch: Interaktionsformen. Akteurszentrierter Institutionalismus in der Politikforschung, Opladen 2000.

Der Autor verwendet in diesem anspruchsvollen Buch zur Politikfeldanalyse einen stärker institutionenökonomischen Ansatz, der mittels der Betonung spieltheoretischer Verfahren empirische Politikergebnisse zu erklären sucht.

Schubert, Klaus: Politikfeldanalyse. Eine Einführung, Opladen 1999[2].

Diese Einführung führt in grundlegende Fragen der Policy-Forschung ein und bietet einen Einstieg in die Thematik.

Schubert, Klaus; Bandelow, Nils C. (Hrsg.): Lehrbuch der Politikfeldanalyse. München 2003.

Das Lehrbuch wendet sich an fortgeschrittene Studierende und bietet einen umfassenden Überblick über unterschiedliche Methoden und Konzepte der Politikfeldanalyse. Die anschauliche Darstellung und die gelungene Ausrichtung auf die Studienpraxis erleichtert die vertiefende Beschäftigung mit der Materie.

Grundlagen- und weiterführende Literatur

Benz, Arthur: Politikverflechtung ohne Politikverflechtungsfalle – Koordination und Strukturdynamik im europäischen Mehrebenensystem. In: Politische Vierteljahresschrift Vol. 39 /3 1998, S. 558-589

Benz, Arthur: Der moderne Staat. Grundlagen der politologischen Analyse, München/Wien 2001

Berg-Schlosser, Dirk: Politische Systemtypen als Determinanten wirtschaftlicher und sozialer Entwicklung in Afrika – Vergleichende Fallstudien, in: Manfred G. Schmidt (Hrsg.): Staatstätigkeit. Vergleichende Analysen (PVS-Sonderheft 19) 1988, S. 330-359.

Beyme, Klaus v.: Politikfeldanalyse, in: ders.: Der Vergleich in der Politikwissenschaft München 1988, S. 327-395.

Braun, Dietmar: Die politische Steuerung der Wissenschaft, Frankfurt/Main 1997.

Burth, Hans-Peter; Görlitz, Axel (Hrsg.): Politische Steuerung in Theorie und Praxis. Schriften zur Rechtspolitologie, Bd. 12, Baden-Baden 2001.

314 Jörg Faust/Hans-Joachim Lauth

Druwe, Ulrich; Görlitz, Axel: Politikfeldanalyse als mediale Steuerungs-
analyse, in: Heinrich Bußhoff (Hrsg.): Politische Steuerung, Baden-
Baden 1992, S. 143-165.

Dye, Thomas R.: Policy Analysis. What governments do, Why they do
it and What difference it makes, University of Alabama, Tuscaloosa,
1976

Hesse, Joachim Jens: Policy – Forschung zwischen Anpassung und Eigenständigkeit, Speyer 1985.

Jann, Werner: Kategorien der Policy Forschung, Speyer 1981.

Löbler, Frank: Stand und Perspektiven der Policy-Forschung in der deutschen Politikwissenschaft, Siegen 1990.

Lütz, Susanne: Der Staat und die Globalisierung von Finanzmärkten. Regulative Politik in Deutschland, Großbritannien und den USA, Frank-
furt/Main 2002.

Mayntz, Renate; Streeck, Wolfgang (Hrsg.): Die Reformbarkeit der Demokratie. Innovationen und Blockaden, Frankfurt/ Main 2003.

Nohlen, Dieter; Fernández, B. Mario: Wirtschaft, Staat und Sozialpolitik
in Lateinamerika, in: Manfred G. Schmidt (Hrsg.): Staatstätigkeit.
Vergleichende Analysen (PVS-Sonderheft 19) 1988, S. 406-437.

Parsons, David W.: Public Policy. An Introduction to the Theory and Practice of Policy Analysis, Aldershot 2001.

Peters, Guy; Wright, Vincent: Public Policy and Administrations. Old and
New. In: Goodin, Robert; Klingemann, Hans-Dieter (Hg.): A New
Handbook of Political Science, Oxford 1998, S. 628-644.

Reinicke, Wolfgang: The other World Wide Web: Global public policy networks. In: Foreign Policy, Winter 1999/2000, Vol. 117, S. 44-57.

Schmidt, Manfred G.: Vergleichende Policy-Forschung. In: Berg-Schlosser /Müller-Rommel (Hrsg.): Vergleichende Politikwissenschaft.
Opladen [3]1997, S. 207-221.

Schmidt, Manfred G.: Sozialpolitik in Deutschland. Historische Entwicklung und internationaler Vergleich, Opladen [2]1998.

Weimer, David Leo; Vining, Aidan R.: Policy Analysis: Concepts and Practice, Englewood Cliffs, N.J., [3]1999.

Windhoff-Héritier, Adrienne: Policy-Analyse. Eine Einführung, Frank-
furt/Main und New York 1987.

Wahlforschung: Zur Bedeutung und Methodik empirischer Sozialforschung in der Politikwissenschaft

Ulrich Eith/Gerd Mielke

1. Einleitung

Die Wahlforschung zählt ohne Zweifel zu den am höchsten entwickelten Teilbereichen der Politikwissenschaft. Nach einigen frühen Pionierstudien in der Tradition der Wahlgeografie oder *political ecology* lösten die seit den späten vierziger Jahren durchgeführten, bis heute als Klassiker der Wahlsoziologie geltenden amerikanischen Wahlstudien von Paul F. Lazarsfeld, Angus Campbell und ihren Mitarbeitern eine wahre Flut von Forschungsprojekten zu den Bestimmungsfaktoren des individuellen und kollektiven Wahlverhaltens aus, die schnell auf alle westlichen Demokratien übergriff. In der Bundesrepublik Deutschland setzte ein breiter Aufschwung der Wahlforschung mit der „Kölner Wahlstudie" zur Bundestagswahl 1961 ein, nachdem zuvor in Deutschland nur vereinzelte, wenn auch durchaus bahnbrechende Untersuchungen zum Wählerverhalten entstanden waren.[1] Mittlerweile trifft zu:

> „Kaum ein anderer Forschungszweig weist eine ähnlich breite Basis an kontinuierlich erhobenen empirischen Befunden, an theoretisch tragfähigen Konstrukten und Hypothesengeflechten, an methodischem Raffinement und nicht zuletzt an internationaler wissenschaftlicher Kommunikationsfülle auf. Dass sich im Bereich der Wahlforschung in relativ kurzer Zeit feste Forschungstraditionen entwickelt [...] haben, gehört zweifellos zu den Ausnahmesituationen des Faches."[2]

---

[1] Als Klassiker der deutschen Wahlforschung sind bspw. zu nennen *Rudolf Heberle*: Landbevölkerung und Nationalsozialismus. Eine soziologische Untersuchung der politischen Willensbildung in Schleswig-Holstein 1918-1932, Stuttgart 1963; *Johannes Schauff*: Die deutschen Katholiken und die Zentrumspartei. Eine politisch-statistische Untersuchung der Reichstagswahlen seit 1871, Köln 1928; zur Entwicklung der Wahlforschung siehe *Nils Diederich*: Empirische Wahlforschung. Konzeptionen und Methoden im internationalen Vergleich, Köln 1965.

[2] *Dieter Oberndörfer*: Politische Meinungsforschung und Politik, in: ders. (Hrsg.): Wählerverhalten in der Bundesrepublik Deutschland. Studien

316   Ulrich Eith/Gerd Mielke

Die Ausnahmestellung der Wahlforschung wird zum anderen durch
die Ausnahmestellung ihres Forschungsgegenstandes begründet.
Trotz mancher kritischer Einschätzungen, die auch in der politikwissenschaftlichen Diskussion gegenüber dem „Regentanz-Ritu-
al" der Wahlen und Wahlkämpfe in modernen Demokratien laut
wurden und die im Wählen einen eher formalen, im Vergleich zu
anderen Formen der politischen Teilhabe undifferenzierten Akt politischer Partizipation sehen, nehmen die Wahlen im politischen
Leben der westlichen Demokratien nach wie vor eine Schlüssel-
stellung ein. Wahlen legitimieren politische Herrschaft. Sie entscheiden letzten Endes über die Zuweisung der zentralen Rollen
von Regierung und Opposition. Mit ihrer Hilfe wird der Mechanismus der politischen Repräsentation in Gang gehalten. Für den
weitaus größten Teil der Bevölkerung bilden sie das wichtigste und
einzige Instrument der politischen Teilhabe. Wahlen tragen ganz
maßgeblich zur Artikulation politischer Interessen im öffentlichen
Bereich bei.[3]
   Der nachfolgende Beitrag gliedert sich in drei Teile. Nach der
Einordnung der Wahlforschung in die Politikwissenschaft gilt
es, die verschiedenen Erklärungsmodelle des Wählerverhaltens
vergleichend zu diskutieren. Die abschließenden Ausführungen zur praktisch-politischen Wirkung der Wahlforschung verweisen auf ihre Bedeutung auch über den akademischen Bereich
hinaus.

2. Zur Einordnung der Wahlforschung in die Politikwissenschaft

Mit der kaum noch überschaubaren Fülle der Literatur und der Vielzahl der in ihrem Bereich abgehandelten Themen bietet die Wahlforschung gleich in mehrfacher Hinsicht ein bemerkenswertes Beispiel für die moderne Politikwissenschaft. Vier verschiedene
Aspekte sollen im folgenden näher ausgeführt werden.

---

     zu ausgewählten Problemen der Wahlforschung aus Anlass der Bundes-
     tagswahl 1976, Berlin 1978, S. 13-38, hier S. 13.
[3] Siehe zu den Funktionen von Wahlen *Bernhard Vogel, Dieter Nohlen,
     Rainer-Olaf Schultze*: Wahlen in Deutschland. Theorie-Geschichte-Do-
     kumente 1848-1970, Berlin 1971.

Wahlforschung 317

Erstens repräsentiert die Wahlforschung einen wesentlichen Traditionsstrang der empirischen Sozialforschung[4] innerhalb der Politikwissenschaft mit ihrem differenzierten Kanon an methodischen Regeln der Datenerhebung und Datenanalyse. Die Methoden der empirischen Sozialforschung sind wiederum eingelagert in ein weites Umfeld erkenntnistheoretischer Diskussionen über die Schulen der Politik- und Sozialwissenschaft im allgemeinen.[5] Allerdings gilt selbst für die Wahlforschung, die so eindeutig unter der erkenntnistheoretischen Hegemonie der empirischen Sozialforschung und ihrer kritisch-rationalen Wissenschaftsstandards steht, dass dennoch auch Vertreter anderer Schulen der Politikwissenschaft, die sich diesem sozialwissenschaftlichen Methodenrigorismus nicht verpflichtet fühlen, wichtige Beiträge zur Diskussion um die Wahlforschung geleistet haben.[6]

Die Wahlforschung bewegt sich – dies ist ein zweiter Aspekt ihrer Beispielhaftigkeit – inmitten des demokratietheoretischen Kernbereichs des Faches. Als empirische Disziplin in der Tradition der politischen Verhaltensforschung konzentriert sie sich auf die Frage nach den Beweggründen und Bedingungskonstellationen für die Wahlentscheidung. Viele Facetten des Bildes, das wir in den vergangenen Jahrzehnten vom *political man* gewonnen haben, gehen auf Studien über das Wahlverhalten zurück. Entsprechend hat sich das Bild, das wir heute vom Bürger haben, unter dem Einfluss dieser empirischen Befunde zu den Ursachen des Wahlverhaltens grundlegend geändert. Dies wurde vor allem bei den Wahlstudien deutlich, die in den vierziger und fünfziger Jahren in den Vereinigten Staaten veröffentlicht wurden und deren Ergebnisse zu nachhaltigen Korrekturen an einem Bürgerbild führten, das in der Tradition der Aufklärung die politischen Tugenden und Fähigkeiten des Bürgers und Wählers in leuchtenden und optimistischen Far-

---

[4] Zur empirischen Sozialforschung vgl. *René König* (Hrsg.): Handbuch der empirischen Sozialforschung, Bd. 1-12, Stuttgart [2,3]1973-1978; *Jürgen Friedrichs*: Methoden empirischer Sozialforschung, Opladen [15]1998; *Helmut Kromrey*: Empirische Sozialforschung, Opladen [8]1998; *Jürgen Maier, Michaela Maier, Hans Rattinger*: Methoden der sozialwissenschaftlichen Datenanalyse, München 2000.

[5] Siehe hierzu den Beitrag von *Manfred Mols* in diesem Band.

[6] So z. B. *Wilhelm Hennis*: Meinungsforschung und repräsentative Demokratie, Tübingen 1957; *Theodor W. Adorno*: Soziologie und empirische Forschung, in: ders. u. a.: Der Positivismusstreit in der deutschen Soziologie, Darmstadt [11]1984, S. 81-101.

318   Ulrich Eith/Gerd Mielke

ben gemalt hatte. Demgegenüber vermittelten die frühen Wahlstudien ein eher ernüchterndes Bild eines recht uninformierten, von Gruppen- und anderen sozialen Zwängen gesteuerten Wählers, dessen Stimmabgabe eben nicht auf gründlicher Befassung mit politischen Fragen beruhte.[7]

Die Ergebnisse der frühen Wahlstudien blieben nicht ohne Folgen für die normative Diskussion über demokratietheoretische Probleme. Alsbald entwickelte sich aus den Arbeiten der Wahlforscher eine „revisionistische" oder „realistische" Demokratietheorie. Diese geriet wiederum unter schweren Beschuss von zahlreichen Autoren, die ihr vorhielten, voreilig zentrale demokratische Normen preiszugeben. Die demokratietheoretischen Auseinandersetzungen, die die Wahlforschung und ihre Ergebnisse auslösten und die keineswegs abgeschlossen sind, verweisen auf die Korrektiv- bzw. kritische Funktion, die einer empirischen Teildisziplin wie der Wahlforschung im normativen Diskursfeld der Politikwissenschaft, der stetigen Reibungsfläche zwischen dem Bereich normativ-ethischer Aussagen und Festlegungen einerseits und den empirischen Befunden andererseits, zufällt.[8]

Die Wahlforschung demonstriert zum dritten auch eindrucksvoll den synoptischen Charakter der Politikwissenschaft.[9] Schon die frühen Klassiker der Wahlforschung haben in ihren Studien über die Bestimmungsfaktoren des Wählerverhaltens ganz unterschiedliche und disparate Theorien und Forschungszweige der Sozialwissenschaft in einer Fragestellung gebündelt. Theorien des sozialen Wandels, Modelle der Kommunikationsforschung und Mutma-

---

[7] Dies gilt vor allem für die weiter unten noch zu diskutierenden Studien von *Lazarsfeld*, *Berelson* und *Campbell*, aber auch für *Gabriel A. Almond, Sidney Verba*: The Civic Culture. Political Attitudes and Democracy in Five Nations, Princeton 1963; dies. (Hrsg.): The Civic Culture Revisited, Boston 1980.

[8] Vgl. *Eugene Burdick*: Political Theory and the Voting Studies, in: *ders., Arthur J. Brodbeck* (Hrsg.): American Voting Behavior, Glencoe 1959, S. 136-149; *Henry S. Kariel* (Hrsg.): Frontiers of Democratic Theory, New York 1970; *Hartmut Garding*: Empirische Wahlforschung und normative Demoratietheorie, in: *Oberndörfer* 1978 (Anm. 2), S. 39-81; *Giovanni Sartori*: Demokratietheorie, Darmstadt 1992, bes. S. 94-136, 212-249.

[9] Siehe hierzu *Arnold Bergstraesser*: Die Stellung der Politik unter den Wissenschaften, in: ders.: Politik in Wissenschaft und Bildung. Schriften und Reden, Freiburg [2]1966, S. 17-31, bes. S. 29.

Wahlforschung

ßungen über das Konsumentenverhalten flossen in die Suche nach den Bestimmungsgründen der Wahlentscheidung ebenso mit ein wie Elemente der Partizipationsforschung oder auch der Kleingruppenpsychologie, die dazu beitragen konnten, etwa die auffällige politische Homogenität von Einstellungen innerhalb von Familien oder Freundeskreisen plausibel zu erklären. Diese in den frühen Wahlstudien bereits angelegte Konzentration verschiedener Forschungslinien und Traditionen auf eine Fragestellung hat sich in den vergangenen Jahrzehnten noch verstärkt.

Parallel hierzu vollzog sich eine zweite Entwicklung. Nachdem die Studien in den sechziger und frühen siebziger Jahren die Faktoren, die der Wahlentscheidung unmittelbar vorgelagert sind, systematisch analysiert hatten und damit das eng definierte Forschungsziel, die individuelle Wahlentscheidung zu erklären, erreicht schien, gingen mehr und mehr Arbeiten dazu über, den Wahlakt in ein weites und komplexes Spektrum von politischen Einstellungen und Verhaltensformen einzuordnen. In der westdeutschen Wahlforschung gab Max Kaase 1973 mit seiner vielzitierten Frage, „ob es sich überhaupt noch lohnt, so wie bisher weiterzuarbeiten"[10], den Startschuss einer bis heute fortdauernden Ausweitung der Fragestellungen der Wahlforschung und ihrer Verknüpfung mit benachbarten Forschungsgebieten.

Beispielhaft für diese Entwicklung im unmittelbarsten Umfeld der Wahlforschung sind die zahlreichen Studien zur politischen Kultur und zum Wertewandel in den modernen westlichen Industriegesellschaften. Hier wurde das Aufkommen der Grünen und so genannter Neuer Sozialer Bewegungen wie die Frauen-, Umwelt- und Friedensbewegung auf tief greifende Veränderungen des Wertgefüges in den jüngeren Generationen, vor allem in der so genannten Postmaterialismus-Diskussion im Anschluss an die Thesen von Ronald Inglehart[11], zurückgeführt. Auch die beiden großen, international vergleichenden Studien zur politischen Partizipation von Samuel H. Barnes, Max Kaase und ihren Mitarbeitern sind in der theoretischen Nachbarschaft der Wahlforschung angesiedelt und

---

[10] *Max Kaase*: Die Bundestagswahl 1972: Probleme und Analysen, in: PVS 14 (1973), S. 145-190, hier S. 152.

[11] Siehe zur Diskussion *Ronald Inglehart*: Kultureller Umbruch. Wertwandel in der westlichen Welt, Frankfurt a. M. 1989; *Oscar W. Gabriel*: Politische Kultur, Postmaterialismus und Materialismus in der Bundesrepublik Deutschland, Opladen 1986.

320   Ulrich Eith/Gerd Mielke

betten die analysierten Aktionsformen in einen komplexen sozio-
ökonomischen, sozialisationsbezogenen und ideologischen Kontext von politischen Verhaltensmustern und Einstellungen ein.[12]
Weiterhin ist in diesem Zusammenhang auf das von Max Kaase
und Kenneth Newton initiierte Forschungsprojekt „Beliefs in Government" zu verweisen. In vergleichender Perspektive werden
längerfristige Veränderungen in den Einstellungen der Bevölkerungen Westeuropas zur Legitimation demokratischer Politik sowie
zur Bedeutung und den Aufgaben der Nationalstaaten wie auch der
Europäischen Union untersucht.[13]

Diese Tendenz zur Erweiterung der Forschungsperspektive auf
benachbarte Themenfelder wurde durch zahlreiche Studien ergänzt, die auf eine historische oder regionale Differenzierung des
Wählerverhaltens abzielten. Das bemerkenswerte Charakteristikum gerade dieser Studien ist, dass sie häufig die ansonsten übliche Datenebene der durch Umfragen gewonnenen Individualdaten
verlassen und ihre Ergebnisse auch auf Aggregatdaten, also auf Gebietseinheiten bezogene Daten, stützen.[14]

Viertens ist die Wahlforschung ein aufschlussreiches Beispiel für
eine politikwissenschaftliche Teildisziplin mit ganz unmittelbaren

[12] Vgl. *Samuel H. Barnes, Max Kaase u. a.*: Political Action. Mass Participation in Five Western Democracies, Beverly Hills 1979; *M. Kent Jennings, Jan W. van Deth u. a.*: Continuities in Political Action: A Longitudinal Study of Political Orientations in Three Western Democracies,
Berlin 1990.

[13] Vgl. *Max Kaase, Kenneth Newton, Elinor Scarbrough* (Hrsg.): Beliefs
in Government, Vol. 1-5, Oxford 1995.

[14] Vgl. etwa die Beiträge in *Dieter Oberndörfer, Karl Schmitt* (Hrsg.): Parteien und regionale politische Traditionen in der Bundesrepublik, Berlin 1991; *Herbert Kühr* (Hrsg.): Vom Milieu zur Volkspartei. Funktionen und Wandlungen der Parteien im kommunalen und regionalen
Bereich, Königstein/Ts. 1979; *Jürgen W. Falter*: Hitlers Wähler, München 1991; *Karl Rohe*: Vom Revier zum Ruhrgebiet. Wahlen, Parteien,
Politische Kultur, Essen 1986; *Konrad Schacht*: Wahlentscheidung im
Dienstleistungszentrum. Analysen zur Frankfurter Kommunalwahl vom
22. März 1981, Opladen 1986; *Gerd Mielke*: Sozialer Wandel und politische Dominanz in Baden-Württemberg. Eine politikwissenschaftlich-
statistische Analyse des Zusammenhangs von Sozialstruktur und Wahlverhalten in einer ländlichen Region, Berlin 1987; *Ulrich Eith*:
Wählerverhalten in Sachsen-Anhalt. Zur Bedeutung sozialstruktureller
Einflussfaktoren auf die Wahlentscheidungen 1990 und 1994, Berlin
1997.

Bezügen zur praktischen Politik. Dies bezieht sich zunächst auf das öffentliche und politische Interesse an den Ergebnissen der Wahlforschung, das zu einer kommerziellen und mediengerechten Aufbereitung vor allem eines Teils der Umfrageforschung geführt hat. Den Wahlanalysen von Infratest dimap oder der Forschungsgruppe Wahlen in den öffentlich-rechtlichen Programmen am Wahlabend, dem allmonatlich erscheinenden Politbarometer oder den Spiegel-Umfragen kann ein hoher Unterhaltungswert attestiert werden. Sie vermitteln den Zuschauern und Lesern ein Bild davon, welche Partei in der Wählergunst vorne liegt oder gerade an Boden verliert, welche Themen „in" oder „out" sind. Auch wenn im einzelnen nach wie vor umstritten ist, welchen Einfluss diese Informationen nun ihrerseits auf die politischen Einstellungen der Wähler haben, sie gehören zweifellos in jedem Fall längst zu unserer Informationskultur wie die Tagesschau, Wettervorhersagen, Berichte zur Fußball-Bundesliga oder auch die Notierungen des DAX oder Dow Jones-Index der Börse.

Abbildung 1: Die Wahlforschung im Spannungsfeld von Wissenschaft und Praxis

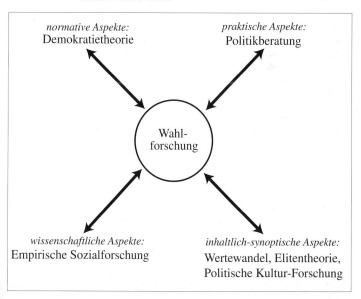

322 Ulrich Eith/Gerd Mielke

Allerdings ist die praktisch-politische Relevanz der Wahlforschung mit der Widerspiegelung des Meinungs- und Informationsklimas keineswegs erschöpft. Sie entfaltet ihre stärkste Wirkung in den Parteien selbst, also unter den Akteuren, die versuchen, aus der wissenschaftlich fundierten Kenntnis über die Bestimmungsgründe des Wählerverhaltens nun – gewissermaßen im Umkehrschluss – Strategien der gezielten Beeinflussung der Wählerschaft zu entwickeln. Mittlerweile gehören sozialwissenschaftliche Planungsstäbe, die sich diese Aufgabe zu eigen machen, zur Grundausstattung der Parteizentralen.

3. Theoretische Erklärungsmodelle des Wählerverhaltens

Das in allen westlichen Demokratien geltende geheime Wahlrecht für politische Wahlen aller Ebenen verhindert eine direkte Beobachtung der persönlichen Stimmabgabe durch den Wahlforscher. Um dennoch Aussagen über die individuellen und gruppenspezifischen Prozesse und Bestimmungsfaktoren der Wahlentscheidung treffen zu können, ist die Wahlforschung auf das Instrument des wissenschaftlichen Indizienbeweises angewiesen: Tragfähige theoretische Erklärungsmodelle leiten das jeweils konkrete Wahlergebnis aus einer Anzahl kausal vorgelagerter Faktoren ab.

Vier verschiedene Ansätze lassen sich hierbei unterscheiden[15]: der soziologische und der individualpsychologische Ansatz, das Modell des rationalen Wählers sowie der Lebensstilansatz. Ungeachtet aller im folgenden noch detaillierter aufzuzeigenden unterschiedlichen Schwerpunkte und Herangehensweisen können zwei grundsätzliche Differenzierungskriterien gleich zu Beginn benannt werden. Der soziologische und der Lebensstilansatz konzentrieren sich beide in erster Linie auf die Einflüsse, die die Umwelt des Wählers auf seine Entscheidung ausübt, der individualpsychologische Ansatz und das Modell des rationalen Wählers fokussieren dagegen hauptsächlich den individuellen Entscheidungsprozess. Eher auf die Konstanz bzw. emotionale Tiefe der Wähler-Partei-

---

[15] Vgl. die Literaturhinweise am Ende des Beitrags sowie *Jürgen W. Falter*, *Siegfried Schumann*, *Jürgen Winkler*: Erklärungsmodelle von Wählerverhalten, in: APuZ 40 (1990) B 37-38, S. 3-13; *Eith* 1997 (Anm. 14) S. 27-61.

Abbildung 2: Wahlverhalten im Spannungsfeld von individuellen und soziologischen Faktoren

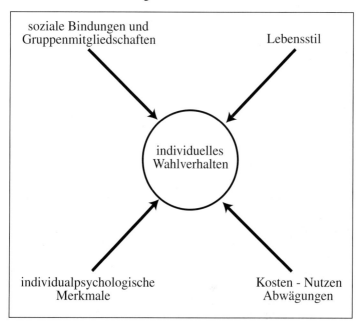

Beziehung heben ihrerseits der soziologische und der individualpsychologische Ansatz ab, während die beiden anderen vor allen Dingen utilitäre und Imagekomponenten der Wahlentscheidung betonen. Trotz aller Unterschiede herrscht in der Wahlforschung allgemein die Überzeugung vor, dass sich die verschiedenen Ansätze eher ergänzen als dass sie sich widersprechen oder gar gegenseitig ausschließen.[16]

Ausgangspunkt und Grundlage aller theoretischen Erklärungen des Wählerverhaltens bilden die unterschiedlichen Möglichkeiten der Datenerhebung. Die verschiedenen Datentypen sind

---

[16] Vgl. *Falter/Schumann/Winkler* 1990 (Anm. 15), S. 13; *Rainer-Olaf Schultze*: Wählerverhalten und Parteiensystem, in: *Hans-Georg Wehling* (Hrsg.): Wahlverhalten, Stuttgart 1991, S. 11-43, hier S. 17.

324   Ulrich Eith/Gerd Mielke

mit spezifischen Vor- und Nachteilen behaftet, die es bei der entsprechenden Verwendung und Interpretation zu berücksichtigen
gilt.[17]

a) *Aggregatdaten* beziehen sich immer auf Gebietseinheiten, im
Falle der Wahlforschung üblicherweise auf Wahlkreise. Die verschiedenen Stimmenanteile in den Wahlkreisen lassen sich zu
weiteren ökonomischen oder sozialen Strukturmerkmalen dieser
Gebietseinheiten systematisch in Beziehung setzen. Aggregatdaten weisen einen hohen Grad an Verlässlichkeit auf, da sie hauptsächlich aus amtlichen Erhebungen resultieren. Sie ermöglichen
eine Analyse des sozialen Kontextes, in den das Wahlverhalten eingebettet ist. Ein Rückschluss auf das individuelle Verhalten, die
Dispositionen und Motive des Wählers lässt dieser Datentypus allerdings im allgemeinen nicht zu. Dennoch sind Aggregatdaten für
die historische Wahlforschung die nahezu einzige Möglichkeit,
entsprechende Erklärungsmuster empirisch untersuchen zu können.

b) Die in großer Anzahl seit den fünfziger Jahren verfügbaren
Umfragedaten resultieren aus der Befragung von Personen einer
jeweils repräsentativen Stichprobe. Sie enthalten neben den sozi-
alstrukturellen Merkmalen der Befragten deren politische Verhaltensabsichten und Einstellungen zu Parteien, Kandidaten und Sachfragen. Allerdings gilt es bei diesem heute sehr verbreiteten
Datentyp in besonderer Weise, seine Spezifika zu erkennen. So ermitteln Umfragen in erster Linie Verhaltensabsichten und keineswegs tatsächliches Verhalten. Zudem ist die Möglichkeit der bewussten oder unbewussten Falschaussage des Befragten nie
auszuschließen. Weiterhin ist es erforderlich, die mathematischen
Gesetze der Stichprobentheorie einzuhalten, um zu gesicherten, repräsentativen Aussagen zu gelangen.

c) Darüber hinaus stehen für Deutschland die Daten der *repräsentativen Wahlstatistik* zur Verfügung, die aufgrund gesetzlicher
Anordnung bis 1990 bei allen überregionalen Wahlen und weiterhin auch bei verschiedenen regionalen Wahlen erhoben wurden.
Sie beruhen auf der Auszählung markierter Stimmzettel und ermöglichen so exakte Aussagen über das tatsächliche Abstim-
mungsverhalten nach den Merkmalen Alter und Geschlecht. Diese zwar präzise ermittelten, im Allgemeinen aber keineswegs
verhaltensrelevanten Kategorien bedürfen jedoch erst der theore-

---
[17] Siehe hierzu den Beitrag von *Christian Welzel* in diesem Band.

tischen Aufladung, um für kausale Erklärungsmuster des Wählerverhaltens von Nutzen zu sein.[18]
   Für sich allein betrachtet sind selbst umfangreiche Datensätze
zur Erklärung von Wählerverhalten wertlos. Ihre Bedeutung und
ihren Sinn erlangen sie erst innerhalb theoretischer Überlegungen.
Die vier wichtigsten Erklärungsmodelle des Wählerverhaltens werden nun im folgenden näher vorgestellt und miteinander kontrastiert.

3.1 Der soziologische Erklärungsansatz

Ein erster klassischer Ansatz hebt ab auf die verhaltensrelevante
Bedeutung des sozialen Umfelds: *Wählerverhalten ist Gruppen-
verhalten.* Schulbildend für dieses in der Literatur als mikrosozio-
logischer, sozialstruktureller oder auch gruppentheoretischer Ansatz bezeichnete Erklärungsmodell wirkte die Untersuchung des
Meinungsbildungsprozesses bei der amerikanischen Präsident-
schaftswahl 1940 in Erie County (Ohio) durch Paul F. Lazarsfeld
und seine Mitarbeiter an der Columbia University.[19] Weniger der
ursprünglich angenommene Einfluss der Massenmedien oder der
Wahlpropaganda als vielmehr die Zugehörigkeit zu bestimmten sozialen Gruppen mit festen politischen Verhaltensnormen bestimmten die individuelle Wahlentscheidung. Lazarsfeld konstruierte mit
Hilfe der Merkmale sozioökonomischer Status, Konfessionszuge-
hörigkeit und Größe des Wohnorts einen „Index der politischen
Prädisposition", der das Zusammenwirken der unterschiedlichen
Gruppenzugehörigkeiten widerspiegelt: Je gleichgerichteter die
Wahlnormen derjenigen Gruppen, denen der einzelne Wähler angehört, desto geringer die Wahrscheinlichkeit einer individuell ab-
weichenden Wahlentscheidung; „a person thinks, politically, as he

---

[18] Siehe hierzu *Jürgen W. Falter, Siegfried Schumann*: Vive la (très) petite
   différence! Über das unterschiedliche Wahlverhalten von Männern und
   Frauen bei der Bundestagswahl 1987, in: *Max Kaase, Hans-Dieter Klingemann* (Hrsg.): Wahlen und Wähler. Analysen aus Anlass der Bundestagswahl 1987, Opladen 1990, S. 109-142; *Ulrich Eith*: Alters- und ge-
   schlechtsspezifisches Wahlverhalten?, in: *Wehling* 1991 (Anm. 16), S.
   166-178; *Ute Molitor*: Wählen Frauen anders? Baden-Baden 1992.
[19] *Paul F. Lazarsfeld, Bernard Berelson, Hazel Gaudet*: Wahlen und Wähler. Soziologie des Wahlverhaltens, Neuwied 1969 (im Orig.: The Peo-
   ple´s Choice. How the Voter makes up his Mind in a Presidential Cam-
   paign, New York 1944).

326   Ulrich Eith/Gerd Mielke

is, socially. Social characteristics determine political preference."[20]
Auf sich widersprechende Loyalitätsforderungen, nach Lazarsfeld
cross-pressures genannt, reagiert das Individuum mit der Reduzierung des politischen Interesses und der Herauszögerung der Wahlentscheidung, bis die Entscheidung darüber getroffen ist, welche
Gruppenzugehörigkeit denn jetzt als wichtigste, und damit als verhaltensrelevant, eingestuft wird.[21]

Dieses Erklärungsmodell, das das Individuum im Mittelpunkt
konzentrischer, sich gegenseitig verstärkender Einflusskreise sieht,
veranschaulicht in besonderer Weise ein stabiles, über einen län-
geren Zeitraum hinweg konstantes Wahlverhalten. Kurzfristige
Änderungen der Wahlentscheidung erklärt es hingegen nur unzureichend.

Seine makrosoziologische, sozialhistorische Erweiterung und
Einbettung erfuhr dieser allein das Individuum betrachtende
Columbia-Ansatz durch die *Cleavage*-Theorie von Seymour M.
Lipset und Stein Rokkan.[22] In ihrer über ein Dutzend Länder be-
rücksichtigenden Untersuchung verweisen sie neben allen länder-
spezifischen Besonderheiten auf eine Reihe grundlegender
Gemeinsamkeiten in der Struktur der westeuropäischen Parteiensysteme. Lipset/Rokkan führen dies auf den im Kern vergleichbar
stattgefundenen Demokratisierungsprozess zurück, in dessen Verlauf die Parteiensysteme vier zentrale Etappen zu bewältigen hatten: die Frage der nationalen Einheit sowie den Konflikt zwischen
Kirche und weltlicher Macht um die politische und kulturelle Vorherrschaft im neuen Staat, die im Zuge der Industrialisierung divergierenden Interessen von ländlichen und städtisch-in-
dustriellen Gebieten sowie den Konflikt zwischen Kapital und Arbeit. In Abhängigkeit von den spezifischen institutionellen
Rahmenbedingungen der entsprechenden politischen Systeme haben diese dauerhaft politisierten, in der Sozialstruktur verankerten
Konflikte zu *cleavages*, zu stabilen Koalitionen zwischen politi-

---

[20] *Lazarsfeld/Berelson/Gaudet* 1944 (Anm. 19), S. 27 (in der Übersetzung
S. 62: Ein Mensch denkt politisch entsprechend seinem sozialen Sein.
Soziale Merkmale bestimmen die politischen Präferenzen.).

[21] Vgl. *Lazarsfeld/Berelson/Gaudet* 1969 (Anm. 19), S. 88-101.

[22] *Seymour M. Lipset, Stein Rokkan*: Cleavage Structures, Party Systems,
and Voter Alignments. An Introduction, in: dies. (Hrsg.): Party Systems
and Voter Alignments: Cross-National Perspectives, New York 1967, S.
1-64.

schen Eliten und den Trägern dieser Konflikte geführt und somit die Ausprägung der europäischen Parteiensysteme bestimmt.

Die historische Entwicklung der Parteiensysteme in Deutschland lässt sich mit Hilfe dieses Ansatzes gewinnbringend analysieren. Bereits in den sechziger Jahren zeigt M. Rainer Lepsius in seiner Untersuchung des Weimarer Parteiensystems, wie sich sozialstrukturelle Gegensätze und gruppenspezifische Wert- und Moralvorstellungen gegenseitig ergänzen, zu vier sozialmoralischen Milieus verdichten und die politische Landschaft der Weimarer Republik prägen.[23] Die Hauptspannungslinien der Bundesrepublik diskutiert Franz Urban Pappi und passt das Cleavage-Modell den deutschen Rahmenbedingungen in seinem Konzept der politisierten Sozialstruktur an.[24] So repräsentieren in der Frühphase der Bundesrepublik die CDU/CSU die konfessionelle, die SPD die klassenbezogene Konfliktlinie der deutschen Gesellschaft auf der politischen Ebene. Dieses stabile Zuordnungsmuster ändert sich Ende der sechziger, Anfang der siebziger Jahre. Der gesellschaftliche und industrielle Wandel bewirkt eine sozialstrukturelle Angleichung der Wählerschaften der beiden großen Volksparteien.[25] Ein zunehmender Anteil der Wähler löst sich von den traditionellen, bislang das Wahlverhalten bestimmenden Milieus und Gruppenzugehörigkeiten und zwingt die soziologisch orientierte Wahlforschung zur Verfeinerung und Erweiterung ihrer Analyseinstrumente, etwa durch eine stärkere Berücksichtigung regionaler politischer Traditionen und Besonderheiten[26] oder die Einbeziehung alternativer Erklärungskonzepte.

---

[23] *M. Rainer Lepsius*: Parteiensystem und Sozialstruktur: Zum Problem der Demokratisierung der deutschen Gesellschaft, in: *Wilhelm Abel* u. a. (Hrsg.): Wirtschaft, Geschichte und Wirtschaftsgeschichte, Stuttgart 1966, S. 371-393; vgl. auch *Karl Rohe*: Wahlen und Wählertraditionen in Deutschland, Frankfurt a. M. 1992.

[24] *Franz Urban Pappi*: Parteiensystem und Sozialstruktur in der Bundesrepublik, in: PVS 14 (1973), S. 191-213; ders.: Konstanz und Wandel der Hauptspannungslinien in der Bundesrepublik, in: *Joachim Matthes* (Hrsg.): Sozialer Wandel in Westeuropa, Berlin 1979, S. 465-479; ders.: Klassenstruktur und Wahlverhalten im sozialen Wandel, in: *Kaase/Klingemann* 1990 (Anm. 18), S. 15-30.

[25] Vgl. *Hans-Joachim Veen, Peter Gluchowski*: Sozialstrukturelle Nivellierung bei politischer Polarisierung – Wandlungen und Konstanten in den Wählerstrukturen der Parteien 1953-1987, in: ZParl 19 (1988), S. 225-248.

[26] Siehe hierzu etwa die in Anm. 14 angeführte Literatur.

328   Ulrich Eith/Gerd Mielke

Wahlanalysen in der Tradition des soziologischen Ansatzes benutzen je nach Datentyp als Indikatoren der Milieu- oder Gruppenzugehörigkeit hauptsächlich die gängigen ökonomischen und kulturellen Kategorien der Sozialstruktur wie Beruf, Einkommen, Bildung, Konfession, Alter und Wohnortgröße, zudem auch Merkmale der regionalen Wirtschaftsstruktur, individuelle Gewerkschaftsmitgliedschaft oder Kirchgangshäufigkeit. Auch wenn die empirische Überprüfung soziologischer Erklärungshypothesen zum Wählerverhalten natürlich ebenfalls mit Individualdaten erfolgen kann, so findet doch in diesem Bereich gerade die Aggregatdatenanalyse ihr Haupteinsatzfeld.

3.2 Der individualpsychologische Erklärungsansatz

Einen deutlichen Perspektivenwechsel nimmt der zweite klassische Erklärungsansatz vor: *Wahlverhalten ist Ausdruck einer individuellen psychologischen Beziehung zu einer Partei.* In ihren Untersuchungen der amerikanischen Präsidentschaftswahlen der fünfziger Jahre entwickelten Angus Campbell und seine Mitarbeiter von der University of Michigan, Ann Arbor, in Auseinandersetzung mit dem statischen soziologischen Columbia-Modell einen dynamischeren, zu Prognosezwecken weitaus geeigneteren Erklärungsansatz des Wählerverhaltens.[27] Kernstück dieses als individualpsychologisches, Ann Arbor- oder Michigan-Modell bezeichneten Ansatzes bildet die individuelle Parteiidentifikation, eine langfristige emotionale Bindung des Wählers an seine Partei. Sie wird erworben während der politischen Sozialisation durch Elternhaus, Freundeskreis oder Mitgliedschaften in politischen Gruppen und beeinflusst, einmal ausgeprägt, die Wahrnehmung und Bewertung politischer Ereignisse in hohem Maße. Neben dieser Langzeitvariablen existieren zwei weitere Einflussfaktoren, die Bewertung der Kandidaten und die Orientierung an politischen Sachfragen (*issues*). Die individuelle Wahlentscheidung als Resultat des Zusammenspiels dieser drei Faktoren wird von Campbell mit einem *„funnel of causality"*[28], einem Entscheidungstrichter, beschrieben. Die langfristige politische Grundausrichtung des Wählers bestimmt

---

[27] *Angus Campbell, Gerald Gurin, Warren E. Miller*: The Voter Decides, Evanstone 1954; *Angus Campbell, Philip E. Converse, Warren E. Miller, Donald E. Stokes*: The American Voter, New York 1960.

[28] *Campbell u. a.* 1960 (Anm. 27), S. 24.

demnach die Parteiidentifikation, Kandidaten und Sachfragen werden als kurzfristige, möglicherweise intervenierende Faktoren betrachtet. Das Verhalten von Wechselwählern erklärt sich somit durch auftretende Dissonanzen zwischen diesen drei Variablen; für den einzelnen Wähler wichtige Personal- oder Sachfragen lassen unter Umständen die individuelle punktuelle Wahlentscheidung entgegengesetzt der langfristig wirksamen Parteiidentifikation ausfallen.

Die großen Schwierigkeiten bei der Übertragung des für die amerikanische Situation entwickelten Erklärungsansatzes auf bundesdeutsche Verhältnisse scheinen überwunden.[29] Seit über zwanzig Jahren stehen miteinander vergleichbare Umfragen zur Verfügung. Neben der Parteiidentifikation werden unter anderem regelmäßig auch Daten zur Beliebtheit der Spitzenpolitiker, zur Rangfolge der wichtigsten politischen Probleme samt den entsprechend zugeschriebenen Lösungskompetenzen der Parteien, zur Zufriedenheit mit dem politischen System und der wirtschaftlichen Situation sowie die so genannte Sonntagsfrage nach der Wahlentscheidung, wenn am nächsten Sonntag Bundestagswahl wäre, erhoben. Einige theoretisch wie empirisch anspruchsvolle Untersuchungen auf der Grundlage des Ann Arbor-Modells zeigen den Erkenntnisertrag, den dieses Modell für das Verständnis des Zusammenspiels kurz- und langfristiger Einflüsse auf das bundes-

---

[29] Vgl. zu den Übersetzungsproblemen des zur Messung benutzten Indikators, zu den Spezifika des politischen Systems der Bundesrepublik sowie zu den Validitätsproblemen des Konzepts: *Jürgen W. Falter*: Einmal mehr: Lässt sich das Konzept der Parteiidentifikation auf deutsche Verhältnisse übertragen?, in: PVS 18 (1977), S. 476-500; *Peter Gluchowski*: Parteiidentifikation im politischen System der Bundesrepublik Deutschland. Zum Problem der empirischen Überprüfung eines Konzepts unter variierten Systembedingungen, in: *Oberndörfer* 1978 (Anm. 2), S. 265-323; wesentlich skeptischer bezüglich der Übertragungsmöglichkeit: *Rudolf Wildenmann*: Wahlforschung, Mannheim 1992, S. 54-55; *Manfred Küchler*: Ökonomische Kompetenzurteile und individuelles Verhalten: Empirische Ergebnisse am Beispiel der Bundestagswahl 1983, in: *Dieter Oberndörfer, Hans Rattinger, Karl Schmitt* (Hrsg.): Wirtschaftlicher Wandel, religiöser Wandel und Wertewandel. Folgen für das politische Verhalten in der Bundesrepublik Deutschland, Berlin 1985, S. 131-181, bes. S. 163-165; ders.: Ökologie statt Ökonomie: Wählerpräferenzen im Wandel? In: *Kaase/Klingemann* 1990 (Anm. 18), S. 419-444, bes. 426-429.

330   Ulrich Eith/Gerd Mielke

deutsche Wahlverhalten zu leisten im Stande ist.[30] Allerdings bereitet die exakte Quantifizierung der kurz- und langfristigen Effekte auf die Wahlabsicht nach wie vor große Probleme.[31]

Auch dieser Erklärungsansatz bleibt nicht unberührt von den
bereits genannten Umstrukturierungsprozessen seit Ende der sechziger Jahre, die zu einer spürbaren Erosion der langfristigen Parteibindungen geführt haben. So weist ein knappes Drittel der westdeutschen Wahlberechtigten seit Ende der achtziger Jahre keine
langfristige Parteiidentifikation mehr auf und im Osten liegt der
entsprechende Anteil in den neunziger Jahren bei etwa 40 %. Als
Folge werden ein zunehmendes Wechselwählerverhalten und eine
Fragmentierung des Parteiensystems konstatiert.[32]

3.3 Das Modell des rationalen Wählers

Auswege aus dem Dilemma der beiden klassischen Erklärungsmodelle weisen Ansätze, die Wählerverhalten auf kurzzeitige, flexib-
lere Einflussfaktoren zurückführen. Ein lediglich das individuelle
Entscheidungskalkül analysierendes Modell hat Anthony Downs

---

[30] Etwa *Hans D. Klingemann, Charles Lewis Taylor*: Affektive Parteiori-
entierung, Kanzlerkandidaten und Issues. Einstellungskomponenten der
Wahlentscheidung bei Bundestagswahlen in Deutschland, in: PVS 18
(1977), S. 301-347; *Jürgen W. Falter, Hans Rattinger*: Parteien, Kandidaten und politische Streitfragen bei der Bundestagswahl 1980: Möglichkeiten und Grenzen der Normal-Vote-Analyse, in: *Max Kaase, Hans-
Dieter Klingemann*: Wahlen und politisches System. Analysen aus Anlaß
der Bundestagswahl 1980, Opladen 1983, S. 320-421; *Hans Rattinger*:
Parteineigungen, Sachfragen und Kandidatenorientierungen in Ost- und
Westdeutschland 1990-1992, in: *ders., Oscar W. Gabriel, Wolfgang Jagodzinski* (Hrsg.): Wahlen und politische Einstellungen im vereinten
Deutschland, Frankfurt/M. 1994, S. 267-315.
[31] Vgl. *Wolfgang Jagodzinski, Steffen M. Kühnel*: Zur Schätzung der relativen Effekte von Issueorientierungen, Kandidatenpräferenz und langfristiger Parteibindung auf die Wahlabsicht, in: *Karl Schmitt* (Hrsg.):
Wahlen, Parteieliten, politische Einstellungen. Neuere Forschungsergebnisse, Frankfurt a. M. 1990, S. 5-63.
[32] Vgl. *Russell J. Dalton, Robert Rohrschneider*: Wählerwandel und
die Abschwächung der Parteineigungen von 1972 bis 1987, in: *Kaa-
se/Klingemann* 1990 (Anm. 18), S. 297-324; skeptischer *Carsten Zelle*:
Der Wechselwähler. Politische und soziale Erklärungsansätze des Wäh-
lerwandels in Deutschland und den USA, Opladen 1995.

in seiner ökonomischen Theorie der Demokratie[33] entwickelt: *Die persönliche Wahlentscheidung wird bestimmt durch ihren maximalen politischen Nutzen.* Ein rationaler Wähler entscheidet sich demnach für diejenige Partei, von deren Politik er sich den größten Vorteil verspricht.

Der in Downs' Studie verwendete ökonomische Rationalitätsbegriff bezieht sich „niemals auf die Ziele, sondern stets nur auf die Mittel eines Handlungsträgers"[34], also auf das ökonomisch effektive – rationale – Verfolgen eines selbstgewählten, dem eigenen Werturteil unterliegenden Ziels. Demnach ordnet ein rationaler Mensch seine Handlungsalternativen, wählt die an erster Stelle stehende aus und kommt bei gleichen Rahmenbedingungen stets zum selben Ergebnis. Ein derart verstandener Rationalitätsbegriff unterscheidet sich selbstverständlich stark von den umgangssprachlich benutzten Vorstellungen über Rationalität, seien sie mit normativen Forderungen einer Gemeinwohlverpflichtung des politischen Handelns oder einer Entscheidungsfindung mittels rein logischer, intersubjektiv nachprüfbarer Denkprozesse verbunden.[35]

Die Wahlforschung operationalisiert rationales Wahlverhalten im Allgemeinen mit *issue-voting*, der Orientierung des Wählers an Sachfragen. Der rationale Wähler ermittelt seine Wahlentscheidung unter Erstellung eines Nutzendifferentials. Er vergleicht hierzu die Arbeit der Regierung in der vergangenen Legislaturperiode mit dem vermuteten Ergebnis der Opposition, wäre diese an der Macht gewesen, und entscheidet sich für diejenige Partei, die seine individuellen Ziele am ehesten zu verwirklichen vermag. „Eine besondere Rolle fällt dabei wirtschaftlichen Indikatoren wie Inflationsraten, Arbeitslosenzahlen oder Wachstumsraten als Maßstäben erfolgreicher Regierungstätigkeit zu."[36] Bereits Downs hat jedoch betont, dass die Wahlentscheidung in der Realität unter den Bedingungen von Ungewissheit und unvollständiger Information erfolgt. Dementsprechend ist es vor allem für Wähler mit einem eher geringeren politischen Kenntnisstand durchaus rational, sich

---

[33] *Anthony Downs*: Ökonomische Theorie der Demokratie, Tübingen 1968 (im Orig.: An Economic Theory of Democracy, New York 1957).

[34] Ebd., S. 5.

[35] Vgl. ebd., S. 4-11; *Hans Rattinger*: Empirische Wahlforschung auf der Suche nach dem rationalen Wähler, in: ZfP 27 (1980), S. 44-58, bes. S. 48.

[36] *Falter/Schumann/Winkler* 1990 (Anm. 15), S. 12.

332 Ulrich Eith/Gerd Mielke

bei ihrer Entscheidung an Ideologien oder auch an ihrer Parteiidentifikation – nun verstanden als generelle Parteienbewertung – zu orientieren.[37]

In diesem Erklärungsmodell finden die Einflüsse des sozialen Umfelds keine explizite Berücksichtigung. Des weiteren lässt sich innerhalb des rationalen Modells die Beteiligung an einer Wahl bestenfalls mit expressiven Motiven schlüssig begründen: Die Wirkung der eigenen Stimme, also der instrumentelle Nutzen einer Beteiligung, ist verschwindend gering gegenüber den entstehenden Kosten, den Mühen einer Teilnahme. Ebenfalls unbefriedigend bleibt die Erklärung der Wahlentscheidung zugunsten kleiner Parteien, die keine Chance auf eine Regierungsbeteiligung haben.[38]

Im forschungspraktischen Alltag greifen die Analysen zur Rationalität des Wählerverhaltens auf dieselben Wahlumfragen und Datensätze zurück, die auch in individualpsychologisch orientierten Untersuchungen Verwendung finden. Im rationalen Modell sind die erfragten Einstellungen zu Sachfragen für die Wahlerklärung von zentraler Bedeutung, im individualpsychologischen Ansatz werden sie als kurzfristige, bereits durch die Parteiidentifikation gefilterte Einflussfaktoren angesehen. Dieses aus beiden theoretischen Ansätzen resultierende Erkenntnisinteresse hat zu einer großen Anzahl detaillierter Studien zur Wirkungsweise kurzfristiger, vor allem ökonomischer Sachfragen auf die Wahlentscheidung geführt.[39]

---

[37] *Downs* 1968 (Anm. 33), S. 93-96; zu unterschiedlichen Modellen rationalen Handelns *Morris P. Fiorina*: Retrospective Voting in American National Elections, New Haven 1981; *Dieter Fuchs, Steffen Kühnel*: Wählen als rationales Handeln. Anmerkungen zum Nutzen des Rational-Choice-Ansatzes in der empirischen Wahlforschung, in: *Hans-Dieter Klingemann, Max Kaase* (Hrsg.): Wahlen und Wähler. Analysen aus Anlass der Bundestagswahl 1990, Opladen 1994, S. 305-364; *Eith* 1997 (Anm. 14), S. 40-49, *Paul W. Thurner*: Wählen als rationale Entscheidung. Die Modellierung von Politikreaktionen in Mehrparteiensystemen, München 1998, S. 8-49.

[38] Vgl. *Falter/Schumann/Winkler* 1990 (Anm. 15), S. 13; *Werner Kaltefleiter, Peter Nißen*: Empirische Wahlforschung. Eine Einführung in Theorie und Technik, Paderborn 1980, S. 123; *Steffen M. Kühnel, Dieter Fuchs*: Nichtwählen als rationales Handeln: Anmerkungen zum Nutzen des Rational-Choice Ansatzes in der empirischen Wahlforschung II, in: *Max Kaase, Hans-Dieter Klingemann* (Hrsg.): Wahlen und Wähler. Analysen aus Anlass der Bundestagswahl 1994, Opladen 1998, S. 317-356.

[39] Siehe bereits *Hans D. Klingemann*: Issue-Kompetenz und Wahlentscheidung. Die Einstellungen zu wertbezogenen politischen Problemen im

Wahlforschung 333

3.4 Wählerverhalten und Lebensstil

Eine andere Reaktion auf die zunehmenden Auflösungsprozesse traditioneller Parteibindungen stellen zwei in den achtziger Jahren erstellte Studien[40] dar, die mit einem in der Markt- und Konsumforschung bestens bewährten Analyseinstrumentarium den Versuch unternehmen, den inzwischen unübersichtlichen deutschen Wählermarkt neu zu strukturieren: *Wahlverhalten ist Teil des persönlichen, zunehmend selbstgewählten Lebensstils.* Diese Studien beruhen auf der durch empirische Befunde plausiblen theoretischen Prämisse, dass die sozioökonomischen Merkmale der Sozialstruktur infolge der gesellschaftlichen Individualisierungs- und Umstrukturierungsprozesse nur noch unzureichend moderne Gesellschaften strukturieren und somit verhaltensrelevant wirken können.[41] Eine größere Aufmerksamkeit und Bedeutung kommt daher dem selbstgewählten Lebensstil und alltagsästhetischen Inszenierungen zu, die in der medialen Freizeitgesellschaft zunehmend eine Orientierungs- und Deutungsfunktion übernehmen.[42] Allerdings herrscht in der empirischen Milieu- und Lebensstilforschung der Soziologie keine Einigkeit darüber, ob die „objektiven" Schicht- und Klassenmodelle generell durch „sub-

---

Zeitvergleich, in: PVS 14 (1973), S. 227-256; sowie den ausführlichen Literaturbericht von *Helmut Jung*: Ökonomische Variablen und ihre politischen Folgen: Ein kritischer Literaturbericht, in: *Oberndörfer/Rattinger/Schmitt* 1985 (Anm. 29), S. 61-95.

[40] *SPD-Parteivorstand* (Hrsg.): Planungsdaten für die Mehrheitsfähigkeit der SPD. Zusammenfassender Bericht, Bonn 1984; *Peter Gluchowski*: Lebensstile und Wandel der Wählerschaft in der Bundesrepublik Deutschland, in: APuZ 37 (1987) B 12, S. 18-32; erweiterte Fassung: ders.: Lebensstile und Wählerverhalten, in: *Hans-Joachim Veen, Elisabeth Noelle-Neumann* (Hrsg.): Wählerverhalten im Wandel, Paderborn 1991, S. 209-244.

[41] Vgl. *Stefan Hradil*: Alte Begriffe und neue Strukturen. Die Milieu-, Subkultur- und Lebensstilforschung der 80er Jahre, in: ders. (Hrsg.): Zwischen Bewusstsein und Sein, Opladen 1992, S. 15-55, bes. S. 15-20; grundlegend *Ulrich Beck*: Risikogesellschaft. Auf dem Weg in eine andere Moderne, Frankfurt a. M. 1986, bes. S. 121-160, S. 205-219.

[42] Vgl. *Berthold Bodo Flaig, Thomas Meyer, Jörg Ueltzhöffer*: Alltagsästhetik und politische Kultur. Zur ästhetischen Dimension politi-scher Bildung und politischer Kommunikation, Bonn 1993, bes. S. 11-32; *Peter Gluchowski*: Freizeit und Lebensstile. Plädoyer für eine integrierte Analyse von Freizeitverhalten, Erkrath 1988, bes. S. 9-24.

334 Ulrich Eith/Gerd Mielke

jektive" sozio-kulturelle Faktoren zu ersetzen und somit obsolet sind[43] oder ob Lebensstilanalysen nicht vielmehr „eine notwendige Ergänzung und sinnvolle Verfeinerung"[44] der Sozialstrukturanalyse darstellen.

Unterschiedliche methodische Vorgehensweisen kennzeichnen die beiden zum Bereich der politischen Soziologie vorliegenden Studien. Peter Gluchowski erstellt eine Lebensstil-Typologie auf der Basis von repräsentativen Umfragen zu persönlichen Lebenszielen und Wertorientierungen sowie Einstellungsmustern in verschiedenen Lebensbereichen, etwa Berufswelt, Familie, Freizeit, Konsum und Politik. Er konstruiert zur Analyse des Wählerverhaltens neun Lebensstil-Dispositionen – verfestigte Systeme aufeinander bezogener Einstellungen –, anhand derer „Individuen ihr alltägliches Leben in typischer Weise organisieren"[45]. Lediglich zur Beschreibung dieser neun Gruppierungen berücksichtigt er zusätzlich sozialstrukturelle Merkmale.[46] Kritisch sei angemerkt, dass es sich bei diesen Lebensstil-Gruppierungen allerdings „nicht [um] Gruppen im sozialen Sinne, sondern [um] Aggregate in einem technischen Sinne mit bestimmten Eigenschaften"[47], nämlich Parteien- oder Freizeitpräferenzen, handelt. Die Konstanz und somit verhaltensrelevante, theoretisch erklärende Bedeutung dieser verfestigten Einstellungssysteme ist ungeklärt, zumal Gluchowski bezeichnenderweise mit denselben, im März 1986 erhobenen Daten zur Erforschung der Marktchancen der CDU neun, zur Erklärung des Freizeitverhaltens lediglich nur sieben verhaltenssteuernde Lebensstile ermittelt.[48]

Anders verfährt das Heidelberger Sinus-Institut. Im ersten, qualitativen Teil der zweistufigen Lebensweltanalyse wird die Anzahl der Milieus unter Berücksichtigung von langfristig stabilen „soziale[n] Syndrome[n], bestehend aus sozialen Lagen einerseits und Wertorientierungen sowie lebensweltlichen Sinn- und Kommuni-

---

43 So z. B. *Gerhard Schulze*: Die Erlebnisgesellschaft. Kultursoziologie der Gegenwart, Frankfurt a. M. 1992, bes. S. 169-217.

44 *Hans-Peter Müller*: Sozialstruktur und Lebensstile. Der neuere theoretische Diskurs über soziale Ungleichheit, Frankfurt a. M. 1992, S. 369.

45 *Gluchowski* 1988 (Anm. 42), S. 18.

46 Vgl. ders. 1987 (Anm. 40), S. 20-21.

47 *Müller* 1992 (Anm. 44), S. 374.

48 Vgl. *Gluchowski* 1987 (Anm. 40), S. 20-21; ders. 1988 (Anm. 42), S. 25-27.

kationszusammenhängen andererseits"[49] ermittelt und ein entsprechender Milieu-Indikator erstellt. Durch repräsentative Umfragen wird anschließend anhand dieses Milieu-Indikators, der mit etwa 50 *Items* ausschließlich Wertorientierungen abfragt[50], die Verbreitung der vormals acht, seit 1991 neun Milieus in der Bevölkerung gemessen. Es stellt sich allerdings auch bei diesem Ansatz die kritische Frage nach der Konstanz und verhaltensrelevanten Bedeutung dieser neun Milieus, die explizit mit den von Lepsius aufgezeigten sozialmoralischen Milieus der Weimarer Republik verglichen werden.[51] Fragmentarisch und unbefriedigend bleiben die Angaben über mögliche funktionale Äquivalente der zur organisatorischen Abstützung stabiler Milieus notwendigen vorpolitischen Institutionen wie etwa Gewerkschaften, Vereine oder Verbände, der milieuspezifischen Kommunikationsstrukturen – über unterschiedliche Mediennutzungsgewohnheiten hinaus – sowie der historischen, milieukonstituierenden Faktoren.[52]

Die beiden Studien verweisen auf bislang noch nicht befriedigend gelöste Probleme bei der Operationalisierung von Lebensstilmodellen zur Erklärung von Wählerverhalten. Auch wenn die abnehmende Erklärungskraft traditioneller sozialstruktureller Faktoren als Folge des Wertewandels außer Frage steht, so erscheint es zum einen theoretisch nicht ausreichend reflektiert, ob und unter welchen Umständen die Gesetzmäßigkeiten des Konsumverhaltens bei Zigaretten, Automarken oder Kücheneinrichtungen unbesehen auf politisches Verhalten übertragen werden können. Die dem Konsumartikel zugeschriebene integrative und gleichzeitig auch distinktive Funktion[53] be-

---

[49] *Flaig/Meyer/Ueltzhöffer* 1993 (Anm.42), S. 58; zum gesamten Analysedesign: S. 69-74. Detailliertere Angaben zum Verfahren, insbesondere zur Einbeziehung sozialstruktureller Merkmale im qualitativen Teil, sind vom Sinus-Institut bislang nicht publiziert worden.

[50] Die 44 Items des Milieu-Indikators des Sinus-Instituts von 1989/90 finden sich in: *Spiegel-Verlag* (Hrsg.): Outfit 2, Hamburg 1990, S. 307-312.

[51] Vgl. *Flaig/Meyer/Ueltzhöffer* 1993 (Anm.42), S. 137 mit Bezug auf *Lepsius* 1966 (Anm. 23).

[52] Vgl. etwa zur Ausprägung eines grünen Milieus in der Bundesrepublik *Hans-Joachim Veen*: Die Grünen als Milieupartei, in: *Hans Maier* u. a. (Hrsg.): Politik, Philosophie, Praxis. Festschrift für Wilhelm Hennis zum 65. Geburtstag, Stuttgart 1988, S. 454-476.

[53] Vgl. etwa *Michael Vester*: Das Janusgesicht sozialer Modernisierung, in: APuZ 43 (1993) B 26-27, S. 3-19, bes. S. 9-13; *Schulze* 1992 (Anm. 43), S. 108-114.

ruht gerade auf seiner öffentlichen Verwendung, Wahlverhalten hingegen ist gemeinhin ein geheimes, der Öffentlichkeit entzogenes Verhalten. Zum anderen verweisen gerade die bisherigen Studien auf eine notwendige Ergänzung, nicht jedoch auf eine Ablösung der Sozialstrukturanalyse, stimmen sie doch in dem Ergebnis überein, dass die Lebensstil- und Milieuabgrenzungen für die nicht vom Wertewandel erfassten, den konventionellen Pflicht- und Akzeptanzwerten verpflichteten Bevölkerungsteile entlang des traditionellen Schichtmodells verlaufen.[54]

Die zum Wählerverhalten bislang erstellten Lebensstilstudien sind möglicherweise gut geeignet, die für einen an Marketingstrategien ausgerichteten Wahlkampf benötigten Zielgruppen der entsprechenden Parteien zu identifizieren und quantifizieren – zumal sie auch von diesen finanziert wurden. Dem praktischen Nutzen steht allerdings die Tatsache gegenüber, dass die Kausalbeziehung zwischen Lebensstil und Wahlverhalten bislang theoretisch nicht befriedigend geklärt ist.[55]

3.5 Auf dem Weg zu einer allgemeinen Theorie des Wählerverhaltens?

Die Diskussion der wichtigsten Erklärungsansätze verdeutlicht den differenzierten Forschungsstand, aber auch die Schwierigkeiten der Wahlforschung, den komplexen Prozess der Wahlentscheidung in theoretischen Modellen adäquat zu erfassen. Mindestens drei Problembereiche lassen sich diskutieren.

a) Die Wahlentscheidung steht im *Spannungsfeld zwischen Kurz- und Langzeiteinflüssen*. Die meisten Erklärungsansätze konzentrieren sich jedoch nur auf eine der beiden Komponenten. Im diesbezüglich vielseitigsten Ann Arbor-Modell ist es wiederum außerordentlich schwierig, die einzelnen Effekte zu quantifizieren. Messungenauigkeiten bei der Datenerhebung durch Umfragen und

---

[54] Vgl. die graphischen Darstellungen in: *Hradil* 1992 (Anm. 41), S. 51.

[55] Vgl. explizit *Ferdinand Müller-Rommel*, *Thomas Poguntke*: Lebensstile und Wahlverhalten, in: *Wehling* 1991 (Anm. 16), S. 179-193, bes. S. 189-190; *Dieter Roth*: Empirische Wahlforschung, Opladen 1998, S. 32; implizit wohl auch *Falter/Schumann/Winkler* 1990 (Anm. 15), sowie *Wildenmann* 1992 (Anm. 29), die in ihren neueren Darstellungen der Erklärungsansätze des Wählerverhaltens diesen Ansatz nicht einmal erwähnen.

Wahlforschung 337

die Notwendigkeit sehr aufwendiger statistischer Verfahren bleiben wohl noch auf absehbare Zeit große Herausforderungen der
empirischen Wahlforschung.

b) Die Wahlentscheidung fällt im *Zusammenspiel von individuellen Bedürfnissen und gruppenspezifischen Interessen.* Diesem
Anspruch wird bislang keiner der vorgestellten Ansätze ausreichend gerecht. Vielmehr beschränken sich alle weitgehend darauf,
die Komplexität entweder der individuellen oder der gruppenspezifischen Prozesse möglichst exakt zu erfassen.

c) Keine Einigkeit herrscht in der Wahlforschung bislang darüber, aus welcher theoretischen Perspektive heraus *die Umstrukturierungsprozesse im Wahlverhalten* am besten zu erklären sind.
Handelt es sich lediglich um eine Auflösung bestehender Bindungen (*dealignment*) oder um die Kristallisation eines neuen, noch
unscharfen Zuordnungsmusters (*realignment*)?[56]

Die Antworten auf diese Fragen unterscheiden sich je nach ge-
wähltem Erkenntnisinteresse und dem zugrundeliegenden Erklärungsmodell. Mit einem Wechsel der theoretischen Perspektive,
der verwendeten Daten oder der benutzten Methoden verbindet
sich häufig auch eine andere Sicht und Bewertung der die Wahlentscheidung beeinflussenden Faktoren. Hinzu kommt, dass auch
dem Zustand des politischen Systems und besonders dem Handeln
der politischen Eliten wahlrelevante Bedeutung zugeschrieben
werden muss. Auch wenn ihre theoretische Anbindung an die vorgestellten Erklärungsmodelle nur indirekter Natur ist, weil ihr Einfluss im allgemeinen nicht exakt zu quantifizieren ist, so stellen
diese Variablen doch entscheidende Kontextfaktoren des Wählerverhaltens dar.

Bei dieser Auflistung der Desiderate der Erklärungsmodelle gilt
es jedoch, die Anforderungen an die Wahlforschung auf ein realis-
tisches, einer empirischen Wissenschaft angemessenes Maß zu beschränken. So zählt im Bereich der empirischen Sozialforschung

---

[56] Vgl. die unterschiedlichen Positionen und Ansätze bei: *Dieter Oberndörfer, Gerd Mielke*: Stabilität und Wandel in der westdeutschen Wählerschaft, Freiburg 1990; *Rohe* 1992 (Anm. 23), bes. S. 172-191; *Schultze* 1991 (Anm. 16); *Dalton/Rohrschneider* 1990 (Anm. 32); *Hans-Dieter
Klingemann, Martin P. Wattenberg*: Zerfall und Entwicklung von Par-
teisystemen: Ein Vergleich der Vorstellungsbilder von den politischen
Parteien in den Vereinigten Staaten von Amerika und der Bundesrepublik Deutschland, in: *Kaase/Klingemann* 1990 (Anm. 18), S. 325-344.

338 Ulrich Eith/Gerd Mielke

gerade die Wahlforschung zu den am weitesten entwickelten Disziplinen. Bei allen Differenzen, die in den verschiedenen Studien zutage treten, bietet die Ausdifferenzierung ihrer theoretischen und methodischen Zugänge für weiterführende, komplexe Analysen ein sicheres, weithin anerkanntes Fundament.

Eine umfassende, allgemeine Theorie des Wählerverhaltens ist allerdings bislang nicht in Sicht – und möglicherweise auch gar nicht wünschenswert. Gerade die Existenz verschiedener leistungsstarker Erklärungsansätze ermöglicht es der Wahlforschung, den komplexen Prozess der Wahlentscheidung in seinen unterschiedlichen Facetten differenziert zu analysieren. Analog zur Politikwissenschaft, die sich nur in einer synoptischen Herangehensweise ihres Gegenstandes versichern kann, gilt es auch in der Wahlforschung, individualpsychologische Dispositionen und Verhaltensmuster, soziologische Bestimmungsfaktoren sowie die Spezifika des Parteien- und politischen Systems aufeinander zu beziehen. Oder, um es in einem Bild von Karl R. Popper auszudrücken, je mehr leistungsstarke Scheinwerfer die Wahlforschung in Form von Theorien anzuschalten versteht, desto klarer und konturenreicher erkennt sie ihren Untersuchungsgegenstand, das Wählerverhalten.[57]

4. Zur politischen und öffentlichen Wirkung der Wahlforschung

Nach der Einordnung in die Politikwissenschaft und der Diskussion der verschiedenen Erklärungsansätze bleibt die Frage nach der Bedeutung der wahlsoziologischen Analyseergebnisse sowohl im innerwissenschaftlichen als auch im politisch-öffentlichen Bereich. Auf die demokratietheoretischen Auswirkungen der empirischen Wahlforschung, also die aus ihren Ergebnissen abzuleitenden normativen Vorstellungen über den politisch mündigen Bürger und die entsprechenden anthropologischen Prämissen, wurde zu Beginn bereits ausführlich eingegangen. In diesem Sinne kommt der Wahlforschung für die durchaus normative, aber eben auch empirische Eckdaten aufgreifende und interpretierende Demokratie-

---

[57] *Karl R. Popper*: Die offene Gesellschaft und ihre Feinde II. Falsche Propheten. Hegel, Marx und die Folgen, Tübingen [7]1992, S. 305-306.

theorie eine sich immer wieder erneuernde Korrektivfunktion zu. Dabei ist offenkundig, dass diese Korrekturen in Abhängigkeit von den Theorien über den Wähler und seine Beweggründe erfolgen, die den Rahmen der einzelnen empirischen Befunde abgeben. Jede dieser im vorausgegangenen Kapitel skizzierten Theorien vermag ein anderes Bild von der gesellschaftlichen und politischen Wirklichkeit zu erzeugen.

Die Wahl eines theoretischen Modells weist also den Dimensionen der Stabilität und des Wandels, aber auch den Dimensionen der sozialen Verankerung und Interessengebundenheit einerseits und der von sozialen Kontexten losgelösten Selbstinszenierung der Wahlentscheidung andererseits jeweils einen unterschiedlichen Stellenwert zu. Man kann die selektive Wirkung theoretischer Vorgaben und ihren korrigierenden Einfluss auf das Bild, das wir von der Politik und vom Wähler haben, sehr deutlich anhand der Akzentverlagerung vom soziologischen und individualpsychologischen Ansatz als Hauptinstrument zur Erklärung des Wahlverhaltens hin zu den Ansätzen über den Lebensstil und den rationalen Wähler illustrieren.

Im Blick auf die Abschmelzung traditioneller Segmente in der deutschen Wählerschaft wie die kirchlich gebundenen Wähler oder die klassische Industriearbeiterschaft und durch die Entstehung neuer und relativ instabiler und differenzierter Statuslagen ist – gewissermaßen als neue herrschende Lehre – die Herausbildung einer neuen Wählerschaft propagiert worden. Stichworte wie „neue ungebundene Mittelschichten", „Individualisierungsschub", „Situationswähler" und „rationale Wahlentscheidung" umreißen diese herrschende Lehre, die über den eigentlichen Bereich der Wahlforschung hinaus relativ zügig in benachbarte Forschungsgebiete wie etwa die Parteienforschung, vor allem aber auch in den publizistischen und politischen Bereich Eingang gefunden hat.

Welche neuartigen Formen des Wahlverhaltens auch zu vermelden sind, sei es das Aufkommen rechtsextremistischer Parteien oder der deutliche Rückgang der Wahlbeteiligung, fast immer werden diese politischen Verhaltensmuster in den Kategorien dieser neuen herrschenden Lehre vom situativ entscheidenden, sozial weitgehend ungebundenen Wähler interpretiert, und zwar gleichermaßen von Vertretern der Wahlforschung wie auch von Repräsentanten des politischen und publizistischen Bereichs. Die Folge dieser breit vorgetragenen These der Wahlforschung ist die Korrektur vom Bild des Wählers als eines vor allem von langfristigen sozialen und psychologischen Bindungen und Einflüssen bestimmten Wesens.

Diese Korrektur ist wiederum nicht unproblematisch, beruht sie doch auf der Annahme, dass die Ergebnisse der Lebensstilstudien stimmen bzw. dass die situativen Wahlentscheidungen keine theoretisch erzeugten Artefakte sind. Genau dies ist aber nicht auszuschließen, wie ein Blick auf die in der Wahlforschung seit einiger Zeit ablaufende Debatte um die Auflösung oder Umgruppierung von Großgruppen in der Wählerschaft belegt. Während die Propagandisten der Auflösungs- oder *„dealignment"*-These die Ausbreitung des situativ entscheidenden Wählers unweigerlich als Zukunftsmodell heraufziehen sehen, interpretieren die Vertreter der Umgruppierungs- oder *„realignment"*-These die jetzt sichtbaren Auflösungstendenzen als Übergangsphänomen hin zu einer Wählerschaft, die sich dann wieder entlang neuer stabiler sozialer Konfliktlinien formieren wird.

All dies ist keineswegs lediglich ein akademisches Glasperlenspiel, denn die Bilder, die die Wahlforschung zunächst wissenschaftsintern vom Wähler gewinnt, schlagen in mehrfacher Hinsicht auf Politik, Publizistik und Öffentlichkeit durch. So zeigt sich der Unterhaltungswert und die Faszination empirischer Sozialforschung im außerwissenschaftlichen Bereich nicht nur in den turnusmäßigen, mittlerweile perfekt inszenierten Hochrechnungs- und Analyseshows anlässlich überregionaler Wahlen im Fernsehen. Beides zeigt sich auch in der oftmals unkritischen, die Reichweite der Erklärung außer acht lassenden Übernahme und Trivialisierung ihrer Ergebnisse: Vermeintlich gesicherte Aussagen über die Motive von Nichtwählern, eine völlige Überschätzung des Anteils der parteipolitisch ungebundenen Wähler und ungesicherte Annahmen über das Ausmaß und die Folgen eines allgemeinen Wertewandels lassen sich je nach politischem Standpunkt zu einem angeblich wissenschaftlich abgesicherten Bild über den Zustand des gesellschaftlichen und politischen Systems verdichten, das in erster Linie jedoch nur den eigenen politischen und ideologischen Interessen entgegenkommt.

Ebenso unübersehbar sind Versuche von Seiten der Medien und der Politiker, die Wahlforschung für ihre jeweiligen Zwecke zu instrumentalisieren. Der Neuigkeitswert eines Analyseergebnisses oder der mögliche Nutzen in der innerparteilichen personellen und programmatischen Auseinandersetzung bestimmen seine Chancen, rezipiert zu werden.

Hinzu kommt, dass die Wahlforschung nicht nur eine universitäre Disziplin ist, sondern natürlich auch von kommerziellen Instituten betrieben wird, die nach ökonomischen Gesichtspunkten arbeiten müssen. Die Gefahren der Verquickung von politischen und kommerziellen Interessen lassen sich sicherlich niemals vollständig ausräumen.

Die vielfältigen Versuche der Publizisten, Parteien und Politiker, die Erkenntnisse der Wahlforschung als Wasser auf ihre Mühlen umzuleiten, nun allerdings in einen Vorwurf der Manipulationswissenschaft gegen die Wahlforschung umzukehren, erscheinen gleichwohl in doppelter Hinsicht als ungerechtfertigt. Zum einen bieten alle systematisch, nach den Regeln der empirischen Sozialforschung ermittelten Aussagen über die Ursachen politischer oder sozialer Phänomene schon durch ihre Struktur als „Wenn-dann"-Aussagen die Möglichkeit, entsprechende Erklärungsansätze und Kausalzusammenhänge in Technologien oder zumindest systematische Veränderungsversuche umzuwandeln. Man könnte in dieser Hinsicht den Manipulationsverdacht nur dann vermeiden, wenn man gleichzeitig den systematischen Erklärungsanspruch aufgäbe. Zum anderen trägt der Vorwurf, die Wahlforschung sei eine Manipulationswissenschaft, deshalb nicht sehr weit, weil er unterschlägt, dass ein wesentlicher Teil der Bestimmungsfaktoren der Wahlentscheidung völlig außerhalb der kommunikativen oder manipulativen Zugriffsmöglichkeiten von Parteistrategen und Werbefachleuten liegt. Die fundamentale Bedeutung, die etwa dem politischen Einfluss des Elternhauses oder ähnlicher Bezugsgruppen zukommt oder etwa auf stillen Revolutionen wie dem Wertwandel über mehrere Jahrzehnte beruht, ist durch keine noch so geschickt inszenierte Werbekampagne auszuhebeln.

Die Wirkungsmöglichkeiten und Bedeutung einer empirischen Wissenschaft wie der Wahlforschung liegen in der Bereitstellung von Entscheidungshilfen: Eine in „Wenn-dann"-Aussagen vorliegende Erkenntnis ermöglicht eine vorsichtige Abschätzung möglicher Folgen einer Handlung, allerdings im Bereich der Wahlforschung ohne die Gewissheit, alle Randbedingungen des menschlichen Verhaltens berücksichtigt zu haben. Sicher ist jedoch, dass es keine ewig währenden Gesetze über den Ablauf der Geschichte aufzudecken gilt. Auch sollte eine empirische Wissenschaft nicht der Versuchung erliegen, sich die Führungsrolle der politischen Eliten anzumaßen. Eine Wissenschaft in der Tradition

342 Ulrich Eith/Gerd Mielke

des Kritischen Rationalismus muss auf einen absoluten Wahrheits-
anspruch verzichten, will sie nicht im „Münchhausen-Trilemma"
ihr eigenes Fundament versinken sehen.[58] Bereits Max Weber fass-
te diese Erkenntnis in dem viel zitierten Satz zusammen: „Eine empirische Wissenschaft vermag niemanden zu lehren, was er s o l l,
sondern nur, was er k a n n und – unter Umständen – was er w i l
l."[59]

Annotierte Auswahlbibliografie

Bürklin, Wilhelm; Klein, Markus: Wahlen und Wählerverhalten. Eine Einführung, [2]1998.
   Bürklins und Kleins Einführung in die empirische Wahlforschung verbindet die Darstellung der theoretischen Konzepte, Probleme der Umfrageforschung und die Theorie und Empirie des gesellschaftlichen
   Wertewandels.
Diederich, Nils: Empirische Wahlforschung. Konzeptionen und Methoden
   im internationalen Vergleich, Köln 1965.
   Vergleichende Analyse der frühen und heute klassischen französi-
   schen, amerikanischen, britischen und deutschen Wahlstudien.
Fischer, Claus A. (Hrsg.): Wahlhandbuch für die Bundesrepublik Deutsch-
   land. Daten zu Bundestags-, Landtags- und Europawahlen in der
   BRD, in den Ländern und in den Kreisen 1946-1989, Paderborn 1990.
   Vollständige Dokumentation der Ergebnisse aller genannten Wahlen.
Hennis, Wilhelm: Meinungsforschung und repräsentative Demokratie, Tü-
   bingen 1957.
   Immer noch zur kritischen Reflexion regt die frühe Streitschrift von
   Hennis an. Er wendet sich gegen den Anspruch der Demoskopie, öffentliche Meinung widerzuspiegeln, und die von ihr verursachte,
   schleichende Demontage der Prinzipien der repräsentativen Demo-
   kratie.

---

[58] Die Rückführung eines Aussagensystems mit Hilfe logischer Folgerun-
   gen auf sichere und unbezweifelbare Gründe endet entweder in einem
   infiniten Regress, einem logischen Zirkel oder mit dem Abbruch des Verfahrens. Die vermeintliche Sicherheit des Begründungsverfahrens ist damit selbstfabriziert und gleicht dem Versuch des Lügenbarons, sich an
   den eigenen Haaren aus dem Sumpf zu ziehen. Vgl. hierzu *Hans Albert*:
   Traktat über kritische Vernunft, Tübingen [4]1980, bes. S. 8-28.
[59] *Max Weber*: Die „Objektivität" sozialwissenschaftlicher und sozialpoli-
   tischer Erkenntnis, in: ders.: Gesammelte Aufsätze zur Wissenschaftslehre, Tübingen [7]1988, S. 146-214, hier S. 151.

Wahlforschung 343

Rohe, Karl: Wahlen und Wählertraditionen in Deutschland, Frankfurt a. M. 1992.

Rohe verknüpft in dieser Breite erstmals Wahlgeschichte und Parteiengeschichte. Aus dieser historisch-kulturellen Perspektive heraus skizziert der Autor Kontinuität und Wandel des deutschen Parteiensystems seit dem 19. Jahrhundert.

Roth, Dieter: Empirische Wahlforschung. Ursprung, Theorien, Instrumente und Methoden, Opladen 1998.

Nach einer Einführung in die Anfänge sowie die Erklärungsmodelle der empirischen Wahlforschung bespricht Roth ausführlich methodische Grundlagen. Kurze Hinweise zur Entwicklung der deutschen und europäischen Wahlforschung beschließen diese Einführung.

Wehling, Hans-Georg (Hrsg.): Wahlverhalten, Stuttgart 1991.

Der von Wehling für die Landeszentrale für politische Bildung Baden-Württemberg herausgegebene Sammelband behandelt in seinen verschiedenen Beiträgen die aktuellen Diskussionen zu den Bestimmungsfaktoren und Dimensionen des Wählerverhaltens.

Grundlagen- und weiterführende Literatur

Barnes, Samuel H.; Kaase, Max u. a.: Political Action. Mass Participation in Five Western Democracies, Beverly Hills 1979.

Brettschneider, Frank; van Deth, Jan W.; Roller, Edeltraud (Hrsg.): Jugend und Politik: „Voll normal!". VS Verlag für Sozialwissenschaften, Wiesbaden 2005 (in Vorbereitung).

Brettschneider, Frank; van Deth, Jan W.; Roller, Edeltraud (Hrsg.): Die Bundestagswahl 2002: Analysen der Wahlergebnisse und des Wahlkampfes. VS Verlag für Sozialwissenschaften, Wiesbaden 2004.

Brettschneider, Frank; van Deth, Jan W.; Roller, Edeltraud (Hrsg.): Europäische Integration in der öffentlichen Meinung, Opladen 2003.

Brettschneider, Frank; van Deth, Jan W.; Roller, Edeltraud (Hrsg.): Das Ende der politisierten Sozialstruktur? Opladen 2002.

Deth, Jan W. van; Rattinger, Hans; Roller, Edeltraud (Hrsg.): Die Republik auf dem Weg zur Normalität? Wahlverhalten und politische Einstellungen nach acht Jahren Einheit, Opladen 2000.

Eith, Ulrich; Mielke, Gerd (Hrsg.): Gesellschaftliche Konflikte und Parteiensysteme, Länder- und Regionalstudien, Opladen 2001.

Falter, Jürgen W.; Schoen, Harald (Hrsg.): Handbuch der Wahlforschung, Wiesbaden 2005.

Falter, Jürgen W.; Rattinger, Hans; Troitzsch, Klaus G. (Hrsg.): Wahlen und politische Einstellungen in der Bundesrepublik Deutschland. Neuere Entwicklungen der Forschung, Frankfurt a. M. 1989.

Gabriel, Oscar W. (Hrsg.): Politische Orientierungen und Verhaltensweisen im vereinigten Deutschland, Opladen 1997.

344 Ulrich Eith/Gerd Mielke

Gabriel, Oscar W.; Falter, Jürgen W. (Hrsg.): Wahlen und politische Einstellungen in westlichen Demokratien, Frankfurt a. M. 1996.

Inglehart, Ronald: Kultureller Umbruch. Wertwandel in der westlichen Welt, Frankfurt a. M. 1989.

Jennings, M. Kent; Deth, Jan W. van u. a.: Continuities in Political Action: A Longitudinal Study of Political Orientations in Three Western Democracies, Berlin 1990.

Kaase, Max (Hrsg.): Wahlsoziologie heute. Analysen aus Anlass der Bundestagswahl 1976, Opladen 1977.

Kaase, Max; Klingemann, Hans-Dieter (Hrsg.): Wahlen und Wähler. Analysen aus Anlass der Bundestagswahl 1987, Opladen 1990.

Kaase, Max, Klingemann, Hans-Dieter; (Hrsg.): Wahlen und Wähler. Analysen aus Anlass der Bundestagswahl 1990, Opladen 1994.

Kaase, Max; Klingemann, Hans-Dieter (Hrsg.): Wahlen und Wähler. Analysen aus Anlass der Bundestagswahl 1994, Opladen 1998.

Kaase, Max; Newton, Kenneth; Scarbrough, Elinor (Hrsg.): Beliefs in Government, Vol. 1-5, Oxford 1995.

Klingemann, Hans-Dieter; Kaase, Max (Hrsg.): Wahlen und Wähler. Analysen aus Anlass der Bundestagswahl 1998, Opladen 2001.

Oberndörfer, Dieter; Rattinger, Hans; Schmitt, Karl (Hrsg.): Wirtschaftlicher Wandel, religiöser Wandel und Wertwandel. Folgen für das politische Verhalten in der Bundesrepublik Deutschland, Berlin 1985.

Oberndörfer, Dieter; Schmitt, Karl (Hrsg.): Parteien und regionale politische Traditionen in der Bundesrepublik, Berlin 1991.

Plasser, Fritz; Gabriel, Oscar W.; Falter, Jürgen W.; Ulram, Peter A. (Hrsg.): Wahlen und politische Einstellungen in Deutschland und Österreich, Frankfurt a. M. 1999.

Rattinger, Hans; Gabriel, Oscar W.; Jagodzinski, Wolfgang (Hrsg.): Wahlen und politische Einstellungen im vereinigten Deutschland, Frankfurt a. M. [2]1996.

Schmitt, Karl (Hrsg.): Wahlen, Parteieliten, politische Einstellungen. Neuere Forschungsergebnisse, Frankfurt a. M. 1990.

Wehling, Hans-Georg (Hrsg.): Bundestagswahlen in Deutschland. Parteien – Wähler – Wahlkampfstrategien, Der Bürger im Staat Heft 1/2, 2002.

Entwicklungstheorien und Entwicklungspolitik

Klaus Bodemer

1. Einleitung

‚Wirtschaftsgigant Brasilien, Schlusslicht in der Einkommensverteilung'; ‚Spektakuläre Wachstumsraten in China – aber im Landesinnern wird gehungert'; ‚Bananenstreit EU – Zentralamerika: USA drohen mit Sanktionen'; ‚Afrika – der vergessene Kontinent'; ‚Tödliche Hilfe'; ,,Kampf der Kulturen'. Diese und ähnliche Schlagzeilen und Buchtitel begegnen uns täglich. Sie machen uns deutlich, dass Entwicklung offensichtlich mehr ist als ökonomisches Wachstum, dass sein Ausbleiben auch zu tun hat mit internen und externen Rahmenbedingungen politischer, sozialer und kultureller Art. Grund genug, dass sich die Sozialwissenschaften und unter ihnen die Politikwissenschaft mit diesem Gegenstand befassen. Dies geschieht auch seit langem, und zwar in einer höchst kontroversen Weise. Dabei ist die Politikwissenschaft an Fragen wie den folgenden interessiert: Was verstehen wir unter politischer Entwicklung, und welches sind ihre konstituierenden Elemente? Welche Rolle kommt beim Prozess politischer Entwicklung dem Staat, welche dem Markt, welche den sozialen Akteuren zu? Welche Rolle spielt das interne und internationale politische Umfeld? Welches sind die außerökonomischen Faktoren, die in Verbindung mit ökonomischen Fortschritten erst Entwicklung verbürgen? Wie stellt sich das Verhältnis der Entwicklungstheorien zur praktischen Entwicklungspolitik dar? Ist die Entwicklungshilfe nur eine Hilfe zur Unterentwicklung? Ist der Nord-Süd-Konflikt tot? Wie steht es am Ausgang des 20. Jahrhunderts mit dem Universalitätsanspruch des westlichen Entwicklungsleitbilds?

Gezielte Entwicklungsüberlegungen reichen weit in die Geschichte des wissenschaftlichen Denkens zurück. Sie stellten in der Regel konzeptionelle Antworten auf konkrete Problemlagen dar und hatten ihrerseits praktische Auswirkungen auf die gesellschaftliche und politische Realität. ‚Entwicklungstheorie' wies somit stets – mehr oder weniger explizit – auch eine Handlungskomponente auf, das heißt, sie war auch ‚Entwicklungspolitik'. Das war bereits bei den Klassikern so, bei Smith, Ricardo, List, Marx etc.

346   Klaus Bodemer

Versuche, auf die oben gestellten Fragen Antworten zu geben, gehen bis auf die unmittelbare Nachkriegszeit zurück. Als die *nordamerikanische Politikwissenschaft* begann, als Reaktion auf den sich anbahnenden Kalten Krieg, den beginnenden Dekolonisierungsprozess und den Start der US-Auslandshilfe sich mit Entwicklungsproblemen zu befassen, war das Terrain bereits weitgehend von den Ökonomen besetzt. Im Rahmen der Vergleichenden Systemforschung (*Comparative Politics*) gewann die politikwissenschaftliche Entwicklungsforschung unter dem Dach der Modernisierungsforschung jedoch seit den späten fünfziger Jahren an Profil.

In der *bundesrepublikanischen Politikwissenschaft* wurden die Erträge der nordamerikanischen Kollegen relativ rasch und – mangels eigener Forschung auf diesem Gebiet – zunächst unkritisch rezipiert. Dies änderte sich in den sechziger Jahren. Mit dem Aufkommen konkurrierender, vor allem in der marxistischen Tradition stehender Ansätze verbiss sich die politikwissenschaftliche Entwicklungsforschung in einen mitunter sterilen Paradigmenstreit, der gegen Ende der siebziger Jahre abrupt endete. Seitdem hat sich die Diskussion enorm verzweigt. Nuschelers Plädoyer von 1973 für eine Integration von modernisierungstheoretischen und herrschaftssoziologischen Aspekten ist auch heute, nach über zweieinhalb Jahrzehnten, noch weitgehend Programm. Dies hat – wie wir noch sehen werden – durchaus seine (berechtigten) Gründe.

2. Entwicklung: Problematisierung eines Begriffs

Entwicklung ist ein in den verschiedensten Zusammenhängen (und Disziplinen) verwendeter, definitorisch kaum exakt fassbarer Begriff. Sein normativer Gehalt sowie sein nicht-statisches Wesen machen eine ahistorisch allgemein gültige Definition unmöglich. Konkurrierende Vorstellungen darüber, was Entwicklung war, ist bzw. sein soll, sind deshalb unvermeidlich. Zu dem Ideologien- und Schulenstreit gesellt sich der Streit zwischen und innerhalb der Disziplinen. Interdisziplinarität fand lange Zeit kaum statt, vielmehr wurden im Regelfall die jeweiligen Gebiete säuberlich abgegrenzt und der integrale Entwicklungsbegriff in fachspezifische Segmente zerlegt. Seit Beginn der 90er Jahre sind hier jedoch Fortschritte zu verzeichnen.

Da die Suche nach *dem* Begriff von Entwicklung somit vergeblich ist, man andererseits jedoch Definitionen braucht, um Ent-

Entwicklungstheorien und Entwicklungspolitik 347

wicklungen, Rück- oder Fehlentwicklungen beschreiben, analysieren und bewerten zu können, hat man sich schließlich in den siebziger Jahren in der deutschen und internationalen Theorie- und Strategie-Diskussion auf einen Kernbestand von fünf, von raumzeitlichen Bedingungen und Erfahrungen abhängigen Eigenschaften verständigt, das sog. „magische Fünfeck". Danach sind Wachstum, Arbeit, Gleichheit/Gerechtigkeit, Partizipation sowie Unabhängigkeit/Eigenständigkeit die Komponenten, die zusammengenommen den Entwicklungsbegriff ausmachen. Sie erfüllen Ziel- und Mittelfunktionen und können zu einer begrifflichen Synthese, der Definition von Entwicklung, zusammengefasst werden.[1] In den vergangenen Jahren sind unter dem Begriff *sustainable development* zunehmend ökologische Fragen in den Problemzusammenhang von Entwicklung hineingenommen worden.

Um Entwicklung zu messen und die vielschichtigen Informationen über den Wohlstand und Entwicklungsstand eines Landes zu bündeln, sind verschiedene Indizes erarbeitet worden. Verbreitete Anerkennung hat dabei insbesondere der vom Entwicklungsprogramm der Vereinten Nationen (UNDP) seit 1990 angewandte *„Index für menschliche Entwicklung"* erfahren. Dazu werden die nationalen Durchschnittswerte für Lebenserwartung, Bildungsstand und Pro-Kopf-Einkommen in einer Gesamtzahl zusammengefasst Da die nationalen Durchschnittswerte beim Index für menschliche Entwicklung jedoch wenig über die Verbreitung der Armut in einem Land aussagen, hat UNDP für diesen Zweck ergänzend spezielle Indizes gebildet, die verschiedene Dimensionen von menschlicher Entbehrung berücksichtigen.[2]

---

[1] Entwicklung ist danach „die eigenständige Entfaltung der Produktivkräfte zur Versorgung der gesamten Gesellschaft mit lebensnotwendigen materiellen sowie lebenswerten kulturellen Gütern und Dienstleistungen im Rahmen einer sozialen und politischen Ordnung, die allen Gesellschaftsmitgliedern Chancengleichheit gewährt, sie an politischen Entscheidungen mitwirken und am gemeinsam erarbeiten Wohlstand teilhaben lässt", *Dieter Nohlen, Franz Nuscheler*: Was heißt Entwicklung?, in: *Dieter Nohlen, Franz Nuscheler* (Hrsg.): Handbuch der Dritten Welt, Bd. 1, Bonn 1993, S. 73.

[2] Für die Länder des Südens werden folgende Indikatoren erfasst: Sterbewahrscheinlichkeit unter 40 Jahren, Analphabetenrate, Zugang zu Trinkwasser und Gesundheitsdiensten sowie Kleinkindersterblichkeitsrate, vgl. UNDP*:* Bericht über die menschliche Entwicklung, Bonn 1998, S.29-34.

348   Klaus Bodemer

Die internationale Debatte über aussagekräftige Sozial- und Entwicklungsindikatoren hat mittlerweile ein hohes Maß an Übereinstimmung erreicht. So verständigten sich 1998 internationalen Organisationen und zahlreiche Regierungen auf einen Katalog von 16 Schlüsselindikatoren, die repräsentative Informationen über Einkommensarmut und soziale Lebensverhältnisse vermitteln.[3] Diese Harmonisierungsversuche der statistischen Berichterstattung schaffen die notwendigen Wissensgrundlagen für international koordinierte Strategien der Armutsbekämpfung.

Unter *systematischen Gesichtspunkten* sind zwei Komponenten von Entwicklung zu unterscheiden: *Entwicklung als Ziel* sowie *Entwicklung als Weg*. Während bezüglich des Ziels in der Entwicklungsforschung bis in die siebziger Jahre weitgehend Konsens bestand und lediglich über die Wege dahin gestritten wurde, wird seitdem auch das Ziel in wachsendem Maße in Frage gestellt.

Begriffsgeschichtlich ist dem Wort ‚Entwicklung' – verstanden als Weg – eine *doppelte Bedeutung* zu eigen: das (vor allem auf Leibniz und Kant zurückgehende) *intransitive Ent-wickeln* von etwas, „was in sozusagen eingewickeltem Zustand bereits existiert"[4], und das *transitive Entwickeln* von etwas, also ein extern gesteuerter Prozess. Beide Bedeutungen finden sich durchgängig bis in die modernen Entwicklungstheorien. Insgesamt dominiert jedoch die zweite Variante, die mit den Fortschrittsphilosophien des 18. und 19. Jahrhunderts ihren Siegeszug antrat, bis in die achtziger Jahre die Entwicklungsdiskussion. Ihr liegt die optimistische Überzeugung zugrunde, dass Individuen und Gesellschaften befähigt seien, eine immer bessere Welt hervorzubringen. Entsprechend war in den Gesellschaftswissenschaften nahezu allen Theorien über geschichtliche und gesellschaftliche Entwicklung die Konstruktion einer in der Grundtendenz aufsteigenden Linie gemeinsam: eines

---

[3] Aus den 171 erfassten Ländern im Süden sowie in Mittel- und Osteuropa wurden fünf gleichgroße Ländergruppen entsprechend ihres unterschiedlichen Entwicklungsniveaus unter Verwendung folgender Indikatoren gebildet: Pro-Kopf-BSP, Mangelernährung von Kindern, Netto-Einschulungsrate in der Primarstufe, Kleinkindersterblichkeit, Müttersterblichkeit, Geburtenrate, Zugang zu sauberem Trinkwasser, vgl. *Brian Hammond:* Measuring Development Progress, Working Set of Core Indicators, Paris (OECD, Development Co-operation Directorate) 1998.

[4] *Wolfgang Geiger, Hugo C.F. Mansilla*: Unterentwicklung. Theorien und Strategien zu ihrer Überwindung, Frankfurt 1983, S. 33.

Entwicklungstheorien und Entwicklungspolitik 349

mehr stufenförmig (Stufentheorien) oder mehr kontinuierlich (Evolutionstheorien) oder auch dialektisch gedachten Fortschritts (marxistische Theorien) von primitiveren zu höher entwickelten Formen.

Schon bald trat ergänzend eine legitimatorische Komponente hinzu: Im 19. Jahrhundert diente der Begriff Entwicklung in seiner transitiven Bedeutung als Rechtfertigungsgrundlage für die Versuche der Übertragung wirtschaftlicher, politischer und kultureller Lebensformen auf die im Verlauf der imperialistischen Expansion dominierten außereuropäischen Gesellschaften.[5]

Neuen Auftrieb erfuhr dieses naive Entwicklungsdenken mit seinem Fortschrittsoptimismus und Sendungsanspruch im Zuge der weltweiten Entkolonialisierungsprozesse nach dem Zweiten Weltkrieg. Aus den ‚unterentwickelten Ländern‘[6] galt es, ‚entwickelte‘ zu machen. Als Maßstab und Endpunkt galt hierbei die US-amerikanische Gesellschaft mit ihren Eckpfeilern Marktwirtschaft und Demokratie. Die unter dem Sammelbegriff *Modernisierungstheorien* seit Beginn der fünfziger Jahre expandierenden Theorieansätze folgten schwerpunktmäßig der transitiven Verwendung des Entwicklungsbegriffs. An die Stelle des *colonial development* trat nunmehr die Übertragung von wirtschaftlichen, politischen und kulturellen Lebensformen des Westens. Unterstützt werden sollte dies durch technische und finanzielle Hilfeleistungen. Entsprechend der Systemkonkurrenz im Norden trafen in der nicht-entwickelten Welt zwei Strategievarianten in diesem Modernisierungswettlauf aufeinander: auf der einen Seite eine Wachstumsstrategie unter marktwirtschaftlich-kapitalistischem Vorzeichen mit der Zielperspektive des politischen Reifegrads und ökonomischen Standards der Vereinigten Staaten; auf der anderen Seite eine Wachstumsstrategie im Rahmen eines nicht-kapitalistischen Entwicklungswegs mit dem Endziel des Sozialismus nach dem sowjetmarxistischen bzw. reformsozialistischen Modell. Dabei blieben die kapitalistische wie die sozialistische Strategievariante dem quantitativen Wachstumsziel mit dem Vorrang der Industrialisierung sowie dem *Konzept der aufholenden Entwicklung* verhaftet.

---

[5] So sprach man in Frankreich von der ‚mission civilisatrice‘, in Großbritannien von ‚the white man's burden‘ oder in den USA von ‚manifest destiny‘.

[6] Dieser Begriff wurde vom amerikanischen Präsidenten Truman in seiner berühmten Antrittsrede 1949 zum ersten Mal verwandt.

350   Klaus Bodemer

3. Modernisierungstheorien: Die Anfänge der politikwissenschaftlichen Entwicklungsforschung

3.1 Der Ausgangspunkt: Entwicklung als ökonomisches Wachstum und sozialer Wandel

Die in den vierziger und beginnenden fünfziger Jahren das Feld beherrschenden Entwicklungsökonomen identifizierten Entwicklung mit *wirtschaftlichem Wachstum*, insbesondere Industrialisierung. Die notwendige Kapitalbildung sollte durch die Erhöhung der internen Sparrate gewährleistet werden. Aus der Erkenntnis, dass rein ökonomische Wachstumstheorien nicht ausreichten, den angestrebten Wandel der ‚unterentwickelten' Länder zu modernen Industriegesellschaften einzuleiten, erwuchs ihnen jedoch schon bald Konkurrenz in den sozialwissenschaftlichen Modernisierungstheorien. Soziologen, Ethnologen und später auch Kommunikationswissenschaftlern galt Modernisierung als eine *spezifische Form sozialen Wandels*, die auf die Entwicklung zur ‚modernen', d.h. westlichen, Industriegesellschaft gerichtet ist.[7] Die Konzeptionen weckten positive Assoziationen und setzten sich, ausgehend von den USA, bis Mitte der sechziger Jahre auf breiter Front durch. Dabei handelte es sich weniger um eine einheitliche Theorie als vielmehr um eine Art übergreifendes sozialwissenschaftliches ‚Projekt' von Ökonomen, Soziologen, Sozialpsychologen, Anthropologen und Politikwissenschaftlern.[8] Gemeinsam war den zahlreichen Positionen und Strömungen zum einen eine unhistorisch verallgemeinerte und ethnozentrisch eingefärbte Dichotomie von ‚Tradition' und ‚Modernität', zum anderen die Verankerung in der Systemtheorie und Parsons' Strukturfunktionalismus.

Unübersehbar verbanden sich mit den wissenschaftlichen Absichten des Modernisierungs-‚Projekts' auch politische Interes-

---

[7] Einer der führenden Vertreter der Modernisierungstheorie, David Lerner, definierte Modernisierung allgemein als „the process of social change whereby less developed societies acquire characteristics common to more developed societies", *David Lerner*: Art. „Modernization – Social Aspects", in: International Encyclopedia of the Social Sciences XI (1986), S. 386.

[8] Vgl. *Franz Nuscheler*: Bankrott der Modernisierungstheorien?, in: *Dieter Nohlen, Franz Nuscheler* (Hrsg.): Handbuch der Dritten Welt, Bd. 1, Hamburg 1974, S. 195-207, S. 196.

Entwicklungstheorien und Entwicklungspolitik   351

sen: Ökonomisch ging es um die Entwicklung der ‚unterentwickelten' Gesellschaften zu kapitalistischen Industriegesellschaften, politisch um die Etablierung und Stabilisierung westlich orientierter,
pro-amerikanischer demokratischer Regime und um antikommu-
nistische Resistenz.[9]

3.2 Modernisierung als politische Entwicklung

Schlüsselgröße der politikwissenschaftlichen Entwicklungsforschung war der *Begriff der politischen Entwicklung*.[10] Politische
Entwicklung wurde von G.A. Almond in seinem strukturfunktio-
nalistischen Ansatz auf das politische System der Gesellschaft bezogen und enthielt „eine Konzeption des politischen Wandels, die
in Begriffen der Handlungskapazitäten [...] politischer Systeme
formuliert werden kann"[11]. Auf den allgemeinen Begriff des politischen Systems wurden im Anschluss an die Arbeiten von *Gabriel A. Almond*, *Lucian Pye*, *Leonard Binder* u.a. generelle Funktionen von Politik bezogen: so die Aufgabe der Staats- und
Nationenbildung (*Karl W. Deutsch, Samuel Eisenstadt, Stein Rokkan*), der Institutionalisierung und politischen Beteiligung (*Samuel P. Huntington*), der Umverteilung von Gütern, Diensten und
Leistungen, der Rekrutierung des Führungspersonals sowie der politischen Sozialisation im Rahmen einer ‚politischen Kultur', die
auf Partizipation beruht und auf ein „Gefühl der nationalen Identität" (Almond) zielt. Allgemeinste Funktion des politischen
Systems blieb – in Übereinstimmung mit den Prämissen der Systemanalyse – seine Selbsterhaltung und Stabilisierung als Ent-
scheidungsinstanz. Die spezifischen Funktionen des politischen
Systems wurden vom angelsächsischen Modell als dem am weitesten entwickelten abgelesen. Dieses Modell diente letztlich als

---

[9] Vgl. *Franz Nuscheler*: Einleitung: Entwicklungslinien der politikwissenschaftlichen Dritte Welt-Forschung, in: ders. (Hrsg.): Dritte Welt-Forschung. Entwicklungstheorie und Entwicklungspolitik. Politische Vierteljahresschrift, Sonderheft 16, Opladen 1985, S. 7-25, S. 14.

[10] Vgl. *Franz Heimer*: Begriffe und Theorien der ‚politischen Entwicklung', in: *Dieter Oberndörfer* (Hrsg.): Systemtheorie, Systemanalyse
und Entwicklungsländerforschung, Berlin 1971, S. 449-515. Vgl. hierzu den Aufsatz von *Peter Birle/Christoph Wagner* in diesem Band.

[11] *Gabriel A. Almond*: Politische Systeme und politischer Wandel, in: *Wolfgang Zapf* (Hrsg.): Theorien des sozialen Wandels, Köln, Berlin ²1970,
S. 211-227, S. 216.

352 Klaus Bodemer

analytischer und normativer Bezugspunkt der Theorie der politischen Entwicklung. Ausgehend von den so gewonnenen ‚universellen' Funktionen eines politischen Systems wurde politische Entwicklung als eine *Abfolge von Entwicklungskrisen* konzeptualisiert, die politische Systeme bei der Modernisierung, d.h. der Ausweitung ihrer Handlungskapazitäten, durchlaufen müssen und auf die sie mit Kapazitätserweiterungen zu reagieren haben.[12] Diese Krisen treten in den Entwicklungsländern im Unterschied zu den Industrieländern in der Regel gleichzeitig auf.

Bis zum Ende der Ersten Entwicklungsdekade (1960-1970) diente die Modernisierungstheorie stillschweigend oder explizit als Grundlage der westlichen Entwicklungspolitik. Ihr lag in den fünfziger und sechziger Jahren die Strategie ‚Wachstum erst, Umverteilung später' (‚*growth first, redistribution later*') bzw. ‚erst Industrialisierung, dann Demokratisierung' zugrunde.[13]

3.3 Kritik an den Modernisierungstheorien

Mit der Vorlage des sog. Pearson-Berichts (1969), der die Ergebnisse der Ersten Entwicklungsdekade bilanzierte, wurde deutlich, dass das ersehnte goldene Zeitalter weltweiten Wohlstands und stabiler Demokratien eine Illusion war. Die drei grundlegenden Annahmen des konventionellen ökonomischen Wachstumskonzepts – die Erklärung von Unterentwicklung mit einem strukturellen Mangel an Kapital, technischem Know-how und Infrastruktur; die Gleichsetzung von Entwicklung mit wirtschaftlichem Wachstum und forcierter Industrialisierung; schließlich die Annahme, dass die Wachstumsgewinne gleichsam automatisch zu den ärmeren Regionen und Bevölkerungsgruppen durchsickere (sog. *trickle down*-Effekt) – erwiesen sich als problematisch, wenn nicht gar falsch. Auch die erwartete Demokratisierung blieb aus. Statt politischer

---

[12] Dabei setzte sich insbesondere Lucian Pyes Krisentypologie durch. Er unterschied sechs Krisen: Identitätskrise, Legitimitätskrise, Penetrationskrise, Partizipationskrise, Integrationskrise und Distributionskrise, vgl. *Lucian Pye*: Aspects of Political Development, Boston 1966, S. 62 ff; vgl. hierzu *Martin Jänicke* (Hrsg.): Politische Systemkrisen, Köln 1973, S. 296 f.; *Leonard Binder u.a.*: Crises and Sequences in Political Development, New Jersey 1971.

[13] Vgl. *Ulrich Menzel*: 40 Jahre Entwicklungsstrategie = 40 Jahre Wachstumsstrategie, in: *Nohlen/Nuscheler* 1993 (Anm. 1), S. 134.

Entwicklung prägte weithin „politischer Verfall" (Huntington)[14] die Staaten in der Dritten Welt. Die Entwicklungsdiktaturen verkamen – von erklärungsbedürftigen Ausnahmen abgesehen – zu „Diktaturen ohne Entwicklung"[15].

Die Kritik an den den Wachstums- und Modernisierungstheorien zugrundeliegenden Annahmen weitete sich zur Kritik an den zentralen Bestandteilen dieser Theorien aus: der Gleichsetzung von Modernisierung und ‚Verwestlichung', der eurozentrischen Geschichtsmetaphysik, der Ahistorizität und Ausklammerung der internationalen Rahmenbedingungen, schließlich der Dichotomie von traditionellen und modernen Gesellschaften.

Die *Kritik am ‚political development'-Theorem* betraf zum einen ebenfalls dessen normative Orientierung am idealisierten Vorbild der pluralistisch-parlamentarischen westlichen Demokratien, zum anderen die analytische Schwäche und Realitätsferne des struktur-funktionalistischen Kategoriensystems. Als weitere Schwäche wurde seine Ausrichtung auf Stabilität, Integration, Ordnung und Systemerhaltung herausgearbeitet, wobei sich politische Interessen mit systemtheoretischen überlagerten.[16] Schließlich wurden die modernisierungstheoretischen Vorstellungen über den Staat und seine Rolle im Entwicklungsprozess relativiert. Die Modernisierungstheoretiker hatten den (meist im Westen ausgebildeten) Eliten die Rolle der Entwicklungsträger (*change agents*) zuerkannt. Der autoritäre Führungsstaat wurde so – zumindest für eine Übergangszeit – durchaus positiv angesehen.[17] Ihm kam die Rolle des Planers, Lenkers und Unternehmers zu. Hinsichtlich der Trägergruppe verwiesen einige Modernisierungstheoretiker auf das Militär: Aufgrund seiner Sozialisation sei es am ehesten in der Lage, die genannten staatlichen Funktionen wahrzunehmen. Neben der Frage nach den Trägern des Wandels interessierte die mo-

---

[14] Vgl. *Samuel P. Huntington*: Political Development and Political Decay, in: World Politics 17 (1965) 3, S. 386-430.

[15] Vgl. *Jürgen Rüland, Nikolaus Werz*: Entwicklungsdiktatur und Bedingungen von Demokratie. Von der ‚Entwicklungsdiktatur' zu den Diktaturen ohne Entwicklung. Staat und Herrschaft in der politikwissenschaftlichen Dritte Welt-Forschung, in: *Nuscheler* 1985 (Anm. 9), S. 211-232.

[16] Vgl. *Nuscheler* 1985 (Anm. 9), S. 14 f.

[17] So bei *Richard Löwenthal*: Staatsfunktion und Staatsformen in Entwicklungsländern, in: ders. (Hrsg.): Die Demokratie im Wandel der Gesellschaft, Berlin 1963, S. 164-192.

354   Klaus Bodemer

dernisierungstheoretische Forschung primär die institutionelle und administrative Seite staatlichen Handelns. Die Ressourcen-, Kapazitäts- und Wirkungsaspekte blieben hingegen weitgehend ausgespart.

Intern führte das Eingeständnis konzeptioneller Schwächen ab Mitte der sechziger Jahre zu neuen Akzentsetzungen. So traten verstärkt die (bislang eher vernachlässigten) Ergebnisse politischen Handelns (*public policy*) sowie die Phänomene von ‚politischer Nicht-Entwicklung' in den Vordergrund des wissenschaftlichen Interesses.[18]

4. Entwicklung und Abhängigkeit: Dependenztheorien

Gegen die unkritisch rezipierte Modernisierungstheorie formierte sich ab Mitte der sechziger Jahre in den USA und Lateinamerika eine zweite Generation von Entwicklungsforschern, die die vorliegenden Ansätze einer radikalen, zum Teil in der Tradition des marxistischen Denkens wurzelnden Kritik unterzog. Anknüpfungspunkte boten hier vor allem die Imperialismustheorien von Lenin, Luxemburg und Hilferding. Neben der Kritik am Ethnozentrismus der Modernisierungstheorien dienten als realgeschichtliche Auslöser vor allem die mageren Ergebnisse der Ersten Entwicklungsdekade und der ‚Allianz für den Fortschritt' – Kennedys Entwicklungsprogramm für Lateinamerika – sowie die Wachstumskrise auf diesem Subkontinent.

In der europäischen Diskussion beherrschte das Thema *Weltmarktanalyse*[19] für einige Jahre die Entwicklungsdebatte. Wichtiger für den Fortgang der Debatte war ein zweites Theorie-Bündel.

---

[18] Vgl. *Samuel P. Huntington*: Political Order in Changing Societies, New Haven, London ²1969.

[19] In zumeist hoch abstrakten Ableitungen wurde eine Antwort auf die Frage versucht, warum trotz Ende des Kolonialismus die Ausbeutung der Dritten Welt weitergehe. Diese Ausbeutung wurde im Mechanismus des „ungleichen Tauschs" (Arghiri Emmanuels) bzw. in der Mo-difikation des Wertgesetzes auf dem Weltmarkt (Gunther Kohlmey, Ernest Mandel u.a.) gesehen; vgl. hierzu zusammenfassend *Ulrich Menzel*: Geschichte der Entwicklungstheorie. Einführung und systematische Bibliographie, Hamburg 1993, S. 31f.

Unter dem Begriff der *dependencia* (Abhängigkeit) erschien in Lateinamerika ab Mitte der sechziger Jahre eine Reihe von Studien, die sich auf der theoretischen Ebene um eine Erklärung für die Unterentwicklung bzw. Blockierung von Entwicklung und auf der politischen Ebene um die Formulierung von Überwindungsstrategien bemühten. Ansatzpunkte für eine theoretische Neuorientierung boten für marxistische Autoren die Arbeiten von *Paul A. Baran* und *Paul M. Sweezy*, die mit dem Begriff des Surplus-Transfers zum ersten Mal die Konsequenzen des Imperialismus für die von ihm betroffenen Länder systematisch thematisierten. Nicht-marxistische Autoren nahmen die von dem Argentinier Raúl Prebisch, dem ersten Generalsekretär der UN-Wirtschaftskommission für Lateinamerika (CEPAL), formulierte *Theorie der säkularen Verschlechterung der Austauschbeziehungen* (*Terms of Trade*) zum Ausgangspunkt ihrer Überlegungen. Nach dieser Annahme verschlechterte sich, und zwar über längere Zeiträume hinweg, das Verhältnis zwischen Exportpreisen (vornehmlich für Rohstoffe) und Importpreisen (vor allem für industrielle Fertigwaren) für die Entwicklungsländer. Eine Entwicklung des lateinamerikanischen Subkontinents sei bei einem derartigen negativen Trend unmöglich.[20]

Auf diesen Ansätzen aufbauend, stellten die *dependencia*-Autoren die bisher gängigen Erklärungen von Unterentwicklung gleichsam auf den Kopf: Unterentwicklung galt nunmehr nicht mehr als bloßes Zurückbleiben hinter dem Stand moderner Industrieländer und als *Folge einer mangelhaften Integration in die moderne Welt*, sondern umgekehrt als *Konsequenz einer sehr effizienten Integration* der Entwicklungsländer (Peripherien) in den von den kapitalistischen Industrieländern (Zentren) beherrschten Weltmarkt. Entwicklung und Unterwicklung galten so als die zwei Seiten ein und derselben Münze. Es galt nunmehr, die Faktoren zu untersuchen, die die Entwicklung der Unterentwicklung determinierten. Dabei standen die Begriffe ,strukturelle Abhängigkeit', ,strukturelle Heterogenität' und das Phänomen des ,peripheren Staates' im Zentrum der Debatte.

---

[20] Lateinamerika hatte die längsten Erfahrungen mit der exportorientierten Entwicklungsstrategie bzw. – seit der Weltwirtschaftskrise 1929 – mit der importsubstituierenden Industrialisierung. Beide Strategien hatten zu keinen durchgreifenden, breitenwirksamen Entwicklungserfolgen geführt.

356 Klaus Bodemer

4.1 Schlüsselbegriffe

Bezüglich der konstitutiven Elemente von (,struktureller) Abhängigkeit' konkurrierte die These von der Ausbeutung durch Handel und/oder den Gewinntransfer transnationaler Konzerne (mit der Folge von Verelendungswachstum und Dekapitalisierung) mit Konzepten, die die strukturelle Verflechtung der Ökonomien der Peripherie mit denen der Zentren und die Ausrichtung der ersteren auf die Verwertungsbedürfnisse der Zentren in den Vordergrund rückten.

Die Vertreter der strukturalistischen Variante der *dependencia* (*C. Furtado, O. Sunkel, F.H. Cardoso, A. Quijano, A. Cordova* u. a.) verstanden die Peripherisierungsprozesse als Abfolge interner Strukturveränderungen im Gefolge von veränderten Weltmarktbedingungen.[21] Zentrale analytische Kategorie bildet bei diesem Ansatz der Begriff der ,strukturellen Heterogenität'. Er verstand sich als Gegenkonzept zur Dualismus-Vorstellung der Modernisierungstheoretiker und rückte die internen Entwicklungsunterschiede zwischen einem entwickelten modernen Sektor und einem sog. traditional rückständigen Sektor in den Ländern der Dritten Welt in eine neue Perspektive. Er geht auf die These zurück, dass strukturell heterogene Gesellschaften im Unterschied zu strukturell homogenen Gesellschaften nicht nur auf einer, sondern auf mehreren nebeneinander existierenden und in besonderer Weise aufeinander zugeordneten Produktionsweisen beruhen.

Indem die Dependenztheoretiker den Begriff der Abhängigkeit nicht nur äußerlich an Handels- und Kapitalströmen, sondern auch an der Wirtschafts- und Sozialstruktur, an den Klassen- und Herrschaftsverhältnissen festmachten, mithin die beiden Schlüsselbegriffe miteinander verknüpften, leiteten sie die nationale Desintegration aus der transnationalen Integration ab, mit all den entwicklungsblockierenden Folgen.

Der dritte Schlüsselbegriff, der ,periphere Staat', nimmt in der lateinamerikanischen Dependenztheorie breiten Raum ein. Aus der Sicht ihrer marxistischen Variante stellt der nachkoloniale Staat lediglich eine mit Scheinsouveränität ausgestattete Nachgeburt des ,kolonialen Abgabestaates' dar, ein Brückenkopf des internationa-

---

[21] Vgl. *Dieter Senghaas*: Imperialismus und strukturelle Gewalt, Frankfurt 1972; ders. (Hrsg.): Peripherer Kapitalismus. Analysen über Abhängigkeit und Unterentwicklung, Frankfurt 1974.

Entwicklungstheorien und Entwicklungspolitik 357

len Herrschaftssystems, den Bedürfnissen des Weltmarkts untergeordnet.[22] Auch in Galtungs ‚struktureller Theorie des Imperialismus' ist der ‚periphere Staat' auf der „einen Seite Marionette und Werkzeug in Händen des Zentrums der Zentralnation, auf der anderen Seite aber Ausbeuter der Peripherie der Peripherienation."[23]

In der deutschen Rezeption der Dependenztheorien (und der Theorie des peripheren Kapitalismus) reicht die Palette der Staatsanalysen von einer kategorialen Staatsableitungsdiskussion, in der die allgemeine marxistische Staatstheorie mit der Dependenztheorie verknüpft wird, über Funktionsbestimmungen des peripheren Staats bis hin zu kategorialen Bestimmungen der Rolle der ‚Staatsklasse' im Entwicklungsprozess[24]. Gemeinsam ist den verschiedenen Ansätzen ein hoher Grad an Abstraktheit und Formelhaftigkeit, die es nicht erlauben, die Frage nach den politischen Spielräumen des peripheren Staates und die Art und Weise der Wechselbeziehungen zwischen den politischen, wirtschaftlichen und gesellschaftlichen Akteuren konkret zu bestimmen. Außerdem sahen sich die Vertreter dieser Richtung dem Vorwurf des Ökonomismus ausgesetzt.[25]

---

[22] Vgl. *André Gunder Frank*: Wirtschaftskrise und Staat in der Dritten Welt, in: o.V.: Strukturveränderungen in der kapitalistischen Weltwirtschaft, Starnberger Studien 4, Frankfurt 1980, S. 225-268.

[23] Vgl. *Johan Galtung*: Eine strukturelle Theorie des Imperialismus, in: *Senghaas* 1972 (Anm. 21), S. 29-104, S. 99.

[24] Vgl. *Tilman Tönnies Evers*: Bürgerliche Herrschaft in der Dritten Welt. Zur Theorie des Staates in ökonomisch unterentwickelten Gesellschaftsformationen, Köln 1977; *Rolf Hanisch, Rainer Tetzlaff* (Hrsg.): Staat und Entwicklung. Studien zum Verhältnis von Herrschaft und Gesellschaft in Entwicklungsländern, Frankfurt 1981; *Georg Simonis*: Der Entwicklungsstaat in der Krise, in: *Nuscheler* 1985 (Anm. 8), S.157-183; *Hartmut Elsenhans*: Abhängiger Kapitalismus oder bürokratische Entwicklungsgesellschaft, Frankfurt, New York 1991; ders. (Hrsg.): Der periphere Staat: Zum Stand der entwicklungstheoretischen Diskussion, in: *Nuscheler* 1985 (Anm. 9), S.135-156; ders. State, Class, and Development, New Delhi 1996.

[25] Vgl. *Manfred Mols*: Zum Problem des westlichen Vorbilds in der neueren Diskussion über politische Entwicklung, in: Verfassung und Recht in Übersee (1975) 8, S. 5-22; ders.: Politikwissenschaft und Entwicklungsländerforschung in der Bundesrepublik Deutschland, Melle 1985. Kritisch hierzu *Franz Nuscheler* 1985 (Anm. 9), S. 21.

358 Klaus Bodemer

4.2 Überwindungsstrategien

Ebenso umstritten wie der kausale Zusammenhang zwischen Abhängigkeit und Unterentwicklung blieben die Möglichkeiten der *Überwindung von Abhängigkeit und Unterentwicklung*. Marxistische Autoren sahen für die Peripherien lediglich die Chance einer „Entwicklung der Unterentwicklung"[26] und plädierten daher konsequenterweise für deren Herauslösung aus dem Weltmarkt, was in ihren Augen allerdings eine sozialistische Revolution voraussetzte. Bezüglich der Träger einer solchen Revolution setzten einige Autoren auf das Proletariat, andere auf das marginalisierte Subproletariat oder die landlosen Bauern, wieder andere auf die Studenten. Die Brasilianer *Fernando Henrique Cardoso* und *Enzo Faletto* plädierten demgegenüber für nationale Reformen und eine grundsätzliche Restrukturierung der Außenbeziehungen.[27] Dieter Senghaas bezeichnete den Weltmarkt als „Sackgasse für die Entwicklungsländer"[28] und leitete daraus seine drei entwicklungspolitischen Imperative der *Dissoziation* (der Abkoppelung vom Weltmarkt), *autozentrierten* (*eigenständigen*) *Entwicklung* und der *kollektiven Self-reliance* (Vertrauen auf die eigenen Kräfte) ab.

4.3 Kritik an den Dependenztheorien

Die Kritik an den Dependenztheorien monierte u.a. deren Anspruch, eine verallgemeinerungsfähige Theorie der Unterentwicklung gefunden zu haben, den Leerformelcharakter des Dependenz-Begriffs, das mangelnde historische Verständnis für Prozesse der Entwicklung und Unterentwicklung, die Unkenntnis der europäischen und nordamerikanischen Entwicklungs- und Sozialgeschichte, die *de facto*-Übernahme der Weltsicht der kritisierten Modernisierungstheorie (Entwicklung als aufholende Entwicklung, als Industrialisierung), die Vernachlässigung der binnengesellschaftlichen Entwicklungsaspekte und deren Verklammerung mit exogenen Faktoren, schließlich die Vagheit bzw. den Voluntarismus

---

[26] *André Gunder Frank*: The Development of Underdevelopment, in: *R.I. Rhodes* (Hrsg.): Imperialism and Underdevelopment, New York 1970, S. 4-17.

[27] Vgl. *Fernando Henrique Cardoso, Enzo Faletto*: Abhängigkeit und Entwicklung in Lateinamerika, Frankfurt 1976.

[28] Vgl. *Dieter Senghaas*: Weltwirtschaftsordnung und Entwicklungspolitik. Plädoyer für Dissoziation, Frankfurt 1977.

Entwicklungstheorien und Entwicklungspolitik 359

der Überwindungsstrategien. Als großes *Verdienst* der Dependenztheorien bleibt jedoch, das Wissen über das Entstehen und Fortbe-
stehen von Unterentwicklung bereichert und die internationale
Mit-Konditionierung des Entwicklungsproblems, vor allem ihre
blockierenden Elemente, im Detail herausgearbeitet zu haben.

4.4 Auswirkungen auf die Entwicklungspolitik

In die Entwicklungspolitik der Industrieländer fanden die Einsichten der Dependenztheorien nur in begrenztem Maße Eingang. Die
realen Misserfolge der Ersten Entwicklungsdekade sowie wachsende Selbstzweifel bei den internationalen Entwicklungsagentu-
ren, wie z. B. der Weltbank, führten im Norden zu entwicklungspolitischen Korrekturen, die jedoch eher auf Erkenntnisse einer
aufgeklärten Modernisierungstheorie als auf dependenztheoretische Einsichten zurückzuführen sind. Dennoch: Die Strategie des
Aufholens, auf die sich die beiden konkurrierenden Entwicklungs-
paradigmata bezogen, bekam angesichts der sich vertiefenden
Nord-Süd-Kluft erste Risse. Die überkommene Wachstumsstrategie wurde um verteilungspolitische Aspekte ergänzt, aber keineswegs aufgegeben. ‚Wachstum mit Umverteilung' (*Redistribution
with Growth*) hieß die neue Formel. Entwicklungspolitiker jeglicher Couleur, an ihrer Spitze Weltbankpräsident McNamara[29],
sprachen nunmehr von ‚Entwicklung von unten', entdeckten die
Grundbedürfnisse. Wirtschaftliches Wachstum galt jetzt als Folge
der Befriedigung menschlicher Grundbedürfnisse, nicht als dessen
Voraussetzung. Anstelle eines *trickle down*-Effekts sollte es – so
die neue Überzeugung – zu einem *trickle up*-Effekt kommen. Die
konventionelle Wachstumsstrategie wurde damit „vom Kopf auf
die Füße gestellt"[30].

Deutlicher sichtbar wurden praktisch-politische Auswirkungen
der *dependencia*-Diskussion auf der Struktur- und Verhandlungs-
ebene des internationalen Systems. Hier hatte sich seit Mitte der
sechziger Jahre die Organisationsmacht der Dritten Welt (UNC-
TAD, Bewegung der Blockfreien, Gruppe der 77, OPEC) erheblich erhöht, in deren Rahmen neue Themen (Forderung nach einer

---

[29] McNamara hatte 1973 in einer vielbeachteten Rede vor dem Gouver-
neursrat der Weltbank den Startschuss für die Kurskorrektur gegeben.

[30] *Gerald Braun*: Vom Wachstum zur dauerhaften Entwicklung, in: Aus Politik und Zeitgeschichte (APuZ) (1991) B25-26, S. 12-19, S. 14.

360 Klaus Bodemer

Neuen Weltwirtschaftsordnung) auf die Agenda gesetzt wurden. Sowohl die Selbstorganisation der Dritten Welt wie deren Frontstellung gegenüber dem entwickelten Norden rekurrierte auf Begründungszusammenhänge aus dem Arsenal der Dependenztheorien. Begriffe wie (kollektive) Self-reliance, Dissoziation, autozentrierte Entwicklung, Süd-Süd-Kooperation legten davon Zeugnis ab[31]. Schließlich wurde mit dem ersten Bericht des Club of Rome über die „Grenzen des Wachstums"[32] ergänzend und zum ersten Mal auf breiter Front von ökologischer Seite Kritik am Wachstumsmodell laut.

5. Zwischen Binnendifferenzierung und Reintegrationsversuchen – Neue Akzentsetzungen seit der Dritten Entwicklungsdekade

Die Erfolge der Schwellenländer und der fortschreitende Differenzierungsprozess in der Dritten Welt besiegelten gegen Ende der siebziger Jahre das Schicksal der Globaltheorien, führten zu einer *zunehmenden Binnendifferenzierung* der Forschung, zugleich aber auch zu Reintegrationsversuchen zur Überwindung des Orientierungsdilemmas. Damit verbunden kam es zu *neuen Akzentsetzungen in der Staatsdiskussion*. An die Stelle deduktiver Ableitungsversuche und ökonomischer Überdeterminierung traten empirische und vergleichende, eindeutiger mit politikwissenschaftlichen Kategorien arbeitende Studien. Im Zuge eines neu erwachten historischen Interesses sowie der Wiederentdeckung der Institutionen wurde der Bedarf an Typologien von Systemen und institutionellen Rahmenbedingungen angemeldet. Dabei standen vor allem die staatlich-administrativen Problemlösungskapazitäten und Entwicklungsleistungen im Vordergrund des wissenschaftlichen Interesses.[33] Demokratie und Menschenrechte, politischer Plura-

---

[31] Vgl. *Kushi M. Khan*: (Hrsg.): Self-reliance als nationale und kollektive Entwicklungsstrategie, München 1980; *Dieter Senghaas*: Weltwirtschaftsordnung und Entwicklungspolitik. Plädoyer für Dissoziation, Frankfurt 1977.

[32] Vgl. *Dennis Meadows u. a.* (Hrsg.): Die Grenzen des Wachstums. Bericht des Club of Rome zur Lage der Menschheit, Reinbek 1973.

[33] Vgl. *Dirk Berg-Schlosser*: Politische Systemtypen als Determinanten wirtschaftlicher und sozialer Entwicklung in Afrika – Vergleichende

Entwicklungstheorien und Entwicklungspolitik 361

lismus, Dezentralisierung, politische Partizipation und Marktwirtschaft wurden zu neuen Schlagworten. Auch der sich weltweit ausbreitende *Neoliberalismus* entdeckte den Staat – wenn auch mit umgekehrtem Vorzeichen als die politikwissenschaftliche Entwicklungsforschung[34] – als ‚Krisenmacher'. Er traf sich mit dieser Diagnose mit den internationalen Finanzorganisationen, die den Staaten der Dritten Welt seit dem Verschuldungsschock rigide Anpassungsrezepturen verschrieben und auf Entstaatlichung, Deregulierung, Privatisierung und Außenöffnung drängten – jener programmatischen Konzeption aus neoliberalen Grundüberzeugungen, die schließlich 1990 als sog. ‚Washingtoner Konsens' formuliert und nahezu eine Dekade als entwicklungspolitisches Credo diente.

Auch in der Entwicklungspolitik sind neue Akzentsetzungen auszumachen. In seinem Jahresbericht 1997 stellte der Entwicklungsausschuss (DAC) der OECD das neue Paradigma der Entwicklungszusammenarbeit vor: „People-centred participatory development"[35]. Damit wurde die Unterstützung von *bottom-up*-Prozessen (Initiativen von unten) gefordert, wie sie bereits aus den Ergebnissen der großen Weltkonferenzen der letzten Jahre ablesbar waren. In der deutschen Debatte wurde bereits Anfang dieses Jahrzehnts, als die lateinamerikanischen Militärregime erste Schritte in Richtung demokratischer Öffnung unternahmen, einer „demokratie-orientierten" Entwicklungspolitik das Wort geredet.[36] Mit dem sich von Südeuropa über Lateinamerika bis nach Afrika ausbreitenden und ab Ende des Jahrzehnts auch Osteuropa erfas-

---

Fallstudien, in: *Manfred G. Schmidt*: Staatstätigkeit. International und historisch vergleichende Analysen. Politische Vierteljahresschrift, Sonderheft 19, Opladen 1988, S. 330-359.

[34] Während erstere auf rigorose Entstaatlichung setzten, plädierten letztere mehrheitlich für einen starken (im Sinne von effizienten) Staat.

[35] OECD/DAC: Development Co-operation Report 1997, Paris 1998.

[36] Vgl. *Theodor Hanf*: Nach Afghanistan: Überlegungen zu einer demokratie-orientierten Dritte-Welt-Politik, in: *Helmut Kohl* (Hrsg.): Der neue Realismus, Düsseldorf 1980; *Dieter Oberndörfer*: Politik und Verwaltung in der Dritten Welt – Überlegungen zu einer neuen Orien-tie-rung, in: *Joachim J. Hesse* (Hrsg.): Politikwissenschaft und Verwaltungswissenschaft. Politische Vierteljahresschrift, Sonderheft 13, Opladen 1982, S. 447-457; *Rolf Hanisch* (Hrsg.): Demokratieexport in die Länder des Südens?, Hamburg 1996; *Gero Erdmann*: Demokratie und Demokratieförderung in der Dritten Welt, Bonn 1996.

senden Demokratisierungsprozess galt die Diktatur nicht mehr als das gängige „Staatsmodell für die Dritte Welt"[37]. Ausgehend von der Erkenntnis, dass politischer Wandel allgemein und Demokratisierung im besonderen das Ergebnis von innergesellschaftlichen Kräfteverhältnissen sind, wurde das Konzept der strategischen und konfliktfähigen Gruppen (SKOG) zur Analyse von Demokratisierungsprozessen vorgeschlagen.[38] Die demokratietheoretische und politische Ordnungsdebatte wurde durch eine die praktische Entwicklungspolitik bestimmende *Neuauflage marktwirtschaftlicher Ordnungsvorstellungen* ergänzt. ‚Soziale Marktwirtschaft im Weltmaßstab' war die neue (alte) Devise.

Mit dem Zusammenbruch der sozialistischen Systeme (1989/90) und dem Wegfall einer Systemalternative zum Kapitalismus wurde der Blick für die verschiedenen Systemvarianten innerhalb des peripheren Kapitalismus, ihre Handlungsspielräume und Entwicklungsleistungen geschärft,[39] Möglichkeiten für reformistische Strategien ausgelotet und die Diskussion über Entwicklungsstile neu belebt. Schließlich gaben die wirtschaftlichen und politischen Transitionsprozesse in Osteuropa der vergleichenden Demokratisierungs- und Transformationsforschung einen zusätzlichen Schub.[40] Hier verbindet sich eine intensive Verfassungsreformde-

---

[37] *Hans F. Illy, Rüdiger Sielaff, Nikolaus Werz*: Diktatur – Staatsmodell für die Dritte Welt?, Würzburg 1980; *Guillermo O'Donnell, Philippe C. Schmitter, Lawrence Whitehead*: Transitions from Authoritarian Rule, London u.a. 1986; *Dieter Nohlen*: Mehr Demokratie in der Dritten Welt?, in: ApuZ (1988) B25-26, S.3-18. Entsprechend erlebte die vergleichende Demokratie- und Transitionsforschung ab Mitte der 80er Jahre einen Aufschwung, vgl. den Beitrag von *Birle/Wagner* in diesem Band.

[38] *Gunter Schubert; Rainer Tetzlaff; Werner Vennewald* (Hrsg.): Demokratisierung und politischer Wandel – Theorie und Anwendung des Konzepts der strategischen und konfliktfähigen Gruppen (SKOG), Münster 1994.

[39] Vgl. *Barbara Töpper*: Die Frage der Demokratie in der Entwicklungstheorie, in: Peripherie (1990) 39/40, S. 127-160.

[40] Vgl. *Wolfgang Merkel* (Hrsg.): Systemwechsel 1. Theorien, Ansätze und Konzeptionen, Opladen 1994; *Wolfgang Merkel, Eberhard Sand-schneider, Dieter Segert* (Hrsg.): Systemwechsel 2. Die Institutionalisierung der Demokratie, Opladen 1996, *Eberhard Sandschneider*: Stabilität und Transformation politischer Systeme, Opladen 1995; *Klaus von Beyme*: Systemwechsel in Osteuropa, Frankfurt 1994.

batte mit Fragen einer Stärkung und institutionellen Ausdifferenzierung der Zivilgesellschaft[41].

Die Entwicklungspolitik trug den veränderten Rahmenbedingungen mit innovativen Konzepten Rechnung. Aus der Erfahrung, dass für Entwicklungsfortschritte oder Misserfolge in erster Linie die internen politischen und wirtschaftlichen Rahmenbedingungen in den Partnerländern entscheidend sind, zog das BMZ mit seiner „Entwicklungspolitischen Konzeption" von 1996 die Konsequenz, den Einsatz von Instrumenten und Mitteln der Entwicklungszusammenarbeit an fünf Kriterien zu binden (Konditionalität): die Beachtung der Menschenrechte; die Beteiligung der Bevölkerung an politischen Entscheidungen; Rechtstaatlichkeit und Gewährung von Rechtssicherheit; Einführung einer sozialen Marktwirtschaft sowie die Entwicklungsorientierung staatlichen Handelns.[42]

Auf die Orientierungs-, Finanz- und Vertrauenskrise, der sich die Entwicklungshilfe im Gefolge von Globalisierung, Privatisierung und Systemzusammenbruch ausgesetzt sah, reagierten die entwicklungspolitischen Entscheidungsträger ergänzend mit einem dreifachen Re-Legitimisierungsversuch:

1.) einer neuen Form der entwicklungspolitischen Zusammenarbeit bzw. Arbeitsteilung zwischen Staat und Wirtschaft – der sog. Public-Private-Partnership (PPP)[43];

2.) dem Versuch, verschiedene Politikfelder zum ‚ganzheitlichen' Konzept von Entwicklungspolitik als internationaler/ globa-

---

[41] *Dieter Nohlen, Mario Fernandez* (Hrsg.): Presidencialismo versus parlamentarismo, Caracas 1991; *Hans-Joachim Lauth; Wolfgang Merkel* (Hrsg.): Zivilgesellschaft und Transformationsprozess. Länderstudien zu Mittelost und Südeuropa, Asien, Afrika, Lateinamerika und Nahost (Politikwissenschaftliche Standpunkte Bd.3), Mainz 1997; *Elmar Altvater; Achim Brunnengräber; Markus Haake; Heike Walk* (Hrsg.): Vernetzt und verstrickt. Nicht-Regierungsorganisationen als gesellschaftliche Produktivkraft, Münster 1997.

[42] *Bundesministerium für wirtschaftliche Zusammenarbeit und Entwicklung (BMZ)*: Entwicklungspolitische Konzeption des BMZ, Bonn 1996, S. 8.

[43] Vgl. *Uwe Höring:* Public/Private Partnership – (Nur) ein neues Instrument oder eine neue Epoche der Entwicklungspolitik? in: Peripherie Nr.72, 1998; S.6-24; *Andreas Förster, Peter Wolf:* Öffentlich-private Partnerschaft in der Zusammenarbeit mit dynamischen Entwicklungsländern, Berlin, DIE 1996; außerdem verschiedene Beiträge in E+Z Nr.2, 2000.

364   Klaus Bodemer

ler Struktur- bzw. Ordnungspolitik- verstanden als Antwort auf die Entstaatlichung der Welt und den Rückgang staatlicher Steuerungsmöglichkeiten angesichts globaler Problemlagen und ‚wilder‘ Globalisierung[44], und – als Reaktion auf den Systemzusammenbruch von 1989.

3.) mit einem Verständnis von Entwicklungspolitik als Krisenprävention und Konfliktbearbeitung[45] mittels Regulationsregimen und gezielter politischer Intervention.[46]

Die Distanz *zwischen* den mit Entwicklungsfragen befassten *Disziplinen*, insbesondere zwischen der Politikwissenschaft und der Volkswirtschaftslehre verringerte sich ebenfalls in den 90er Jahren: Außerökonomische Rahmenbedingungen von Entwicklung (Staat, Institutionen, Besitzstrukturen, Kultur und Moral) werden auch von Seiten der Entwicklungsökonomie zunehmend erfasst.[47] Ergänzend erfuhr die alte ordnungspolitische Debatte über das Zuordnungsverhältnis von Markt und Staat und die Entwicklungsleistungen beider Instanzen von politökonomischer und neostrukturalistischer Seite unter den Stichworten ‚systemische Wettbewerbsfähigkeit‘, ‚aktive (selektive) Weltmarktintegration‘ und ‚globale öffentliche Güter‘[48], Fragen der *staatlichen Steuerungs-*

---

[44] Vgl. *Peter Wahl*: Königsweg oder Sackgasse? Entwicklungspolitik als internationale Struktur- und Ordnungspolitik, in: Peripherie Nr.72, 1998, S.82-93; *Dirk Messner*: Die Zukunft des Staates und der Politik. Möglichkeiten und Grenzen politischer Steuerung in der Weltgesellschaft, Bonn 1996.

[45] Vgl. verschiedene Beiträge in E+Z 4, 1999; *Volker Matthies*: Vom Krieg und Frieden. Kriegsbeendigung und Friedenskonsolidierung, Bremen 1995; ders.: Der gelungene Frieden. Beispiele und Bedingungen erfolgreicher friedlicher Konfliktbearbeitung, Bonn 1997.

[46] Vgl. *Thomas Debiel; Franz Nuscheler* (Hrsg.): Der neue Interventionismus. Humanitäre Einmischung zwischen Anspruch und Wirklichkeit, Bonn 1996.

[47] Dies geschah im Rahmen der sog. *Neuen Institutionen-Ökonomie* und dem darauf aufbauenden *rent-seeking-Ansatz,* vgl. *Paul Bradhan*: The New Institutional Economics and Development Theory: A Brief Assessment, in: World Development (1989) 17, S.1389-1395; *Rupert F. J. Pritzl*: Korruption und rent-seeking in Lateinamerika, Zur politischen Ökonomie autoritärer politischer Systeme, Baden-Baden 1997.

[48] Vgl. *Klaus Esser* u.a.: Globaler Wettbewerb und nationaler Handlungsspielraum. Neue Anforderungen an Wirtschaft, Staat und Gesellschaft, Köln 1996; *Inge Kaul, Isabelle Grunberg, Marc A. Stern* (Hrsg.): Global Public Goods. International Cooperation in the 21st Century, New York 1999.

Entwicklungstheorien und Entwicklungspolitik 365

kapazität unter den Leitbegriffen ,reinventing government' und
,good Governance' (zur Bezeichnung entwicklungskonformen Regierens) von politikwissenschaftlicher Seite neue Impulse.

Innerhalb der Politikwissenschaft ist der enge Bezugsrahmen der
Anfangsjahre längst überschritten: Die Globalisierung der Entwicklungsprobleme sowie das wieder entdeckte integrative
Verständnis von Entwicklung brachten es mit sich, dass neben der
Teildisziplin *Vergleichende Politikwissenschaft* auch die *Internationalen Beziehungen*, die *Politische Ökonomie* (in dieser Einführung: *Wirtschaft und Gesellschaft*) sowie die *Moderne Politische
Theorie* mehr und mehr mit konstruktiven Beiträgen zur Entwicklungstheorie und Entwicklungspolitik aufwarteten. Der Kollaps der
sozialistischen Systemalternative führte in der Teildisziplin *Internationale Beziehungen* zu einer Neubestimmung des Nord-Süd-
Verhältnisses im Rahmen einer breiten, disziplinübergreifend geführten (Welt-) Ordnungsdebatte.[49] Das weltweite Anwachsen
fundamentalistischer Strömungen und Huntingtons provokati-
ve‧These vom „Zusammenprall der Zivilisationen"[50] gaben Anlass,
einmal mehr über die kulturellen und ethischen Aspekte von Entwicklung, Modernisierung bzw. Moderne sowie den Universalitätsanspruch der westlichen Zivilisation nachzudenken[51].

---

[49] Vgl. *Wolfgang Hein* (Hrsg.): Umbruch in der Weltgesellschaft. Auf dem
Weg zu einer „Neuen Weltordnung"?, Hamburg 1994; *Stiftung Entwicklung und Frieden* (Hrsg.): Globale Trends, Frankfurt 1994, 1996 und
1998; *Ernst Hillebrand, Günther Maihold*: Von der Entwicklungspolitik zur globalen Strukturpolitik, in: Internationale Politik und Gesellschaft, H.4, 1999, S.339.

[50] *Samuel P. Huntington*: Der Kampf der Kulturen. The Clash of Civilizations. Die Neugestaltung der Weltpolitik im 21. Jahrhundert, München
, Wien 1996; kritisch hierzu *Harald Müller*: Das Zusammenleben der
Kulturen. Ein Gegenentwurf zu Huntington, Frankfurt 1999; *Ulrich
Druwe*: Huntingtons „Clash of Civilizations" in: *G. Riechers, K. Vedde-
ler* (Hrsg.): „Kampf der Kulturen?" – Kollektive Identitäten im 21 Jahrhundert, Zeitschrift für Rechtstheorie und Rechtspolitik, Opladen 1999.

[51] Zum Zusammenhang von Kultur und Entwicklung vgl. verschiedene Beiträge in E+Z 10, 1998; außerdem *Roland Robertson:* Globalization, Social Theory and Global Culture, London 1992; *Daniel Miller* (Hrsg.):
Worlds Apart. Modernity Through the Prism of the Local, London, New
York 1996;*Vincent Tucker* (Hrsg.): Cultural Perspectives on Development,
London 1997. Zu ethischen Fragen von Entwicklung und Entwicklungspolitik: *Amartya Sen*: On Ethics and Economics, Oxford und New York
1987; *Amartya Sen, Jean Drèze*: Hunger and Public Action, Oxford 1989;

Insgesamt zeichnet sich Mitte der neunziger Jahre ein neuer Realismus und ein stärker pragmatisches Vorgehen ab. Die entwicklungsstrategische Debatte und Theoriebildung verlagert sich zum Teil in die entwicklungspolitischen Institutionen (Weltbank, DIE, etc.). So gründet die sich abzeichnende Ablösung des ‚Washingtoner Konsenses' durch einen ‚Post-Washington-Konsens', der die Selbstregulierung des Marktes in Zweifel zieht und die Bedeutung von Institutionen im Entwicklungsprozess hervorhebt, zu großen Teilen auf Überlegungen des damaligen Weltbank-Chefökonomen Joseph E. Stiglitz.[52]

Die neueren entwicklungstheoretisch orientierten Arbeiten bemühen sich mehrheitlich, die Phase der Kritik der etablierten Ansätze und des Diskurses über die Krise bzw. die Sackgasse der Entwicklungstheorie zu überwinden. Dieser Trend ist durchaus positiv zu bewerten, läuft er doch auf eine Überprüfung von bisher akzeptierten theoretischen Annahmen und eine Verknüpfung von bislang getrennten Analyseebenen hinaus. Ob sie einen neuen Weg aus der theoretischen Ratlosigkeit weisen und einen weiteren Schritt in Richtung Reintegration der transitiven und der intransitiven Dimension von Entwicklung sowie der beiden Komponenten *Entwicklung als Ziel, Entwicklung als Weg* darstellen oder eher auf Desintegration hindeuten, lässt sich gegenwärtig noch nicht abschätzen. Die zunehmende Binnendifferenzierung der Forschung, zugleich aber auch verschiedene Versuche zur Überwindung des Orientierungsdilemmas und der Distanz zwischen den Disziplinen weisen hier in eine positive Richtung. Die Integration der Teiltheorien in *eine* Makrotheorie ist allerdings angesichts der Komplexität des Gegenstands und der Lerngeschichte der entwicklungstheoretischen Debatte weder zu erwarten noch zu wünschen. Auch die ‚Moderne', ein über Generationen und von den unterschiedlichsten sozialwissenschaftlichen Strömungen hochgehaltener Sozialmythos,[53] hat angesichts der Krisenhaftigkeit des nunmehr konkurrenzlosen kapitalistischen Entwicklungsmodells und der Zukunftsgefährdung, die von ihm ausgeht, als Zielperspektive ei-

---

[52] Den Anstoß hierfür gab der Weltentwicklungsbericht 1997; zum Paradigmenwechsel der Weltbank vgl. *Cord Jakobeit*: Die Weltbank und „Menschliche Entwicklung". Ein neuer strategischer Ansatz aus Washington, in: E+Z 5, 1999, S.124f.

[53] Vgl. *Peter Wehling*: Die Moderne als Sozialmythos. Zur Kritik der sozialwissenschaftlichen Modernisierungstheorien, Frankfurt 1994.

Entwicklungstheorien und Entwicklungspolitik 367

ner reformulierten Entwicklungstheorie erheblich an Attraktivität eingebüsst. Die anstehenden Aufgaben der Entwicklungstheorie hat Rainer Tetzlaff 1996 auf den Punkt gebracht: „Es gilt die Gleichzeitigkeit von Differenzierung und Integration, von Inklusion und Marginalisierung, von Verflechtung und Fragmentierung, von Demokratisierung und Regression (Staatszerfall) im Kontext der sich verdichtenden Weltgesellschaft zu erfassen und normative Orientierungen für einen konstruktiven Umgang mit den angesprochenen Problemen zu erarbeiten."[54]

Annotierte Auswahlbibliografie

Menzel, Ulrich: Geschichte der Entwicklungstheorie. Einführung und systematische Bibliographie, Hamburg [3]1995.
   Der Band gliedert sich in zwei Teile. In einem entwicklungsgeschichtlichen Einleitungskapitel weist Menzel unter Rückgriff auf die historischen Wurzeln der Entwicklungsdiskussion nach, dass fast alle Beiträge Modifikationen der vier Grundpositionen Universalismus, Nationalismus, Sozialismus und Rationalismus der Klassiker Ricardo, List, Marx und Weber darstellen. Dem schließt sich die umfangreichste deutschsprachige Bibliographie (ca. 2500 Titel) an – Ausdruck der Vielfalt der entwicklungstheoretischen Diskussion in den Wirtschafts- und Sozialwissenschaften.
Nuscheler, Franz: Lern- und Arbeitsbuch Entwicklungspolitik, Bonn [5]2004.
   Nuschelers grundlegende Einführung in die Entwicklungsproblematik ist (mit guten Gründen) seit Jahren ein Bestseller. Durch seine einfache, jegliches Fachchinesisch vermeidende Sprache und seinen didaktisch durchdachten Aufbau wendet sich der Band gleichermaßen an ein Fachpublikum wie an interessierte Laien. Inhaltlich ist der Bogen weit gespannt. Er reicht von der Ursachenanalyse von Unterentwicklung über die Theoriedebatte, die Krisen der Dritten Welt (Rüstung, Umwelt u.a.) bis zu Fragen des Nord-Süd-Konflikts und der praktischen Entwicklungspolitik im nationalen und internationalen Bereich.
Nohlen, Dieter; Nuscheler, Franz (Hrsg.): Handbuch der Dritten Welt. Bd. 1: Grundprobleme, Theorien, Strategien, Bonn [3]1993.
   Auch dieses Werk ist seit seiner Erstauflage in den siebziger Jahren ein Standardwerk. In sechs Abschnitten (Grundbegriffe, Theorien,

---

[54] *Rainer Tetzlaff*: Theorien der Entwicklung der Dritten Welt nach dem Ende der Zweiten (sozialistischen) Welt, in: *Klaus von Beyme, Claus Offe* (Hrsg.): Politische Theorien in der Ära der Transformation, PVS-Sonderheft 26, 1995, Opladen 1996, S. 87f.

368 Klaus Bodemer

Grundprobleme, Bedingungen und Akteure von Entwicklung, Internationale Ordnungsprobleme, Nord-Süd-Probleme) werden in geraffter Form systematische Überblicke über die zentralen Bereiche der Entwicklungsdebatte sowie ihre aktuellen Trends gegeben.

Wolfgang Hein: Unterentwicklung – Krise der Peripherie. Phänomene – Theorien – Strategien, Opladen 1998

Der in der Reihe ‚Grundwissen Politik' erschienene Band verbindet eine gründliche Merkmalsbeschreibung von Unterentwicklung in ihren verschiedenen Dimensionen (Teil I) mit einem soliden Überblick über die (Makro-)Theorien (Teil II) und einer Bilanz der Strategiedebatte mit den Schwerpunkten sozioökonomische Entwicklung, politische Entwicklung, Weltordnung und Entwicklung sowie nachhaltige Entwicklung. Mit seinen an Myrdals Konzept der kumulativen Verursachung anknüpfenden Überlegungen zu einer Theorie ungleicher und ungleichzeitiger Entwicklung liefert Hein einen innovativen Beitrag für die weitere entwicklungstheoretische Debatte.

Reinhold E. Thiel (Hrsg.): Neue Ansätze zur Entwicklungstheorie, Deutsche Stiftung für Internationale Entwicklung, Zentrale Dokumentation (DSE/ZD), Bonn 1999

Der von Thiel herausgegebene Band legt Zeugnis ab von der Bandbreite entwicklungstheoretischen Denkens in der bundesrepublikanischen Debatte der letzten Jahre und widerlegt das Verdikt vom Ende der Theorie und der ‚Ratlosigkeit', wie sie noch Anfang der Dekade diagnostiziert wurden. Dabei geht es den Autoren neben einer kritischen Sichtung des überlieferten Theorienbestands und der Fortschreibung und Weiterentwicklung der klassischen Theorien auch um die Vermessung neuer Themen (u.a. *Gender*-Problematik, Kultur und Entwicklung).

Der Band ist eine informative Ergänzung zu den beiden Einführungen von Menzel (1993) und Nuscheler (1995) und wendet sich dank seiner verständlichen Diktion gleichermaßen an ein Fachpublikum wie an entwicklungspolitische Multiplikatoren und interessierte Laien.

Grundlagen- und weiterführende Literatur

Apter, David: Rethinking Development. Modernization, Dependency and Postmodern Politics, Newbury Parks u. a. 1987.

Bodemer, Klaus: Entwicklungspolitik der Bundesrepublik Deutschland, in: Nohlen, Dieter (Hrsg.): Lexikon Dritte Welt, Reinbek b. Hamburg 2002, S. 235-240.

Boeckh, Andreas: Entwicklungstheorien: Eine Rückschau, in: Nohlen, Dieter; Nuscheler, Franz (Hrsg.): Handbuch der Dritten Welt, Bd. 1: Grundprobleme, Theorien, Strategien, Bonn 1994, S. 110-130.

Entwicklungstheorien und Entwicklungspolitik 369

Brock, Lothar: Der Nord-Süd-Konflikt: Geschichte, Erscheinungsformen und weltpolitische Bedeutung der Fehlentwicklung in der Dritten Welt, in: Knapp, Manfred; Krell, Gert (Hrsg.): Einführung in die internationale Politik, München, Wien [4]2004, S. 203-228.

Bücking, Hans Jörg (Hrsg.): Entwicklungspolitische Zusammenarbeit in der Bundesrepublik Deutschland und der DDR, Berlin 1998.

Bundesministerium für wirtschaftliche Zusammenarbeit und Entwicklung (BMZ): Globale Herausforderungen zu Beginn des 21. Jahrhunderts. 11. Bericht zur Entwicklungspolitik der Bundesregierung, Bonn 2001, S. 1-34.

Chilton, Stuart: Defining Political Development, Boulder, London 1988.

Debiel, Thomas; Nuscheler, Franz (Hrsg.): Der neue Interventionismus. Humanitäre Einmischung zwischen Anspruch und Wirklichkeit, Bonn 1996.

Deutscher, Eckhardt; Holtz, Uwe; Röscheisen, Roland (Hrsg.): Zukunftsfähige Entwicklungspolitik. Standpunkte und Strategien, Bad Honnef 1998.

Engel, Ulf; Mehler, Andreas: Gewaltsame Konflikte und ihre Prävention in Afrika: Hintergründe, Analysen und Strategien für die entwicklungspolitische Praxis, Hamburg 1998.

Fine, Ben et al.: Development policy in the twenty-first century: beyond the post-Washington consensus, London 2001.

Förster, Andreas; Wolf, Peter: Öffentlich-private Partnerschaft in der Zusammenarbeit mit dynamischen Entwicklungsländern, Berlin, DIE, 1997.

Galtung, Johan: Die andere Globalisierung. Perspektiven für eine zivilisierte Weltgesellschaft im 21. Jahrhundert, Münster 1998.

Hauck, Gerhard: Evolution, Entwicklung, Unterentwicklung. Gesellschaftskritische Abhandlungen, Frankfurt 1996.

Holtz, Uwe; Deutscher, Eckardt (Hrsg.): Die Zukunft der Entwicklungspolitik. Konzeptionen aus der entwicklungspolitischen Praxis, DSE, Bonn 1995.

Klemp, Ludgera: Entwicklungspolitik im Wandel. Von der Entwicklungshilfe zur globalen Strukturpolitik, Bonn 2000.

Kößler, Reinhard; Schiel, Tilmann: Auf dem Weg zu einer kritischen Theorie der Modernisierung, Frankfurt 1996.

Lachmann, Werner: Entwicklungspolitik, 4 Bde., München 1994-1999, Bd.2, [2]2004.

Mansilla, Hugo C.F.: Entwicklung als Nachahmung. Zu einer kritischen Theorie der Modernisierung, Meisenheim 1978.

Mansilla, Hugo C.F.: Die Trugbilder der Entwicklung in der Dritten Welt, Paderborn 1986.

Matthies, Volker (Hrsg.): Kreuzzug oder Dialog. Die Zukunft der Nord-Süd-Beziehungen, Bonn 1992.

370 Klaus Bodemer

Meier, Gerald M., Stiglitz, Joseph E. (Eds): Frontiers of Development Economies. The Future in Perspective, New York 2001.

Menzel, Ulrich: Das Ende der Dritten Welt und das Scheitern der großen Theorie, Frankfurt [4]1997.

Menzel, Ulrich; Senghaas, Dieter: Europas Entwicklung und die Dritte Welt. Eine Bestandsaufnahme, Frankfurt [2]1991.

Menzel Ulrich: Globalisierung versus Fragmentierung, Frankfurt [3]1999.

Merkel, Wolfgang; Puhle, Hans-Jürgen (Hrsg.): Von der Diktatur zur Demokratie. Transformationen, Erfolgsbedingungen, Entwicklungspfade, Opladen 1999.

Messner, Dirk (Hrsg.): Die Zukunft des Staates und der Politik. Möglichkeiten und Grenzen politischer Steuerung in der Weltgesellschaft, Bonn 1998.

Messner, Dirk; Nuscheler, Franz (Hrsg.): Global Governance – Organisationselemente und Säulen einer Weltordnungspolitik, in: Dies. (Hrsg.): Weltkonferenzen und Weltberichte, Bonn 1996, S.12-36.

Messner Dirk; Scholz, Imme (Hrsg.): Zukunftsfragen der Entwicklungspolitik, Baden-Baden 2002.

Mols, Manfred: Entwicklungsdenken am Vorabend des 21. Jahrhunderts. Anmerkungen aus politikwissenschaftlicher Sicht, in: Mols, Manfred; Mühleisen, Hans-Otto; Vogel, Bernhard (Hrsg.): Normative und institutionelle Ordnungsprobleme des modernen Staates. Festschrift zum 65. Geburtstag von Manfred Hättich, Paderborn u.a. 1990, S.137-152.

Mols, Manfred: Entwicklung, in: Nohlen, Dieter (Hrsg.): Wörterbuch Staat und Politik, Bonn 1995, S. 129-134.

Mols, Manfred; Birle, Peter (Hrsg.): Entwicklungsdiskussion und Entwicklungspraxis in Lateinamerika, Südostasien und Indien, Münster [2]1993.

Mols, Manfred; Thesing, Josef (Hrsg.): Der Staat in Lateinamerika, Mainz 1995.

Mummert, Uwe; Sell, Friedrich L. (Hrsg.): Globalisierung und nationale Entwicklungspolitik, Münster 2003.

Sachs, Wolfgang (Hrsg.): Wie im Westen so auf Erden. Ein polemisches Handbuch zur Entwicklungspolitik, Reinbek 1993.

Scherrer, Christian P.: Ethno-Nationalismus im Weltsystem. Prävention, Konfliktbearbeitung und die Rolle der internationalen Gemeinschaft, Münster 1996.

Schulz, Manfred (Hrsg.): Entwicklung. Die Perspektive der Entwicklungssoziologie, Opladen 1997.

Serageldin, Ismail: Sustainability and the Wealth of Nations 2. ed., Washington 1996

Simonis, Udo E. (Hrsg.): Weltumweltpolitik. Grundriß und Bausteine eines neuen Politikfeldes, Berlin [2]1999.

Somjee, A.H.: Development Theory: Critiques and Explorations, Basingstoke 1991.

Entwicklungstheorien und Entwicklungspolitik   371

Weiner, Myron; Huntington, Samuel P. (Hrsg.): Understanding Political Development, Boston, Toronto 1987.

Weltbank: Monitoring Environment Progress, Washington, September 1995.

Wöhlcke, Manfred: Umwelt- und Ressourcenschutz in der internationalen Entwicklungspolitik, Baden-Baden 1990.

Wolff, Jürgen H.: Entwicklungspolitik – Entwicklungsländer. Fakten – Erfahrungen – Lehren. München ²1998.

Zapotoczky, Klaus; Griebl, Hildegard: Kulturverständnis und Entwicklungschance, Frankfurt/M., Wien 1995.

Politische Bildung und Politikwissenschaft

Hans-Joachim Lauth/Manfred Mols/Christian Wagner

1. Einleitung

Der Bereich der politischen Bildung steht zum Fach Politikwissenschaft in einem eigentümlichen Spannungsverhältnis.[1] Politische Bildung kann weder als Teildisziplin noch als didaktische Umsetzung der Fachwissenschaft verstanden werden. Vielmehr hat sie eine Eigendynamik entfaltet, die sie als einen eigenständigen interdisziplinären und praxisbezogenen Handlungszusammenhang konstituiert, der in vielerlei Hinsicht mit der Politikwissenschaft in Beziehung steht. Wie gestalten sich diese Berührungs- und Verbindungslinien in der Geschichte der Bundesrepublik? Welchen Stellenwert hat die politische Bildung für das Fach Politikwissenschaft und umgekehrt? Außerdem: Welchen sollte sie haben? Solche Fragen betreffen nicht nur inhaltliche, sondern auch berufsbezogene Aspekte.

Den Begriff der politischen Bildung zu definieren, gestaltet sich nicht einfach, da er im Laufe der historischen Entwicklung zahlreiche Bedeutungsverschiebungen erfahren hat, die sich auf Anspruch und Zielsetzung, didaktische Implikationen und Inhalte beziehen. Wir können an dieser Stelle lediglich politische Bildung abstrakt als den Bereich bestimmen, in dem versucht wird, politikbezogene Inhalte verantwortungsvoll und reflektiert zu vermitteln, um kognitive, affektive und handlungsbezogene Einstellungen hervorzubringen, die sich am Leitbild mündiger Staatsbürger in einer demokratischen Gesellschaft orientieren.[2] Eine weitere und kon-

---

[1] Vgl. *Bernhard Claußen*: Zum Interesse der Politikwissenschaft an der politischen Bildung. Kurzbericht über einen Arbeitszusammenhang und eine Umfrage, in: Bundeszentrale für politische Bildung (Hrsg.): Zur Theorie und Praxis der politischen Bildung, Bonn 1990 (zit. als 1990a), S. 328-338, S. 328 ff.; vgl. *Bernhard Claußen*: Politologie und politische Bildung. Zur Aktualität der edukativen Dimension zeitgemäßer Demokratiewissenschaft im Aufklärungsinteresse, in: Bundeszentrale für politische Bildung 1990a, S. 339-366.

[2] Eine gängige Definition versteht politische Bildung als „Sammelbegriff für ein schulisches oder außerschulisches, institutionalisiertes oder frei

374   Hans-Joachim Lauth/Manfred Mols/Christian Wagner

krete Füllung des Verständnisses von politischer Bildung hebt auf
einen normativen Standpunkt ab, der in konkreten historischen Situationen erfahrungsgemäß unterschiedlich formuliert wird. Die tagespolitischen Kontroversen im Streit um Lehrpläne (Curricula)
verdeutlichen den Einfluss der Politik auf die Gestaltung der institutionalisierten politischen Bildung und unterstreichen, dass Schule als zentraler Ort politischer Bildung verstanden wird. Dies sollte jedoch die diesbezügliche Relevanz von Universität und
allgemeiner Erwachsenenbildung nicht schmälern. Zur Verdeutli-
chung des unterschiedlichen Verständnisses von politischer
Bildung gilt es zunächst, die maßgeblichen Konzeptionen der politischen Bildung in der Geschichte der Bundesrepublik nachzu-
zeichnen, um anschließend die Träger von politischer Bildung
näher zu skizzieren. Abschließend werden Aufgaben und Perspektiven der politischen Bildung in einer sich wandelnden Welt thematisiert.

2. Konzeptionen im Wandel: Zur Geschichte der politischen Bildung in der Bundesrepublik Deutschland

Der Wandel im Verständnis der politischen Bildung lässt sich anhand dreier Kategorien verdeutlichen: (1) der Zielsetzung, (2) der
Methodik und (3) der Inhalte.[3] Den Beginn der politischen Bildung

---

es, intentionales oder funktionales, aktives oder passives, verbales oder
non-verbales, interaktionales Einwirken auf den (Mit-)Menschen, um
politisches Verhalten, Handlungsbereitschaft und -kompetenz, demokratische Spielregeln und Grundwerte, Problembewusstsein und Urteilsfähigkeit usw. zu vermitteln", *Wolfgang Mickel*: ‚Politische Bildung, in:
Dieter Nohlen, Rainer-Olaf Schultze (Hrsg.): Politikwissenschaft. Theorien – Methoden – Begriffe, München 1985, S. 730; vgl. auch *Dieter
Grosser, Burkhard Hanecke*: Art. Politische Bildung, in: Staatslexikon
der Görres-Gesellschaft, Bd. 4, Freiburg u. a. [7]1988, S. 448-453.

[3] Zur Geschichte der politischen Bildung vgl. *Walter Gagel*: Geschichte
der politischen Bildung in der Bundesrepublik Deutschland 1945-1989,
Opladen 1994; *Hans-Werner Kuhn, Peter Massing, Werner
Skuhr* (Hrsg.): Politische Bildung in Deutschland. Entwicklung, Stand,
Perspektiven, Opladen 1993; *Adolf H. Noll, Lutz R. Reuter* (Hrsg.): Po-
litische Bildung im vereinten Deutschland. Geschichte, Konzeptionen,

Politische Bildung 375

in der Bundesrepublik Deutschland markierte das politische Anliegen der westlichen Siegermächte – insbesondere der USA –, demokratische Werte und Verhaltensweisen der Bevölkerung zu vermitteln und in ihr zu verankern.[4] Diese externen Anstöße wurden unterschiedlich aufgenommen. Die Konferenz der Kultusminister griff mit den im Jahr 1950 verabschiedeten „Vorläufigen Grundsätzen zur politischen Bildung" das Wort ‚Demokratie' nicht auf. Die maßgebliche Diskussion wurde an einem anderen Ort geführt. Wortführend und prägend für die politische Bildung war zunächst die Pädagogik. Exemplarisch wurden die verschiedenen Grundpositionen, die im ersten Jahrzehnt der BRD maßgeblich waren, in der Kontroverse zwischen Friedrich Oetinger und Theodor Litt dargelegt. Gemeinsames Ziel war die Überwindung der nationalsozialistischen Traditionen durch die Entwicklung einer Bürgerkultur. Während politische Bildung von Oetinger in der Tradition des amerikanischen Pragmatismus im wesentlichen als Einübung sozialer Verhaltensweisen im Sinne friedvoller Kooperation verstanden wurde (Erfahrungslernen), betonte Litt die Notwendigkeit, die richtige Einsicht in das Wesen des demokratischen Staates (kognitives Lernen) zu vermitteln, das er im Kontext einer pluralistischen Gesellschaftstheorie verankert sah. Damit einher ging ein enges Politikverständnis (staatliches Handeln, Kampf um die politische Macht), während Oetinger mit dem Einbezug von Sozialisationsprozessen einen weiten Politikbegriff favorisierte. Die Vermittlung von Demokratie als anzustrebende Staatsform besaß in den Anfängen der bundesrepublikanischen Politikwissenschaft gleichfalls einen bedeutenden Stellenwert,[5] der sich jedoch wenig explizit in Überlegungen zur politischen Bildung äußerte.

Perspektiven, Opladen 1993; *Claudia Solzbacher*: Politische Bildung im pluralistischen Rechtsstaat, Opladen 1994, S. 91-219; *Bernhard Sutor*: Restauration oder Neubeginn? Politische Bildung 1945 – 1960, in: APuZ (1999), B 7-8, S. 3-12.

[4] „Demokratische Erziehung bedeutete für die Amerikaner egalitäre Erziehung, Chancengleichheit, Anerkennung des einzelnen ohne Rücksicht auf Leistung und Herkunft, kooperatives Verhältnis zwischen Lehrer und Schülern, die Erziehung zu Selbständigkeit im Denken und Handeln und die Vermittlung von Grundwerten, bei denen vor allem auf die Toleranz großen Wert gelegt wurde", in: *Walter Gagel*: Geschichte der politischen Bildung in der alten Bundesrepublik bis 1989, in: *Noll/Reuter* 1993 (Anm. 3), S. 13-35, S. 14.

[5] Vgl. hierzu den Beitrag von *Manfred Mols* in diesem Band.

Das Demokratieverständnis in diesen Jahren wurde oft nur in Abgrenzung zum Kommunismus begriffen. Damit konnte es zwar als gemeinsamer Nenner der bürgerlichen Kräfte zur Integration beitragen, erschwerte jedoch die Ausprägung demokratischer Tugenden wie Toleranz, Kritik- und Urteilsfähigkeit oder öffentliche Auseinandersetzung. Sowohl in der wissenschaftlichen Debatte (z.B. von Dahrendorf, Eschenburg, Flechtheim, Habermas) als auch in der tagespolitischen Auseinandersetzung (z. B. in der Spiegel-Affäre) geriet solch eine Demokratieauffassung zunehmend in die Kritik. Die Studentenbewegung von 1968 verschärfte die Gegensätze und forderte die Demokratisierung aller Lebensbereiche. Gegenüber einem Harmonieverständnis wurde der Konfliktcharakter von Politik betont, der entsprechend als Ausgangspunkt der politischen Didaktik aufgenommen wurde (Fischer 1970, Schmiederer 1971). Ziel war nun nicht mehr die Integration des Staatsbürgers in ein von Institutionen geprägtes demokratisches Staatswesen (im Sinne der Stabilitätserhaltung), sondern seine Befähigung, als aktiver Bürger an der Gestaltung von Staat und Gesellschaft (im Sinne einer Transformation) auf der Basis eines umfassenden Demokratiebegriffes mitzuwirken. ‚Partizipation' und ‚Emanzipation' lauteten die Schlüsselbegriffe, denen von konservativer Seite mit dem Konzept der ‚Rationalität des Urteilens' begegnet wurde (Sutor 1971).

Parallel zu diesen Kontroversen lässt sich in der Fachdiskussion zur politischen Bildung eine Verschiebung beobachten, die als ‚didaktische Wende' bezeichnet wird. Sie markiert den Übergang von der politischen Pädagogik zur politischen Didaktik. Angestoßen wurde dieser Schritt sowohl von der Entwicklung in der allgemeinen Didaktik als auch durch die methodischen Lücken, die in der Reflektion der traditionellen Vermittlung offenkundig wurden. Mit der nun konzipierten Politikdidaktik, die sich auch bald in Form von entsprechenden Lehrstühlen an der Universität etablierte, wurden Verfahren und Methoden entwickelt, die Bestimmung und Auswahl der Inhalte, deren Strukturierung und Vermittlungsformen reflektierten und systematisierten.

Der Ausgangspunkt der politischen Bildung der frühen siebziger Jahre lag in der Festlegung der pädagogisch zentralen Lernziele durch die Identifizierung von ‚Gegenwartsfragen von grundsätzlicher Bedeutung', ‚kategorialen Problemen' bzw. ‚fundamentalen Kategorien' (Hilligen) oder von ‚elementaren und fundamentalen Einsichten'. Die ähnliche Begrifflichkeit in den unterschiedlichen

Politische Bildung   377

Ansätzen soll nicht darüber hinwegtäuschen, dass diese Debatte die politischen Kontroversen über Aufgabe und Zielsetzung von politischer Bildung widerspiegelt. Die gemeinsame Grundlage und Bestimmung von politischer Bildung war verloren gegangen und konnte auch nicht durch eine verstärkte Einbindung sozialwissenschaftlicher Analysen wieder hergestellt werden, da sich die wissenschaftlichen Realitätsinterpretationen entsprechend der normativen Grundentscheidungen (vgl. Werturteilsstreit) unterschieden.[6] Allerdings gewann mit dem Interesse an einer orientierungsschaffenden und systematischen Interpretation der Realität die Politikwissenschaft an Bedeutung.

Mitte der siebziger Jahre war die politische Bildung nicht nur durch die skizzierten inhaltlichen Spannungen geprägt, sondern zugleich begannen sich neue Gemeinsamkeiten abzuzeichnen. Der Begriff ‚Demokratie' wurde in wachsendem Maß positiv gefüllt und als Vermehrung der Chancen politischer Beteiligung verstanden (Demokratisierungspostulat). Zugleich wurde – mit unterschiedlicher Akzentuierung – der Einbezug von Gesellschaftsanalysen, Problemlagen (Gesellschafts- und Herrschaftskritik) und Lösungsformulierungen (Emanzipation, Chancengleichheit) anerkannt. Das gewandelte Verständnis von politischer Bildung war auch Ausdruck der gesellschaftlichen Umwälzungen und geänderter politischer Mehrheiten. Die unterschiedlichen Positionen, die von neomarxistischen über sozialdemokratische bis hin zu konservativen Sichtweisen reichten, erforderten in der Interpretation von Gesellschaft und darauf aufbauender didaktischer Modelle eine systematische Begründung. Dies führte zur Formulierung einer Reihe umfassender didaktischer Konzeptionen, in der sich die weitere Ausdifferenzierung der politischen Bildung und eine schrittweise Praxisorientierung der Diskussion zeigte.[7] Im Gegensatz dazu blieben die bestehenden Kontroversen im politischen Bereich stärker bestehen und manifestierten sich u. a. im Parteienstreit um Richtlinien für den Sozialkundeunterricht oder Schulbuchzulassungen.

---

[6] Vgl. hierzu den Beitrag von *Christian Welzel* in diesem Band.

[7] Zu nennen wäre neben den bereits erwähnten: *Walter Gagel*: Politik – Didaktik – Unterricht. Eine Einführung in didaktische Konzeptionen des politischen Unterrichts, Opladen [2]2000; *Wolfgang Hilligen*: Zur Didaktik des politischen Unterrichts I, Weinheim 1975; *Bernhard Claußen*: Methodik der politischen Bildung. Von der pragmatischen Vermittlungstechnologie zur praxisorientierten Theorie der Kultivierung emanzipatorischen politischen Lernens, Opladen 1981.

378   Hans-Joachim Lauth/Manfred Mols/Christian Wagner

Die ,pragmatische Wende' in der fachdidaktischen Debatte vollzog sich mit der Versachlichung der Auseinandersetzung und der Ausprägung eines gewissen Grundkonsenses (,Beutelsbacher Konsens'),[8] der Zielverständnis (pluralistisches Demokratiekonzept) und Methodik betrifft. Dem ,Beutelsbacher Konsens' zufolge schließen Bildungsmaßnahmen unabdinglich Kontroversen ein, wobei die Teilnehmenden ohne Indoktrination dazu befähigt bzw. veranlasst werden, ihre eigenen Interessen zu erkennen und zu vertreten. Es ist leicht ersichtlich, dass solche Formulierungen große Interpretationsspielräume lassen. So ist fraglich, wie groß die Toleranzgrenze gegenüber menschenrechtsverletzenden eigenen Interessen (z.B. Fremdenfeindlichkeit) nun sein sollte. Nichtsdestoweniger kennzeichneten sie bereits eine Neuorientierung, die alte Argumentationsstränge wieder aufgriff. In den Mittelpunkt rückte der Schüler in seinem subjektiven Bezug zur Lebenswelt; die Idee der ,lebensnahen Erfahrungsbereiche' von Oetinger klang hier deutlich nach.

In den achtziger Jahren setzte eine weitere Ausdifferenzierung der politischen Bildung ein, die sich in unterschiedlichen Leitvorstellungen äußerte und in manchen Aspekten eine Konturenlosigkeit erkennen ließ. In der Frage der Vermittlung gewann der bereits genannte Einbezug von Erfahrungen an Bedeutung, der sich zum einen in Vermittlungsformen (Projektarbeit, Stadtteilarbeit etc.) niederschlug und zum anderen als Auswahl- und Bewertungskriterium fungierte. Damit erfuhr affektives Lernen eine Aufwertung.[9] Neue Anstöße erfolgten auch in der Bestimmung der Zielvorstellungen, die eine aktualitätsbezogene Konkretisierung des Staatsbürgerverständnisses betrafen. Gleichfalls intensivierte sich im Zuge der globalen Veränderungen die Diskussion um Schlüsselbegriffe wie ,Risikogesellschaft', ,Prinzip Verantwortung', ,Zukunftsbewältigung', ,Weltinnenpolitik', ,Wiedervereinigung und nationale Integration', ,multikulturelle Gesellschaft' und ,Verfassungspatriotismus'.[10]

---

[8] Vgl. *Hans-Georg Wehling*: Konsens à la Beutelsbach?, in: *Siegfried Schiele, Herbert Schneider* (Hrsg.): Das Konsensproblem in der politischen Bildung, Stuttgart 1977, S. 173-184.

[9] Vgl. *Siegfried Schiele* (Hrsg.): Politische Bildung als Begegnung, Stuttgart 1988; *Siegfried Schiele, Herbert Schneider* (Hrsg.): Rationalität und Emotionalität in der politischen Bildung, Stuttgart 1991.

[10] Vgl. *Behrmann, Günter; Schiele, Siegfried* (Hrsg.): Verfassungspatriotismus als Ziel politischer Bildung? Schwalbach 1993.

Politische Bildung 379

Dieser knappe Überblick lässt erkennen, dass sich der inhaltliche Bereich der politischen Bildung stark erweiterte, so dass Forderungen nach einer (Rück-)Besinnung auf die normativen und institutionellen Kernbereiche der Demokratie – wie von Hans Hermann Hartwich bereits vor einem Jahrzehnt vorgetragen[11] – absehbare Reaktionen waren. Wenn eine aktuelle gemeinsame Tendenz benannt werden soll, dann ist der herausragende Bedeutungsgewinn der Dimension der Zukunft bzw. der Zukunftsbewältigung zu nennen, die mit bestehenden und neuen Fragestellungen verbunden wird. Die zeitweise fachdidaktische Verengung ist jedenfalls nicht mehr charakteristisch für den heutigen Diskussionsstand der politischen Bildung.

Die gewachsene Eigenständigkeit der politischen Bildung in Form der institutionalisierten politischen Didaktik hatte nicht nur einen Anstieg der Professionalität zur Folge, sondern war gleichfalls mit einer deutlich bemerkbaren Trennung von der Politikwissenschaft verbunden, die im gleichen Zeitraum durch ihre interne Differenzierung spürbar heterogene Züge entfaltete.[12] Im Mittelpunkt standen dort fachwissenschaftliche Fragestellungen, die nur am Rande mit der politischen Bildung verbunden wurden. Die schulische Vermittlung und die universitäre Didaktik der politischen Bildung entfernten sich zunehmend voneinander, was durch den langjährigen Einstellungsstopp von Sozialkundelehrern in den meisten Bundesländern gefördert wurde. Eine im Jahre 1989 durchgeführte repräsentative bundesweite Umfrage in diesem Fach kam zu dem Ergebnis: „Zwischen Fachdidaktik und Unterrichtspraxis besteht keine Verbindung mehr. Der Sozialkundeunterricht und die didaktische Forschung und Lehre an den Hochschulen führen ein Eigenleben."[13] Um diesem Trend entgegenzuwirken, sehen

---

[11] Vgl. *Hans-Hermann Hartwich*: Die wechselseitige Beeinflussung von Politik und staatlicher politischer Bildung, in: Bundeszentrale für politische Bildung (Hrsg.): Vierzig Jahre politischer Bildung in der Demokratie, Bonn 1990 (zit. als 1990b), S. 34-50, S. 46.

[12] So gab es in der Politikwissenschaft lange Zeit keinen speziellen Beitrag zum Bereich der politischen Bildung und ihrer Didaktik auf. Vgl. *Klaus von Beyme* (Hrsg.): Politikwissenschaft in der Bundesrepublik Deutschland. Entwicklungsprobleme einer Disziplin, Opladen 1986. Mit der 1984 erfolgten Gründung der Sektion „Politische Wissenschaft und Politische Bildung" in der DVPW wurde jedoch ein Schritt unternommen, um diese beiden Bereiche wieder stärker zu verbinden.

[13] *Hermann Harms, Gotthard Breit*: Zur Situation des Unterrichtsfachs Sozialkunde/Politik und der Didaktik des politischen Unterrichts aus der

380   Hans-Joachim Lauth/Manfred Mols/Christian Wagner

neuere Reformen der Lehramtsstudiengänge einen höheren Anteil von Pädagogik und Didaktik vor. Mit dieser Pädagogisierung der Lehrpläne entsteht aber die Gefahr, dass fachspezifische Inhalte zu sehr in den Hintergrund rücken.

In den neunziger Jahren wurde die Debatte um politische Bildung weniger von inhaltlichen Auseinandersetzungen als vielmehr von den allgegenwärtigen Mittelkürzungen der öffentlichen Haushalte geprägt. Die umfangreichen öffentlichen Einsparungen schränkten auch die Aktivitäten freier Träger, die auf staatliche Zuschüsse angewiesen sind, ein. In der Schule machte sich dies im Lehrermangel und beim Ausfall von Unterrichtsstunden bemerkbar. Mit dem ‚Darmstädter Appell' haben 1996 Wissenschaftler und Praktiker auf die Problematik hingewiesen, die diese Kürzungen im schulischen Bereich haben.[14] In ihrem ‚Münchner Manifest' wandten sich die Verantwortlichen der Bundeszentrale und der Landeszentralen für politische Bildung an die Öffentlichkeit und machten deutlich, dass Demokratie auch in Zeiten leerer Haushaltskassen politische Bildung benötigt.[15]

Sicht von Sozialkundelehrerinnen und -lehrern. Eine Bestandsaufnahme, in: Bundeszentrale für politische Bildung 1990a (Anm. 1), S. 13-167, S. 144. Die Aufnahme der neueren akademischen Diskussion wird sicherlich durch den altersbedingten Austausch des Lehrpersonals an den Schulen gefördert. Da im Folgenden nicht näher auf die politische Bildung in Schulen eingegangen wird, ist ein Hinweis auf verschiedene unterrichtsspezifische Publikationen – wie beispielsweise der „Wochenschau-Themenhefte" – angebracht, in denen versucht wird, didaktische Erfordernisse zu berücksichtigen und zugleich zentrale und aktuelle Themenfelder nach dem neuesten Stand der wissenschaftlichen Debatte zu behandeln.

[14] Vgl. „Darmstädter Appell. Aufruf zur Reform der Politischen Bildung in der Schule", in: APuZ (1996), B 47, S. 34-38.

[15] Vgl. Demokratie braucht politische Bildung. Zum Auftrag der Bundeszentrale und der Landeszentralen für politische Bildung, „Münchner Manifest" vom 26. Mai 1997 in: APuZ (1997) B 32, S. 36-39; vgl. auch die Debatte um die Einstellung der von der BPB finanzierten Zeitung ‚Das Parlament' und die Beilage APuZ, in: FAZ, 11. Januar 2000.

Politische Bildung 381

3. Praxisfelder der politischen Bildung

3.1 Träger außerhalb von Schule und Universität

Zentrales Merkmal der politischen Bildung in der Bundesrepublik ist die Vielfalt ihrer Träger. Neben Schule und Universität, den wichtigsten Einrichtungen, gibt es eine Reihe von staatlichen und staatlich geförderten Institutionen sowie freie bzw. nicht-institutionalisierte Träger, wie z. B. alternative Initiativen und Selbsthilfegruppen, die im Bereich der politischen Bildungsarbeit tätig sind. Bereits Anfang der neunziger Jahre nannte der Bericht der Bundesregierung zur politischen Bildung 121 Bildungszentren sowie 59 überregionale Verbände als Partner der Bundeszentrale für politische Bildung. Die freien Träger der politischen Bildung wurden mit insgesamt 10,5 Mio. DM unterstützt.[16] Das „Taschenbuch des öffentlichen Lebens 1997/98" führte allein unter der Rubrik ‚Politische und Gesellschaftliche Bildung' über 200 Einrichtungen auf.[17]

Die wichtigsten staatlichen Institutionen sind die Bundeszentrale für politische Bildung (BPB) sowie die Landeszentralen in den einzelnen Bundesländern.[18] Die Bundeszentrale wurde bereits 1952 gegründet mit dem Ziel, die demokratischen und europäischen Ideale in der Bevölkerung zu verankern. Die BPB führt Veranstaltungen, Wettbewerbe und Ausstellungen durch und stellt ein breit gefächertes Medienangebot von Büchern und Zeitschriften sowie von Filmen, Videos und CDs zur Verfügung. Diese können nicht nur von ‚Multiplikatoren' wie Lehrende und Journalisten sondern auch von allen Privatpersonen genutzt werden. Die Landeszentralen bieten ebenfalls ein breit gefächertes Programm mit oft landesspezifischen Themen, Ausstellungen und Wettbewerben und stellen gleichfalls Informationsmaterial zur Verfügung. Die Veran-

---

[16] Vgl. Bericht der Bundesregierung zu Stand und Perspektiven der politischen Bildung in der Bundesrepublik Deutschland, Deutscher Bundestag, Drucksache 12/1773, 1991, Abs. 3.4.

[17] Vgl. *Albert Oeckl* (Hrsg.): Taschenbuch des öffentlichen Lebens, Deutschland 2002/2003, Bonn [52]2002, S. 1054-1080.

[18] Aufgrund der Kulturhoheit der Länder sind die Landeszentralen sehr unterschiedlich ausgestattet. Mitte der neunziger Jahre hatte die Landeszentrale für politische Bildung in Baden-Württemberg ca. 80 Mitarbeiter, im Saarland hingegen lediglich fünf.

382 Hans-Joachim Lauth/Manfred Mols/Christian Wagner

staltungen und Programme greifen zum einen innenpolitische Themen auf, wie z.b. die Auseinandersetzung mit dem Nationalsozialismus und dem Dritten Reich, jugend- und frauenpolitische
Fragen, ökologische Themen, die Entwicklung der Mediengesellschaft, die Folgen der Wiedervereinigung sowie die Geschichte des
jeweiligen Bundeslandes. Zum anderen finden internationale Aspekte wie die Entwicklung der europäischen Integration, die Probleme der Dritten Welt, die neuen globalen Herausforderungen
durch Migration und Ökologie ebenso Eingang in die Programme
und Veranstaltungen wie die Asylproblematik oder der Schutz der
Menschenrechte.

Politische Bildung versucht aber nicht nur die vorhandenen Bil-
dungswünsche zu befriedigen, sondern ist auch immer bemüht, zukünftig gesellschaftlich relevante Entwicklungen aufzuspüren und
„kritische Diskurse über öffentliche kontroverse Themen zu insze-
nieren"[19]. Vom Selbstverständnis des mündigen und engagierten
Staatsbürgers ausgehend, lassen sich viele Aktivitäten der Landeszentralen als ‚PR-Arbeit für die Demokratie' umschreiben.

Im Bereich der staatlich geförderten Einrichtungen sind u. a. Kirchen, Gewerkschaften und Jugendverbände sowie die Stiftungen
der politischen Parteien mit ihren politischen Bildungs-
angeboten aktiv, wie die Friedrich-Ebert-Stiftung (SPD), die
Friedrich-Naumann-Stiftung (FDP), die Hanns-Seidel-Stiftung
(CSU), die Konrad-Adenauer-Stiftung (CDU), die Heinrich-Böll-
Stiftung (Bündnis 90/Die Grünen) sowie die Rosa-Luxemburg-
Stiftung (PDS). Die bildungspolitischen Aktivitäten der Stiftungen
umfassen thematisch ein ähnlich breites Feld wie die Landeszent-
ralen, wobei aber die Vermittlung der jeweils eigenen politischen
Ziele und Ordnungsvorstellungen stärker im Vordergrund steht.
Die Stiftungen verfügen zudem auf Länderebene über ein breites
Netz von eigenen Bildungseinrichtungen.[20] Die Aktivitäten der Eu-

---

[19] *Sebert*, zit. nach *Günter Behrens*: Politische Bildung in der Risikogesellschaft: Marginalisierung oder Aufbruch zu neuen Ufern? Stuttgart
1993, S. 16.

[20] Darüber hinaus haben die Stiftungen auch im Ausland wichtige Bil-
dungsaufgaben, vgl. *Christoph Wagner*: Die offiziöse Außen- und Entwicklungspolitik der deutschen politischen Stiftungen in Lateinamerika, in: *Manfred Mols, Christoph Wagner* (Hrsg.): Deutschland – Lateinamerika. Geschichte, Gegenwart und Perspektiven, Frankfurt a. M. 1994,
S. 167-228.

Politische Bildung 383

ropäischen Union haben mittlerweile zur Einrichtung eigener Bildungsstätten, z.B. Europäische Akademien, geführt.

Im gesellschaftlichen Bereich verfügen die Kirchen über ein großes Netz an Bildungseinrichtungen, wie z. B. die evangelischen Akademien in Tutzing und Loccum oder die katholische Thomas-Morus-Akademie in Bensberg. In den Veranstaltungen werden nicht mehr nur kirchliche, sondern auch nationale und internationale gesellschafts- und wirtschaftspolitische Themen aufgegriffen, wie Fragen der Dritten Welt. Daneben sind die Volkshochschulen eine weitere wichtige Einrichtung im Bereich der politischen Bildung, auch wenn deren Angebote im Bereich Geschichte und Politik in den letzten Jahren zurückgegangen sind.[21] Organisationen wie der Deutsche Gewerkschaftsbund (DGB) und der Bundesjugendring bieten ebenfalls umfangreiche Angebote zur politischen Bildung an.

Die Aktivitäten von Dritte-Welt-Gruppen und Bürgerinitiativen, die z. T. nur sporadisch Bildungsveranstaltungen durchführen, können ebenfalls zum Bereich politische Bildung gezählt werden. Bei Ihnen stehen weniger explizite Bildungsveranstaltungen als vielmehr praktische Aktivitäten im Vordergrund, die zu kollektiver Reflexion und politischer Erfahrung führen.[22] Der pluralistische Charakter der politischen Bildungsarbeit, der durch die Konkurrenz immer neuer Träger und Einrichtungen entsteht, ist damit zugleich ein wichtiger Bestandteil der politischen Willensbildung in der Bundesrepublik. Die verschiedenen staatlichen und nicht-staatlichen Einrichtungen bilden die Grundlage einer nahezu einzigartigen „demokratischen Infrastruktur."[23] Der kaum noch überschaubare Bereich der politischen Bildung lässt die Frage aufkommen, inwieweit hier nicht auch ein großes Beschäftigungsfeld für Absolventen der Politikwissenschaft zu finden ist und welche Konsequenzen sich hieraus für das Studium ergeben.

---

[21] Zur Entwicklung der Situation an den Volkshochschulen vgl. *Behrens* 1993 (Anm. 19), S. 14 ff.

[22] Vgl. *Hans-Werner Kuhn, Peter Massing*: Politische Bildung seit 1945. Konzeptionen, Kontroversen, Perspektiven, in: APuZ (1990) B52-53, S. 37.

[23] *Hans-Jürgen Misselwitz*: Annäherung durch Wandel. Für eine neue Sicht auf die „innere Einheit" und die Rolle der politischen Bildung, in: APuZ (1999) B7-8, S. 24-30, hier S. 30.

384 Hans-Joachim Lauth/Manfred Mols/Christian Wagner

3.2 Politische Bildung als Tätigkeitsfeld für Politikwissenschaftler

Der Begriff ‚politische Bildung' legt zunächst die Annahme nahe, dass dieses Tätigkeitsfeld eine Domäne für Absolventen der Politikwissenschaft sei. War nicht gerade die Politikwissenschaft in der Bundesrepublik nach dem Krieg als ‚Demokratiewissenschaft' mit einem ausgeprägten Bildungsauftrag entstanden? Allerdings zeigen die bisherigen Verbleibsstudien, dass es keinen besonderen Zusammenhang zwischen politikwissenschaftlichem Studium und einer Tätigkeit im Bereich der politischen Bildung gibt. Unter Ausklammerung des Schul- und Hochschulbereichs zeigte eine Untersuchung, dass Mitte der achtziger Jahre lediglich 5 % der Absolventen im Bereich der ‚Erwachsenenbildung' eine Anstellung fanden.[24] Politische Bildung ist somit keine Domäne für Politikwissenschaftler. Auch eigens erhobene Daten bestätigen diese Situation.[25] Das Konkurrenzverhältnis zwischen Politikwissenschaftlern und Absolventen anderer Disziplinen[26] wirkt sich in diesem Berufsfeld aus, denn auch Historiker, Germanisten, Theologen und Pädagogen haben politische Bildungsarbeit längst als eigenen Tätigkeitsbereich entdeckt. In den Landeszentralen für politische Bildung sind deshalb nur wenige Politikwissenschaftler beschäftigt.

Die deutlichsten Unterschiede zwischen politikwissenschaftlichem Studium und der politischen Bildung liegen im didaktischen Bereich, dem im Studium nur wenig Beachtung geschenkt wird.[27] Die Bedeutung der Didaktik wird verständlicher, wenn man sich die unterschiedlichen Zielgruppen vergegenwärtigt, die von Ver-

---

[24] Vgl. *J. Fiebelkorn, U. Köhler, I. Monheimius, T. Schramm, I. Wittmann*: Zu allem fähig – zu nichts zu gebrauchen? Berliner Verbleibsuntersuchung der Absolventenjahrgänge 1979 bis 1986, Berlin 1990, S. 14.

[25] Zu diesem Zweck wurde Anfang der neunziger Jahre ein kurzer Fragebogen an ca. 50 Institutionen der politischen Bildungsarbeit gesandt, um Auskunft über inhaltliche Schwerpunkte, die allgemeine Stellensituation und mögliche Berufsperspektiven für Politikwissenschaftlern zu erhalten. Aufgrund des geringeren Rücklaufs ließen sich aus den Angaben keine verallgemeinerungsfähigen Rückschlüsse, sondern lediglich Trends zur Berufssituation von Politikwissenschaftlern im Bereich politische Bildung ableiten.

[26] Vgl. hierzu den Beitrag von *Christian Wagner* in diesem Band.

[27] Der Abschluss Staatsexamen bietet hier Vorteile, da er eine fachdidaktische Ausbildung beinhaltet.

Politische Bildung 385

anstaltungen der politischen Erwachsenenbildung angesprochen werden. Referenten stehen dabei zumeist Seminargruppen gegenüber, die sich nicht nur in ihrer Altersstruktur, sondern auch in Bezug auf ihr Informationsbedürfnis, ihren Wissenshintergrund und ihre persönlichen Interessen sehr stark von Studierenden unterscheiden. Deshalb wäre es notwendig, neben der inhaltlichen auch die pädagogisch-didaktische Kompetenz der Referenten zu stärken.[28] Um die konzeptionelle und organisatorische Seite der Alltagsarbeit in der politischen Bildung kennen zu lernen, sollte ein Praktikum bei einer politischen Bildungseinrichtung angestrebt werden. Hier liegt das Augenmerk darauf, die inhaltlichen Schwerpunkte in entsprechende Programme mit unterschiedlichen Veranstaltungsangeboten für verschiedene Zielgruppen umzusetzen.

Eine weitere Möglichkeit, Einblicke in diesen Bereich zu erhalten, bietet die Tätigkeit als freiberuflicher Referent. Diese praktische Erfahrungen sollte im Hinblick auf den Berufseinstieg unbedingt genutzt werden. Zwar wird immer wieder die Bedeutung der Politikwissenschaft als inhaltliche Grundlage der politischen Bildungsarbeit betont, doch bieten sich angesichts der Sparmaßnahmen in den öffentlichen Haushalten kaum dauerhafte berufliche Perspektiven in diesem Gebiet.

4. Anmerkungen zu einem aktuellen Profil politischer Bildung

Politische Bildung kann ihre Aufgaben nicht einfach ‚abarbeiten' und sich dann wie eine sozialwissenschaftliche Einzeldisziplin neuen Aufgaben und Themen widmen. Natürlich unterliegt auch sie unterschiedlichen Konjunkturen, was beispielsweise Walter Gagel in seiner „Geschichte der politischen Bildung"[29] kenntnis-

---

[28] Zum Einsatz von Unterrichtsmedien in der politischen Bildungsarbeit vgl. *Wolfgang Antritter, Tilman Ernst, Günter A. Thiele* (Hrsg.): Neue Technologien. Filme, Videos und Publikationen für die politische Bildung, Bonn 1993. Einen anregenden Überblick bieten *Wolfgang W. Mickel, Dietrich Zitzlaff* (Hrsg.): Methodenvielfalt im politischen Unterricht, Hannover 1993 sowie *Wolfgang Mickel*: Praxis und Methode. Einführung in die Methodenlehre der Politischen Bildung, Berlin 2003.

[29] Der vollständige Titel heißt: Geschichte der politischen Bildung in der Bundesrepublik Deutschland 1945-1989, Opladen 1994.

reich herauszuarbeiten wusste. Politische Bildung bleibt neben den Disputen der eigenen Zunft insbesondere dem „Zeitgeist der konkreten Politik" (Wolfgang Mickel) unterworfen, d. h. sie ist immer auch Auseinandersetzung mit gegebenen historischen Situationen, Problemen und ihren Veränderungstendenzen. Sie bewegt sich dabei im Spannungsfeld zwischen zwei Polen. Auf der einen Seite soll sie der Aufgabe der politischen Sozialisation für Staat und Gesellschaft gerecht werden; auf der anderen Seite – das wurde schon in ihren Ansätzen in der Berliner Hochschule für Politik und später in der Bundesrepublik Deutschland bei Friedrich Oetinger, Theodor Litt, Wolfgang Hilligen u. a. deutlich – denkt sie gleichsam in eine wünschbare Zukunft des Dreiecksverhältnisses von Bürger, Gesellschaft und Staat und übernimmt damit eine an den Schnittpunkten von Gesellschafts- und Staatsphilosophie, Pädagogik und konkreten Sozialwissenschaften anzusiedelnde Pflicht des Vorausdenkens.

Dabei dürfte es auch nach der Wiedererlangung der deutschen Einheit unbestritten sein, dass die weiterhin anzustrebende politisch-gesellschaftliche Mündigkeit ihre Bezugsgröße in einem freiheitlich-demokratischen Gemeinwesen findet, dessen Konturen durch die gegebene Gesellschafts- und Staatsverfassung (was nie völlig deckungsgleich sein kann!) oder durch theoretische Entwürfe (z. B. das von Carl Joachim Friedrich entworfene Konzept des ‚Verfassungsstaats der Neuzeit') zwar skizziert werden können, jedoch einem Wandel unterliegen. Für die politische Bildung stellt sich die Frage, in welcher Form sich denn Sozialstaatlichkeit und globalisierte Wirtschaft, Rechtsstaat und Demokratie, die Gleichberechtigung der Geschlechter und der Nord-Süd-Ausgleich als Zielgrößen für die großen Kollektive als unverzichtbar angesehene Grundlagen der Selbstentfaltung entwickeln sollen.[30] Aktuelle Antworten auf solche Fragen werden unter anderem im Kontext von deliberativen und reflexiven Demokratiemodellen entwickelt.[31]

---

[30] Vgl. die Überlebensfragen bei *Schiele* 1991 (Anm. 9), S. 20 und die Herausforderungen der Zukunft bei *Carl Böhret*: Politische Bildung am Übergang ins 21. Jahrhundert, Mainz 1994. Bundeszentrale für politische Bildung (Hrsg.): Verantwortung in einer unübersichtlichen Welt. Aufgaben wertorientierter politischer Bildung, Bonn 1995.

[31] Vgl. *Rainer Schmalz-Bruns*: Reflexive Demokratie: die demokratische Transformation moderner Politik, Baden-Baden 1995; *Peter Massing*: Demokratietheorie und politische Bildung – eine vergessene Tradition?

Politische Bildung 387

Die angesprochenen Verunsicherungen in der Orientierung geben einer zeitgemäßen politischen Bildung eine etwas andere, jedenfalls eine zusätzliche Richtung im Verhältnis zur traditionellen Bildungsarbeit, die irgendwo zwischen den Anliegen einer *civic education* und (mit leichten Phasenverschiebungen) der Selbstverwirklichung schwankte und dabei im Saldo eher binnengerichtet, jedenfalls nicht besonders international dachte.[32] Um es wegen der besseren Anschaulichkeit etwas polemisch zu sagen: „Der Gemeinde-, Staats- und Weltbürger" – um den Titel eines der bis in die sechziger Jahre auflagenstärksten bildungspolitischen Schulbücher[33] aufzugreifen – fühlte sich in der ersten Rolle am geborgensten, nahm die zweite an und hielt die dritte für eine prinzipielle Verpflichtung, deren Verbindlichkeit aus der sicheren außenpolitischen Abgestecktheit der (west)deutschen Position der Nachkriegszeit als gegeben vorausgesetzt wurde.

Binnengerichtetheit wird jedoch zu einer unverantwortlichen Provinzialität, die keine ausreichende Mündigkeit und nicht jene Reifegrade politischer Urteilskraft und Partizipationsfähigkeit schafft, die gerade in den ökonomistisch und technokratisch gesteuerten Massengesellschaften der unmittelbaren Gegenwart und der vor uns liegenden Zukunft immer unverzichtbarer werden. Bereits Mitte der achtziger Jahre hatte der Soziologe Ulrich Beck in seinem Buch „Risikogesellschaft" auf die neuen Dimensionen der Gefährdungen hingewiesen, die ein neues Verständnis von Politik erfordern. Die Globalisierung hat dieses Erfordernis verstärkt.[34]

Die politische Bildung hat solche Veränderungen vielfach bereits aufgenommen. Pointiert schreibt Gagel: „Man gewinnt den Eindruck, als habe sich die Entwicklung der politischen Bildung in der Bundesrepublik bis 1989 weit von ihrem Ausgangspunkt entfernt: von der Demokratielehre zur Zukunftslehre."[35] So sehr diese Ent-

---

In: ders. (Hrsg.): Ideengeschichtliche Grundlagen der Demokratie, Schwalbach 1999, S. 154-160.

[32] Typisch die Diskussion bei *Claudia Solzbacher*: Politische Bildung im pluralistischen Rechtsstaat, Opladen 1994.

[33] Vgl. *Karl Nebelsiek*: Der Gemeinde-, Staats- und Weltbürger, Köln 1954.

[34] Zum Aspekt der Globalisierung in der politischen Bildung vgl. *Butterwege, Christoph* (Hrsg.): Politische Bildung und Globalisierung, Opladen 2002. *Hagen Weiler*: Zwischenruf zur Krisen- und Perspektivendämmerung des Politikunterrichts, in: APuZ, (1997) B32, S. 19-26.

[35] *Gagel* 1993 (Anm. 3), S. 32. *Böhret* 1994 (Anm. 29), S. 9 weist darauf hin, dass auch im Bericht der Bundesregierung zu Stand und Perspekti-

388   Hans-Joachim Lauth/Manfred Mols/Christian Wagner

wicklung zu begrüßen ist, so muss zugleich gesehen werden, dass
sie für die politische Bildung ein spezifisches Unsicherheitselement
mit sich bringt: *Civic education* mit Blick auf die eigene Verfas-
sungsstaatlichkeit bekam über funktionierende Institutionen und
selbst noch über deren Kritik (!) ein weitgehend gesichertes An-
schauungssubstrat – mehr noch, eine eigene thematisch-inhaltliche
Bestandsgarantie ihrer selbst. ‚Zukunftslehre' dagegen heißt auf die
Unwägbarkeiten einer zu gestaltenden Welt zu setzen, die immer weniger nur aus den *res gestae* (der jeweiligen historischen Situation)
abgeleitet werden kann. Notwendig ist deshalb eine Verständigung
über die Normen, die sich als verbindlich für uns erweisen sollen.

5. Die Bedeutung der Politikwissenschaft für die politische Bildung

Waren in den Anfängen der Bundesrepublik Deutschland noch Gemeinsamkeiten in der Zielsetzung von Politikwissenschaft und politischer Bildung festzustellen, so lockerte sich diese Beziehung
im Laufe der Jahre. So schreibt Ulrich Sarcinelli folgerichtig: „Die
ehemals selbstverständliche Symbiose von Wissenschafts- und
Bildungsorientierung, von fachwissenschaftlicher Forschung und
demokratiewissenschaftlichem Impetus scheint jedenfalls aufgelöst."[36] Aufgrund der gewachsenen Eigenständigkeit der politischen Didaktik, die den Rang einer interdisziplinären Sozialwissenschaft beansprucht und entsprechend mit verschiedenen sozialwissenschaftlichen Disziplinen in engem Dialog steht, kann
Politikwissenschaft kaum noch einen Führungsanspruch begründen. Doch zugleich „spricht einiges dafür, dass eine Separierung
von Politologie und politischer Bildung der gegenwärtigen Situation weder angemessen noch wünschenswert ist"[37]. Politische Bil-

---

ven der politischen Bildung (1991) die Frage von Zukunftsproblemen
und ihrer Bewältigung an Stellenwert gewonnen habe; vgl. auch *Dagmar Steffans*: Politische Bildung 2000. Demokratie- und Zukunftsrelevanz als Leitmaßstäbe, Münster 1995.

[36] *Ulrich Sarcinelli*: „Prinzip Verantwortung" als politische und pädagogische Bezugsgröße. Überlegungen zum Verhältnis von Politikwissenschaft und politischer Bildung, in: Bundeszentrale für politische Bildung
1990a (Anm. 1), S. 367-378, S. 369.

[37] *Claußen* 1990 (Anm. 1), S. 357.

Politische Bildung 389

dung bleibt als fachdidaktisch geprägter Teilbereich auf die inhaltlichen Diskussionen der sozialwissenschaftlichen Einzelfächer
und damit auch der Politikwissenschaft angewiesen, vor allem im
Blick auf die internationalen Herausforderungen des 21. Jahrhunderts.[38]

Um dies gleich auf Problemlagen anzuwenden: Neben den bisherigen Anliegen, sich den Dimensionen politischer Partizipation,
dem ‚guten Funktionieren‘ von Institutionen, dem Erkennen des
‚Gemeinwohls‘ innerhalb einer Pluralität von berechtigten Einzel-
ansprüchen (Fragen der Gleichberechtigung) usw. zu widmen,
werden Phänomene wie Politikverdrossenheit, Rechtsradikalismus und Rassismus, die Möglichkeiten multikulturellen Zusammenlebens und die Auflösungstendenzen gesellschaftlicher Integ-
rationszusammenhänge (Individualisierung) behandelt. Darüber
hinaus rücken immer stärker neue internationale Themenfelder ins
Blickfeld. Diskutiert werden die Relevanz und Stabilität kultureller Identitäten, eine effektiv wirksame Sicherheitspolitik nach dem
Ende des Kalten Krieges sowie die ordnungspolitischen Konturen
eines global vernetzten *sustainable development* (einer nachhaltigen und ökologisch verantwortbaren Entwicklung auf der Grundlage der Anerkennung einer globalen Gleichheit) und einer
entsprechenden Umweltpolitik, die u.a. die Zunahme der Weltbevölkerung und des ungleichen Ressourcenverbrauchs in Rechnung
stellt.

Die Behandlung solcher Themen gestaltet sich in der politischen
Bildung nicht immer einfach; dies geschieht nicht nur deshalb, weil
die neuen Materien an sich komplizierter und erfahrungsferner sind
als die früheren der Bürgerverfassung. Auch das Leitbild des national abgegrenzten, demokratischen Verfassungsstaates stößt –
wie bereits angesprochen – im Rahmen der vielfältigen Globalisierungsprozesse an Grenzen, wie die intensive Diskussion zu
Möglichkeit von Demokratie in einer ‚entgrenzten Welt‘ verdeutlicht.[39] Gleichfalls zu thematisieren sind die Freiräume und die

---

[38] Vgl. *Engelland, Reinhard* (Hrsg.): Utopien, Realpolitik und politische
Bildung: über die Aufgaben politischer Bildung angesichts der politischen Herausforderungen am Ende des Jahrhunderts, Opladen 1997. Einen informativen Überblick über die aktuelle Diskussion bietet die 1997
gegründete Zeitschrift „Kursiv: Journal für politische Bildung“.
[39] Vgl. den Beitrag von *Hans-Joachim Lauth und Ruth Zimmerling* in diesem Band.

Grenzen, die den mündigen Staatsbürgern angemessen ist. An welchem Leitbild sollte sich hier die politische Bildung orientieren?[40]

Die Veränderungen betreffen somit nicht nur die empirischen Trends, sondern auch die anzustrebende Zielvorstellungen. Folglich beinhaltet jede Konzeption von politischer Bildung, die den Mut zum Entwurf von Gesellschaften und zwischengesellschaftlichen Konfigurationen mit wünschbaren Zügen zeigt, normative Fragen. Die Diskussion von solchen Fragen erfordert nicht nur eine umfangreiche argumentative Absicherung, sondern gleichfalls die Bereitschaft zu einem Denken in einem utopischen Duktus. Wenn es richtig ist, dass zum Signum einer lernfähigen Gesellschaft die Möglichkeit zu utopischen Entwürfen gehört[41], weil jeder Verzicht darauf recht schnell zu Versteinerungen und damit zu nicht mehr abbaubaren Problemstaus führt, dann kommen wir nicht „um die Vision einer Welt herum, ‚in der wir gerne leben wollen'"[42]. Zur Präzisierung solcher Vorstellungen bietet die Diskussion im Bereich der neueren politischen Philosophie zahlreiche Ansatzpunkte, und zwar sowohl hinsichtlich der Bearbeitung von gesellschaftlichen und politischen Grundsatzfragen als auch hinsichtlich der Gestaltung der internationalen Ordnung.[43]

---

[40] Ist das Urteil eines ‚mündigen' Bürgers das Maß aller Dinge? So stellt sich die Frage, ob jeder Standpunkt zu tolerieren ist, wenn er nur (in Maßnahmen der politischen Bildung) ausreichend reflektiert wurde (wie es im ‚Beutelsbacher Konsens' durchscheint). Geht die Zuschreibung von Eigenverantwortlich so weit, dass damit auch menschenverachtende Positionen zu dulden sind? Und was ist als menschenverachtend zu verstehen? Wenn dies bei Fremdenfeindlichkeit noch möglich ist, bleibt dies im vielfältigen Kontext der Gen-Technologie sehr viel unklarer. Daher ist stets auf das Neue die Grenzziehung zwischen der Freiheit individueller Selbstbestimmung auf der einen Seite und einem als unverzichtbar angesehenen gesellschaftlichen Basiskonsens auf der anderen Seite zu klären. Zum Bürgerverständnis vgl. *Hepp, Gerd*; *Schiele, Siegfried; Uffelmann, Uwe* (Hrsg.): Die schwierigen Bürger, Schwalbach 1994.

[41] So fast wörtlich *Richard Saage* aus seinem Vorwort zu ders. (Hrsg.): Hat die politische Utopie eine Zukunft? Darmstadt 1992, S. XI. Vgl. *Frank R. Pfetsch*: Politische Utopie, oder: Die Aktualität des Möglichkeitsdenkens, in: APuZ (1990) B52-53, S. 3-13 und *Engelland* 1997 (Anm. 38).

[42] *Saage* 1992 (Anm. 41), S. XII.

[43] Vgl. hierzu die Beiträge von *Michael Becker* und *Hans-Joachim Lauth/Ruth Zimmerling* in diesem Band.

Politische Bildung in unserer Zeit ist nicht mehr das gleiche wie in früheren Zeiten. Schon seit einiger Zeit ist ein Rollenwandel zu beobachten. Ausgerichtet auf staatsbürgerliche Mündigkeit und politisch-gesellschaftliche Verantwortung ist die politische Bildung immer mehr in die Situation geraten, der Politikwissenschaft und den Sozialwissenschaften überhaupt Fragen nach einer gestaltbaren, besseren Zukunft zu stellen und sie damit an ihre Verantwortlichkeit auch als Orientierungswissenschaft zu erinnern. Zwar lässt sich kaum klären, welche Wirkungen politische Bildung hervorruft, sei es hinsichtlich der Einstellungen in der Gesellschaft zu prinzipiellen normativen Grundlagen (Demokratie, Toleranz) oder hinsichtlich der Partizipation am politischen Prozess oder in der Übernahme von Verantwortung.[44] Die Ausführungen zur Geschichte der politischen Bildung haben zumindest gezeigt, dass diese nicht nur von den gesellschaftlichen Veränderungen und politischen Interessen geprägt wurde, sondern dass sie in der Lage war, diese Veränderungen aufzunehmen, die Machtverhältnisse zu reflektieren und richtungsweisende Impulse zu geben. Für die Zukunft kann sich das Verhältnis zwischen Politikwissenschaft und politischer Bildung in zweierlei Hinsicht fruchtbar gestalten. Zum einen bietet die gegenwärtige didaktische Diskussion eine Fülle von Anregungen, welche die traditionelle kognitive Wissensvermittlung ergänzen können.[45] Hier sind auch die Impulse zu beachten, die von der wirkungsträchtigen Pisa-Studie ausgelöst wurden. Zum anderen bietet die aktuelle Diskussion in verschiedenen Teildisziplinen der Politikwissenschaft, ein Angebot, die drängenden, relevanten Problemfelder stärker in die politische Bildungsarbeit einzubringen. Dazu tragen Teildisziplinen der Politikwissenschaft

---

[44] Die Wirkungsforschung zu politischen Bildungsmaßnahmen gewinnt jedoch zunehmend an Bedeutung. So entwickelt W. Sander entsprechende Prüfkriterien; vgl. *Wolfgang Sander*: Politische Bildung nach der Jahrtausendwende, in: APuZ (2002) B. 45, S. 36-44, hier S. 42 f. Die ‚empirische Wende' zeigt sich auch in der Ermittlung der Nachfrage; vgl. *Karsten Rudolf*: Politische Bildung: (k)ein Thema für die Bevölkerung? Was wollen die Bürger, in: APuZ (2002) B. 45, S. 45-53.

[45] Vgl. *Siegfried Schiele*: Politische Bildung in Richtung auf das Jahr 2000, in: APuZ (1991) B37-38, S. 19-26, speziell S. 24 f. *Böhret* 1994 (Anm. 30), S. 16 fordert verstärkt partizipative statt passive Lernsituationen. Vertiefend: *Klaus-Peter Hufer* (Hrsg.): Politische Bildung in Bewegung: neue Lernformen der politischen Jugend- und Erwachsenenbildung, Schwalbach/Ts. 1995.

392 Hans-Joachim Lauth/Manfred Mols/Christian Wagner

wie politische Soziologie und Kulturforschung, politische Philosophie, vergleichende Politikwissenschaft und Internationale Beziehungen[46] ihren Teil bei, der sich sicherlich anhand zentraler Themen, wie Umwelt und Entwicklung, weiter ausdifferenzieren ließe.

Annotierte Auswahlbibliografie

Beer, Wolfgang; Cremer, Will; Massing, Peter (Hrsg.): Handbuch politische Erwachsenenbildung, Schwalbach 1999.
  Die Beiträge beschäftigen sich mit der historischen Entwicklung der politischen Erwachsenenbildung, den unterschiedlichen Problemen und Erwartungen ihrer Akteure und mit aktuellen Teilbereichen. Neben den methodischen und didaktischen Problemen werden auch Aspekte wie ‚Marketing' erörtert.

Sander, Wolfgang (Hrsg.): Handbuch politische Bildung, Schwalbach ³2005.
  Das Handbuch liefert einen breiten Überblick über die verschiedenen theoretischen, methodisch-didaktischen und inhaltsbezogenen Teilbereiche der politischen Bildung. Darüber hinaus werden verschiedene Praxisfelder der politischen Bildung vorgestellt sowie Probleme der bildungspolitischen Rahmenbedingungen erörtert.

Schiele, Siegfried (Hrsg.): Praktische politische Bildung, Schwalbach 1997.
  Der Sammelband zum 25-jährigen Bestehen der Landeszentrale für Politische Bildung in Baden-Württemberg gibt einen praxisnahen Einblick in Probleme und Perspektiven der politischen Bildungsarbeit. Neben den unterschiedlichen Vermittlungsformen werden auch Probleme in der Zielgruppenarbeit und beim Umgang mit sensiblen politischen Themen erörtert.

Weidinger, Dorothea (Hrsg.): Politische Bildung in der Bundesrepublik: zum dreißigjährigen Bestehen der Deutschen Vereinigung für politische Bildung (DVPB), Opladen 1996.
  In diesem Band finden sich Informationen zur DVPB, ein Überblick über die Situation der politischen Bildung in Deutschland und Beiträge zu ihrer Begründung und zu ihrem Selbstverständnis. Darüber hinaus wird die Didaktik der politischen Bildung und die Praxis der politischen Unterrichts behandelt.

---

[46] Ein Überblick zu aktuellen Debatten im Bereich Internationale Beziehungen findet sich u.a. in verschiedenen Zeitschriften wie ‚Zeitschrift für Internationale Beziehungen', ‚Internationale Politik', ‚Internationale Politik und Gesellschaft' sowie ‚Welttrends'.

Politische Bildung

Grundlagen- und weiterführende Literatur

Ackermann, Paul; Breit, Gotthard (Hrsg.): Demokratie braucht politische Bildung, Schwalbach/Ts. 2004.

Ballestrem, Karl Graf (Hrsg.): Sozialethik und politische Bildung, Paderborn u.a. 1995.

Breit, Gotthard (Hrsg.): Werte in der politischen Bildung, Bonn 2000.

Bundeszentrale für politische Bildung (Hrsg.): Lernfeld Politik. Eine Handreichung zur Aus- und Weiterbildung, Bonn 1992.

Bundeszentrale für politische Bildung (Hrsg.): Annotierte Bibliographie für die politische Bildung, laufende Jahrgänge.

Bundeszentrale für Politische Bildung: Politische Bildung im öffentlichen Auftrag der Bundesrepublik Deutschland: Basistexte zu Organisation, Themenbereichen und Arbeitsmethoden der Bundeszentrale für politische Bildung, Bonn 1998.

Butterwege, Christoph (Hrsg.): Politische Bildung und Globalisierung, Opladen 2002.

Claußen, Bernhard: Lernen für die ökologische Demokratie, Darmstadt 1997.

Claußen, Bernhard; Noll, Adolf (Hrsg.): Politische Wissenschaft und Politische Bildung, Hamburg 1989.

Claussen, Bernhard; Birgit Wellie (Hrsg.): Bewältigungen: Politik und politische Bildung im vereinigten Deutschland, Hamburg 1995.

Deichmann, Carl: Lehrbuch Politikdidaktik, München u.a. 2004.

Deutsche Vereinigung für Politische Bildung (Hrsg.): Politische Bildung in der Bundesrepublik, Opladen 1996.

Fischer, Kurt Gerhard: Einführung in die politische Bildung, Stuttgart 1970.

Gagel, Walter: Geschichte der politischen Bildung in der Bundesrepublik Deutschland 1945-1989, Opladen 1994.

Giesecke, Hermann: Politische Bildung. Didaktik und Methodik für Schule und Jugendarbeit, Weinheim [2]2000.

Hilligen, Wolfgang: Zur Didaktik des politischen Unterrichts I, Weinheim 1975.

Hufer, Klaus-Peter: Für eine emanzipatorische politische Bildung, Schwalbach/Ts. 2001.

Krüger, Heinz-Hermann: Jugend und Demokratie – Politische Bildung auf dem Prüfstand, Opladen 2002.

Lamnek, Siegfried (Hrsg.): Soziologie und politische Bildung, Opladen 1997.

Leuthold, Margit: Grüne politische Bildung: eine problemgeschichtliche Darstellung der Entwicklung in Deutschland und Österreich, Opladen 2000.

Litt, Theodor: Die politische Selbsterziehung des deutschen Volkes, Bonn 1953.

394 Hans-Joachim Lauth/Manfred Mols/Christian Wagner

Mickel, Wolfgang; Zitzlaff, Dietrich (Hrsg.): Handbuch zur Politischen Bildung, (Bundeszentrale für politische Bildung) Bonn, verschiedene Jahrgänge.

Mickel, Wolfgang Wilhelm: Methodenleitfaden durch die politische Bildung: eine strukturierte Einführung, Schwalbach/Ts. 1996.

Noll, Adolf H.; Reuter, Lutz R. (Hrsg.): Politische Bildung im vereinten Deutschland. Geschichte, Konzeptionen, Perspektiven, Opladen 1993.

Oetinger, Friedrich: Partnerschaft. Die Aufgabe der Politischen Erziehung, Stuttgart 1951.

Sander, Wolfgang: Politik entdecken – Freiheit leben. Neue Lernkulturen in der politischen Bildung, Schwalbach 2001.

Schiele, Siegfried; Schneider, Herbert (Hrsg.): Rationalität und Emotionalität in der politischen Bildung, Stuttgart 1991.

Schmiederer, Rolf: Zur Kritik der Politischen Bildung. Ein Beitrag zur Soziologie und Didaktik des Politischen Unterrichts, Frankfurt 1971.

Solzbacher, Claudia: Politische Bildung im pluralistischen Rechtsstaat, Opladen 1994.

Steffans, Dagmar: Politische Bildung 2000. Demokratie- und Zukunftsrelevanz als Leitmaßstäbe, Münster 1995.

Sutor, Bernhard: Didaktik des politischen Unterrichts, Paderborn 1971.

Sutor, Bernhard; Detjen, J.: Politik: Ein Studienbuch zur politischen Bildung. Paderborn [2]2001.

Vorholt, Udo: Institutionen politischer Bildung in Deutschland: eine systematisierende Übersicht, Frankfurt a.M. 2003.

III. Methoden und Arbeitsweisen

Wissenschaftstheoretische und methodische Grundlagen

Christian Welzel

> „Denn das bloße Anblicken einer Sache kann uns nicht fördern. Jedes Ansehen geht über in ein Betrachten, jedes Betrachten in ein Sinnen und jedes Sinnen in ein Verknüpfen, und so kann man sagen, dass wir schon bei jedem aufmerksamen Blick in die Welt theoretisieren."
> (Johann Wolfgang von Goethe; Farbenlehre)

1. Einleitung

Als Angehörige eines Gemeinwesens stehen Menschen in verschiedenen Rollenbezügen zur Politik. Als Aktive können sie die Politik unmittelbar beeinflussen; als Interessierte können sie sich über Politikinhalte informieren; und als Betroffene sind sie den Wirkungen der Politik unterworfen. In all diesen Rollen gewinnen die Menschen Alltagserfahrungen im Umgang mit Politik. Im Unterschied zu diesen Alltagserfahrungen – die auch dann, wenn sie reichhaltig sind, *subjektiv* gefärbt bleiben – setzt die wissenschaftliche Beschäftigung mit Politik auf *objektive* Standards des Erkenntnisgewinns. Diese Standards sind zum Verständnis der Politikwissenschaft unverzichtbar, und deshalb sollen sie in diesem Beitrag dargestellt werden.

Wie in den Sozialwissenschaften insgesamt so sind die wissenschaftlichen Standards auch in der Politikwissenschaft umstritten. Das hängt u.a. damit zusammen, dass Politikwissenschaft immer auch praktische Gestaltungswissenschaft ist. Unterschiedliche Auffassungen über die Gestaltungsmöglichkeiten der Politik und über die Gestaltungsziele, die sie verfolgen soll, schlagen sich deshalb auch in der wissenschaftlichen Beschäftigung mit Politik nieder. Damit tun sich Gegensätze auf, die bei unterschiedlichen Auffassungen über die Beschaffenheit sozialer Realität ansetzen und daraus unterschiedliche Schlüsse über die Methoden des Erkenntnisgewinns ziehen.

396   Christian Welzel

Im Folgenden werde ich die unterschiedlichen Wissenschaftsverständnisse von ihren theoretischen Grundlagen und deren methodischen Konsequenzen her beleuchten. Um der Klarheit willen
werde ich vor allem die Unterschiede zwischen den Wissenschafts-
verständnissen herausarbeiten und die Gegensätze pointieren. So
manche Relativierung, die womöglich angebracht wäre, kommt dabei zu kurz. Im Dienste einer Darstellung, die sich um Trennschärfe bemüht, ist dies aber unvermeidlich.

2. Wissenschaftstheorie

Wissenschaftstheorien liegen als Prämissen dem Forschungsprozess zugrunde. Sie werden aber selten ausdrücklich formuliert, weil
sie Bestandteil des Selbstverständnisses sind, dessen sich der Forscher nicht ständig neu versichern muss. Deshalb ist es wichtig,
die unterschiedlichen Selbstverständnisse hier explizit zu machen.
Im Grunde kann man von einer Zweiteilung der Sozialwissenschaften sprechen – je nach dem, ob die Teildisziplinen eher einem
geistes- oder einem naturwissenschaftlichen Erkenntnisideal verpflichtet sind. Den Unterschied zwischen Geistes- und Naturwissenschaften brachte *Wilhelm Dilthey* mit dem Dualismus zwischen
Verstehen und *Erklären* auf den Punkt.[1] Verstehende und erkläre-
de Positionen unterscheiden sich in drei miteinander verwobenen
Gesichtspunkten: im Verständnis von den „wahrheitsfähigen" Aspekten sozialer Realität; im theoretischen Erkenntnisanspruch; und
in ihrer Position zum Werturteilsstreit.
   Ungeachtet dieser wissenschaftstheoretischen Zweiteilung war
in der deutschsprachigen Politikwissenschaft jahrzehntelang eine
Drei-Schulen-Gliederung vorherrschend. Dabei wurde der „Freiburger Schule" eine *normativ-ontologische*, der „Frankfurter Schule" eine *historisch-dialektische* und der „Mannheimer Schule" eine *empirisch-analytische* Grundposition zugeordnet.[2] Diese Unterteilung existiert so heute allerdings nicht mehr.

---

[1] *Wilhelm Dilthey*: Ideen über eine beschreibende und zergliedernde Psy-
     chologie (1894), in: ders., Gesammelte Schriften, Bd. V, Berlin u. a.
     1924, S. 139-240. Vgl. *G. H. von Wright*: Erklären und Verstehen, Frank-
     furt a. M. 1974, insbes. S. 37.
[2] Vgl. die folgenden Einführungswerke: *Ulrich von Alemann/Erhard
     Forndran*: Methodik der Politikwissenschaft, Stuttgart [4]1974. *Dirk Berg-*

Wissenschaftstheoretische und methodische Grundlagen   397

Sie war auch schon früher nicht unbedingt kennzeichnend für die wissenschaftstheoretische Hauptdifferenz. Zwar zeichneten sich die normativ-ontologische und die historisch-dialektische Denkschule durch tiefe Gegensätze in ihren gesellschaftspolitischen Zielvorstellungen aus. Hinsichtlich des Wissenschaftsverständnisses bildeten sie aber eine gemeinsame Front gegen die empirisch-analytische Denkschule.[3] Diese Trennlinie spiegelt in weiten Zügen den Unterschied zwischen Verstehen und Erklären wider.[4] Von daher ist es gerechtfertigt, die Wissenschaftsverständnisse primär auf diesen Unterschied zuzuspitzen. Ich ordne deshalb die normativ-ontologische und die historisch-dialektische Denkschule der *verstehend-historiographischen* Position zu und stelle diese der *erklärend-analytischen* Position entgegen.

2.1 Die verstehend-historiographische Position

Verstehende Positionen haben eine besondere Vorstellung von dem, was an der sozialen Realität „wahrheitsfähig" ist.[5] Verstehende Positionen sehen einen prinzipiellen Unterschied zwischen der Realität der Natur und der Realität der Kultur oder Gesellschaft. Im Unterschied zur Realität der Natur ist die Realität der Gesellschaft mit einem inneren Sinn behaftet, der den Absichten, Motiven und Sollensvorstellungen der Menschen entspringt. Sinnbezü-

---

Schlosser/Herbert Maier/Theo Stammen: Einführung in die Politikwissenschaft, München [5]1992. *Klaus von Beyme*: Die politischen Theorien der Gegenwart, München [7]1992.

[3] Siehe dazu die 1987 von *Peter Graf Kielmannsegg* geleitete Diskussion zwischen *Jürgen Falter* für die empirisch-analytische, *Iring Fetscher* für die historisch-dialektische und *Wilhelm Hennis* für die normativ-ontologische Seite. Die Diskussion ist abgedruckt in *Klaus von Beyme* u.a.: Funk-Kolleg Politik, Bd. 2, Frankfurt a. M. 1987, S. 78-101.

[4] Vgl. *Werner Meinefeld*: Realität und Konstruktion, Opladen 1995.

[5] Im erfahrungswissenschaftlichen Sinn meint „Wahrheit" natürlich keine endgültige Wahrheit im religiösen oder metaphysischen Sinn. Es geht vielmehr darum, was unter den immer gegebenen Einschränkungen unseres Erfahrungshorizontes zumindest vorläufig als wahr oder falsch gelten kann. Mit den „wahrheitsfähigen" Aspekten der Realität sind jene Merkmale gemeint, mit deren Hilfe man entscheiden kann, ob eine Aussage wahr oder falsch ist. Zum Begriff der Wahrheit vgl. *Dagfinn Føllesdal/Lars Walløe/Jon Elster*: Rationale Argumentation, Berlin 1988, S. 32-40.

398   Christian Welzel

ge bilden den tieferliegenden Wahrheitskern sozialer Realität. Beispielhaft für eine Sinndeutung ist Aristoteles' Staatsverständnis:

> „Die aus mehreren Dörfern sich bildende vollendete Gemeinschaft
> nun aber ist bereits der Staat [...] Drum, wenn schon jene ersten Ge-
> meinschaften naturgemäße Bildungen sind, so gilt dies erst recht von
> jedem Staat, denn dieser ist das Endziel von jenen; die Natur ist eben
> Endziel, denn diejenige Beschaffenheit, welche ein jeder Gegenstand
> erreicht hat, wenn seine Entwicklung vollendet ist, eben diese nen-
> nen wir Natur derselben [...]."[6]

Das Wesen des Staates und anderer sozialer Phänomene liegt also
nicht in äußerlich erkennbaren Merkmalen, sondern in einem hinter-
gründigen Sinn – einem Daseinszweck (*telos*), der aus den Absichten rührt, die die Menschen an eine soziale Handlung oder an die
Schaffung einer sozialen Einheit, wie der des Staates, knüpfen. Na-
turwissenschaftliche Methoden, die auf standardisierten Beobach-
tungs- und Messtechniken basieren, können daher immer nur die
Oberfläche, aber nie den inneren Sinn der sozialen Realität erfassen.

Da soziale Realität eine andere ist als die der Beobachtung zu-
gängliche natürliche Realität, muss auch das Wissen um diese Realität auf anderen Wegen erschlossen werden. Denn die Methode
der Wissenserschließung muss sich dem Wahrheitscharakter ihres
Gegenstandes anpassen. Wenn also die Wahrheit der sozialen Realität in ihrer Sinnbehaftetheit liegt, dann muss sozialwissenschaftliches Wissen durch Sinndeutungen erschlossen werden. Konkret
bezieht sich Sinndeutung auf die Motive und Absichten sozialen
Handelns. Die angemessene Erkenntnismethode, die *Hermeneutik*, kann von daher keine standardisierte Forschungstechnik, kein
„Fachwissen im Sinne der wissenden Beherrschung von Arbeits-
vorgängen"[7] sein. Hermeneutik ist vielmehr ein Verfahren, das „ein
natürliches Vermögen [nämlich intuitives Nachempfinden] methodisch in Zucht nimmt und kultiviert".[8] Hermeneutik rationalisiert
die unbewussten Verfahren, mit denen Alltagserfahrungen gewonnen werden, und bewahrt damit den lebenspraktischen Bezug.

---

[6] *Aristoteles*: Politik, herausgegeben von E. Grassi, Hamburg 1968, III/6,
     1279a93.
[7] *Hans Georg Gadamer*: Hermeneutik als praktische Philosophie, in:
     Manfred Riedel (Hrsg.): Rehabilitierung der praktischen Philosophie,
     Freiburg i. Br. 1972, S. 328.
[8] *Jürgen Habermas*: Der Universalitätsanspruch der Hermeneutik, in: *R.
     Bubner* u. a. (Hrsg.): Hermeneutik und Dialektik, Tübingen 1970, S. 73.

Wissenschaftstheoretische und methodische Grundlagen 399

Da der Sinn einer sozialen Situation aus den Motiven und Absichten der handelnden Menschen verstanden werden muss, richtet sich die hermeneutische Methode auf „sprachliche Äußerungen menschlichen Geistes", im wesentlichen also auf Textquellen, aus denen die Absichten und Motive der Handelnden explizit und implizit sprechen.

Beim Verstehen einer sozialen Situation kommen der „kongenialen Veranlagung" (Betti), also dem Einfühlungsvermögen, sowie dem Vorverständnis des Forschers entscheidende Bedeutung zu. Der Forscher nutzt sein Vorverständnis, indem er Analogien zwischen der untersuchten und ihm bekannten sozialen Situationen bildet. Einerseits fließt damit das eigene Vorverständnis in die Situationsdeutung ein; andererseits verbessert sich dieses Vorverständnis laufend. Es wird um eine sich verdichtende Kenntnis der untersuchten Situation angereichert, und es wird immer bewusster hinsichtlich der Bestandteile reflektiert, die der untersuchten Situation wesensfremd sind. In diesem, auf höherer Verständnisebene immer neu einsetzenden, Deutungsvorgang (*hermeneutischer Zirkel*) passt sich das subjektive Verständnis immer besser dem objektiven Sinngehalt der untersuchten Situation an. Und genau das ist auch das Ziel hermeneutisch-verstehenden Erkenntnisgewinns:[9] die Erreichung der „Sinnadäquanz des Verstehens".[10]

Verstehende Positionen haben ein prinzipiell *historiographisches* Realitätsverständnis. Damit verbinden sich zwei Prämissen: Erstens stehen soziale Situationen immer in historischen Kontexten, die nur als Ganzheiten zu begreifen sind; und zweitens sind diese Kontexte in ihrer jeweiligen Ganzheit stets einzigartig. Geschichtlichkeit, Singularität und „Totalität" bilden somit Wesensmerkmale sozialer Realität.[11] Angesichts dieser Wesens-

---

[9] Vgl. *Hans Georg Gadamer*: Wahrheit und Methode. Grundzüge einer philosophischen Hermeneutik, Tübingen ²1969.

[10] *E. Betti*: Die Hermeneutik als allgemeine Methode der Geisteswissenschaften, Tübingen ²1972, S. 53.

[11] „Totalität" ist ein einschlägiger Begriff, an dem im „Positivismusstreit" die konträren Positionen von Verstehen und Erklären hart aufeinander prallten. Für die „verstehende" Seite vgl. *Jürgen Habermas*: Analytische Wissenschaftstheorie und Dialektik, in: *Theodor Adorno* u. a. (Hrsg.): Der Positivismusstreit in der deutschen Soziologie, Berlin 1972, S. 155-192. Für die „erklärende" Seite vgl. *Hans Albert*: Der Mythos der totalen Vernunft, in: *Adorno* u. a., S. 193-234.

400   Christian Welzel

merkmale können soziale Situationen nicht in Variablenbeziehungen aufgelöst und solche Variablenbeziehungen nicht aus dem historischen Kontext herausgelöst werden. Wissenschaftliches Verstehen muss deshalb darauf abzielen, konkrete historische Situationen in ihrer Einzigartigkeit und Ganzheit zu begreifen.

Die verstehende Sinndeutung sozialer Wirklichkeit kommt nicht ohne Werturteile und Sollenspostulate aus, weil erst sie einer sozialen Situation einen Sinn geben. Der Sozialwissenschaft wird deshalb die Funktion einer normativen Leitwissenschaft zugeschrieben, deren vornehmste Aufgabe es ist, den Diskurs um die „gute Ordnung" und das Gemeinwohl anzuführen. Iring Fetscher hat dies folgendermaßen zum Ausdruck gebracht:

> „Ich glaube nicht, dass bei einer so praxisnahen Wissenschaft wie der Politikwissenschaft auf eine normative Orientierung verzichtet werden kann [...] Nur eine Politikwissenschaft, die sich bewusst normativ bindet, ist nicht missbrauchbar."[12]

Im Werturteilsstreit vertreten Anhänger der verstehenden Position eine Auffassung, die die von Max Weber geforderte Trennung zwischen Werturteilen und Tatsachenaussagen ablehnt.[13] Die analytische Trennung zwischen Werturteilen und Tatsachenaussagen scheitere daran, dass in der sozialen Wirklichkeit Sollen und Sein untrennbar ineinander verwoben sind. Der Sinn gesellschaftlichen Seins erschließe sich erst aus dem Sollen, aus dem das Sein Legitimität gewinnt.[14]

In der Frage aber, worin das eigentliche Sollen bestehe, bzw. was die legitime und „gute Ordnung" eigentlich ausmacht, existieren sehr unterschiedliche Positionen. Beispielhaft lassen sich diese Unterschiede an zwei gegensätzlichen Haltungen zur liberalen Demokratie festmachen. Beide Haltungen gründen bezeichnenderweise auf Motivdeutungen des historischen Entstehungszusammenhangs der liberalen Demokratie.

Bei Vertretern der normativ-ontologischen Schule fällt die Motivdeutung in etwa so aus: Die liberale Demokratie entstand aus der Forderung nach individuellen Schutz- und Abwehrrechten ge-

---

[12] *Von Beyme* u.a. (Anm. 3), S. 85, S. 100.

[13] Vgl. *Habermas* (Anm. 11). In der Tradition von Max Weber vgl. *Hans Albert*: Theorie und Praxis. Max Weber und das Problem der Werturteilsfreiheit und der Rationalität, in: *Hans Albert/Ernst Topitsch* (Hrsg.): Werturteilsstreit, Darmstadt ³1990, S. 200-236.

[14] Vgl. *Habermas* (Anm. 11), S. 155-192.

Wissenschaftstheoretische und methodische Grundlagen 401

gen die staatliche Willkürherrschaft des Absolutismus. Der Sinn der liberalen Demokratie ist deshalb die Sicherung der persönlichen Freiheit vor staatlich-kollektiven Zwängen. In diesem Sinn liegt die Schutzwürdigkeit der liberalen Demokratie als einer „guten Ordnung" begründet. Diese würden wir nur gefährden, wenn wir die kollektiven Stimmrechte auf alle gesellschaftlichen Bereiche ausdehnten. Die liberale Demokratie muss deshalb vor zu weitgehenden Partizipationsrechten bewahrt werden.[15]

Anhänger der historisch-dialektischen Schule kamen dagegen zu einer ganz anderen Motivdeutung: Die liberale Demokratie ist eine Errungenschaft des kapitalistischen Bürgertums gegen die feudale Aristokratie. Später wurde sie gegen die Forderungen der Arbeiterschaft nach Wirtschaftsdemokratie verteidigt. Die liberale Demokratie sichert die Dominanz der bürgerlichen Kapitalinteressen über die Interessen der Arbeitermassen, indem sie private Freiheitsrechte über kollektive Stimmrechte stellt. Das ist der eigentliche Sinn der liberalen Demokratie. Sie ist deshalb kein schützenswertes Gut, sondern muss durch eine partizipative Demokratie überwunden werden, die die kollektive Mitbestimmung auf alle Bereiche des gesellschaftlichen Lebens ausdehnt.[16]

Diese Gegenüberstellung verdeutlicht, wie sehr die Situationsdeutung von normativen Vor-Urteilen des Interpreten abhängen kann. Unterschiedliche Vorverständnisse und Standpunkte können darum zu sehr unterschiedlichen Interpretationen desselben Phänomens führen. Die Differenzen zwischen der normativ-ontologischen und der historisch-dialektischen Schule machen dies besonders deutlich. Trotz dieser Gegensätze in Inhalten teilen diese beiden Denkschulen die Auffassung, dass die Suche nach der „guten Ordnung" den eigentlichen Zielpunkt der Gesellschaftswissenschaften markiert.

2.2 Die erklärend-analytische Position

Vertreter erklärender Positionen glauben nicht, dass sich die Realitäten der Natur und der Gesellschaft in der Art ihrer „Wahrheits-

---

[15] Vgl. *Wilhelm Hennis*: Die missverstandene Demokratie. Demokratie, Verfassung, Parlament, Freiburg 1973, S. 39ff.

[16] Vgl. *Johannes Agnoli*: Thesen zur Transformation der Demokratie und zur außerparlamentarischen Opposition, in: *Ulrich Matz* (Hrsg.): Grundprobleme der Demokratie, Darmstadt 1973.

402   Christian Welzel

fähigkeit" unterscheiden. „Wahrheitsfähig" seien in der Natur wie in der Gesellschaft allein die beobachtbaren und messbaren Merkmale.[17] Verborgene Sinnbezüge sind es nach Auffassung der erklärenden Positionen dagegen nicht.[18] Beispielhaft für das erklärende Realitätsverständnis ist Max Webers Staatsdefinition, die in klarem Kontrast zu der aristotelischen Deutung steht:

> „Staat ist diejenige menschliche Gemeinschaft, welche innerhalb eines bestimmten Gebietes – dies: das ‚Gebiet', gehört zum Merkmal – das Monopol legitimer physischer Gewaltsamkeit für sich (mit Erfolg) beansprucht. Denn das der Gegenwart Spezifische ist: dass man allen anderen Verbänden oder Einzelpersonen das Recht zur physischen Gewaltsamkeit nur so weit zuschreibt, als der Staat sie von ihrer Seite zulässt: er gilt als alleinige Quelle des ‚Rechts' auf Gewaltsamkeit."[19]

Anhand dieser Definition erkennen wir, dass erklärende Positionen nicht nach dem Sinn eines Phänomens fragen, sondern danach, durch welche empirischen Merkmale es beschrieben werden kann. Die hintergründige Sinnbehaftetheit eines Phänomens kann deshalb nicht als Wahrheitskriterium für wissenschaftliche Aussagen herangezogen werden.[20] Maßgebend ist vielmehr, ob alle Betrachter, die ein Phänomen unter den gleichen Voraussetzungen beobachten, auch zum gleichen Beobachtungsergebnis gelangen. Unser Wissen hängt demnach von der Schärfe unserer Beobachtungen und nicht von unseren interpretativen Begabungen ab. Sozialwissenschaftlicher Erkenntnisgewinn ist weniger dem subjektiven Vorverständnis und der Interpretationskunst als dem

---

[17] Das Wahrheitsverständnis der erklärenden Positionen ist wesentlich durch Karl Poppers „kritischen Rationalismus" geprägt. Wahrheitsfähigkeit bzw. Verifizierbarkeit gilt dabei immer nur unter der Einschränkung auf den je gegenwärtigen, in Raum und Zeit, begrenzten Kenntnisstand. Popper zufolge ist unser Wissen nie endgültig, sondern immer nur vorläufig verifiziert. Eine empirisch bestätigte Vermutung gilt nur so lange als verifiziert (bestätigt), wie sie nicht falsifiziert (widerlegt) wird. Vgl. *Karl R. Popper*: Logik der Forschung, Tübingen ⁹1989.

[18] *Karl R. Popper*: Die Logik der Sozialwissenschaften, in: *Adorno* u. a. (Anm. 11), S. 103-124.

[19] *Max Weber*: Politik als Beruf, Berlin ⁶1977, S. 8.

[20] In der empirischen Wahrnehmungspsychologie entspricht diese Position dem „radikalen Konstruktivismus", demzufolge Erkenntnisse nicht die Beschaffenheit der Welt, sondern allein die Struktur des Erkenntnisorgans abbilden. Vgl. *Meinefeld* (Anm. 4), S. 99-110.

Wissenschaftstheoretische und methodische Grundlagen   403

theoretischen Wissen und der Methodenbeherrschung des Forschers geschuldet.

Der Erkenntnisanspruch der verstehenden Positionen ist historiographisch-phänomenologisch. Das historisch auftretende Phänomen an und für sich ist der Gegenstand theoretischer Reflexion. Diesem Anspruch steht das erklärende Paradigma distanziert gegenüber. Sein Anliegen richtet sich nicht auf das Einzelphänomen als solches, sondern auf universelle Merkmalsbeziehungen, die über die Einzelphänomene hinausweisen und sich aus deren je spezifischem Kontext herauslösen lassen. Es geht also nicht um die Rekonstruktion eines historischen Kontextes in seiner „Totalität", sondern im Gegenteil um die Auflösung der „Totalität" in isolierbare Merkmalsbeziehungen. Die theoretische Leistung besteht weniger in der Deutung von Sinnzusammenhängen als in der Generalisierung beobachtbarer Merkmalszusammenhänge. Das geschieht in Form von Wenn-Dann- oder Je-Desto-Hypothesen. Ein Beispiel dafür ist Seymour Martin Lipsets berühmt gewordene These über den Zusammenhang zwischen ökonomischer Entwicklung und Demokratie:

> „The more well-to-do a nation, the greater the chances that it will sustain democracy".[21]

Als Je-Desto-Hypothese besagt dieses Zitat etwa folgendes: Je wohlhabender eine Nation ist, desto wahrscheinlicher ist es, dass sie demokratisch bleibt oder wird. Das praktische Interesse an solchen Merkmalsbeziehungen besteht in „sozialtechnologischen" Problemlösungen: Die Kenntnis der Bedingungen für das Eintreten eines bestimmten Effektes, wie zum Beispiel der Stabilisierung demokratischer Institutionen, kann genutzt werden, um diesen Effekt zu erzielen oder zu vermeiden – je nach dem, ob er gewünscht wird oder nicht. Träfe Lipsets Hypothese zu, dann müsste eine Nation, um eine stabile Demokratie werden zu können, zunächst ihre ökonomische Entwicklung ankurbeln.

Im Werturteilsstreit gehen erklärende Positionen von dem Gebot der Trennung zwischen Werturteilen und Tatsachenaussagen aus. Aus der Sicht der erklärenden Positionen können Werturteile zwar die Verwertung von Tatsachenaussagen beeinflussen; sie können aber nicht deren logisches Ergebnis sein. Sinnbezüge können

---

[21] *Seymour Martin Lipset*: Political Man. The Social Bases of Politics, New York, 1960, S.31.

404   Christian Welzel

beliebig in Tatsachen hineingedeutet werden – aber nur auf der
Grundlage von bereits bestehenden Werturteilen, die den Tatsachen
selber nicht zu entnehmen sind. Der Vorwurf an die verstehenden
Positionen ist also, dass ihre Vertreter eigene Sollensvorstellungen
in die Tatsachen hinein interpretieren, dann aber so tun, als hätten
sie diese Sollensvorstellungen aus den Tatsachen erschlossen. Die
Rede von der unauflöslichen „Totalität" von Sollen und Sein führe nur dazu, dass vermischt wird, was sauber getrennt werden sollte: nämlich Seins- und Sollensaussagen.[22] So lässt sich die Frage,
ob die Demokratie durch ökonomische Entwicklung gefördert wird
oder nicht, wissenschaftlich klären, weil dies eine Tatsachenfrage
ist, die mit *richtig oder falsch* beantwortet werden kann. Die Frage aber, ob die Demokratie eine wünschenswerte Regierungsform
ist, lässt sich wissenschaftlich nicht klären, weil dies eine Sollens-
frage ist, deren Beantwortung davon abhängt, ob wir Demokratie
gut oder schlecht finden. Fragen nach richtig oder falsch sind wissenschaftlich klärbar, Fragen nach gut oder schlecht dagegen nicht
– so zumindest die Auffassung der erklärenden Positionen.[23]

2.3 Zwischenbilanz

Verstehende Positionen gehen davon aus, dass soziale Realität
sinnbehaftet ist. Dieser Sinn entzieht sich der Beobachtung und
Messung. Dem Wahrheitskern sozialer Realität geht man deshalb
erst durch Sinndeutungen auf den Grund. Eine nach den Maßgaben der Beobachtbarkeit standardisierte Methodologie wird deshalb für die Sozialwissenschaften abgelehnt.[24] Verstehende Positionen setzen mehr Vertrauen auf das subjektive Vorverständnis und
auf die Interpretationskunst des Forschers als auf feste methodologische Standards. Das Erkenntnisinteresse der verstehenden Positionen ist ein *historiographisches*. Es geht vor allem darum, das
konkrete historische Phänomen in seiner Einzigartigkeit und „Totalität" zu rekonstruieren. Das historiographische Interesse begrün-

---

[22] Vgl. *Hans Albert*: Der Mythos der totalen Vernunft, in: *Adorno* u. a.
(Anm. 11), S. 193-234.

[23] Dies heißt keineswegs, dass Vertreter erklärender Positionen normative
Positionen für irrelevant erachten. Sie neigen aber dazu, diese als Gegenstand der politischen Philosophie und nicht der empirischen Politikwissenschaft zu sehen.

[24] Vgl. *Theodor Adorno*: Einleitung, in: *Adorno* u. a. (Anm. 11), S. 10-20.

Wissenschaftstheoretische und methodische Grundlagen   405

det mitunter Vorbehalte gegenüber der vergleichenden Methode, denn die Einzigartigkeit der historischen Phänomene macht sie im Prinzip unvergleichlich. Ein „Historiograph", der die Demokratisierungsprozesse in Spanien und Ungarn vergleicht, würde das jeweils Besondere und Eigentümliche beider Prozesse herausarbeiten.[25]

Nach Auffassung der erklärenden Positionen sind nur Tatsachenfragen in bezug auf beobachtbare Seinsmerkmale „wahrheitsfähig" Eine Sozialwissenschaft, die auf Erkenntnisgewinn abzielt, muss deshalb die Methoden der Datengewinnung und -verarbeitung weiterentwickeln anstatt die Interpretationskünste zu kultivieren. Hieraus resultiert eine starke Orientierung an methodologischen Standards. Das Erkenntnisinteresse der erklärenden Positionen ist ein *analytisches* (im Gegensatz zum historiographischen). Es richtet sich auf universelle Merkmalsbeziehungen, die aus der Phänomenologie der Einzelfälle herauszulösen sind. Die analytische Politikforschung hat deshalb keine Vorbehalte gegenüber dem Vergleich. Im Gegenteil gilt ihr der Vergleich von Einzelfällen als Voraussetzung, um überhaupt Merkmalsbeziehungen erforschen zu können. Ein „Analytiker" würde die Demokratisierungsprozesse in Spanien und Ungarn lediglich als Exemplare einer größeren Ereignisklasse, nämlich erfolgreicher Übergänge zur Demokratie, betrachten. Er würde sie deshalb mit weiteren Beispielen in Lateinamerika und Südostasien vergleichen, um allgemeine Regeln über die Bedingungen erfolgreicher Demokratisierung zu finden. Ein „Analytiker" würde versuchen, das, was dem „Historiographen" als landestypische Besonderheit erscheint, als Ausprägung eines allgemeinen Merkmals auszudrücken.[26]

Sind die verstehende und die erklärende Position miteinander unversöhnlich? Oder gibt es nicht doch fruchtbare Verknüpfungsmöglichkeiten? Beide Fragen sind teilweise mit Ja und Nein zu beantworten. Zunächst einmal sind sowohl die verstehende als auch die erklärende Position an wissenschaftlichen Erkenntnissen über

---

[25] Die Ursprünge solcher Vergleichsbemühungen gehen zurück auf Aristoteles, der mit Hilfe seiner Regimetypologie zahlreiche politische Systeme seiner Zeit verglichen hat. Vgl. hierzu den Beitrag von *Michael Becker* in diesem Band.

[26] Das ist es, was Przeworski/Teune meinen, wenn sie sagen, wir sollen „Ländernamen durch Variablen ersetzen". *Adam Przeworski/Henri Teune*: The Logic of Comparative Social Inquiry, New York, 1970, S. 30.

gesellschaftliche Wirklichkeit interessiert. Beiden geht es um Erkenntnisse, deren Informationsbreite und Reflexionstiefe über Alltagskenntnisse hinausgehen. Diese Gemeinsamkeit reicht aber nicht aus, um schon von fruchtbaren Verknüpfungsmöglichkeiten sprechen zu können. Was also können die verstehende und die erklärende Position voneinander lernen, bzw. was haben ihre Vertreter voneinander gelernt?

Zweifelsohne ist es eine fundamentale Einsicht der verstehenden Positionen, dass soziale Phänomene sinn- und zweckbehaftet sind, weil sie aus den Absichten, Motiven und Interessen handelnder Menschen erwachsen. Die Sinndimension ist aus der gesellschaftlichen Realität nicht wegzudenken. Vertreter erklärender Positionen haben dies durchaus eingesehen und Fragen nach Absichten, Präferenzen, Interessen und Ideologien in ihr Forschungsprogramm aufgenommen. Sie haben dabei aber auch demonstriert, dass sich diese „Äußerungen menschlichen Geistes" durchaus nach festen methodischen Regeln bearbeiten lassen, wenn man sie als Variablen behandelt.

Im übrigen ist auf ein verbreitetes Missverständnis bezüglich des Werturteilsstreits hinzuweisen. Die Feststellung, dass Werturteile und Tatsachenbehauptungen auf logisch unterschiedlichen Aussageebenen liegen, bedeutet keineswegs, dass man beide nicht argumentativ verknüpfen könne. Dies haben bereits Webers Arbeiten verdeutlicht. Aber auch neuere Arbeiten zeigen, dass die interessanteren Fragestellungen, die die empirische Politikforschung verfolgt, normativ begründet sind. Die empirischen Studien zu den Leistungen unterschiedlicher Typen der Demokratie beziehen ihren Reiz gerade aus der normativen Frage nach der „guten" oder „besten Ordnung".[27] Normative Vor-Urteile, z.B. über die ökonomische Leistungsfähigkeit der Demokratie, können empirisch sehr wohl untermauert oder widerlegt werden.

Damit verschmelzen verstehende und erklärende Positionen aber nicht im wohlgefälligen Sowohl-als-Auch. Bestimmte Unterschiede bleiben bestehen. Diese Unterschiede sind auch dann prinzipieller Natur, wenn man die Positionen als komplementär betrachtet. Denn komplementär kann nur sein, was voneinander verschieden ist. Eine Synthese zwischen dem verstehenden und dem erklärenden Erkenntnisanspruch mag sich zwar wissen-

---

[27] *Schmidt, Manfred G.*: Ist die Demokratie wirklich die beste Staatsverfassung, in: ÖZP (2) (1999), S. 187-200.

Wissenschaftstheoretische und methodische Grundlagen   407

schaftstheoretisch gut begründen lassen[28]; für die Forschungspraxis ist diese Synthesemöglichkeit bislang aber folgenlos geblieben.

Was verstehende und erklärende Positionen nach wie vor und
wohl auch in der Zukunft trennt, ist der Unterschied zwischen dem
empirisch-historiographischen und dem empirisch-analytischen
Erkenntnisinteresse. Es bleibt eben ein prinzipieller Unterschied,
ob man eher dem einzelnen Phänomen in seiner vollen Komplexität gerecht werden will, oder ob man in erster Linie an der
Generalisierung über den Einzelfall hinaus interessiert ist. Diese
Differenz strukturiert nach wie vor die ländervergleichende politikwissenschaftliche Forschung. Grob gesprochen vollzieht sich an
ihr die Teilung in Regionalforscher, die empirisch-historiogra-
phisch arbeiten, und Komparatisten, die empirisch-analytisch vorgehen.

Je nach dem, wie sehr ein Forscher dem empirisch-analytischen
Interesse zuneigt, steigt seine Bereitschaft, soziale Phänomene als
Variablenbeziehungen zu denken. Zugleich damit steigt auch seine Bereitschaft, standardisierte Methoden der Variablenanalyse
anzuwenden. Es kommt deshalb nicht von ungefähr, dass die standardisierten Methoden im wesentlichen innerhalb des empirisch-
analytischen Zweigs der Sozialwissenschaften entwickelt wurden.
Unser Blick verengt sich daher zwangsläufig auf diesen Zweig,
wenn wir uns mit dem Methodenprogramm im engeren Sinn beschäftigen.[29]

3. Methodenlogik

3.1 Die Logik von Variablenbeziehungen

Die empirisch-analytische Politikwissenschaft ist nicht an der Faktizität des *Einzelfalls per se* interessiert, sondern an generellen sozialen Merkmalen, wie Regierungstypen oder Konfliktstrategien,
deren Beziehungen unter einer bestimmten Theorieperspektive relevant sind. Einzelfälle interessieren lediglich als Träger der Merk-

---

[28] Vgl. *Meinefeld* (Anm. 4), S. 275-309.
[29] Für die Hermeneutik sind zwar auch einige methodische Regeln entwickelt worden (vgl. die vier „Kanones" bei *Betti* (Anm. 10)), doch handelt es sich hierbei mehr um grobe Richtlinien als um genaue Arbeits-
anweisungen.

408 Christian Welzel

male, deren *Beziehungen* man untersuchen will. Deshalb arbeitet nur die analytische Sozialwissenschaft mit standardisierten Regeln, um Informationen über *einzelne* Ereignisse und Phänomene in *allgemeine* Merkmale zu übersetzen, die von den Einzelfällen abstrahieren.

Die empirisch-analytische Wissenschaft arbeitet in dem Sinne theoriegeleitet, dass sie nach *generell* gültigen, und damit fallunspezifischen, Merkmalsbeziehungen fahndet. Dieses Erkenntnisanliegen lässt sich nur in einer *fallvergleichenden* Vorgehensweise umsetzen. Denn Merkmalsbeziehungen kann man nur erforschen, indem man mehrere, ja möglichst viele, Merkmalsträger vergleicht. In einer ländervergleichenden Untersuchung über Wirtschaftsentwicklung und Demokratie interessiert nicht das wirtschaftliche und politische Schicksal der einzelnen Länder, sondern die generelle Beziehung zwischen Wirtschaftsentwicklung und Demokratie, die sich aus den Länderdaten gewinnen lässt.

In der empirisch-analytischen Forschung bilden Merkmalsträger die Vergleichs- oder Untersuchungseinheiten. Wir bezeichnen sie schlicht als *Fälle*. Fälle, die man auf ihre Merkmale vergleicht, sind Individuen auf der *Mikro*ebene, soziale Gruppen oder formelle Organisationen auf der *Meso*ebene und ganze Nationen auf der *Makro*ebene. Die Merkmale dieser Fälle bezeichnen wir als *Variablen*. Im Unterschied zu *Konstanten* haben Variablen unterschiedliche *Ausprägungen*.

Die Variable „Systemtyp" kann beispielsweise die Ausprägungen „Demokratie" und „Diktatur" haben. Und die Variable „zwischenstaatliche Beziehung" kann die Ausprägungen „Frieden" und „Krieg" aufweisen. Die empirisch-analytische Wissenschaft fragt nach systematischen Beziehungen zwischen solchen Variablen. Behauptungen solcher Beziehungen bezeichnen wir als *Hypothesen*. Einen Satz von mehreren solcher Beziehungshypothesen sowie die Logiken, mit denen diese Beziehungen begründet werden, bezeichnen wir als *Theorien*.

Eine Beziehung zwischen zwei Variablen besteht dann, wenn bestimmte Ausprägungen in der einen Variablen in Verbindung mit bestimmten Ausprägungen in der anderen Variablen auftreten. Eine Beziehung zwischen den Variablen Systemtyp und zwischenstaatliche Beziehung bestünde beispielsweise dann, wenn die Ausprägung „Demokratie" in Verbindung mit der Ausprägung „Frieden" auftreten würde.[30]

---

[30] In der Tat ist dies eine der am meisten untersuchten Fragestellungen im Bereich der internationalen Beziehungen. Vgl. *John R. Oneal/Bruce*

Wissenschaftstheoretische und methodische Grundlagen 409

3.1.1 Quantitative und qualitative Variablen

Grundsätzlich ist zwischen qualitativen und quantitativen Variablen zu unterscheiden. Dieser Unterschied berührt nicht die Logik der Variablenbeziehungen, sondern das Informationsniveau der Variablen. Qualitative Variablen können nominale oder ordinale Merkmale sein. *Nominal* sind Merkmale, deren Ausprägungen nicht mehr als die Existenz von Gleichheit oder Ungleichheit ausdrücken. Ein Beispiel für ein nominales Merkmal ist die Variable „Systemtyp", wenn sie die Ausprägungen „Demokratie" und „Diktatur" aufweist. Ausprägungsunterschiede in nominalen Merkmalen kann man in *Klassifikationssätzen* ausdrücken, beispielsweise: Indien ist eine Demokratie und die Volksrepublik China eine Diktatur.

Ordinale Merkmale haben Ausprägungen, die in einer Rangordnung zueinander stehen. Für das Merkmal „Machtposition" wären dies etwa die Ausprägungen „Kleinmacht", „Mittelmacht" und „Großmacht". Durch ordinale Merkmale können Ausprägungsunterschiede in *Rangordnungssätzen* formuliert werden, zum Beispiel: Belgien ist eine Kleinmacht, Frankreich eine Mittelmacht und Russland eine Großmacht.

Für statistische Analysen müssen nominale und ordinale Variablen numerisch kodiert werden. Beispielsweise kann man die Ausprägungen des Merkmals „Machtposition" mit 1 für Kleinmacht, 2 für Mittelmacht und 3 für Großmacht kodieren. Aufsteigende Werte zeigen dabei höhere Stufen der Macht an. Man kann aber nicht sagen, dass eine 2 doppelt so viel Macht bedeutet wie eine 1. Numerische Kodierungen von qualitativen Merkmalen sind also nicht als *reale* Quantitäten zu verstehen.

Demgegenüber bringen *metrische* Merkmale, wie zum Beispiel „Wählerstimmenanteil" oder „Bruttosozialprodukt", reale Quantitäten zum Ausdruck. Allein metrische Merkmale sind als quantitative Variablen im eigentlichen Sinne anzusehen. Mit metrischen Merkmalen kann man Ausprägungsunterschiede in *Differenzsätzen* ausdrücken, etwa: Das Bruttosozialprodukt der Schweiz ist mit 33.000 US-$ pro Kopf gut doppelt so hoch wie dasjenige Großbritanniens mit 16.000 US-$.

Russett: The Kantian Peace: The Pacific Benefits of Democracy, Interdependence, and International Organizations 1885-1992, in: World Politics, 1999 (52), S. 1-37.

410   Christian Welzel

Der statistische Informationsgehalt (das sog. *Skalenniveau*) nimmt von nominalen über ordinale zu metrischen Merkmalen zu.[31] Merkmale eines höheren können dabei stets in Merkmale eines niederen Informationsniveaus umgewandelt werden, aber nicht umgekehrt. Beispielsweise kann man die sehr differenzierten Daten zum Bruttosozialprodukt zu einer ordinalen Variable zusammenfassen, die ökonomische Wohlstandsstufen in wenigen Ausprägungen wiedergibt – so wie dies beispielsweise die Weltbank macht, wenn sie die Nationen in fünf Wohlstandsstufen zwischen *low income* und *high income countries* einteilt.

Häufig ist es sinnvoll, auch qualitative Variablen numerisch zu kodieren. Beispielsweise können programmatische Positionen von Parteien an Hand eines Kategorienschemas numerisch kodiert werden, um sie einer quantitativen Inhaltsanalyse zugänglich zu machen. Mit einer solchen Analyse kann man untersuchen, wie stark die Häufigkeit bestimmter Themen, beispielsweise Kriminalität oder Arbeitslosigkeit, nach Parteien variiert und in welchen Argumentationssträngen solche Themen typischerweise auftauchen. Ebenso macht es Sinn, den Eintritt oder Nichteintritt bestimmter Ereignisse, wie Putsch, Revolution, Krieg oder Protest, dichotom zu verkoden (0: Nichteintritt, 1: Eintritt), um zu erkunden, wie häufig solche Ereignisse in Verbindung mit bestimmten anderen Faktoren auftreten. Auf diese Weise lassen sich Einsichten in die Bedingungen wichtiger politischer Geschehnisse gewinnen. All diese Erkenntnisse lassen sich in Variablenbeziehungen ausdrücken.

3.1.2 Deterministische Variablenlogik

Eine Variablenbeziehung ist *deterministischer* Natur, wenn eine bestimmte Ausprägung in der einen Variablen eine bestimmte Ausprägung in der anderen Variablen notwendig oder hinreichend *bedingt*. Die Beziehung zwischen Systemtyp und Konflikt wäre deterministisch, wenn gelten würde, dass Frieden immer (oder nur) zwischen Demokratien herrscht. Deterministische Beziehungshypothesen lassen keine Ausnahmen zu. Deshalb genügt eine einzige Gegenbeobachtung, um eine deterministische Hypothese zu widerlegen. Die Prüfung einer deterministischen Hypothese vollzieht

---

[31] Vgl. zu den Verfahren der Skalenkonstruktion *R. F. DeVellis*: Scale Development. Theory and Applications, Newbury Park/London 1991.

Wissenschaftstheoretische und methodische Grundlagen   411

sich daher als gezielte Suche nach Gegenbeobachtungen (*Falsifikatoren*). Der theoretische Fortschritt besteht darin, diejenigen Hypothesen zu selektieren, die solchen *Falsifikationsversuchen* stand halten.[32]

Es macht einen Unterschied, ob man eine deterministische Hypothese als *notwendige* oder als *hinreichende* Bedingung formuliert. Denn daraus leitet sich ab, nach welcher Gegenbeobachtung man suchen muss, um die Hypothese zu widerlegen. Als notwendige Bedingung müsste die Hypothese über die Beziehung zwischen Systemtyp und Konflikt heißen: *Nur* wenn zwei Staaten Demokratien sind, herrscht Frieden zwischen ihnen. In diesem Falle bestünde die Gegenbeobachtung in zwei Staaten mit friedlichen Beziehungen, von denen aber einer keine Demokratie ist. Als hinreichende Bedingung würde die Hypothese lauten: *Immer* wenn zwei Staaten Demokratien sind, herrscht Frieden zwischen ihnen. Hier bestünde die Gegenbeobachtung in zwei demokratischen Staaten, die sich bekriegen.

Komplexere Theorien basieren auf mehreren aufeinander aufbauenden Beziehungshypothesen. Dabei kann sich das Problem ergeben, dass man aus bestätigten Beziehungen auf solche schließen möchte, die man nicht direkt untersucht hat. Das ist über logische Schlussketten möglich. Logische Schlussketten, die wir auch als *Argumente* bezeichnen, bestehen aus *Prämissen*, die als wahr gelten, und den daraus abgeleiteten Schlussfolgerungen, den *Konklusionen*.[33] Es folgt je ein Beispiel für eine logisch richtige und eine logisch falsche Konklusion:

(1) In allen Demokratien (D) herrscht Frieden (F).
(2) Alle Wohlstandsgesellschaften (W) sind Demokratien (D).
$\rightarrow$ In allen Wohlstandsgesellschaften (W) herrscht Frieden (F).

(1) In allen Demokratien (D) herrscht Frieden (F).
(2) Alle Demokratien (D) sind Wohlstandsgesellschaften (W).
$\rightarrow$ In allen Wohlstandsgesellschaften (W) herrscht Frieden (F).

---

[32] Das Prinzip der Falsifikation spielt in dem von Popper entwickelten „kritischen Rationalismus" eine zentrale Rolle. Vgl. *Popper* (Anm. 17). Zur Erläuterung vgl. *Uwe Gehring/Cornelia Weins*: Grundkurs Statistik für Politologen, Opladen 1998, S. 20-25.

[33] *Føllesdal/Walløe/Elster* (Anm. 5), S. 244-256.

412 Christian Welzel

Die erste Konklusion ist logisch folgerichtig, die zweite dagegen nicht. Zu diesem Ergebnis gelangen wir, indem wir die Prämissen und die Konklusion in Mengenverknüpfungen ausdrücken. Daraufhin prüfen wir, ob die Mengenverknüpfung der Konklusion in den Mengenverknüpfungen der Prämissen aufgeht. Im ersten Argument sind (1) die demokratischen Staaten eine Teilmenge der friedlichen Staaten (D,F) und (2) die wohlhabenden Staaten eine Teilmenge der demokratischen Staaten (W,D). Zieht man diese Informationen zusammen, so gilt die Mengenverknüpfung: W,D,F. Und dies impliziert notwendig den Inhalt der ersten Konklusion: Die wohlhabenden Staaten sind Teilmenge der friedlichen Staaten (W,F). Die Mengenverknüpfung der Konklusion geht also in der Mengenverknüpfung der Prämissen auf.

Im zweiten Argument ist die Menge der demokratischen Staaten (1) Teilmenge der friedlichen Staaten (D,F) und (2) Teilmenge der wohlhabenden Staaten (D,W). F und W sind aber verschiedene Grundmengen, über deren Relation uns die Prämissen nichts sagen. Deshalb können wir nicht ausschließen, dass die Menge der wohlhabenden Staaten auch Krieg führende Staaten enthält. Folglich ist der Schluss, dass alle wohlhabenden Staaten Teilmenge der friedlichen Staaten sind (W,F), logisch falsch. Diese Verknüpfung geht nicht in den Mengenverknüpfungen der Prämissen auf.

Deterministische Beziehungshypothesen lassen sich also nicht nur eindeutig widerlegen. Darüber hinaus kann man auf ihrer Grundlage weitere Beziehungshypothesen logisch zwingend erschließen oder ausschließen.

3.1.3 Probabilistische Variablenlogik

Deterministische Beziehungen können durch eine einzige Gegenbeobachtung endgültig widerlegt werden. Sie können aber durch noch so viele bestätigende Beobachtungen (*Verifikatoren*) niemals endgültig verifiziert werden. Insofern besteht eine logische Asymmetrie zwischen theoriebestätigenden und -widerlegenden Beobachtungen. Der Satz „Alle Schwäne sind weiß" wird durch einen einzigen schwarzen Schwan endgültig widerlegt. Aus deterministischer Betrachtung ist der Satz „Alle Schwäne sind weiß" genau so falsch wie der Satz „Alle Schwäne sind schwarz", obwohl doch unbestreitbar ist, dass die weit überwiegende Mehrzahl aller Schwäne weiß ist. Bei deterministischen Beziehungen spielt das Zahlenverhältnis zwischen den Verifikatoren und den

Wissenschaftstheoretische und methodische Grundlagen   413

Falsifikatoren einer Beziehung keine Rolle: Eine Beziehung mit millionenfachen Verifikatoren und nur einem Falsifikator ist genau so widerlegt wie eine Beziehung mit überhaupt keinem Verifikator. Deterministische Beziehungen sind deshalb blind für fundamentale statistische Sachverhalte.

Statistische Sachverhalte werden durch *probabilistische* Beziehungen ausgedrückt. Eine Variablenbeziehung ist probabilistischer Natur, wenn bestimmte Ausprägungen in der einen Variable mit einer über dem Zufall liegenden Wahrscheinlichkeit mit einer bestimmten Ausprägung in der anderen Variable auftreten. Man kann auch sagen, dass Variationen in der einen Variable mit einer bestimmten Wahrscheinlichkeit mit Variationen in der anderen Variablen auftreten. Die *Varianzen* der beiden Variablen sind dadurch mehr oder weniger eng miteinander verbunden. Sie zeigen ein bestimmtes Maß an *Kovarianz*. Wenn die Variable „Vogel" in den Ausprägungen „Schwan", „Rabe" und „Papagei" variiert, dann kovariiert mit ihr die Variable „Gefiederfarbe" in den Ausprägungen „weiß", „schwarz" und „bunt".

Probabilistische Variablenbeziehungen basieren auf der Wahrscheinlichkeitslogik. Eine probabilistische Beziehungshypothese ist dann gültig, wenn die Anzahl der bestätigenden Beobachtungen signifikant über der *Zufallswahrscheinlichkeit* liegt. Wenn wir also die These, dass Demokratie und Frieden zusammenhängen, probabilistisch überprüfen wollen, dann zählen wir die bestätigenden Beobachtungen, also die Fälle, in denen zwischen zwei Demokratien Frieden herrscht, und vergleichen sie mit der Zufallswahrscheinlichkeit.

Die Zufallswahrscheinlichkeit ist die die relative Häufigkeit, mit der eine bestimmte Merkmalsausprägung in einer *Zufallsauswahl* von Fällen auftritt. Die Zufallswahrscheinlichkeit einer Merkmalsausprägung ist identisch mit der Repräsentanz dieser Ausprägung in der *Grundgesamtheit,* d. h. der Gesamtheit aller existierenden Fälle. Ist die Merkmalsausprägung „weiß" in der Grundgesamtheit aller existierenden Schwäne zu 95 Prozent vertreten, so beträgt die Wahrscheinlichkeit, in einer beliebigen Zufallsauswahl von Schwänen als erstes einen weißen Schwan anzutreffen, ebenfalls 95 Prozent. Wir wollen dies an einem Beispiel verdeutlichen.[34]

---

[34] *Alan Agresti/Barbara Finlay*: Statistical Methods for the Social Sciences, [3]1997, S. 80-120.

Angenommen es gäbe in der Welt 142 Staaten mit einer Grundgesamtheit von rund 10.000 bilateralen Beziehungen.[35] Nehmen wir darüber hinaus an, dass ca. 3.000 dieser bilateralen Beziehungen kriegerisch und ca. 7.000 friedlich sind. Dann beträgt die Wahrscheinlichkeit, in einer beliebigen Zufallsauswahl dieser 10.000 Beziehungen friedliche anzutreffen, genau 0,7 (=7.000/10.000) oder 70 Prozent. Nehmen wir weiterhin an, je 71 der 142 Staaten wären Demokratien und Diktaturen, und nehmen wir zudem an, das wir aus den rund 2.500 bilateralen Beziehungen zwischen den Demokratien[36] etwa 250 zufällig auswählen. Bestünde zwischen Systemtyp und Konflikt *kein* Zusammenhang, müssten etwa 70 Prozent und also rund 175 dieser Beziehungen friedlich sein. Würden wir aber 240 friedliche Beziehungen zählen, so wäre das ein Anteil von ca. 95 Prozent. Diese Quote liegt deutlich über der Marke von 70 Prozent, die wir erwarten würden, wenn kein Zusammenhang zwischen Demokratie und Frieden bestünde. Die sog. *Nullhypothese*, nach der es einen solchen Zusammenhang nicht gibt, ist folglich zurückzuweisen. Die gegenteilige Hypothese, die sog. *Beziehungs-* oder *Zusammenhangshypothese*, wäre dagegen zu bestätigen.

Mit statistischen *Beziehungsmaßen* können wir angeben, wie eng die Beziehung zwischen Demokratie und Frieden ist. In unserem Beispiel würde sie +0,57 von +1,0 maximal möglichen Skalenpunkten einer sog. *Pearson-Korrelation* betragen.[37] Dar-

---

[35] Exakt sind es 10.011 bilaterale Beziehungen bei 142 Staaten. Diese Anzahl ergibt sich aus einer Matrixbetrachtung. Angenommen wir haben eine Matrix mit je 142 Zeilen und Spalten für jeden der 142 Staaten, dann repäsentieren die Zellen in dieser Matrix die Paarkombinationen zwischen den Staaten. Dies ergibt 142*142=20.164 Paarungen. Davon sind 142 Eigenpaarungen (die Hauptdiagonale der Matrix) zu subtrahieren: macht 20.022 Paarungen. Diese sind auch noch durch 2 zu teilen, weil jede Paarbeziehung in der Matrix zweimal auftritt (einmal im Dreieck oben rechts und einmal unten links von der Hauptdiagonalen). Somit haben wir (142*142–142)/2=10.011 Paarbeziehungen.

[36] Exakt wären es (71*71-71)/2=2.485 bilaterale Beziehungen.

[37] Die Pearson-Korrelation ist ein Beziehungsmaß, das Werte zwischen –1,0 (perfekter negativer Zusammenhang) und +1,0 (perfekter positiver Zusammenhang) annehmen kann. Je näher der Wert an 0 liegt, desto schwächer ist die Beziehung. Die Pearson-Korrelation (r) zwischen zwei Variablen x und y errechnet sich, indem man die Kovarianz dieser Variablen durch das Produkt ihrer Standardabweichungen teilt:

Wissenschaftstheoretische und methodische Grundlagen 415

über hinaus können wir berechnen, wie stark die ermittelte Beziehung gegen einen Zufallsirrtum gesichert ist. Bei einer Stichprobe von 250 Fällen aus einer unendlich gedachten Grundgesamtheit liegt die Wahrscheinlichkeit, dass die Beziehung in der Grundgesamtheit *nicht* existiert, bei unter 0,1 Prozent. Wir können also mit einer äußerst geringen Irrtumswahrscheinlichkeit die Nullhypothese zurückweisen und die Beziehungshypothese annehmen. In diesem Zusammenhang spricht man auch von statistischer *Signifikanz*. In unserem Fall ist die Irrtumswahrscheinlichkeit sehr gering und damit die Signifikanz sehr hoch. Wir sagen auch, die Beziehung ist hoch signifikant.[38]

Die probabilistische Logik erlaubt es, statistische Beziehungen exakt zu erfassen. Aus der deterministischen Logik lässt sich nur auf die Existenz oder Nichtexistenz einer Beziehung schließen. Mit Hilfe der probabilistischen Logik lassen sich dagegen die Determinations*grade* von Beziehungen bestimmen. Denn wir können genau berechnen, *zu wie viel Prozent* die Varianz in der einen Variable die Varianz in der anderen Variablen erklärt. In unserem konstruierten Beispiel erklärt die Varianz im Merkmal Systemtyp die Varianz im Merkmal Konflikt zu 25 Prozent (dieser Wert ergibt sich aus dem Determinationskoeffizienten, welcher das Quadrat der Pearson-Korrelation ist: $r^2=0{,}50*0{,}50=0{,}25$). Die probabilistische Logik ist sozialwissenschaftlichen Zusammenhängen angemessener als die deterministische Logik, weil die Beziehungen zwischen sozialen Merkmalen so gut wie nie den Charakter naturwissenschaftlicher Gesetze haben, die keine Ausnahmen zuließen. Gesellschaftliche Zusammenhänge sind mehr oder weniger lose Regelbeziehungen.

$r_{x,y}=cov(x,y)/s_x*s_y$. Die *Kovarianz* ist das Produkt der Varianzen zweier Variablen. Die *Varianz* einer Variablen ist ein Streuungsmaß. Es errechnet sich, indem man alle Abweichungen vom Mittelwert addiert und die Summe dann durch die Anzahl der Fälle teilt. Die Abweichungen jedes Falls werden vor der Addition allerdings quadriert, damit sich positive und negative Abweichungen nicht zu 0 aufwiegen. Deshalb zieht man aus der Varianz nochmals die Quadratwurzel und erhält so die sog. *Standardabweichung* als weiteres Streuungsmaß. Vgl. *Agresti/Finlay* (Anm. 34), S. 318-325.

[38] *Agresti/Finlay* (Anm. 34), S. 154-209.

416 Christian Welzel

3.1.4 Kausale Variablenlogik

Das Problem der Kausalität wird in der empirisch-analytischen Wissenschaft nur selten adäquat behandelt.[39] Unzählige „Variablenforscher" insinuieren Kausalität schlicht definitorisch, indem sie eine der Variablen als *unabhängige* und die andere als *abhängige* deklarieren. Damit wird unterstellt, dass Änderungen in der unabhängigen Variablen entsprechende Änderungen in der abhängigen Variablen tatsächlich *verursachen*. Aus der statistischen Beziehung alleine ist dieser Schluss jedoch keineswegs zu ziehen – insbesondere dann nicht, wenn beide Variablen zum selben Zeitpunkt gemessen wurden. Man braucht schon starke theoretische Gründe, um einer statistischen Beziehung zwischen zwei gleichzeitig gemessenen Merkmalen eine eindeutige Wirkungsrichtung zuschreiben zu können.

Manchmal liegen solche Gründe sehr nahe. Wenn wir eine enge Beziehung zwischen der Größe von Bränden und der Menge des Wassereinsatzes der Feuerwehr ermitteln, dann ist es nahe liegend, dass nicht der Wassereinsatz die Brände, sondern umgekehrt die Größe der Brände den Wassereinsatz verursacht hat. Nicht selten aber liegt die kausale Interpretation einer Beziehung nicht so eindeutig auf der Hand. Ein Beispiel dafür gibt unser Schaubild. Es trägt auf der horizontalen Achse den Reichtum der ökonomischen Ressourcen in einer Gesellschaft ab.[40] Die vertikale Achse

---

[39] Vgl. *James Davis*: The Logic of Causal Order, Beverly Hills 1985. *Warren Miller*: Temporal Order and Causal Inference, in: Political Analysis 8 (2), S. 119-140.

[40] Grundlage ist ein von Vanhanen erstellter Index, der auf sechs Indikatoren basiert: (1) Anteil der städtischen Bevölkerung (als Indikator für Beschäftigungsvielfalt), (2) Anteil der nicht im Agrarsektor beschäftigten Bevölkerung (als weiterer Indikator für Beschäftigungsvielfalt); (3) die Anzahl der Besucher tertiärer Bildungseinrichtungen pro 100.000 Einwohner (als Indikator für kognitive Ressourcen); (4) die Alphabetisierungsrate (als weiterer Indikator für kognitive Ressourcen); (5) Anteil von Privatbetrieben an der agrarischen Nutzfläche (als Indikator für Streuung von Produktionsbesitz); (6) die Streuung des Produktionsbesitzes außerhalb des Agrarsektors (festgemacht am Wertschöpfungs- oder Beschäftigtenanteil, der nicht auf Staat und Großkonzerne entfällt). Die Indikatoren (1) und (2) fasst Vanhanen zum Index der Beschäftigungsvielfalt zusammen. Die Indikatoren (3) und (4) fasst er zum Index der Wissensverteilung zusammen. Und die Indikatoren (5) und (6) fasst er zum Index der Besitzstreuung zusammen. Diese Zusammenfassun

Wissenschaftstheoretische und methodische Grundlagen 417

Schaubild 1: Ökonomische Entwicklung und Entfaltungswerte (s. Anm. 40 u. 41)

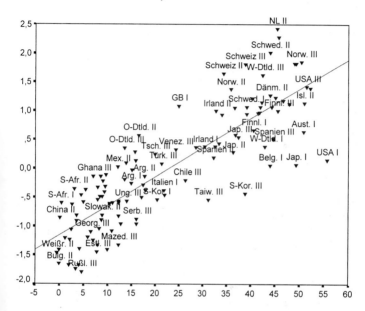

X-Achse: Ressourcenreichtum nach Vanhanen. **Y-Achse**: Stärke der Entfaltungswerte in Anlehnung an Inglehart (Quellen: Vanhanen 1997, World Values Surveys I-III[44]).

zeigt, wie stark in diesen Gesellschaften das Streben der Menschen nach persönlicher Selbstentfaltung ausgeprägt ist.[41] Wie die Trendlinie zeigt, gibt es einen linear positiven Zusammenhang: Je reich-

gen erfolgen durch arithmetische Mittelungen, außer im Falle der Besitzstreuung, wo der Agrarsektor nach seinem Anteil an der Wertschöpfung gewichtet wird. Dann multipliziert Vanhanen die drei Teilindizes und dividiert das Produkt durch 10.000, so dass der Gesamtindex zwischen 0 und 100 gebunden ist. Vgl. *Tatu Vanhanen*: Prospects for Democracy, London 1997, S. 42-47.

[41] Die Abbildung stammt aus *Christian Welzel*: Fluchtpunkt Humanentwicklung. Modernisierung, Wertewandel und Demokratie in globaler Perspektive, 1999, FU Berlin: Habilitationsschrift (unter gleichem Titel erschienen im Westdeutschen Verlag 2002). Die Entfaltungswerte fassen

418   Christian Welzel

haltiger die ökonomischen Ressourcen in einer Gesellschaft sind,
desto stärker ist das Entfaltungsstreben der Menschen in dieser Gesellschaft. Immerhin können wir 72 Prozent der nationalen Unterschiede im Entfaltungsstreben mit den Unterschieden in den ökonomischen Ressourcen erklären.

Dies sagt uns aber nichts über Ursache und Wirkung. Wir können die Achsen genauso gut vertauschen und dann 72 Prozent der
Varianz in den ökonomischen Ressourcen mit der Varianz im Entfaltungsstreben erklären. Auch die Theorie hilft uns hier nicht weiter. Denn für beide Kausalrichtungen gibt es plausible Argumente. Geht man von der Maslow'schen Bedürfnishierarchie[42] aus,
dann ist es plausibel, wenn die Menschen stärkere Entfaltungsbe-
dürfnisse erst mit zunehmender Befriedigung ihrer materiellen Bedürfnisse entwickeln. Unter dieser Annahme sind die ökonomischen Ressourcen die Ursache und das Entfaltungsstreben die
Wirkung. Umgekehrt ist es aber ebenso plausibel anzunehmen,
dass entfaltungsorientierte Menschen auch mehr Kreativität in der
Wirtschaft entfalten und dadurch die ökonomischen Ressourcen
mehren. In diesem Falle wäre das Entfaltungsstreben die Ursache
und die ökonomischen Ressourcen die Wirkung.

Kann man mit statistischen Mitteln etwas tun, um dieses theoretische Dilemma zu lösen? Durchaus, wenn man sich an das Funda-
mentaltheorem hält, dass Ursachen ihren Wirkungen zeitlich vo-

---

folgende Einstellungsvariablen zusammen: Priorität für „Schutz der Mei-
nungsfreiheit" und „Einfluss der Bürger auf wichtige Entscheidungen der
Regierung", „Teilnahme an Demonstrationen und Unterschriftensamm-
lungen", „Toleranz gegenüber Homosexualität", „Lebenszufriedenheit"
und „zwischenmenschliches Vertrauen". Diese Einstellungsvariablen
wurden mit dem Verfahren der Faktorenanalyse zusammengefasst. Für
eine genauere Beschreibung vgl. *Christian Welzel*: Humanentwicklung
und Demokratie, in: *Hans-Joachim Lauth/Gert Pickel/Christian Welzel*
(Hrsg.), Empirische Demokratiemessung, Opladen 2000, S. 132-162.

[42] Diese Hierarchie unterscheidet zwischen niederen und höheren Bedürfnissen. Zu den niederen Bedürfnissen gehören physische und materielle Bedürfnisse, während das Bedürfnis nach Selbstverwirklichung auf
der höchsten Stufe steht. Es kommt deshalb erst oder nur in dem Maße
zum Tragen, wie die niederen materiellen Bedürfnisse befriedigt sind.
Vgl. *Abraham Maslow*: Motivation and Personality, New York
²1970. Auf dieser Bedürfnishierarchie fußt auch die Inglehart'sche Ma-
terialismus-Postmaterialismus-Theorie. Vgl. *Ronald Inglehart*: The Silent Revolution, Princeton 1977.

Wissenschaftstheoretische und methodische Grundlagen   419

rausgehen müssen.[43] Dazu berechnen wir die Beziehung zwischen Entfaltungsstreben und ökonomischen Ressourcen in zwei gegenläufigen Sequenzen. Einmal berechnen wir die Beziehung unter der Bedingung, dass die ökonomischen Ressourcen früher und das Entfaltungsstreben später gemessen ist; und das andere Mal berechnen wir die Beziehung für den umgekehrten Fall. Tatsächlich zeigt sich, dass das Beziehungsmaß deutlich stärker ausfällt, wenn die ökonomischen Ressourcen *zeitlich vor* dem Entfaltungsstreben gemessen werden. Das ist ein erster Hinweis auf die dominierende Wirkungsrichtung: Reichhaltige ökonomische Ressourcen scheinen eher ein stärkeres Entfaltungsstreben zu verursachen als umgekehrt.

Um einer Variablenbeziehung eine bestimmte Kausalität zuschreiben zu können, genügt es aber nicht, diese Beziehung in gegenläufigen zeitlichen Sequenzen zu untersuchen. Darüber hinaus muss man ausschließen können, dass die untersuchte Beziehung eine *Scheinbeziehung* ist (sog. *statistisches Artefakt*). Zwischen zwei Variablen besteht eine Scheinbeziehung, wenn andere, verdeckte Variablen für diese Beziehung verantwortlich sind. In Großstädten kann man eine enge Beziehung zwischen dem täglichen Kohlenmonoxidausstoß und der Anzahl der verspätet zur Arbeit erscheinenden Menschen feststellen. Keines dieser beiden Phänomene ist aber die Ursache des anderen. Sie treten nur deshalb gepaart auf, weil sie eine gemeinsame „dritte" Ursache haben – nämlich das Aufkommen von Verkehrsstaus.

Auch die Beziehung zwischen ökonomischen Ressourcen und Entfaltungsstreben könnte eine Scheinbeziehung sein. In Anlehnung an Max Weber haben viele Forscher argumentiert, dass Ressourcenreichtum und Entfaltungswerte ein Phänomen protestantischer Gesellschaften seien. Träfe dies zu, so stünden die ökonomischen Ressourcen und das Entfaltungsstreben in keiner unmittelbar ursächlichen Beziehung zueinander. Statistisch bestünde die Beziehung nur deshalb, weil ökonomischer Reichtum und Entfaltungsstreben eine gemeinsame, aber „dritte", Ursache im Protestantismus haben.

Solche Scheinbeziehungen kann man aufdecken, indem man sie nach potentiell „dritten" Ursachen kontrolliert (*Drittvariablenkontrolle*). Handelt es sich um eine Scheinbeziehung, so bricht sie nach Kontrolle der Drittvariablen zusammen. In unserem Beispiel habe ich die Beziehung zwischen ökonomischen Ressourcen und Ent-

---

[43] Vgl. *Davis* (Anm. 39).

faltungsstreben nach dem Anteil der Protestanten in einer Gesellschaft kontrolliert. Die Beziehung brach nicht zusammen, sondern es zeigte sich im Gegenteil, dass der Protestantismus überhaupt keinen Einfluss auf das Entfaltungsstreben hat, sobald man die ökonomische Entwicklung berücksichtigt.

Unsere Daten erlauben einen Einblick in ein weiteres Problem, das in den Sozialwissenschaften zu selten angegangen wird: nämlich die Frage nach den Wechselwirkungen zwischen Beziehungen auf der Individualebene und Beziehungen auf der Aggregatebene (*Mehr-Ebenen-Problem*). In allen Gesellschaften, für die wir Umfragedaten haben, gibt es einen signifikanten Zusammenhang zwischen den ökonomischen Ressourcen und dem Entfaltungsstreben der Individuen: Die Menschen sind um so entfaltungsorientierter, je höher ihr Einkommen und ihre Bildung sind. Auf der Individualebene beziffert sich dieser Zusammenhang aber lediglich auf eine Pearson-Korrelation von 0,21. Auf der Aggregatebene, also im Durchschnitt über nationale Gesellschaften, beläuft sich der gleiche Zusammenhang dagegen auf eine Pearson-Korrelation von 0,85.[45] Folglich verstärkt sich die Beziehung zwischen ökonomischen Ressourcen und Entfaltungsstreben beim Transfer von der Individual- auf die Aggregatebene. Dieser Verstärkereffekt lässt sich auf die soziale Interaktion zurückführen. Die Wohlhabenden und Gebildeten sind in jeder Gesellschaft entfaltungsorientierter als die weniger Wohlhabenden und weniger Gebildeten. Wenn es aber besonders viele Wohlhabende und Gebildete gibt, die soziale Kontakte unterhalten, dann verstärken sie sich wechselseitig in ihrem Entfaltungsstreben. Auf diese Weise wird das Entfaltungsstreben auch im gesamtgesellschaftlichen Durchschnitt angehoben. Soziale Interaktion macht daher die Unterschiede zwischen den Gesellschaften größer als es die Unterschiede zwischen den Individuen in derselben Gesellschaft sind. Das ist ein Grund, warum die gleichen Effekte auf der Aggregatebene stärker ausfallen als auf der Individualebene.[46]

---

[44] Eine Übersicht über Erhebungsmethoden, Länderauswahl und Datenzugang zu den *World Values Surveys* findet sich auf der Internetseite: „http://www.worldvaluessurvey.org".

[45] *Christian Welzel/Ronald Inglehart/Hans-Dieter Klingemann:* The Theory of Human Development: A Cross-Cultural Analysis, in: European Journal of Political Reseach, Jg. 42, H. 2, 2003.

[46] Allerdings hat nicht jede Beziehung auf der Makroebene ihre Entsprechung auf der Mikroebene und umgekehrt. Deshalb ist nicht ungeprüft

Wissenschaftstheoretische und methodische Grundlagen   421

Anhand dieses Beispiels zu Wertewandel und ökonomischer Entwicklung lässt sich nachvollziehen, wie man konkurrierende Hypothesen testet und einen Beitrag zur Hypothesenselektion und damit zur Theoriefortbildung leistet.

3.2 Die Forschungspraxis

3.2.1 Operationalisierung des Untersuchungsplans

Die Qualität eines Untersuchungsplans muss zunächst eine theoretische sein. Es geht in der Politikwissenschaft nicht darum, jede beliebige Variablenbeziehung zu untersuchen. Ein Untersuchungsplan gewinnt erst durch die theoretische und praktische Relevanz der Problemstellung an Attraktivität. Fehlt ihm diese, verkommt Forschung zur kopflosen Variablenhuberei. Die großen Fragen der international vergleichenden Politikforschung sind immer noch die nach den Grundlagen der Demokratie, nachhaltiger Wohlstandstandsentwicklung und friedlicher Konfliktregelung. Untersuchungspläne, die sich auf diese und davon abgeleitete Probleme beziehen, erfüllen das theoretische Relevanzkriterium.

Auf der forschungspraktischen Ebene sind die Anforderungen an ein erfolgreiches Untersuchungsprogramm indes nicht minder anspruchsvoll. Der praktische Erfolg entscheidet sich an zwei Aufgabenstellungen: der *Erhebung* bzw. Aufzeichnung und der *Analyse* von empirischen Informationen. Diese Arbeitsschritte unterliegen Regeln, die wir als Forschungstechniken bezeichnen. Ein konkretes Untersuchungsprogramm wird immer durch die Verbindung von Erhebungs- mit Analysetechniken konstituiert.

Am Anfang der praktischen Umsetzung eines Untersuchungsplans steht die *Operationalisierung* der theoretisch interessierenden Variablen. Dies beinhaltet die Erstellung eines *Verschlüsselungsplans*, der die Regeln dokumentiert, nach denen empirische Informationen in die Merkmalsausprägungen der interessierenden Variablen überführt werden. Der Verschlüsselungsplan kann ein verbales *Kategorien-* oder ein numerisches *Kodierungsschema* sein. Was man für jeden Verschlüsselungsplan braucht, sind *ope-*

---

von einer Ebene auf die andere zu schließen. *Ronald Inglehart/Christian Welzel*: Democratic Institutions and Political Culture, in: Comparative Politics, Jg. 35, H. 2, 2003.

422 Christian Welzel

rationale Definitionen für die Ausprägungen der interessierenden Variablen. Interessiert uns die Variable „zwischenstaatliche Beziehung", so können wir sie ordinal nach den folgenden Ausprägungen definieren: (1) „militärischer Konflikt", wenn es zwischen zwei Staaten zu bewaffneten Auseinandersetzungen kommt; (2) „militärische Spannung", wenn es zwischen zwei Staaten zu Androhungen militärischer Gewalt kommt; (3) „diplomatische Spannung", wenn es zu feindseligen Handlungen unterhalb der militärischen Ebene kommt; (4) „friedliche Beziehungen", wenn es zu keinerlei feindseligen Handlungen kommt; (5) „freundschaftliche Beziehungen", wenn zwei Staaten vertragliche Kooperationsbeziehungen unterhalten. Diese operationale Definition enthält bereits einen numerischen Kodierungsschlüssel und bestimmt, welche Informationen wir brauchen, um die Variable „zwischenstaatliche Beziehung" bilden zu können. Der nächste Schritt besteht deshalb in der Erschließung der Quellen, die diese Informationen enthalten.

3.2.2 Informationsquellen

Als Informationsquellen dienen überlieferte Aufzeichnungen in Bild und Ton, zumeist aber in Form von Texten (Akten, Protokolle, Gesetzes- und Beschlusstexte, Programmtexte, Memoiren etc.) und Zahlenmaterial (amtliche oder sonstige Statistiken). Informationsquellen können aber auch vom Forscher selbst erhoben werden – und zwar durch Befragung, Beobachtung, Experiment oder Simulation. Bei diesen Verfahren erzeugt der Forscher seine Informationsquellen durch Interviewaufzeichnungen, Beobachtungs- und Versuchsprotokolle. Dabei kann er genau die Informationen erheben, die zur Beantwortung der Forschungsfragen erforderlich sind.

Bei der Gewinnung von Informationen aus überlieferten und erhobenen Quellen sind natürlich die Regeln der Quellenkritik zu beachten. Dabei sind zwei Kernforderungen an die Qualität der Informationsquellen zu stellen: nämlich *Reliabilität* (Verlässlichkeit) und *Validität* (Gültigkeit). Reliabel sind Informationen, wenn sie durch Wiederholung der gleichen Erhebungsprozedur reproduziert werden können. Valide sind Informationen, wenn sie genau die Merkmale erfassen, die auch erfasst werden sollen.[47]

---

[47] Vgl. *Ferdinand Müller-Rommel, Manfred G. Schmidt*: Empirische Politikwissenschaft, Stuttgart 1979, S. 76-129.

Wissenschaftstheoretische und methodische Grundlagen   423

3.2.3 Erhebungsverfahren

Als *Befragung* bezeichnen wir Erhebungen, bei denen Personen interviewt werden. Die Befragung ist die wichtigste Methode zur Gewinnung von Individualdaten.[48] Hinsichtlich der Untersuchungseinheit unterscheidet man Experten- und Gruppenbefragungen sowie repräsentative Bevölkerungsumfragen. Bei Expertenbefragungen wird eine Auswahl (*Stichprobe*) oder eine Grundgesamtheit von Sachverständigen (*Vollerhebung*) auf Informationen befragt, die nur sie als Insider geben können. Von Bedeutung sind Elitenbefragungen, aus denen sich Informationen über die an politischen Entscheidungen beteiligten Akteure, die Einflussverteilung zwischen diesen Akteuren und die Ablaufmuster der Entscheidungsprozesse gewinnen lassen. Demgegenüber wird bei Bevölkerungsumfragen eine Zufallsstichprobe der Bevölkerung auf politische Einstellungen und Verhaltensbereitschaften befragt. Nach den Gesetzen der Wahrscheinlichkeit kann aus den Merkmalsbeziehungen in der Stichprobe auf die Merkmalsbeziehungen in der Grundgesamtheit geschlossen werden (*Repräsentationsschluss*).[49]

Unter *Beobachtung* verstehen wir Erhebungen, bei denen der Forscher ein zu untersuchendes Geschehen direkt mitverfolgen kann. In der Politikwissenschaft eignet sich die Beobachtung zur Erhebung von Informationen über institutionelle Entscheidungsprozesse, so zum Beispiel von parlamentarischen Gesetzgebungsverfahren. Allerdings bleibt der Forschung ein geregelter Zugang zu den wichtigen informellen Entscheidungsprozessen häufig versagt. Beobachtungstechnisch lassen sich die offene und verdeckte sowie die teilnehmende und nicht-teilnehmende Beobachtung unterscheiden.[50]

In *Experimenten* werden die Informationen aus kontrollierten Versuchen gewonnen. Üblicherweise werden die Probanden in eine Testgruppe und eine Kontrollgruppe geteilt. Die Testgruppe

---

[48] Vgl. *Siegfried Schumann*: Repräsentative Umfrage. Praxisorientierte Einführung in empirische Methoden und statistische Analyseverfahren, München 1997.

[49] Vgl. *Wilhelm Bürklin*: Umfrageforschung und Sekundäranalyse von Umfragen, in: *Ulrich von Alemann* (Hrsg.): Politikwissenschaftliche Mehoden, Opladen 1995.

[50] Vgl. *Peter Atteslander*: Methoden der empirischen Sozialforschung, Berlin/New York [6]1991, S. 95-128.

424 Christian Welzel

wird einem gezielten Stimulus ausgesetzt, dem die Kontrollgruppe nicht ausgesetzt wird. Hält man dabei alle Randbedingungen konstant, lässt sich ein Stimulus-Reaktions-Mechanismus isolieren, der sich in eine Variablenbeziehung übersetzen lässt. Das Experiment hat große Bedeutung in der Sozialpsychologie, wo man das soziale Verhalten kleiner Personengruppen untersuchen kann. Die großen Untersuchungsfelder der Politikwissenschaft, wie zum Beispiel Staatsaktivitäten, entziehen sich dagegen einer experimentellen Kontrolle durch den Forscher. Kontrollierte Experimente sind in der Politikwissenschaft daher von untergeordneter Bedeutung.

Wegen der ungeheuren Fortschritte in der elektronischen Datenverarbeitung gewinnt die *Simulation* immer mehr an Bedeutung. Bei diesem Verfahren werden aus vorhandenen Daten und gesetzten Prämissen fehlende Daten geschätzt. Von Bedeutung ist beispielsweise die *multiple imputation*, bei der fehlende Daten (*missing values*) in einem iterativen Verfahren geschätzt werden, um auch für Subgruppenvergleiche noch genügend Fälle zur Verfügung zu haben. Ebenso sind Simulationen für Extrapolationen von Bedeutung. Dabei nutzt man die Informationen über vorhandene Variablenbeziehungen sowie eine oder mehrere zusätzliche Annahmen, um zukünftige Entwicklungen zu schätzen. Wenn man beispielsweise weiß, dass pro Einheit Wirtschaftswachstum auch das Entfaltungsstreben um einen bestimmten Betrag ansteigt (vgl. Beispiel in 2.1.4), dann kann man unter der zusätzlichen Annahme, dass die Wirtschaft pro Jahr um zwei Prozent wächst, schätzen, auf welchem Niveau das Entfaltungsstreben in fünf Jahren liegen wird.[51]

3.2.4 Analyseverfahren

Nach der Erschließung und Aufbereitung der Quellen erfolgt die Kategorisierung und Kodierung der Informationen. Dabei werden die in den erschlossenen Quellen befindlichen Informationen anhand des Verschlüsselungsplans in die Merkmalsausprägungen der erforderlichen Variablen übersetzt. Ist dieser Schritt abgeschlossen, kann die eigentliche Informationsauswertung beginnen.

---

[51] *Gary King, Michael Tomz, Jason Wittenberg*: Making the Most of Statistical Analyses, in: American Journal of Political Science, 2000 (44), S. 341-355.

Wissenschaftstheoretische und methodische Grundlagen   425

Die Informationsauswertung folgt den Regeln bestimmter Analysetechniken. Innerhalb der Analysetechniken ist wiederum zwischen qualitativen und quantitativen Verfahren zu trennen. Bei qualitativen Verfahren werden Variablenbeziehungen zwischen qualitativen Merkmalen, bei quantitativen solche zwischen quantitativen Merkmalen untersucht.[52] Wie schon erwähnt, muss eine Sozialwissenschaft, die Variablenbeziehungen untersucht, vergleichend arbeiten. Darin unterscheiden sich quantitative und qualitative Verfahren nicht. Beide arbeiten beispielsweise im Mehr-Länder-Vergleich und folgen einer *quasi-experimentellen Logik*, indem sie den Effekt einer unabhängigen Variable auf eine abhängige Variable unter Kontrolle der Randbedingungen prüfen. In der grundsätzlichen Zielstellung, Variablenbeziehungen zu isolieren, unterscheiden sich die beiden Verfahren nicht.

Die beiden Verfahren unterscheiden sich aber in der Art und Weise, wie sie die Randbedingungen kontrollieren und die interessierenden Variablenbeziehungen isolieren. Im qualitativen Vergleich wird dies durch eine gezielte Auswahl der untersuchten Länder erreicht. Vereinfacht gesagt sucht man nach Fällen, die sich nur in den interessierenden Merkmalen unterscheiden, ansonsten aber gleiche Randbedingungen aufweisen (*most similar cases design*). Auf diese Weise lässt sich ausschließen, dass die interessierenden Merkmalsbeziehungen lediglich Artefakte einer anderen Beziehung sind, die nicht berücksichtigt wurde.[53]

Angenommen wir stellen fest, dass Länder, die demokratischer sind als andere zugleich auch friedlicher sind. Wenn sich die demokratischeren Länder nun auch in einigen anderen Merkmalen von den übrigen Ländern unterscheiden, so können wir nicht ausschließen, dass es diese anderen Merkmale sind, die die Demokratien friedlicher machen. Um in dieser Frage mehr Gewissheit zu erlangen, müssen wir die Beziehung zwischen Demokratie und Frieden isolieren. Dies geschieht dadurch, dass wir die Länder betrachten, die in allen Merkmalen gleich sind außer dem Demokratisierungsgrad. Sollte sich dann immer noch zeigen, dass die de-

---

[52] Zu den statistischen Verfahren *Klaus Backhaus* u. a.: Multivariate Analysemethoden. Eine anwendungsorientierte Einführung, Berlin [4]1987. *Gehring/Weins* (Anm. 32).

[53] *Frank H. Aarebrot, Pal H. Bakka*: Die vergleichende Methode in der Politikwissenschaft, in: *Dirk Berg-Schlosser, Ferdinand Müller-Rommel* (Hrsg.): Vergleichende Politikwissenschaft, Opladen, [3]1997, S. 49-66.

mokratischeren auch die friedlicheren Länder sind, so könnten wir sicher sein, dass dieser Zusammenhang kein statistisches Artefakt ist.

In vergleichbarer Weise haben *Berg-Schlosser/de Meur* die Frage des Zusammenbruchs bzw. Überlebens von Demokratien der Zwischenkriegszeit untersucht. Dabei haben sie verschiedene Zusammenbruchsbedingungen getestet, zum Beispiel ob das Militär politisch intervenierte oder ob es zu sozialen Unruhen kam. Die Logik ihres Verfahrens basiert auf dem Vergleich von Ländergruppen mit unterschiedlichen Merkmalskombinationen. Im ersten Schritt betrachtet man beispielsweise nur die Länder, in denen es keine politische Intervention des Militärs gab, um zu sehen, ob dann soziale Unruhen den Ausschlag zum Zusammenbruch der Demokratie gaben. Im nächsten Schritt betrachtet man die Länder ohne soziale Unruhen, um zu erkennen, ob die Intervention des Militärs den Ausschlag gab. Um auch komplexere Bedingungsverknüpfungen zu testen, haben Berg-Schlosser/de Meur ein computergestütztes Programm (QCA: *Qualitative Comparative Analysis*) verwendet, das durch die Bildung von Fallgruppen die interessierenden Bedingungen konstant hält und variiert.[54]

Die Analyse von Berg-Schlosser/de Meur demonstriert die Vorzüge des makro-qualitativen Ländervergleichs. Das qualitative Verfahren ist geeignet, um die *Notwendigkeit* einer Bedingung für den Eintritt eines erwünschten Effekts zu untersuchen. Gleichermaßen eignet es sich, um das *Genügen* einer Bedingung für die Vermeidung eines unerwünschten Effekts zu testen. Die Stärke dieses Verfahrens kommt dann zum Tragen, wenn es um Phänomene geht, die eine sehr kleine Grundgesamtheit von Fällen umfassen – beispielsweise die Demokratien der Zwischenkriegszeit. Qualitative Verfahren eignen sich vor allem zur Untersuchung *deterministischer* Beziehungen zwischen *dichotomen* Merkmalen in *kleinen* Grundgesamtheiten.

Spiegelbildlich dazu verhalten sich die Vorzüge der quantitativen Verfahren, wie der *multiplen Korrelations- oder Regressionsanalyse. Sie eignen sich besonders zur Analyse probabilistischer*

---

[54] *Dirk Berg-Schlosser, Giselle de Meur*: Conditions of Democracy in Interwar Europe. A Boolean Test of Major Hypotheses, in: Comparative Politics, 1994 (26), S. 253-279. Die Autoren greifen hierbei auf die Boole'sche Logik zurück, die *Ragin* auf den Ländervergleich angewendet hat. Vgl. *Charles Ragin*: The Comparative Method, Berkeley, 1987.

Wissenschaftstheoretische und methodische Grundlagen   427

Beziehungen zwischen *metrischen* Merkmalen in *großen* Grundgesamtheiten. In quantitativen Verfahren wird die Kontrolle der Randbedingungen nicht durch gezielte Fallauswahl erreicht, sondern dadurch, dass man die Randbedingungen explizit als Kontrollvariablen modelliert. Diese Vorgehensweise erfordert möglichst viele Fälle, welche die Variation in allen relevanten Merkmalen breit abdecken. Damit ändert sich der Fokus der Untersuchung: Er verlagert sich noch mehr von den Fällen auf die Variablen. Quantitative Methoden kommen deshalb dem Kernanliegen empirisch-analytischer Politikwissenschaft, nämlich der Entdeckung fallunspezifischer Variablenbeziehungen, noch näher.

4. Schlussbemerkungen

Die Möglichkeiten der empirisch-analytischen Politikwissenschaft kommen insbesondere dann zur Entfaltung, wenn Anstrengungen der Datenerhebung mit neuen Theorien verknüpft werden. Ein Beispiel für eine solche Verknüpfung sind die *World Values Surveys*. Aus diesem internationalen Verbundprojekt, das von *Ronald Inglehart* geleitet wird, ist eine exzeptionelle Datenkollektion mit repräsentativen Umfragen aus über 80 Nationen aller Kontinente entstanden. Mit den Daten der Weltwertestudien lässt sich nachweisen, dass außerordentlich enge Beziehungen zwischen der ökonomischen Entwicklung, der Stärke von Selbstentfaltungswerten und dem Demokratisierungsgrad von Nationen bestehen. Dieser Befund hat auch neue Vorstöße in der Theoriebildung angeregt.

Bisher wurden die Beziehungen zwischen Wirtschaftsentwicklung, Wertewandel und Demokratisierung immer nur als zweiseitige Merkmalsbeziehungen diskutiert. Die Beziehungen zwischen diesen drei Prozessen wurden selten als Gesamtzusammenhang konzeptualisiert. Dadurch geriet aus dem Blick, in welchem Fluchtpunkt diese drei Prozesse zusammenlaufen und was sie also substantiell verbindet. Deshalb haben Forscher der Weltwertestudien nach der tragenden Grunddimension sozialen Wandels gefahndet, die diesen drei Prozessen gemeinsam ist. Kennt man diese Grunddimension, lässt sich die je spezifische Funktion der Teilprozesse im Gesamtprozess besser „verstehen".

Diese gemeinsame Grunddimension lässt sich als „Humanentwicklung" charakterisieren, womit wir die wachsende Optionsvielfalt menschlichen Handelns in der Gesellschaft meinen. Die Teil-

428   Christian Welzel

prozesse tragen auf je spezifische Weise zur Humanentwicklung
bei, indem sie bestimmte Einschränkungen der menschlichen Optionsvielfalt verringern. Die Wirtschaftsentwicklung verringert
Einschränkungen auf der ökonomisch-materiellen Ebene; der Wertewandel verringert Einschränkungen auf der ethisch-motivationa-
len Ebene; und die Demokratisierung verringert Einschränkungen
auf der rechtlich-institutionellen Ebene. Alle drei Prozesse hängen
empirisch sehr eng miteinander zusammen. Und dafür bietet die
Theorie der Humanentwicklung ein umfassenderes Verständnis.[55]

Was also braucht man, um ein erfolgreiches Forschungsprogramm im Sinne der empirisch-analytischen Sozialforschung zu
verfolgen? *Erstens* bedarf es eines praxisrelevanten Problems mit
Gemeinwohlbezug. Solche Probleme können die Förderung der
Demokratie, friedlicher Konfliktregelung oder nachhaltigen
Wachstums oder daraus abgeleitete Teilprobleme sein. *Zweitens*
bedarf es eines Satzes etablierter Theorien über Variablenbeziehungen im Sinne der Bedingungen, die zur Maximierung eines
wünschbaren Effektes (Demokratie, Frieden, Wohlstand etc.) beitragen. *Drittens* sollte man über eine eigene theoretische Idee verfügen, die eine neue Beziehungshypothese zum etablierten Theo-
riestock hinzufügt. Dadurch werden neue Variablen oder neue
Verknüpfungen zwischen bestehenden Variablen in die Diskussion eingeführt. *Viertens* muss man die Variablenbeziehungen spe-
zifizieren, die als „Verifikatoren" und „Falsifikatoren" der eigenen
und konkurrierender Theorien anzusehen sind. Damit ist die Konzeptualisierung eines Forschungsprogramms abgeschlossen, und
es folgt die praktische Umsetzung.

Die Untersuchungspraxis beginnt *fünftens* mit der Operationalisierung, bei der man Verschlüsselungspläne konstruiert, mit deren Hilfe man die Informationen einer Quelle in die Ausprägungen der gesuchten Variablen überführen kann. *Sechstens* müssen
wir überlieferte Quellen erschließen oder selbst welche erheben.
Diese Quellen müssen für eine Auswahl oder eine Grundgesamtheit von Fällen die benötigten Informationen enthalten. Nach der
Quellenerschließung folgt *siebtens* die Informationserfassung, das
heißt die variablengenerierende Verschlüsselung der Informationen. Ist die Informationserfassung abgeschlossen, beginnt *achtens*
die Auswertung, die dann *neuntens* in ein Forschungsergebnis
mündet. An letzter Stelle steht *zehntens* die Niederschrift und Do-

---

[55] Vgl. *Welzel* (Anm. 41); *Welzel/Inglehart / Klingemann* (Anm. 45).

kumentation der Forschungsergebnisse für fachwissenschaftliche Publikationen. Diese bilden dann die Grundlage für weitere Forschungen. Hieran kann ein neues Forschungsprogramm anknüpfen, und so setzt sich der Forschungsprozess fort. Um es mit Mattei Dogan zu halten, wird ein erfolgreiches Forschungsprogramm durch eine Troika aus Theorie, Daten und Methode vorangebracht, wobei die Theorie plausibel, die Daten aussagefähig und die Methode aufschlussreich sein muss.

Annotierte Auswahlbibliografie

Agresti, Alan; Finlay, Barbara: Statistical Methods for the Social Sciences, New Jersey [3]1997.
  Ein didaktisch hervorragend aufbereitetes Werk, das Einstieg und Vertiefung in quantitative Methoden vermittelt.
Føllesdal, Dagfinn; Walløe, Lars; Elster, Jon: Rationale Argumentation. Ein Grundkurs in Argumentations- und Wissenschaftstheorie, Berlin 1988.
Lichbach, Mark Irving; Zuckerman, Alan S.: Comparative Politics. Rationality, Culture, and Structure, Cambridge 1997.
  Diese beiden Werke sind zum Verständnis der methodologischen Grundlagen der Politikwissenschaft zu empfehlen. Das erste Buch stellt die Grundlagen der Argumentationslogik heraus; das zweite gibt einen Überblick über die disziplinären Ausrichtungen der Politikwissenschaft.
Meinefeld, Werner: Realität und Konstruktion, Opladen 1995.
  Der Autor gibt eine aktuelle und instruktive Aufarbeitung der Verstehen-Erklären-Kontroverse mit dem Versuch einer Synthese.
Ragin, Charles: The Comparative Method, Berkeley 1987.
  Was oben für die quantitativen Methoden gilt, gilt hier für die qualitativen.

Grundlagen- und weiterführende Literatur

Alemann, Ulrich von (Hrsg.): Politikwissenschaftliche Methoden. Grundriss für Studium und Forschung, Opladen 1995.
Atteslander, Peter: Methoden der empirischen Sozialforschung, Berlin [8]1995.
Benninghaus, Hans: Einführung in die sozialwissenschaftliche Datenanalyse, München [4]1996.
Diekmann, Andreas: Empirische Sozialforschung. Grundlagen, Methoden, Anwendungen, Reinbek [2]1996.

Gehring, Uwe W.; Weins, Cornelia: Grundkurs Statistik für Politologen, Opladen/Wiesbaden 1998.

King, Gary; Keohane, Robert O.; Verba, Sidney: Designing Social Inquiry, Princeton 1994.

Krämer, Walter: So lügt man mit Statistik, Frankfurt/New York [2]1991.

Kriz, Jürgen; Nohlen, Dieter; Schultze, Rainer-Olaf (Hrsg.): Politikwissenschaftliche Methoden, München 1994 (= Dieter Nohlen (Hrsg.): Lexikon der Politik, Band 2).

Kromrey, Helmut: Empirische Sozialforschung. Modelle und Methoden der Datenerhebung und Datenauswertung, Opladen [7]1995.

Opp, Karl-Dieter: Methodologie der Sozialwissenschaften. Einführung in Probleme ihrer Theoriebildung und praktischen Anwendung, Opladen [4]1999.

Schnell, Rainer; Hill, Paul B.; Esser, Elke: Methoden der empirischen Sozialforschung, München, Wien [4]1993.

Schumann, Siegfried: Repräsentative Umfrage. Praxisorientierte Einführung in empirische Methoden und statistische Analyseverfahren, München 1997.

Stegmüller, Wolfgang: Probleme und Resultate der Wissenschaftstheorie und Analytischen Philosophie, Bd. 1, Berlin u.a. 1969; (Bd. 2 1970).

Wagschal, Uwe: Statistik für Politikwissenschaft, München/Wien 1999.

Wright, Georg Henrik: Erklären und Verstehen, Frankfurt/Main 1974.

Die Praxis wissenschaftlicher Arbeit

Christoph Wagner

1. Einleitende Gedanken zur universitären Realität

Der Weg zum Examen ist für Studierende mit bestimmten, in Studien- und Prüfungsordnungen festgelegten Leistungsanforderungen gepflastert. Während des Studiums erbrachte Leistungen werden von den Lehrenden bescheinigt, d. h. mit einem so genannten Schein belohnt. Dieses *Schein*-Phänomen hat reale Auswirkungen: So kommt die erste Woche in der Vorlesungszeit eines neuen Semesters bzw. die einführende Sitzung eines Seminars einem Halali zur Jagd auf die begehrten, weil notwendigen Scheine gleich. Die Jagdstrategien sind unterschiedlich. Eine verbreitete Strategie ist die vollständige Konzentration auf das eigene Referatsthema bei ansonsten rein körperlicher Anwesenheit. Ergebnis sind im günstigsten Fall Spezialisten, die über den von ihnen behandelten Teilbereich Bescheid wissen, von den übrigen Lehrinhalten allerdings kaum etwas mitnehmen. Das andere Extrem sind Generalisten, die sich bei jeder sich bietenden Gelegenheit wortreich und eloquent artikulieren, deren Aussagen auf den inhaltlichen Kern reduziert im ungünstigsten Fall aber stark gegen Null tendieren. Zum Glück lassen sich die wenigsten Studierenden, die genau wie die Lehrenden immer noch Menschen sind und bleiben, in derartige Schemen pressen. Wie in anderen gesellschaftlichen Bereichen findet sich in der Universität eine Vielzahl unterschiedlicher Typen jenseits irgendwelcher Charaktermasken. Deren Lebensgeschichte, Vorbildung, intellektuelle Fähigkeiten, Stärken und Schwächen sind ebenso unterschiedlich wie ihre Verhaltensweisen und Motivationen. Studierende haben allerdings ein gemeinsames Objekt der Begierde: die ominösen Scheine.

Leistungsnachweise während des Studiums werden fast ohne Ausnahme durch zwei schriftliche Formen erbracht, nämlich durch Klausuren und / oder Hausarbeiten. In vielen Seminaren besteht die Wahl zwischen beiden. Manche Lehrenden verzichten auf eine Klausur und verlangen als Leistungsnachweis stets eine Hausarbeit, häufig in Verbindung mit einem mündlich zu haltenden Re-

432 Christoph Wagner

ferat, zu dem ein Thesenpapier vorgelegt wird.[1] Andere bieten Lektürekurse an, an deren Ende eine zum Schein-Erwerb verpflichtende Abschlussklausur stehen kann. Oder es wird sowohl eine Klausur als auch eine Hausarbeit vorausgesetzt. Feststehende Kriterien der Leistungsbewertung existieren ebenso wenig wie allgemein verbindliche Vorgaben bezüglich der Anforderungen an Klausuren bzw. Hausarbeiten. Ein simples Beispiel: Für zu verfassende Hausarbeiten legt am Dienstag vormittag Dozent X als Obergrenze 10 Seiten fest, Dozentin Y verlangt am Dienstag nachmittag mindestens 20 Seiten. Völlig unterschiedlich ist auch die Bedeutung der mündlichen Mitarbeit als Leistungskriterium. Hier lautet die „Regel": Mündliche Mitarbeit fließt in die Bewertung ein oder auch nicht.

Unabhängig von dieser Uneinheitlichkeit sehen sich alle Studierende der Politikwissenschaft im Verlauf ihres Studiums meist früher als später damit konfrontiert, eine Haus- bzw. Seminararbeit[2] verfassen zu müssen. In seinem Buch ‚Wie man eine wissenschaftliche Abschlussarbeit schreibt' kommt *Umberto Eco* zu der für manche vielleicht überraschenden Schlussfolgerung, dass eine wissenschaftliche Arbeit zu schreiben Spaß haben bedeutet.[3] Sein Anspruch an wissenschaftliches Arbeiten erinnert an die Faszination, der seine beiden Romanfiguren in ‚Der Name der Rose' erliegen: Bruder William von Baskerville und dessen Gehilfe waren als Zeichendeuter und Spurensucher vom Untersuchungsfieber nach dem Mörder mehrerer Mönche gepackt. Was hat dies mit dem Verfassen einer wissenschaftlichen Arbeit zu tun? Aufschluss geben die folgenden Zeilen von Eco:

> „Wichtig ist, dass man das Ganze *mit Spaß* macht. Und wenn ihr ein Thema gewählt habt, das euch interessiert, wenn ihr euch entschlossen habt, der Arbeit jene (wenn auch vielleicht kurze) Zeitspanne zu

---

[1] Immer wieder wird bei Referaten kein wirkliches Thesenpapier präsentiert, sondern ein Handout, das lediglich Informationen liefert, oder eine reine Kurzfassung des Vortrags. Ein Thesenpapier hingegen fasst die zentralen Aussagen des Referats in Form von Thesen (!) zusammen. Es soll nicht nur helfen, dem Vortrag besser folgen zu können, sondern gleichzeitig zu Diskussion, Rückfragen und Widerspruch anregen.

[2] Beide Begriffe werden im folgenden synonym verwendet.

[3] Vgl. *Umberto Eco*: Wie man eine wissenschaftliche Abschlussarbeit schreibt. Doktor-, Diplom- und Magisterarbeiten in den Geistes- und Sozialwissenschaften, Heidelberg [11]2005, S. 265.

widmen, [...] dann werdet ihr merken, dass man die Arbeit als Spiel, als Wette, als Schatzsuche erleben kann. [...] Wenn ihr die Partie mit sportlichem Ehrgeiz spielt, werdet ihr eine gute Arbeit schreiben. Wenn ihr dagegen schon mit der Vorstellung startet, dass es sich um ein bedeutungsloses Ritual handelt und dass es euch nicht interessiert, dann habt ihr verloren, ehe ihr anfangt. Für diesen Fall [...] lasst euch die Arbeit schreiben, schreibt sie ab, ruiniert euch nicht das Leben, ruiniert es nicht denen, die euch helfen und die sie durchlesen müssen."[4]

Ecos Ratschläge im letzten Satz, darauf verweist der Meister selbst bereits auf S. 11 seines Buches, sind natürlich rechtswidrig.[5] Trotzdem und obwohl sich sein Buch auf eine wissenschaftliche Abschlussarbeit bezieht, lassen sich viele seiner Darlegungen auch auf während des Studiums zu verfassende Arbeiten übertragen, die Gegenstand des vorliegenden Beitrages sind.

Vordergründig mögen solche Arbeiten allein dem Schein-Erwerb dienen. Dieses Verständnis entspricht dem, was Eco als bedeutungsloses Ritual bezeichnet und zu Recht als *Missverständnis* darstellt.[6] Neben anderen möglichen positiven Effekten besteht der Wert schriftlicher Arbeiten im Studium in der (anzustrebenden) Aneignung formaler und inhaltlicher Kenntnisse. Dies schließt eine unmittelbar vorbereitende Funktion für die größere, schwierigere und gewichtigere Abschlussarbeit am Ende des Studiums ein, die wichtiger Teil des Gesamtexamens ist. Idealtypisch lässt sich für wissenschaftliche Arbeiten während des Studiums folgende

---

[4] Ebd., S. 265/266.

[5] Dies gilt im Übrigen auch für die für einige Studierende sehr verlockenden Möglichkeiten, die das Internet mit seinem schier unerschöpflich anmutenden Fundus an „Vorlagen" bietet. Aber Vorsicht! Dozierende sind nicht immer so unbedarft, wie es manches Mal vielleicht den Anschein erwecken mag. Und mittlerweile gibt es auch Software und Webseiten (z. B. www.plagiarism.org), mit denen sich die Authentizität eingereichter Arbeiten überprüfen lässt.

[6] Studierende sind immer wieder dazu verleitet, von der „Nutzlosigkeit dieser Übung" auszugehen. Wer an der Universität kennt nicht, so oder so ähnlich, die Gedanken und Zweifel, die *Heinzen/Koch* in ihrem Roman dem Protagonisten in den Mund legen: „Keiner brauchte mein Referat, und vielleicht nahm der Professor zu Hause nur die Heftklammern von meiner ungelesenen Arbeit, um seinen Kindern die weißen Rückseiten zum Bemalen zu geben." (*Georg Heinzen, Uwe Koch*: Von der Nutzlosigkeit erwachsen zu werden, Reinbek 1985, S. 71.)

434 Christoph Wagner

Unterscheidung treffen: Ihre Funktion im Grundstudium besteht zum einen in der problemorientierten Beschäftigung mit einem speziellen Thema und im Erwerb von Grund- und Fachwissen, zum anderen im Erlernen und Einüben von Arbeitstechniken, von nötigen formalen Kenntnissen zum Verfassen einer wissenschaftlichen Arbeit. Es soll das Handwerks- bzw. Rüstzeug für den gesamten weiteren Studienverlauf erworben werden. Im Hauptstudium wird dann eine stärkere Hinwendung zur inhaltlichen und wissenschaftlichen Auseinandersetzung erwartet, die über eine überwiegend deskriptive Ebene hinausgeht und erkennbare Elemente eigenständiger Analyse und Bewertung enthält. Unabhängig von den Unterschieden hinsichtlich des wissenschaftlichen Anspruchs ist in allen Hausarbeiten während des Studiums das eigene Erkenntnisinteresse zu formulieren, etwa indem eine konkrete und sinnvolle Fragestellung entwickelt wird, an der sich der eigene Text ausrichtet.

Das Anliegen dieses Artikels besteht darin, brauchbare Anregungen und sinnvolle Orientierungshilfen für Studienanfänger zu geben, die eine wissenschaftliche Arbeit schreiben. In einem ersten Schritt werden Schwierigkeiten, mit denen sich Studierende in der Phase vor dem Schreiben einer wissenschaftlichen Arbeit immer wieder konfrontiert sehen, thematisiert. Nach diesem „Krisenszenario" folgen praktische Hinweise zur sinnvollen Vorgehensweise während dieser Arbeitsphase, d. h. konkret auch, wie sich die gestellte Aufgabe bewältigen lässt. In einem zweiten Schritt geht es um die äußere Gestalt der Seminararbeit. Hierbei spielen Aspekte wie Aufbau, formale Standards und Stilfragen eine Rolle. Es sollen konkret Hilfestellungen bei vermeintlichen Ungereimtheiten und Antworten auf Fragen, die die Formalien einer wissenschaftlichen Arbeit betreffen, gegeben werden.

2. Auf dem Weg zur Niederschrift

Mit dem Eintritt in die Universität, von der für viele immer noch ein besonderes Fluidum ausgeht, ist häufig ein Bewusstseinswandel verbunden. Studierende können sich nun als Teil des Wissenschaftsolymps verstehen, dessen Quasi-Götter den Titel „Professor" tragen. Dieses Bild mag für viele eine Übertreibung sein. Zu deren Beruhigung: Es ist auch als solche gedacht. Bringen wir also die Wissenschaft auf den Boden der Realität zurück, nehmen

Die Praxis wissenschaftlicher Arbeit 435

wir ihr das Mystische! Hierzu folgen keine seitenlangen Abhandlungen auf die Frage, was Wissenschaft bedeutet.[7] Auf eine einfache und allgemeine Formel gebracht, sollte die Realität der Wissenschaft darin bestehen, Wissen zu schaffen (Erkenntnisgewinn durch Forschung) und Wissen weiterzugeben (Erkenntnisvermittlung durch Lehre). Wissenschaft setzt dabei nicht nur voraus, dass diejenigen, die Wissenschaft betreiben, sich in der Vergangenheit besondere Kenntnisse angeeignet haben; Wissenschaft heißt auch, weiterhin ständig zum Lernen bereit zu sein.

Was bedeutet nun Wissenschaftlichkeit? Umberto Eco beantwortet diese Frage mit verschiedenen Anforderungen, die erfüllt werden müssen.[8] Jenseits unterschiedlicher wissenschaftstheoretischer Positionen sind davon ohne Wenn und Aber und ohne damit den Anspruch zu hoch zu setzen zwei auch auf Seminararbeiten zu übertragen: a) Es muss ein erkennbarer „Gegenstand" untersucht (nicht nur beschrieben!) werden, der so genau umrissen ist, dass er auch für andere erkennbar ist. b) Es müssen die notwendigen Angaben enthalten sein, um nachprüfen zu können, was behauptet wird. Grundsätzlich gilt für alle Wissenschaften das Rationalitätspostulat, das aus drei Anforderungen besteht:

- Präzision (beim wissenschaftlichen Arbeiten muss die Sprache eindeutig, klar, genau sowie die Argumentation logisch und widerspruchsfrei sein),
- Intersubjektivität (bei entsprechender Vorbildung hat Wissenschaft für jeden nachvollziehbar und damit auch kontrollierbar zu sein, wobei unabhängig von der Person die Anwendung gleicher Methoden bei der Untersuchung eines bestimmten Gegenstandes auch zu gleichen Ergebnissen führen muss) und
- Begründbarkeit (die getroffenen Aussagen und erzielten Ergebnisse müssen durch Daten belegt bzw. durch Argumente intersubjektiv begründet werden können).

Eine Arbeit zu schreiben, die diesen Minimalstandards genügt, bedeutet auch, bestimmte Schwierigkeiten zu überwinden. Welche

---

[7]   Zu einer Skizzierung unterschiedlicher Wissenschaftsverständnisse und der Kontroversen verschiedener Traditionen und Schulen über die wissenschaftliche Methodik siehe die Beiträge von *Manfred Mols* sowie *Christian Welzel* in diesem Band.
   Allgemein zur politikwissenschaftlichen Schulenbildung in Deutschland siehe *Wilhelm Bleek, Hans J. Lietzmann* (Hrsg.): Schulen in der deutschen Politikwissenschaft, Opladen 1999.
[8]   Vgl. *Eco* 2005 (Anm. 3), S. 39-46.

436 Christoph Wagner

Hürden können auf dem Weg zur Niederschrift auftauchen? Dies soll nun recht schematisch dargestellt werden, ohne dabei zwangsläufige Zusammenhänge oder Gesetzmäßigkeiten im Sinne festgelegter Reiz-Reaktions-Mechanismen unterstellen zu wollen.

2.1 Mögliche Hürden

Eco geht von dem Idealfall aus, dass sich Studierende das Thema ihrer Arbeit im Prinzip selbst auswählen können. Diese Möglichkeit ist bei politikwissenschaftlichen Abschlussarbeiten in der Regel gegeben. Bei Seminararbeiten ist die Freiheit der Themenwahl begrenzter, womit meist bereits in der einführenden Seminarsitzung die erste mögliche Hürde ins Blickfeld der Studierenden rückt:

Das *Ritual der Themenvergabe*: Ein suchender Blick schweift durch die Runde, Köpfe senken sich langsam zu Boden. Ein bestimmtes Ausmaß an Überredungskunst bzw. Überzeugungsarbeit ist notwendig, damit Lehrende alle auf dem Seminarplan vorgesehenen Themen an den Mann und die Frau bringen können. Manchmal gestaltet sich dieser Prozess recht mühsam und zäh. Ist er erfolgreich abgeschlossen, sehen sich mehrere Studierende mit einem Thema beglückt, mit dem sie sich auseinander zu setzen haben, ohne genau zu wissen, was sie erwartet.

Das *Überforderungssyndrom I*: Bevor die eigentliche Arbeit beginnt, macht sich zusammen mit einer gewissen Orientierungslosigkeit ein diffuses Gefühl der Überforderung breit. Wie komme ich weiter, wo soll ich anfangen, worum soll es überhaupt gehen? Doch um sich entmutigen zu lassen, ist es noch viel zu früh. Ehrgeiz und Wille, die gestellte Aufgabe zu lösen, siegen über Befürchtungen, der Sache nicht gewachsen zu sein.

Die *Materialsuche*: Mehr oder weniger systematisch beginnt die Suche nach Literatur, das Sichten von Katalogen, Büchern und Zeitschriften, das grenzenlose Surfen im Internet, das Anhäufen von Material. Begleitet wird dies von der ständigen Hoffnung, das entscheidende Buch, den Schlüssel-Artikel schlechthin zu finden. Erfüllt wird diese Hoffnung selten. Statt dessen werden sechs ‚W' zum ständigen Begleiter: Was wird wann warum wichtig werden?

Die *Kopiersucht* und die *Ausdruckmanie*: Aus dieser Unsicherheit heraus entsteht der Drang, gleichsam präventiv alles zu kopieren und aus dem Internet auszudrucken, was dem Titel nach für die Arbeit gebraucht werden könnte. Zudem vermittelt dieser Akt das

Die Praxis wissenschaftlicher Arbeit 437

gute Gefühl, wirklich etwas gearbeitet zu haben. Lesen ist da viel unbefriedigender. Einen Tag verbracht mit Lektüre muss kein greifbares Ergebnis zeigen. Aber nach einem Tag am Kopierer und/oder Drucker türmen sich verschiedene Stapel Papier, die man anfassen kann. Doch die anfängliche Zufriedenheit erweist sich schnell als trügerisch.

Das *Überforderungssyndrom II*: Spätestens, wenn es in das Bewusstsein dringt, dass a) das Kopieren und das Ausdrucken von Quellen inhaltlich noch keinerlei Fortschritte gebracht hat und b) hierzu der angehäufte Berg von Papier durchgearbeitet werden müsste, rücken Bedenken in den Vordergrund nach dem Motto: Wie soll ich das bloß schaffen? Denn das Durcharbeiten bereitet ungleich mehr Mühe und Aufwand als das Kopieren und Drucken. An einer Sichtung der Materialien ist absolut nicht vorbeizukommen.[9]

Die *Hand- und Kopfarbeit*: Auf der Basis der bisherigen Vorarbeiten geht es an die Lektüre der als relevant erachteten Texte. Lektüre heißt nicht Lesen verstanden als rein passive Angelegenheit, sondern vielmehr Arbeiten an und mit dem, was andere verfasst haben. Die Strategien, wie mit Texten umgegangen wird, können sehr verschieden sein; das Ziel hingegen lässt sich dahingehend verallgemeinern, dass es gilt, Begründungszusammenhänge zu verstehen, sich Inhalte zu verinnerlichen und sich damit kritisch auseinander zu setzen, um diese im Rahmen eines eigenen Textes auf einer sicheren Argumentationsbasis problemorientiert verarbeiten zu können.

Die *Schreibhemmung*: Wer bislang durchgehalten hat und sich gut vorbereitet glaubt, um endlich mit dem Verfassen der Arbeit zu beginnen, wird eventuell mit einer weiteren Hürde konfrontiert. Für viele ist der erste Satz einer Arbeit der mit Abstand schwierigste. Wie viele Papierkörbe sich Semester für Semester mit Blättern füllen, die nicht mehr dokumentieren als den gescheiterten Versuch, einleitende Worte zu finden, wird immer ein Geheimnis bleiben.

---

[9] Zwar ist auch denkbar, dass nicht das Zuviel an Material zum Problem wird, sondern das Zuwenig, dies dürfte aber eine Ausnahme sein. Es ist davon auszugehen, dass gerade in Grundstudiumsseminaren nur Themen vergeben werden, bei denen sich die Literaturlage zumindest als befriedigend darstellt. Bei Arbeiten im Hauptstudium oder bei Examensarbeiten ist die Gefahr des Zuwenig ungleich größer, da dann auch „exotischere" Themen vergeben werden.

438   Christoph Wagner

Als Stolpersteine zwischendurch tauchen Phänomene auf, die
mit dem Stichwort *Uni-Bluff* auf einen Nenner gebracht werden
können. Die Erscheinungsformen sind unterschiedlich, das Spiel
des „so tun als ob" wird verschieden gut beherrscht. Besonders Studienanfänger lassen sich gerne von den vermeintlichen geistigen
Fähigkeiten, von der demonstrierten Überlegenheit und Souveränität anderer blenden. Irritationen, die bis zu völligem Selbstzweifel führen können, sind manchmal die Folge. Doch die meisten Studierenden durchschauen schnell, dass bei manchen Kommilitonen
und Kommilitoninnen die Handlungsmaxime „mehr Schein als
Sein" gilt.[10] Das Spektrum studentischer Verhaltensweisen ist viel
komplexer als hier skizziert. Wenn in erster Linie von Überforde-
rungssyndromen, verschiedenen Formen von Irrungen und Wirrun-
gen die Rede war, heißt dies nicht, dass Phänomene wie einerseits
völlige Selbstüberschätzung und andererseits bodenlose Faulheit
vielleicht nicht genauso weit verbreitet sind.

2.2 Zur praktischen Vorgehensweise

Patentrezepte, wie die oben thematisierten Schwierigkeiten überwunden werden können, gibt es nicht, wohl aber verallgemeiner-
bare Hinweise zu einer sinnvollen Vorgehensweise. Unbedingt zu
empfehlen ist, den eigenen individuell auszugestaltenden Arbeits-
plan mit konkreten zeitlichen Vorstellungen in Verbindung zu bringen. Allerdings sollten nicht drei Tage damit verbracht werden, einen ausgeklügelten Arbeits- und Zeitplan zu erstellen. Dies wäre
nur ein Verdrängungsmechanismus, um vom Beginn des wirkli-
chen Arbeitsprozesses abzulenken. Zumindest eine grobe Planung,
was in welchem Zeitraum erledigt werden kann/soll, sollte als An-
haltspunkt zur Gestaltung des Arbeitsablaufes vorhanden sein.
Denn schnell – besonders gegen Semesterende, wenn geballt Klau-

---

[10] Siehe hierzu das schon zum Klassiker gewordene Buch von *Wolf Wagner*: Uni-Angst und Uni-Bluff. Wie studieren und sich nicht verlieren,
Berlin ⁶2002. Zu anderen psychologischen Aspekten, die das wissenschaftliche Arbeiten beeinflussen können, wie z. B. Lerngewohnheiten
oder die Frage nach der Motivation, siehe *Georg Rückriem, Joachim Stary, Norbert Franck*: Die Technik wissenschaftlichen Arbeitens: eine
praktische Anleitung, Paderborn u. a. ¹⁰1997, S. 10-55 und *Hella Dahmer, Jürgen Dahmer*: Effektives Lernen. Anleitung zu Selbststudium,
Gruppenarbeit und Examensvorbereitung, Stuttgart u.a. ⁴1998, S. 22-70.

Die Praxis wissenschaftlicher Arbeit 439

suren bevorstehen und Abgabetermine für Hausarbeiten drohen –
kann einem die Arbeit über den Kopf wachsen.

Aber halt! Wer redet hier von „Arbeit"? War es nicht Eco, der
im genannten Zitat so viel Wert auf den „Spaß" gelegt hat? Sicher,
Eco idealisiert, wenn er den Spaßfaktor beim wissenschaftlichen
Arbeiten so hoch bewertet. Andererseits stehen Arbeit und Spaß
nicht zwangsläufig in einem unmittelbaren Widerspruch zueinander. Klar ist, dass das Studium insgesamt ebenso wenig immer Spaß
bedeutet wie das Verfassen einer Hausarbeit. Als Grundvoraussetzung für das Studium müssen Studierende der Politikwissenschaft
selbstredend politisches Interesse mitbringen. Regelmäßiges Zei-
tungslesen – das über die Seite mit Vermischtem und den Sportteil
hinausgeht (!) – und Offenheit für nationale und internationale politische Entwicklungen wie überhaupt die Bereitschaft, viel zu lesen, sind eine notwendige, aber noch keine hinreichende Voraussetzung für einen erfolgreichen Studienverlauf. Wie in anderen
Fächern stellt sich auch in der Politikwissenschaft häufig erst in
den ersten Semestern heraus, ob das Studium und das wissenschaftliche Arbeiten in diesem Fach grundsätzlich Freude bereitet. Manche, die zwar politisch interessiert und vielleicht sogar politisch
aktiv sind, können mit der Politikwissenschaft nicht viel anfangen.
Dies bedeutet nicht, dass Spaß und Interesse je nach Teildisziplin
bzw. Thema nicht variabel ausgeprägt sein können. Auch die Mo-
mente, in denen man sich zur Universität oder an den Schreibtisch
quälen muss, gehören zur studentischen Realität dazu.[11] Trotzdem:
Wer dies als Dauerzustand wahrnimmt, wer sich buchstäblich
durch die ersten Semester quält, hat für sich wohl die falsche Entscheidung getroffen. Und je früher dann eine Korrektur erfolgt,
desto besser.

Zurück zum eigentlichen Thema dieses Kapitels: Bei der Vergabe von Themen für Seminararbeiten sind Studierende im Grundstudium nur selten von vornherein in der Lage einzuschätzen, inwieweit sie das Thema interessiert. Denn was mit einzelnen
Themen, die auf dem Seminarplan stehen, inhaltlich verbunden
ist, bleibt zunächst unter dem Mantel der Wissenschaft verborgen.
Wer sich z. B. mit Entwicklungstheorien beschäftigen will, könnte neben vielen anderen Möglichkeiten mit folgenden, ganz verschiedenen Themen auf dem Seminarplan überrascht werden: die

---

[11] Es mag zwar ein schwacher Trost sein, aber auch Lehrende sind gewiss
nicht immun gegenüber solchen Gefühlen.

unterschiedlichen Grundsätze politischer Ökonomie bei Ricardo und List, der strukturell-funktionale Ansatz von Almond, die Modernisierungs- und Dependenztheorien, Neoliberalismus, Galtungs strukturelle Theorie des Imperialismus, peripherer Kapitalismus und autozentrierte Entwicklung, sustainable development, neoklassische Wachstumstheorien, Gender-Ansatz, der entitlement-approach von Amartya Sen usw. Gemeinsam haben diese Themen, dass unmittelbar keine eindeutige Problem- und keine davon ausgehende Fragestellungen erkennbar sind, die Ausgangspunkte jeglicher wissenschaftlichen Analyse zu sein haben. Im Rahmen eines Seminars müssten die Lehrenden ausreichend über die zu vergebenden Referats- und Hausarbeitsthemen informieren. Das heißt nicht, damit bereits alles Wichtige vorwegzunehmen. Dies heißt aber sehr wohl, die Relevanz der Thematik, die Problemstellung bzw. die Perspektive, aus der ein Thema bearbeitet werden soll, grob zu erläutern. Dabei können sich Studierende (die sich übrigens nicht scheuen sollten, bei Bedarf nachzufragen) auch ein Bild davon machen, welches Thema sie interessieren könnte.

Nicht immer aber sind Studierende völlig auf die Informationen in der ersten Seminarsitzung angewiesen. Viele Lehrende geben vor Semesterbeginn durch Aushang des Seminarplans oder in kommentierten Vorlesungsverzeichnissen die Inhalte ihrer Lehrveranstaltung bekannt. Bei entsprechender Eigeninitiative können dann Studierende frühzeitig ein Thema finden, welches sie bearbeiten wollen. Trotzdem kann weiterhin die Schwierigkeit bestehen, dass aus dem vorgegebenen Thema keine eindeutige Fragestellung ableitbar ist oder dass die Zielrichtung einer eventuellen Fragestellung unklar bleibt. In diesen Fällen ist die Vorgehensweise zulässig, dass eine eigenständige Konkretisierung und Abgrenzung der Fragestellung durch die Studierenden selbst erfolgen kann:

> „Jeder Themenstellende hat eine Behandlung der Fragestellung in einem nicht von ihm gemeinten Sinne und in einer Form, die die gesamte Seminarveranstaltung nicht weiterbringt, selbst zu verantworten, wenn er das Thema dem Studenten in zu allgemeiner Weise aufgibt. Allerdings sollte der Student in der Lage sein, seine Sicht des Themas beziehungsweise die von ihm ausgewählten Fragen an den Gegenstand wohl zu begründen. [...] Sollte der Student den Eindruck gewinnen, er weiche mit seiner Fragestellung zu weit von dem ab, was der Dozent eventuell bearbeitet sehen will, und seine Begründung für dieses Abweichen sei eventuell nicht ausreichend plausibel, soll-

Die Praxis wissenschaftlicher Arbeit 441

te er sich mit dem Dozenten schon in der Frühphase der Bearbeitung des Themas in Verbindung setzen."[12]

Ist die Fragestellung geklärt, kann intensiv mit der Literaturrecherche und Informationsbeschaffung begonnen werden. Das Erschließen der für das Thema relevanten Literatur wird als *Bibliografieren* bezeichnet. Die wichtigsten Bücher und Aufsätze zur Lehrveranstaltung werden häufig in von den Lehrenden zusammengestellten Literaturlisten angegeben und befinden sich gegebenenfalls in einer in der Institutsbibliothek gesondert aufgestellten Sammlung, dem Handapparat. Immer stärker setzt sich auch durch, dass zu Seminaren ‚elektronische Reader' eingerichtet werden. Seminarteilnehmern bietet sich dann die Möglichkeit, zentrale Texte über das Internet downloaden zu können. Wichtige, weiterführende Literaturhinweise gibt es meist in einführenden Überblicksdarstellungen sowie in diversen politikwissenschaftlichen Wörterbüchern und Lexika (so genannte Tertiärliteratur). Bei dieser Vorgehensweise nach dem Schneeballprinzip spielt zwar der Zufall im Sinne der *trial-and-error*-Methode ein Rolle, doch die Chancen, die für das Thema wichtigen Arbeiten zu finden, sind meist recht gut.[13] Zur Erschließung der aktuellsten Literatur sollten die letzten Nummern relevanter Fachzeitschriften durchgesehen werden; auch Zeitschriftenregister geben bei der Literatursuche wichtige Anhaltspunkte.[14] Insgesamt aufwendiger, aber auch systematischer erfolgt die Literatursuche über Sachkataloge[15] der Bibliothek und über die Durchsicht von Bibliografien[16].

---

[12] *Ulrich von Alemann, Erhard Forndran*: Methodik der Politikwissenschaft. Eine Einführung in Arbeitstechniken und Forschungspraxis, Stuttgart u. a. [6]2002, S. 124.

[13] Ist ein Titel am Universitätsort nicht erhältlich, kann versucht werden, diesen per Fernleihe zu besorgen. An das Fernleihsystem sind viele Universitäten und Institute angeschlossen, doch nicht immer muss dieses Verfahren erfolgreich verlaufen; zudem müssen manchmal mehrere Wochen Wartezeit einkalkuliert werden.

[14] Z. B. erscheint zusätzlich zu den regulären Nummern von *Aus Politik und Zeitgeschichte* nach Abschluss jedes Jahres ein Inhaltsverzeichnis des jeweiligen Jahrganges mit einem alphabetischen Sach- und Autorenregister sowie einem chronologischen Index. Ähnliches haben auch andere Fachzeitschriften.

[15] Während alphabetische Kataloge dem Auffinden von Büchern bestimmter, namentlich bekannter Autoren dienen, helfen Sachkataloge bei der Suche nach Literatur zu bestimmten Sachgebieten und Inhalten. Unter-

442 Christoph Wagner

Was die Literatursuche sowie die Daten- und Informationsbe-
schaffung angeht, bietet das Internet eine Vielzahl von weltweiten
Recherchemöglichkeiten, sei es in in- und ausländischen
Bibliotheken mit Hilfe von Schlagwortfunktionen, Online-Katalo-

---

schieden werden können systematische Kataloge und Schlagwortkata-
loge. Der generelle Nachteil solcher Kataloge besteht darin, dass in der
Regel Zeitschriftenaufsätze und Beiträge in Sammelbänden nicht erfasst
sind.

[16] Eine sehr brauchbare politikwissenschaftliche Bibliografie liefert die
Zeitschrift für Politikwissenschaft. Pro Quartal werden hier in der Regel
450 bis 550 Neuerscheinungen vorgestellt, die über den Buchhandel erhältlich und mit einer Internationalen Standardbuchnummer (ISBN) versehen sind. Zu jedem Buch gibt es eine manchmal mehr, manchmal weniger ausführliche Inhaltsangabe, z. T. auch eine Kurzrezension. Sehr
erleichtert wird die Literatursuche dadurch, dass die einzelnen Titel systematisch nach Teilgebieten erfasst werden, die noch einmal recht detailliert in Rubriken gegliedert sind. Aktuelle Literaturhinweise finden
sich ebenso in der Zeitschrift der Deutschen Vereinigung für Politische
Wissenschaft (DVPW) mit dem Titel *Politische Vierteljahresschrift*. Die
vier regulären Nummern der PVS pro Jahr widmen sich ausführlich in
Einzel- und Sammelbesprechungen wichtigen nationalen und internationalen Neuerscheinungen.

Von den Bibliografien, die internationale Zeitschriftenaufsätze erfassen,
ist neben anderen *International Political Science Abstracts* zu nennen.
Zusätzlich zu solch umfassenden Bibliografien gibt es auch Hunderte
von thematischen Bibliografien, die bei der Recherche zu einem Spezi-
althema sehr hilfreich sein können. Diese sind in der Regel in Biblio-
grafiensammlungen der Universitätsbibliotheken erfasst. Für die Politikwissenschaft einschlägige Bibliotheken, Archive, Datenbanken und
Informationsstellen sind aufgelistet in *Georg Simonis, Helmut Elbers*:
Studium und Arbeitstechniken der Politikwissenschaft, Opladen 2003,
S. 158-185. Hinweise zu politikwissenschaftlichen Bibliografien, Re-
cherchehilfen und Nachschlagewerken gibt *Klaus Schlichte*: Einführung
in die Arbeitstechniken der Politikwissenschaft, Wiesbaden [2]2005, S.
180-210. Politikwissenschaftliche Fachbibliografien mit entsprechenden
Erläuterungen finden sich auch bei *Erich Lamp*: Informationen suchen
und finden. Leitfaden zum Studium der Publizistik und der angrenzen-
den Fachgebiete, Freiburg/München [2]1990, S. 119-126. In seinem Buch
gibt es außerdem viele Hinweise, Ratschläge und Programme zum Bibliografieren. Ähnlich wie Lamp für das Bibliografieren stellen *Rück-
riem/Stary/Franck* 1997 (Anm. 10), S. 123/124 auch die Literatur-ermitt-
lung in der Bibliothek schematisch dar. Wenn auf den ersten Blick
vielleicht etwas kompliziert, ist dies aber trotzdem anschaulich und als
Anregung hilfreich.

Die Praxis wissenschaftlicher Arbeit 443

gen und Zeitschriftendatenbanken, sei es über Links, die sich auf relevanten Homepages aufgelistet finden, sei es mit Suchhilfen wie thematische Verzeichnisse und Suchmaschinen. Aber Vorsicht! Das unsystematische Surfen im World Wide Web (WWW) frisst schnell Stunde um Stunde und häufig ist es nicht einfach, aus einer wahren Informationsflut das Relevante herauszufiltern. Um bei der Suche nach Informationen zunächst einmal nicht von Hunderten von angegebenen Seiten im WWW erschlagen zu werden, bietet sich die Recherche über Suchmaschinen mit Textindex an. Hier lassen sich bestimmte Suchbegriffe miteinander verknüpfen. Damit können Themen eingegrenzt und präzisiert werden, womit sich die Effizienz der Suche erheblich steigern lässt.[17] Aber auch diese Vorgehensweise ist nicht frei von Tücken, die alle kennen, die bereits auf diese Art und Weise recherchiert haben. Bei allen Möglichkeiten und unbestreitbaren Vorteilen, die das Internet bietet, ist und bleibt auch bei der Literaturrecherche manches Mal der Gang in die Bibliothek die bessere Alternative.

Um sich inhaltlich größere Klarheit über das zu bearbeitende Thema zu verschaffen, ist es parallel zum Bibliografieren sinnvoll, relevante Passagen in der Überblicks- und Tertiärliteratur zu lesen.[18] Dies sollte so weit gehen, dass man in der Lage ist, ein eigenes Konzept für die zu schreibende Arbeit zu entwickeln. Diese Skizze kann die Form eines Exposés oder einer Arbeitsgliederung, eines (vorläufigen) Inhaltsverzeichnisses haben, eventuell auch mit zusammenfassenden Inhaltsangaben zu jedem Kapitel. Wenn sich die Vorstellungen über das zu bearbeitende Thema dergestalt konkretisiert

---

[17] Zur Arbeit mit Internetseiten siehe auch den Beitrag von *Martin Hauck/ Wolfgang Muno* in diesem Band.

[18] Es existiert eine Reihe politikwissenschaftlicher Nachschlagewerke, z. B. *Dieter Nohlen* (Hrsg.): Kleines Lexikon der Politik, München 2001 und das sehr viel umfassendere, ebenfalls von *Nohlen* herausgegebene Standardwerk ‚Lexikon der Politik‘, dessen sieben Bände in den Jahren 1992 bis 1998 erschienen sind. Weitere Angaben zur Tertiärliteratur siehe in *Schlichte* 2005 (Anm. 16), S. 184ff. Neben Einführungen zur Politikwissenschaft insgesamt gibt es auch zu den einzelnen Teildisziplinen hilfreiche Lehrbücher, Überblicksdarstellungen und Lexika. Siehe hierzu die Literaturangaben in den jeweiligen Kapiteln dieses Sammelbandes. Wichtige Literatur wird dargestellt, besprochen und kommentiert in *Dirk Berg-Schlosser, Sven Quenter* (Hrsg.): Literaturführer Politikwissenschaft. Eine kritische Einführung in die Standardwerke und „Klassiker" der Gegenwart, Stuttgart 1999.

444 Christoph Wagner

haben, dass sie auch schriftlich festgehalten sind, ist man bereits einen entscheidenden Schritt weitergekommen. Eine solche Orientierung hilft auch, der *Kopiersucht* und *Ausdruckmanie* vorzubeugen.

Schwierig und sehr zeitaufwendig gestaltet sich häufig das Durchforsten des Materials. Vor der eingehenden Lektüre eines Textes ist zu prüfen, ob dieser für die eigene Arbeit überhaupt von Bedeutung ist. Hier kann eine Vorgehensweise entsprechend der Abbildung 1 auf der folgenden Seite empfohlen werden.

Beim Lesen von Texten sind grundsätzlich zwei unterschiedliche Arten zu unterscheiden, die es zu beherrschen gilt: a) das intensive, studierende Lesen; b) das kursorische, diagonale Lesen.[19]

zu a) Das *intensive, studierende Lesen*, also das sorgfältige Durcharbeiten von Texten, liefert die Grundlage für das eigene Studium. Es geht dabei um eine gedankliche, inhaltliche Auseinandersetzung mit den vorgetragenen Thesen, um das Verstehen und kritische Hinterfragen von Argumentationen. Textstellen müssen dann oft auch mehrmals gelesen werden. Alemann/Forndran halten hierzu einen „Tipp für Anfänger" parat:

> „Die meisten Anfänger neigen dazu, einen Text zu lesen, um dann davon auszugehen, diesen Text verstanden zu haben. Bei Vorträgen – z. B. in Seminaren – oder in Prüfungen sind sie dann überrascht, mit dem Stoff nicht zurechtzukommen. Es gilt eine grundsätzliche Regel: Ein Text ist erst dann wirklich verstanden, wenn man ihn in eigenen Worten und mit einer kritischen Würdigung seiner Aussagen wiedergeben kann. Diese Fähigkeit kann man einüben. Es empfiehlt sich z. B., einem Bekannten die eigenen Thesen und Meinungen über einen Gegenstand oder die Sekundärliteratur dazu geordnet und auf Einwände eingehend vorzutragen."[21]

zu b) „Die *Kunst des ‚diagonalen' Lesens* muss sich jeder geistig arbeitende Mensch irgendwann aneignen, wenn er nicht im bedruckten Papier ertrinken will."[22] Diese Art des Lesens (praktisch

---

[19] Weitere Formen des Lesens unterscheidet *Oskar Peter Spandl*: Die Organisation der wissenschaftlichen Arbeit: Studienbuch für Studenten aller Fachrichtungen ab 1. Semester, Braunschweig [2]1973, S. 19-24.

[20] Diese Abbildung wurde erstellt in Anlehnung an *Rückriem/Stary/Franck* 1997 (Anm. 10), S. 136.

[21] *Alemann/Forndran* 2002 (Anm. 12), S. 133. Es bietet sich auch an, mit bestimmten Fragen an die Lektüre eines Textes heranzugehen. Siehe hierzu ebd., S. 132, wo konkrete Fragebeispiele vorgeschlagen werden.

[22] *Ernst Opgenoorth*: Einführung in das Studium der neueren Geschichte, Paderborn u. a. [4]1993, S. 249.

Abbildung 1: Relevanzprüfung eines Buches[20]

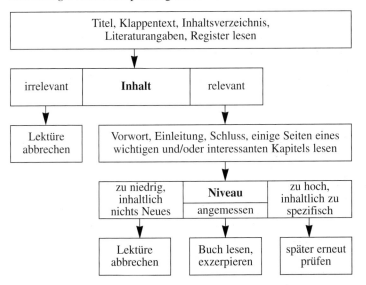

ein Überfliegen längerer Textpassagen) erfordert ein gewisses Maß an Übung, um den Sinnzusammenhang grob erfassen zu können. Das Auge lässt sich sogar so weit trainieren, dass es auf bestimmte Signalwörter konditioniert wird.[23] Beschäftige ich mich z. B. mit dem politischen System Uruguays, erspare ich mir viele Stunden Lektüre, wenn ich in der Lage bin, Texte, die den gesamten lateinamerikanischen Subkontinent zum Gegenstand haben, auf den mir quasi ins Auge springenden Schlüsselbegriff ‚Uruguay' hin zu überfliegen.

Lesen bedeutet nicht nur Kopfarbeit: „Es hat wenig Sinn und führt meist zu späteren Ärgernissen, wenn man meint, die einschlägige Literatur zunächst einmal durchlesen und auf sich wirken lassen zu sollen."[24] Es sind immer bestimmte Hilfsmittel und zusätz-

---

[23] Es sei darauf hingewiesen, dass es hier nicht um das ausgefeilte Training anspruchsvoller Schnell-Lesemethoden geht. Siehe hierzu *Wolfgang Zielke*: Schneller lesen, intensiver lesen, besser behalten, München ⁴1991.
[24] *Ewald Standop, Matthias L. G. Meyer*: Die Form der wissenschaftlichen Arbeit, Wiebelsheim ¹⁷2004, S. 8.

446 Christoph Wagner

liche Methoden, die zum Einsatz kommen, wenn wirklich ein Text bearbeitet bzw. mit ihm gearbeitet wird. Dieser von mir nicht ganz korrekt als „Handarbeit" bezeichnete Umgang mit Texten kann unterschiedlich aussehen, angefangen vom Unterstreichen, farbigen Kenntlichmachen wichtiger Textstellen und Visualisieren ganzer Texte mit Hilfe symbolischer und ikonischer Zeichen über eigene Kommentierungen im Text oder die Anfertigung von Exzerpten[25] bis hin zur Arbeit mit Karteikarten, Zettelkasten oder PC. Es gibt eine Reihe von Möglichkeiten, die die Arbeit leichter machen. Welche davon sinnvoll und hilfreich sind, ist individuell verschieden. Studierende kommen kaum daran vorbei, diverse Arbeitsweisen auszuprobieren, um die für sie beste herauszufinden.[26]

Wenn wir uns an den Schreibtisch setzen, um mit der Niederschrift der Arbeit zu beginnen, setzen wir nicht am Nullpunkt an. Nicht nur im Kopf existieren mehr oder weniger ausgereifte Vorstellungen über das, was wir schreiben wollen; wir verfügen auch über Notizen verschiedener Art, über schriftlich festgehaltene fremde und eigene Gedanken zum behandelten Thema. Trotzdem sehen sich viele mit dem Phänomen der *Schreibhemmung* konfrontiert. Dieses Problem lässt sich bei vielen vielleicht nicht völlig um-

---

[25] „Das Exzerpt ist die *auszugsweise* Wiedergabe eines Textes. [...] Exzerpte können *wörtliche* oder *paraphrasierende* (d. h. mit eigenen Worten arbeitende) Auszüge sein. In der Praxis empfiehlt sich oft eine Mischform zwischen beiden: Definitionen, zentrale Begriffe und Thesen werden wörtlich übernommen, Überleitungen und Argumentationsketten knapp paraphrasiert. Exzerpte sollten möglichst knapp abgefasst werden. Auch hier sind Abkürzungen, Symbole usw. sinnvoll." *Rückriem/Stary/Franck* 1997 (Anm. 10), S. 144.

[26] Deswegen, und weil dies den Rahmen dieses Beitrages sprengen würde, wird an dieser Stelle auch weder auf weitere arbeitsorganisatorische Aspekte noch auf weiterführende Hinweise zu den Techniken wissenschaftlichen Arbeitens eingegangen. Ausführliche Informationen vom Sammeln und Ordnen des Materials über das inhaltliche Erfassen bis zum PC-Einsatz können in der einschlägigen Literatur nachgelesen werden. Erwähnt sei hier nur eine kleine Auswahl: *Friedhelm Hülshoff, Rüdiger Kaldewey*: Mit Erfolg studieren. Studienorganisation und Arbeitstechniken, München ³1993; *Rückriem/Stary/Franck* 1997 (Anm. 10), S. 84-249; *Alemann/Forndran* 2002 (Anm. 12), S. 78-150. Wertvolle Tipps zur Praxis des Lesens und zur Bearbeitung wissenschaftlicher Literatur geben *Joachim Stary, Horst Kretschmer*: Umgang mit wissenschaftlicher Literatur. Eine Arbeitshilfe für das sozial- und geisteswissenschaftliche Studium, Frankfurt am Main 1994.

Die Praxis wissenschaftlicher Arbeit   447

gehen, aber doch in den Griff bekommen. Eine Devise kann lauten, den – womöglich auch unbewusst vorhandenen – Anspruch, sofort perfekt und druckreif formulieren zu wollen, aufzugeben. Warum nicht durchaus im Bewusstsein der Unvollkommenheit des eigenen Textes erst einmal überhaupt etwas zu Papier bringen, das dann ja immer noch überarbeitet werden kann (muss)? Denn mit und an Gedanken, die schwarz auf weiß aufgeschrieben sind, lässt es sich besser arbeiten als mit Ideen, die nur im Kopf vorhanden sind. Als eine weitere Möglichkeit, Schreibhemmungen abzubauen, bietet es sich an, die einzelnen Kapitel nicht unbedingt in der Reihenfolge der Gliederung zu schreiben. Auch hier ist getrost dem Rat von Umberto Eco zu vertrauen:

> „*Versteift euch nicht darauf, mit dem ersten Kapitel anzufangen.* Vielleicht ist eure Vorbereitung und Materialsammlung für das vierte Kapitel weiter gediehen. Fangt damit so routiniert an, als hättet ihr die vorangehenden Kapitel schon geschrieben. Das gibt euch Mut. Natürlich müsst ihr einen Anker haben, und den bildet die vorläufige Inhaltsangabe, die euch von Beginn an leitet [...]."[27]

Eine gute Seminararbeit setzt ebenso wie ein erfolgreicher Studienabschluss eine bestimmte Motivationshaltung voraus. Dies schließt die Bereitschaft zum intensiven Lesen von Texten ebenso ein wie zum Nachholen eventuell nicht vorhandener Fremdsprachenkenntnisse. Beides ist unter Studierenden aber immer noch keine Selbstverständlichkeit.

Das Studium der Politikwissenschaft ist vor allem ein Lesestudium. Das Wissen, welches durch die Lehrveranstaltungen vermittelt wird, macht immer nur einen Teil der sich anzueignenden Grundkenntnisse aus. Darüber hinaus ist eine parallele, eigenständige Lektüre der politikwissenschaftlichen Standardwerke erforderlich, um sich im Grundstudium das Basiswissen des Faches erwerben zu können. Die bei manchen immer wieder zu beobachtende ablehnende Haltung gegenüber der Textlektüre hängt sicher auch mit einer verbreiteten, wie es so schön heißt, Theoriefeindlichkeit zusammen. Denn gerade theoretische Texte erwecken oft

---

[27] *Eco* 2005 (Anm. 3), S. 191. Wenn *Eco* von einer vorläufigen Inhaltsangabe spricht, bedeutet dies, dass sie im Verlauf des Arbeitsprozesses zu überarbeiten und dem jeweils neuesten Kenntnisstand anzupassen ist.Weitere Hinweise zur Überwindung von Schreibhemmungen gibt *Otto Kruse*: Keine Angst vor dem leeren Blatt. Ohne Schreibblockaden durchs Studium, Frankfurt am Main/New York [10]2004.

448   Christoph Wagner

den Eindruck, dass deren Verstehen viel Mühe und Zeit erfordert. Eine theorielose Politikwissenschaft ist allerdings nicht vorstellbar. An dieser Stelle kann keine Theoriedebatte geführt werden. Aber die Existenzberechtigung der Theorien gründet sich darin, dass sie – entgegen weit verbreiteter Meinung – keinen Selbstzweck darstellen, sondern vielmehr helfen sollen, soziale und politische Wirklichkeit zu strukturieren und zu erklären (möglichst mit einer gewissen Prognosefähigkeit).

Zu den Fremdsprachen: Es soll zwar immer noch Möglichkeiten geben, allein mit Deutsch-Kenntnissen bis zum Abschluss des politikwissenschaftlichen Studiums zu gelangen; es gibt aber im Prinzip keine Teildisziplin, in der auf geläufige Englisch-Kenntnisse verzichtet werden kann. Selbst bei Arbeiten zum politischen System der BRD ist es mehr als sinnvoll, auch ausländische Autoren zu berücksichtigen, um so aus einer reinen Binnensicht herauszukommen. Politikwissenschaft ist eine international angelegte Disziplin. Oft sind neben der Beherrschung der englischen Sprache weitere Fremdsprachenkenntnisse notwendig, vor allem, wenn im Hauptstudium eine regionale Spezialisierung angestrebt wird. Wer sich z. B. wissenschaftlich intensiver mit Lateinamerika beschäftigen will, benötigt auf alle Fälle spanische Sprachkenntnisse (bzw. Portugiesischkenntnisse für Brasilien). Die Lektüre fremdsprachiger Literatur verlangt nicht, dass jedes einzelne Wort verstanden werden muss; erforderlich ist vielmehr, sich den jeweiligen Sinnzusammenhang erschließen zu können. Auch hier macht die Übung den Meister.

An dieser Stelle noch ein wichtiger Hinweis: Es ist eine illusorische, praxisferne Vorstellung zu meinen, die Lese- und Recherchierphase sei komplett abgeschlossen, wenn mit der Niederschrift der Arbeit begonnen wird. Vielmehr wird es immer auch beim Schreiben notwendig sein, noch einmal einen Blick in die Literatur zu werfen, um z.B. bestimmte Sachverhalte erneut zu überprüfen, noch offene oder auch vielleicht im Arbeitsprozess neu aufgekommene Fragen zu klären. Das ständige Hin und Her zwischen schriftlicher Bearbeitung der Fragestellung und Auseinandersetzung mit dem der Arbeit zugrunde liegenden Material ist typisch für das wissenschaftliche Arbeiten.

Die Praxis wissenschaftlicher Arbeit   449

3. Anlage, Form und Gestaltung einer wissenschaftlichen Arbeit

Neben methodischen und analytischen Anforderungen, die sich u.a. auf Problematisierung, Fragestellung, Konzeption, theoretische Fundierung, begriffliche Klarheit, Methodik, Argumentation und Diskussionsniveau beziehen, muss eine wissenschaftliche Arbeit auch bestimmten formalen Anforderungen genügen, auf die im Folgenden näher eingegangen wird.

3.1 Aufbau und formale Standards

Zum Aufbau einer Seminararbeit gibt es verbindliche Vorgaben. Sie besteht aus den Einzelelementen Titelblatt, Inhaltsverzeichnis (evtl. Verzeichnisse mit Abkürzungen, Tabellen, Abbildungen und Schemata), Einleitung, Hauptteil, Schlusskapitel (evtl. Anhang mit ergänzenden Materialien), Literaturverzeichnis. Ergänzt wird dies durch Anmerkungen, Belege und Quellennachweise. In schriftlichen Arbeiten sollen Studierende ihre Kenntnisse des Forschungsstandes zu einer bestimmten, eingegrenzten Fragestellung zeigen. Rein deskriptive Darstellungen jedoch entsprechen nicht den Anforderungen an eine wissenschaftliche Arbeit. Die Aussagen in der relevanten Literatur sind nicht nur zu referieren, sondern auch problemorientiert einer kritischen Analyse zu unterziehen. Entsprechend fundiert ist eine eigene, logische und in sich schlüssige Argumentationsführung aufzubauen. All dies geschieht in den drei Textteilen *Einleitung*, *Haupt-* und *Schlussteil*, wobei beschreibende Darstellung und eigene Bewertung klar voneinander zu trennen sind.

In der *Einleitung* wird der Grundstein für das Gelingen einer wissenschaftlichen Arbeit gelegt. Da die Bedeutung der Einleitung häufig unterschätzt wird, soll hier ausführlicher auf ihren Sinn und Inhalt eingegangen werden. Ihre Funktionen bestehen darin:

- an das Thema heranzuführen, indem die Problemstellung erläutert und darauf aufbauend eine erkenntnisleitende Fragestellung formuliert wird, an der sich die gesamte Arbeit orientiert *(Worin besteht das Ziel der Arbeit?)*;
- die Relevanz der Fragestellung zu diskutieren *(Warum ist sie interessant?)*;
- den Gegenstand der Arbeit einzugrenzen *(Um was soll es genau gehen?)* und diese Eingrenzung sinnvoll zu begründen *(Warum*

*wird auf bestimmte Aspekte verzichtet, während andere hervor-
gehoben werden?)*;
- die gewählte Vorgehensweise anhand der Gliederungspunkte
  knapp darzustellen und zu erläutern *(Wie ist die Arbeit aufgebaut? Wie soll versucht werden, das gesetzte Ziel zu erreichen?)*.
  Die Möglichkeiten des Einstiegs in ein Thema sind verschieden.
So ist es z. B. ebenso denkbar, aus aktuellen Bezügen zu argumentieren wie auch von dem historischen Hintergrund der Fragestellung auszugehen. Allerdings sollte keinesfalls schon in der Einleitung zu tief in die inhaltliche Diskussion eingestiegen oder gar
eventuelle Ergebnisse der Arbeit vorweggenommen werden. Beides bleibt den der Einleitung folgenden Textteilen vorbehalten.

Die Entwicklung eines Analyserahmens geschieht in größeren
wissenschaftlichen Studien meist in einem separaten Kapitel, häufig in Verbindung mit einer Zusammenfassung des Forschungsstandes. Bei Seminararbeiten kann die theoretische Einbettung auch in
der Einleitung erfolgen. Als Minimalanforderung sind die Schlüsselbegriffe der Arbeit klar zu definieren, es sei denn, es handelt sich
um Begriffe, die in der Politikwissenschaft einen unmissverständ-
lichen, feststehenden und unbestrittenen Inhalt zugeordnet bekommen. Generell gilt, dass in wissenschaftlichen Arbeiten präzise und
konsistente Begriffe verwendet werden müssen, die einen eindeutigen Bedeutungsinhalt haben. Die Bedeutung eines Begriffs wird
meist durch eine *Nominaldefinition* festgelegt.[28] Über die Begriffs-
klärung hinaus kann ein theoretischer Bezugsrahmen je nach Anspruch und Anlage der Arbeit auch die Formulierung zu überprü-
fender Thesen bzw. Hypothesen und die Bildung von Indikatoren,
die operationalisiert (messbar gemacht) werden, beinhalten.[29]

Im *Hauptteil* findet die ausführliche, kritische Auseinandersetzung mit der in der Einleitung aufgeworfenen Fragestellung statt.

---

[28] Dies ist eine rein sprachliche Konvention, die bestimmt, welcher Vor-
stellungsinhalt einem Begriff im Kontext der Arbeit zukommen soll. No-
minaldefinitionen können demnach nie richtig oder falsch sein, sondern
nur zweckmäßig oder unbrauchbar, sinnvoll oder unsinnig. Demgegenüber kann eine Realdefinition, die versucht, das Reale, das Wesen eines
Sachverhaltes zu beschreiben, durchaus falsch sein.

[29] Siehe hierzu den Beitrag von *Christian Welzel* in diesem Band. In seinem Kapitel zu den methodologischen Grundlagen geht er ebenso auf
diese und andere Punkte ein wie auch auf den grundsätzlichen Unterschied zwischen *induktiver* und *deduktiver* Vorgehensweise. Auf eine
nochmalige Darstellung wird deswegen an dieser Stelle verzichtet.

Die Praxis wissenschaftlicher Arbeit   451

Die einzelnen Kapitel und Unterkapitel des Hauptteils sollten entsprechend der Vorgehensweise und Argumentation logisch angeordnet und sinnvoll strukturiert sein. Ihre Anzahl hat in einem vernünftigen Verhältnis zum Gesamtumfang der Arbeit zu stehen. Ein einzelnes Kapitel für drei Zeilen Text ist ebenso unangebracht wie ein nicht weiter unterteiltes Kapitel, welches drei Viertel der gesamten Arbeit ausmacht.

Der *Schlussteil* fasst die „gewonnenen Ergebnisse pointierend (nicht nur wiederholend) zusammen"[30]. Gelegentlich wird dies mit einer Auswertung ihres Stellenwertes für die allgemeine Forschungslage verbunden oder mit einem Ausblick, welche offenen Fragen für weitere Arbeiten von Interesse sind bzw. welche aktuellen Problemstellungen sich aus den gewonnenen Erkenntnissen ergeben. Im Schlussteil ist auch eine eigene kritische Bewertung auf der Grundlage der im Hauptteil geleisteten Analyse angebracht.

Kommen wir zu den *formalen Standards* einer wissenschaftlichen Arbeit. Hierzu gehört zunächst die Übersichtlichkeit der Darstellung. Die Arbeit ist grundsätzlich nicht in handschriftlicher Form abzugeben.[31] Zur besseren Lesbarkeit sollte der Textteil in eineinhalbfachem Zeilenabstand ausgedruckt werden, mit Ausnahme eventuell vorhandener Fußnoten. Diese können einzeilig am unteren Rand der entsprechenden Seite geschrieben werden, am besten mit einer Linie vom übrigen Textteil abgesetzt. Für den oberen und unteren Seitenrand bieten sich als Orientierungsgröße jeweils ca. 3 cm an, für den linken bzw. rechten Rand etwas mehr, so dass ausreichend Platz für handschriftliche Anmerkungen des Bewertenden bleibt. Ob nur eine ausgedruckte Version oder auch eine per E-Mail zugeschickte Fassung der Arbeit akzeptiert wird, ist im Zweifelsfall immer direkt mit dem Dozent oder der Dozentin abzuklären.

Die heute übliche Verwendung von PCs mit ausgeklügelten Textverarbeitungsprogrammen eröffnet andere Möglichkeiten der Textgestaltung als sie früher mit der Schreibmaschine zur Verfügung ge-

---

[30] *Klaus Poenicke*: Duden – Wie verfasst man wissenschaftliche Arbeiten? Ein Leitfaden vom ersten Studiensemester bis zur Promotion, Mannheim u. a. ²1988, S. 112.

[31] Dieser Hinweis mag für die meisten banal, vielleicht sogar absurd klingen. Es kommt aber tatsächlich immer wieder einmal vor, dass handgeschriebene Texte abgegeben werden.

452 Christoph Wagner

standen haben.[32] Die Differenzierungsmöglichkeiten beim Layout, angefangen von verschiedenen Schriftgrößen bis zu diversen Arten der optischen Hervorhebung, haben sich immer an Kriterien der Übersichtlichkeit und Lesbarkeit zu orientieren. Generell ist ein sparsamer Gebrauch solcher Gestaltungsmittel zu empfehlen, da ein Zuviel den Lesefluss stört und Unruhe in das Schriftbild bringt. Gleichgültig, ob eine Arbeit auf einer manuellen Schreibmaschine getippt oder per Laser ausgedruckt wird, sind Überschriften so vom Text abzuheben, dass sie auf den ersten Blick als solche erfasst werden können. Ebenso eindeutig sind Absätze kenntlich zu machen, z. B. durch Einfügen einer Leerzeile oder Einrücken der ersten Zeile.

Der Titel einer Seminararbeit erscheint auf einem gesonderten, überschaubar gestalteten *Titelblatt*. Eine von mehreren Möglichkeiten der Aufteilung eines Din-A4-Titelblattes siehe auf der folgenden Seite (Abbildung 2).

Das *Inhaltsverzeichnis* beinhaltet alle folgenden Gliederungsteile und gibt Aufschluss über die Struktur der Arbeit. Die einzelnen Gliederungspunkte müssen denselben Wortlaut wie die Überschriften im Text haben. Anders als bei umfangreicheren Arbeiten, die von der ersten beschriebenen Seite durchgezählt werden, beginnt bei Seminararbeiten die Zählung erst mit der Einleitung. Zur Nummerierung der Gliederungspunkte gibt es keine festen Regeln, außer dass die Zählung im Inhaltsverzeichnis mit der Zählung im Text identisch sein muss. Die Verwendung (und Kombination) von Buchstaben, römischen und arabischen Ziffern ist möglich. Wegen seiner Übersichtlichkeit, Einfachheit und Klarheit hat sich die Nummerierung mit arabischen Ziffern immer mehr durchgesetzt.

Verzeichnisse mit Abkürzungen, Tabellen, Abbildungen bzw. Schemata sind dann zu erstellen, wenn diese Elemente vermehrt in einer Arbeit vorkommen. Sie können zwischen Inhaltsverzeichnis und Einleitung stehen.

In einem *Anhang* werden ergänzende Materialien (Statistiken, Tabellen, Exkurse, Dokumente, Ausdruck einer verwendeten Website u. ä.) untergebracht; er wird an den Text „angehängt".

---

[32] Exemplarisch hierzu siehe *Werner Sesink*: Einführung in das wissenschaftliche Arbeiten: mit Internet – Textverarbeitung – Präsentation, München/Wien [6]2003 sowie *Natascha Nicol, Ralf Albrecht*: Wissenschaftliche Arbeiten schreiben mit Word, mit CD-ROM. Formvollendete und normgerechte Examens-, Diplom- und Doktorarbeiten, München u. a. 2004.

Abbildung 2: Muster eines Titelblattes

Johannes Gutenberg-Universität Mainz
Institut für Politikwissenschaft
Seminar im Hauptstudium:
‚Parlamentsauflösung im internationalen Vergleich'
Seminarleitung: Prof. Dr. Horst Köhler
Sommersemester 2005

Die Vertrauensfrage.
Verfassungsrechtliche Möglichkeiten und Grenzen

Vorgelegt von:
Gerhard Schröder
Müntefering-Allee 2
54321 Neu-Wahlheim
Tel. 0815 / 47 11
E-Mail: schroeder@students.uni-mainz.de

Hauptfach:
Politikwissenschaft
Nebenfächer:
Jura, Theaterwissenschaft
(jeweils 7. Fachsemester)
Abgabetermin: 1.9.2005

Das *Verzeichnis der Literatur (Bibliografie)* findet sich meist am Ende der Arbeit, wenngleich es auch zulässig (in Deutschland aber unüblich) ist, es vor den Text zu stellen. Im Literaturverzeichnis müssen in der Regel alle Arbeiten, aus denen zitiert worden ist und die im Text genannt worden sind, aufgeführt werden. Es muss alle bibliografischen Angaben enthalten, um die Literatur eindeutig identifizieren zu können. Die Werke werden alphabetisch nach den Nachnamen der Autoren geordnet. Liegen von einem Autor mehrere Titel vor, sind diese entweder alphabetisch nach Titel oder chronologisch nach Erscheinungsjahr zu ordnen. Bei Artikeln, egal ob in Zeitschriften oder Sammelbänden, hat immer eine genaue

454　　　　　　　　　　　　Christoph Wagner

Seitenangabe (Beginn und Ende des Artikels) zu erfolgen. Grundsätzlich gibt es mehrere zulässige Möglichkeiten der Titelangabe
im Literaturverzeichnis.[33] Als Grundregel gilt, dass davon eine aus-
zuwählen ist, die dann aber durchgängig in der gesamten Arbeit
Anwendung finden muss.

Sorgfältiges *Belegen* der im Text verarbeiteten Quellen ist
Grundsatz jeder wissenschaftlichen Arbeit; es steht in unmittelbarem Zusammenhang mit dem an die Wissenschaft gestellten Anspruch der Nachvollziehbarkeit und Nachprüfbarkeit. Allgemein
nicht bekannte Tatsachen und Daten sowie Informationen und
fremde Gedanken, die übernommen werden, sind kenntlich zu machen. Bei Belegen und Quellennachweisen gibt es ähnlich wie im
Literaturverzeichnis mehrere Angabemöglichkeiten. Auch hier ist
die Einheitlichkeit oberstes Gebot! Die gewählte Art des Belegens
muss konsequent durchgehalten werden. Prinzipiell zu unterscheiden ist das Belegen im Text und in der Fuß- bzw. Endnote. Bei der
amerikanischen Zitierweise mit Belegen im Text (sog. *Harvard Notation*) erscheint nach der entsprechenden Textstelle in Klammern
der Nachname des Autors[34], das Erscheinungsjahr und die genaue
Seitenangabe der Fundstelle. Werden mehrere Werke des Autors
aus demselben Jahr verarbeitet, müssen diese alphabetisch gekennzeichnet werden (z. B. Wagner 1999a: 17). Diese Kennzeichnung
muss zur eindeutigen Identifizierung des Werkes auch im Literaturverzeichnis erfolgen. Belege in der Fußnote (am unteren Seitenrand) oder Endnote (am Ende des Gesamttextes) können beispielsweise die ausführliche Form wie im vorliegenden Artikel haben.
Wird ein Titel zum wiederholten Male genannt, ist ein Kurzbeleg

---

[33] Siehe hierzu die detaillierten Angaben in der Fachliteratur. *Poenicke* beispielsweise widmet in seinem Buch dem Literaturverzeichnis beinahe
30 Seiten, ohne auch nur annähernd erschöpfend zu sein. Vgl. *Poenicke*
1988 (Anm. 30), S. 146-174. Andere Vorschläge zur Titelangabe in der
Bibliografie geben z. B. *Rückriem/Stary/Franck* 1997 (Anm. 10), S. 186-
196. Bei Unsicherheiten und Fragen hilft auch ein Blick in „professio-
nelle" Literaturverzeichnisse. Doch dabei ist insofern Vorsicht geboten,
als selbst gedruckte Werke namhafter Autoren nicht immer fehlerfrei
sind.

[34] Auch wenn sich ein Beleg auf einen Artikel in einem Sammelband bezieht, ist immer der Verfasser – und nicht der Herausgeber – anzugeben.
Letzterer steht bei den kompletten bibliografischen Angaben im Literaturverzeichnis dabei sowie auch dann, wenn ausführlich in der Fuß- oder
Endnote belegt wird.

Die Praxis wissenschaftlicher Arbeit   455

ausreichend.[35] Fuß- bzw. Endnoten sind durchzunummerieren; die jeweilige Zahl wird in hochgestellter Form an der Stelle des Textes eingefügt, auf die sich der Beleg bezieht.

Große Unsicherheit besteht häufig noch im Umgang mit *Internet-Quellen*. Kann ich aus dem Internet zitieren? Wie sieht der Beleg einer WWW-Quelle konkret aus? Zunächst einmal ist festzuhalten, dass in der Regel auch Quellen aus dem Internet zitierfähig sind. Da allerdings durch den im Prinzip uneingeschränkten Zugang zum Netz der Spielraum für einen leichtfertigen bzw. nachlässigen Umgang mit Informationen, Daten und Fakten bis hin zur bewussten Manipulation grenzenlos ist, sollte die Internet-Recherche immer mit einer gesunden Skepsis und einem besonders kritischen Blick begleitet werden.

Auch beim Bezug auf Internet-Dokumente muss dass Kriterium der Nachprüfbarkeit immer erfüllt sein. Folgende Angaben müssen deswegen in einem entsprechenden Beleg enthalten sein: Name des Autors/der Organisation; Erstellungsdatum bzw. Datum der letzten Revision (falls bekannt); Titel des Dokuments[36]; vollständige URL-Adresse (*uniform resource locator*); Datum des Zugriffs. Zwar gibt es international keinen einheitlichen Standard, aber immer mehr durchzusetzen scheint sich folgende Art der Angabe:

Walker, Janice R.; Taylor, Todd 1998: The Columbial Guide to Online Style. <http://www.columbia.edu/cu/cup/cgos/basic.html> (9.7.2005)

Da elektronische Quellen jederzeit verändert werden können, lässt sich auch bei vollständiger Quellenangabe die Nachvollziehbarkeit nicht garantieren. Deswegen empfiehlt es sich, auf alle Fälle einen Ausdruck der verwendeten Internet-Quelle aufzuheben. Wer ganz sicher gehen will bzw. wem ein Internet-Doku-

---

[35] Eine Möglichkeit des Kurzbelegs ist: Wagner, Uruguay, S. 17. Zusätzliche Hinweise vor der Seitenzahl wie ‚loc. cit‘ (loco citato) oder ‚a. a. O.‘ (am angeführten Ort) sind zwar möglich, aber wenig informativ. Es kann auch auf die Fußnote verwiesen werden, in der der Titel erstmals und in voller Länge genannt ist: *Wagner* 1999 (Anm. 88), S. 17. Der Verweis mit der Abkürzung ‚ebd.‘ (ebenda) und der entsprechenden Seitenzahl ist dann möglich, wenn unmittelbar zuvor ebenfalls darauf Bezug genommen wurde.

[36] Wird eine persönliche Web-Site angegeben, die in der Regel keinen Titel trägt, steht statt des Titels der Hinweis ‚Homepage‘.

456   Christoph Wagner

ment im Kontext der Arbeit besonders wichtig erscheint, kann einen Ausdruck auch im Anhang der Hausarbeit beifügen. Dabei ist aber immer Zurückhaltung angebracht, damit der Leser nicht von einem allzu umfangreichen Anhang „erschlagen" wird.

Egal, ob elektronische oder gedruckte Quelle, existieren drei Arten von Belegen: Verweise, sinngemäße Wiedergaben und Zitate. *Verweise* belegen nicht einen konkreten Gedankengang, sondern geben Hinweise auf Werke, deren Inhalt sich auf den textlichen Sinnzusammenhang bezieht und die die Argumentation ergänzen und weiterführen. Solchen Belegen wird das Wort ‚Siehe' vorangestellt und es werden nicht unbedingt Seitenzahlen angegeben. Demgegenüber müssen wörtliche und sinngemäße Wiedergabe fremden Gedankenguts mit genauer Seitenangabe belegt werden. Im Unterschied zu Zitaten wird der Beleg bei einer *sinngemäßen Wiedergabe* fremder Gedanken in eigenen Worten mit ‚Vgl.' (vergleiche) eingeleitet. Das *Zitieren* unterliegt strengen, verbindlichen Regeln. Zu den Wichtigsten gehören: Zitate sind immer als solche zu kennzeichnen, gewöhnlich durch Anführungszeichen. Zitate sind absolut originalgetreu wiederzugeben. (Dies geht sogar so weit, dass gegebenenfalls orthografische Fehler übernommen werden müssen.) Jegliche Veränderungen müssen offengelegt werden.[37] Nicht nur in der Form, sondern auch inhaltlich sind Zitate genau zu übernehmen, d. h. so, dass sie nicht verfälschend in einen Kontext eingebunden werden, sondern ihren ursprünglichen Sinn behalten. Zitiert werden sollte prinzipiell aus der Primärquelle. Lediglich wenn das Original nicht zu beschaffen ist, ist das Zitieren aus zweiter Hand angebracht. Dann hat vor dem Quellen-

---

[37] Auslassungen sind mit drei Punkten in eckigen Klammern [...] anzugeben. Ergänzungen (so genannte Interpolationen) stehen in Klammern mit einem nach einem Komma anzufügenden Vermerk, dass diese Ergänzung vom Verfasser der Arbeit stammt (z. B. indem die Initialen des Verfassers ‚XY' oder der Hinweis ‚d. Verf.' angefügt werden). Auslassungen wie Ergänzungen dürfen den Sinn des Zitates nicht verändern. Hervorhebungen, die nicht im Original zu finden sind, dürfen nur dann vorgenommen werden, wenn dies dem Leser mitgeteilt wird (z. B. ‚Hervorh. XY' oder ‚Hervorh. nicht im Original'). Beinhaltet das Original eine Hervorhebung, ist diese wenn möglich genau so zu übernehmen, auf alle Fälle aber kenntlich zu machen (z. B. durch Unterstreichung). Werden Zita-te in eine eigene Satzkonstruktion eingefügt, erfordert dies möglicherweise sprachliche Anpassungen in Form von Wortumstellungen; diese stehen dann in runden Klammern.

Die Praxis wissenschaftlicher Arbeit 457

nachweis der Zusatz „zitiert nach" zu stehen, wobei bedacht werden muss, dass nicht alle Quellen zitierfähig sind. Aus allgemeinen Lexika, Zitatensammlungen und Reiseführern z. B. sollte in wissenschaftlichen Arbeiten nicht zitiert werden.

Eine verbindliche Regel zur Wiedergabe fremdsprachiger Quellen liegt nicht vor. Ob ein Zitat in der Originalsprache oder als Übersetzung übermittelt wird, hängt vom Thema der Arbeit, der Art der Quelle und den zu vermutenden Sprachkenntnissen der Leserschaft ab. Für englischsprachige Quellen bietet sich es aber an, sie in der Originalsprache zu belassen. Da Englisch die internationale wissenschaftliche Verkehrssprache ist, können in wissenschaftlichen Arbeiten Englisch-Kenntnisse immer guten Gewissens vorausgesetzt werden.

Fast schon zu einer Konvention ist es geworden, dass größere Zitate vom normalen Text abgesetzt, eingerückt und mit einzeiligem Abstand geschrieben werden. Wenn dieses Gestaltungsmittel Zitaten vorbehalten bleibt, d. h. wenn diese dadurch eindeutig gekennzeichnet sind, kann auf Anführungszeichen sogar verzichtet werden.[38] Zitate sollten nicht zu lang sein. Ein Zitat über eine halbe Seite ist nur in absoluten Ausnahmefällen zu vertreten. Sinnvoller ist es, den Sinn in eigenen Worten wiederzugeben und die entsprechende Belegstelle mit „Vgl." anzugeben. Grundsätzlich ist dabei auch der Lerneffekt im Sinne einer Aneignung von Inhalten und des Verstehens von Zusammenhängen ungleich größer als beim reinen Abschreiben von Textstellen. Übermäßiges Zitieren kann den Schluss nahe legen, dass der Verfasser aus Bequemlichkeit darauf verzichtet, fremde Gedanken in eigenen Worten zusammenzufassen, oder (schlimmer!) dazu nicht in der Lage ist, weil er den Inhalt nicht verstanden hat. Üblicherweise wird zitiert, um sich auf dieser Grundlage mit bestimmten Positionen auseinander zu setzen oder um die eigene Argumentation zu stützen.

Gerade zu Studienbeginn besteht bei Studierenden häufig Unsicherheit bezüglich des Umgangs mit Zitaten und Belegen, ein Schwanken zwischen zu viel und zu wenig. Seitenweiser Text ohne Belege in einer Seminararbeit macht Lehrende ebenso misstrauisch wie exzessives Belegen und Zitieren. Ersteres legt die Vermutung nahe, es seien Plagiate begangen worden, letzteres die Vermutung mangelnder Kompetenz wegen des ständigen Verweises auf irgendwelche Autoritäten. Die Angst, in den Verdacht zu

---

[38] Vgl. *Poenicke* 1988 (Anm. 30), S. 130.

458   Christoph Wagner

kommen, Plagiator zu sein, kann schnell zu übertriebenem Belegen führen. Hierzu Folgendes: 1.) Bekannte und unumstrittene Tatsachen brauchen nicht belegt werden. 2.) Wenn mehrere aufeinander folgende Angaben von einem Autor stammen, muss nicht jede einzeln belegt werden. Dies kann durch einen zusammenfassenden Beleg am Anfang oder Ende des Absatzes, Abschnittes oder sogar Kapitels erfolgen. Über diese Hinweise hinaus kann der richtige Umgang mit Zitaten und Belegen nicht lehrbuchartig vermittelt werden. Allein die Übung bringt die nötige Routine.

Noch einmal zu den *Anmerkungen* (*Fuß-* und *Endnoten*): Diese können nicht nur Belege enthalten, sie bieten auch Raum für Zusatzinformationen, die zwar in Zusammenhang mit dem Text stehen, zu dessen unmittelbarem Verständnis aber nicht notwendig sind. Um einen möglichen Irrtum zu vermeiden: Es widerspricht der geforderten Einheitlichkeit nicht, wenn in einer Arbeit amerikanisch, also im Text – was sich übrigens international immer mehr durchgesetzt hat – belegt wird und gleichzeitig Fußnoten als Anmerkungen mit zusätzlichem Text vorkommen.

3.2 Stilfragen

Der sprachliche Stil ist zwar individuell immer verschieden; deswegen sind Stilfragen jedoch nicht zugleich auch reine Geschmacksfragen. Zu den wichtigsten Fragen, die sich grundsätzlich stellen, zählen folgende:

??? Wie bezeichne ich mich selbst? Heute ist es in wissenschaftlichen Arbeiten weitgehend überholt, von sich selbst in der dritten Person zu sprechen. Dies wirkt meist zu gestelzt und kann sogar Verwirrung stiften, wenn nicht klar wird, wer gemeint ist. Die Verwendung der ‚Wir'-Form von einem einzelnen Autor ist dann angebracht, wenn der Autor den Leser einbeziehen will: „Aufgrund der Darstellung haben wir gesehen...", „Wir erkennen bei der Analyse dieser Problematik..." In anderen Fällen ist die ‚Ich'-Form einem schnell affektiert wirkenden ‚Wir' vorzuziehen. Zudem gibt es viele Möglichkeiten, um eine allzu häufige, womöglich aufdringliche Verwendung der ‚Ich'-Form zu vermeiden: „Es sei darauf hingewiesen...", „Es wird betont...", „Wie gezeigt wurde...".

??? Wie bezeichne ich die Akteure in meiner Arbeit? Leider ist die Unsitte weit verbreitet, dass Akteure, um die es geht, nicht klar benannt werden. Z. B.: „In Berlin denkt man, dass bei der Gesundheitsreform Nachbesserungen notwendig sind." Es sei unbestrit-

Die Praxis wissenschaftlicher Arbeit 459

ten, dass in Berlin gedacht wird. Welche Denkende hier aber genau gemeint sind, bleibt äußerst vage (Berliner Bevölkerung, Ärzte in Berlin, einzelne Politiker, offizielle Meinung der Regierung, Äußerung aus der Opposition, Konsens zwischen allen im Bundestag vertretenen Parteien?). Konkrete Akteure sind immer auch zu nennen und nicht hinter allgemeinen Formulierungen zu verstecken. Dabei ist zu beachten, dass diejenigen, die als Akteure dargestellt werden, auch tatsächlich agieren können. Eine falsche Formulierung wäre etwa: „Die Politikwissenschaft vertritt die Meinung...‟

??? Muss meine Sprache „wissenschaftlich" klingen? „Dr. W., Redakteur einer philosophischen Zeitschrift, war gestern bei mir. Er scheint unfähig, auch nur nach der Uhr zu fragen, ohne dabei Kunstausdrücke zu verwenden.‟[39] Wissenschaft wird häufig mit der – wie es Hans-Joachim Schoeps nicht ohne Sarkasmus für die Soziologie formuliert haben soll – Kunst verwechselt, eine Sache, die jeder versteht und die jeden interessiert, so auszudrücken, dass sie keiner mehr versteht und keinen mehr interessiert. Vor der Seduktion, durch die Verwendung komplexer satzbaulicher, mit möglichst exotischen Fremdwörtern angereicherter, polysyndetischer Konstruktionen die exorbitante Reichweite des eigenen geistigen Horizontes, hohes Reflexionsniveau und Belesenheit demonstrieren zu wollen, ist kaum jemand im Wissenschaftsbetrieb gefeit. Halt! Diesen letzten, vergleichsweise harmlosen Satz hätte ich auch einfacher formulieren können, ohne inhaltlich prinzipiell etwas anderes zu sagen, nämlich: Wir drücken uns kompliziert aus, um zu zeigen, dass wir etwas wissen. Mit Wissenschaft hat dies überhaupt nichts zu tun. Komplizierte Ausdrucksweise, Bandwurmsätze und unnötiger Fachjargon sind im Gegenteil eher ein Zeichen wissenschaftlicher Schwäche. Denn ich bin dann nicht in der Lage, einen Sachverhalt einfach, klar und präzise darzustellen. Oder aber ich habe sogar den Inhalt nicht verstanden, da ich mich nicht verständlich ausdrücken kann. Lange, ineinandergeschachtelte Sätze sind in einer wissenschaftlichen Arbeit ebenso zu vermeiden wie Fremdwörter, für die es gleichwertige deutsche Begriffe gibt. Durch Sachlichkeit, Prägnanz und Klarheit der Sprache bleibt es dem Leser erspart, dass er sich nur unter Anstrengungen durch den Text quälen muss. Es ist eine größere Leistung, einen

---

[39] *Günther Anders*: Über philosophische Diktion und das Problem der Popularisierung, Göttingen 1992, S. 21.

460   Christoph Wagner

Sachverhalt verständlich und nachvollziehbar auszudrücken, als
ihn durch sprachliches Brimborium zu vernebeln. Dabei sollte
durchaus auch versucht werden, ansprechend, interessant und ab-
wechslungsreich zu schreiben.

??? *Also keine Fachbegriffe verwenden?* Wenn auf eine geküns-
telte Sprache mit unnötigem Fachjargon verzichtet werden soll, bedeutet dies nicht, dass die Politikwissenschaft ohne Fachbegriffe
auskommt. So gibt es beispielsweise für das, was wir im Deutschen
mit ‚Politik' bezeichnen, im Englischen drei Worte, die die unterschiedlichen Dimensionen des Politikbegriffs bezeichnen: *politics,
policy, polity.* Für den alltäglichen Gebrauch ist das Wort ‚Politik'
ausreichend; für die Wissenschaft kann sich aber ein Problem ergeben, das folgende Wortspielerei verdeutlicht: Politik ist „die Verwirklichung von Politik – *policy* – mit Hilfe von Politik – *politics*
– auf der Grundlage von Politik – *polity* – [...]"[40]. Wenn – so wie
hier – mit einem Begriff unterschiedliche Vorstellungsinhalte verbunden sind, muss in der Wissenschaft am besten ohne ausschwei-
fende Erklärungen eindeutig sein, was gemeint ist. Fachbegriffe
können hier eine sehr viel klarere Trennschärfe liefern. Im Verlauf
des Studiums kommen Studierende also nicht umhin, sich die
Fachterminologie anzueignen.

??? *Ist „einfache" Sprache gleichbedeutend mit Alltagssprache?* An dem Beispiel des Wortes ‚Politik' wurde angedeutet,
warum sich politikwissenschaftliche Fachsprache von der Alltagssprache unterscheidet bzw. unterscheiden muss. So sind wissenschaftliche Arbeiten auch nicht der Platz, wo rein umgangs-
sprachliche Formulierungen angebracht sind. „Ich mache jetzt
mal einen Sprung zu einer ganz anderen Geschichte", „Nach dem
Putsch ist der Staatschef schnell abgehauen", „Damit hat sich der
Kanzler ins eigene Knie geschossen" oder „Der Autor fährt voll
auf sein Thema ab" sind Stilblüten, die bestenfalls zum Schmun-
zeln anregen. Vermieden werden sollten auch unnötige Füllwörter (nun, übrigens, eigentlich, irgendwie, an und für sich, durchaus usw.) und Wendungen wie ‚selbstverständlich', ‚natürlich',
‚bekannterweise' oder ‚wie alle wissen'. Erstere blähen einen Text
künstlich auf; letztere vermitteln leicht Überheblichkeit, da unterstellt wird, dass das, was ich weiß, auch alle Leserinnen und Leser zu wissen haben.

---

[40] *Karl Rohe*: Politik: Begriffe und Wirklichkeiten. Eine Einführung in das
politische Denken, Stuttgart u. a. ²1994, S. 67.

Die Praxis wissenschaftlicher Arbeit   461

Insgesamt ist das Spektrum von Fachjargon bis Alltagssprache ebenso groß, wie es unterschiedliche sprachliche Stilmittel gibt. Ein Zweck von Seminararbeiten besteht auch darin, sich das nötige stilistische Fingerspitzengefühl anzueignen.[41]

4. Zum – hoffentlich guten – Schluss

Beim wissenschaftlichen Arbeiten ist immer sorgfältig und gewissenhaft vorzugehen und auf Genauigkeit zu achten. Fehler schleichen sich von selbst genügend ein. Vor der Abgabe einer schriftlichen Arbeit ist auf alle Fälle eine Endredaktion durchzuführen, die intensives, auch inhaltliches Korrekturlesen mit einschließt. Sind alle Formalien in Ordnung, ist alles einheitlich und komplett? Wie sieht es mit Wortstellung, Grammatik, Rechtschreibung, Zeichensetzung und Stil aus? Gibt es unklare Formulierungen und nur schwer verständliche Sätze, die noch einmal überarbeitet werden müssen? Fehlen wichtige, zu ergänzende Aspekte? Kommen Bemerkungen und Gedankengänge vor, die nur am Rande etwas mit der Fragestellung zu tun haben, die überflüssig sind und gestrichen werden können? Finden sich Gedankensprünge, Wiederholungen, Widersprüche, unnötige Füllwörter? Wurde ein wirklich problemorientierter Zugang zur Thematik gefunden? Sind die zentralen Begriffe geklärt? Ist die Argumentation klar, schlüssig und stringent?

Wenn im Idealfall nach Fertigstellung der Arbeit bis zum Abgabetermin noch etwas Zeit bleibt, ist es sinnvoll, die (vorläufige) Endfassung einige Tage liegen und die Gedanken zum Thema entsprechend lange ruhen zu lassen. So kann Abstand gewonnen werden. Bei nochmaligem Lesen der Arbeit mit etwas geistiger Distanz fallen Defizite eher ins Auge. Trotzdem überliest man bei einem selbstverfassten Text Schwachstellen schneller als bei fremden Texten. Es ist deswegen sehr hilfreich und unbedingt zu empfehlen, andere Korrektur lesen zu lassen. Vielen Werken ausgebildeter, erfahrener Wissenschaftler sind dadurch schon peinliche Fehler erspart geblieben, die Arbeiten haben an Qualität gewon-

---

[41] Hilfreich und nützlich ist hier der Anhang im Buch von *Standop/Meyer* 2004 (Anm. 24), wo die häufigsten Schreib- und Stilfehler zusammengestellt sind. Weitere Tipps zur sprachlichen Gestalt einer Arbeit gibt *Karl-Heinz Göttert*: Kleine Schreibschule für Studierende, München 1999.

462 Christoph Wagner

nen. Am besten wäre es, zum einen die Arbeit einer Person zur kritischen Durchsicht zu geben, die über politikwissenschaftliche Kenntnisse verfügt und auf entsprechende Fehler und Schwächen hinweisen kann. Zum anderen ist es auch sehr sinnvoll, die Arbeit jemandem Fachfremden zum Korrekturlesen zu geben, der oder die besonders auf Rechtschreibung, Zeichensetzung, Grammatik und sprachliche Verständlichkeit, aber auch noch einmal auf die Logik und Stringenz der Argumentation u. ä. achten soll.

Klar ist, dass die Verantwortung für einen Text immer beim Autor bzw. der Autorin selbst liegt. Das heißt nicht, dass er oder sie auch immer Recht hat. Wenn beim Korrekturlesen etwas nicht verstanden wird, liegt es in der Regel nicht an der fehlenden geistigen Kapazität desjenigen, der Korrektur liest, sondern an mangelnder Klarheit der Argumentation, missverständlicher Ausdrucksweise, unklaren Begrifflichkeiten o.ä. Wenn geschilderte Zusammenhänge nur durch zusätzliche mündliche Erklärungen klar werden, ist dies ein Mangel der Arbeit, der behoben werden muss.

An mehreren Stellen dieses Beitrages wurde darauf verwiesen, dass sich vieles im Zusammenhang mit wissenschaftlichem Arbeiten nur durch Übung lernen lässt. Dafür – und nicht nur zur Aneignung politikwissenschaftlicher Inhalte, und schon gar nicht nur zum Schein-Erwerb – sind Seminararbeiten da. Das eigenständige Üben und Sammeln von Erfahrungen ist die eine Seite; die andere Seite sind die wichtigen Anregungen und Rückkopplungen von außen. Nur wenn ich Kenntnis erhalte, wo meine Schwächen und Defizite liegen, kann ich sie auch abbauen. Dies sollten Studierende von den Lehrenden erfahren, deren berufliche Existenzberechtigung als Dozierende sich nun einmal in der Vermittlung von Inhalten und Kenntnissen einschließlich des wissenschaftlichen „Handwerkszeugs" gründet. Allein durch eine gute oder schlechte Note stellt sich kaum ein Lerneffekt ein, sondern erst, wenn deutlich gemacht wird, wie die Note zustande kommt, sei es in einem schriftlichen Kommentar oder einer mündlichen Besprechung der Arbeit. Lehrende müssen hier trotz zeitlicher Belastung in die Pflicht genommen werden. Dies bedeutet gleichzeitig, dass Studierende Eigeninitiative entwickeln, indem sie z. B. den Weg in die Sprechstunde gehen und, wenn nötig, Begründungen für das Zustandekommen einer Note einfordern. Zusätzlich bietet gerade das gegenseitige Korrekturlesen unter Studierenden eine große Lernchance für alle Beteiligten. Ein angenehmer Nebeneffekt dabei: Gemeinsam und im Austausch mit anderen macht das Studi-

Die Praxis wissenschaftlicher Arbeit 463

um sehr viel mehr Spaß als ein Einzelkämpferdasein. Und damit
wären wir wieder bei Umberto Eco...

Annotierte Auswahlbibliografie

Alemann, Ulrich von; Forndran, Erhard: Methodik der Politikwissenschaft. Eine Einführung in Arbeitstechniken und Forschungspraxis,
  Stuttgart [6]2002.
  Alemann/Forndran vermitteln Basiskenntnisse praktischer und theoretischer Art über das Fach und geben systematisch Hinweise zu Arbeitstechniken. Das Buch sollte zur Grundausstattung von Studierenden der Politikwissenschaft zählen.
Eco, Umberto: Wie man eine wissenschaftliche Abschlussarbeit schreibt.
  Doktor-, Diplom- und Magisterarbeiten in den Geistes- und Sozialwissenschaften, Heidelberg [19]2005.
  Eco gelingt es, seine eigene Begeisterung für das Schreiben zu vermitteln. Das Buch liest sich gut, ist anregend und enthält eine Fülle
  praktischer Hinweise zum wissenschaftlichen Arbeiten. Aber nicht alle Details dieser für italienische Studierende geschriebenen „Handreichung" lassen sich ohne weiteres auf deutsche Verhältnisse übertragen; gerade die technischen Hinweise sollten deswegen kritisch
  gelesen werden, denn nicht immer gibt der Übersetzer einen entsprechenden Hinweis auf bei uns Unübliches.
Franck, Norbert; Stary, Joachim (Hrsg.): Die Technik wissenschaftlichen
  Arbeitens: eine praktische Anleitung, Paderborn u. a. [11]2003.
  Die beiden Herausgeber *Franck/Stary* geben zusammen mit sechs
  weiteren Autoren hilfreiche Hinweise zu den drei Schwerpunktthemen ‚Literatur ermitteln, lesen und festhalten', ‚schreiben' und ‚referieren und diskutieren'. Eingeleitet wird das durchweg stark praxis-
  bezogene Buch mit einem als Brief an Studierende gefassten Artikel
  des Politikwissenschaftlers *Wolf-Dieter Narr* zum Thema ‚Was heißt
  wissenschaftlich arbeiten?'.
Schlichte, Klaus: Einführung in die Arbeitstechniken der Politikwissenschaft, Wiesbaden [2]2005.
  Das Buch des in Berlin lehrenden Politologen bietet eine Fülle allgemeiner studienpraktischer Tipps, nicht nur zum wissenschaftlichen
  Arbeiten. Im Unterschied zu ähnlich konzipierten Anleitungen besteht
  für Studierende der Politikwissenschaft der Vorteil dieses Buches gegenüber anderen darin, dass es auch fachspezifische Informationen
  enthält, so vor allem im Anhang zum Thema ‚Recherche'.
Simonis, Georg; Elbers, Helmut: Studium und Arbeitstechniken der Politikwissenschaft, Opladen 2003.
  Simonis/Elbers haben 2003 ihre lange angekündigte Einführung in
  ‚Studium und Arbeitstechniken der Politikwissenschaft' vorgelegt.

464 Christoph Wagner

Und das Warten hat sich gelohnt. Das Buch zeichnet sich durch die Verknüpfung von formalen Aspekten und Arbeitstechniken mit politikwissenschaftlichen Inhalten aus. Durch die konsequente Ausrichtung auf die Politikwissenschaft ist das auch als Nachschlagewerk konzipierte Buch ein wertvoller Begleiter für das gesamte politikwissenschaftliche Studium.

Standop, Ewald; Meyer, Matthias L. G.: Die Form der wissenschaftlichen Arbeit, Wiebelsheim [17]2004.

Es gibt wohl kein deutschsprachiges Werk zu den formalen Anforderungen an eine wissenschaftliche Arbeit, mit dem eine ähnliche Erfolgsstory geschrieben wurde. Seit nunmehr einem halben Jahrhundert auf dem Markt liegt mittlerweile die 17. Auflage dieses immer wieder verbesserten und neuen Entwicklungen angepassten Standardwerks vor, das sich durch hilfreiche Beispiele, ausführliche Erläuterungen und praktische Ratschläge auszeichnet. So werden auch die Möglichkeiten der elektronischen und digitalen Medien zur Recherche und Texterstellung ausführlich behandelt sowie Tipps zu PDF und Postscript gegeben.

Grundlagen- und weiterführende Literatur

Becker, Howard S.: Die Kunst des professionellen Schreibens. Ein Leitfaden für die Geistes- und Sozialwissenschaften, Frankfurt a.M./New York [2]2000.

Berg-Schlosser, Dirk; Quenter, Sven (Hrsg.): Literaturführer Politikwissenschaft. Eine kritische Einführung in die Standardwerke und „Klassiker" der Gegenwart, Stuttgart 1999.

Chalmers, Alan F.: Wege der Wissenschaft. Einführung in die Wissenschaftstheorie, Berlin u.a. [5]2001.

Druwe, Ulrich: Studienführer Politikwissenschaft, Neuried [2]1994.

Gerhards, Gerhard: Seminar-, Diplom- und Doktorarbeit. Muster und Empfehlungen zur Gestaltung von rechts- und wirtschaftswissenschaftlichen Prüfungsarbeiten, Bern u. a. [8]1995.

Ebster, Claus; Stalzer, Lieselotte: Wissenschaftliches Arbeiten für Wirtschafts- und Sozialwissenschaftler, Wien [2]2003.

Esselborn-Krumbiegel, Helga: Von der Idee zum Text. Eine Anleitung zum wissenschaftlichen Schreiben, Paderborn u.a. [2]2004.

Göttert, Karl-Heinz: Kleine Schreibschule für Studierende, München 1999.

Grund, Uwe; Heinen, Armin: Wie benutze ich eine Bibliothek? Basiswissen, Strategien, Hilfsmittel, München [2]1996.

Horn, Reinhard; Neubauer, Wolfram: Fachinformation Politikwissenschaft: Literaturhinweise, Informationsbeschaffung und Informationsverarbeitung, München u. a. 1987.

Hülshoff, Friedhelm; Kaldewey, Rüdiger: Mit Erfolg studieren. Studienorganisation und Arbeitstechniken, München [3]1993.

Die Praxis wissenschaftlicher Arbeit

Jacob, Rüdiger: Wissenschaftliches Arbeiten. Eine praxisorientierte Einführung für Studierende der Sozial- und Wirtschaftswissenschaften, Opladen 1997.

Jele, Harald: Wissenschaftliches Arbeiten in Bibliotheken, München/Wien ²2003.

Krämer, Walter: Wie schreibe ich eine Seminar- oder Examensarbeit?, Frankfurt am Main/New York ²2003.

Kruse, Otto: Keine Angst vor dem leeren Blatt. Ohne Schreibblockaden durchs Studium, Frankfurt am Main/New York ¹⁰2004.

Lück, Wolfgang: Technik des wissenschaftlichen Arbeitens, München/Wien ⁹2003.

Narr, Wolf-Dieter; Stary, Joachim (Hrsg.): Lust und Last des wissenschaftlichen Schreibens. Hochschullehrerinnen und Hochschullehrer geben Studierenden Tips, Frankfurt am Main 1999.

Nicol, Natascha; Albrecht, Ralf: Wissenschaftliche Arbeiten schreiben mit Word, mit CD-ROM. Formvollendete und normgerechte Examens-, Diplom- und Doktorarbeiten, München u. a. 2004.

Opp, Karl-Dieter: Methodologie der Sozialwissenschaften. Einführung in Probleme ihrer Theoriebildung und praktische Anwendung, Wiesbaden ⁶2005.

Perrin, Daniel u.a. (Hrsg.): Schreiben. Von intuitiven zu professionellen Schreibstrategien, Wiesbaden ²2003.

Peterßen, Wilhelm H.: Wissenschaftliche(s) Arbeiten. Eine Einführung für Schule und Studium, München ⁶1999.

Plümper, Thomas: Effizient Schreiben: Leitfaden zum Verfassen von Qualifizierungsarbeiten und wissenschaftlichen Texten, München/Wien 2003.

Schieren, Stefan: Propädeutikum der Politikwissenschaft. Eine Einführung, Schwalbach/Ts. 1996.

Sesink, Werner: Einführung in das wissenschaftliche Arbeiten: mit Internet – Textverarbeitung – Präsentation, München/Wien ⁶2003.

Stary, Joachim; Kretschmer, Horst: Umgang mit wissenschaftlicher Literatur. Eine Arbeitshilfe für das sozial- und geisteswissenschaftliche Studium, Frankfurt am Main 1994.

Stickel-Wolf, Christine/Wolf, Joachim: Wissenschaftliches Arbeiten und Lerntechniken. Erfolgreich studieren – gewusst wie! Wiesbaden ³2005.

Theisen, Manuel R.: Wissenschaftliches Arbeiten: Technik – Methodik – Form, München ¹²2005.

Zielke, Wolfgang: Handbuch der Lern-, Denk- und Arbeitstechniken, Bindlach 1991.

Internet und Politik

Martin Hauck und Wolfgang Muno

1. Einleitung

Die Welt wird in dem Maße komplexer und größer, wie es gelingt, sich Zugang zu den gesellschaftlichen Lebensbedingungen und aktuellen Ereignissen in Gebieten hinter dem Horizont der eigenen Kirchturmspitze zu verschaffen. Dass man dazu nicht mehr wie früher etwa auf einem wankenden Kamelrücken die Ferne mühsam und gefahrvoll durchstreifen muss, ist Techniken zu verdanken, die Informationen in fast beliebigen Formen zwischen beinahe beliebigen Punkten des Globus in sekundenschnelle transportieren können. Nicht nur, dass sich somit ökonomische Transaktionen beschleunigen, vereinfachen, expandieren und erleichtern lassen, die Informationsmaschinerie selbst ist zu einem zentralen Wirtschaftsfaktor geworden. Seit den Anfängen der modernen Kommunikationstechnik im 19. Jahrhundert mit dem Morsetelegrafen über das Telefon, Radio und Fernsehen bis hin zum Mobiltelefon und dem Internet, ist hier eine sich ständig beschleunigende Entwicklung zu verzeichnen. Erst seit 1995 wird das Internet kommerziell genutzt und hat sich schon in seinen ersten Jahren in vielen Lebensbereichen zu einem unverzichtbaren Medium entwickelt, das eines der markantesten Merkmale der vielschichtigen Globalisierungsprozesse geworden ist. Das Netz ist nicht nur Thema der Politikwissenschaft, auch Soziologie, Wirtschaftswissenschaften und Kommunikationswissenschaften beschäftigen sich damit.

Im Folgenden wird aus zwei Perspektiven auf die sich daraus ergebenden Konsequenzen eingegangen. Zunächst geht es um die Frage der Auswirkungen auf Politik und Gesellschaft und die Implikationen für die Politikwissenschaft. Sowohl für das politische Handeln als auch für die wissenschaftliche Forschung ergeben sich durch und mit diesen neuen Informations- und Kommunikationsformen eine Reihe von neuen Optionen in Gestaltung und Analyse. Aus der Sicht der Wissenschaft stellt sich in diesem Zusammenhang ein ganzes Bündel an Fragen, wie z.B.: Welche Chancen und Problematiken erwachsen daraus für die politische Kultur? Kann die Legitimation von politischen Systemen aus dieser Kommunikationsform Nutzen ziehen? Gelingt es so, politische Entscheidun-

468   Martin Hauck und Wolfgang Muno

gen transparenter zu gestalten oder gar Verfahrensweisen einzuführen, die eine umfassendere, direktere und unmittelbarere Partizipation der Öffentlichkeit an politischer Gestaltung und Entscheidung ermöglichen? Wie verändert das Internet die internationalen Beziehungen?

Ein zweiter Teil behandelt den Einsatz des Internet im Studium. Neben allgemeinen Hinweisen stehen hier Möglichkeiten und Grenzen der Nutzung des Internets zur Informationsbeschaffung im Mittelpunkt. Es geht um Recherche im Netz, die Nutzung von Internetquellen in schriftlichen Arbeiten sowie um Kommunikation via E-Mail und Newsgroups.

Internet und Kommunikation

2005 nutzten bereits 55% aller Haushalte in Deutschland das Internet, im europäischen Durchschnitt waren es 35%, in den USA 64%. Diese Kommunikationstechnik weist damit eine beispiellose Entwicklungsdynamik auf. Die Ursprünge des Internets gehen auf Anstrengungen des US-amerikanischen Verteidigungsministeriums in den 60er Jahren zurück, auch im Falle eines atomaren Angriffs die Kommunikationswege aufrecht zu erhalten.[2] Die Lösung dieses Problems lag im Aufbau eines dezentralen Computernetzes, das 1969 mit vier vernetzten Computern startete. In den 80er Jahren beteiligte sich die *National Science Foundation* (NSF) der USA mit dem Aufbau eines Wissenschaftsnetzes. Ende der 80er Jahre gab es bereits ein flächendeckendes Netz von Verbindungen zwischen US-amerikanischen Universitäten und Forschungseinrichtungen. Als erste deutsche Institution ging 1984 die Universität Dortmund ans Netz. Gleichzeitig wandelte sich der Charakter des Internets. Das militärische Netz wurde abgespalten, 1989 wurde am Genfer Institut für Teilchenphysik CERN das *World Wide Web* (WWW) und HTML (Hyper Text Markup Language) entwickelt. Damit lassen sich relativ einfach Texte, Grafiken, Videos und andere Multimediaelemente darstellen und miteinander verknüpfen. 1990 wurde das alte Netz formell aufgelöst, das WWW trat an dessen Stelle und boomte innerhalb weniger Jahre. Aktuelle Schät-

---

[1] Statistisches Bundesamt 2005, <http://www.destatis.de> (11.11.2005).

[2] Zur Geschichte des Internet vgl. *Raymund Werle*: 20 Jahre Internet. Entwicklungspfad und Entwicklungsperspektiven, in: *Kai Handel* (Hrsg.): Kommunikation in Geschichte und Gegenwart, Freiberg 2002, S. 143-159. Zur Entwicklung: Manuel Castells: Die Internet-Galaxie, Wiesbaden 2005

zungen gehen von weltweit über 600 Millionen Nutzern und über 10 Milliarden Webseiten aus.[3]

Die Struktur des Internets ist durch die Prinzipien der Dezentralität und der Offenheit geprägt. Zum Erfolg haben der interaktive Charakter der Informationsdarstellung und die einfache Handhabung beigetragen. Während Radio und Fernsehen nur Angebote für passive Konsumenten machen, können Internetnutzer, die *User*, nicht nur entscheiden, was sie sehen und nutzen wollen, sie können mit anderen kommunizieren und sogar selbst das Internet mitgestalten. Die dezentrale Struktur und die offenen, einheitlichen technischen Standards ermöglichen es allen Organisationen und jeder Person, einen Beitrag ins Internet zu stellen.

Diese Prinzipien führten rasch zum „Mythos Internet".[4] Das Internet galt als demokratisch, egalitär und unkontrollierbar und wurde zum Hoffnungsträger einer besseren, partizipativeren Demokratie stilisiert, in der die Zivilgesellschaft jenseitsstaatlich-repressiver Kontrollen agieren kann. Die technologisch orientierten Auguren versuchten, dieses Potential sogleich mit plakativen Titeln wie *E-Democracy*, *E-Government*, *E-Voting* oder dem der schon etwas angestaubten *Cyber*-Demokratie werbewirksam zu vermarkten. Andererseits wenden Kritiker ein, der durchschnittliche *User* sei männlich, weiß sowie überdurchschnittlich wohlhabend und gebildet, die überwiegende Mehrheit der Weltbevölkerung habe keinen Zugang zum Internet und sowieso sei das Netz durch Kommerz ‚verseucht', das Internet also mitnichten egalitär, partizipativ und demokratisch. Richtig scheint, dass das WWW nicht nur kommunikative Möglichkeiten bietet und eine einzigartige Fundgrube für Informationen darstellt, sondern gleichzeitig zur größten virtuellen Müllhalde der Welt geworden ist. Neben intelligenten Essays und Diskussionsbeiträgen, Verfassungs- und Vertragstexten, wissenschaftlichen Abhandlungen und eingescannten Klassikern der Philosophie gibt es Werbung, politische Propaganda und seichte Unterhaltung in Hülle und Fülle.

---

[3] Online Computer Library Center <http://wcp.oclc.org>, (22.6.2005).

[4] Vgl. *Raymund Werle*: Das „Gute" im Internet und die Civil Society als globale Informationsgesellschaft. Max-Planck-Institut für Gesellschaftsforschung Working paper 00/6, November 2000, <http://www.mpi-fg-koeln.mpg.de/pu/workpap/wp00-6/wp00-6.html> (17.03.2003).

470   Martin Hauck und Wolfgang Muno

2. Politik und Internet: Herausforderungen für die Politikwissenschaft

Da es sich beim Internet um eine noch sehr junge Entwicklung handelt, liegen, sowohl im der Bereich der Anwendung in der praktischen Politik und noch mehr im Bereich der Forschung, kaum Ergebnisse vor.[5] Vielmehr nähert sich die institutionalisierte Politik eher tastend, bedächtig diesem Medium. Auch die Öffentlichkeit reagiert zurückhaltend auf die vielfältigen Möglichkeiten, sich einzumischen oder sich allgemein öffentlich und dazu gleich weltweit sichtbar zu artikulieren. Am wissenschaftlichen Personal wird vielleicht noch viel deutlicher, als dies in der Öffentlichkeit der Fall ist, wie stark polarisierend hinsichtlich des Alters diese Technik wirkt. Die jüngere Generation akzeptiert und nutzt dieses Medium zunehmend mit alltäglicher Selbstverständlichkeit, die Älteren konnten im Bereich der Sozialwissenschaft bislang ihre allseits anerkannten Erkenntnisse und Arbeitsresultate auch ohne massiven Technikeinsatz erzielen. Damit stellt sich bei Letzteren oftmals die Frage nach Aufwand und Nutzen, sich mit dieser Technik zu befassen oder ihr gar forschend zu begegnen, zumal hinsichtlich der konstatierten Diskrepanz international beträchtliche Unterschiede bestehen. Kurz, für den interessierten Wissenschaftler liegt noch immer ein gleichsam neues, fast unberührtes Feld zur freien Bearbeitung vor. Entsprechend offen sind auch noch die möglichen Varianten und Richtungen, die in der Erschließung angegangen werden können.[6] Dennoch liegen grundlegende Dinge bereits fest, nämlich die Faktoren, die das Politische im Allgemeinen und Besonderen bestimmen.

Systemtheorie und Internet

Wie in den ersten Kapiteln dieses Buches dargestellt, befasst sich Politik allgemeinen gesehen mit der Herstellung und Umsetzung von Regelungen im gesellschaftlichen Miteinander. Die dabei er-

---

[5] *Bernd Holznagel, Andreas Grünwald, Anika Hanßmann (Hrsg.)*: Elektronische Demokratie – Bürgerbeteiligung per Internet zwischen Wissenschaft und Praxis, München 2001.

[6] Aktuelle Forschungen werden dokumentiert auf der Homepage der entsprechenden Forschungsgruppe der DVPW unter http://www.internet-und-politik.de.vu.

Internet und Politik   471

forderlichen Prozesse lassen sich nicht ohne Kommunikation realisieren und ebenso findet politische Macht nur in dem Maße Akzeptanz, wie die „Fähigkeit der Herrschenden, Informationen zu
verarbeiten und Lernprozesse durchzumachen"[7] zunimmt. Das
Funktionieren und die Stabilität politischer Systeme bauen auf dem
Zusammenspiel von politischen und gesellschaftlichen Akteuren
auf, die in Strukturen und Regeln eingebunden sind.[8]

In der strukturell-funktionalen Systemtheorie bilden im Regel-
kreismodell von Easton und modifiziert durch Almond/Powell, *inputs, outputs, supports* und *demands* elementare Grundfunktionen
des politischen Systems.[9] Neben den mit diesem Modell begründeten Organisations-, Differenzierungs- und Steuerungsprozessen,
stellen die Informationsflüsse die Verbindung zwischen den Funktionen im System her. Interessensartikulationen, Anforderungen
und Unterstützung für das politische System formen die informa-
tionstragenden und kommunikativen Eingangsgrößen. Im System
selbst findet die Informationsverarbeitung durch Aufnahme, Selektion und Komprimierung statt und schafft somit die Basis für Entscheidungen. Der Ergebnisausstoß – Vermittlung politischer
Entscheidungen – wird, abgesehen von seinen materiellen Komponenten, in Form von Regelungen und Handlungsanweisungen
den potentiellen Adressaten mitgeteilt. Ausgehend von diesem Systemmodell lassen sich Bereiche aus dem Informationsprozess für
eine Untersuchung heranziehen, die Einfluss- und Zugangsmög-
lichkeiten der neuen Internettechniken auf das politischen Systems
untersuchen. Wir konzentrieren uns hierbei auf thematisch relevante Funktionen.

Inputs

Der technik-orientierte Ansatz[10] korrespondiert mit der Auffassung, dass allein mittels verbesserter Informationskanäle die politische Entscheidungsebene quantitativ und qualitativ besser ver-
sorgt werden kann. Bislang hat die ohne den Technikeinsatz
begrenzte Ausnahmekapazität des politischen Systems stark selek-

---

[7] *Klaus von Beyme*: Die politischen Theorien der Gegenwart – Eine Einführung, München 1972, S. 172.
[8] *Wolfgang Merkel*: Systemtransformation, Opladen 1999, S. 57.
[9] Vgl. den Beitrag von *Peter Thiery* in diesem Band.
[10] *Otfried Jarren*: Internet – neue Chancen für die politische Kommunikation? In: Aus Politik und Zeitgeschichte, B40, 1998, S. 13-21.

tierend auf Eingangsinformationen gewirkt, um der Überlastung und damit der Ineffizienz vorzubeugen. Nun lassen sich mit netzwerkbasierten Informationstechniken Potentiale einbeziehen und mobilisieren, die bislang nicht oder unzureichend am politischen Prozess beteiligt waren.

Da mit diesem Medium die Wahrscheinlichkeit steigt, die eigenen politischen Meinungen und Ideen Eingang vorbei an den engen und vorstrukturierten Filterfunktionen der Parteien und Verbände direkter ins politische System einspeisen zu können, ergreifen viele diese Möglichkeit, sich direkt in die Debatte einzubringen. Voraussetzung für eine produktive Nutzung ist jedoch, dass das politische System willens und in der Lage ist, diese zusätzlichen Informationsangebote aufzunehmen und sinnvoll auszunutzen. Damit können nicht nur vermehrt Informationen in das System einfließen, sondern es werden damit auch Synergieeffekte generiert, die das gesellschaftlich politische System bereichern. Damit steht neben den vermittelnden Informationskanälen der Massenmedien nun erstmals eine Möglichkeit zum breit angelegten direkten Informationsaustausch zwischen Bürger und Politiker zur Verfügung. Allerdings ist der Bürger dabei gefordert, die Selektion, Aggregation und Bewertung der Informationen selbst vornehmen zu müssen. Das „Modell der deliberativen Demokratie"[11] setzt dabei die engagierte Mitarbeit und die Diskursfähigkeit der Bürger voraus. Doch wer überhaupt von den verstärkten Input-Angeboten in welchem Gebrauch machen wird, ist eine offene Frage, die auch den Aufwand für die Informationsbeschaffung und -verarbeitung zu beachten hat.

Neben dem technikorientiertem Ansatz gibt eine weiter greifende Variante, den *input* des politischen Systems mit Internettechniken umzugestalten. Diese möchte mit den (welt)offenen Diskussions- und Kommunikationsmöglichkeiten (globales Dorf) gleich das ganze etablierte, institutionelle System der politischen Entscheidungsfindung und Gewaltausübung in Frage gestellt wissen. Die virtuelle Gemeinschaft wird mit den fiktiven Uridealen der Demokratie gleichgesetzt, wo jeder über alles informiert und an allen Diskussionen und Entscheidungen beteiligt ist. Damit wird die emanzipatorische Hoffnung verbunden, dass sich die ‚Erlösung'

---

[11] *Jürgen Stern*: www.mehr-demokratie.ade: Das Internet und die Zukunft der deutschen Politik, in: Gegenwartskunde – Zeitschrift für Gesellschaft, Wirtschaft und Politik, 51 Jg., Heft 2, 2002 S. 255f.

aus der politischen Ohnmacht durch eine veränderte Wahrnehmung der eigenen Stellung in der Gesellschaft und der neuen Einflussmöglichkeiten ergibt.[12] Mag bereits eine deliberative Variante auf Skepsis stoßen, dann ist sie in diesem Fall unvermeidbar.

Nicht zu ignorieren ist gleichwohl der Trend, dass Bürger ohne intermediäre Vermittlung in den politischen Prozess eingreifen. Zu untersuchen ist, inwieweit sich dadurch die klassischen Funktionen von Parteien verändern.[13] Um diesem Trend entgegenzuwirken, präsentieren sich die Parteien mit eigenen Webseiten und nutzen das WWW auch die Verbreitung ihrer Programmatik und zur Stimmenwerbung in Wahlkämpfen. Allerdings erscheinen diese Auftritte noch von großen Unsicherheiten im Umgang mit diesem Medium gekennzeichnet, wie die Versuche verdeutlichen, neue Kreise für Spendeneinnahmen zu erschließen oder die Mitgliederbasis durch „virtuelle Ortsvereine"[14] zu erweitern. Wird sich also künftig die Legitimationsbasis von der Parlamentsarbeit hin zu einer Inszenierung der Kandidaten im Internet entwickeln?[15]

Auch Interessensgruppen sind zur Durchsetzung ihrer Vorstellungen auf die Mobilisierung der öffentlichen Meinung angewiesen. Mit dem Internet ist es wesentlich einfacher geworden, Interessen schnell und wirksam zu organisieren. Der Vertrauensschwund der Bürger in etablierte Parteien und Organisationen befördert zusätzlich den Trend zur Bildung von eigenen Netzwerkorganisationen, virtuellen Gemeinschaften, die zwischen globaler Aktion und lokalem Miteinander angesiedelt sind.[16] Können solche Netzgemeinschaften die gewachsene politische Kommunikation ersetzen? Ist dazu mehr als Technik notwendig? Verhindert nicht die fehlende gemeinsame kulturelle und soziale Basis eine zielgerichtete thematische Diskussion?

---

[12] *Dyson*: Release 2.0 – Die Internet-Gesellschaft, München 1997, S. 50.

[13] *Ulrich von Alemann*: Das Parteiensystem der Bundesrepublik Deutschland, Opladen 2000.

[14] *Alexander Bilgeri, Dorothea Lamatsch, Alexander Siedschlag*: Wahlkampf im Internet – Erfahrungen, Lehren, Perspektiven, in: *Alexander Siedschlag, Alexander Bilgeri, Dorothea Lamatsch* (Hrsg.): Kursbuch – Internet und Politik, Bd. 1, Opladen 2002, S. 18.

[15] *Florian Wachter*: Kandidaten-Websites: Politiker als virtuelle Popstars? in: *Siedschlag u.a.* 2002 (Anm. 14), S. 25-34.

[16] *Alexander Siedschlag, Arne Rogg, Carolin Welzel*: Digitale Demokratie – Willensbildung und Partizipation per Internet, Opladen 2002, S. 22ff.

474 Martin Hauck und Wolfgang Muno

Entscheidungsfindung und Politikformulierung

Im Kern des politischen Systems, dem Ort der Umsetzung aggregierter und gefilterter Inputs, dem Parlament und seinen Ausschüssen sowie der Regierung, steht heute noch das gesprochene Wort und die Akte als Ausdrucks- und Kommunikationsform im Vordergrund. Technische Medien finden hier nur in der Unterstützung dieser klassischen Austauschweisen ihren Platz. Das Internet spielt hier nur eine Nebenrolle, im Wesentlichen als Transporteur von E-Mails. Erst allmählich wird versucht, das Netz als Plattform für den politischen Gestaltungsprozess und der daran Beteiligten zu entdecken. *Policymaking* könnte dann tendenziell eine Verlagerung oder auch Öffnung erfahren, indem die klassische Lobbyarbeit via Internet völlig neue Dimensionen annimmt. Experimentell ist dies schon bei dem neuen Datenschutzgesetz geschehen, um zu prüfen, ob mit einer erweiterten Bürgerbeteiligung die Debatte von der Lenkung und Einengung durch die klassischen Experten gelöst werden kann und neue Qualitäten im Prozess generiert werden können.

Gleichzeitig haben die Entscheidungsträger ein Mittel an der Hand, sich gezielter, spezifischer, eventuell auch unabhängiger und vielfältiger mit Informationen zu versorgen, indem nun neben den klassischen Informationskanälen und -trägern eine qualitativ neue Vielfalt tritt. In der Praxis ist von diesen Ansätzen jedoch bislang noch wenig zu spüren. So war nicht einmal 60 % aller Bundestagsabgeordneten[17] mit einer eigenen Homepage im Netz vertreten.

Die mögliche Erweiterung der Entscheidungsprozesse provoziert neue Forschungsfragen: Wie und wer sollte die Kommunikations- und Aggregationsleistung erbringen und kontrollieren? Welche Auswirkungen wird dies auf die traditionellen politischen Institutionen haben? Sind so überhaupt Fortschritte in der Legitimation, der Effizienz und der Qualität politischer Entscheidungen zu erzielen?

Output

Hier geht es vornehmlich darum, Ergebnisse des politischen Entscheidungsprozesses der Öffentlichkeit zu vermitteln, ihre Akzep-

---

[17] *Philip Wolf*: Ladenhüter im Internet, in: Süddeutsche Zeitung, Nr. 32, 7.2.2002, S. 6.

Internet und Politik 475

tanz zu erhöhen und ihre Implementation zu erleichtern. Dabei steht weniger die Kommunikation als die Information im Vordergrund. Auf diesem Wege kann die Legitimation für das politische System verstärkt werden. Auf der Ebene der Darstellung und Verbreitung politischer Ergebnisse kann das politische System, gleichgültig ob es sich um Kommunen, Landesregierungen, die Bundesregierung oder internationale Institutionen handelt, bereits oft auf eine sehr umfassende virtuelle Repräsentation verweisen. Hier können sich Bürger, Forschende oder auch Studierende in den meisten Fällen einen aktuellen Einblick in Daten, Verordnungen, Diskussionszustände, Gesetze verschaffen, die bislang über die traditionellen Medien nicht, erst verspätet oder nur eingeschränkt kommuniziert wurden und die nun global transparent gemacht werden. Verbunden wird dies mit Serviceleistungen, wie dem Abrufen von Antragsformularen, dem *online* Bestellen von Ausweispapieren bis hin zur Einsicht in Planungsunterlagen oder die Beteiligung an Ausschreibungsverfahren. Dadurch werden Verwaltungsvorgänge für die Beteiligten einfacher und durchschaubarer.

Forschungen beschäftigen sich neben dem Aspekt der Legitimationserzeugung mit der Frage, ob der Staat durch diese Techniken nicht an Souveränität einbüßt[18] oder ob es zu einer Entstaatlichung und neuen Abhängigkeitsverhältnissen kommt.[19] Zu klären ist gleichfalls. ob Gesellschaften mit zunehmender Transparenz nicht verletzlicher und instabiler werden, weil durch eine offene Informationspolitik Schwächen gezielter ausgenutzt werden könnten.

Gesellschaftliche Integration und Differenzierung

Wenn schon durch die Informationsflüsse der Massenmedien neue, kritisch zu wertende Kulturtatbestände erzielt wurden[20], so lässt sich mit Hilfe der Netztechnik in noch viel stärkerem Maße, als dies Presse, Rundfunk und Fernsehen bislang vermochten, die Durchdringung der Gesellschaft und eine Wandlung politischer Kultur erreichen, weil hier die Informationskanäle nicht als Einbahnstraßen ausgelegt sind, sondern in vielfältiger Richtung nutz-

---

[18] *Claus Leggewie*: Demokratie auf der Datenautobahn. in: *Leggewie, C./Maar, C.* (Hrsg.): Internet & Politik, Bollmann, 1998, S. 15-51.

[19] *Christoph H. Werth*: Die Herausforderung des Staates in der Informationsgesellschaft, in: Aus Politik und Zeitgeschichte, B40, 1998, S. 25f.

[20] *Umberto Eco*: Apokalyptiker und Integrierte. Zur kritischen Kritik der Massenkultur, Frankfurt a. M. 1964. S. 33.

476 Martin Hauck und Wolfgang Muno

bar sind. So können sich neue netzwerkartige Strukturen entwickeln, die ortsungebunden Interessensschwerpunkte vereinen, die Probleme aufnehmen und Lösungsansätze verfolgen sowie Plattformen für viele bislang unbearbeitbare oder unbeachtete Bereiche bilden. Bei der Bewertung von Handlungsstrategien und Handlungswirkungen in zivilgesellschaftlichen Kontexten bildet das kommunikative Handeln ein entscheidendes Element.[21] Auch Parteien könnten sich vom *Agenda setting* der Massenmedien lösen, *gate keeper* umgehen und eigene Ziele vorgeben und direkter mit der Bevölkerung kommunizieren.[22]

Zu welcher Entwicklung die direkteren Partizipationsmöglichkeiten führen, ob sogar die Parlamentarier überflüssig werden, angesichts der Chance mit elektronischen Referenden die Bürger in die politische Entscheidungsfindung selbst mit einzubauen, wird aber wohl erst eine ferne Zukunft zeigen. Ob aber ein „vollkommen neues Zeitalter der Partizipation"[23] beginnt, hängt stark von der Möglichkeit der Internetnutzung ab.

Aufgrund der damit verbundenen Partizipationsanforderungen für die Bürger ist ein gehöriges Maß an Skepsis angebracht. Damit stellt sich die Frage nach der aktuellen und künftigen Relevanz solcher Partizipationsansätze in der praktischen Politik. Hier wird zunächst ins Feld zu führen sein, dass die allgemeinen Partizipationsraten am Internet in Deutschland schon einen recht hohen Stand erreicht haben, sogar jeder dritte Bauernhof ist mittlerweile am Netz. Bezogen auf die Benutzerkreise ist die Beteiligung hinsichtlich des Alters, des Geschlechts und des Bildungsgrades jedoch sehr inhomogen.[24] Speziell politische Thematiken haben einen noch spezifischeren Interessentenkreis. Es besteht sogar die Gefahr, dass eine Teilung der Gesellschaft in Teilhabende und Ausgeschlossene, eine Kluft zwischen den Informierten und Engagierten und jenen, die mit Technik und der Komplexität der Entscheidungsmaterien überfordert sind,[25]

---

[21] *Hans-Joachim Lauth, Wolfgang Merkel*: Einleitung: Zivilgesellschaft und Transformation, in: *dies.* (Hrsg.): Zivilgesellschaft im Transformationsprozeß. Länderstudien zu Mittelost- und Südeuropa, Asien, Afrika, Lateinamerika und Nahost, Mainz 1997, S. 22f.

[22] *Winand Gellner, Gerd Strohmeier*: Cyber-Kampagnen in Großbritannien, Deutschland und den USA, in: Siedschlag u.a. (Anm. 14), S. 35-45.

[23] *Rudolf Hetzel*: Jugendliche und das Internet: Chancen für unsere Demokratie, in: Siedschlag u.a. (Anm. 14), S. 47f.

[24] *Siedschlag, Rogg, Welzel* 2002 (Anm. 16), S. 95f; Stern 2002 (Anm. 11).

[25] *Rudolf Hetzel*, 2002 (Anm. 23), S. 55.

Internet und Politik 477

entsteht, die dem Gleichheitsgebot sowie den emanzipatorisch, basisdemokratischen Grundideen dieser Techniknutzung widerspricht.

Bezogen auf Entwicklungsländer zeichnet sich eine noch größere Kluft ab.[26] In diesen Regionen ist die technische Ausstattung und Nutzung des Internets deutlich geringer als in den Industriestaaten. Aufgrund der vielfältigen produktiven Effekte des Internet könnte dies bedeuten, dass für die Zukunft daraus noch stärkere Entwicklungsdefizite resultieren.

Internationale Kooperation

Auch wenn die jüngste Geschichte ,lehrt', dass trotz modernster Informations- und Kommunikationsmittel, sich damit allein nicht immer positive Resultat für die Weltgemeinschaft herstellen lassen, birgt die Technologie dennoch Möglichkeiten, hier künftig Fortschritte zu erzielen. So lässt sich der verbesserte und intensivere Informationsfluss nicht nur gewinnmaximierend im Bereich der *Global Players* einsetzen, sondern auch zur Herstellung von aktueller Weltöffentlichkeit in Gesellschaften, in denen bislang die Abschottung mit einfachen Mitteln durch den Staat aufrechterhalten konnte. Mit den neuen Kommunikationsformen wird das staatliche Informationsmonopol weitgehend gebrochen. Durch den Austausch von Gedanken und der Vereinbarung von Kooperationen auf allen staatlichen und nichtstaatlichen Ebenen beginnt die Idee vom weltweiten Dorf hier an Wirklichkeit zu gewinnen. Dies führt auch zur Konstituierung von Gegenöffentlichkeit, wie die weltweiten Proteste gegen die praktizierte Globalisierung im Umkreis von *attac* zeigen (Attac: Association pour une Taxation des Transactions financières pour l´Aide aux Citoyens; franz. Abk. für „Vereinigung zur Besteuerung von Finanztransaktionen im Interesse der BürgerInnen"). Zu denken ist gleichfalls an die virtuelle Dimension des Guerilla-Kampfes der Zapatistas in Mexiko.

All diese Phänomene verweisen auf maßgebliche Veränderungen im Bereich der internationalen Beziehungen. Neue Akteure konstituieren sich mit Hilfe der elektronischen Kommunikationsmöglichkeiten und koordinieren durch diese ihre politischen Aktionen. Damit wächst die Anzahl der potentiellen Teilnehmer im politischen Prozess auf allen Ebenen. So können lokale Verände-

---

[26] *Dimitry Polikanov*: Ungleichheit und Verwundbarkeit im Netz – Die digitale Spaltung der Welt aufhalten, in: *Siedschlag u.a.* (Anm. 14), S. 99-117.

rungen im brasilianischen Amazonasbecken globale Reaktionen hervorrufen. Damit erschließen sich in doppelter Hinsicht neue Perspektiven für die Forschung: zum einen durch die Veränderung des Untersuchungsgegenstands und zum anderen durch den globalen Informationszugang, der von den vielfältigen Akteure im WWW geboten wird.

Im Rahmen der Transformationsforschung bleibt beispielsweise zu untersuchen, welchen Beitrag die offenen Informations- und Kommunikationsmöglichkeiten des Internet leisten können, um in autoritären Staaten systemverändernd wirkende Positionen aufzubauen oder zu unterstützen. Zu klären wäre, ob es durch die unüberschaubare Zunahme der Vielfalt an Informationskanäle und Inhalten nicht mehr gelingt, diese umfassend zu kontrollieren und sich beispielsweise oppositionelle Informationen im Land verbreiten.[27] Das Netz bietet mit seiner möglichen Anonymität Schutz vor Verfolgung und ermöglicht schnelle sowie kostengünstige Meinungsmultiplikation und -diskussion. Gleichzeitig wächst durch die Möglichkeit, dieses System auch gezielt für politische Propaganda einzusetzen, auch die Gefahr der Destabilisierung von politischen Systemen. Benötigen wir deshalb supranationale Kontrollinstanzen, die hier Regeln erstellen und deren Einhaltung kontrollieren?

3. Internet und Studium

Ebenso wie das Internet, so boomt auch Literatur über das Internet. Doch es macht wenig Sinn, sich deswegen umfassend mit solcher Literatur einzudecken. Ebenso ist das ausufernde Sammeln von „interessanten Internet-Seiten" meist überflüssig. Im Internet kommen ständig neue Seiten hinzu, täglich ändert sich etwas oder verschwindet. Jede Seite im Internet bekommt eine eigene Adresse, *uniform resource locator* (URL).[28] Die URL muss bei der Eingabe vollständig und korrekt sein, sonst ist eine Website nicht mehr

---

[27] Autoritäre Regime versuchen daher, diese Kommunikation zu unterbinden (vgl. Katajun Amirpur: Internet-Cafés im Iran geschlossen, in: Süddeutsche Zeitung, Nr. 112, 16.5.2001, S. 17).

[28] Die URL der Universität Mainz beispielsweise lautet: http://www.uni-mainz.de. Http steht für *Hypertext Transport Protocol*, der Verbindungssprache zwischen Anbieter und Nutzer.

Internet und Politik 479

aufzurufen. Auch hier ändern sich Adressen häufig, neue Endungen (*top level domains*) kommen hinzu, z.B. Ende 2003 die Endung *eu* für europäische Adressen. Daher haben etliche solcher Einführungsbände ihr Haltbarkeitsdatum schon überschritten, wenn sie in Druck gehen.[29] Empfehlenswert ist es, einschlägige, betreute, d.h. aktualisierte Websites im Internet selbst aufzusuchen. Die meisten politikwissenschaftlichen Institute bieten Websites mit *links*, d.h. Verbindungen zu anderen Websites, an.[30]

Am einfachsten ist die Nutzung des Internets für Studierende, wenn sie von ihrer Hochschule einen *account*, d.h. eine Zugangsmöglichkeit zum Netz inklusive E-Mail-Adresse erhalten. Ein Gang ins Rechenzentrum der Universität oder die Universitätsbibliothek genügt, um entsprechend ausgestattete Geräte zu finden.[31] Hier startet man für gewöhnlich mit dem *Portal* der Universität oder der Universitätsbibliothek. Damit hat man den Ausgangspunkt für die wichtigsten *Links*, denn die eigene Bibliothek, das eigene Institut und dessen Dozenten dürften mit eigenen Websites im Netz vertreten sein und einschlägige Informationen anbieten, z.B. Literaturtipps, Seminarpläne, Sprechstunden, Öffnungszeiten, Vorlesungsverzeichnisse, Hinweise für wissenschaftliches Arbeiten und die Recherche im Internet. Außerdem bieten die Rechenzentren Kurse für Studierende an, in denen man den Umgang mit PCs und Internet meist kostenlos lernen kann. Die wichtigsten Adressen im Internet sollte man speichern. Der *Browser* bietet hierfür die Möglichkeit an, so genannte Lesezeichen zu setzen. Bei Netscape wird von *Bookmarks*, beim Internet Explorer von *Favoriten* gesprochen. Diese Lesezeichen

---

[29] Einführungen dieser Art sind z.B. *Christian von Dittfurth*: Internet für Historiker, Frankfurt/M. 1999 (3. Auflage); *Wolfgang Hecker, Rainer Rilling*: Politik im Internet. Eine Suchhilfe mit über 1000 Internet-Adressen, Köln 1998; *Stuart Jenks, Paul Tiedemann*: Internet für Historiker. Eine praxisorientierte Einführung, Darmstadt 2000; *Dietmar Sittek* Internet für Soziologen, Frankfurt/M. 1997; *Christian Stegbauer, Paul Tiedemann*: Internet für Soziologen. Eine praxisorientierte Einführung, Darmstadt 1999.

[30] beispielsweise Mainz (http://www.politik.uni-mainz.de), Heidelberg (http://www.politik.uni-hd.de),
Tübingen (http://www.uni tuebingen.de/uni/spi/urlpool.htm).

[31] Genutzt wird das Angebot im Internet mittels *Browsern*. Die bekanntesten Programme sind der Internet Explorer von Microsoft und der Netscape Communicator. Solche *Browser* sind in der Regel auf PCs vorinstalliert.

480 Martin Hauck und Wolfgang Muno

können auch bearbeitet, d.h. nach Gruppen sortiert, umbenannt oder mit Kommentaren versehen oder auch wieder gelöscht werden. So kann man ein individuelles Verzeichnis relevanter Internetseiten anlegen und rasch auf diese Seiten zugreifen. Sinnvoll ist hierbei auch ein Zugriff auf die relevanten Fachverbände, wobei die *American Political Science Association* (APSA) wohl die meisten *links* zu Aktivitäten anbietet (http://www.apsanet.org/).

Im Internet zu recherchieren ist nicht unbedingt erfolgreicher, schneller oder günstiger als konventionelle Rechercheformen.[32] Vor der Recherche im Internet sollte man sich daher immer fragen: Bekomme ich die gewünschte Information anders einfacher oder schneller? Ein Blick ins Lexikon oder ein Gang in die Bibliothek macht viele Internetstunden wahrscheinlich überflüssig.[33] Eine Suche nach aktueller Literatur funktioniert im elektronischen Katalog einer Bibliothek recht einfach. Die meisten OPACS (Online Public Access Catalogue) können auch von zuhause aus über das Internet recherchiert werden.

Auch Zeitschriften können so recherchiert werden. Außerdem bietet die Deutsche Bibliothek eine Zeitschriftendatenbank (http://zdb-opac.de:7000), die sämtliche in wissenschaftlichen Bibliotheken verfügbaren Zeitschriften nach ihrem Titel recherchierbar macht und neben den bibliographischen Angaben auch die Standorte aufführt. Einzelne Artikel aus Zeitschriften kann man sich vom Dokumentlieferservice Subito (http://www.subitodoc.de) kostenpflichtig liefern lassen.

---

[32] Allgemeine Hinweise zur Recherche im Netz gibt auch *Klaus Schlichte*: Einführung in die Arbeitstechniken der Politikwissenschaft, Wiesbaden 2005. Besonders empfehlenswert ist das „Tutorial für die politikwissenschaftliche Recherche im Netz" von Jürgen Plieninger, herausgegeben vom Institut für Politikwissenschaft der Universität Tübingen (http://homepages.uni-tuebingen.de/juergen.plieninger/polfaq/). Der Autor verspricht nicht nur eine regelmäßige Aktualisierung und Ergänzung, er hält bislang auch sein Versprechen!

[33] Eine echte Konkurrenz für gedruckte Lexika stellt Wikipedia dar, eine freie Online-Enzyklopädie. Es gibt sie mittlerweile in mehr als 100 Sprachen. Das zentrale Charakteristikum ist, dass jeder dort Beiträge verfassen oder bearbeiten kann. Seit Mai 2001 wurden ca. 25 000 Artikel in deutscher Sprache verfasst. Wikipedia ist sicherlich mittlerweile eine ernstzunehmende erste Anlaufstelle für rasche Information, sollte aber nicht als wissenschaftliche Quelle missverstanden werden (http://de.wikipedia.org/wiki/Hauptseite).

Einen besonderen Luxus bieten online verfügbare Zeitschriften, so genannte E-Journals. Hier können Inhalte recherchiert und bei einigen Zeitschriften sogar Artikel komplett aus dem Netz geladen werden. Eine Übersicht über elektronische Zeitschriften bietet die Elektronische Zeitschriftenbibliothek der Universitätsbibliothek Regensburg, die auch von anderen Bibliotheken angeboten wird (vgl. Abb. 1). Vor allem Zeitschriften aus dem angloamerikanischen Raum sind hier erfasst, einige sind online für alle im Netz zugänglich, einige nur mit Inhaltsverzeichnissen. Einige Zeitschriften sind über Abonnements von Instituten und Universitätsbibliotheken im internen Universitätsnetz im Volltext einsehbar.

Fast alle Zeitungen dieser Welt sind mittlerweile im Internet zu finden. Viele Tages- und Wochenzeitungen haben ein eingeschränktes Internetangebot, d.h. sie sind nur auszugsweise im Netz, ganze Ausgaben und Volltextarchive sind kostenpflichtig. Andere Zeitungen sind komplett im Netz, inklusive zurückliegender Jahrgänge. Die Web-Sites von Paperball (http://paperball.fireball.de) und Onlinenewspapers (http://www.onlinenewspapers. com) bieten *links* zu überregionalen und regionalen deutschen Tageszeitun-

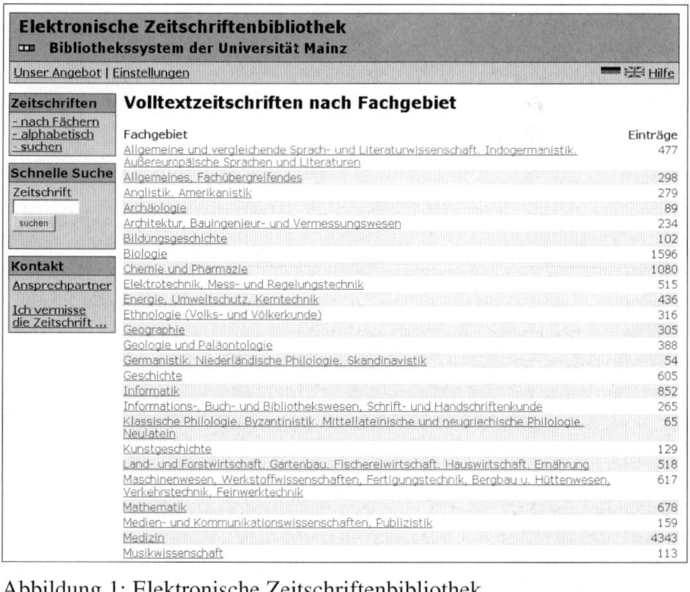
Elektronische Zeitschriftenbibliothek
Bibliothekssystem der Universität Mainz
Unser Angebot | Einstellungen
Hilfe

Zeitschriften
- nach Fächern
- alphabetisch
- suchen

Schnelle Suche
Zeitschrift
suchen

Kontakt
Ansprechpartner
Ich vermisse die Zeitschrift ...

Volltextzeitschriften nach Fachgebiet

Fachgebiet	Einträge
Allgemeine und vergleichende Sprach- und Literaturwissenschaft. Indogermanistik. Außereuropäische Sprachen und Literaturen	477
Allgemeines, Fachübergreifendes	298
Anglistik. Amerikanistik	279
Archäologie	89
Architektur, Bauingenieur- und Vermessungswesen	234
Bildungsgeschichte	102
Biologie	1596
Chemie und Pharmazie	1080
Elektrotechnik, Mess- und Regelungstechnik	515
Energie, Umweltschutz, Kerntechnik	436
Ethnologie (Volks- und Völkerkunde)	316
Geographie	305
Geologie und Paläontologie	388
Germanistik. Niederländische Philologie. Skandinavistik	54
Geschichte	605
Informatik	852
Informations-, Buch- und Bibliothekswesen, Schrift- und Handschriftenkunde	265
Klassische Philologie. Byzantinistik. Mittellateinische und neugriechische Philologie. Neulatein	65
Kunstgeschichte	129
Land- und Forstwirtschaft, Gartenbau, Fischereiwirtschaft, Hauswirtschaft, Ernährung	518
Maschinenwesen, Werkstoffwissenschaften, Fertigungstechnik, Bergbau u. Hüttenwesen, Verkehrstechnik, Feinwerktechnik	617
Mathematik	678
Medien- und Kommunikationswissenschaften, Publizistik	159
Medizin	4343
Musikwissenschaft	113

Abbildung 1: Elektronische Zeitschriftenbibliothek

482   Martin Hauck und Wolfgang Muno

gen (Paperball) und *links* zur Presse weltweit, sortiert nach Regionen und Ländern (Onlinenewspapers).

Eine allgemeine Suche nach Angeboten im Internet bedient sich sogenannter Suchmaschinen. Suchmaschinen durchsuchen systematisch alle erreichbaren Internetseiten und indizieren diese. Dutzende von Suchmaschinen tummeln sich im Netz, die derzeit beliebteste und erfolgreichste Suchmaschine ist Google (http://www.google.de).[34] Diese erfasst mehr als drei Milliarden der insgesamt über zehn Milliarden Internetseiten. Die Suchzeiten sind sehr kurz. Google bewertet bei der Suche nicht nur die Worthäufigkeit und Position der Suchbegriffe, sondern ermittelt vorrangig, auf welche Seiten am häufigsten verwiesen wurde. Die Suchmaske ist klar und übersichtlich und nur gelegentlich mit dezenter Werbung versehen. Neben der einfachen Suche gibt es erweiterte Suchmöglichkeiten sowie die Möglichkeit, die Suche nur auf Seiten in deutscher Sprache oder nur auf Seiten aus Deutschland zu beschränken. Mit Google findet man rasch und einfach Informationen. Gibt man z.B. „Worldbank" als Suchbegriff ein, so ist die Homepage der Weltbank der erste Treffer (http://worldbank.org). Auf der Seite der Weltbank finden sich dann interessante statistische Informationen und Publikationen der Weltbank im Volltext. Da im WWW eine riesige Menge an Informationen angeboten wird, hat sich damit auch die Forschungssituation verändert. Mussten früher viele Sachverhalte mühsam vor Ort recherchiert werden, können nun viele der gesuchten Informationen im Netz gefunden werden. Dies hat beispielsweise die Untersuchungsmöglichkeiten für Studierende im Bereich der *area*-Forschung deutlich verbessert.

Hat man nun mit Hilfe des Internets Informationen gefunden, stellt sich die Frage nach ihrer Bedeutung. Die Heterogenität der Informationsanbieter bedingt stark schwankende Qualitätsunterschiede. Deshalb ist Quellenkritik wichtig. Kriterien können Transparenz und Nachvollziehbarkeit des Autors sein. Ist der Autor klar erkennbar? Wer ist er, Vertreter einer offiziellen Organisation (Weltbank, OECD, Mitarbeiter eines Instituts) oder ein Unbekannter? Legt der Autor seine Quellen wiederum klar dar und hält sich an wissenschaftliche Regeln oder handelt es sich nur um eine es-

---

[34] Im akademischen Bereich gibt es in letzter Zeit Suchmaschinen, die als Schwerpunkt wissenschaftliche Internetseiten auswerten, zum Beispiel Scirus (http://www.scirus.com) oder Scholar Google (http://scholar.google.com).

sayistische Meinung? Inhaltlich kann rasch geprüft werden, ob schon an der Wortwahl Seriosität erkennbar ist oder es sich eher um ein tendenziöses Pamphlet handelt.

Besteht eine Website diesen Test, kann sie prinzipiell wie jede andere Quelle für wissenschaftliche Arbeiten genutzt werden. Bei der Zitation sollte, soweit bekannt, der Autor bzw. die Organisation, Titel, Publikations- bzw. Erstellungsdatum, URL sowie das Datum des Zugriffs angegeben werden. Zu empfehlen ist folgende Art der Angabe: *Harnack, Andrew/Kleppinger, Eugene 2001: Online! A reference guide to using internet sources, <http://www. bedfordstmartins.com.online/index.html> (28.3.2003).* Persönliche Websites ohne Titel können mit dem Hinweis „Homepage" zitiert werden. Da elektronische Quellen jederzeit verändert werden können, ist es sinnvoll, einen Ausdruck der verwendeten Internetquelle zu erstellen und eventuell als Anhang an die Arbeit anzufügen, mindestens aber für Nachfragen aufzuheben.

Die moderne Technik macht dabei auch das Abschreiben leichter. Mittlerweile können komplette Seminar- und Examensarbeiten aus dem Netz geladen werden. Davor sei doppelt gewarnt! Zum einen handelt es sich um einen Täuschungsversuch, der inzwischen von vielen Universitäten geahndet wird, zum anderen macht die Technik auch vor dem Auffinden von Plagiaten nicht halt. Spezielle Suchmaschinen durchsuchen Online-Angebote von Hausarbeiten und spüren so Betrügereien auf. Selbst ist der Mensch, ist immer noch die bessere Devise, die nebenbei auch noch einen sinnvollen Lerneffekt mit sich bringt.

Abschließend sei noch auf die interaktiven Kommunikationsmöglichkeiten des Internets verwiesen. E-Mail, Mailinglists und Newsgroups ermöglichen die günstige, rasche und weltweite Kommunikation, den Austausch von Texten, Meinungen, Dokumenten und Bildern und die Teilnahme an Diskussionen. Solche virtuellen Foren sollten keinesfalls die Diskussion und den Austausch in Seminaren ersetzen, können diese aber fruchtbar ergänzen. Ein Seminar über den Nahost-Konflikt kann z.B. versuchen, Kontakt zu israelischen und palästinensischen Studierenden aufzunehmen und so der Seminardiskussion eine neue Dimension zu verleihen. Diskussionsforen der verschiedensten Themenbereiche können beispielsweise über „Google Groups" erschlossen werden. Mit http://www.politikon.org wurde weiterhin eine Lernplattform geschaffen, die für das Studium grundlegende politikwissenschaftliche Inhalte vermittelt. Damit ist der Einstieg in künftige Formen

484   Martin Hauck und Wolfgang Muno

des Lernens eröffnet. E-Lerning oder der *virtuelle Campus* werden
dafür sorgen, dass traditionelle Lehr- und Lernformen eine Ergänzung mit Motivationscharakter erfahren.

4. Resümee und Ausblick

Wir haben auf viele Chancen hingewiesen, die das Internet für den
politischen Prozess bietet. Die neuen Techniken bringen aber nicht
nur positive Effekte mit sich, sondern können auch Gefahren für
das Funktionieren oder gar den Bestand von politischen (demokratischen) Systemen mit sich bringen. Die Skala der Möglichkeiten
scheint sich an Orwellsche Szenarien anzulehnen. Sie beginnt auf
der noch als Ulk einzustufenden Umleitung oder Verunstaltung von
Homepages ungeliebter Persönlichkeiten, Parteien und Organisationen und geht bis zur Überwachung aller Internetaktivitäten von
Bürgern, Parteien, Regierungen, Firmen durch fast beliebige staatliche oder auch kriminelle Instanzen. Den vorläufigen Gipfel stellen so genannte Cyber-Attacken dar, wobei gezielt Informations-
grundlagen von Staaten, Firmen oder Organisationen zerstört oder
so manipuliert werden, dass lebensnotwendige Abläufe gestört
sein können. Bleibt also nicht zu hoffen, dass die Skeptiker Recht
behalten werden, die sich eher für eine „kommunikative Abkopp-
lung"[35] als für eine Vernetzung einsetzen, sondern, dass mit dieser
Technologie emanzipatorische, kommunikative und partizipative
Elemente befördert werden, die unsere gesellschaftliche und politische Praxis positiv bereichern. Solche erfreulichen Ansätze zeichnen sich im Forschungs- und Bildungssektor ab.
    Das Internet bietet somit erstaunliche Möglichkeiten, die Erwar-
tungen sind aber oft überzogen. Das Netz ersetzt nicht die Welt, es
ist nur ein Teil von ihr. Online-Diskussionen, Internetrecherchen
und virtuelle Wahlkämpfe im Web können Gespräche mit Dozenten und Kommilitonen, die Benutzung der Bibliothek und Politik
„auf der Straße" nur ergänzen, aber nicht ersetzen. Trennt man sich
von überzogenen Erwartungen, kann das Internet das sein, was es
tatsächlich ist: Eine Technik, die Kommunikation manchmal erleichtert.

---

[35] *Jörg Becker*: Massenkommunikation und individuelle Selbstbestim-
    mung. Zur Entregelung staatlich-technischer Informationsprozesse, in:
    Aus Politik und Zeitgeschichte, B40, 1998, S. 10f.

Literatur

Bauer, Andreas: E-Demokratie – neue Bürgernähe oder virtuelle Luftblase, in: Aus Politik und Zeitgeschichte: Beilage zur Wochenzeitung Das Parlament, B 18, 2004, S. 3-6

Boelter, Dietrich; Cecere, Vito; Schemel, Brita: Die Online-Kampagne der SPD im Wahlkampf 2002, in: Forum.Medien.Politik. (Hrsg.): Trends der politischen Kommunikation: Beiträge aus Theorie und Praxis, Reihe: Medien: Forschung und Wissenschaft, Konferenz: Forum.Medien.Politik. – Jena 2003, Bd. 6, Münster 2004, S.184-192

Breidenbach, Joana; Zukrigl, Ina: Vernetzte Welten – Identitäten im Internet, in: Aus Politik und Zeitgeschichte: Beilage zur Wochenzeitung Das Parlament, B 49/50, 2003, S. 29-36

Döring, Nicola: Politiker-Homepages zwischen Politik-PR und Bürgerpartizipation, in: Publizistik: Vierteljahreshefte für Kommunikationsforschung, Zeitschrift für die Wissenschaft von Presse, Rundfunk, Film, Rhetorik, Öffentlichkeitsarbeit, Nr. 1, Jg. 48, 2003, S. 25-46

Emmer, Martin; Vowe, Gerhard: Mobilisierung durch das Internet Ergebnisse einer empirischen Längsschnittuntersuchung zum Einfluss des Internets auf die politische Kommunikation der Bürger, in: Politische Vierteljahresschrift: Zeitschrift der Deutschen Vereinigung für Politische Wissenschaft, H. 2, Jg. 45, 2004, S.191-212

Filzmaier, Peter; Winkel, Birgit: Parlamente im Netz Internetseiten im EU-Vergleich, in: Aus Politik und Zeitgeschichte: Beilage zur Wochenzeitung Das Parlament, B 49/50, 2003, S. 37-46

Gellner, Winand; Strohmeier, Gerd: Politische Kommunikation im Internet. Das Internet als politisches Informationsmedium am Beispiel von parteiunabhängigen Politik-Portalen, in: Sarcinelli, Ulrich; Tenscher, Jens (Hrsg.): Machtdarstellung und Darstellungsmacht: Beiträge zu Theorie und Praxis moderner Politikvermittlung, Baden-Baden 2003, S. 125-140

Gellner, Winand; Korff, Fritz von (Hrsg.): Demokratie und Internet, Baden-Baden 1998.

Glatzmeier, Armin: Kommunikationspotenziale des Internet zur wirksamen Integration von Online-Strategien in die Wahlkampagne, in: Forum.Medien.Politik. (Hrsg.): Trends der politischen Kommunikation: Beiträge aus Theorie und Praxis, Reihe: Medien: Forschung und Wissenschaft, Konferenz: Forum.Medien.Politik. – Jena 2003, Bd. 6, Münster 2004, S. 168-183

Hanßmann, Anika: Möglichkeiten und Grenzen von Internetwahlen, Reihe: Nomos Universitätsschriften: Medien, Bd. 26, Baden-Baden 2004

Holznagel, Bernd; Grünwald, Andreas; Hanßmann, Anika: Elektronische Demokratie. Bürgerbeteiligung per Internet zwischen Wissenschaft und Praxis, München 2001.

Kapferer, Stefan: Einmal Inszenierung und zurück zur Professionalisierung der politischen Kommunikation, in: Forum.Medien.Politik. (Hrsg.):

Trends der politischen Kommunikation : Beiträge aus Theorie und Praxis, Reihe: Medien: Forschung und Wissenschaft, Konferenz: Forum.Medien.Politik. – Jena 2003, Bd. 6, Münster 2004, S. 38-46

Kersting, Norbert: Online-Wahlen im internationalen Vergleich, Aus Politik und Zeitgeschichte: Beilage zur Wochenzeitung Das Parlament, B 18, 2004, S. 16-23

Kreutz, Christian: Protestnetzwerke eine neue Dimension transnationaler Zivilgesellschaft, Reihe: Region – Nation – Europa, Bd. 23, Münster 2003

Kursbuch Internet und Politik (erscheint halbjährlich); nähere Hinweise unter http://www.kursbuch-internet.de

Leggewie, Claus: Von der elektronischen zur interaktiven Demokratie das Internet für demokratische Eliten, in: Klumpp, Dieter; Kubicek, Herbert; Roßnagel, Alexander (Hrsg.): Next generation information society? Notwendigkeit einer Neuorientierung, Mössingen 2003, S. 115-128

Leschke, Rainer: Einführung in die Medientheorie, München 2003.

Rogg, Arno (Hrsg.): Wie das Internet die Politik verändert Einsatzmöglichkeiten und Auswirkungen, Fachtagung „Digitale Demokratie wagen. Internet verändert Politik" – Berlin 2002, Opladen 2003

Römmele, Andrea: Direkte Kommunikation zwischen Parteien und Wählern. Professionalisierte Wahlkampftechnologien in den USA und in der BRD, Wiesbaden 2002.

Sarcinelli, Ulrich; Tenscher, Jens (Hrsg.): Machtdarstellung und Darstellungsmacht, Beiträge zu Theorie und Praxis moderner Politikvermittlung, Baden-Baden, 2003

Scholtz, Hanno: Effiziente politische Aggregation, Opladen 2002.

Scholz, Stefan: Vom Traum der Internet-agora zur Realität der Online-Kampagne. Thesen zu Zukunftstrends von Online-Kampagnen. in: Trends der politischen Kommunikation: Beiträge aus Theorie und Praxis, Forum.Medien.Politik. (Hrsg.), Reihe: Medien: Forschung und Wissenschaft, Konferenz: Forum.Medien.Politik. – Jena 2003, Bd. 6, Münster 2004, S. 194-202,

Siedschlag, Alexander; Bilgeri, Alexander (Hrsg.): Kursbuch Internet und Politik, Schwerpunkt: Elektronische Demokratie im internationalen Vergleich, Bd. 2/2002, Opladen 2003

Siedschlag, Alexander; Bilgeri, Alexander; Lamatsch, Dorothea (Hrsg.): Kursbuch – Internet und Politik, Bd. 1, Opladen 2002.

Siedschlag, Alexander; Rogg, Arne; Welzel, Carolin: Digitale Demokratie. Willensbildung und Partizipation per Internet, Opladen 2002.

Winkel, Olaf: Zukunftsperspektive Electronic Government, in: Aus Politik und Zeitgeschichte : Beilage zur Wochenzeitung Das Parlament, B 18, 2004, S. 7-15

Woyke, Wichard (Hrsg.): Internet und Demokratie, Politische Bildung Heft 4, Jg. 32, Schwalbach 1999.

IV. Berufsperspektiven

Politikwissenschaft und Arbeitsmarkt

Christian Wagner

1. Einleitung

Kaum ein Vorurteil über ein Studienfach hält sich hartnäckiger als der Satz: ‚Wer Politikwissenschaft studiert, wird Politiker.' Vor allem für Personen außerhalb des Faches und der Universität ist es schwierig, eine Verbindung zwischen dem Fach und späteren Berufen herzustellen. Aus Medizinstudenten werden Ärzte, aus Jurastudenten Richter oder Rechtsanwälte, was also wird aus Politikwissenschaftlern, wenn nicht Politiker? Einige prominente Beispiele lassen sich für diese Karriere anführen, wie z.B. der frühere SPD-Verteidigungsminister Rudolf Scharping, Matthias Wissmann, einst CDU-Verkehrsminister, Walter Momper, ehemals Bürgermeister in Berlin, Bernd Protzner, früherer Generalsekretär der CSU, Bernhard Vogel, der Ministerpräsident in Thüringen oder Dieter Salomon, der erste Oberbürgermeister von Bündnis 90/Die Grünen in Freiburg. Obwohl Altbundeskanzler Helmut Kohl Historiker ist, könnte er mit in die Reihe aufgenommen werden, denn seine Dissertation über die Parteienentwicklung in Rheinland-Pfalz nach dem 2. Weltkrieg würde heute als politikwissenschaftliches Thema gelten. Doch die wenigen Beispiele bleiben Ausnahmen und erklären nicht umfassend, in welchen Bereichen die Absolventen und Absolventinnen des Faches Beschäftigungsmöglichkeiten finden können.

Ziel des Beitrags ist es, Chancen und Probleme des Arbeitsmarktes für Politikwissenschaftler darzustellen. In welchen Bereichen haben Absolventen des Faches bislang Beschäftigung gefunden, welche Qualifikationen waren hierzu zusätzlich zum Studium erforderlich? Um diese Fragen zu klären, werden zunächst einige Ergebnisse von Verbleibsstudien und daran anschließend die ‚klassischen' Berufsfelder kurz vorgestellt. Der folgende Teil befaßt sich mit den Studienabschlüssen und möglichen Zusatzqualifikationen. Abschließend werden die Probleme und Möglichkeiten im Übergang von Studium und Beruf erörtert.

488 Christian Wagner

2. Die Verbleibsstudien: Wo sind sie geblieben?

Wer sich für mögliche Berufsperspektiven interessiert, stößt zunächst immer wieder auf Auskünfte wie: „Für Politologen gibt es [...] kaum ein festgelegtes und klar umrissenes Berufsbild."[1] Der Verweis auf das ‚unscharfe' Berufsbild findet sich in vielen anderen Publikationen und hängt mit der gängigen Definition von Beruf zusammen:

> „Als Beruf werden die auf Erwerb gerichteten, charakteristische Kenntnisse und Fertigkeiten sowie Erfahrungen erfordernden und in einer typischen Kombination zusammenfließenden Arbeitsverrichtungen verstanden."[2]

Diese Definition trifft sicherlich für viele der klassischen Universitätsfächer wie Medizin und Jura zu. Aber für die Politikwissenschaft? Bei der Betrachtung möglicher Berufsfelder ist es wichtig, sich stets vor Augen zu führen, dass ‚Politologe' oder ‚Politikwissenschaftler' keine Berufsbezeichnungen darstellen, sondern lediglich die Absolventen des Studienfaches bezeichnen. Solche unspezifischen Berufsbilder führen oft zu einer größeren Konkurrenz um mögliche Arbeitsplätze. Wer Arzt werden will, muss Medizin studieren. Wer Journalist werden will, kann Biologie ebenso studieren wie Geschichte, Volkswirtschaft oder Politikwissenschaft. Dieses Beispiel macht eines der Grundprobleme für Politologen auf dem Arbeitsmarkt deutlich. Als relativ junge Disziplin weist die Politikwissenschaft zahlreiche Berührungspunkte mit benachbarten Fächern wie Soziologie, Geschichtswissenschaft, Wirtschaftswissenschaft, Rechts- und Verwaltungswissenschaft oder Philosophie auf.[3] Diese Überschneidungen sind im Lehrbetrieb

---

[1] *Bund-Länder-Kommission für Bildungsplanung und Forschungsförderung und Bundesanstalt für Arbeit*: Studien- und Berufswahl, Bad Honnef 1992, S. 195.

[2] Statistisches Bundesamt, 1981, S. 85, zit. nach *Gerhard W. Wittkämper*: Politikwissenschaft und Beruf, in: *Jürgen Bellers, Rüdiger Robert* (Hrsg.): Politikwissenschaft I. Grundkurs, Münster 1988, S. 276-316, S. 276.

[3] Vgl. *Gerhard W. Wittkämper*: Zur tätigkeitsfeldorientierten Professionalisierung der politikwissenschaftlichen Ausbildung, in: *Hans-Herrmann Hartwich* (Hrsg.): Politikwissenschaft. Lehre und Studium zwischen Professionalisierung und Wissenschaftsimmanenz, Opladen 1987, S. 111-126, S. 118.

Politikwissenschaft und Arbeitsmarkt 489

durchaus fruchtbar, führen jedoch auf dem Arbeitsmarkt zu einer Konkurrenz zwischen den Absolventen dieser Fächer. Das Problem der Identität der Disziplin[4] stellt sich somit nicht nur in Lehre und Forschung, sondern spiegelt sich auch auf dem Arbeitsmarkt wider.

Die bisherigen Verbleibsstudien über den beruflichen Werdegang von Absolventen der Politikwissenschaft vermitteln nicht unbedingt ein repräsentatives Bild der Arbeitsmarksituation.[5] Die Mehrzahl der Studien befasst sich mit den Absolventen des Diplomstudienganges, wohingegen die Arbeitsmarktsituation der Magisterabsolventen bislang eher unterrepräsentiert ist. Trotz dieser Einschränkungen lässt sich anhand der Untersuchungen die Bandbreite der Tätigkeitsbereiche darstellen.

Eine der ersten Studien befasste sich mit dem Berufseinstieg von Absolventen der Freien Universität Berlin bis 1968, obwohl zur damals die Meinung vorherrschte, dass für Absolventen des Faches kein Bedarf auf dem Arbeitsmarkt bestehe. In dieser Zeit des Hineindrängens in neue Gebiete fanden Politologen zunächst Beschäftigung in den Hochschulen, im öffentlichen Dienst, bei den Medien und in der Erwachsenenbildung. Erstaunlich wenig Möglichkeiten gab es bei genuin politischen Institutionen, wie Parteien und Verbänden. Insgesamt konnten Politikwissenschaftler damals noch ihre Tätigkeitsbereiche weitgehend selbst prägen.[6]

Die frühen siebziger Jahre galten als ,Goldenen Zeiten' für Politologen. Dem ,Zeitgeist' entsprechend wurde der Ausbau der Hochschulen forciert, die Planungseuphorie und die damit verbundene ,Verwissenschaftlichung' von Politik und Verwaltung ließen überall Planungsreferate entstehen. Zudem fand das Fach Politik Aufnahme in die Lehrpläne der Schulen. Die Reformeuphorie ließ jedoch bald nach, der Ausbau der Hochschulen geriet ins Stocken, und in der Verwaltung setzte sich das Monopol der Juristen durch.

---

[4] Vgl. *Peter Grottian*: Politologin oder Politologe – Suche nach einer neuen Identität, in: *Iring Fetscher, Herfried Münkler* (Hrsg.): Politikwissenschaft. Begriffe-Analysen-Theorien. Ein Grundkurs, Hamburg 1985, S. 637-648.

[5] Zum Problem der Einordnung der Politologen in der Statistik der Bundesanstalt für Arbeit vgl. *Wittkämper* 1988 (Anm. 2), S. 276-278.

[6] Vgl. *Dirk Hartung, Reinhard Nuthmann, Wolfgang D. Winterhager:* Politologen im Beruf. Zur Aufnahme und Durchsetzung neuer Qualifikationen im Beschäftigungssystem, Stuttgart 1970, S. 158.

490 Christian Wagner

Die zweite Absolventenuntersuchung aus Berlin belegte, dass die Politikwissenschaft, von der kurzen Phase Anfang der siebziger Jahre abgesehen, ein Studium mit unkalkulierbaren Berufschancen und fehlenden Karrieremustern blieb.[7] Stabile Berufspositionen eröffneten sich nur dann, wenn die Absolventen ein hohes Maß an Mobilität, Flexibilität und Eigeninitiative mitbrachten.

Die dritte Berliner Studie von Ebbinghausen u.a.[8] zeigte einen widersprüchlichen Befund. Trotz fehlender Berufsbilder konnten fast 60% der Absolventen eine Anstellung gemäß ihrer sozialwissenschaftlichen Ausbildung finden. Zunehmend wichtiger wurde jedoch der ‚Grauzonen-Arbeitsmarkt', d.h. Werkverträge, Honorartätigkeiten und befristete Arbeitsverhältnisse.[9] Wesentliche Voraussetzungen für einen erfolgreichen Berufseinstieg waren fundierte methodische Kenntnisse sowie ‚extrafunktionale Fähigkeiten' wie Artikulationsvermögen, Kooperation, Problemerkennung. Die Absolventen kritisierten, dass gerade solchen Punkten im Studium zu wenig Beachtung geschenkt worden war.

Die vierte Studie aus Berlin von Fiebelkorn/Schramm[10] stellte fest, dass 40% der Absolventen eine studienadäquate Beschäftigung und 60% eine sozialversicherungspflichtige Tätigkeit aufnehmen konnten. Als günstig für den Berufseinstieg wurden persönliche Kontakte und Praktika genannt. Allerdings konstatierten die Autoren ein hohes Maß an beruflicher Instabilität, die durch den ‚Rotationsarbeitsmarkt', in dem Wechsel zwischen sozial sehr unterschiedlich abgesicherten Arbeitsverhältnissen, bedingt war.[11]

---

[7] Eine Kurzfassung dieser zweiten Absolventenstudie aus Berlin findet sich bei *Gisela Rentrop*: Besser Generalist oder Spezialist? In: Uni Berufswahl-Magazin (1978) 11, S. 10-14. dies.: Politologe ist noch kein ‚Beruf', in: Uni Berufswahl-Magazin (1978) 12, S. 6-11.

[8] Vgl. *Rolf Ebbinghausen, Peter Grottian, Dieter Grühn, Zoltán Jákli, Reinhard Ost, Uwe Osterholz, Rüdiger Preißer, Ulrich Sämann*: Berliner Politologen auf dem Arbeitsmarkt – Suche nach einer neuen Identität? Eine empirische Verbleibsstudie über die Absolventenjahrgänge 1974-1980, in: Politische Vierteljahresschrift 24 (1983) 1, S. 113-130.

[9] Vgl. ebd., S. 120.

[10] Eine Zusammenfassung der Ergebnisse der Untersuchung findet sich bei *Joachim Fiebelkorn, Thomas Schramm*: Berliner Politologen auf dem Arbeitsmarkt. Verbleibsuntersuchung der Absolventenjahrgänge des Berliner Otto-Suhr-Instituts von 1979 bis 1986, in: Politische Vierteljahresschrift 30 (1989) 4, S. 674-677.

[11] Ebd., S. 676.

Die fünfte Studie hat demgegenüber ein positiveres Bild der Arbeitsmarktsituation gezeichnet und einige der früheren Thesen, z.B. über den Grauzonen- und Rotationsarbeitsmarkt zumindest angeschwächt.[12] Der taxifahrende Politologe ist mittlerweile, den empirischen Befunden Rössles zufolge, mehr ein Trugbild denn Realität. Wenngleich auch er kein allzu rosiges Bild der Arbeitsmarktsituation zeichnet, so zeigt sich doch, dass der Anteil der Tätigkeiten mit politikwissenschaftlichem Bezug ist mit ca. 75% vergleichsweise hoch ist.[13]

Die Untersuchung von Hamburger Absolventen des dortigen Diplomstudienganges führte zu ähnlichen Ergebnissen wie in Berlin. Erfasst wurden hierbei die Absolventen der Abschlussjahrgänge 1970 bis 1991. Auch hier waren Politikwissenschaftler „flexible Allrounder"[14], die sich nur schwer auf bestimmte Berufsbilder festlegen ließen. Dennoch zeigt sich als Trend, dass bei einer deutlichen Mehrheit (über 80 Prozent) eine positive Einschätzung der beruflichen Situation vorherrschte.

Während die Situation von Absolventen des Diplomstudienganges relativ gut erforscht ist, gibt es für Magisterabsolventen eine Forschungslücke, da es gemessen an der Zahl der Hochschulorte mehr Studienmöglichkeiten für den Magisterabschluss in Politikwissenschaft gibt als für das Diplom.[15] Eine der wenigen Absolventenstudien für den Magisterstudiengang kommt aus Münster.[16] Hier gibt es allerdings methodische Probleme, da z.B. nur ein Drit-

---

[12] *Tim Rössle*: Berufseinmündung und Berufsverbleib Berliner PolitologInnen. Eine empirische Untersuchung über die AbsolventInnen der Jahre 1987 bis 1992, Frankfurt a.M. 1995, S. 102.

[13] Vgl. ebd., S. 103.

[14] So der Titel der Studie von *Bert Butz, Sebastian Haunss, Robert Hennies, Martina Richter* (Hrsg): Flexible Allrounder: Wege in den Beruf für PolitologInnen. Ergebnisse einer AbsolventInnenbefragung am Institut für Politische Wissenschaft der Universität Hamburg, Hamburg 1997.

[15] Im Frühjahr 2000 wurden 12 Diplom- aber 51 Magistersstudiengänge für Politikwissenschaft an deutschen Hochschulen angeboten, vgl. Hochschulkompass der Hochschulrektorenkonferenz (HRK) unter http://www. hochschulkompass.hrk.de.

[16] Vgl. *Jürgen Bellers, Daniela Grobe, Ingo Haase, Stefanie Jachertz*: Münsteraner Politologen auf dem Arbeitsmarkt. Eine empirische Verbleibsstudie über die Absolventenjahrgänge 1972 bis 1988, in: Politische Vierteljahresschrift 31 (1990) 4, S. 661-671.

492 Christian Wagner

tel der 220 Befragten Politikwissenschaft im Hauptfach studierten. Die Wahl eines anderen Hauptfachs (besonders Publizistik) erklärt, warum ca. 40% der Absolventen eine Anstellung im Medienbereich gefunden haben – ein im Vergleich mit anderen Verbleibsstudien überproportional hoher Anteil.

Die Marburger Untersuchung von Jahr erfasste Absolventen des Diplom- und Magisterstudienganges der Jahre 1980 bis 1993.[17] Er wies ebenfalls darauf hin, dass die Berufseinmündung bei Politikwissenschaftlern eher ein biographischer Prozess denn eine klassische Berufskarriere darstellt. Dieser ergibt sich aus dem

> „Zusammenspiel verschiedenster Faktoren wie der Spezialisierung während des Studiums, dem Thema der Abschlussarbeit, Praktika, studentischen Jobs, Kontakten, individuellen Neigungen, persönlichem Auftreten und soft skills, politischem Engagement und, nicht zuletzt, Zufällen."[18]

Die zweite Marburger Verbleibsstudie hat ebenfalls ein relativ günstiges Bild der Arbeitsmarktsituation für Politikwissenschaftler entworfen: „Fast vier Fünftel haben eine studienadäquate Tätigkeit inne, für die ein Hochschulabschluss Voraussetzung ist, etwa die Hälfte übt Tätigkeiten mit Studienfachbezug aus."[19]

Die Verbleibsstudien zeigen, dass es Absolventen der Politikwissenschaft trotz unklarer Berufsperspektiven immer wieder gelungen ist, sich Beschäftigungsmöglichkeiten in unterschiedlichsten Berufsfeldern zu eröffnen. Die Vergleichbarkeit der Studien ist aber nur eingeschränkt möglich. So sind die Beschäftigungsverhältnisse nicht immer danach unterschieden, ob eine sozialversicherungspflichtige Tätigkeit vorlag. An den Universitäten sind die meisten Stellen zeitlich befristet, und Tätigkeiten im Dienstleistungssektor weisen z.T. einen hohen Anteil an ausbildungsfremden Tätigkeiten auf.

Diese uneinheitliche Bild zeigt sich auch in der Einkommensentwicklung. In der ersten Studie entsprachen die Einkommensverhältnisse der Absolventen noch weitgehend denen anderer Uni-

---

[17] Für eine Zusammenfassung der Ergebnisse vgl. *Volker Jahr*: Bunte Vielfalt an Tätigkeiten, in: Unimagazin, 22 (Januar 1998) 1, S. 16-21.

[18] Ebd., S. 17.

[19] Volker Jahr, David Frechenhäuser, Thorsten Büchner, Thomas Galgon: Marburger Politologinnen auf dem Arbeitsmarkt revisited: Die Jahrgänge 1993-2000, in: http://www.uni-marburg.de/politikwissenschaft/absolventenbefragung_2000.htm, S. 23.

Politikwissenschaft und Arbeitsmarkt   493

versitätsabsolventen. Als Orientierung diente hierbei die Eingangs-
besoldung für Hochschulabsolventen im Öffentlichen Dienst (BAT
IIa bzw. A 13). In der dritten Berliner Studie zeigte sich vor allem
bei Berufsanfängern eine deutliche Verschlechterung der finanziellen Situation. „Ein traditionelles ‚akademisches Einkommensni-
veau‘, das einem Gehalt nach BAT IIa entspräche, wird fast zur
Ausnahme".[20] Die vierte Berliner Studie von Fiebelkorn u.a. bestätigte diese Entwicklung, da nur noch 22% der Absolventen ein
mit BAT IIa vergleichbares Nettoeinkommen erzielten, während
55% weniger als DM 2.000 netto, und 18% gar unter DM 1.000
verdienten.[21] Die neueren Untersuchungen von Rössle und Jahr u.a.
zeigten demgegenüber eine im Vergleich zu Fiebelkorn u.a. deutlich positivere Einkommensentwicklung zumindest im Bereich der
angestellt Beschäftigten, die über 50% der Befragten ausmachten.

Vor allem die neueren Studien wiesen darauf hin, dass die Zufriedenheit mit der beruflichen Situation nicht unbedingt mit der
Höhe des erzielten Einkommens zusammenhing. Vielmehr steht
das Interesse am Fach bei der Studienwahl im Vordergrund, nicht
unbedingt der spätere Beruf.

3. Berufsfelder für Politikwissenschaftler

Wenngleich die einzelnen Studien unterschiedliche Kategorien für
die Berufsfelder verwenden, so lassen sich trotzdem die wichtigsten Tätigkeitsbereiche herausdestillieren, in denen Politikwissenschaftler bislang Beschäftigungsmöglichkeiten gefunden haben. Es
sind dies die Bereiche: Universität/Forschung, private Dienstleistungen, Medien, Öffentliche Verwaltung, öffentliche/ soziale
Dienstleistungen, Internationale Organisationen, Gewerkschaften/
Verbände/Stiftungen, Parteien/ Parlamente/ Abgeordnete.[22]

Die Größe und Aufnahmekapazität der Bereiche ist sehr unterschiedlich und stark von konjunkturellen Bedingungen abhängig.
Während die Einsparungen in den öffentlichen Haushalten zu be-

---

[20] Zit. nach *Bundesanstalt für Arbeit:* Blätter zur Berufskunde, Band 3: Po-
litologie/Politologin, Nürnberg [8]1996, S. 197.

[21] Vgl. ebd., S. 198.

[22] Die Unterteilung folgt *Rössle* 1995 (Anm. 12), S. 53-60, umfasst aber
auch die wichtigsten Bereiche bei *Fiebelkorn* u.a. 1989 (Anm. 10), *Butz*
u.a. 1997 (Anm. 14) sowie bei *Jahr* (Anm. 17).

494 Christian Wagner

trächtlichen Stelleneinsparungen geführt haben, hat der Ausbau der privaten Medien eine deutliche Ausweitung der Beschäftigungsmöglichkeiten mit sich gebracht.

1. *Universität und Hochschulen* bilden eines der wichtigsten Berufsfelder für Politikwissenschaftler. Anstellungsmöglichkeiten finden sich als wissenschaftliche Mitarbeiter bei Forschungsinstituten[23], Fachhochschulen und Universitäten. Für diesen Bereich ist es unabdingbar, die akademische Karriere zu durchlaufen. Nach dem ersten Studienabschluss muss zunächst die Dissertation und danach zumeist die Habilitation erfolgen. Dies geschieht in Verbindung mit Forschungsprojekten oder mit befristeten Verträgen an der Universität als Assistent oder wissenschaftlicher Mitarbeiter. Für eine der eher seltenen Professuren für Politikwissenschaft an Fachhochschulen muss neben der Promotion zumeist auch eine fünfjährige Berufspraxis nachgewiesen werden.

2. Im Bereich *private Dienstleistungen/Privatwirtschaft* haben sich in den vergangenen Jahren zunehmend Beschäftigungsmöglichkeiten für Politikwissenschaftler ergeben, wie die zweite Marburger Verbleibsstudie deutlich gemacht hat. Hier ist die Bandbreite sehr groß und reicht vom freiberuflichen Taxiunternehmer bis hin zur Referententätigkeit bei Großunternehmen wie Banken und Versicherungen in so unterschiedlichen Bereichen wie Auslandsbeziehungen, Personalwesen, Öffentlichkeitsarbeit, interne Weiterbildung oder Marktforschung. Gerade hier werden in immer stärkerem Maße sog. Schlüsselqualifikationen wie kommunikative Kompetenz, analytisches Vorgehen, organisatorisches Geschick und Teamarbeit verlangt.

3. Durch den Ausbau der privaten *Medien* in den vergangenen Jahren haben sich in diesem Bereich eine Reihe neuer Berufsmöglichkeiten auch für Politikwissenschaftler ergeben. Die Bandbreite der beruflichen Tätigkeiten reicht hier vom freiberuflichen Journalisten bis zum fest angestellten Redakteur. Der Journalistenberuf erfordert neben der publizistischen Fähigkeiten auch die notwendige Sachkenntnis in einem bestimmten Gebiet – in unserem Fall die Politik. Darüber hinaus sind Recherchieren und Schreiben unter Termindruck unabdingbare Voraussetzungen für eine solche Tätigkeit.

---

[23] Ein anschauliches Beispiel für die Arbeit als Politologe in einem Forschungsinstitut findet sich im Unimagazin, vgl. ohne Autor, Seit jeher Frankreich im Blick, in: Unimagazin, 21 (Januar 1997) 1, S. 58-61.

Politikwissenschaft und Arbeitsmarkt 495

4. Der *öffentliche Dienst* zählte lange Zeit zu den wichtigsten Arbeitgebern für Politikwissenschafter. Dieser Bereich ist ebenfalls sehr breit und umfasst neben den Bundes- und Landesministerien, die Kommunen, die Bundesanstalt für Arbeit oder die Hochschulverwaltung. Die Beamtenstellen in diesen Bereichen werden aufgrund der Anforderungen vor allem von Juristen eingenommen, doch können sich in einigen Bundesländern Politikwissenschaftler ebenfalls für den höheren Dienst bewerben und nach einer erfolgreich absolvierten Prüfung ein Referendariat absolvieren.

5. Der Bereich *öffentliche und soziale Dienstleistungen* reicht von den Schulen bis hin zu sozialen Einrichtungen verschiedener Träger. Hier findet sich der Sozialkundelehrer ebenso wie der Referent in einer kirchlichen Entwicklungshilfeorganisation oder der freiberufliche Referent in der politischen Erwachsenenbildung. Wer eine Tätigkeit im Schuldienst anstrebt, muss auf jeden Fall den Abschluss Staatsexamen wählen. Für die Erwachsenenbildung ist das Staatsexamen ebenfalls sinnvoll, denn in diesem Studiengang werden pädagogische Kenntnisse vermittelt, die nicht nur in der Schule, sondern auch in der politischen Bildung gefragt sind.

6. Die wichtigsten Anlaufstellen im Bereich *internationale Organisationen* sind zunächst der diplomatische Dienst. Das Auswärtige Amt führt jährlich einen Eingangstest durch, der hohe Anforderungen in den Bereichen Politik, Wirtschaft, Recht und Fremdsprachen stellt. Nach bestandener Prüfung und einem Vorbereitungsdienst erfolgt dann der weltweite Einsatz.[24] Das Aufgabenfeld ist weit gesteckt und reicht von der Presse- und Öffentlichkeitsarbeit über die Kulturpolitik bis hin zur politischen Lagebeurteilung der jeweiligen Staaten. Zu den für Politikwissenschaftlern interessanten internationalen Organisationen zählen u.a. die Europäische Union (EU), der Europarat und die Vereinten Nationen (VN) mit ihren Unterorganisationen. Auch hierfür gibt es allgemeine Eingangstests für Nachwuchsbewerber, die unregelmässig ausgeschrieben werden.[25] Für alle Tätigkeiten im diplomatischen Dienst oder bei internationalen Organisationen gilt, dass ne-

---

[24] Informationen hierzu finden sich u.a. auf der Startseite des Auswärtigen Amtes http://www. auswaertiges-amt.de

[25] Weitergehende Informationen über den Einsatz und die Bewerbungsmodalitäten bei internationalen Organisationen erteilt das ‚Büro Führungskräfte zu internationalen Organisationen' (BFIO) in Bonn (email: ZAV-bfio@t-online.de).

496   Christian Wagner

ben einem sehr guten Examen ein breites Allgemeinwissen sowie
Kenntnisse in mindestens zwei Fremdsprachen vorhanden sein
müssen.

7. *Gewerkschaften, Verbände, Stiftungen* bilden ebenfalls ein po-
tentielles Berufsfeld für Politikwissenschaftler. Die Bandbreite
reicht hierbei vom Wirtschaftsverband über Gewerkschaften und
kirchliche Einrichtungen bis hin zu Nichtregierungsorganisationen
wie Amnesty international oder Greenpeace. Konkrete Arbeitsbe-
reiche sind wiederum Referententätigkeiten in der Öffentlichkeits-
und Pressearbeit oder zu bestimmten Schwerpunkten wie Arbeitsmarktpolitik, Menschenrechtsfragen oder Umweltprobleme.

8. Erstaunlich gering ist die Zahl der Politikwissenschaftler, die
bei *Parteien, Parlamenten* und *Abgeordneten* sowohl auf Bundes-
wie Länderebene eine Anstellung gefunden haben. Hier gibt es in
erster Linie Referentenstellen für bestimmte Sachfragen, z.B. Ent-
wicklungs-, Bildungs-, Umwelt-, Sozialpolitik zu besetzen. Haupt-
aufgabenbereich ist hier u.a. die Aufbereitung von Informationen
zu den einzelnen Themengebieten für den politischen Entscheidungsprozess, die Erstellung von Konzepten und Vorlagen für die
jeweiligen Abgeordneten oder Parteien.

Die klassischen Tätigkeitsbereiche für Politikwissenschaftler
sind wie folgt umschrieben worden: „Politologen forschen, lehren,
vermitteln Informationen und Meinungen, dokumentieren, leisten
wissenschaftliche Beratung, planen, steuern Organisationen und
‚verwalten‘.“[26] Allerdings zeigen die verschiedenen Studien, dass
der politikwissenschaftliche Arbeitsbezug in den einzelnen Bereichen mit der konkreten Stellenposition schwankt. Er ist in den Bereichen Universität/Hochschule, Parteien/Parlamente/ Abgeordnete sowie Internationale Organisationen erwartungsgemäß am
größten und schwächt sich im Bereich soziale Dienstleistungen
deutlich ab.[27]

Nach der Darstellung Verbleibsstudien und den Berufsfeldern
lässt sich ein erstes Fazit ziehen: Wer Politikwissenschaft studiert,
dem erschließen sich eine große Bandbreite von Berufsmöglichkeiten. Dies erklärt sich aus der Entwicklung des Faches, denn
Politikwissenschaft, als noch immer verhältnismäßig junge
Disziplin, hatte vor allem den Anspruch einer Bildungs- und Demokratiewissenschaft.

---

[26] *Bundesanstalt für Arbeit* 1996 (Anm. 19), S. 8.
[27] Vgl. *Rössle* 1995 (Anm. 12), S. 57.

Politikwissenschaft und Arbeitsmarkt 497

Das fehlende eigenständige Berufsprofil führt gleichzeitig dazu, dass die Absolventen auf dem Arbeitsmarkt einer großen Zahl von Konkurrenten aus benachbarten Disziplinen gegenüberstehen. Die Verbleibsstudien zeigen zudem, dass es schwierig geworden ist, ‚nur' mit der Qualifikation eines abgeschlossenen Studiums der Politikwissenschaft einen der Ausbildung adäquaten Arbeitsplatz zu finden. Eine stärker berufsorientierte Qualifizierung kann und sollte deshalb bereits im Studium angestrebt werden.

4. Studium und Beruf: Abschlüsse und Qualifikationen

4.1 Ausgangslage und Probleme

Neben der angesprochenen Konkurrenzsituation mit anderen Studienfächern lässt sich auch in der gegenwärtigen Ausbildungsstruktur an den Universitäten eine Ursache für die oft als schlecht eingeschätzten Berufsperspektiven von Politikwissenschaftlern sehen. Angesichts der vorhandenen Studien- und Prüfungsordnungen und ihrer Inhalte mag sich der eine oder andere fragen, welche arbeitsmarktrelevanten Qualifikationen er daraus für sein späteres Berufsleben ziehen kann. Oft entsteht der Eindruck, Hochschulen bilden noch so aus, als ob sich die Situation auf dem Arbeitsmarkt seit den ‚Goldenen Zeiten' der siebziger Jahre nicht verändert hat.[28]

Das fehlende spezifische Berufsprofil der Politikwissenschaft und damit die ungesicherten beruflichen Perspektiven führen auf Seiten der Studierenden oftmals zu einer Motivationslosigkeit.

> „Der zentrale Punkt bei dieser Form der Selbstwertkrise ist, dass die Studenten daran irre zu werden drohen, Fähigkeiten erlernen zu sollen, die sie womöglich später nicht einbringen können; es erscheint gleichgültig, ob sie sich diese oder jene Qualifikation aneignen, diesen oder jenen Kurs besuchen, diese oder jene Seminararbeit fabrizieren."[29]

---

[28] Vgl. *Grottian* 1985 (Anm. 4), S. 647.

[29] *Peter Grottian*: Wie das Band zwischen Ausbildung und Berufsperspektiven knüpfen? in: *Ulrich Albrecht, Elmar Altvater, Ekkehart Krip-pendorf* (Hrsg.): Was heißt und zu welchem Ende betreiben wir Politikwissenschaft? Kritik und Selbstkritik aus dem Otto-Suhr-Institut, Opladen 1989, S. 143-157, S. 148.

498   Christian Wagner

Eine solche Haltung, die bei ‚höheren Semestern' nicht selten zu Resignationsschüben führt, ist fatal. Der akademische und persönliche Freiraum der Universität lassen das Fach zu einem Schonraum werden, der vor dem Unbill des Arbeitsmarktes zu schützen scheint. Allerdings gibt es genügend Möglichkeiten, solche Perspektivlosigkeit durch Eigeninitiative, sei es durch einen Hochschulortwechsel oder den Erwerb von Zusatzqualifikationen, zu umgehen.

4.2 Die Abschlüsse

Die beruflichen Möglichkeiten hängen u.a. auch von Wahl des Studienabschlusses ab, denn Diplom-, Magister- oder Staatsexamensabschluss ziehen unterschiedliche Studienpläne nach sich.[30] Der Diplomstudiengang gilt im Vergleich zum Magister als stärker berufsorientiert.[31] Er besteht aus einem Fach sowie eine Reihe vorgegebener Wahlpflichtfächer, wie z.B. Volkswirtschaftslehre, Jura oder Soziologie. Eine stärkere Berufsorientierung soll durch Praktika erreicht werden, die an einigen Universitäten Teil der Studienordnungen sind.

Der Abschluss Magister Artium (M.A.) besteht hingegen aus einer Fächerkombination (ein Hauptfach und zwei Nebenfächer oder zwei Hauptfächer) und zeichnet sich damit durch größere Wahlmöglichkeiten aus. Dies erlaubt ein breiter angelegtes wissenschaftliches Studium gemäß den persönlichen Neigungen. Allerdings wurde oft kritisiert, dass dem Magister ein im Vergleich zum Diplomstudiengang ein eigenständiges Profil fehle. Reformansätze zielen deshalb auf eine straffere Gliederung und stärkere Berufsorientierung des Magisterstudienganges ab.[32]

---

[30] Einen Überblick über die verschiedenen Studienabschlüsse und Hochschulorte bietet der bereits erwähnte Hochschulkompass der HRK (Anm. 15) Wer über keinen Internetzugang verfügt, kann die Informationen auch dem jährlichen neu aufgelegten Buch „Studien- und Berufswahl" der Bund-Länderkommission (Anm. 1) oder anderen Nachschlagewerken entnehmen. Eine Suche unter dem Schlagwort ‚Politikwissenschaft' im Hochschulkompass der HRK ergab im Frühjahr 2000 insgesamt 110 Meldungen.

[31] Vgl. *Bundesanstalt für Arbeit* 1996 (Anm. 19), S. 30.

[32] Zur Kritik an der fehlenden berufsorientierten Ausrichtung des Magisterstudiums vgl. *Ministerium für Wissenschaft und Forschung des Landes Nordrhein-Westfalen*: Aktionsprogramm Qualität der Lehre. Abschlussbericht, Düsseldorf 1991, S. 109.

Politikwissenschaft und Arbeitsmarkt 499

Wer mit dem Studium der Politikwissenschaft einen Beruf als Lehrer in den Fächern Sozialkunde/Gemeinschaftskunde anstrebt, muss den Studienabschluss Staatsexamen wählen. Je nach Schulstufe (Sekundarstufe I oder II) und Bundesland sind unterschiedliche Fächerkombinationen möglich. Für die Sekundarstufe II (Lehramt an Gymnasien) müssen in der Regel zwei Fächer miteinander kombiniert werden, wobei Sozialkunde (entspricht im wesentlichen der Politikwissenschaft) als eigenständiges Fach gewählt werden kann.[33]

Im Rahmen der Reform der Hochschulen zeichnet sich eine Neugliederung des Studiums nach angelsächsischem Vorbild ab. Das bisher acht bis zehn Semester umfassende Regelstudium soll durch ein sechssemestriges Studium ersetzt werden, welches mit dem Abschluss *Bachelor of Arts* (B.A.) abgeschlossen wird.[34] Der bisherige Magister Artium wird der weiteren wissenschaftlichen Laufbahn vorbehalten bleiben. Allerdings ist noch unklar, welche Veränderungen sich hieraus für die fachliche Ausbildung z.B. in der Politikwissenschaft ergeben werden. Die Chancen der B.A.-Absolventen auf dem Arbeitsmarkt ist noch ebenso unklar wie die damit zusammenhängende Frage nach der zukünftigen Abgrenzung zwischen Universität und Fachhochschule.

4.3 Fachliche Qualifikationen und Zusatzkenntnisse

Das politikwissenschaftliche Studium vermittelt eine große Bandbreite von inhaltlichen und methodischen Qualifikationen.[35] Hierzu zählt, erstens, ein breites, fundiertes Wissen über die Strukturen und Institutionen, über die politischen Prozesse sowie die ideengeschichtliche Grundlage politischer Systeme. Hinzu kommen die Inhalte von Politikfelder, wie z.B. Internationale Politik, Regierungslehre, Umwelt- und Sozialpolitik. Zweitens erwerben

---

[33] Die Begrifflichkeiten über das Studium der Politikwissenschaft im Abschluss Lehramt können allerdings je nach Bundesland differieren. Während in Rheinland-Pfalz das Fach ‚Sozialkunde' studiert wird, muss in Mecklenburg-Vorpommern das Fach ‚Sozialwissenschaften' für den Abschluss Lehramt belegt werden.

[34] Die ersten B.A. Abschlüsse in Politikwissenschaft wurden im Sommer 2000 in Greifswald und an der Fern-Universität Hagen angeboten.

[35] Vgl. *Ulrich Druwe*: Studienführer Politikwissenschaft, München 1992, S. 30/31; siehe auch *Werner J. Patzelt*: Einführung in die Politikwissenschaft, Passau 1992, S. 273-275.

500 Christian Wagner

die Studierenden eine breite methodische Kompetenz, von qualitativen Methoden der Textinterpretation bis hin zu quantitativen
Methoden der empirischen Sozialforschung.

Wer seine beruflichen Interessengebiete gefunden hat, wird womöglich feststellen, dass diese an der eigenen Universität nicht ausreichend genug angeboten werden. Ein Wechsel an eine andere
Universität, die den entsprechenden Schwerpunkt anbietet, sollte
dann in Erwägung gezogen werden. Wer z.B. im Berufsfeld ‚Europa' tätig werden möchte, sollte sich eine Universität mit einem
entsprechenden politikwissenschaftlichen Schwerpunkt suchen.

Während im Diplomstudiengang die Studieninhalte weitgehend
vorgegeben sind, lassen sich mit der Wahl des *zweiten Faches* oder
der *Nebenfächer* im Magisterstudiengang ebenfalls Weichen stellen. Untersuchungen verweisen immer wieder auf den Nutzen wirtschaftswissenschaftlicher Kenntnisse für den Berufseinstieg von
Sozialwissenschaftlern.[36] Einige Universitäten bieten hierzu die
Möglichkeit, VWL oder BWL im Magisternebenfach zu studieren.
Allerdings sollten auch entsprechende Interessen in dieser Richtung vorhanden sein, denn eine fehlende Motivation oder ein
schlechter Studienabschluss sind keine guten Voraussetzungen für
den Berufseinstieg.

Ein *Auslandsaufenthalt* gilt ebenfalls als wichtiges Kriterium auf
dem Arbeitsmarkt. Er vertieft nicht nur bereits vorhandene Fremdsprachenkenntnisse, sondern erweitert auch den kulturellen, fach-
lichen und persönlichen Horizont. Angesichts z.T. hoher Studien-
gebühren in anderen Ländern ist es oftmals notwendig, sich für ein
Stipendium zu bewerben. Ein günstiger Termin für einen Auslandsaufenthalt bildet das Ende des Grundstudiums. Erste Informationen über die Studienmöglichkeiten im Ausland bietet das an jeder
Universität vorhandene Akademische Auslandsamt. Es informiert
über die jeweiligen Partnerschaften der eigenen Hochschule und
die damit möglichen Auslandsaufenthalte sowie über die Programme der Europäischen Union (EU), z.B. das ERASMUS-Programm
im Rahmen von SOKRATES, welches die Studentenmobilität in
Europa fördern soll.[37] Da die Bearbeitungszeiten für Auslandsauf-

---

[36] Vgl. ohne Autor, Sozialwissenschaftliche Berufe, in: Informationen für
die Beratungs- und Vermittlungsdienste der Bundesanstalt für Arbeit
(ibv), (9.6.1999) 23, S. 1939.

[37] Darüber hinaus bieten Organisationen wie der Deutsche Akademische
Austauschdienst (DAAD) Studienmöglichkeiten im Ausland. Speziell

Politikwissenschaft und Arbeitsmarkt 501

enthalte relativ lange dauern, sollte eine Bewerbung bereits früh-zeitig erfolgen. Darüber hinaus können bereits im Studium auch weitere *Zusatzqualifikationen*, z.B. im Computerbereich oder durch das Erlernen einer weiteren Fremdsprache, erworben wer-den. Hierzu werden oftmals Kurse für Studierende an den Rechen-zentren und Sprachlabors angeboten.

4.4 Praxiserfahrungen

Fast alle Absolventenstudien weisen auf die Bedeutung praktischer Erfahrungen und persönlicher Kontakte beim Berufseinstieg hin. Aufgrund dessen sind an einigen Universitäten spezielle Program-me zur Vermittlung von Praktika für Geistes- und Sozialwissen-schaftler entstanden. Es wurden dabei nicht nur öffentliche Ein-richtungen, sondern auch Unternehmen um die Bereitstellung von Praktikumsplätzen gebeten. Gerade in der Wirtschaft galt es eine Reihe von Problemen zu überwinden, wie z.B. die mangelnde Mo-tivation bei den Studierenden, oder die Vorbehalte gegenüber ‚theo-rielastigen' Studierende auf Seiten der Unternehmen.[38]

Trotz dieser anfänglich vorhandenen Vorurteile erwiesen sich die Programme für beide Seiten als sehr sinnvoll. Die Unternehmen erkannten, dass auch Absolventen geistes- und sozialwissenschaft-licher Fächer für qualifizierte Tätigkeiten in der Wirtschaft geeig-net sind. Die Studierenden hatten nach ihren praktischen Erfahrun-gen oft eine größere Motivation für ihr weiteres Studium. Verschwommene Berufschancen hellten sich auf, die Notwendig-keit, sich Zusatzqualifikationen anzueignen wurde deutlicher wahrgenommen.

Eine Langzeitevaluation des Münchner Programms ‚Student und Arbeitsmarkt' zeigte u.a., dass 35 Prozent der Studienabsolventen von den Unternehmen, bei denen sie ein Praktikum absolviert hat-ten, übernommen wurden. Auch im Hinblick auf die Entlohnung

---

auf Aufenthalte in Entwicklungsländern sind die ASA-Programme der Carl-Duisberg-Gesellschaft ausgerichtet. Weitergehende Informationen hierzu erhält man u.a. über die Startseiten der Organisationen z.B. http://www.daad.de und http://www.asa-cdg.de.

[38] Vgl. im Folgenden *Harro Honolka*: Geisteswissenschaftler in die Wirt-schaft – aber wie? in: *Marco Montani Adams* (Hrsg.): Geisteswissen-schaftler in der Wirtschaft. Starthilfen und Aussichten, Frankfurt/New York 1991, S. 143-152, S. 148.

oder die beruflichen Perspektiven zeigten die geistes- und sozialwissenschaftlichen Absolventen ein hohes Maß an Zufriedenheit.[39]

Die Bedeutung von Praktika und die damit gegebenen persönlichen Kontakten werden auch auf Seiten der Unternehmen geschätzt. So gaben in einer Umfrage 72,6 % der Arbeitgeber an, dass sie freie Stelle über persönliche Kontakte vergeben. Stellenanzeigen in überregionalen Zeitungen folgten auf Platz 2, eigene Stellengesuche oder die Vermittlung durch die Arbeitsämter rangierte hingegen am Schluss.[40] In den Verbleibsstudien wird ebenfalls immer wieder auf die Bedeutung von Praktika und Auslandsaufenthalten hingewiesen. So nannten in der Hamburger Absolventenstudie 95 % der Befragten das Praktikum „ziemlich wichtig" bis „unabdingbar", 91 % sagten dasselbe über die Bedeutung eines Auslandsaufenthalts.[41]

Programme dieser Art gibt es mittlerweile an verschiedenen Universitäten, wobei diese oft an einer unzureichenden Institutionalisierung und Finanzierung leiden.[42] Wo solche Programme nicht vorhanden sind, besteht natürlich jederzeit die Möglichkeit, sich auf eigene Faust um einen Praktikumsplatz bei Firmen oder öffentlichen Einrichtungen zu bemühen.

Eng verbunden mit dem Praktikum ist die Ausübung von Nebentätigkeiten, die eine berufliche Erfahrung neben dem Studium vermitteln. Hier gibt es eine Vielzahl von Möglichkeiten. Vor allem im Mediensektor ist es unerlässlich, sich bereits frühzeitig als freier Mitarbeiter bei Zeitungen oder anderen Medien zu engagieren. Im Bereich der Erwachsenenbildung bieten sich Nebentätigkeiten als freiberuflicher Referent zu bestimmten Schwerpunktthemen, oder die Mitarbeit bei einer Einrichtung in

---

[39] Zur Zusammenfassung der Ergebnisse vgl. ohne Autor, Von Kant zur Kostenrechnung, in: Informationen für die Beratungs- und Vermittlungsdienste der Bundesanstalt für Arbeit (ibv), (23.12.1998) 51, S. 4611-4614.

[40] Vgl. *Till Kammerer*: Mit Schlüsselqualifikationen den Absturz ins Magisterloch verhindern, in: Frankfurter Allgemeine Zeitung, 17. Januar 1998.

[41] Vgl. *Butz u.a.* 1997 (Anm. 14), S. 97.

[42] Einen ersten Überblick hierzu bieten die Startseiten der jeweiligen Universitäten. Die Programme sind zumeist in den Bereichen ‚Studium, Lehre, Studienberatung' angesiedelt. Auf diesen Seiten finden sich dann wiederum *links* zu den entsprechenden Programmen an anderen Universitäten.

Politikwissenschaft und Arbeitsmarkt   503

der organisatorischen Vorbereitung und praktischen Durchführung solcher Veranstaltungen.[43]

4.5 Schlüsselqualifikationen

Die Bedeutung von sog. Schlüsselqualifikationen ist in den letzten Jahren immer stärker in den Vordergrund gerückt, vor allem im Zusammenhang mit neuen Berufsmöglichkeiten in der Wirtschaft.[44] Als Schlüsselqualifikationen gelten: „Kenntnisse, Fähigkeiten und Fertigkeiten, welche nicht unmittelbaren und begrenzten Bezug zu bestimmten praktischen Tätigkeiten erbringen, sondern sich für viele Positionen und Funktionen gleichermaßen eignen."[45] Hierzu zählen Kommunikations- und Kooperationsfähigkeit, Leistungs- und Lernbereitschaft, Anpassungs- und Teamfähigkeit, Kreativität und Sozialverhalten.[46]

In diesen Bereichen können Politikwissenschaftler eine Reihe von Vorteilen verbuchen, bietet doch das Studium viele Möglichkeiten, diese Schlüsselqualifikationen zu verbessern. Zumeist überfüllte Seminare machen es notwendig, die Angst abzulegen, sich vor größeren Gruppen zu äußern. Die Organisation von Arbeitsgruppen stärkt die Eigeninitiative, das Vortragen von Referaten verbessert die eigene Ausdrucksfähigkeit, das Verfassen von Thesenpapieren erfordert die Präsentation einer komplexen Materie auf einem begrenzten Raum. Die eher lose Struktur des Studiums ohne fest vorgegebene Stundenpläne und das hohe Maß an Eigenarbeit und Selbstorganisation fördern zudem Flexibilität und Eigeninitiative. Vor diesem Hintergrund sollten selbst überfüllte Lehrveranstaltungen nicht als lästige Pflichtübungen oder notwendiges Übel gesehen werden, sondern als Trainingsplatz, auf dem

---

[43] Die Interessenvereinigung für Politikwissenschaft Studierende e.v. (IPOSS) bietet eine nicht-kommerzielle Praktikumsbörse an, vgl. www.iposs.de.

[44] Vgl. *Winfried Schlaffke*: Die Chancen von Geisteswissenschaftlern in der Wirtschaft. Das Beispiel der Lehrer, in: *Marco Montani Adams* (Hrsg.): Geisteswissenschaftler in der Wirtschaft. Starthilfen und Aussichten, Frankfurt/New York 1991, S. 123-142, S. 139.

[45] *Diederich Behrend, Georg Biel, Walter Bönisch, Harro Honolka, Herbert Reimann*: Wohin nach dem Studium? Chancen für Geistes- und Sozialwissenschaftler in der Wirtschaft, Landsberg a.L., 1988, S. 76.

[46] Vgl. ebd., S. 76-89; *Schlaffke* 1991 (Anm. 42), S. 140/141.

504   Christian Wagner

viele der Schlüsselqualifikationen immer wieder geübt werden
können.

5. Vom Studium in den Beruf

Wenn man nach langem Studium endlich die begehrte Abschluss-
urkunde in den Händen hält, macht sich in vielen Fällen eine gewisse Leere breit. Für die einen beginnt mit der Promotion eine
wissenschaftliche Karriere, andere haben die Zusage für ein Auf-
baustudium, ein Volontariat, ein Praktikum oder gar einen Platz in
einem Traineeprogramm, die meisten beginnen, regelmäßig Stellenanzeigen zu durchforsten.

5.1 Die Stellensuche

Der wohl größte und wichtigste überregionale Markt für Stellenanzeigen im Bereich der Geistes- und Sozialwissenschaften findet sich
jeden Donnerstag in der Wochenzeitung DIE ZEIT. Daneben gibt es
mittlerweile auch im Internet eine fast nicht mehr zu überschauende
Zahl an Stellenmärkten.[47] Wenn eine Stelle gefunden ist, die dem eigenen Profil und den Erwartungen entspricht, muss ein Bewerbungsschreiben verfasst werden, um den potentiellen Arbeitgeber auf die
eigenen Qualifikationen aufmerksam zu machen. Eine weitere Möglichkeit bieten sog. ,Blindbewerbungen'. Hier liegen keine konkreten Stellenangebote vor, sondern man bewirbt sich zunächst ,blind'
bei Einrichtungen, die einem als möglicher Arbeitgeber interessant
erscheinen. Es ist allerdings ratsam, bei solchen Bewerbungen die
Qualifikationen, Praxiserfahrungen und möglichen Arbeitsgebiete zu
verdeutlichen, um die Aufmerksamkeit des Arbeitsgebers auf sich zu
lenken. Der Verweis auf ein abgeschlossenes politikwissenschaftliches Studium und der Wunsch nach einem Arbeitsplatz in der betreffenden Einrichtung dürfte nicht ausreichend sein.
    Die entsprechenden Adressen lassen sich zum einen über die vir-
tuellen Arbeitsmärkte des Internets in Erfahrung bringen, oder

---

[47] Beispiele hierfür wären u.a. http://www.arbeitsamt.de, http://www. deut-
scher-stellenmarkt.de oder auf europäischer und internationaler Ebene
http://www.jobpilot.de und http://ww1.wwj.de. Der Stellenmarkt der
ZEIT ist ebenfalls über das Internet unter http://www. jobs.zeit.de/ ein-
zusehen.

über das „Taschenbuch des öffentlichen Lebens", das jedes Jahr neu erscheint und u.a. in Bibliotheken eingesehen werden kann. ‚Bewerbungsschreiben' und ‚Vorstellungsgespräche' sind mittlerweile eine Wissenschaft für sich geworden. Neben einer Vielzahl an Büchern werden auch entsprechende Kurse zum ‚Bewerbertraining' an den Universitäten angeboten. Solche Angebote sollten, trotz des eventuell anstehenden Prüfungsstresses, in der Endphase des Studiums genutzt werden.

5.2 Traineeprogramme

Wer sich nach Abschluss seines Studiums für eine Tätigkeit in der Wirtschaft interessiert und bereits über einige der o.g. Qualifikationen verfügt, der kann sich auch für ein so genanntes Traineeprogramm bewerben. Viele große Unternehmen bieten solche speziellen Ausbildungsprogramme für Hochschulabsolventen an. Die Programme wenden sich vor allem an die Absolventen ingenieur-, natur- oder wirtschaftswissenschaftlicher Fächer und sollen sie mit den verschiedenen Abteilungen des Unternehmens vertraut machen. In einigen Unternehmen haben aber auch sozialwissenschaftliche Absolventen eine Chance. Wer als Politologe keine Berührungsängste vor Großunternehmen, wie Banken und Versicherungen, hat, dem bieten sich hier interessante Berufsfelder.[48] Stellenanzeigen, in denen Unternehmen Universitätsabsolventen ‚allgemein' ansprechen und nicht nur die bestimmter Fächer, bilden ebenso Anknüpfungspunkte wie ‚Jobmessen', bei denen Vertreter von Großunternehmen gezielt auf etwaige Traineeprogramme und den Teilnehmerkreis angesprochen werden können.

Ein spezielles Ausbildungsprogramm, das zwischen Traineeprogramm und einem weiterführenden Studium angesiedelt ist, bietet das Deutsche Institut für Entwicklungspolitik (DIE). Es umfasst einen neunmonatigen Ausbildungsgang, der auf eine Tätigkeit im Bereich nationaler und internationaler Entwicklungshilfeorganisationen vorbereiten soll. Absolventen verschiedener Fachrichtungen können sich hierfür bewerben, wobei neben zwei Fremdsprachen auch Auslandserfahrung bei der Auswahl von Bedeutung sind. So

---

[48] Im Februar 2003 wurde das Career Service Netzwerk Deutschland gegründet, um die verschiedenen berufsvorbereitenden Programme der Hochschulen miteinander zu verbinden. Vgl. http.//www.career-service-network.de

506   Christian Wagner

groß die Hürden beim Zugang sind, so groß sind auch die Möglichkeiten, nach erfolgreichem Abschluss des Programms einen interessanten Ausbildungsplatz zu finden.[49]

5.3 Die Promotion

Wer einen überdurchschnittlichen Studienabschluss abgelegt hat,
erhält in vielen Fällen von seinem Professor das Angebot, eine
Doktorarbeit (Promotion) anzufertigen. Verbunden mit einer Stelle an der Hochschule, in einem Forschungsprojekt oder durch ein
Stipendium kann damit die wissenschaftliche Forschung vertieft
werden. Neben den Vorteilen einer, wenn auch befristeten, Finanzierung, gilt es zwei Aspekte zu beachten: zum einen das höhere
Alter beim nachfolgenden Berufseintritt zum anderen die durch die
Promotion erreichte wissenschaftliche Spezialisierung. Die Dauer
einer Promotion ist am Anfang nur schwer zu überblicken. Die finanziellen Förderungsmöglichkeiten gehen im Schnitt zwei bis
fünf Jahre. Ob die Arbeit bis dahin abgeschlossen ist, steht auf einem anderen Blatt, verfügen doch solche Forschungsvorhaben
über eine Eigendynamik, die sich im allgemeinen nicht an den zeitlichen und finanziellen Rahmen hält.
   Die Frage, ob durch die Promotion die Berufschancen verbessert werden, wird eher negativ beantwortet. Die wissenschaftliche
Spezialisierung wird oft als Überqualifizierung gewertet. Allerdings besteht die Möglichkeit, sich ein Promotionsthema zu suchen, das auf zukünftige Tätigkeitsgebiete ausgerichtet ist. Die Frage, ob eine Promotion bessere berufliche Aufstiegsmöglichkeiten
und eine höhere Bezahlung erbringt, ist zu sehr vom jeweiligen Unternehmen abhängig, als dass sich hierzu allgemeine Aussagen machen ließen. Beachtet werden sollte auch die ‚magische' Alters-
grenze von 32 Jahren. Das Auswärtige Amt und andere öffentliche
Einrichtungen haben eine Höchstgrenze von 32 Jahren bei der Einstellung. Wer also nach der Promotion in solche Bereiche möchte,
sollte sich über mögliche Altersgrenzen kundig machen, um seine
Berufschancen nicht zu verschlechtern.

---

[49] Informationen zum DIE finden sich unter der Startseite des Institutes
http://www.die-gdi.de.

Politikwissenschaft und Arbeitsmarkt   507

5.4 Weiterführende Studienangebote

Weiterführende Studienangebote umfassen die verschiedenen Aufbau-, Zusatz-, Kontakt- und Ergänzungsstudien sowie weiterbildende Studien. Aufbaustudiengänge setzen ein abgeschlossenes Hochschulstudium voraus, Zusatz- und Ergänzungsstudiengänge können parallel zum Studium belegt werden.[50] Für Politikwissenschaft und verwandte Studiengänge gibt es mittlerweile zahllose Angebote in diesem Bereich. Die Bandbreite reicht dabei von Afrikanologie über Datenverarbeitung, Internationales Marketing, Journalistik bis hin zum Ergänzungsstudium Wirtschaftswissenschaft.[51] In der Regel dauern diese Studiengänge zwei bis vier Semester. Interessante Möglichkeiten bieten verwaltungswissenschaftliche Aufbaustudiengänge, da z.B. Bundesministerien nur Juristen, Volkswirte und Verwaltungswissenschaftler einstellen, aber keine Politikwissenschaftler. Wer sich für eine solche berufliche Perspektive interessiert, sollte einen solchen Aufbaustudiengang in Erwägung ziehen, der u.a. an der Verwaltungsfachhochschule Speyer angeboten wird.

6. Politikwissenschaft und Arbeitsmarkt: Perspektiven

Politikwissenschaft wird auch weiterhin ein Studium ohne festes Berufsbild und vorgegebene Karrieremuster sein. Diese Perspektiven erfordern von den Absolventen eine große Flexibilität und andauernde Lernbereitschaft, um auf dem Arbeitsmarkt zu bestehen. Die beruflichen Perspektiven für Politikwissenschaftler werden schwierig bleiben, auch wenn neuere Verbleibsstudien ein positiveres Bild der beruflichen Situation zeichnen und verschiedene Untersuchungen der Bundesanstalt für Arbeit oder des Wissenschaftsrates auf einen langfristig steigenden Bedarf an Akademikern verweisen.[52]

---

[50] Vgl. *Hochschulrektorenkonferenz* (HRK): Weiterführende Studienangebote an den Hochschulen in der Bundesrepublik Deutschland, Bad Honnef [15]1999.

[51] Das Angebot ist sehr weit gefasst, da eine Reihe von Angeboten als Voraussetzung lediglich ein abgeschlossenes Hochschulstudium verlangen.

[52] Vgl. *Manfred Kaiser*: Der Arbeitsmarkt für Akademiker in der Bundesrepublik Deutschland, in: Informationen für die Beratungs- und Vermitt-

508 Christian Wagner

Wichtige Berufsfelder wie der öffentliche Dienst und die Hochschulen werden in Zukunft stärker Stellen einsparen müssen und in der Wirtschaft konkurrieren Politikwissenschaftler mit den Absolventen anderer geistes- und sozialwissenschaftlicher Fächer. Das Hochschulstudium wird dadurch immer weniger zu einer Garantie für einen ausbildungsadäquaten Arbeitsplatz. Allerdings sollte nicht vergessen werden, dass eine höhere Qualifikation auch weiterhin das beste Mittel gegen Arbeitslosigkeit darstellt. Die Arbeitslosenzahlen unter Akademikern liegen immer noch deutlich unter dem Durchschnitt, ein Befund, der sich auch in den politikwissenschaftlichen Verbleibsstudien trotz aller Probleme immer wieder bestätigte.

Abzuwarten bleibt, welche Folgen die Einführung neuer Abschlüsse, wie der B.A., mit sich bringen. Während im Studium bislang die fachwissenschaftliche Ausbildung stärker im Vordergrund stand, wird dann eine fachinterne Debatte notwendig, um berufsqualifizierende Studienelemente für die Absolventen zu identifizieren. Solange dies noch nicht umfassend geschehen ist, wird es weiterhin eine Aufgabe der Studierenden sein, sich entsprechende Kompetenzen selbst anzueignen und bereits während ihres Studiums in eigener Initiative Schritte in diese Richtung zu unternehmen.

Grundlagen- und weiterführende Literatur

Albrecht, Ulrich; Altvater, Elmar; Krippendorf, Ekkehart (Hrsg.): Was heißt und zu welchem Ende betreiben wir Politikwissenschaft? Kritik und Selbstkritik aus dem Otto-Suhr-Institut, Opladen 1989.

Behrend, Diederich; Biel, Georg; Bönisch, Walter; Honolka, Harro; Reimann, Herbert: Wohin nach dem Studium? Chancen für Geistes- und Sozialwissenschaftler in der Wirtschaft, Landsberg a.L. 1988.

Bellers, Jürgen; Grobe, Daniela; Haase, Ingo; Jachertz, Stefanie: Münsteraner Politologen auf dem Arbeitsmarkt. Eine empirische Verbleibsstudie über die Absolventenjahrgänge 1972 bis 1988, in: Politische Vierteljahresschrift 31 (1990) 4, S. 661-671.

Bund-Länder-Kommission für Bildungsplanung und Forschungsförderung und Bundesanstalt für Arbeit: Studien- und Berufswahl, Bad Honnef [29]1999.

---

lungsdienste der Bundesanstalt für Arbeit (ibv) (23.12.1992) 52, S. 3167-3181; ohne Autor, Steigender Bedarf an Akademikern, in: Frankfurter Allgemeine Zeitung, 22. Juli 1999.

Politikwissenschaft und Arbeitsmarkt   509

Bundesanstalt für Arbeit: Blätter zur Berufskunde, Band 3: Politologie/ Politologin, Nürnberg [8]1996.

Butz, Bert, Sebastian Haunss, Robert Hennies, Martina Richter (Hrsg): Flexible Allrounder: Wege in den Beruf für PolitologInnen. Ergebnisse einer AbsolventInnenbefragung am Institut für Politische Wissenschaft der Universität Hamburg, Hamburg 1997.

Druwe, Ulrich: Studienführer Politikwissenschaft, München [2]1994.

Ebbinghausen, Rolf; Grottian, Peter; Grühn, Dieter; Jákli, Zoltán; Ost, Reinhard; Osterholz, Uwe; Preißer, Rüdiger; Sämann, Ulrich: Berliner Politologen auf dem Arbeitsmarkt – Suche nach einer neuen Identität? Eine empirische Verbleibsstudie über die Absolventenjahrgänge 1974-1980, in: Politische Vierteljahresschrift 24 (1983) 1, S. 113-130.

Fiebelkorn, Joachim; Schramm, Thomas: Berliner Politologen auf dem Arbeitsmarkt. Verbleibsuntersuchung der Absolventenjahrgänge des Berliner Otto-Suhr-Instituts von 1979 bis 1986, in: Politische Vierteljahresschrift 30 (1989) 4, S. 674-677.

Gallio, Claudio (Hrsg.): Freie Laufbahn. Berufe für Geisteswissenschaftler, Mannheim 1995.

Grottian, Peter: Politologin oder Politologe – Suche nach einer neuen Identität, in: Fetscher, Iring; Münkler, Herfried (Hrsg.): Politikwissenschaft. Begriffe-Analysen-Theorien. Ein Grundkurs, Hamburg 1985, S. 637-648.

Hartwich, Hans-Herrmann (Hrsg.): Politikwissenschaft. Lehre und Studium zwischen Professionalisierung und Wissenschaftsimmanenz, Opladen 1987.

Hochschulrektorenkonferenz (HRK): Weiterführende Studienangebote an den Hochschulen in der Bundesrepublik Deutschland, Bad Honnef [15]1999.

Institut der deutschen Wirtschaft (Hrsg.): Studieren – und was dann? Beschäftigungschancen für Akademiker in der Privatwirtschaft, Köln 1993

Jahr, Volker: Frechenhäuser, David; Büchner, Thorsten; Galgon, Thomas: Marburger Politolog/nnen auf dem Arbeitsmarkt revisited: Die Jahrgänge 1993-2000, in: http://www.uni-marburg.de/ politikwissenschaft/ absolventenbefragung_2000.htm.

Jüde, Peter: Berufsplanung für Geistes- und Sozialwissenschaftler, Köln 1999.

Ministerium für Wissenschaft und Forschung des Landes Nordrhein-Westfalen (Hrsg.): Aktionsprogramm Qualität der Lehre. Abschlussbericht, Düsseldorf 1991.

Montani Adams, Marco (Hrsg.): Geisteswissenschaftler in der Wirtschaft. Starthilfen und Aussichten, Frankfurt/New York 1991.

Patzelt, Werner: Einführung in die Politikwissenschaft, Passau 1992.

Rössle, Tim: Berufseinmündung und Berufsverbleib Berliner PolitologInnen. Eine empirische Untersuchung über die AbsolventInnen der Jahre 1987 bis 1992, Frankfurt a.M. 1995.

Wittkämper, Gerhard W.: Politikwissenschaft und Beruf, in: Bellers, Jürgen; Robert, Rüdiger (Hrsg.): Politikwissenschaft I. Grundkurs, Münster 1988, S. 276-316.

V. Anhang

Zeitschriftenverzeichnis

Ein Überblick über wichtige politikwissenschaftliche Zeitschriften:

Allgemeine Zeitschriften

American Political Science Review (APSR), vierteljährlich
Aus Politik und Zeitgeschichte (APuZ), wöchentlich (als Beilage in: Das Parlament)
International Political Science Review, vierteljährlich
Leviathan, Zeitschrift für Sozialwissenschaft, vierteljährlich
Politische Vierteljahresschrift (PVS), vierteljährlich
World Politics, vierteljährlich
Zeitschrift für Politik (ZfP), vierteljährlich
Zeitschrift für Politikwissenschaft (Zpol), vierteljährlich

Einen Überblick über laufende Neuerscheinungen bieten die beiden Rezensionsorgane *Neue Politische Literatur* (NPL) und *Das Historisch-Politische Buch* (HPB). Aufgrund des fächerübergreifenden Charakters vieler politikwissenschaftlicher Themengebiete empfiehlt es sich, zudem die Zeitschriften aus den Nachbardisziplinen zu berücksichtigen, z. B. aus der Soziologie die *Kölner Zeitschrift für Soziologie und Sozialpsychologie* (KZfSS), aus der Rechtswissenschaft z. B. das *Archiv des öffentlichen Rechts* (AöR) sowie *Der Staat*, Zeitschrift für Staatslehre, Öffentliches Recht und Verfassungsgeschichte, aus der Geschichtswissenschaft z. B. die *Vierteljahrshefte für Zeitgeschichte* (VfZ).

Die gängigen Zeitschriften der verschiedenen Teildisziplinen werden in den entsprechenden Beiträgen genannt. An dieser Stelle soll nur ein Überblick über die gebräuchlichsten Zeitschriften gegeben werden.

Das politische System der BRD

Deutschland-Archiv, Zeitschrift für das vereinigte Deutschland, zweimonatlich
Vierteljahrshefte für Zeitgeschichte, vierteljährlich
Zeitschrift für Parlamentsfragen (ZParl), vierteljährlich

Vergleichende Politikwissenschaft

Comparative Political Studies (CPS), vierteljährlich
Comparative Politics (CP), vierteljährlich

512 Zeitschriftenverzeichnis

European Journal of Political Research, vierteljährlich
Government and Opposition, vierteljährlich
Westeuropean Politics, vierteljährlich
Democratization, vierteljährlich
Journal of Democracy, vierteljährlich

**Internationale Beziehungen
– allgemein:**

Blätter für deutsche und internationale Politik, monatlich
Foreign Affairs, fünfmal jährlich
Foreign Policy, vierteljährlich
International Affairs, vierteljährlich
International Organization, vierteljährlich
Internationale Politik, monatlich
WeltTrends, vierteljährlich
Zeitschrift für internationale Beziehungen (ZIB), halbjährlich

– Schwerpunkt Entwicklungsländerforschung:

Nord-Süd-Aktuell, vierteljährlich
Peripherie, vierteljährlich
Third World Quarterly, vierteljährlich

Für das Studium außereuropäischer Regionen weisen wir zusätzlich auf eine Reihe von Spezialzeitschriften hin, z. B. für Asien: *Asian Survey, Asien, The Pacific Review;* für Afrika: *Afrika-Studien, The Journal of Modern African Studies* und für Lateinamerika: *Latin American Research Review, Lateinamerika* (*Analysen, Daten, Dokumentation*) und *Journal of Interamerican Studies and World Affairs.*

Politische Philosophie und Politische Theorie

Ethics, vierteljährlich
Journal of Theoretical Politics, vierteljährlich
Neue Hefte für Philosophie, erscheint unregelmäßig
Political Studies, vierteljährlich
Political Theory, vierteljährlich
Politics and Society, vierteljährlich

Wirtschaft und Gesellschaft

Political Economy, dreimal jährlich
Business and Politics, vierteljährlich
Politische Studien, Zweimonatsschrift für Politik und Zeitgeschehen,

Sachregister

Abgeordneter 81
Abhängigkeit 354f.
Abstraktion 31
Agenda-Setting 303
Aggregatdaten 320, 324, 328
Aggregatebene 420f.
AGIL-Schema 219
Akteure 120f., 126, 128
Akteurstheorien 213
akteurszentrierter Institutionalismus 308
Aktive (selektive) Weltmarktintegration 364
Allgemeine Staatslehre 62, 67
Allianz für den Fortschritt 354
American Political Science Association 46
Anhang 453
Anthropologie 317f., 339f.
Anthropologische Prämissen 38f.
Antizyklische Globalsteue rung 261
Arabische Liga 28
Arbeitslosenquote 279
Arbeitslosigkeit 279
Arbeitslosigkeit, demographische 281
Arbeitslosigkeit, friktionelle 281
Arbeitslosigkeit, konjunkturelle 281
Arbeitslosigkeit, saisonale 281
Arbeitslosigkeit, strukturelle 281
Arbeitslosigkeit, Ursachen 281
Arbeitslosigkeit, verdeckte 280
Arbeitsmarkt 487
Arbeitsmarktpolitik 283
Arbeitsmigration 269
Arbeitsteilung, internationale 163
Arbeitswertlehre 258f.
area-studies 103
Argument 412

Artikulationsfunktion 83
Artistenfakultäten 41
ASEAN 28, 40
Aufbaustudiengänge 507
Aufholende Entwicklung 350
Auslandsaufenthalt 500
Außenöffnung 361
Außenpolitik 144
Autozentrierte (eigenständige) Entwicklung 358, 360

Bachelor of Arts (B.A.) 499
Befragung 423
Begriff des Politischen 30
Behavioralismus/behavioralistisches Gedankengut 104, 218
Belegen 454
Beobachtung 424
Berufsbild 488
Berufsfelder 493ff.
Beutelsbacher Konsens 378, 390
Bewegung der Blockfreien 360
Bibliografieren 441
Binnendifferenzierung 360, 366
Bookmarks 480
Bottom-up-Prozess 361
Bruttoinlandsprodukt 254
Bundeskanzler 83
Bundesrat 84f.
Bundestag 80
Bundeszentrale für Politische Bildung 381
Bürgerinitiativen 383
Bürgerverfassung 390

China 57
civic culture 122f.
civic education 387f.
cleavage 295, 326f.
Club of Rome 360

514 Sachregister

Colonial Development 349
Committee on Comparative Politics 108
common sense 2
Comparative Government 100ff., 105
Comparative Politics 100, 102, 105, 108, 132, 346
Constitutional Engineering 118

Darmstädter Appell 380
Datenanalyse 317, 328, 332
Datenerhebung 317, 323, 325, 328f.
Defekte Demokratie 127
Dekapitalisierung 356
Delegative Demokratie 127
deliberative Demokratie 472
Demands 106, 220
Demokratie 176, 178, 233, 316, 322, 361, 375, 377, 401, 404
Demokratie und Globalisierung 273
Demokratielehre 68
Demokratietheorie 317f., 339
Demokratisierung 72, 126ff., 326, 353
Dependenztheorien 38, 130, 354
Deregulierung 361
Derivatehandel 268
Determinationskoeffizient 416
deterministisch 411, 416, 427
Deutsche Hochschule für Politik 43f., 67
Deutsche Vereinigung für Politikwissenschaft 54, 59
Dezentralisierung 361
Didaktik 376, 379, 385
Diplomstudiengang 480
Dissoziation (Abkoppelung vom Weltmarkt) 358, 360
doi moi 33
Dritte Demokratisierungswelle 125f.
Dritte Welt 38
Dritte-Welt-Gruppen 383

Drittvariablenkontrolle 420
Dualismus-Vorstellung 356

Eigentum 193
Einheit, deutsche 93f.
Einheit, staatliche 93f.
Einkommensentwicklung 472f.
Einleitung 449ff.
Emanzipation 376
empirisch-analytische Politikwissenschaft 49, 396, 407f.
empirische Sozialforschung 315, 317, 338, 340f.
Entfaltungswerte 417, 420
Entfremdung 195
Entgrenzung 167
Entkolonialisierung 152, 349
Entscheidungsanalysen 74
Entscheidungsprozesse, außenpolitisch 160
Entstaatlichung 361, 364
Entwicklung 170, 345f., 348
Entwicklung der Unterentwicklung 358
Entwicklungsblockade 355
Entwicklungsdekade 352, 354, 359
Entwicklungsdiktaturen 353
Entwicklungsindikatoren 348
Entwicklungskrisen 352
Entwicklungsländer/Dritte Welt 108f.
Entwicklungsleistung(en) 361f.
Entwicklungspolitik 359
Entwicklungstheorie 345ff.
Entwicklungsträger 353
Entwicklungszölle 258f.
Epochenbindung des Faches 36f., 55f., 64
Erkenntnisinteresse 177
Erkenntnistheorie 317
Erklären 396, 407
Erwachsenenbildung 374, 384f., 475
Ethnozentrismus 354
Eurobarometer 124

Europäische Union
Evaluierung 304
evolutionäre Universalien 219
Evolutionstheorie(n) 349
Exekutive 68, 80
Experiment 424
Exzerpt 446

Fachdidaktik 380
Fall der Profitrate 260
Falsifikator 411, 429
Favoriten 480 (481)
Föderalismus 93, 150
formale Standards 449, 451ff.
Fortschrittsoptimismus 349
Frankfurter Schule 396
free-rider-Problematik 235f.
Freiburger Schule 34, 396
Freihandel 257
Fremdenfeindlichkeit 378, 390
Fremdsprachenkenntnisse 448
Frieden 31, 204
Friedens- und Konfliktforschung 51, 162
Friedenssicherung 161
Funktion 105ff., 110ff.
Funktionalismus 150

Geisteswissenschaften 27
Geldmenge, Kontrolle 263
Geldmenge, Steuerung 263
Gemeinlastprinzip 277
Gemeinschaft 197
Gemeinwohl 39, 331, 400
Gerechtigkeit 176
Gerechtigkeitskonzeption 196
Geschichtswissenschaft 61
Gesellschaft 250
Gesellschaftsvertrag 183ff.
Gesetzgebungsfunktion 81
Gewaltenteilungsprinzip 179ff.
Global Governance 273
Globale öffentliche Güter 365
Globalisierung 166, 265ff., 312, 363f., 386

Good governance 365 government 68ff.
Google 482
Grauzonen-Arbeitsmarkt 490
Grenzen des Wachstums 360
Grundbedürfnisse 359
Grundgesamtheit 414
Gruppe der 77 360
gute Ordnung 400f.

Handlungskapazitäten 352
Handlungsspielräume 362
Handlungstypen 229
Hard Power 155
Harmoniedenken 32
Harmoniemodell 70
Harvard Notation 454
Hauptteil 451
Hausarbeit 431f.
Hermeneutik 398ff.
Herrschaft 176f.
Herrschaft des Volkes 176
Herrschaftslegitimation 183
Herrschaftsorganisation 179
Herrschaftsvertrag 184
historiografisch 397, 399, 403, 405
historisch-dialektisch 396f., 401
homo oeconomicus 241f.
homo sociologicus 231, 241
Humanentwicklung 428
humanitäre Intervention 138
Hypothese 37, 409

Idealismus 147
Identität, individuelle 74
Identität, kollektive 74
Identität, politische 74
Ideologien 32f.
Impact 304
Imperialismustheorien 354
Implementierung 304
Index für menschliche Entwicklung 347
Individualdaten 320, 324, 328
Individualebene 420f.

516 Sachregister

Individualisierung 333, 339
Indizes 347
informeller Sektor 254f.
Inhaltsverzeichnis 452f.
Innenpolitik 68
Input-Output-Modell 302
Inputs/Input-Funktionen 106, 108, 110, 112, 123, 129f., 220
Institution 297
Institution, informelle 299
Institution, Wirkungsweise 300
Institutionalismus, ökonomisch 242
Institutionelle Ansätze 74ff., 293
Institutionen 100, 103ff., 110ff., 118, 130
Integration 353
Integration, regionale 151
Interdependenz 154, 164
Interessenaggregation 107f., 110
Interessenartikulation 107f., 110
Interessengruppen 114f., 119ff.
Interessenvermittlung 119ff.
intergouvernemental 143
international 143
Internationale Beziehungen 136, 143, 171, 365
Internationale Beziehungen, Ethik 142
Internationale Beziehungen, praktische Bedeutung 137
Internationale Beziehungen, Verrechtlichung 204
Internationale Kooperation, Internet 477
Internationale Organisationen 474f.
Internationale Politik 136, 144
internationale Regime 149f.
Internationale/globale Struktur- bzw. Ordnungspolitik 364
Internet 433, 436, 443
Internetquellen 455
Internetrecherche 433, 443, 463
Intersubjektivität 435
jobless growth 282

Kalter Krieg 71
Kameralwissenschaft 67
Kanzlerdemokratie 84
Kanzlerprinzip 83
Kapitalistisches Entwicklungsmodell 367
katholische Soziallehre 39
Kernkompetenzen 308
Kollegialprinzip 83
kollektive Güter 235
kollektive Self-reliance 358, 360
Kommunikation, Internet 468
Kommunikation, politische 75, 79
Kommunitarismus 197
komparative Kostenvorteile 258
Konditionalität 363f.
Konferenz für Umwelt und Entwicklung 279
Konklusion 412
Konsensdemokratie 117
Konsolidierung 118, 127ff.
Konstitutionalismus 187
Konstruktivismus 159
Konstruktivismus, sozialer 159
Kontraktualisten 183
Kontrollfunktion 82
Kooperation 165
Kooperationsprinzip 277
Korporatismus 73, 252
Korporatismustheorien 120
Korrelation 427
Kovarianz 413, 415
Krisen 36
Krisenprävention- und Konfliktbearbeitung 364
Krisensequenztheorie 109
Krisentheorien 73, 223
kritisch-dialektische Politikwissenschaft 51f.
kritischer Rationalismus 402
Kybernetik 50
Lebensstil 322, 333ff., 339f.
Legislative 68, 80
Legitimation 175, 216
Legitimationskrise 224

Sachregister 517

Legitimationsprobleme 73, 94
Legitimität 316, 320, 400
Legitimitätsglaube 216
Lehrpläne 374
Leistungsnachweise 431
Lesen/Lektüre 437, 444
Liberalisierung 127f.
Liberalismus 197
Literaturrecherche/-suche 441f.
Literaturverzeichnis 453

Macht 30
Magisches Fünfeck 347
Magister Artium (M.A.) 498
Makro-Akteurstheoretischer Ansatz 293ff.
Makroebene 408
Mannheimer Schule 396
Marktwirtschaft 361
Marxistische Theorien 349, 357
Medien 494
Mehr-Ebenen-Problem 420
Mehrheitsdemokratie 117
Mehrheitsfraktion 82
Mehrheitsprinzip 74
Mengenverknüpfung 412
Menschenrechte 188, 361
Mercosur 47
Merkantilismus 255f.
Mesoebene 408
Methode 407
methodologischer Individualismus 228
metrisch 410, 427
Mexikanische Revolution 32
Mexiko 37
Mikro- und Makrotheoretische Erklärungen 243
Mikroebene 408
Milieu 327, 334ff.
Militär 354
Moderne 367
Moderne Politische Theorie 365
Modernisierung 352f.

Modernisierungstheorie(n) 38, 226, 349f.
Modernität 351
Monetarismus 262
Münchner Manifest 380

Nachfrage 261
NAFTA 47
Nationalstaat 167
Nationalstaat, Funktionen 271
Naturwissenschaften 27
Naturzustand 183, 204
Neoaristotelismus 39
Neoinstitutionalismus 109, 112f., 242, 263
Neoinstitutionalismus, soziologisch 243
Neoliberalismus 361
Neorealismus 157
Netzwerkanalyse 50, 120
Netzwerkansatz 292
Neue Institutionenökonomik 263
Neue Soziale Bewegungen 73
Neue Weltordnung 167
Neue Weltwirtschaftsordnung 153, 360
Nicht-Entwicklung 354
nominal 409
Nominaldefinition 450
Nord-Süd-Konflikt 152
normativ-ontologische Politikwissenschaft 49, 396f., 401
Normen 318, 325, 331, 339
Notstandsgesetzgebung 72
Nullhypothese 415

öffentliche Güter 274
Öffentlicher Dienst 474f.
oikos 192
Ökologie 274
ökologische Kosten 275
ökologische Probleme 270
ökonomische Theorien der Politik 230, 234, 238

518 Sachregister

Ökonomismus 357
Operationalisierung 422
Opposition 80f.
ordinal 409
Ordnung 353
Ordnungsbilder 32, 55
Ordnungsdebatte 362, 364
Ordnungspolitische Ansätze 74ff.
Orientierungs-, Finanz- und Vertrauenskrise 363
Orientierungsdilemma 360, 366
Ost-West-Konflikt 148, 157, 162
Outcome(s) 111f., 304
Outputs/Output-Funktionen/Output-Strukturen 106ff., 110ff., 123, 129f., 220

Pädagogik 375f.
Pancasila 33
Paradigmendenken 37f.
Parlament 68
Parlamentarismus 117
Parteien/Parteiensysteme 107, 115, 117
Parteiendifferenzthese 294f.
Parteienstaat 85f.
Parteiensystem 326f., 330
Parteiidentifikation 328ff, 332
Partizipation 72, 74, 376, 389, 391
Pearson-Bericht 352
Pearson-Korrelation 415
perestroika 33
Performanz 110f., 117
Peripherer Staat 356
Peripherie(n) 356
Philosophie 61
Pluralismustheorien/pluralistische Verbandstheorien 119f.
policy 30, 48, 75, 99, 111, 129, 289f.
Policy-Analyse 30, 48, 289
Policy-Kreislauf 303
Policy-making, Internet 474
policy-making-Modell 292, 302
Policy-Netzwerk 308f.

policy-Zyklus 292
polis 28, 41, 193
political science 69ff.
politics 75, 99, 129, 289f.
Politie 179
Politik 26f.
Politikberatung 34f.
Politikdidaktik 376
Politikfelder 28, 73f., 78
Politikfeldforschung 111, 120, 129
Politikformulierung 304
Politiknetzwerke 120
Politikverdrossenheit 86
Politikwissenschaft 25f., 29, 315, 338
politische Anthropologie 188
Politische Bildung 49, 373ff.
politische Eliten 322, 327, 337, 342
Politische Entwicklung 351
politische Herrschaft 316
politische Interessen 316, 321, 326, 337, 339, 341
politische Kommunikation 107f.
politische Kultur 106, 116, 121ff., 319
politische Kulturforschung 85
Politische Ökonomie 45, 113, 249, 365
Politische Partizipation 316, 319, 361
politische Rekrutierung 106, 108, 112
politische Repräsentation 316
politische Sozialisation 106, 108, 112
politische Steuerung 301
Politische Theorie, feministische 246
Politische Theorie, moderne 210
politische Tugenden 317
Politischer Pluralismus 361
Politischer Verfall 353
politischer Wandel 236
politisches System 99ff., 217, 326, 329, 337f., 340

politisch-institutionalistische Theorieansätze 297ff.
polity 30, 75, 99, 129, 289f.
Polizeiwissenschaft (Polizeywissenschaft) 67
Portal, Internet 479
Positivismusstreit 400
Postmaterialismus/postmaterialistische Werte 124f.
Postmodernisierung 125
Post-Washington-Konsens 366
pouvoir constituant 187
Praktika 501ff.
Praktische Philosophie 41
Prämisse 412
Präsidentialismus 102, 117f.
Praxisbezug der Politikwissenschaft 34f., 54
Praxiserfahrungen 501ff.
Privatisierung 361, 363
probabilistisch 413, 416
Problemdefinition 303
Problemwahrnehmung 303
Promotion 506f.
Protestwahl 88
Prozeduralismus 187
Public policy 354
Public-Private-Partnership (PPP) 363

qualitativ 409
Qualitativ Comparative Analysis 426
quantitativ 409
Quasi-Experiment 425
Quelle 422
Quellenkritik 423

rational choice 52
rational-choice, Kritik 237f.
rational-choice, Theorien 230, 240f.
rationale Handlungsmodelle 238
Rationalisierung 282
Rationalismus, empirischer 211

Rationalität 331f.
Rationalitätsbegriff 237
Rationalitätspostulat 211, 435
Realismus 148
Rechtsradikalismus 389
Rechtsstaat 128
Rechtsstaatlichkeit 363
Regierung 68
Regierungslehre 68
Regierungssystem 68, 99, 101ff., 108, 114f., 117ff.
Regierungssystem, parlamentarisch 68, 80ff.
Regression 427
Regulationsregime 364
Reinventing government 365
Reliabilität 423
Rent-seeking-Ansatz 236, 296, 364
Repräsentation, politische 72
Repräsentationsfunktion 83
Repräsentationsprinzip 179, 181
Repräsentationsschluss 423
Ressortprinzip 83
Richtlinienkompetenz 83
RREEMM-Modell 241

Sachkatalog 442
Schein 431
Schlüsselindikatoren 348
Schlüsselqualifikationen 503f.
Schlussteil 451
Schreibhemmung 437, 447
Schwellenländer 360
Selbstorganisationskräfte 309
Selbstreferenz 308
Selbststeuerung 224
Seminararbeit 432
Sicherheitsdilemma 162f.
Signifikanz 415
Silent revolution 123
Simulation 424
Sinn 399f.
Sinndeutung 398
Soft Power 156
Souveränität 30, 164, 169

520 Sachregister

Soziale Marktwirtschaft 264f., 362
Sozialer Wandel 318, 327, 350
Sozialkapital 201, 264
Sozialkundelehrer 380
Sozialwissenschaften 28
sozio-ökonomische Determination 293
Spieltheorie 50
Staat 214, 250, 272, 398, 402
Staat, Merkmale 215
Staatliche Steuerungskapazität 364f.
Staatlicher Handlungsspielraum 295
Staatsbürger 373
Staatsbürgerkultur 123
Staatsdiskussion 360
Staatsexamen 495, 499
Staatsklasse 357
Staatslehre 214, 216
Staatstheorie 214
Stabilität 353
Stagflation 262
Standardabweichung 415
Stateness 129
statistisches Artefakt 419
Stellensuche 504f.
Steuerung 95, 225
Steuerungsanalysen 74
Stichprobe 415, 423
Stiftungen der politischen Parteien 382
Stilfragen 458
Stimulus-Response-Schema 50
Strategie des Aufholens 359
Strategische und Konfliktfähige Gruppen (SKOG) 362
Struktur 105ff., 123
Strukturalismus 155
strukturalistischer Ansatz 292ff.
Strukturelle Abhängigkeit 356
Strukturelle Heterogenität 356
Strukturfunktionalismus 351, 353
Strukturtheorien 213, 225
Studium, Internet 478
Stufentheorien 349
Süd-Süd-Kooperation 360

Support 106, 220
supranational 143
sustainable development 170, 278, 285, 389
System, politisches 67ff.
Systembegriff 104
Systemerhaltung 353
Systemische Wettbewerbsfähigkeit 364
Systemmodell 108ff.
Systemtheorie, allgemeine 218
Systemtheorie, Internet 470
Systemwechsel 116f., 125ff.
Systemzusammenbruch 363f.

Terms of Trade 152, 355
Theorie 409
Theorie der gesellschaftlichen Machtressourcen 296
Theorie der produktiven Kräfte 258
Theoriedualismus 212f.
Theorien mittlerer Reichweite 130
Thesenpapier 431f.
Titelblatt 452
Totalität 399, 403f.
Tradition 351
traditionelle Politikwissenschaft 49
Traditionen und geistige Strömungen 32
Traineeprogramm 505f.
Transaktionskosten 264
Transformation 116f., 125ff.
Transformationsforschung 225
Transition 127f.
Transitionsprozesse 362
transnationale Politik 143f.
Trickle down-Effekt 353, 359
Trickle up-Effekt 359
Typologie von Regierungssystemen 101

Überwindungsstrategien 355, 358
Umverteilung 359
Umweltpolitik 277

Sachregister

Uni-Bluff 438
Universalitätsanspruch 366
Untertanenkultur 123
Urzustand 186

Validität 423
Variable 408, 416
Varianz 413, 415
Verbände 107, 110, 115, 119f.
Verbleibsstudien 488ff.
Vereinte Nationen 58, 149
Verelendungswachstum 356
Verfassungslehre/Verfassungen 68, 101ff., 111, 118, 187
Verfassungsreformdebatte 363
Verfassungsstaat 390
Verfassungswirklichkeit 102
Vergleich als Methode 99
Vergleichende Politikwissenschaft 365
Vergleichende politische Systemforschung 102ff., 129
Vergleichende Regierungslehre 100ff., 111, 129
Verifikator 413, 429
Verstehen 396, 407
Vertragstheorie 183
Vertrauen 202
Vertrauensfrage 453
Verursacherprinzip 277
Verwaltungswissenschaft 67, 76
Verwestlichung 353
virtueller Campus 484
Völkerrecht 161
Volkssouveränität 176, 185, 187
volonté générale 179
Vorsorgeprinzip 277
Vorwissenschaftliche Welt 33
Wachstum 359
Wachstums- und Modernisierungstheorien 353
Wachstumskonzept 353
Wachstumsstrategie 349

Wahlen 116, 128, 315ff.
Wählerverhalten 315ff.
Wahlfunktion 81
Wahlgeografie 315
Wahlkampf 316, 336
Wahlstatistik, repräsentative 324
Wahlsysteme 116, 118
Wahrheit 402, 404
Wahrheitsfähigkeit 396, 402, 405
Washingtoner Konsens 361
Weltbank 359
Welthandel 267
Weltmarktanalyse 354
Weltsystem 266f.
Werte 199
Wertediskussion, asiatische 58
Wertewandel 116, 123, 319, 335f., 340
Wertorientierungen 124, 131
Werturteilsstreit 400, 404, 406
Wirtschaftliches Wachstum 350
Wirtschaftswissenschaften 62
Wirtschaftswunder 71
Wissenschaft 27, 31, 37f.
Wissenschaftlichkeit 435
Wissenschaftstheorie 396
Wohlfahrtsstaat 273
World Values Survey 125, 427
WWW 443

Zeitschriftenbibliothek, elektronische 481
Zitation, Internet 483
Zitieren 456
Zivilgesellschaft 128
Zufallswahrscheinlichkeit 413
Zukunft der Arbeit 284
Zukunftslehre 388
Zusammenhangshypothese 415
Zusammenprall der Zivilisationen 365
Zusatzqualifikationen 501

Personenregister

Albert, Hans 49
Almond, Gabriel 60, 104ff., 122, 351
Aquin, Thomas v. 31
Arendt, Hannah 102, 182
Aristoteles 40f., 55, 100, 178, 398

Baran, Paul A. 355
Barnes, Samuel H. 319
Beck, Ulrich 387
Bergstraesser, Arnold 25, 34, 43, 47, 49, 60
Beyme, Klaus von 102
Binder, Leonard 351
Bull, Hedley 60

Campbell, Angus 315, 328
Cardoso, Fernando Enrique 356, 358
Coase, Ronald 263
Coleman, James 228
Czempiel, Ernst-Otto 171

Deutsch, Karl W. 60, 351
Dilthey, Wilhelm 396
Downs, Anthony 233f., 331
Drucker, Peter 59

Easton, David 31, 60, 62, 105f., 217, 219
Eisenstadt, Samuel 351
Eschenburg, Theodor 25
Esser, Hartmut 241

Faletto, Enzo 358
Fetscher, Iring 400
Finer, Herman 101
Fraenkel, Ernst 25, 49, 60
Frey, Daniel 96
Freyer, Hans 34
Friedman, Milton 262f.

Friedrich, Carl Joachim 49, 101f., 386
Fukuyama, Francis 56
Furtado, Celso 356

Gadamer, Hans-Georg 398
Gagel, Walter 386
Gluchowski, Peter 334
Gorbatschow, Michail 33
Grabowski, Adolf 43

Habermas, Jürgen 188, 223, 398f.
Halder, Alois 38
Hamilton, Alexander 259
Hartwich, Hans Hermann 379
Hegel, Georg Wilhelm Friedrich 194
Heller, Hermann 33f., 40, 43, 214
Hennis, Wilhelm 42, 49
Heuss, Theodor 43
Hilferding, Karl 354
Hilligen, Wolfgang 386
Hobbes, Thomas 30, 36, 39, 183, 230
Huntington, Samuel P. 125f., 351, 353

Inglehart, Ronald 123ff., 319, 427

Jaguaribe, Helio 58
Jellinek, Georg 215

Kaase, Max 319f.
Kant, Immanuel 164, 185, 348
Kennedy, Paul 56
Keohane, Robert 60
Keynes, John Maynard 261
Kissinger, Henry 38
Krasner, Stephen 153
Kuhn, Thomas S. 30, 40

Lazarsfeld, Paul F. 315, 325f.
Leibnitz, Georg Fr. 348
Lenin, Wladimir I. 260, 354
Lepsius, M. Rainer 327, 335
Lijphart, Arend 117f.
Linz, Juan J. 127ff.
Lipset, Seymour Martin 226, 326, 403f.
List, Friedrich 258
Litt, Theodor 375, 386
Locke, John 180
Loewenstein, Karl 101f.
Luhmann, Niklas 224, 226, 307
Luxemburg, Rosa 354

Machiavelli, Niccoló 101, 190
MacIntyre, Alasdair 199
Macridis, Roy 103
Magnis-Suseno, Franz v. 33, 40
Maier, Hans 42, 49
Mansilla, Hugo C.F. 33
Marcuse, Herbert 57
Marx, Karl 36, 194, 259f.
Maus, Ingeborg 181
McNamara, Robert 359
Mickel, Wolfgang 386
Montesquieu, Charles de 101, 180
Morgenthau, Hans J. 39, 60, 148

Naumann, Friedrich 43
Newton, Kenneth 320
Niebuhr, Reinhold 39, 148
Nohlen, Dieter 59
North, Douglass C. 113, 263
Nozick, Robert 197
Nye, Joseph S. 60

Oberndörfer, Dieter 49
Oetinger, Friedrich 375, 378, 386
Offe, Claus 223
Olson, Mancur 234f.
Pappi, Franz Urban 327
Parsons, Talcott 105, 218, 226, 351
Pinto, Aníbal 55
Platon 40, 55, 61, 177

Popper, Karl Raimund 32, 37, 50, 338, 402
Powell, Bingham G. 108, 110f.
Prebisch, Raúl 355
Putnam, Robert D. 202
Pye, Lucian 351

Quijano, Arribal 356

Rawls, John 186
Ricardo, David 258f.
Rokkan, Stein 326, 351
Rosecrance, Richard 56
Rosenau, James 160
Rousseau, Jean-Jacques 179

Sartori, Giovanni 118
Say, Jean Baptiste 257
Schmidt, Manfred G. 280
Schmidt, Richard 43
Schmitt, Carl 30
Schumpeter, Joseph A. 233, 261
Schwan, Alexander 49
Senghaas, Dieter 358
Simon, Herbert 241
Smend, Rudolf 36
Smith, Adam 163, 256f.
Stammen, Theo 49
Stepan, Alfred 127ff.
Sternberger, Dolf 25, 31
Stiglitz, Joseph E. 366
Sumner, W.G. 259
Sunkel, Osvaldo 356
Sweezy, Paul M. 355

Taylor, Charles 189
Tetzlaff, Rainer 367
Tocqueville, Alexis de 101, 202

Van Deth, Jan W. 132
Verba, Sidney 122
Voegelin, Eric 42

Weber, Max 34, 214ff., 228f., 261, 342, 400, 402, 420

Weber-Schäfer, Peter 54
Weggel, Oskar 40
Wiarda, Howard 132

Wilson, Woodrow 146
Wolfers, Arnold 43

Autorenverzeichnis

Dr. Michael Becker, 1958, Privatdozent für Politikwissenschaft an der Universität Bamberg; z.Z. Vertreter einer Professur am FB Politik und Verwaltungswissenschaft an der Universität Konstanz.
michael.-becker@t-online.de

Dr. Peter Birle, 1961, Leiter der Abt. Nachlässe, Forschung und Projekte am Ibero-Amerikanischen Institut, Preußischer Kulturbesitz, Berlin.
birle@iai.spk-berlin.de

Dr. Klaus Bodemer, 1941, Direktor des Instituts für Iberoamerika-Kunde in Hamburg.
bodemer@public.uni-hamburg.de

Dr. Ulrich Eith, 1960, Privatdozent, Lehrstuhlvertreter am Seminar für Wiss. Politik der Universität Freiburg.
ulrich.eith@politik.uni-freiburg.de

Dr. Jörg Faust, 1967, Senior Researcher, Deutsches Institut für Entwicklungspolitik, Bonn.
joerg.faust@die-gdi.de

Martin Hauck, Dipl. Ing., M.A., 1949, wiss. Mitarbeiter am Institut für Politikwissenschaft der Universität Mainz.
hauck@uni-mainz.de

Dr. Peter Imbusch, 1960, Inhaber einer Stiftungsprofessur für sozialwissenschaftliche Konfliktforschung am Zentrum für Konfliktforschung der Universität Marburg.
imbusch@staff.uni-marburg.de

Dr. Dr. Karl-Rudolf Korte, 1958, Professor für Politikwissenschaft an der Universität Duisburg-Essen, Leiter der Forschungsgruppe Regieren.
krkorte@uni-duisburg.de

Dr. Hans-Joachim Lauth, 1957, Professor für Politikwissenschaft an der FernUniversität Hagen.
Hans-Joachim.Lauth@fernuni-hagen.de

Dr. Gerd Mielke, 1947, Honorarprofessor am Institut für Politikwissenschaft der Universität Mainz.
mielke@politik.uni-mainz.de

Dr. Manfred Mols, 1935, Professor emeritus für Politikwissenschaft an der Universität Mainz.
mols-weiler@t-online.de

Dr. Wolfgang Muno, 1968, wiss. Mitarbeiter am Institut für Politikwissenschaft der Universität Mainz.
muno@politik.uni-mainz.de

Dr. Peter Thiery, 1959, wiss. Mitarbeiter, Centrum für Angewandte Politikforschung, Universität München.
peter.thiery@lrz.uni-muenchen.de

Dr. habil. Christian Wagner, 1958, Wiss. Mitarbeiter bei der Stiftung Wissenschaft und Politik, Berlin.
christian.wagner@swp-berlin.org

Dr. Christoph Wagner, 1964, akademischer Oberrat am Institut für Politikwissenschaft der Universität Mainz
wagner@politik.uni-mainz.de

Dr. Christian Welzel, 1960, Professor an der International University Bremen (IUB), School of Humanities and Social Sciences
c.welzel@iu-bremen.de

Dr. Ruth Zimmerling, 1953, Professorin für Politikwissenschaft an der Universität Mainz.
zimmerling@politik.uni-mainz.de